2002

中国饲料工业年鉴

全国饲料工作办公室
中国饲料工业协会 编

中国农业出版社

中共中央总书记、国家主席江泽民视察四川农业大学

中共中央政治局常委、国务院副总理李岚清视察四川农业大学

中共中央政治局候补委员、国务委员吴仪（左二）在江西省委副书记、省长黄智权的陪同下，视察江西正邦集团南昌广联实业有限公司

国家计委主任曾培炎（左一）在四川省省长张中伟的陪同下，视察通威集团

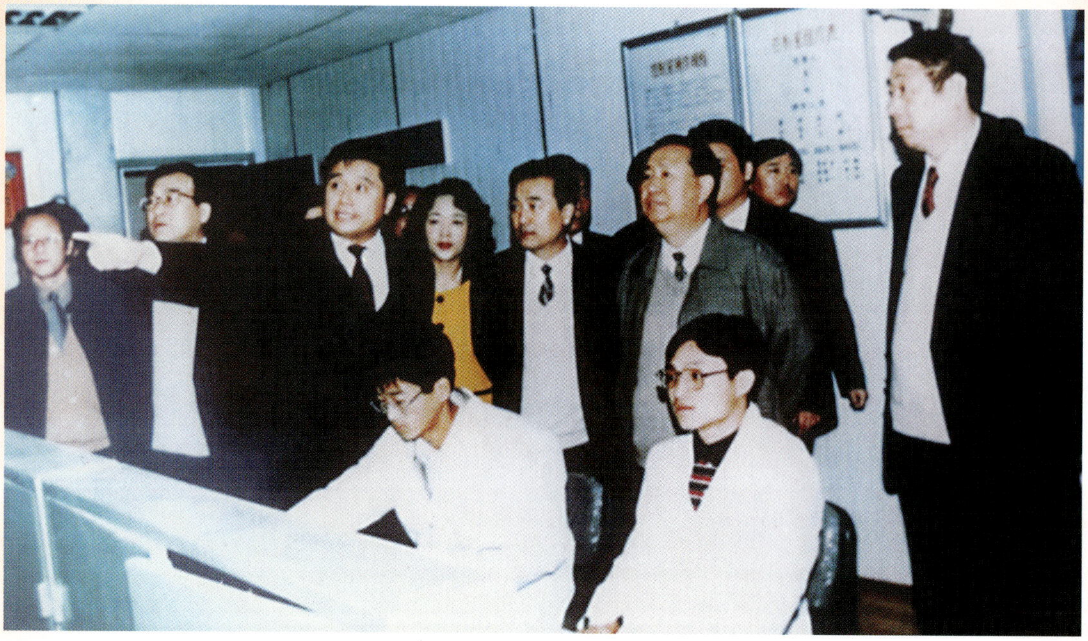

全国人大常委会副委员长姜春云（右五）在辽宁省省委书记闻世震（右一）陪同下视察辽河饲料集团

全国政协副主席孙孚凌（右五）视察北京大北农集团

农业部常务副部长韩长赋（左二）视察广西贵港扬翔饲料有限公司

农业部副部长齐景发在中国畜牧业暨饲料工业交易会开幕式上致辞

农业部副部长范小建（左二）视察农业部成都饲料质检中心

农业部齐景发副部长（左五）、中国饲料工业协会白美清会长（左六）、农业部办公厅于永维主任（左四）、全国饲料工作办公室季之华巡视员（左三）、中国饲料工业协会刘同占秘书长（左八）在饲料安全质量情况新闻发布会上

中国饲料工业协会张延喜副会长（左四）、贾幼陵局长（左五）、张子仪教授（左三）、刘同占秘书长（左二）、王随元副秘书长（左六）、乔玉锋副秘书长（左七）、颜小军副秘书长（左一）在2001中国国际饲料新技术研讨会上

辽宁省省委书记闻世震（题词者）视察辽河饲料集团

广西壮族自治区党委书记曹伯纯（左一）
视察广西贵港扬翔饲料有限公司

山东省省长李春亭（中）视察鲁西兽药有限公司

中国饲料工业协会刘同占秘书长（左二）、
颜小军副秘书长（左四）等在饲料管理座谈会上

中国饲料工业协会副秘书长乔玉锋（中）等领导、
专家在中国畜牧饲料企业高层研讨会上

中国农业科学院饲料研究所

蔡辉益所长（左二）、刁其玉博士（左一）赴巴西圣保罗大学访问

广泛的企业合作

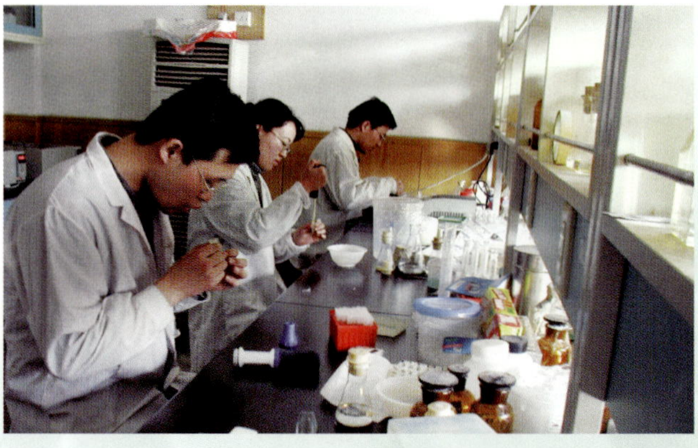

严谨的科研态度

国家饲料质量监督检验中心

先进的检测设备

井然有序的检测场所

农业部饲料质量监督检验中心（成都）

中国饲料工业协会白美清会长（左四）和四川省饲料工业协会会长冯元蔚（左五）在中心考察工作

整洁规范的实验室

中国农业科学院畜牧所
饲料生物技术实验室

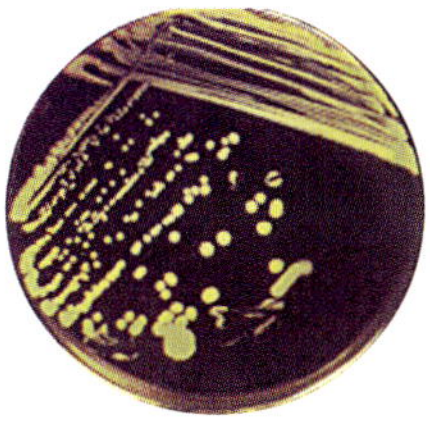

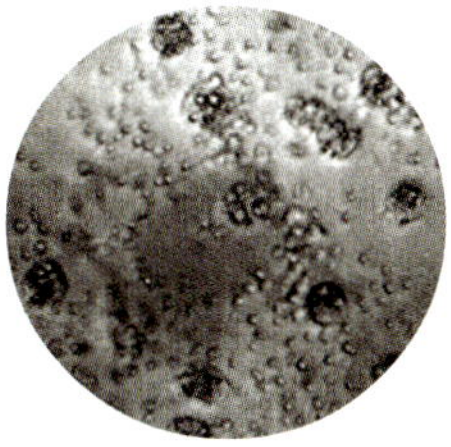

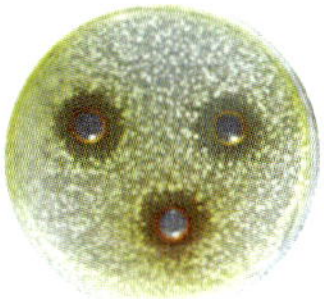

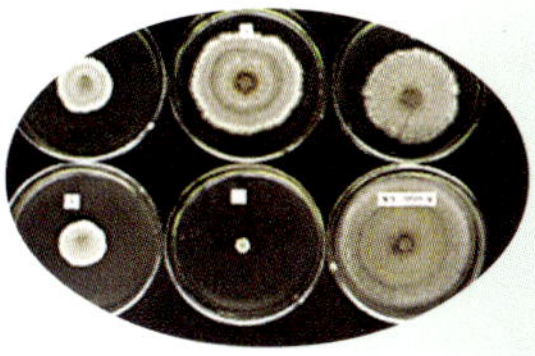

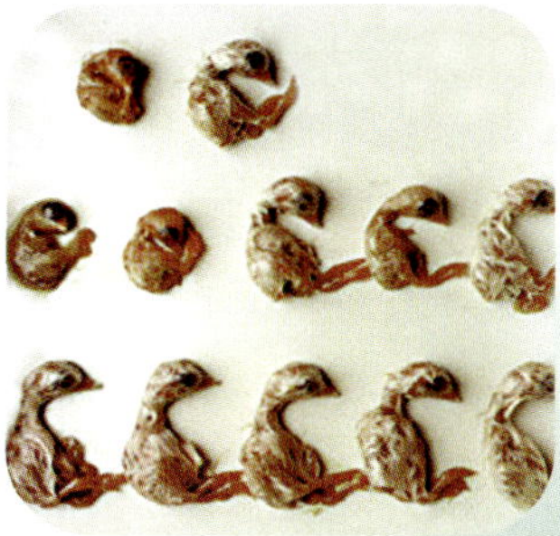

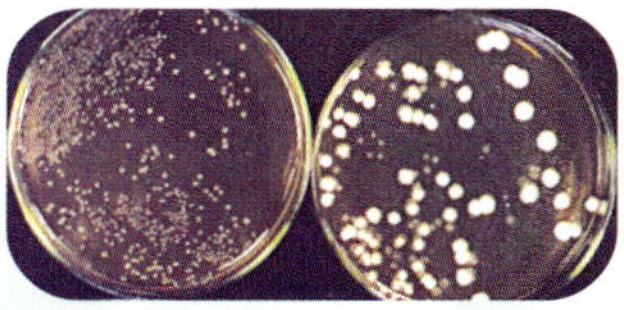

良好的实验设施和成果

四川农业大学动物营养研究所

良好的实验和教学设施

农业部饲料工业中心

集科研教学生產于一体振興民族飼料工業

陈俊生

中国香港特别行政区特首董建华（左四）与“中心”主任李德发教授（左二）亲切会面

加拿大外交及国际贸易部亚太事务部部长 David Kilgour 先生一行访问“中心”

农业部饲料工业中心中试车间

国家饲料工程技术研究中心

中心主任李德发（左三）、副主任蔡辉益（左二）、主任助理秦玉昌（左四）、谯仕彦（左一）在研究工作

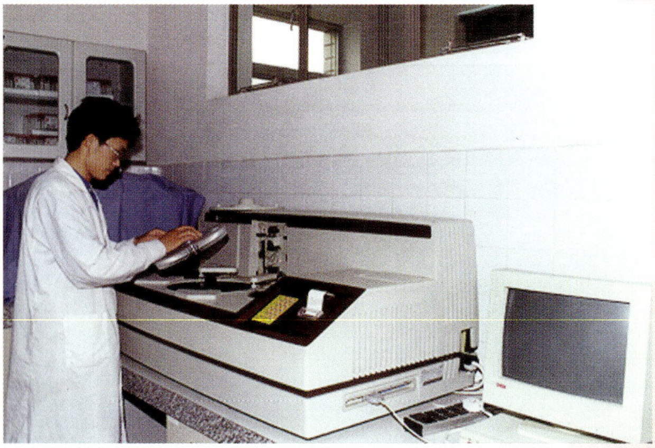

先进的试验设备

一流的专家队伍，丰硕的科研成果

印度尼西亚总统梅加瓦蒂（前排右二）考察四川通威集团

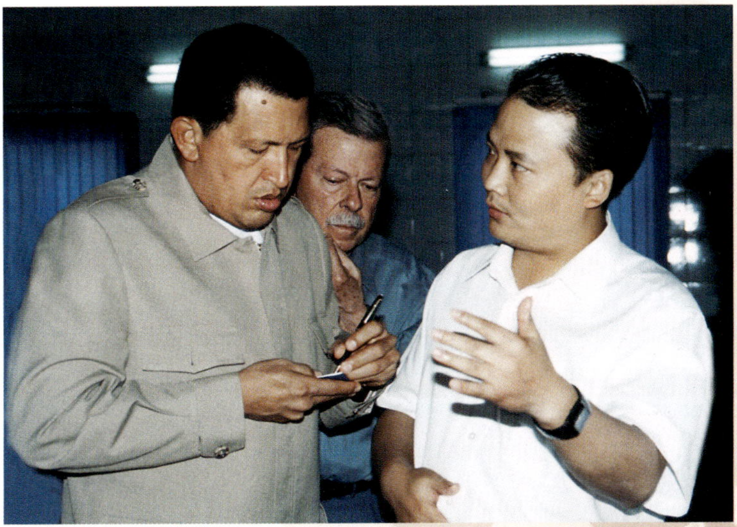

委内瑞拉总统查韦斯（左一）考察四川通威集团

农业部总经济师、畜牧兽医局局长、全国饲料工作办公室主任贾幼陵（右二）在英国考察养殖业

李政道博士为李德发颁发国家人事部“中国优秀博士后奖”

国际饲料工业联合会秘书长罗杰先生（右二）在中国考察饲料工业

中国饲料工业协会秘书长刘同占（左）与国际饲料工业联合会秘书长罗杰先生（右）在中国饲料工业协会加入国际工业联合会备忘录签字仪式上

世界著名动物营养专家、德国马克.罗牧先生在山东鲁西兽药有限公司考察

农业部齐景发副部长（左六）、中国饲料工业协会白美清会长（左五）、
张延喜副会长（左八）、谭竹洲副会长（左四）、
戎易教授（左三）、刘同占秘书长（左九）、乔玉锋副秘书长（左二）
在畜牧业暨饲料工业交易会上参观中国饲料杂志社展位

白美清会长（左八）、张延喜副会长（左九）、谭竹洲副会长（左十）、
季之华巡视员（左四）、乔玉锋（左五）、颜小军副秘书长（左二）等
领导与国际饲料工业联合会秘书长罗杰先生（左七）在畜牧业暨饲料
工业交易会上参观中国饲料工业协会信息中心、饲料广角杂志社展位

中国饲料工业协会白美清会长（右二）、王随元
副秘书长（右六）与中国饲料杂志社员工合影

中国饲料工业信息网被评为全国优秀农业网站

中牧实业股份有限公司

农业部副部长齐景发（右一）与公司董事长欧仲生（左一）亲切交谈

中牧实业股份有限公司
新厂区（效果图）

北京大北农饲料科技有限责任公司

中国饲料工业协会白美清会长（左三）、刘同占秘书长（左一）、王随元副秘书长（左七）考察北京大北农集团

农业科技创新发布暨大北农科技奖励颁奖大会

北京德佳牧业科技有限公司

北京德佳牧业科技有限公司厂区（效果图）

农业部副部长齐景发（右三）、全国饲料工作办公室主任贾幼陵（右二）、中国饲料工业协会秘书长刘同占（右一）视察北京德佳牧业科技有限公司

北京挑战饲料科技集团

北京挑战科技集团办公楼

培训公司客户

员工军训

北京伟嘉集团公司

全国政协副主席、全国工商联主席经叔平（左一）与集团总裁廖峰亲切交谈（左二）

伟嘉集团总裁廖峰（左二）被评为2001年中关村科技园区首届优秀企业家、优秀创业者

伟嘉集团第11届经理培训班

内蒙古正大有限公司

公司总经理姜波

内蒙古正大生产厂区图 1

内蒙古正大生产厂区图 2

辽河饲料集团

辽河饲料集团办公楼

农业部副部长齐景发（题词者）视察辽河饲料集团

上海大江（集团）股份有限公司

上海大江（集团）厂区图1

上海大江（集团）厂区图2

罗氏（中国）有限公司

罗氏（中国）有限公司厂区图 1

罗氏（中国）有限公司厂区图 2

优西比氯化胆碱（上海）有限公司

优西比氯化胆碱（上海）有限公司厂区图 1

优西比氯化胆碱（上海）有限公司厂区图 2

江苏正昌集团有限公司

江苏正昌集团厂区全景

江苏正昌集团部分产品

江苏牧羊集团有限公司

江苏牧羊集团厂区

江苏牧羊集团部分产品

东海粮油工业（张家港）有限公司

东海粮油工业（张家港）有限公司厂区图 1

东海粮油工业（张家港）有限公司厂区图 2

浙江花园生物高科有限公司

浙江花园生物高科有限公司厂区图 1

浙江花园生物高科有限公司厂区图 2

宁波联合生物技术有限责任公司

宁波联合生物技术有限责任公司厂区

宁波联合生物技术有限责任公司厂区一角

浙江医药股份有限公司新昌制药厂

公司总经理李春波先生

生物素生产基地挂牌仪式新闻发布会

福州海马饲料有限公司

福州海马饲料厂厂区

农业部副部长刘坚（右一）视察福州海马饲料有限公司

江西正邦集团

中国饲料工业协会会长白美清(中)
与江西正邦集团高层管理人员亲切交谈

江西正邦集团
南昌广联厂区

滨州市正元畜牧发展有限公司

正元公司办公楼

正在工作中的员工

陕西金冠牧业有限公司

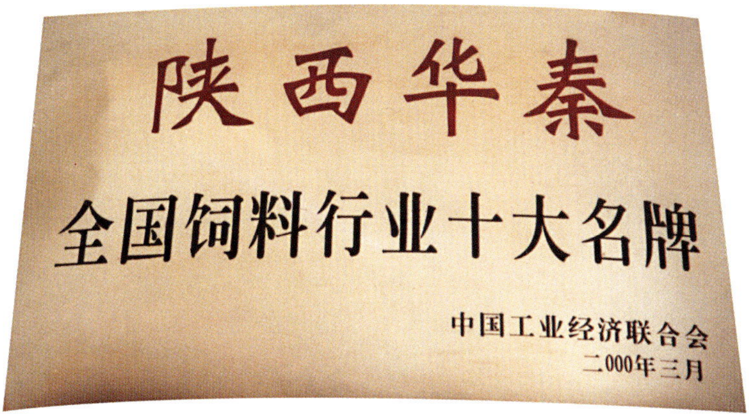

中国饲料工业协会秘书长刘同占（左二）参观陕西金冠牧业有限公司展位

陕西渭南饲料添加剂厂

厂区正门

质检中心

山东鲁抗动植物生物药品事业部

公司经营大楼

公司制剂大楼

外国客人参观公司

山东鲁西兽药股份有限公司

德国化学专家沙伊赫博士在公司实验室

山东鲁西兽药股份有限公司厂区正门

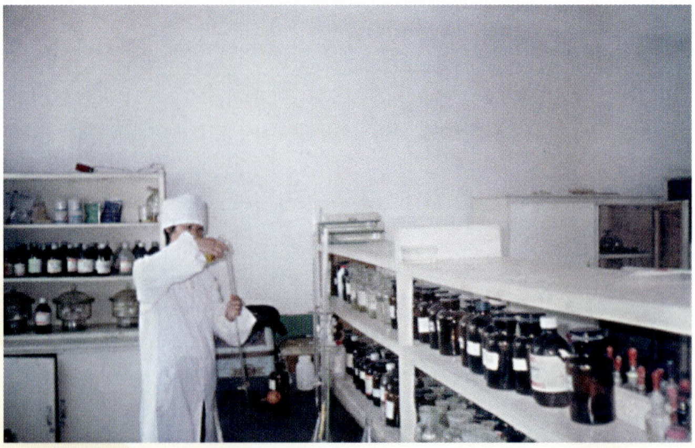

山东鲁西兽药股份有限公司实验室一角

湖南正虹科技发展股份有限公司

中共中央政治局委员、全国人大常委会副委员长
姜春云与湖南正虹集团总裁吴明夏在一起

公司全景

湖南唐人神集团股份有限公司

公司全景

中共中央政治局委员、全国人大常委会副委员长姜春云（右）与中国饲料工业协会副会长、唐人神集团总裁陶一山（左）在一起

桂林市万康生物化工有限公司

公司厂区

检测试验室

广西贵港扬翔饲料有限公司

公司厂区

中国饲料工业协会会长白美清（右一）视察扬翔饲料有限公司

通威股份有限公司

格鲁吉亚国务部长阿尔谢尼什维利考察通威集团

孟加拉国贵宾考察通威集团

四川川化味之素有限公司

厂区图 1

厂区图 2

四川汉源化工总厂

厂区全景

四川省原省委书记谢世杰（左一）在汉源化工总厂视察工作

昆明黄龙山（饲料）工贸有限公司

厂区一角

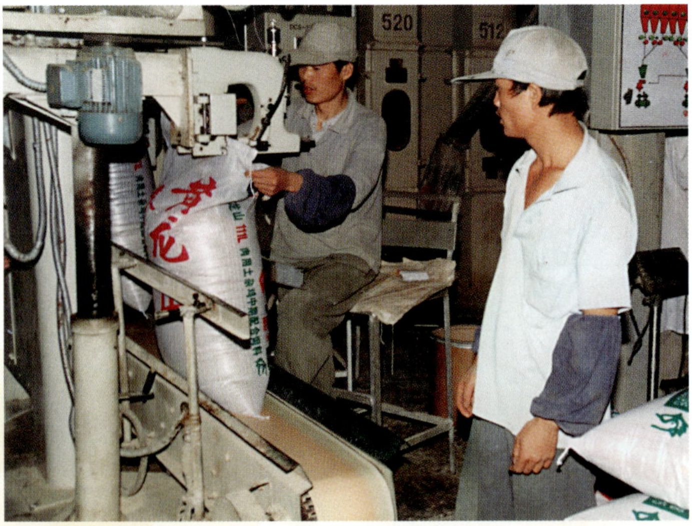
工作中的封装工人

正大集团（农牧企业中国区）

新希望股份有限公司

长春大成生化工程开发有限公司

吉林燃料乙醇有限责任公司

浙江大飞龙动物保健品有限公司

广东温氏食品集团有限公司

上海正诚机电制造有限公司

湖州璟宝集团有限公司

广东恒兴饲料实业股份有限公司

广东溢多利生物技术股份有限公司

广州龙沙有限公司

新疆天康畜牧生物技术股份有限公司

全国饲料工作办公室、中国饲料工业协会

单位		电话	传真	地址	E-mail
全国饲料工作办公室	饲料处	(010)64192848 64192831	(010)64192869	北京市朝阳区农展馆南里11号(100026)	xmjslch@agri.gov.cn
	综合处	(010)64192844	(010)64192869		
中国饲料工业协会	综合财务处	(010)64194589 64194597	(010)64194592	北京市朝阳区麦子店街20号楼(100026)	zonghechu@agri.gov.cn
	标准质量处	(010)64194591 64194581	(010)64194592		biaozhichu@agri.gov.cn
	科技教育处	(010)64194582 64194584	(010)64194592		kejiaochu@agri.gov.cn
	外经处	(010)64194590 64194595	(010)64194592		
	《中国饲料》杂志社	(010)64246642	(010)64246635	北京安外大街东后巷28号2号楼(100710)	zgsl@chinafeed.com.cn
	中国饲料工业协会信息中心、《饲料广角》杂志社	(010)62145459	(010)68975813	北京海淀区中关村南大街12号(100081)	kpt@chinafeed.org.cn

质量监督与检测机构

单位	负责人	电话	传真	地址	网址	E-mail
国家饲料质量监督检验中心（北京）	苏晓鸥	(010)68975907	68975906	北京海淀区中关村南大街12号(100081)		
农业部饲料质量监督检验测试中心（呼和浩特）	郭莉珍	(0471)4961925	4911217	内蒙古呼和浩特市赛罕区昭乌达南路(010020)		
农业部饲料质量监督检验测试中心（沈阳）	曹东	(024)24810160	24153310	沈阳市沈河区小南街281号(110016)		Ada216@163.com
农业部饲料质量监督检验测试中心（南京）	黄焱	(025)3702683	3732322	南京市汉口西路154号(210024)		jsvet@public1.ptt.js.cn
农业部饲料质量监督检验测试中心（南昌）	邱水平	(0791)8102314	8102314	南昌市南京东路181-1号(330029)		
农业部饲料质量监督检验测试中心（济南）	刘文永	(0531)7198019 7198035	7198033	济南市槐村街68号(250022)		lisdsjs@163.com
农业部饲料质量监督检验测试中心（广州）	罗道栩	(020)34291327 84412017	34291326	广州市万寿路113号(510230)	www.vetpharm.com.cn	
农业部饲料质量监督检验测试中心（成都）	柏凡	(028)85548413 85545030	85548413	成都市武侯祠大街3号(610041)	www.nsfeed.com.cn	slyct@mail.sc.cninfo.net
农业部饲料质量监督检验测试中心（西安）	高联政	(029)6254605	6254586	西安市未央路28号(710016)	www.snav.gov.cn	Lzhq1014@public.na.sn.cn

科研与教育机构

单 位	负责人	电 话	传 真	地 址	网 址	E-mail
中国农业科学院饲料研究所	蔡辉益	(010)68975127 68975845	68975127	北京海淀区中关村南大街12号(100081)		fristm@163bj.com
农业部饲料工业中心	李德发	(010)62893688	62893688	北京市海淀区圆明园西路2号(100094)	www.mafic.ac.cn	tuzh@mafic.ac.cn
国家饲料工程技术研究中心	李德发	(010)62891456 62893591	62891456	北京市海淀区圆明园西路2号(100094)	www.nfetrc.com.cn	qiaoshy@mafic.ac.cn wmf1978@x263.net
国家粮食局科学研究院饲料研究所	李爱科	(010)68314541 68303020	68363548	北京市西城区百万庄大街11号(100037)	www.china-feed.net	china-feed@china-feed.net
中国农科院畜牧研究所饲料生物技术实验室	佟建明	(010)62816061	62819257	北京市海淀区圆明园西路2号农科院畜牧研究所(100094)		Tjm606@263.net

媒体宣传与信息咨询机构

单位	负责人	电话	传真	地址	网址	E-mail
《中国饲料》杂志社	单钟	(010)64246642	64246635	北京安外大街东后巷28号2号楼（100710）	www.chinafeed.com.cn	zgsl@chinafeed.com.cn
中国饲料工业协会信息中心、《饲料广角》杂志社	孔平涛	(010)62145459	68975813	北京海淀区中关村南大街12号(100081)	www.chinafeed.org.cn	kpt@chinafeed.org.cn

中国饲料工业年鉴

《中国饲料工业年鉴》（2002）

编辑委员会

序

我国饲料工业是伴随着改革开放而兴起的一个朝阳产业。党和国家领导人十分重视这个新兴产业的发展。邓小平同志指出，“饲料要作为工业来办，这是一个很大的行业”。江泽民同时提出，“振兴饲料工业，为发展副食品生产服务”。经过20多年的改革与发展，我国饲料工业从无到有，由小到大，已经形成了包括饲料原料工业、饲料添加剂工业、饲料加工工业、饲料机械设备工业和饲料科技、教育、标准化、检测等支撑体系在内的饲料工业体系，成为我国国民经济中的重要基础产业。

我国饲料工业的蓬勃发展，带动了饲料作物种植和养殖业的发展，加快了农业结构的调整和优化，促进了粮食的加工、转化和增值，推进第二、三产业的发展，提高了农业的综合效益。饲料工业产业化经营水平的提高，延长了农业产业链条，发挥了农副产品加工的后续效益，推动养殖业向规模化、集约化和现代化方向发展，培育了一批竞争力较强的名牌畜禽和水产品，提高了农业竞争力，进一步开拓了国际市场。饲料工业已经成为转移农村剩余劳动力和增加农民收入的重要途径，为我国农业和农村经济的持续、健康发展作出了重要贡献。

2002年，我国饲料工业继续在农业和农村经济结构战略性调整中稳步发展。全国饲料产品总产量首次突破8 000万吨大关，产品质量继续保持较高水平，违禁药品检出率大幅度下降。需要指出的是，饲料安全是关系食品安全和百姓生活的一件大事，已成为全社会乃至全世界关注的热点和农产品出口贸易争端的焦点。无论是满足国内需求还是开拓国际市场，我们都必须把饲料安全作为一项十分重要的工作常抓不懈，切实加强饲料生产、经营和使用各个环节的监管，积极推进安全、优质、高效饲料的生产、经营和使用，坚决打击制售和使用“瘦肉精”等违禁药品的违法行为，确保饲料和畜产品的安全。

当前，我国农业和农村经济结构战略性调整正处在关键时期，尽快把畜牧业发展成为一个大产业，促进水产养殖业的可持续发展，提升农业产业层次，已成为我国农业结构调整和农民增收的重要途径。饲料工业作为联结种植业和养殖业的中轴产业，面临前所未有的发展机遇。党的十六大提出我国要走新型工业化道路，为饲料工业的发展指明了方向，提出了新的更高的要求。2001年，国务院重新修订并颁布了《饲料和饲料添加剂管理条例》，2002年，国务院办公厅转发了我部关于促进饲料业持续健康发展的若干意见，为饲料工业的发展创造了良好的法律和政策环境。要继续坚持科技兴饲战略，通过运用生物技术、信息技术等提升饲料工业产业；通过加强管理、开展认证等提高产品质量，以安全优质产品提供给社会；通过机制创新推动产品创新，把企业做强做大，造就一批具有自主知识产权、具有核心竞争力的大企业、大集团。饲料工业战线的全部干部职工要站在时代的前列，按照“三个代表”的要求，与时俱进，开拓创新，扎实工作，努力把我国饲料工业真正建设成为科技含量高、经济效益好，资源消耗低，环境污染少、人力资源优势得到充分发挥的新型产业，为把我国建成世界一流水平的饲料工业强国，为促进农业发展、繁荣农村经济、富裕农民群众作出新的贡献。

杜青林

2003 年 4 月

前　言

2001年中国饲料工业继续呈现快速发展的势头，全国饲料产品总产量达到7 806万t，比上年增长5.1%；饲料工业总产值达到1 644亿元。饲料产品结构进一步优化，产品质量继续保持较高水平，饲料生产企业集团化、规模化发展进程加快。2001年，全国饲料工业行业各个领域出现了蓬勃发展的局面，为《中国饲料工业年鉴》(2002)的编辑提供了详实、丰富的资料。

《中国饲料工业年鉴》(2002)主要包括八个部分，即综合篇、专题篇、地方篇、企业篇、专题调研报告、统计资料、大事记和附录；在正文的前面以图文并茂的形式介绍了领导视察、友好交流、科技教育、质量监督与检测、企业采风及行业媒体宣传。综合篇除全国饲料工作办公室主要工作回顾、中国饲料工业协会工作总结及对2001年中国饲料工业概况的论述外，重点包括政策法规、领导讲话、饲料行业组织机构等；专题篇包括饲料加工工业概况、主要饲料产品概况、饲料原料工业概况、饲料添加剂工业概况、饲料机械制造工业概况以及秸秆养畜、饲料工业生产许可证管理、饲料安全管理、饲料质量监督与检测、科技与推广、教育与培训、饲料行业职业技能鉴定、饲料工业标准化、饲料行业质量认证、国际交流与合作、饲料工业行业信息体系；地方篇包括了除中国香港、澳门、台湾以外的全国所有省（区、市）饲料工业情况；企业篇包括重点企业经验介绍和企业简介；专题调研报告主要涉及专业技术、饲料企业发展的研究报告及国外考察报告。

《中国饲料工业年鉴》(2002)在上一册的基础上不断完善和提高，并在一些方面有所创新。例如：图片部分增加了“友好交流”的内容，通过介绍一些国家的元首及有关外宾对我国饲料企业的参观、考察，从一个侧面反映了我国饲料业的国际地位；在“领导视察”部分，既有中央领导，又有部分省区的领导，也有部门领导，反映了党和政府对饲料业的重视和关怀；在“科技教育”部分，不仅涉及对饲料业产生直接作用的饲料科研部门，而且延伸至具有饲料专业的大专院校；在“企业采风”部分，企业数量增加，代表性增强，既有发达地区的饲料企业，又有不发达地区的企业，而且在表现形式上尽量以不同侧面的图片反映每个企业的发展。在文字方面：不仅增加了“专题调研报告”栏目，而且各个栏目的内容更加丰富，质量有很大的提高。总之，本《年鉴》内容详实，覆盖面广，史实性强，是饲料行业行政事业机构、检测机构、科研院所等单位从事饲料工作所必备的工具书。对饲料生产企业、饲料加工机械企业、畜牧、水产养殖场等企业进行生产经营和研发也有非常实用的参考价值。

本《年鉴》在编辑过程中得到了国家农业（含畜牧、水产、农机）、化工、轻工、机械、内贸、医药等部门及有关科研单位的领导和专家的协助，同时得到了各省、自治区、直辖市、计划单列市饲料工作（工业）办公室、饲料工业协会的大力支持与协作，也得到了一些企业的支持与协助，在此，一并表示感谢。

本《年鉴》反映的各省（区、市）和有关企业等文字材料及图片部分，只要涉及到排序，都按全国省份的习惯排序排列；全国饲料工作办公室、中国饲料工业协会和各省（区、市）提供的大事记，除上述相应排序外，都按时间排序。由于时间仓促，水平有限，本《年鉴》编辑中难免会有遗漏和不妥之处，敬请提出批评指正。

《中国饲料工业年鉴》（2002）编辑部

2002 年 11 月 26 日

目　录

专　题　篇

地　方　篇

企 业 篇

专题调研报告

统计资料

大事记

附录

Zhongguosiliaogongyenianjian

综 合 篇

突出体系建设　强化安全监管

——全国饲料工作办公室2001年主要工作回顾

2001年是开元之年，是实施“十五”计划的第一年，也是迎接入世，进一步扩大改革开放的关键一年。在这一年中，中国经济增长保持良好势头。饲料行业在“三个代表”重要思想指引下，坚定发展观念，加大结构调整步伐，依法行政，努力确保饲料安全，饲料行业管理部门不断加强对饲料行业的引导和调控，继续推进秸秆养畜示范项目的健康发展，努力为饲料业发展创造良好的外部环境，有力地促进了中国饲料业的持续健康发展。

一、制定宏观政策和发展规划

2001年，全国饲料工作办公室在饲料行业管理、饲料业宏观指导及战略发展规划等方面作了大量工作，协调各地解决了饲料业发展中出现的一些突出问题，有力地引导和推动了饲料业持续、健康的发展，为把畜牧业建成一个大产业奠定了坚实的物质基础。一是参与组织起草了《关于加快畜牧业发展的意见》，已于2001年10月由国务院办公厅转发全国贯彻执行；二是组织起草了《关于促进饲料业持续健康发展的若干意见》；三是主持起草了《关于“瘦肉精”查处工作的报告》；四是组织编写了《饲料工业“十五”计划和2015年远景目标规划》，并下发各地参照执行。

二、加速修订管理法规和技术标准

2001年，全国饲料工作办公室在饲料管理法规和标准的制修订及饲料执法等方面，加大了工作力度，成效十分显著，促进了饲料和饲料添加剂生产、经营和使用的全程监控，使饲料质量安全监管工作落到了实处。一是组织修改完善了《饲料和饲料添加剂管理条例》，增加了知识产权保护制度、饲料和饲料添加剂使用管理制度、添加剂使用规范制度，完善了处罚条款，明确了违法犯罪的刑事责任等。2001年11月29日，国务院总理朱镕基签发国务院第327号令，公布《国务院关于修改〈饲料和饲料添加剂管理条例〉的决定》，为依法治饲、惩治不法分子提供了法律保障；二是完成了《饲料和饲料添加剂管理条例》的释义，由国务院法制办公室和农业部联合发布，指导全国饲料管理部门科学、准确地开展饲料执法工作；三是组织制定了饲料中盐酸克伦特罗测定方法标准等技术标准，为行政执法提供了技术依据；四是组织专家编制了饲料工业标准体系框架和制、修订标准规划。

三、强化安全监管

2001年，全国饲料工作办公室认真贯彻落实国务院领导同志批示精神，进一步提高对加强饲料安全监管的认识，加大对饲料和饲料添加剂中使用违禁药品的查处力度，使得饲料安全监督与管理工作有了明显突破，同时加大了对饲料安全监管体系建设的投资力度，为建设安全、优质、高效的饲料生产体系提供了重要保障。一是积极协调有关部门，取得多方面配合和支持。先后协调国家药品监督管理局、国家经济贸易委员会、国家工商行政管理总局、国家质量监督检验检疫总局联合发文，要求各有关方面密切合作，堵截源头，严厉打击生产经营和使用违禁药品的违法行为；二是采取普查、统检、抽查、跟踪监测和生产许可证年审等方式，加大对饲料和饲料添加剂生产经营的监管力度，进一步加强对饲料和饲料添加剂生产、经营和使用管理；同时积极做好饲料添加剂和添加剂预混合饲料生产许可证发放和进口饲料、进口饲料添加剂的登记工作；三是开展社会监督，认真受理举报，对于有线索的“瘦肉精”等案件，积极查办，一查到底；四是加强新闻监督，公开曝光违法违规企业，并先后在CCTV、人民日报、经济日报、农民日报、经济参考报等首都各大媒体宣传和曝光饲料安全问题，赢得领导和社会公众对饲料安全工作的重视；五是组织开展饲料行业打假工作，研究起草打假方案，组织有关生产资料打假行动，净化生产资料市场。

四、加快科学研究与技术推广

2001年，全国饲料工作办公室坚持科学是第一生产力的观点，加大了科学研究和技术推广力度。一是积极推进饲料业科研与开发工作，指导行业相关部门和企业研究开发蛋白质饲料、非粮食饲料；研究开发安全、高效、无污染的饲料添加剂；研究开发优质环保型饲料、专用饲料和安全饲料；研究开发大型饲料加工设备及成套技术等。二是进一步加强了饲料业技术推广工作，通过各种形式，积极鼓励和指导科研院所、企业单位、中介组织等，开展先进实用技术的推广、试验示范、市场咨询、技术培训的服务。例如，饲料行业“丰收计划”、“绿色证书工程”，在饲料行业职业技能鉴定与培训等方面都取得了显著的成绩，为促进我国饲料业科技进步，振兴民族饲料工业提供了人才和技术保障。

五、加大环境与条件建设力度

2001年，全国饲料工作办公室进一步加强饲料基础设施建设和项目管理。主要包括饲料安全工程项目的策划与研究，以及按照新建和续建并举，集中连片开发的方针，继续推进秸秆养畜示范项目建设，促进畜牧业结构的优化调整。同时，努力为饲料工作创造良好的外部环境。主要是协助国家经济贸易委员会开展L－赖氨酸盐酸盐反倾销调查，积极客观反映饲料行业的意见，维护广大消费者的利益；为严防“疯牛病”传入中国，国务院税则委员会办公室和海关总署增设含牛羊肉骨粉税则条例；在调研各地执行饲料税收优惠政策的基础上，商财政部、国家税务局，制订饲料行业新的税收政策；组织召开“菜篮子”食品管理部际联席会议，专题研究严打“瘦肉精”问题，明确职责，密切配合，提高查处力度。

发挥协会作用　为行业多做实事

——中国饲料工业协会2001年主要工作回顾

新世纪开元之年，中国饲料工业协会在部党组、畜牧兽医局（全国饲料工作办公室）和协会第四届理事会的领导下，将“三个代表”重要思想和党的十五届六中全会决议精神贯穿于协会各项工作之中，进一步解放思想，转变作风，适应市场经济和加入WTO的需要，继续坚持“双向服务”的方针，以企业为本，强化行业管理，提高服务质量，围绕行业发展和协会工作重点，想大事、议大事、抓大事，扎扎实实开展工作。

一、切实转变作风，深入调查研究

2001年，中国饲料工业协会研究确定了行业协会如何扶持大企业发展、加入WTO后协会如何发挥作用和行业自律管理与服务等三个重点研究课题，抽调骨干力量，组成了三个调研小组，分别由白美清会长、刘同占秘书长和颜小军副秘书长带队，到北京、广东、浙江、上海、河北五省市进行了调查研究。调研结束后，在对这些情况和问题进行深刻分析的基础上形成了综合调研报告，提出了具体的对策建议，供政府部门制定政策时参考，为企业开展工作提供了建议。与此同时，协会在全国饲料办的统一安排下，组织力量赴河北、山东、天津、河南、四川等省市进行了骨粉、肉骨粉使用情况专题调研，并形成了《骨粉、肉骨粉使用风险分析与评估》和《动物性饲料产品管理办法（征求意见稿）》，为政府管理部门的宏观决策提供了有力的依据。此外，协会还针对一些地方发生的人食用含盐酸克伦特罗（俗称瘦肉精）猪肉中毒事件，配合全国饲料办对非法使用盐酸克伦特罗的典型事件进行了实地调研，详细分析了产生问题的原因，提出了具体建议，为政府部门严厉打击非法使用盐酸克伦特罗的违法事件提供了依据和建议。关于饲料企业利用陈化粮，向国家粮食局提出陈化粮的用途和饲料利用建议。

二、协助政府工作，当好助手参谋

（一）配合政府管理部门制定和落实政策

经过20多年的改革，中国的饲料工业已经发展成为国民经济中重要的基础产业。为促进饲料工业持续健康发展，温家宝副总理批示农业部会同有关部门针对饲料生产和管理中的问题，制定一个指导性文件。协会将其作为行业发展的一件大事，列为协会的重点工作，积极配合全国饲料办起草文件和协调国家有关部委的关系，加快了文件的出台。

另外，为了争取国家继续对饲料工业实行免征增值税政策，促进饲料工业的快速发展，中国饲料工业协会在深入调查研究的基础上，积极向有关部门反映行业发展情况和广大企业的愿望，配合全国饲料办作好各项基础工作，使国家对饲料产品免征增值税的优惠政策得到了落实。

（二）将安全和质量作为工作的重中之重

一是向全体会员发出了倡议。倡议全体会员带头在饲料生产和经营过程中，进一步提高对饲料安全工作重要性的认识，严格执行国家法律法规，严格执行饲料标准，坚决杜绝生产、经营假冒伪劣饲料产品，坚决杜绝在饲料产品中使用违禁药品，自我约束，相互监督，彻底根除饲料安全隐患，维护行业良好形象，确保人民身体健康，为饲料安全乃至食品安全做出更大的贡献。这一重要举措，在社会上引起了强烈反响，得到了有关方面的好评。

二是组织了饲料安全质量情况新闻发布会。3月中旬，全国饲料办公室和中国饲料工业协会组织有关部门，以农业部的名义在北京举办了饲料安全质量情况新闻发布会。中央电视台、中央人民广播电台、人民日报等首都各大媒体的新闻记者以及农业部、饲料办、饲料协会的领导，以及部分饲料企业代表近100人出席了会议。新闻发布会上，农业部齐景发副部长、中国饲料工业协会白美清会长分别对如何搞好饲料安全工作发表了重要讲话，季之华巡视员通报了全国饲料产品质量抽查情况并对强制性标准《饲料中盐酸克伦特罗的测定》作了解释和说明。湖南唐人神集团等35家饲料生产和经营企业发起了《饲料安全新世纪宣言》，向全社会庄严承诺不制假、不售假，绝不在饲料产品中使用违禁添加物，确保饲料产品安全。这次新闻发布会，集中反映了在饲料安全这个热点问题上，政府主管部门、行业协会、饲料生产经营企业和广大消费者之间，不但有完全一致的认识，而且有完全一致的行动，充分体现了对中国饲料工业发展和对人民身体健康的高度责任感，充分体现了饲料工业行业自律意识的进一步加强。此次新闻发布会在社会上引起了强烈反响，除了各大媒体的及时宣传报道外，4月9日的人民日报在第11版出了专版，《中国饲料》杂志7、8、9三期，以“行业的心声”“社会呼唤饲料安全”为主题，组织配发了华北、华东、河南等地区狠抓饲料安全的纪实文章。为使宣言变为行动，使承诺变为现实，在全国饲料办的支持下，中国饲料工业协会与各省（区、市）饲料办、饲料工业协会以及饲料质量检测机构一起共同对这35家承诺企业的产品进行了监督检查，并且对检测结果进行了通报。

三是积极参与饲料安全工程建设。为加强饲料安全管理，为饲料安全工作提供技术支持，加大对饲料中使用违禁药品的查处力度，中国饲料工业协会信息中心在积极进行饲料安全工程信息网络建设的同时，主动向农业部提出了制定饲料安全评价规程等方面的工作建议。目前，部里已下达给中国饲料工业协会主持制定饲料原料安全评价规程等6项规程和20项饲料安全卫生最高限量及其检测方法标准的任务，目前，各项工作进展顺利。

四是加大了标准制修订力度。围绕饲料安全工程和适应加入WTO后与国际标准接轨的需要，进一步加大了标准制度、修订工作力度。今年由国家质量技术监督局下达国家标准计划项目36项，农业部饲料添加剂方面的行业标准计划项目30项。标准制修订工作还注意发挥企业的积极性。同时全国饲料工业标准化技术委员会秘书处积极做好标准审核上报工作，对本年度审查通过的标准，组织起草单位认真修改，及时上报。《饲料中盐酸克伦特罗的测定》和《饲料卫生标准》已经农业部和国家质检总局审批发布，《饲料植酸酶活性的测定》等8项国家标准已经上报待批。

五是积极组织了饲料添加剂和添加剂预混合饲料生产许可证审核发放的初审工作。受全国饲料办委托，协会负责组织饲料添加剂和添加剂预混合饲料生产许可证的初审工作。经专家评审并报全国饲料办批准，共有746家饲料添加剂生产企业和2 203家添加剂预混合饲料生产企业获得了生产许可证。为了加快生产许可证的办证速度和质量，方便企业，协会还组织编印了《饲料添加剂和添加剂预混合饲料生产许可证申证指南》，在有关省、市先后组织了6期生产许可证政策法规培训班。同时，组织部分审核专家对部分申请生产许可证的生产企业进行实地调查，使生产许可证的申报、审核和发放工作有序进行。

六是重视和加强了行业质量咨询和质量认证工作。协会专门成立了北京中饲协质量咨询中心，并开展了质量认证咨询工作。目前已为大连翔大科技有限公司和长春中谷华龙饲料有限公司等6家单位开展了ISO9000质量认证咨询，加快了这些企业质量认证的步伐。为帮助企业搞好质量认证的基础工作，已举办了2期饲料工业质量体系内部审核员培训班。

（三）推动行业科技进步，提高从业人员素质

一是以饲料行业“丰收计划”项目为龙头，注重用高新技术和实用技术改造传统饲料业。2001年是“十五”计划第一年，协会配合部“丰收计划”办公室，组织力量编写了《农业部“十五”重点推广50项技术》饲料行业部分，明确了“十五”期间需推广的重点技术。2001年已落实饲料行业“丰收计划”项目6个，争取国家投入项目资金180万元。项目资金已全部落实到位，项目也正在积极的组织实施之中。协会近几年始终致力于新技术的引进工作，“开发饼粕类饲料资源膨化技术”已经顺利通过了农业部组织的验收，同时，继续组织“转基因饲料安全性评价技术”的引进项目申报工作。

二是职业技能鉴定逐步规范。2001年中国饲料工业协会在海南省海口市召开了全国饲料行业职业技能鉴定工作会议，提高了各地对实行就业准入、推行职业资格证书制度重要意义的认识，增强了进一步做好行业职业技能鉴定工作的信心。组织编写了“饲料检验化验员”、“饲料厂中心控制室操作工”、“饲料加工设备维修工”以及“饲料粉碎制粒工”等四个饲料职业的国家职业标准。指导各职业技能鉴定站开展职业技能培训与鉴定工作，全年共有10个站进行了4个职业、2个等级的培训鉴定，有2 051人获得了国家职业资格证书，145人取得了考评员和督导员资格证书，为全面开展行业技能鉴定奠定了坚实的基础。全国已建立省级技能鉴定站26个。

三、积极为企业排忧解难，努力提高服务水平

一是加强行业信息和宣传工作。《中国饲料》、《饲料广角》杂志继续发挥了行业宣传喉舌的作用。为帮助广大企业了解WTO知识，《中国饲料》开辟了“走进WTO”专栏，系统介绍了有关世贸组织的基本知识，受到企业好评。经过努力，协会在北京市工商局注册登记了《饲料广角》，作为信息中心的网刊，通过扩大发行和规范经营，进一步提高了《饲料广角》杂志的可读性、实用性和综合性，形成了一网一刊的信息服务格局。

中国饲料工业信息网开辟的网上信息栏目已达31个，2001年，全年上网人数已达100万人次。2001年被中国-欧洲联盟农业技术中心、农业部信息中心、中国电子商务协会评为全国优秀农业网站。《中国饲料工业协会通讯》作为直接为行业和会员服务的窗口，更加突出了政策、信息传递简单、快捷的特点。

二是成功举办了2001中国畜牧业暨饲料工业交易会。2001年中国畜牧业暨饲料工业交易会由农业部畜牧兽医局（全国饲料办）主办，全国畜牧兽医总站和中国饲料工业协会共同承办，饲料工业展区由中国饲料工业协会独立组织。由于协会突出了为企业服务的办展指导思想，整个交易会饲料工业展区筹展充分，组织有力，与会领导和代表对本届交易会饲料工业展区的一致评价是规模大、水平高、人气旺、收效好。

三是组织召开各种研讨会和培训班。6月份，中国饲料工业协会在武汉举办了“识别假冒伪劣饲料原料和饲料添加剂”培训班，与会专家从法律法规和辨别技巧等方面进行授课和现场辅导，企业参会非常踊跃，有近200人参加了培训。8月份，应广大企业要求，协会在京召开了本年度饲料原料市场分析座谈会。与会代表对饲料原料市场及存在的问题进行了分析，对市场趋向进行了预测，并就如何发展和规范饲料原料市场提出了建议。9月份，中国饲料工业协会与四川省饲料办、饲料工业协会共同在成都组织了全国饲料工业质量管理研讨会，共70多人参加了研讨。

四、进一步加强国际交流与合作

一是抓紧加入国际饲料工业联合会的各项准备工作。国际饲料工业联合会是一个国际性的饲料行业组织，尽管是民间性的，但由于其在联合国食品法典委员会中属于非政府组织会员，处于观察员地位，因此，有资格参加各个特别工作组的会议和活动，并发表意见。在良好动物饲养规范特别工作组中，国际饲料工业联合会就是一个积极的参与者，参加了第一小组的草案起草工作。如果中国饲料工业协会能够加入该组织，不仅可以通过该组织向联合国食品法典委员会转达中国的要求，而且，目前还能暂时以非政府组织的身份参加特别工作组的会议，直接参与有关草案的制定工作。早日加入该组织有利于推动中国饲料工业协会与国际饲料工业组织及各国饲料工业协会之间的交流与合作。目前，中国饲料工业协会正在积极同国际饲料工业联合会联系，开展有关工作。

二是加强双边协作。为促进中国和加拿大饲料行业协会间的技术、信息交流，建立长期合作及友好互惠关系，中国饲料工业协会与加拿大国际谷物学院主席道格拉斯·斯托先生、加拿大豆类作物协会主席莱斯·兰金先生、加拿大双低油菜籽理事会主席戴尔·阿道夫先生签署了《中国－加拿大饲料行业协会合作谅解备忘录》。双方就分享饲料及饲料原料的利用、饲料配方及加工、动物营养及科学管理方面的研究成果和技术知识；建立中加两国饲料行业间的定期互访和学术交流制度；开展饲料利用、加工和畜牧业方面的培训课程；各方每季度相互通报其行业工作计划和工作进展情况等中加双方饲料行业协会签署了合作谅解备忘录。目前，该备忘录的部分条款已经启动。中国饲料工业协会与加拿大国际谷物学院共同在广州、北京、上海和宁波举办了4期培训班。

三是成功举办了2001年中国国际饲料工业新技术研讨会。为给国内外饲料企业创造一个有利于高新技术合作与交流的发展环境，促进饲料企业之间在竞争中加强合作，积极利用高新科技成果改造传统产业，扩大贸易和投资，提高企业核心竞争力，2001年11月，中国饲料工业协会在北京举办了2001年中国国际饲料工业新技术研讨会，会议研讨内容丰富，学术水平较高，10多位国内外知名专家在会上作了专题报告，有近200位国内外代表参加了研讨。

五、发挥协会间的联合优势，共同搞好协会组织建设

一是组织召开了全国饲料工业协会秘书长工作会议。为总结交流各地在协会工作中取得的成就与经验，共同探讨如何在新形势下切实加强地方协会建设和开创性地搞好协会各项工作，根据《中国饲料工业协会章程》的有关规定，中国饲料工业协会在河南省洛阳市召开了全国饲料工业协会秘书长工作会议，会议中心议题是新形势下的协会建设问题。除各省（区、市、计划单列市）饲料工业协会主要负责人参加外，各省饲料办负责人也应邀参加了会议。白美清会长作了《加强组织建设，改进工作作风，在新形势下开创协会工作新局面》的工作报告，河南、辽宁、广东、陕西、湖南、四川、青岛等省市代表在会上作了经验介绍，刘同占秘书长作了会议总结。

二是协会围绕庆祝建党80周年，精心组织了送科技下乡和捐资助学活动。4月份，在河北省饲料办、饲料工业协会的协助下，到河北省易县安格庄乡送科技下乡，向当地养殖户赠送技术资料1 200多份，技术人员进行了现场答疑，取得很好效果。此外，还向南头小学赠送了价值4万多元的电脑、打印机和学习用具，以及赠送了职工捐助的1万元现金。此次活动，不仅帮助了革命老区的贫困学生，更重要的是对协会全体干部职工进行了一次革命传统教育和爱国主义思想教育，进一步提高了协会为行业、企业搞好服务的自觉性，增强了协会的凝聚力。

2001年中国饲料工业生产概况

2001年是我国饲料工业继续大发展的一年。据统计，全国饲料产品总产量达7 806万t，比上年增长5.1%，其中，配合饲料产量为6 087万t，增长3%；浓缩饲料1 418万t，增长13.5%；添加剂预混料300万t，增长19%。

1. 全国饲料工业的发展特点。一是继续保持较快的发展速度。全年饲料产品平均增幅为5.1%，高于肉类（3%）和水产品（2.2%）的增幅。二是质量继续保持较高水平，违禁药品检出率大幅度下降。2001年进一步加大了市场监管力度，扩大了检测范围，配合饲料合格率达到92%，添加剂预混合饲料的合格率为81%，与上年持平；饲料和动物饮用水中违禁药品检出率已从2000年的7.1%，下降到2001年第四度的0.66%。三是饲料产品结构进一步优化，高附加值的添加剂预混合饲料和浓缩饲料产品比例继续提高。2001年添加剂预混合饲料和浓缩饲料占饲料产品的比重分别达到3.8%和18%，分别比上年提高0.4和1.2个百分点。四是受养殖业经济景气拉动，饲料产品价格总体有所回升，配合饲料价格平均比上年上涨3%左右。五是饲料生产企业集团化、规模化进程加快。

2. 市场情况。2001年饲料产品价格仍然稳定在低价位。全年猪配合饲料平均价格为1.60元/kg，与2000年相比，上升6.7%，价格变动幅度为±0.03元/kg。肉鸡配合饲料平均价格为1.88元/kg，上升2.2%，价格变动幅度为±0.01元/kg。蛋鸡配合饲料平均价格为1.70元/kg，上升1.8%，价格变动幅度为±0.04元/kg。配合饲料价格变化幅度较小，供应稳定，为养殖业持续健康发展和农民增收做出了贡献。

2001年饲料原料市场价格变化较大。饲料原料价格总体上涨20%以上，饲料加工企业成本增加，利润下滑。玉米价格大幅上扬，出口量下降。玉米在配合饲料中占有最大份额，其产销情况直接影响着我国配合饲料生产。2001年玉米全年平均价格为1.17±0.06元/kg，比上年上涨25.8%，受国内玉米价格上涨的影响，2001年我国出口量有所下降，全年出口玉米599.7万t，比2000年的1 046.6万t减少446.9万t。

蛋白质饲料价格小幅下降。豆粕和鱼粉是配合饲料主要的蛋白质来源。2001年，全年饲料工业消费豆粕约1 400万t，豆粕全年平均价格为2.16±0.08元/kg，比上年下降2.8%。2001年我国进口鱼粉90.17万t，国产鱼粉45.87万t，全年鱼粉消费量为120多万吨左右。由于国际市场鱼粉价格走低和国内豆粕价格下滑，2001年进口鱼粉平均价格为5.07±0.11元/kg，比上年下降0.8%。

饲料添加剂市场起伏跌宕。2001年，饲料级蛋氨酸价格一路下滑，已降到近几年的最低水平，饲料级蛋氨酸全年平均价格为22.93±2.88元/kg，比上年下降26%，全年进口饲料级蛋氨酸5.77万t，比上年增长86.1%。受我国对进口赖氨酸进行反倾销调查的影响，饲料级赖氨酸价格波动巨大，总体呈上升水平，全年平均价格为19.46±2.37元/kg，比上年上涨20.3%，全年进口赖氨酸7.36万t，比上年增长38.9%，加上国产饲料级赖氨酸，全年赖氨酸使用量已超过9万t。维生素、矿物质原料以及矿物质微量元素，市场竞争激烈，一直处于低价位。国产的VC、VE、VB_1、VB_2、VA、氯化胆碱，不仅满足国内需求，而且对国际市场产生重大影响。我国磷酸氢钙生产企业已发展到 150 多家，生产能力达 200 万 t，而我国需求量只有 100 多万 t，产量大于需求，激烈的市场竞争使磷酸盐生产企业处于微利保本状态。

3. 发展预测。2002 年，国家将继续实行积极的财政政策和稳健的货币政策，加强基础设施建设，规范和整顿市场经济秩序，保持国民经济持续健康发展。同时，采取综合措施增加农民收入，进一步扩大内需。2001 年 10 月，国务院办公厅转发了农业部关于加快畜牧业发展的意见，畜牧业发展进入了一个新的振兴时期，给饲料工业带来新的发展空间。从饲料原料供应和市场价格分析，2002 年大宗原料将供应充足，价格相对稳定。（1）玉米：2001 年我国玉米产量达到 11 409 万 t，比上年增加 809 万 t，增长 7.63%，供应环境相对宽松，但由于受国内、国际库存的影响，2002 年玉米价格下调空间不大。（2）豆粕：2001 年，我国进口大豆1 393.7 万 t，加上国产大豆，其豆粕生产总量约为 1 620 万 t，满足了当年的需要，由于 2001 年我国豆粕价格低靡，2002 年豆粕价格可能反弹。（3）鱼粉：我国鱼粉资源匮乏，世界鱼粉资源也在枯竭，但需求增加，2002 年鱼粉将保持在较高的价位上。（4）饲料添加剂：供应充足，价格不会有太大变化，但随着新建饲料级氨基酸企业的投产，我国主要依赖进口的局面将有所改观，价格可能会稳中有降。

虽然玉米、豆粕、鱼粉等主要原料价格降价空间不大，但由于酶制剂等新型饲料添加剂的推广应用，棉菜粕的脱毒处理技术推广，小麦、稻谷替代玉米的试验成功，以及无鱼粉配方日粮推行，饲料工业依靠科技进步走内涵扩大再生产的能力强劲，饲料产品价格将继续保持稳定，为养殖业的持续发展奠定坚实的物质基础。

（杨振海　沙玉圣）

政 策 法 规

中华人民共和国农业部公告

第141号

根据《进口饲料和饲料添加剂登记管理办法》的规定，批准芬兰饲料国际有限公司等25家公司的37种饲料和饲料添加剂产品在我国注册或重新注册，并发给《进口登记许可证》（品种见进口饲料和饲料添加剂注册目录2001－01）。目录中所列产品的监督检验按中华人民共和国国家标准或我部发布的质量标准执行。

附件：进口饲料和饲料添加剂注册目录2001－01

中华人民共和国农业部

二〇〇一年二月十五日

中华人民共和国农业部、中华人民共和国国家出入境检验检疫局公告

第143号

为防止疯牛病传入，保护我国畜牧业安全和人体健康，根据《中华人民共和国进出境动植物检疫法》等有关法律法规的规定，现公告如下：

一、禁止直接或间接从发生疯牛病的国家或地区进口牛、牛胚胎、牛精液、牛肉产品（包括牛内脏）及其制品、反刍动物源性饲料（包括牛、羊等的肉骨粉、骨粉、肉粉、血粉、血浆粉、干血浆及其他血液制品、脱水蛋白、蹄粉、角粉、油渣、磷酸氢钙、明胶，以及用上述原料加工制作的各类饲料）。

二、禁止从欧盟成员国进口动物源性饲料产品，严格执行农业部、对外贸易经济合作部和国家出入境检验检疫局联合下发的《关于加强肉骨粉等动物性饲料产品管理的通知》（农牧发〔2000〕21号）。

三、禁止从欧盟成员国进口牛、牛胚胎、牛精液、牛肉产品（包括牛内脏）及其制品。

四、禁止携带、邮寄上述所列物品进境。

五、凡截获的走私进境的上述物品，一律在就近的出入境检验检疫机构监督下做销毁处理。

六、途经我国或在我国停留的国际航行船舶、飞机、火车等，如发现来自疯牛病国家或地区的上述物品，一律作封存处理。

七、截至上一年发生疯牛病的国家为：英国、爱尔兰、瑞士、法国、比利时、卢森堡、荷兰、德国、葡萄牙、丹麦、意大利、西班牙、列支敦士登。今后，凡有新发生疯牛病的国家，将自动列入上述名录。

八、凡违反上述规定者，由出入境检验检疫机构按《中华人民共和国进出境动植物检疫法》等有关规定处理。

九、各出入境检验检疫机构、各级动物防疫监督机构要分别按《中华人民共和国进出境动植物检疫法》和《中华人民共和国动物防疫法》的有关规定，密切配合，做好检疫、防疫和监督工作。

中华人民共和国农业部

中华人民共和国国家出入境检验检疫局

二〇〇一年三月二日

中华人民共和国农业部、中华人民共和国国家出入境检验检疫局公告

第144号

为防止疯牛病和痒病传入，我国禁止从疯牛病和痒病疫区国家或地区进口动物性饲料产品，并已从2001年1月1日起禁止从欧盟进口动物性饲料产品。为加强对进口动物性饲料的管理，防止被我国禁止的动物性饲料产品通过第三国转口或混入第三国的饲料进口到我国，现公告如下：

一、进口动物性饲料产品必须按《进口饲料和饲料添加剂登记管理办法》的规定，向农业部申请登记，取得产品登记证。

二、进口单位进口动物性饲料产品，在签订贸易合同前必须凭产品登记证复印件向出入境检验检疫机构申请，取得《中华人民共和国进境动植物检疫许可证》。

三、进口的动物性饲料产品，必须符合中国的检验检疫要求：

（一）必须随附出口国家或地区官方检验检疫机构出具的卫生证书正本；

（二）卫生证书中必须声明动物性饲料产品是用来源于本国动物的原料生产的，不含有第三国的动物性饲料产品并且没有受到第三国动物性饲料产品的污染；

（三）卫生证书中必须注明动物性饲料产品来源

的动物种类；

（四）进境的动物性饲料产品必须货证相符；

（五）进境的动物性饲料产品必须经出入境检验检疫机构检疫合格或经处理合格。

四、对在此公告发布前已装运的动物性饲料产品，如出口国家或地区出具的卫生证书中没有注明本公告第三条（二）（三）款内容的，出口国家或地区检验检疫机构必须补充书面声明，证明该批动物性饲料产品符合本公告第三条（二）、（三）款的要求。

五、对不符合上述要求的，一律做退回或销毁处理。

六、本公告所称动物性饲料产品是指源于动物或产自于动物的产品经工业化加工、制作的供动物食用的饲料。

中华人民共和国农业部

中华人民共和国出入境检验检疫局

二○○一年三月一日

中华人民共和国农业部公告

第155号

根据《进口饲料和饲料添加剂登记管理办法》的规定，批准芬兰饲料国际有限公司等47家公司的72种饲料和饲料添加剂产品在我国注册或重新注册，并发给《进口登记许可证》（品种见进口饲料和饲料添加剂注册目录2001－02）。目录中所列产品的监督检验按中华人民共和国国家标准或我部发布的质量标准执行。

附件：进口饲料和饲料添加剂注册目录2001－02

中华人民共和国农业部

二○○一年四月二日

中华人民共和国农业部公告

第157号

根据《饲料和饲料添加剂管理条例》和《饲料添加剂和添加剂预混合饲料生产许可证管理办法》的规定，批准济南得星化工科技有限公司等25家企业从事饲料添加剂生产，栾城县饲料公司等72家企业从事添加剂预混合饲料生产，并分别发给《饲料添加剂生产许可证》、《添加剂预混合饲料生产许可证》。

附件

1．饲料添加剂生产许可证获证企业名单（饲添2001－01）

2．添加剂预混合饲料获证企业名单（饲预2001－01）

中华人民共和国农业部

二○○一年四月十二日

中华人民共和国农业部公告

第159号

根据《饲料和饲料添加剂管理条例》和《饲料添加剂和添加剂预混合饲料生产许可证管理办法》的规定，批准黄骅市动物营养品厂等33家企业从事饲料添加剂生产，江苏海安三陵饲料产销联合公司等48家企业从事添加剂预混合饲料生产，并分别发给《饲料添加剂生产许可证》、《添加剂预混合饲料生产许可证》。

中华人民共和国农业部

二○○一年四月二十八日

中华人民共和国农业部公告

第160号

根据《进口饲料和饲料添加剂登记管理办法》的规定，批准俄罗斯 Master Sea Service 有限公司等33家公司的48种饲料和饲料添加剂产品在我国注册或重新注册，并发给《进口登记许可证》（品种见进口饲料和饲料添加剂注册目录2001－03）。目录中所列产品的监督检验按中华人民共和国国家标准或我部发布的质量标准执行。

附件：进口饲料和饲料添加剂注册目录2001－03

中华人民共和国农业部

二○○一年四月二十八日

中华人民共和国农业部公告

第163号

根据《进口饲料和饲料添加剂登记管理办法》的规定，批准西班牙 NATURE S.A. 公司等57家公司的76种饲料和饲料添加剂产品在我国注册或重新注册，并发给《进口登记许可证》（品种见进口饲料和饲料添加剂注册目录2001－04）。目录中所列产品的监督检验按中华人民共和国国家标准或我部发布的质量标准执行。

附件：进口饲料和饲料添加剂注册目录2001－04

中华人民共和国农业部

二○○一年六月七日

中华人民共和国农业部公告

第166号

根据《进口饲料和饲料添加剂登记管理办法》的规定，批准冰岛 Hraofrystistoo Porshfnar 公司等45家公司的57种饲料和饲料添加剂产品在我国注册或重新注册，并发给《进口登记许可证》（品种见进口饲料和饲料添加剂注册目录 2001－05）。目录中所列产品的监督检验按中华人民共和国国家标准或我部发布的质量标准执行。

附件：进口饲料和饲料添加剂注册目录 2001－05

中华人民共和国农业部
二〇〇一年七月五日

中华人民共和国农业部公告

第 169 号

根据《饲料和饲料添加剂管理条例》、《饲料添加剂和添加剂预混合饲料生产许可证管理办法》的规定，批准无锡市中盛饲料有限公司等 82 家企业从事饲料添加剂生产，天津市蓝驰饲料科技有限公司等 108 家企业从事添加剂预混合饲料生产，并分别发给《饲料添加剂生产许可证》、《添加剂预混合饲料生产许可证》。批准北京昕大洋生物技术有限公司等 9 家企业增加饲料添加剂生产品种。

附件：

1. 饲料添加剂生产许可证获证企业名单（饲添 2001－03）

2. 添加剂预混合饲料生产许可证获证企业名单（饲预 2001－03）

3. 饲料添加剂生产许可证增项企业名单（饲增 2001－03）

中华人民共和国农业部
二〇〇一年八月二十七日

中华人民共和国农业部公告

第 170 号

根据《进口饲料和饲料添加剂登记管理办法》的规定，批准意大利威尼达公司等 51 家公司的 68 种饲料和饲料添加剂产品在我国注册或重新注册，并发给《进口登记许可证》（品种见进口饲料和饲料添加剂注册目录 2001－06）。目录中所列产品的监督检验按中华人民共和国国家标准或我部发布的质量标准执行。

附件：进口饲料和饲料添加剂注册目录 2001－06

中华人民共和国农业部
二〇〇一年八月二十七日

中华人民共和国农业部公告

第 175 号

根据《进口饲料和饲料添加剂登记管理办法》的规定，批准海光实业股份有限公司等 25 家公司的 30 种饲料和饲料添加剂产品在我国注册或重新注册，并发给《进口登记许可证》（品种见进口饲料和饲料添加剂注册目录 2001－07）。目录中所列产品的监督检验按中华人民共和国国家标准或我部发布的质量标准执行。

附件：进口饲料和饲料添加剂注册目录 2001－07

中华人民共和国农业部
二〇〇一年十月十五日

中华人民共和国农业部公告

第 179 号

根据《进口饲料和饲料添加剂登记管理办法》的规定，批准英国维乳康国际乳品公司等 27 家公司的 42 种饲料和饲料添加剂产品在我国注册或重新注册，并发给《进口登记许可证》（品种见进口饲料和饲料添加注册目录 2001－08）。目录中所列产品的监督检验按中华人民共和国国家标准或我部发布的质量标准执行。

附件：进口饲料和饲料添加剂注册目录 2001－08

中华人民共和国农业部
二〇〇一年十二月二十三日

中华人民共和国农业部公告

第 181 号

国家明令禁止在饲料和动物饮用水中添加盐酸克伦特罗等药品。广东中洋饲料有限公司置国家法律法规于不顾，非法生产、经营含有盐酸克伦特罗的添加剂预混合饲料，造成广东省河源市 484 名居民中毒，情节特别严重，社会影响极坏。根据《饲料和饲料添加剂管理条例》第三十条规定，现吊销其添加剂预混合饲料生产许可证，取消其从业资格。

中华人民共和国农业部
二〇〇一年十二月二十九日

中华人民共和国农业部公告

第 182 号

根据《饲料和饲料添加剂管理条例》和《饲料添加剂和添加剂预混饲料生产许可证管理办法》的规定，批准中外合资天津捌奇高科技有限公司等 81 家企业从事饲料添加剂生产（见附件 1），批准浙江德清东立实业总公司等 12 家企业增加饲料添加剂项目（见附件 2），并发给《饲料添加剂生产许可证》；批准湖北畅响生物工程股份有限公司等 137 家企业从事添加剂预混合饲料生产（见附件 3），并发给《添加剂预混合饲料生产许可证》。

附件1：饲料添加剂生产许可证获证企业名单（饲添2002－04）

附件2：饲料添加剂生产许可证增项企业名单（饲增2001－04）

附件3：添加剂预混合饲料获证企业名单（饲预2001－04）

中华人民共和国农业部
二〇〇一年十二月二十九日

中华人民共和国农业部、中华人民共和国国家出入境检验检疫局关于办理动物性饲料产品进口登记有关问题的通知

（2001年1月15日）

农业部、对外贸易经济合作部、国家出入境检验检疫局联合下发的《关于加强肉骨粉等动物性饲料产品管理的通知》（农牧发［2000］21号），以下简称《通知》发出后，由于一些外国厂商未按《进口饲料和进口饲料添加剂登记管理办法》(农业部38号令)规定办理产品登记证，致使进口企业无法办理进口动物性饲料产品检疫审批手续。为保证《通知》的顺利执行，同时减少进口企业损失，现就有关事宜通知如下：

一、向中国出口肉骨粉等动物性饲料产品必须按照《进口饲料和进口饲料添加剂登记管理办法》的规定办理进口登记。到目前尚未办理登记并正在向中国出口的动物性饲料产品，国外厂商或其代理人必须于2001年2月15日前向农业部提出申请。农业部将根据所提供的资料决定是否受理，对符合要求的，开具《临时登记证》，有效期为2个月。进口企业凭《临时登记证》向出入境检验检疫部门申请办理检疫审批手续。

二、非独家国外企业生产的鱼粉、饲料级乳清粉进口登记以国外供货商或进口代理企业为申请人，以生产国为产地的方式登记。办理饲料级（或饲料用）乳清粉及乳制品登记时，必须提供饲料级标准，并在标签、标识上注明。

三、《临时登记证》超过有效期而未办理正式进口登记的动物性饲料产品，不得向中国出口。

中华人民共和国农业部、国家药品监督管理局关于公布全国查处非法生产销售和使用违禁药品联合工作组名单及举报电话的通知

（二〇〇一年二月二十三日）

根据农业部和国家药品监督管理局《关于查处非法生产、销售和使用盐酸克伦特罗等药品的紧急通知》（农牧发［2000］4号）的精神，2000年4月份以来，各地陆续成立了查处非法生产、销售和使用违禁药品‘联合工作组’。为加强社会监督，现将‘联合工作组’名单及举报电话予以公布。

各级畜牧兽医、饲料和药品监督管理部门要认真贯彻农牧发［2000］4号精神，密切配合，加大对非法生产、销售和使用盐酸克伦特罗等药品的查处力度。要堵截源头，严防其流入饲料和养殖企业；要制定奖励制度，对积极提供线索的举报有功人员予以奖励；要加强执法监督，提高检测能力，发现一起，查处一起，通报一起，努力保证饲料安全，维护人民身体健康。

附件：全国查处非法生产销售和使用违禁药品联合工作组名单及电话

附件：全国查处非法生产销售和使用违禁药品联合工作组名单及电话（一）

地 区	组 长	工作组成员	联系电话
农业部、国家药品监督管理局	贾幼陵	农业部畜牧兽医局（全国饲料工作办公室）：季之华、陈伟生、杨振海、董义春、王晓红，国家药品监督管理局市场监督司：李洪生、李勤	农业部：010－64192882、64192829，FAX：64192869；国家药品监督管理局：010－68313344－0904、0906，FAX：68311995
北京市	聂玉藻	刘亚清、赵林、李文海、王小为、王滨、姚杰章、郑瑞锋、万宝霞、周德刚	兽医卫生监督检验所：010－62050143，联系人：万宝霞；农业局畜牧兽医管理处：82078427，联系人：王滨
天津市	傅润亭	李如茂、王红军、王瑞久、沈宏、林佩枝	市饲料工作办公室：022－28301372；市兽药饲料监察所：28309464

（续）

地区	组长	工作组成员	联系电话
河北省	李景华	周杰、李建国、李基滏、张志敏、师校军	省畜牧局：0311－6045923 转 8555、8299；省药品监督管理局：0311－7045254
山西省	张运莲	周秀梅、郑青叶、吕世秀	0351－4033069
内蒙古自治区	于铁夫	于庆华、牧远、希日莫、董宏、郭丽珍	0471－4305099
辽宁省	宋树才	张玉文、邵传明	省兽医处：024－23839396；省饲料办：22829620；省饲料监测所：84120035
吉林省	孙景发	丁日新、呼立涛、李成葆、李广生	0431－2713664
黑龙江省	田　武	张永亮、高庆武、姚春翥、朱良坤、时胜远、王国忠、符兰波、王桂芬	省饲料工业办公室：0451－2625668、2627420
上海市	钱根兴	陈海刚、张瑶华、金笑敏、李佩卿、王燕、凤懋熙	兽医药政管理办公室：021－64046500 转 515、513、520 分机

全国查处非法生产销售和使用违禁药品
联合工作组名单及电话（二）

地区	组长	工作组成员	联系电话
江苏省	施　惠	侍苏华、宋晓春、黄焱	药政监督管理局稽查处：025－4407673；农林厅饲料站：3737555－0915，3722651；饲料监察所：3722735
浙江省	张火法	范克强、袁国华、吴新民、王勇	省饲料工作办公室：0571－6953948；成员电话：6944562、6092461、6092463
安徽省	周世其	董卫星、王明辉、潘鑫、钱志平	0551－2610214、2650644、3519419
福建省	胡　春	严乾临、黄剑达	0591－7851058
江西省	江映平	涂继雄、邱水平、叶林方、刘顺华、姜文娟、饶辉	0791－6276649、8108874
山东省	刘炳谭	孙玉亭、陆峰、唐建俭、马哨山、杨位礼、刘文永、吴世福	省畜牧局：0531－7953446、7105324、7955571、7953445 药品监督管理局：8937921－8234、8937921－8330；兽药监察所：7954094，饲料监察所：7953474
河南省	史孝孔	王国清、李水彦、朱立良、张雄	饲料工业办公室：0371－5956953、5955234－3125
湖北省	王　渝	张纪林、周召明、王峻、刘静平、赵瑞华、易俊东	畜牧局兽医处：027－87272217
湖南省	徐成进	夏铁羽、邓运清、蒋志明、张桂才	饲料工业办公室：0731－4445743、4403352；药品监督管理局：2228827；畜牧局药政处：8881744
广东省	郭仁东	张其昌、陈福林、罗道栩、刘付启荣	020－87706349；郭仁东 13602725022

全国查处非法生产销售和使用违禁药品
联合工作组名单及电话（三）

地区	组长	工作组成员	联系电话
广西壮族自治区	农万菊	梁纪豪、伍志慧、吴为忠、吕奕	0771－2800023
海南省	邢贻强	廖代重、张绍君、颜为新、黎运达、吴民	农业厅畜牧处：0898－5343913；药品监督管理局：5332540；饲料工业办公室：5338096；饲料监察所：5340947

（续）

地区	组长	工作组成员	联系电话
四川省	唐宗长	黄瑛、王涛、张履平、李淳、戴正瑞、林祥贵	028－5582713、5545641 联系人：林祥贵
重庆市	王义北	夏永鹏、何学良、程必元、马琳、张基明、曹亚平、许会军、米自由	农业局兽医处：023－69016185；药品监督局：68810949；饲料办：69016192
贵州省	罗祥斌	罗次毕（常务副组长）、龙鳌、李健、虞天德	0851－5284151；5286766；5868010
云南省	谢　晖	李春棣、王天喜、钱朝海、成绍先、杨锦华、丁永华	0871－5611600 联系人：丁永华
陕西省	王　锋	石兴武、赵辉文、丰雷、吴开昌、陈亦兵、王西全、邱咏梅	畜牧处 029－7320374；饲料办 7345955；药监局 4296572
甘肃省	张建文	叶文华、张自强、何其健、詹述宣、仝稳洲	省饲料工业办公室：0931－8838380
青海省	吉　尕	简芬英、王大明、陈燕平、唐国盛	0971－6136031、6153037
宁夏回族自治区	李志仁	陈松华、华生祥、黄兆宏、斐鸣、姚伯平	0951－6072044（饲料办）、6026374（药监局）联系人：姚伯平
新疆维吾尔自治区	吐尔逊·吾守尔	阿布列孜·吾守尔、热依木江·赛力木、史瑞芝、聂新、杨文淦、刘君健、张洁、刘爱荣、白连省、李桂芳、王云	工作组联系电话：0991－2837730 药品监督管理局：2629949

中华人民共和国国家出入境检验检疫局、中华人民共和国农业部、中华人民共和国对外贸易经济合作部、中华人民共和国海关总署、国家环境保护总局关于处理欧盟已到港动物性饲料产品有关问题的通知

（二○○一年二月二十八日）

农业部、对外贸易经济合作部、国家出入境检验检疫局联合下发《关于加强肉骨粉等动物性饲料产品管理的通知》（以下简称《通知》）后，仍有从欧盟进口的动物性饲料产品陆续抵达各进境口岸，根据《通知》要求，现就已到港的从欧盟进口的动物性饲料产品进行处理的有关问题通知如下：

1. 对已到港动物性饲料产品做退回处理；对不能做退回处理的，做销毁处理。

2. 已到港动物性饲料产品的进口单位，请与进境口岸的出入境检验检疫机构、当地海关联系，办理有关手续。

海关凭出入境检验检疫机构出具的有关处理通知办理移交、结案手续。

3. 销毁处理（处置）动物性饲料产品的场所、设施由进口单位负责联系，但须经进境口岸的出入境检验检疫机构、当地环保局、当地饲料管理部门认可。

4. 做销毁处理（处置）的动物性饲料产品，须在进境口岸的出入境检验检疫机构、当地环保局、当地饲料管理部门的监督下进行。

5. 销毁动物性饲料产品的费用，由进口单位承担。

中华人民共和国农业部、中华人民共和国国家经济贸易委员会、中华人民共和国国家工商行政管理总局、中华人民共和国国家质量监督检验检疫总局、国家药品监督管理局关于严厉打击非法生产经营和使用盐酸克伦特罗等药品违法行为的通知

（二○○一年六月十三日）

自2000年4月，农业部和国家药品监督管理局联合发出《关于查处非法生产、销售和使用盐酸克伦

特罗等药品的紧急通知》（农牧发［2000］4号）以来，各级畜牧兽医、饲料和药品监督管理部门，积极行动，严厉打击非法生产、经营和使用盐酸克伦特罗的行为，查处了一批违规企业和养殖户，惩治了一批不法分子，饲料中违禁药品检出率已明显下降。但是，在个别地区违法生产、经营和使用盐酸克伦特罗药品的行为依然存在，甚至还十分严重。一些企业和饲养场采取更加隐蔽的手段，建立地下网络，非法生产、销售和使用盐酸克伦特罗等药品，以牟取暴利。这种状况直接威胁着饲料安全和人民身体健康。为了深入贯彻《国务院关于整顿和规范市场经济秩序的决定》（国发［2001］11号，以下简称《决定》）、《国务院办公厅关于继续深入开展严厉打击制售假冒伪劣商品违法犯罪活动联合行动的通知》（国办发［2001］32号，以下简称《通知》），以及国务院领导同志的指示精神，切实加强对药品生产和流通的管理，杜绝在饲料和饲料添加剂以及饲养过程中非法使用盐酸克伦特罗等药品（包括激素类、镇静剂类和其他各种违禁药品，下同），农业部、国家经济贸易委员会、国家工商行政管理总局、国家质量监督检验检疫总局、国家药品监督管理局决定在全国范围内对非法生产、销售和使用盐酸克伦特罗等药品的违法行为进行严厉查处。现将有关事宜通知如下：

一、提高认识，增强责任感

盐酸克伦特罗（俗称‘瘦肉精’）既不是兽药，也不是饲料添加剂，是肾上腺素类神经兴奋剂，属β-兴奋剂类激素。国际上很早就有一些运动员非法使用该药，以提高肌肉力量和运动成绩。该药实际上是严重危害畜牧业健康发展和畜产品安全的毒品，早已明令禁止在饲料和畜牧生产中使用。1997年以来，国内已发生数起由该药引发的食品安全事件，影响极为恶劣。国务院领导同志多次批示，要加大饲料监测力度，保证饲料安全。对此，各省、自治区、直辖市农业（农牧、畜牧）厅（局）、饲料工作（工业）办公室、经济贸易委员会、工商行政管理局、质量技术监督局、各直属出入境检验检疫局、药品监督管理部门、新疆建设兵团畜牧局等部门要高度重视，一定要深刻领会《决定》、《通知》和国务院领导同志的指示精神，进一步提高对查处非法生产、经营和使用盐酸克伦特罗等药品重要性、紧迫性的认识，以对党和人民高度负责的态度，发扬连续作战和密切合作的精神，全面动员，周密部署，迅速行动，坚决铲除非法制售盐酸克伦特罗的窝点，制止非法使用盐酸克伦特罗的行为，保证饲料和畜牧业安全生产，确保人民身体健康。

二、突出重点，联合行动

（一）各省、自治区、直辖市农业（农牧、畜牧）厅（局）、饲料工作（工业）办公室、经济贸易委员会、工商行政管理局、质量技术监督局、药品监督管理局、各直属出入境检验检疫局，要迅速组建查处非法生产、销售和使用盐酸克伦特罗等药品联合行动工作组，组织开展查处本行政辖区非法制售和使用违禁药品的专项斗争。各有关职能部门要各司其职，分工协作，加强沟通，密切协作，堵截源头，严格监控该类药品的销售渠道。重点抓好‘菜篮子’产品的安全管理，在大中城市农副产品批发市场、食品零售超市和畜产品供应基地全面开展检查工作，对群众反映强烈的地区和饲料安全事故多发地区要增加检查的频率和范围。

（二）各级饲料行政管理部门要严格监控饲料和饲料添加剂生产、经营企业的用药情况，对生产经营含有禁用药品的饲料和饲料添加剂企业，要依法惩处，吊销其生产许可证和产品批准文号，并予以通报。根据最高人民法院、最高人民检察院《关于办理生产、销售伪劣商品刑事案件具体应用法律问题的解释》，要及时将违法违规数额超出规定标准的案件移交公安部门处理。畜牧兽医行政管理部门要加强对畜牧养殖场的监督管理，对饲养过程中添加禁用药品的企业和个人，要严肃查处，严禁含有禁用药品的畜禽产品上市销售。

（三）各级药品监督管理部门要对辖区内生产、销售盐酸克伦特罗药品的原料和产品情况进行专项检查，对未取得药品批准文号、非法生产盐酸克伦特罗的生产企业，以及向无《药品生产许可证》、《药品经营许可证》、《医疗执业许可证》的单位和个人销售盐酸克伦特罗等药品的生产经营企业，要依法严厉查处。任何单位和个人不得将该药提供给非医疗机构和个人，否则，要依法追究有关当事人的法律责任。

（四）各级工商行政管理部门要积极配合有关部门，组织开展专项行动。对非法生产、经营和使用盐酸克伦特罗等药品的医药企业、化工企业、饲料企业和养殖企业，要坚决予以查处，情节严重的，吊销其营业执照。

（五）各级质量技术监督部门要积极配合农业等行政主管部门组织开展查处非法生产、经营和使用盐酸克伦特罗等药品的专项行动。

（六）各出入境检验检疫机构要进一步加强对供港活畜盐酸克伦特罗等药品的检验，确保安全的食用动物投放港澳市场。

（七）农业部、公安部、国家工商行政管理总局、国家质量监督检验检疫总局、中华全国供销合作总社《关于深入开展农业生产资料打假联合行动的通知》（农市发［2001］4号）中已经明确了各级公安部门在农资打假中的职责分工。各有关行政执法部门要把严厉打击非法生产、经营和使用盐酸克伦特罗等药品的违法行为作为农资市场整顿的重点。在执法检查过程中，要积极协调各级公安部门依法保障行政执法工作的开展。对拒绝、阻碍行政执法人员依法行政的，提请公安机关依法予以查处。对构成犯罪的，要依法从严从快查处。对重要案件，要提前介入，坚决查处。

（八）新闻媒体和报刊杂志不得刊登含有禁用药品的饲料和饲料添加剂的广告。

三、完善手段，一查到底

（一）进一步完善有关法律法规。一是加快制定全国性的惩治非法使用盐酸克伦特罗行为的法律法规；二是在国家有关法律法规出台前，各地要根据本地的实际情况，先行出台有关规定，为惩治不法行为提供依据。

（二）加快畜产品质量安全标准的制定和监测体系建设。《饲料中盐酸克伦特罗测定》行业标准的制定和颁布，为在饲料中监测盐酸克伦特罗举证提供了科学依据。但畜产品中盐酸克伦特罗含量监测方法标准尚未出台，农业部正在组织力量制定。各地在该行业标准未出台前，要加快地方标准和监测体系的建设，为畜产品的质量安全管理提供技术保障。

（三）加大打击力度。要从源头上加大打击非法生产和销售盐酸克伦特罗等违法行为的力度，依法取缔非法制售盐酸克伦特罗等药品的窝点，收缴制造设备和工具，彻底摧毁其制售能力。要加大新闻监督和执法监督力度。同时，对前一阶段查出的案件，要依法加快审理和结案，对群众的举报，要做到‘五不放过’，一查到底。

（四）加强执法队伍建设。各有关职能部门和执法机构要加强对执法人员的政治思想教育，加强执法培训。同时要加强对执法工作的监督，对执法犯法、徇私枉法的，与制售盐酸克伦特罗违法犯罪分子内外勾结、通风报信的，或不认真履行法定职责的人员，要予以严肃处理。要在财政部门的统筹规划下，落实查处办案经费，改善办案手段和装备水平，增强执法监管能力。

（五）各地在查处非法生产、经营和使用盐酸克伦特罗等违法行为活动过程中有什么问题和建议，请及时与农业部畜牧兽医局（全国饲料工作办公室）或农业部整顿和规范市场经济秩序领导小组办公室（农业部市场与经济信息司）联系。联系电话：（010）64192848、64193156；传真：（010）64192869。

财政部　国家税务总局关于饲料产品免征增值税问题的通知

（二〇〇一年七月十二日）

根据国务院关于部分饲料产品继续免征增值税的批示，现将免税饲料产品范围及国内环节饲料免征增值税的管理办法明确如下：

一、免税饲料产品范围包括

（一）单一大宗饲料。指以一种动物、植物、微生物或矿物质为来源的产品或其副产品。其范围仅限于糠麸、酒糟、鱼粉、草饲料、饲料级磷酸氢钙及除豆粕以外的菜子粕、棉子粕、向日葵粕、花生粕等粕类产品。

（二）混合饲料。指由两种以上单一大宗饲料、粮食、粮食副产品及饲料添加剂按照一定比例配置，其中单一大宗饲料、粮食及粮食副产品的参兑比例不低于95%的饲料。

（三）配合饲料。指根据不同的饲养对象，饲养对象的不同生长发育阶段的营养需要，将多种饲料原料按饲料配方经工业生产后，形成的能满足饲养动物全部营养需要（除水分外）的饲料。

（四）复合预混料。指能够按照国家有关饲料产品的标准要求量；全面提供动物饲养相应阶段所需微量元素（4种或以上）、维生素（8种或以上），由微量元素、维生素、氨基酸和非营养性添加剂中任何两类或两类以上的组分与载体或稀释剂按一定比例配置的均匀混合物。

（五）浓缩饲料。指由蛋白质、复合预混料及矿物质等按一定比例配制的均匀混合物。

二、原有的饲料生产企业及新办的饲料生产企业，应凭省级税务机关认可的饲料质量检测机构出具的饲料产品合格证明，向所在地主管税务机关提出免税申请，经省级国家税务局审核批准后，由企业所在地主管税务机关办理免征增值税手续。饲料生产企业饲料产品需检测品种由省级税务机关根据本地区的具体情况确定。

三、本通知自2001年8月1日起执行。2001年8月1日前免税饲料范围及豆粕的征税问题，仍按照《国家税务总局关于修订“饲料”注释及加强饲料征免增值税管理问题的通知》（国税发［1999］39号）执行。

财政部　国家税务总局关于免征饲料进口环节增值税的通知

（二〇〇一年八月十四日）

经国务院批准，对《进口饲料免征增值税范围》（见附表）所列进口饲料范围免征进口环节增值税。序号1－13的商品，自2001年1月1日起执行；序号14－15的商品，自2001年8月1日起执行。此前进口的饲料，请按本通知规定退补进口环节增值税。

附件：进口饲料免征增值税的商品范围

附件：进口饲料免征增值税的商品范围

序号	税则号列	货品名称	法定增值税率（%）	执行增值税率（%）
1	23012010	饲料用鱼粉	13	免
2	23012090	其他不适于供人食用的水产品渣粉	13	免
3	23021000	玉米糠、麸及其他残渣	13	免

（续）

序号	税则号列	货品名称	法定增值税率（%）	执行增值税率（%）
4	23022000	稻米糠、麸及其他残渣	13	免
5	23023000	小麦糠、麸及其他残渣	13	免
6	23024000	其他谷物糠、麸及其他残渣	13	免
7	23033000	醇造及蒸馏过程中的糟粕及残渣	13	免
8	23050000	花生油渣饼	13	免
9	23061000	棉子油渣饼	13	免
10	23062000	亚麻子油渣饼	13	免
11	23063000	葵花子油渣饼	13	免
12	23064000	油菜子油渣饼	13	免
13	23070000	葡萄酒渣、粗酒石	13	免
14	12141000	紫苜蓿粗粉及团粉	13	免
15	12149000	芜菁甘蓝、饲料甜菜等其他植物饲料	13	免

中华人民共和国农业部、中华人民共和国国家工商行政管理总局关于加大农业生产资料打假查处力度的通知

（二〇〇一年九月十四日）

为了贯彻落实全国整顿和规范市场经济秩序领导小组第二次会议精神，把农资打假工作推向深入，抓出成效，按照农业部、公安部、国家工商总局、国家质检总局、全国供销合作总社等五部局《关于联合开展农业生产资料打假联合行动的通知》（农市发[2001] 4号）的要求，农业部、国家工商行政管理总局决定，9、10月份对实行证书管理的农业生产资料生产经营中的违法行为进行重点查处。现将有关事项通知如下：

一、进一步提高认识

各省（区、市）农业、工商行政管理部门，要从稳定社会，促进先进生产力发展，保护农民根本利益出发，提高认识，增强农资打假工作的紧迫感和责任感，切实将农资专项打假工作与农业行业管理和行政执法监督管理工作紧密结合起来，抓紧抓实，抓出成效。

二、突出工作重点

（一）9、10月份，各级农业、工商行政管理部门要在本省（区、市）农资打假协调小组的统筹安排下，依据各自的职责，集中力量对实行证书管理的农资产品生产经营中的违法行为进行重点查处，包括未取得或冒用他人农资产品登记证（或推广许可证）、批准文号、生产许可证、经营许可证、审定证书、质量合格证等违法违规行为。

1. 农药

（1）生产领域：查处无证生产，以及假冒、伪造或者转让农药生产许可证或者农药生产批准文件，农药生产许可证号或者农药生产批准文件号，农药登记证或者农药临时登记证，农药登记证号或者农药临时登记证号的行为。

（2）经营销售领域：查处无营业执照经营农药的违法行为，收购、销售无农药登记证或者农药临时登记证、无农药生产许可证或者农药生产批准文件、无产品质量标准和无产品质量合格证的违法行为。

2. 饲料和饲料添加剂（包括渔用饲料和鱼粉）

（1）生产领域：查处无证生产，以及假冒、伪造或者转让饲料添加剂、添加剂预混合饲料生产许可证、产品批准文号或者产品登记证，以及鱼粉生产许可证的违法行为。

（2）经营销售领域：查处经营销售无产品质量标准、无产品质量合格证、无生产许可证、无产品批准文号或产品登记证的饲料、饲料添加剂的违法行为，查处经营停用、禁用或者淘汰以及未经审定公布和未登记的进口饲料、饲料添加剂的违法行为。

3. 兽药（包括渔药） 查处未取得或假冒、伪造《兽药生产许可证》、《兽药经营许可证》、《兽药制剂许可证》、产品批准文号等违法生产、经营行为。

4. 种子（包括种子种苗、种畜禽、牧草种子、水产苗种、热作种苗） 查处未取得或假冒、伪造、买卖、租借《种子生产许可证》、《种畜禽生产经营许可证》、《种畜禽系谱证》、《种畜禽合格证》、《种子经营许可证》等违法行为。

5. 肥料 重点查处未取得或假冒、伪造肥料登记证、登记证号和无产品质量标准、无质量合格证的违法行为。

6. 农机及零配件 重点查处未取得或冒用、伪造《农业机械推广许可证》，无产品质量标准和无产

品质量合格证的违法行为。

7. 渔机渔具　根据《产品质量法》、《渔业法》等有关法律法规，重点查处生产和销售假冒伪劣渔机的违法行为，查处制造、销售、使用禁用渔具和劣质渔具材料的违法行为；无产品质量标准和无产品质量合格证的渔机、渔具产品。

本次检查的重点区域和企业：一是农业生产资料的主产地企业、主销地专业市场和集散地及周边区；二是群众投诉多、社会反映强烈的生产企业和地区（或市场、集散地）；三是各地前一阶段整治的重点和难点地区（或市场）和企业。对检查中发现的无证产品要坚决封存，无证企业要坚决依法严肃查处。同时要按照“五不放过”的原则，加大对大要案的查处力度，该移交司法机关的要坚决移交，严禁以罚代刑。

（二） 集中整治后，各级农业、工商行政管理部门要依法对农业生产资料的生产经营单位资格条件进行审查，以促进生产经营企业改进生产条件和完善质量保证体系。

三、加强情况交流

各省（区、市）负责农资打假牵头的农业厅（局、委、办），应当按照分工，组织好本行业、本系统打假工作，要将查处的大要案、工作的进展情况及存在的主要问题与建议及时进行汇总，于每个月底前书面报送农业部整顿办（农业部市场与经济信息司）和农业部有关对口业务司（局）。9、10月份的查处结果，请于2001年11月15日前报农业部整顿办（农业部市场与经济信息司）、国家工商行政管理总局消费者权益保护局和农业部有关业务对口司（局）。

各省（区、市）负责农资打假牵头的农业厅（局、委、办），要按照农业部《关于定期报送农资打假工作情况的通知》（农办市［2001］15号）要求，尽快将本省（区、市）农资打假联合行动协调小组组成及联络方式报农业整顿办（农业部市场与经济信息司）。

四、做好宣传工作

各地要积极宣传农资打假工作的正面典型，总结经验和做法，同时对大案要案予以重点曝光。

五、研究标本兼治的长效措施

各级农业行政主管部门要从长远整顿、规范市场经济秩序的角度出发，研究提出农资质量管理的标本兼治的长效机制。要从行业特点、队伍建设、机构设置、执法管理等多个方面进行研究，为整顿和规范农资市场经济秩序和标本兼治提供依据。

六、加强督查

根据农资打假工作总体部署，农业部将会同国家工商行政管理总局等有关部门在10月份派出督查组，对各地的农资打假工作情况进行督查。各省（区、市）也要及时对本省（区、市）的农资打假工作进行督查。在集中整治过程中有什么意见和建议，请与农业部整顿办（农业部市场与经济信息司）联系。电话：(010) 64193156，64193164；传真：(010) 64193315。

附件：各省（区、市）查处的无证产品及企业情况统计表

附件：各省（区、市）查处的无证产品及企业统计表

产品种类	证书类别	无证产品数	无证企业数

中华人民共和国农业部关于发布饲料中盐酸克伦特罗的测定等5项行业标准的通知

（二〇〇一年二月十五日）

《饲料中盐酸克伦特罗的测定》等5项标准业经我部审查批准为中华人民共和国行业标准，现予发布。各项标准的编号、名称如下：

一、强制性标准

NY 438－2001 饲料中盐酸克伦特罗的测定。

二、推荐性标准

（一）NY/T439－2001 苹果外观等级标准
（二）NY/T440－2001 梨外观等级标准
（三）NY/T441－2001 苹果生产技术规程
（四）NY/T442－2001 梨生产技术规程

以上各项行业标准自2001年5月1日起实施。

中华人民共和国农业部行业标准

饲料中盐酸克伦特罗（β-兴奋剂）的测定

NY/T XXXX-XXXX

Method for clenbuterol hydrochloride (β-agonist) in feed

1 范围

本标准规定了以高效液相色谱（HPLC）仪和气相色谱—质谱（GC-MS）法分别适用于配合饲料、浓缩料和预混合饲料中盐酸克伦特罗的筛选监测与确证。规定了GC-MS法为确证法（仲裁法）。

2 引用标准

下列标准中所包含的条文，通过在本标准中引用而构成为本标准的条文。本标准出版时，所示版本均为有效。所有标准都会被修订，使用本标准的各方应探讨使用下列标准最新版本的可能性。

GB/T 14699.1-1993 饲料采样方法

3 方法原理

用加有甲醇的稀酸溶液将饲料中的克伦特罗盐酸盐溶出，溶液碱化，经液液萃取和固相萃取柱净化后，直接在HPLC仪器上分离、测定，或经衍生后于GC-MS仪器上分离、检测。

4 试剂和材料

以下试剂除特别注明者外均为分析纯试剂，水为蒸馏水，甲醇、乙腈为色普纯。

4.1 提取液：0.5%偏磷酸溶液（14.29g偏磷酸溶解于水，并稀释至1L）:甲醇=80:20。

4.2 2mol/L氢氧化钠溶液：20g氢氧化钠溶于250mL水中。

4.3 液液萃取用试剂。

4.3.1 乙醚。

4.3.2 无水硫酸钠。

4.4 氮气。

4.5 0.02mol/L盐酸溶液。

4.6 固相萃取（SPE）用试剂。

4.6.1 30mg/lcc Oasis HLB固相萃取小柱或同等效果净化柱。

4.6.2 甲醇。

4.6.3 SPE淋洗液。

4.6.3.1 淋洗液-1：含2%氨水的5%甲醇水溶液。

4.6.3.2 淋洗液-2：含2%氨水的30%甲醇水溶液。

4.7.1 盐酸克伦特罗标准溶液。

4.7.1.1 贮备液，200μg/mL：10.00mg盐酸克伦特罗溶于0.02mol/L盐酸溶液并定容至50mL。

4.7.1.2 工作液，2.00μg/mL：用微量移液器移取贮备液500μL以0.02mol/L盐酸溶液稀至50mL。

4.7.1.3 标准系列：用微量移液器移取工作液25、50、100、500、1 000μL，以0.02mol/mL盐酸溶液稀释至2mL，该标准系列相应浓度分别为：0.025、0.050、0.100、0.500、1.00μg/ml。

4.7.2 HPLC流动相：1ml:1磷酸（优级纯）用去离子水稀释至1L，并按100:12的比例和乙腈混合，用前超声脱气5min。

4.8 GC-MS专用试剂。

4.8.1 盐酸克伦特罗标准溶液。

4.8.1.1 贮备液，200μg/ml：10.00mg盐酸克伦特罗溶于甲醇并定容至50mL。

4.8.1.2 工作液，2.00μg/ml：用微量移液器移取贮备液500μL以甲醇稀释至50mL。

4.8.1.3 标准系列：用微量移液器移取工作液25、50、100、500、1 000μL，以甲醇稀释至2ml，该标准系列的相应浓度为：0.025、0.050、0.100、0.500、1.00μg/ml。

4.8.2 衍生剂：N，O-双三甲基甲硅烷三氟乙酰胺（BSTFA）。

5 仪器、设备

5.1 实验室常用仪器设备。

5.2 分析天平：感量0.001g；感量0.000 01g。

5.3 超声水浴。

5.4 离心机：能达4 000r/min。

5.5 分液漏斗：150mL。

5.6 电热块或沙浴：可控制温度至（50～70）±5℃。

5.7 烘箱：温度可控制在70±5℃。

5.8 高效液相色谱仪：具有C_{18}柱（如3.9×150mm，5μm或类似的分析柱）和UV检测器或二极管阵列检测器。

5.9 气相色谱质谱联用仪：装有弱极性或非极性的毛细管柱的气相色谱仪的具电子轰击离子源和检测器。

6 样品的制备

取具代表性的饲料样品，用四分法缩减分取200g左右，粉碎过0.45mm孔径的筛，充分混匀，装入磨口瓶中备用。

7 分析步骤

7.1 提取：称取样品5g精确至0.001g，置于100mL三角瓶中，准确加入提取液（4.1）50mL，振摇使全部润湿，放在超声水浴中超声提取15min，期间每5min用手振摇一次。超声结束后，手摇至少10sec，并取上层液于离心机上4 000r/min下离心10min。

7.2 净化：准确吸取上清液10.00mL，置150mL分液漏斗中滴加2mol/L氢氧化钠溶液（4.2），充分振摇，调pH至11～12，溶液用30、25mL乙醚萃取两次，令醚层通过无水硫酸钠干燥，用少许乙醚淋洗分液漏斗和无水硫酸钠，并用乙醚定容至50mL。准确吸取25.00mL于50mL烧杯中，置通风橱内，50℃加热块或沙浴上蒸干，残渣溶于2.00mL 0.02mol/L盐酸溶液（4.5），取1.00mL置于预先已分别用1mL甲醇和1mL去离子水处理过的SPE小柱上，用注射器稍试加压，使其过柱速度不超过1mL/min，再先后分别用1ml SPE淋洗液-1（4.6.3.1）和-2

(4.6.3.2) 淋洗，最后用甲醇洗脱，洗脱液置70±5℃沙浴上、用氮气吹干。

7.3 测定。

7.3.1 HPLC法（筛选法）。

7.3.1.1 于净化、吹干的样品残渣中准确加入1.00～2.00mL0.02mol/L盐酸溶液，充分振摇、超声，使残渣溶解，必要时过0.45μm的滤膜，清液上机测定，用盐酸克伦特罗标准系列进行单点或多点校准。

7.3.1.2 HPLC测定参数设定：

色谱柱：C_{18}柱，4μm。

柱温：室温。

流动相：0.05%磷酸水溶液：乙腈＝100∶12，流速：1.0ml/min。

检测器：二极管阵列或UV检测器。

检测波长：210nm或243nm。

7.3.1.3 进样量：20～50μL。

7.3.1.4 定性定量方法。

定性方法：除了用保留时间定性外，还可用二极管阵列测定盐酸克伦特罗紫外光区的特征光谱，即在210、243和296nm有三个峰值依次变低的吸收峰。

定量方法：积分得到峰面积，而后用单点或多点校准法定量。

7.3.2 GC－MS测定参数设定：

载气：He，柱头压：7psi。

进样口温度：260℃。

进样量：1mL，不分流。

柱温程序：70℃保持1min，以25℃/min速度升至200℃，于200℃保持6min，再以25℃/min的速度升至280℃并保持2min。

EI源电子轰击能：70eV。

检测器温度：200℃。

接口温度：250℃。

质量扫描范围（AMU）：60～400。

溶剂延迟：7min。

检测用克伦特罗三甲基硅烷衍生物的特征质谱峰：M/Z＝86、187、243、262。

7.3.2.1 定性定量方法。

定性方法：样品与标准品保留时间的相对偏差不大于3SEC。特征离子基峰百分数与标准品相差不大于20%。

定量方法：选择离子监测（SIM）法计算峰面积，单点或多点校准法定量。

8 分析结果的表述

分析结果表示为盐酸克伦特罗在饲料中的比例，mg/kg：

$$\omega = \{A/M\} * D$$

其中：ω——每千克试样中盐酸克伦特罗的质量，mg/kg；

A——HPLC或GC－MS色谱峰的面积对应的盐酸克伦特罗的质量，μg；

D——稀释倍数；

m——所称量的样品质量，g。

结果表示至小数点后1位。

9 允许差

HPLC法两个平行测定的相对偏差不大于10%，GC－MS法主要用于定性确证盐酸克伦特罗的存在，其两个平行测定的相对偏差不大于20%。

中华人民共和国农业部关于禁止在反刍动物饲料中添加和使用动物性饲料的通知

（二〇〇一年三月一日）

根据《饲料和饲料添加剂管理条例》（以下简称《条例》）第十七条和第十八条的规定，饲料、饲料添加剂在使用过程中，证实对饲养动物、人体健康和环境有害的，要予以限用、停用或禁用。疯牛病的发生和蔓延已给欧盟国家牛业和经济带来重大损失，而且感染人，危害人体健康，引发社会动荡。鉴于该病的主要传播途径是使用被疯牛病和绵羊痒病病原因子污染的肉骨粉等动物性饲料饲喂反刍动物，为了彻底切断疯牛病的传播途径，防止疯牛病在我国境内发生，我部研究决定，自即日起，禁止在反刍动物饲料中添加使用以下动物性饲料产品：肉骨粉、骨粉、血粉、血浆粉、动物下脚料、动物脂肪、干血浆及其他血液制品、脱水蛋白、蹄粉、角粉、鸡杂碎粉、羽毛粉、油渣、鱼粉、骨胶等。

各级饲料管理部门要对反刍动物饲料的生产、经营进行全面检查，对违反本通知规定的，按照《条例》的规定予以处罚。各级畜牧管理部门要认真贯彻本通知精神，对反刍动物饲料的使用情况进行调查了解，禁止使用动物性饲料饲喂反刍动物。

中华人民共和国农业部关于2000年“饲料/水”中药物监控和添加剂预混合饲料监督抽查结果的通报

（二〇〇一年三月九日）

为贯彻《饲料和饲料添加剂管理条例》（以下简称《条例》），加强饲料产品的质量和安全管理，保证养殖业安全生产和人民身体健康，我部于2000年组织有关部级饲料质检中心对北京等12省、自治区、直辖市的饲料生产企业、养殖企业（场、户）生产和使用的猪饲料、肉鸡饲料、饮水中添加的药物、违禁药物的情况进行了检查。国家饲料质检中心（北京）还对山东等6省（市）添加剂预混合饲料质量进行了监督抽查。现将检查结果通报如下：

一、“饲料/水”中药物监控检查及违禁药品查处结果

（一）抽检范围

此次抽查是在饲料生产和养殖企业（场、户）的现场抽取饲料和饮水。共抽查了北京、辽宁、吉林、上海、江苏、山东、河南、湖北、湖南、广东、广西和四川等12省（区、市）213家饲料生产和养殖企业生产或使用的样品477批。其中，肉鸡饲料100批，肉鸡饮水100批，猪饲料164批，猪饮水113批。

（二）药物检查情况

在抽检的477批样品中，316批肉鸡、猪饲料和饮水样品分别检测呋喃唑酮、氯羟吡啶、二甲硝咪唑、土霉素、金霉素、三甲氧苄胺嘧啶。经检测，含有允许使用的药物且在允许量范围内的样品312批，合格率为98.7%。不合格样品4批，不合格率为1.3%。这4批不合格产品均为饲料，它们是：上海新杨饲料工业公司生产的510肉用仔鸡前期饲料（金霉素超限）、辽宁省沈阳市苏家屯区板桥村黄海涛自配的21日龄肉鸡配合饲料（氯羟吡啶超限）、上海统一企业畜牧食品有限公司生产的肉鸡后期饲料、中期饲料（超范围使用呋喃唑酮）。饮水样品全部合格，合格率为100%。

（三）违禁药品检查情况

在抽检的477批样品中，277批猪饲料和饮水样品检测违禁药品盐酸克伦特罗。检出盐酸克伦特罗18批，检出率为6.5%，其中饲料样品检出15批，水样检出3批。这18批不合格产品分别来自：北京市顺义区南彩镇后薛村猪场、北京市海淀区温泉镇东埠头村畜牧站、北京市海淀区苏家坨乡三星庄猪场、北京市昌平县崔堂镇麻峪猪场和香堂猪场，河南省禹州市均洋养殖种植有限公司、河南省淇县高村镇大屯养猪场、河南省上蔡县良种猪场，湖南省长沙县路口镇舒惠清个体猪场和余建学个体猪场、长沙县路口镇上衫市邓赛虎个体猪场、湖南省浏阳市枨城镇张家店村袁怀谷个体猪场、浏阳市胡坪塘家浦张明发个体猪场、浏阳市正旺饲料厂。

（四）存在的主要问题

1. 添加、使用盐酸克伦特罗的行为隐蔽。据调查，随着近两年各地查处使用违禁药品力度的加大，使用违禁药品的手段和途径也发生了变化。一是配合饲料产品盐酸克伦特罗的检出率很低，一些标有“长瘦肉”、“特别精料”的猪用浓缩饲料、预混合饲料等夸大字样的产品和“三无”产品盐酸克伦特罗检出比例较高；二是一些不法商贩逃避有关部门的检查，把盐酸克伦特罗制成小包装零售或与饲料搭配销售，违法销售转入“地下”；三是盐酸克伦特罗等违禁药品的添加、使用正向养猪企业（场、户）转移，养殖企业擅自购买和使用行为有增多趋势。

2. 饲料中用药不规范。一是不按规定的允许使用品种用药，一些饲料生产和养殖企业在饲料中超范围添加兽药，如呋喃唑酮；二是超过规定的最高限量用药；三是对药物配伍禁忌和停药期的规定执行得不够好；四是使用药物添加剂的饲料产品在其包装和使用说明中未标识。

（五）主要原因

1. 利益驱动。由于违禁药品的特殊作用和效果，以及生猪收购商贩的诱导，卖猪肉的、收猪的、养猪的和生产饲料的，为了自身的经济利益，不惜铤而走险，违规使用盐酸克伦特罗。

2. 市场监管不力。一个时期以来，盐酸克伦特罗曾作为高科技产品，甚至作为“秘密武器”推广使用。《条例》颁布之后，各地虽然都普遍加大了打击力度，但受法规、职责、人力、财力所限，对盐酸克伦特罗的生产源头和养殖企业违规使用的行为查处打击力度还不够。

3. 检测手段和标准滞后。盐酸克伦特罗等违禁药品以及饲料中抗生素的检测需要一批先进的精密分析仪器，相应的检验方法标准的制定滞后，给监控检测带来困难。

二、添加剂预混合饲料监督抽查结果

（一）抽检范围

抽查了山东、河南、浙江、湖南、四川和北京6省（市）49家添加剂预混合饲料生产企业的73批产品，其中维生素预混料7批，微量元素预混料8批，复合预混料58批。

（二）产品质量情况

按企业所执行的标准（主要是企业标准）和明示标准检验判定，抽查的73批产品，合格59批，合格率为80.8%；按国家强制性标准规定的项目检验判定，抽查的61批产品，合格61批，合格率为100%；按国家（行业）推荐性标准规定的项目检验判定，抽查的70批产品，合格67批，符合率为95.7%。综合判定，产品合格率为80.8%，符合率为95.7%。

湖南众望饲料有限公司生产的4%良种猪复合预混料中维生素A、D_3、E三项指标不合格，分别比标准判定值低2.5倍、1.6倍、2.2倍。浙江欣欣饲料有限公司生产的0.5%猪用快大一号复合预混料中维生素A、D_3、E、B_2四项指标不合格，比标准判定值分别低7.5倍、57.6倍、3.9倍和8倍。

（三）存在的主要问题

1. 添加剂预混合饲料产品质量整体水平不高。与1992年、1994年国家监督抽查和1995年全国饲料添加剂统检相比，抽查合格率提高幅度不大，仍在75%～85%之间。与配合饲料、饲料添加剂原料产品的抽查合格率相比，仍然较低。

2. 大、中型企业的产品质量好于小型企业。本次抽查大、中型企业产品总体合格率为84.3%，而小型企业只有71.4%。小型企业仍存在较多的质量隐患。

3. 企业质量标准水平高低不一，判定规则有严有宽。不仅企业之间不一样，省际之间也有差异，影

响了对产品质量的综合评价。

（四）主要原因

1. 企业检验手段落后，原料把关不严。部分企业缺乏最基本的检验设备，对进厂的原料做不到及时检验，一些不合格原料投入生产。

2. 饲料质量标准严重滞后。添加剂预混合饲料质量标准是1988年发布的，至今未重新修订，一些技术指标（包括营养指标、卫生指标）远不能适应当今生产的需要。企业在引用或参照时有很大的伸缩性和随意性。

3. 一些地方建厂把关不严，小企业多。个别小企业甚至不具备基本的生产条件和检验条件。

三、处理意见

针对本次"饲料/水"药物监控和添加剂预混合饲料监督抽查中发现的问题，各级饲料行业管理部门要在认真学习贯彻《条例》的同时，做好以下工作：

1. 切实加强对饲料和饲料添加剂产品的监督管理。严格按照农业部105号公告规定，认真查处无生产许可证、无产品批准文号的饲料添加剂和添加剂预混合饲料产品，以及饲料标签不符合标准要求的产品，加强对饲料和饲料添加剂广告宣传的审查。

2. 加强饲料用药的监督管理，严禁生产销售和使用违禁药品。饲料和饲料添加剂生产企业要严格按照农业部农牧发（1997）8号文的规定使用药物饲料添加剂，不得超范围用药，更不得在饲料中直接添加使用兽药产品。严厉打击在饲料中添加使用盐酸克伦特罗、镇静催眠药物等违禁药品的行为。

3. 严格饲料添加剂和添加剂预混合饲料建厂审验标准，切实加强对小企业的监督管理，不符合条件的，一律不得审验上报。对已发放生产许可证的企业，结合年检进行一次整顿和管理，达不到要求的限期改正，否则，吊销生产许可证。

4. 各饲料质检机构和有关科研、标准化工作单位，要加快饲料质量标准和检验方法标准的研究和制修订步伐，特别是饲料中药物、违禁药物的检验方法，以及重要和急需的产品质量标准，尽快改变其滞后的问题。

5. 对此次药物监控、违禁药品检查和监督抽查不合格的企业要按照《条例》的规定给予处罚。对添加使用盐酸克伦特罗的企业要追查到底，依法惩处责任人和违规企业。对产品不合格的饲料添加剂预混合饲料生产企业，要依照《条例》的规定作相应处理。有关省饲料管理部门将处理结果于6月30日前报全国饲料工作办公室。

附件一：在饲料中超量使用兽药的企业名单（4批产品）

附件二：使用违禁药物（盐酸克伦特罗）的企业名单（18批产品）

附件三：2000年4季度预混合饲料监督抽查不合格的企业名单（14批产品）

中华人民共和国农业部关于印发《饲料工业"十五"计划和2015年远景目标规划》的通知

（二〇〇一年十二月十日）

为了加快饲料工业发展，提高饲料工业产品质量和经济效益，保证饲料安全，促进养殖业发展，增加农民收入，根据《国民经济与社会发展第十个五年计划》、《全国农业和农村经济发展第十个五年计划》、《畜牧业"十五"计划和2015年远景目标规划》和《全国渔业第十个五年计划》，我部编制了《饲料工业"十五"计划和2015年远景目标规划》，现印发你们，请参照执行。

附件：饲料工业"十五"计划和2015年远景目标规划

饲料工业"十五"计划和2015年远景目标规划

一、"九五"计划执行情况及评价

"九五"期间，我国饲料工业按照国务院颁布的《1984—2000年全国饲料工业发展纲要（试行草案）》（以下简称《纲要》）确定的指导思想和发展方针，积极推进经济增长方式的转变，适应养殖业的需要，以合理利用资源为重点，注重提高经济效益，依靠科技进步，不断调整和优化产品结构，推进饲料工业持续、快速、健康地发展，基本实现了《纲要》规定的发展目标。

（一）计划完成情况

2000年全国饲料工业年生产能力达到1.18亿t，比1995年增长30%，为《纲要》规定最低目标的118%。饲料产品产量为7 429万t，比1995年增长41%。其中，配合饲料产量5 912万t，比1995年增长40%；浓缩饲料产量1 249万t，比1995年增长261%，为《纲要》规定目标的4.2倍；添加剂预混合饲料产量252万t，比1995年增长294%，为《纲要》规定目标的2.8倍。氨基酸产量虽未能达到《纲要》规定的目标，但也实现了突破。2000年蛋氨酸产量达到3 311t，赖氨酸产量达到21 731t。

（二）总体评价

饲料工业综合生产能力有较大提高，产品结构趋于合理，产品质量明显改善。"九五"期间，饲料产品产量年均增加400多万t，年递增率为7.1%。浓缩饲料和添加剂预混合饲料快速增长，年递增率分别为29%和32%。猪配合饲料比重由1995年的43%下降到2000年的36%，禽配合饲料所占比例基本维持在50%的水平，鱼、虾等水产配合饲料由1995年的5%上升到2000年的8%。2000年，全国配合饲料产品抽查总体合格率为80.8%，比1995年提高18.8个百分点。饲料企业向集团化、规模化发展的步伐加快，企业改革不断深化。时产5t以上的饲料加工厂由1995年的1 424个，增加到2000年的1 764个，涌现出一批大型饲料企业集团。湖南正虹、上海大江、四川新希望等企业先后完成股票上市，增加了发展后劲。国有企业数量减少，民营企业、中外合资企业大幅度增加。

饲料添加剂工业、饲料机械工业和饲料资源开发成效显著。2000年，我国赖氨酸产量达到21 731t。矿物质饲料已基本实现自给，其中，饲料级磷酸氢钙产量达到72万t。微量元素、维生素等添加剂呈较大发展，基本上可以满足需要。时产36t的饲料机械设备已基本配套，粉碎机、制粒机、电控设备均达到国际先进水平。秸秆养畜示范基地建设取得重大进展。“九五”期间，累计建设秸秆养牛示范县155个，建成秸秆养羊示范县106个。

1999年，国务院颁布了第一部饲料行业的法规—《饲料和饲料添加剂管理条例》。农业部制定出台了一系列配套实施细则和管理办法，初步建立了工业饲料生产、经营的法规，使饲料工业行业管理开始步入法制化的轨道。

饲料工业的持续增长，有力地推动了养殖业的发展，促进了农村经济结构的调整，为增加农民收入，丰富城乡居民的“菜篮子”做出了积极的贡献，已经成为国民经济的重要支柱产业之一。

二、发展饲料工业面临的形势和问题

(一) 进入新世纪后的5到15年，是我国经济和社会发展的重要时期

作为国民经济重要支柱的饲料工业，面临新的形势，主要表现在：

1. 随着农业和农村经济结构的战略调整，一方面，加快发展养殖业，为饲料工业的发展提供广阔的市场；另一方面，优质饲料粮和其他饲料作物种植面积扩大，产量增加，为饲料工业发展提供了坚实的物质基础。这都是加快发展饲料工业的最基本的有利条件。

2. 经济全球化，特别是随着中国加入WTO，中国的饲料市场将与世界市场对接，跨国公司进入我国已是必然。我国饲料工业将在更大的范围内和更深的程度上参与国际经济的合作和竞争。同时，以信息技术、生物工程为代表的高新技术产业的发展，全国范围内经济结构的战略调整，也为饲料工业发展提出新的任务。因此，在未来的5—15年中，饲料工业既要利用高新技术、先进适用技术改造传统产业，又要发展高新技术产业，发挥后发优势，实现跨越式发展。

3. 我国已经进入全面建设小康社会的新阶段，城乡居民正向更加富裕的生活迈进，人民对食品的需求，已从量的保障转为质的提高，营养、保健性食品成为发展趋势，相应地对饲料的需求更加着重营养、安全、可靠。饲料工业的发展将由偏重产量增长向产量、质量并重的方向转变。

4. 西部大开发战略的实施，为饲料工业提供新的发展空间。相对而言，西部饲料工业落后，饲料和饲料添加剂品种、数量有限，不能适应养殖业大发展的新形势。随着国家在资金、政策等方面对西部的倾斜，西部人民生活水平将得到改善和提高，进而增加对动物产品消费的需求，带动饲料工业的快速发展。

(二) 我国饲料工业起步晚，发展快，目前存在许多制约因素，严重影响饲料工业的发展

主要问题是：

1. 产业结构不合理。一是饲料添加剂工业严重滞后，氨基酸、部分维生素、药物添加剂等，不仅品种少，而且产量低，仍然依赖进口；二是饲料加工能力相对过剩，企业普遍开工不足，全国平均开工率为50%，相当一部分企业规模小，设备陈旧，工艺落后，技术水平低，缺乏市场竞争能力。

2. 饲料安全问题突出。在生产领域，少数生产厂家、商贩和养殖户违反饲料法规，在饲料生产和饲养过程中滥用违禁药品；超量、超范围使用兽药；对药物配伍禁忌和停药期的规定执行的不够好。在管理方面，法律、法规和标准体系不健全，检测手段不完善，监管不力。饲料安全问题，已成为全社会关注的热点和难点之一。

3. 国家和企业对饲料工业的科技投入不足，科研能力较低，行业的整体技术水平同国际水平有较大差距，特别是对生物工程、信息技术为代表的高新技术研究不够，产业化水平低，缺乏技术创新能力。

4. 饲料工业的培训、技术推广、信息咨询等服务体系建设薄弱。

三、供需发展预测

饲料产品消费主要是畜牧养殖业和水产养殖业，根据畜牧养殖业和水产养殖业两个行业的发展规划，经测算，得出饲料产品的社会需要量。

表一 2005年饲料产品社会需求量

单位：万t

动物产品品种	产 量	料 比	工业饲料普及率	工业饲料需求量
猪	4 526	3.5	30%	4 752
牛、羊肉	986	2.5	20%	493
禽 肉	1 408	2.0	65%	1 830
禽 蛋	2 400	2.5	40%	2 400
奶 类	1 280	0.3	30%	115
海水养殖	1 300	2.0	40%	1 040
淡水养殖	1 700	2.0	40%	1 360
其 他				100
合 计	13 600			12 090

表二　2015年饲料产品社会需求量

单位：万 t

动物产品品种	产　量	料　比	工业饲料普及率	工业饲料需求量
猪　肉	5 587	3.0	45%	7 542
牛、羊肉	1 352	2.0	30%	811
禽　肉	1 983	2.0	70%	2 776
禽　蛋	2 926	2.2	50%	3 218
奶　类	3 322	0.3	40%	398
海水养殖	1 600	1.8	45%	1 296
淡水养殖	1 900	1.8	45%	1 539
其　他				200
合　计	18 670			17 780

四、指导思想与战略目标

(一) 指导思想

根据国民经济和农村经济发展需要，从我国饲料工业实际情况出发，进一步完善我国饲料工业体系，实施科教兴饲和可持续发展战略，积极推进饲料工业“两个根本性转变”，坚持提高与发展并重，数量与质量并举方针，全面提高饲料工业整体素质，加快饲料工业现代化进程，实现饲料工业的可持续发展。

(二) 发展目标

我国饲料工业中长期发展目标是满足我国不同地区、不同养殖模式对饲料产品质和量的需求，实现能量和蛋白质饲料（除动物蛋白外）基本自给，使饲料工业科技水平、产品质量、经济效益同步提高，到2015年达到国际先进水平。

“十五”与2015年我国饲料工业发展主要预测性指标如下：

1.“十五”发展预测性指标

(1) 配合饲料年双班生产能力达到1.2～1.4亿 t，产量达到8 000万～10 000万 t；

(2) 浓缩饲料达到1 500万～1 800万 t，添加剂预混合饲料达到300万～500万 t。

2. 2015年发展预测性指标

(1) 配合饲料年双班生产能力达到1.6亿～1.8亿 t，产量达到1.2亿 t；

(2) 浓缩饲料达2 000万～2 500万 t，添加剂预混合饲料600万～800万 t。

五、发展重点、区域布局和重大项目建设

(一) 发展重点

1. 大力开发饲料资源　充分发掘饲料资源，增加其有效供给，提高现有饲料资源的有效利用程度。通过制油工艺技术改造提高饼粕质量及饲用价值，脱除有毒有害物质，提高棉、菜籽饼粕蛋白质利用率。大力开发轻工食品工业下脚料，有效利用各种糟渣及其发酵产品、玉米蛋白粉等，减少饲用粮的消耗。要制定相关的优惠政策，鼓励企业开展综合利用。加快秸秆饲料的利用步伐，加速推广秸秆的氨化、青贮技术，大力发展秸秆养牛养羊。

积极推进种植业结构的调整，加快优质饲料粮基地建设，发展优质饲料原料。

2. 加速饲料添加剂工业的建设　饲料添加剂是配合饲料的核心，我国的饲料添加剂工业严重滞后于饲料加工工业。“十五”期间要继续将饲料添加剂工业的发展放在突出位置，力争在主要饲料添加剂品种的生产上有新的突破。重点扶持氨基酸(赖氨酸、蛋氨酸)、维生素(维生素 B_2、生物素、泛酸等)、酶制剂(植酸酶、纤维素酶等)的开发与生产，提高饲料添加剂国产化程度，提升国产饲料添加剂的国际竞争力。

3. 加快饲料工业的结构调整　“十五”期间，饲料工业的结构调整要以市场为导向，以企业为主体，以技术进步为支撑，突出重点，有进有退，在转型升级换代上下功夫。一是“抓大促小”，通过兼并、联合、重组等形式，形成一批拥有知识产权，主题突出，竞争能力强的大公司和企业集团，提高产业集中度和产品开发潜力；二是同农业产业化相结合，总结推广以饲料企业为龙头，饲料、饲养、加工一体化的模式，带动农户进入市场，增加农民收入；三是继续调整饲料产品结构，大力发展添加剂预混合饲料、浓缩饲料，加快开拓农村饲料市场。

4. 加强饲料安全监管　饲料安全是畜产品安全和食品安全的基础。要把切实加强饲料安全放在突出位置，进一步完善法律、法规，加大执法力度，完善检测手段，抓好产品监督检测工作，规范饲料用药，严禁违禁药物的生产、经营和使用，确保饲料安全。

(二) 区域布局

饲料工业产业布局要按照统筹规划、因地制宜、优势互补、协调发展的原则进行调整。要搞好三大地带的协调发展，推进东、中、西部地区间协作。东部沿海地区重点发展附加值高、创汇高、高档次的饲料加工业、添加剂工业和饲料机械工业，形成我国饲料工业生产的前沿阵地和出口基地；中部地区要大力发展饲料原料和饲料加工，提高产品加工深度，形成全国重要的饲料原料基地和饲料加工基地；西部地区要充分发挥饲料资源优势，加快发展浓缩料和饲料添加剂工业，提高集约化经营和饲料产品使用率，形成饲料工业新基地。同时要抓住西部大开发的机遇，依据资源条件，扬长避短，发展优势产业或产品，拉动整个地区饲料工业的发展。

(三) 重大项目

1. 饲料安全工程建设　针对我国饲料生产中安全隐患突出的状况，“十五”期间要重点抓好以下几项工作：重点加强饲料监测体系建设，巩固完善国家、部级和省级饲料质量检测机构；建立饲料质量监测预报网络；建设饲料标准试验和饲料安全评价基地。通过饲料安全工程的建设，到2005年，使我国饲料产品的合格率达到95%以上，添加剂和添加剂预混合饲料合格率保持在90%左右，不合格产品和非标化产品控制在5%以下。

2. 秸秆养畜项目建设　“十五”期间确保建成秸秆养畜示范区20个，力争达到25个，新建秸秆养畜示范县80个，力争达到100个。

3. 饲料资源开发工程建设　饲料资源状况直接关系我国生态环境和可持续发展战略目标的实现，在“十五”期间，一是积极配合种植业“三元结构”调整，建设一批优质饲料作物生产基地。5年建成饲用玉米、大豆基地50个，种植面积200万 hm^2。二是继续搞好苜蓿等专用饲料作物的种植和开发，加快工业加工工程建设。5年内建设苜蓿等专用饲料作物的种植和开发示范县200个，面积达到约135万 hm^2。建设苜蓿等专用饲料作物加工厂500个，生产能力达到1 000万 t。

4. 饲料工业企业技术改造工程建设　加快饲料工业企业的技术改造和产业升级，改造老设备和老的生产工艺，建设新的设备和生产工艺。每年完成100个左右技术改造项目。

5. 饲料行业科技发展基地建设　建设饲料工业科学技术研究和成果转化基地，提升饲料工业的科技水平，提高饲料工业的国际竞争能力。建设饲料工业技术创新基地10个，成果转化和产业化基地5个，国家饲料工业技术开发中心1个。

六、政策措施

（一）继续推进企业改革

进一步深化国有饲料企业的改革。2005年前，全部大中型饲料企业完成现代企业制度建设，健全法人治理结构。推进小型饲料企业通过改组、联合、兼并、租赁等形式进行产权制度和经营机制的转变。继续支持、鼓励和引导私营、个体饲料企业的发展。鼓励外商特别是跨国公司向饲料工业投资，参与国有饲料企业的改组、改造，投资高新技术产业和出口型企业。

（二）加强科技创新和技术进步

抓好科技攻关工作。集中力量，加快对饲料资源开发技术、新型饲料添加剂开发及利用技术、时产36t以上饲料加工成套设备生产技术、生物工程等高新技术的研究开发，加强技术集成，提高创新能力，提升产业技术水平。

加强全国饲料工业技术推广服务体系的建设。发挥行业协会、大专院校、科研单位的作用，多形式，多层次开展技术培训和推广，继续实施“丰收计划”，加速科研成果的转化。

大力推进饲料企业的技术改造。以市场为导向，围绕“品种、质量、效益”，运用先进的适用技术、设备，有计划地改造一批骨干企业，提高企业的竞争能力。

（三）增加饲料工业的投入

加大对饲料工业的投入，重点加强饲料质量标准体系、监测体系、饲料科研开发、秸秆养畜示范项目和优质饲料粮基地建设，增强饲料工业自我发展能力。

（四）加强饲料市场建设

饲料粮、饲料添加剂流通是关系饲料加工生产的重要环节。结合国家的粮改政策，研究制定完善饲料粮流通的方案和措施，鼓励饲料加工企业同农户建立稳定的供销关系。采取多种形式，培育和发展不同类型的饲料市场，制定市场规则，规范市场行为，打破地区封锁和部门垄断，营造公平、公正、公开的市场竞争环境。

（五）加强饲料行业法制建设

依法治饲是适应社会主义市场经济发展需要，维护饲料行业经济秩序的有效措施。加快修改完善《饲料和饲料添加剂管理条例》，尽快制定《饲料和饲料添加剂管理条例》的配套细则和规章。在此基础上，积极推进《饲料安全法》的起草工作。

加强执法队伍建设，提高执法人员素质。改善执法手段，提高执法水平。积极宣传、普及饲料行业法律、法规，增强执法主体和客体的法律观念和法律意识，增强执法的规范性，强化法律的作用，增强法律实施的经济社会效益。

农业部办公厅关于开展饲料添加剂和添加剂预混合饲料生产许可证年度检查工作的通知

（二〇〇一年二月十五日）

根据《饲料和饲料添加剂管理条例》和《饲料添加剂和添加剂预混合饲料生产许可证管理办法》的规定，省级饲料管理部门负责对饲料添加剂和添加剂预混合饲料生产许可证获证企业进行年检。鉴于2000年生产许可证审核、发放工作刚刚结束，对企业情况已经全面审核，因此，2001年年检工作本着从简的原则进行，具体要求如下：

1. 饲料添加剂和添加剂预混合饲料生产许可证获证企业填写年检申报表。要求如实填写，打印一式两份，于2001年3月15日报当地省级饲料工业（作）办公室。

2. 对企业上报的年检申报表进行认真审核，对生产条件变化较大的企业重点进行抽查；对变更企业生产地址的应重新进行审查申报；对申报过程中弄虚作假，不具备获证资格的企业，吊销其生产许可证。

3. 各省级饲料工业（作）办公室要对2000年生产许可证审核情况进行总结，集中反映审核工作中存在的问题和不足，以便于今后改进。同时将企业的年检表汇总，于2001年3月底前报送全国饲料工作办公室。

4. 各省级饲料工业(作)办公室对有投诉反映在办理生产许可证过程中存在问题的企业,必须进行实地调查,将调查结果上报农业部,并提出处理意见。

附件：饲料添加剂和添加剂预混合饲料生产许可证年审申报表

饲料添加剂和添加剂预混合饲料生产许可证年审申报表

申报时间：年 月 日

企业名称			
许可证编号			
注册地址			
生产地址			
通讯地址			
法人代表		联系人	
联系电话		传真	
Email		邮编	

生产情况（饲料添加剂按产品品种分列；添加剂预混合饲料按“畜、禽、水产、其他”分列）：

产品名称	生产能力(t)	销售量(t)	销售额(万元)

企业人员、生产场地、生产设备、质量检验、管理制度、卫生环境等方面改进或变化情况，请按饲料添加剂和添加剂预混合饲料生产许可证申请书中相应要求填于此处：

省级饲料管理部门年审意见	年 月 日
备注	

全国饲料工作办公室制

注：

1. 本申报表一式三份，企业、省级饲料主管部门、全国饲料工作办公室各一份；

2. 获得双证企业须分别填报；

3. 请各省级饲料主管部门于2001年3月底前将本表寄至饲料添加剂和添加剂预混合饲料生产许可证专家审核委员会秘书处（100026 北京市朝阳区麦子街20号楼 中国饲料工业协会标准质量处）。

中华人民共和国农业部办公厅关于下达2001年度“饲料/水”中药物监控计划的通知

（二〇〇一年四月二十三日）

为了加强饲料管理，确保养殖业生产安全，保障人体健康，根据《饲料和饲料添加剂管理条例》规定和工作安排，现下达2001年度“饲料/水”中药物监控计划，有关事项通知如下：

一、根据2001年度“饲料/水”中药物监控计划的执行情况、存在问题，以及我国畜禽产品出口情况和实际工作需要，2001年安排国家饲料质量监督检验中心（北京）、农业部饲料质量监督检验中心（沈阳、济南、成都、广州、西安、呼和浩特）分别承担“饲料/水”中药物的检测任务。

二、各部级中心和北京市饲料监察所、黑龙江省兽药饲料监督所、河北省兽药饲料监察所、河南省饲料质检站、山西省饲料监察所、浙江省兽药饲料监察所、江苏省兽药饲料监察所、上海市兽药饲料监察所、江西省兽药饲料监察所、福建省兽药饲料监察所、湖南省兽药饲料监察所、湖北省兽药饲料监察所、重庆市饲料监测管理所、广西壮族自治区兽药饲料监察所分别负责本辖区的“饲料/水”抽样、登记工作。抽样工作要严格GB/T14699.1－93《饲料采样方法》国家标准和农业部公布的“官方取样程序”进行。样品的检测方法按照《2001年度“饲料/水”中药物监控计划》（见附件）规定的方法执行。

三、本年度“饲料/水”中药监控计划安排在第三季度实施。各承担任务单位的抽样和登记工作在7月25日前完成，检验工作和各部级中心检验结果汇总报告要在9月1日前完成，并将检验结果汇总报告一式四份分别报全国饲料工作办公室和国家饲料质量监督检验中心（北京）。国家饲料质量监督检验中心（北京）负责检验报告和2001年度“饲料/水”中药物监控计划的执行情况工作总结报全国饲料工作办公室。各承担任务单位必须按规定时限完成任务。

四、“饲料/水”中药物监控计划是实施饲料安全工程的重要内容之一，是饲料质量监督管理工作的重要组成部分，也是国家法律赋予政府部门的行业监督管理职能。各承担抽样、检测任务的业务主管部门和饲料主管部门要加强对该项工作的领导，做好组织协调工作，并在人、财、物等方面给予必要的支持。

五、各有关单位必须按照我部的统一部署，高度重视，密切配合，切实落实好2001年度“饲料/水”中药物监控计划任务，认真履行职责。各有关企业要自觉接受监督管理，主动配合抽样。承担任务的单位要将工作中发现的问题及时报农业部全国饲料工作办公室。

附件：2001年度“饲料/水”中药物监控计划。

附件：2001年度“饲料/水”中药物监控计划

一、编制说明

2001年度“饲料/水”中药物监控计划执行时间

为第三季度（2001 年 7 月 1 日—9 月 30 日）。根据 2000 年度计划执行情况，结合目前国内的实际对本年度计划作适当调整，扩大抽查区域范围，突出抽查重点，加大监督力度。

二、检测点分布

本年度“饲料/水”中药物监控计划抽样重点区域是北京、黑龙江、辽宁、河北、河南、山西、浙江、江苏、上海、山东、江西、福建、湖南、湖北、四川、重庆、广东、广西、陕西、内蒙古等 20 个省（区、市）。

三、检测药物品种

检测药物品种的确定既考虑欧盟规定的 A 类物质，又要兼顾国内现行的检测方法和 2000 年“饲料/水”中药物监控计划执行情况取得的经验以及存在的问题。确定 2001 年“饲料/水”中药物监控品种为，肉鸡配合饲料/水：氯羟吡啶、呋喃唑酮、二甲硝咪唑。生长肥育猪配合饲料/水：土霉素、金霉素、三甲氧卞胺嘧啶、盐酸克伦特罗。查处违禁药物仍然是本年度“饲料/水”监控计划的重点。

四、检测方法

检测方法按照农业部《关于发布兽药在饲料中检测方法的通知》（农牧发［1997］9 号）执行，并由国家饲料质量监督检验中心（北京）负责组织实验室间的比对试验；盐酸克伦特罗检测方法采用 ELASA 法筛选并用 NY438－2001“饲料中盐酸克伦特罗的检测方法”（HPLC 法）进行检测。若需进一步确认或怀疑假阳性的样品一律邮寄国家饲料质量监督检验中心（北京），用 GC/MS 法进行检测。

五、抽样工作

抽样工作要严格按照 GB/T14699.1－93《饲料采样方法》国家标准和农业部公布的“官方取样程序”进行。被抽查的样品包装、封条、标签和采样工作单由国家饲料质量监督检验中心（北京）统一印制和发放。

六、监控药物品种、抽样和检测单位分工

饲料/水适用动物种类	药物名称	抽样地点	抽样数	检验单位
肉 鸡 生长肥育猪	氯羟吡啶、呋喃唑酮、二甲硝咪唑土霉素、金霉素三甲氧卞胺嘧啶盐酸克伦特罗	北京、黑龙江、辽宁、河北、河南、山西、浙江、江苏、上海、山东、江西、福建、湖南、湖北、四川、重庆、广东、广西、陕西、内蒙古	每省各40个样品	沈阳中心（负责黑龙江、辽宁、山西） 呼和浩特中心（负责内蒙古） 济南中心（负责山东、浙江、江苏、上海、江西） 广州中心（负责广东、广西、湖北、福建） 四川中心（负责四川、重庆、湖南） 西安中心（负责陕西） 国家中心（负责北京、河北、河南）

中华人民共和国农业部办公厅关于开展2001年度饲料添加剂和动物性饲料质量跟踪调查的通知

（二〇〇一年六月十九日）

为了进一步加强对饲料添加剂和动物性饲料的质量安全管理，规范企业的生产和经营行为，根据《饲料和饲料添加剂管理条例》（以下简称《条例》）的规定和国务院整顿和规范市场经济秩序部署，我部决定对饲料添加剂和动物性饲料进行一次全国的质量安全跟踪检查，现将有关事项通知如下：

一、检查内容

（一）进口饲料添加剂和进口动物性饲料

1. 是否取得登记许可证；

2. 产品质量是否符合登记标准；

3. 产品标签是否符合国家标准《饲料标签》（GB10648－1999）；

4. 进口动物性饲料是否按照农业部、对外贸易经济合作部、原国家出入境检验检疫局《关于加强肉骨粉等动物性饲料产品管理的通知》（农牧发［2000］21 号）和农业部《关于禁止在反刍动物饲料中添加和使用动物性饲料的通知》（农牧发［2001］7 号）要求进口、经营和使用。

（二）国产饲料添加剂

1. 是否取得生产许可证和产品批准文号；

2. 产品质量是否符合国家标准、行业标准或备案的企业标准；

3. 产品标签是否符合国家标准《饲料标签》（GB10648－1999）和有关规定；

4. 对生产企业检查其是否符合《条例》第八、九、十、十一、十二、十三条等有关规定。

（三）国产动物性饲料

1. 产品标签是否符合国家标准《饲料标签》（GB10648－1999）；

2. 产品质量是否符合国家标准、行业标准或备案的企业标准；

3. 生产工艺、卫生条件是否符合有关规定；

4. 是否按照农业部《有关禁止在反刍动物饲料中添加和使用动物性饲料的通知》（农牧发［2001］7号）要求生产、经营和使用。

二、检查对象

凡生产、经销、代理、使用饲料添加剂和动物性饲料的企业和个人，不论其经济类型、隶属关系，均属本次检查范围。

三、检查品种

主要饲料添加剂品种：维生素类、矿物质微量元素类、氨基酸类；主要动物性饲料产品品种：骨粉、肉骨粉、鱼粉、饲料级乳清粉、血液制品。

四、抽样和检验依据

（一）抽样工作要严格按照国家标准《饲料采样方法》（GB/T14699.1－93）和农业部公布的《官方取样程序》进行。被抽查样品的封条、标签和采样工作单由国家饲料质量监督检验中心（北京）统一印制和发放。

（二）进口饲料添加剂和动物性饲料的检验方法按照国家标准、农业部发布的进口饲料添加剂暂行质量标准和检测方法执行；国产饲料添加剂和动物性饲料的检验方法按照国家标准、行业标准、经备案的企业标准和产品明示指标执行。产品质量的给定判定按照上述相关的标准进行。

五、承担抽样和检测单位任务分工

本年度饲料添加剂和动物性饲料跟踪检查的承担抽样和检测单位任务安排如下：沈阳中心负责黑龙江、吉林、辽宁；济南中心负责河南、安徽、山东、福建；成都中心负责四川、重庆、湖南、湖北、贵州；广州中心负责广东、广西、江西、云南、海南；西安中心负责陕西、甘肃；呼和浩特中心负责内蒙古、山西；国家中心负责北京、天津、河北、浙江、江苏、上海。共计27个省（区、市）。

六、检查程序

（一）各质检中心持本文件和质检中心介绍信，派出抽样组，按照有关标准和进口饲料添加剂登记规定，采取突击的方式到生产、销售、代理、使用饲料添加剂和动物性饲料的企业和个人进行检查和抽样。检查中要全面了解饲料添加剂和动物性饲料的进口、生产、销售、代理、使用和质量等情况，并做好记录。

（二）抽样要严格按照国家标准《饲料采样方法》（GB/T146991－93）和农业部公布的《官方取样程序》进行。

（三）检验工作结束后，各质检中心要及时将检验结果反馈给被检企业（含生产和经销商），受检单位在接到检测结果报告后，应立即将检验结果的认可意见反馈给各有关检测中心。15日内不提出异议申请的，则视为认可检验结果。各质检中心要认真对待企业的异议申请，严格审查，并在10日内做出书面答复。对拒绝检查和拒绝抽样的，其产品按不合格论处。抽查人员要做好记录，搜集旁证，上报农业部统一处理。

七、时间安排

（一）各承担任务的抽样和检查登记工作在2001年11月1日前完成；检验结果汇总报告要在2001年12月15日前完成（含异议申请期），并将汇总报告一式四份分别报全国饲料工作办公室、农业部质量办公室和国家饲料质量监督检验中心（北京），同时提供软盘一份。

（二）国家饲料质量监督检验中心（北京）负责检验结果的审核、汇总和工作总结的编写任务，于12月30日前将汇总后的检验结果和质量跟踪检查执行情况的工作总结报告一式四份分别报全国饲料工作办公室和农业部质量办公室，并提供软盘二份。承担任务的必须按上述进度完成任务。

八、检查要求

（一）对被抽查的区域，各质检中心要做好调查研究，合理布局，点面相结合。要将有群众举报或曾出现质量问题的企业及产品列为重点检查对象。要与当地饲料管理部门和饲料质检机构密切配合，被检查的企业和被抽查的样品应具有代表性、真实性。

（二）检查工作要公正、客观，重点在进口饲料添加剂和进口动物性饲料的质量检查和登记管理的有效性。尤其是进口肉骨粉和其他动物性产品是否具备出入境检验检疫机构出具的检疫合格证或经处理合格证。对不能提供检疫合格证或经处理合格证的，或未经口岸出入境检验检疫机构检疫的肉骨粉和其他动物性产品，要立即向我部和省级饲料管理部门报告。

（三）检验项目要坚持产品营养性成分和限制性成分并举的方针，突出安全卫生项目的检测。

（四）各质检中心对市场上流通的未经登记的进口饲料添加剂和未经批准的国产饲料添加剂产品，要查清来源和销售途径，汇总后报农业部统一处理。

（五）请各有关省(区、市)畜牧、饲料主管部门对此次跟踪检查在人、财、物等方面积极予以支持和指导。各质检中心要严格按照我部的统一部署,精心组织,工作中要主动和各有关主管部门衔接,取得指导和支持。

（六）在跟踪检查的过程中发现的问题和建议，请及时与全国饲料工作办公室和农业部质量办公室联系。有关技术问题请直接与国家饲料质量监督检验中心（北京）联系。

（七）国家饲料质量监督检验中心（北京）负责编写本年度的检查实施细则。

九、检查费用

本次抽查由农业部统一安排经费，不得向企业收费。样品由被检企业无偿提供。

中华人民共和国农业部办公厅关于深入开展畜牧行业生产资料打假的通知

（二〇〇一年六月二十七日）

根据《国务院关于整顿和规范市场经济秩序的决定》（国发［2001］11号文）和《国务院办公厅关于继续深入开展严厉打击制售假冒伪劣商品违法犯罪活动联合行动的通知》（国办发［2001］32号文），以及农业部、公安部、国家工商行政管理总局、国家质量监督检验检疫总局、中华全国供销合作总社《关于深入开展农业生产资料打假联合行动的通知》的精神，结合畜牧行业的实际情况，经研究决定，在全国范围内深入开展新一轮畜牧行业生产资料打假行动，现将有关事项通知如下：

一、充分认识整顿和规范畜牧行业生产资料经济秩序的重要性

畜牧行业生产资料的质量安全是畜牧业持续健康发展和农民增收的重要保障。深入开展畜牧行业生产资料打假行动，对于维护种畜禽、饲料、兽药、牧草种子等畜牧行业生产资料的生产、流通秩序，维护农牧民合法权益，保证畜产品质量和消费安全，促进农民增收和农村社会稳定，具有十分重要的意义。

去年以来，各级畜牧兽医、饲料管理部门遵照国务院《关于开展严厉打击制售假冒伪劣商品违法犯罪活动联合行动的通知》精神和农业部的统一部署，采取有力措施，查处了一批假冒伪劣生产资料，整治了一批生产资料产品市场，处理了一批制假售假的违法犯罪分子，对保证畜牧行业生产资料产品质量起到了积极的作用。但是，从整个畜牧行业生产资料产品的质量状况和市场秩序看，假冒伪劣问题仍很突出，制假售假行为屡禁不止，执法监督力量薄弱，打击力度小，舆论监督不够，地方保护主义在一定范围内还比较突出。

各级畜牧兽医、饲料管理部门要从落实江泽民总书记“三个代表”重要思想的高度，从讲政治、促发展、保稳定的高度，从增加农民收入和食品安全的高度，充分认识进一步开展畜牧行业生产资料打假行动的重要性、紧迫性和艰巨性，把畜牧行业生产资料打假行动作为全国整顿和规范市场经济秩序的重要组成部分，在各级人民政府的领导下，坚持不懈地抓好，切实抓出明显成效。

二、打假的主要内容和工作重点

这次打假行动，重点围绕五类产品和五种违法违规行为进行。五类产品是：假冒伪劣种畜禽、饲料（包括鱼粉）、兽药、牧草种子、畜产品。

五种违法违规行为是：

（1）未取得或冒用他人产品登记证、批准文号、生产许可证、经营许可证、审定证书、新产品证书、质量合格证和检疫标识而违法进行生产、销售的行为；

（2）无产品标识或产品标识不全的行为；

（3）生产经营劣质和失效变质生产资料产品，病、死畜禽及其畜产品，掺杂使假、以次充好、以假充真、以不合格产品冒充合格产品的行为；

（4）假冒他人商标、产品名称、包装，伪造和冒用他人厂名、厂址、质量标志，涂改产品生产经营单位名称、地址、有效期限，伪造检疫标识的行为；

（5）利用广告或其他手段对产品质量、服务、功效、适用范围等做虚假宣传，误导消费者的行为。

对群众投诉多，社会反映强烈的重点地区、重点市场和重点企业，要重点整治。

三、加大执法力度

深入开展畜牧行业生产资料打假行动的关键是严格执法。凡与国家法律法规和国务院有关规定相抵触的地方性法规、规章和文件，要及时清理，该废止的废止，该修订的修订，绝不允许成为地方保护、行业垄断、谋求部门利益和制假售假的保护伞。

对立案查处的案件要做到“五不放过”，即案情没有搞清的不放过；假冒伪劣商品的源头和流向没有查明的不放过；制假售假责任没有依法处理的不放过；该移送司法机关没有移送的不放过；包庇、纵容、参与制假售假的国家公职人员没有受到追究的不放过。对在畜牧行业生产资料打假行动中工作不力，消极应付甚至失职渎职，导致制假售假局面长期得不到扭转的领导干部和有关责任人，要按照有关规定追究责任，严肃处理。

四、打防结合，标本兼治

畜牧行业生产资料打假是一项长期的任务，在集中打击、整治之后，要着手建立经常性的打假机制，实现标本兼治。一是加快完善畜牧行业生产资料管理方面的法律法规。二是建立健全畜牧行业生产资料产品市场准入制度，不符合市场准入条件的产品，一律不得进入市场和畜牧行业生产领域。要建立畜牧行业生产资料市场质量打假责任制。三是加强对畜牧行业生产资料市场的经常性管理，积极推行畜牧行业生产资料产品质量信誉卡、质保责任书、经营承诺和“三包服务”等质量保证制度。四是建立健全畜牧行业生产资料标准体系和监测体系，加大监督检查力度，在生产、经营和使用过程监控产品质量。要进一步完善投诉和举报网络。五是要将畜牧行业生产资料打假工作列入各有关部门的重要议事日程，使打假工作规范化、制度化和法制化。

附件：
1. 种畜禽打假实施方案
2. 饲料和饲料添加剂打假实施方案
3. 兽药打假实施方案
4. 牧草种子打假实施方案
5. 畜产品打假实施方案

附件1：种畜禽打假实施方案

一、行动宗旨

依法行政，严格执法，进一步加强种畜禽市场的监督管理，严厉打击违法生产经营种畜禽和制售假劣种畜禽的行为，协助工商行政管理部门查处种畜禽违法广告行为，维护种畜禽市场的正常秩序，提高种畜禽质量，切实保护农牧民的合法权益，增加农民收入，促进农业和农村经济的健康发展。

二、行动区域

全国区域，重点是种畜禽市场、登载种畜禽违法广告的媒体、种畜禽生产经营单位和个人等。

三、行动依据

依据《种畜禽管理条例》及其实施细则、《中华人民共和国广告法》、国务院《关于开展严厉打击制售假冒伪劣商品违法犯罪活动联合行动的通知》、《国务院办公厅关于继续开展严厉打击制售假冒伪劣商品活动联合行动的通知》、最高人民法院、最高人民检察院《关于办理生产、销售伪劣商品刑事案件具体分析应用法律问题的解释》、国家工商行政管理局和农业部《关于〈农资市场“打假”整治联合执法行动工作方案〉的通知》等有关法规和规范性文件及相关标准。

四、行动重点

（一）重点内容

1. 未取得《种畜禽生产经营许可证》生产经营种畜禽的单位和个人。

2. 推广未依照《种畜禽管理条例》评审并批准的畜禽品种的，包括种畜禽违法广告。

3. 未按照规定的品种、品系、代别和利用年限生产经营种畜禽的。

4. 销售种畜禽未附具《种畜禽合格证》、种畜系谱的。

5. 销售不符合质量标准的种畜禽的、以次充好以假充真的。

（二）重点品种

猪、鸡、羊、牛、兔、鸭。

五、行动措施

1. 完善相关法规及标准。近期着重推进《中华人民共和国畜牧法》的起草工作，制定和完善畜禽品种标准，为打假行动的顺利实施提供具体依据。

2. 建立和完善种畜禽质量监督体系。抓紧建设以国家种畜禽质量监督检验中心和区域种畜禽质量监督检验中心为主的质量监督机构体系；加强执法监督队伍建设，提高行政执法的装备水平，利用信息网络完善执法技术手段，增强监管能力。

3. 开展质量跟踪检查，提高种畜禽质量。以常规监测为基础，在全国范围内进行一次种畜禽质量大检查，依法查处违法行为，及时公布检查结果，以正确引导种畜禽市场行为。

4. 清查种畜禽生产经营资格，把好市场准入关。重点是种畜禽生产经营许可证、种畜禽合格证、种畜系谱的检查。协助工商行政部门做好种畜禽生产经营企业的登记年检，协助有关部门坚决取缔无证和超范围经营的企业。

5. 协助工商部门加强对种畜禽违法广告的监管和查处，规范广告宣传行为。根据国家工商行政管理局和农业部《关于〈农资市场“打假”整治联合执法行动工作方案〉的通知》精神重点是协助各级工商行政管理机关做好种畜禽广告发布前的审查工作，申请发布种畜禽产品广告的，应向工商行政管理机关交验农业行政主管部门依《种畜禽管理条例》及其实施细则核准的《广告审批表》。违法发布广告的，将建议工商行政管理部门对广告经营者和广告发布者依法做出处理，并由畜牧行政主管部门依法吊销相关种畜禽场的《种畜禽生产经营许可证》。

6. 加大执法力度，坚决打击种畜禽违法行为。根据《种畜禽管理条例》及其实施细则，加强对种畜禽生产经营的监管，并会同工商部门对违法主体进行严厉处罚；构成犯罪的，移送司法机关处理，包庇、纵容、参与制假售假的国家机关工作人员坚决追究其责任。

六、行动组织

本次打假行动，主要由各级畜牧行政主管部门进行，可委托所属的畜牧技术推广机构实施，在农业部的统一部署下开展工作。

七、时间安排

按照农业部的统一打假时间表进行。

附件2：饲料和饲料添加剂打假实施方案

一、行动宗旨

通过本次行动，重点打击无证制售饲料产品，无证经销进口饲料产品和未经审定新产品，不符合产品质量标准的伪劣饲料和饲料添加剂产品，在饲料中超量、超范围使用兽药和动物性饲料的行为，买卖饲料和饲料添加剂证照的行为，生产、经营和使用违禁药品的行为，不符合标签标准的饲料和饲料添加剂产品，假广告、不正当销售坑农害农行为等。通过新一轮打假，达到进一步净化饲料和饲料添加剂市场，规范饲料市场秩序，保护广大饲料生产者、经营者和养殖者的利益，保障饲料安全和人民身体健康。

二、行动区域

在全国范围内深入开展一次整顿和规范饲料市场经济秩序的专项行动。重点检查北京、上海、天津、重庆、四川、河南、河北、湖南、湖北、广东、广西、福建、浙江、江苏、山东、安徽、辽宁、吉林、黑龙江等省（区、市）的饲料生产企业、伪劣产品和使用违禁药物多发区、进口产品集散地等。

三、行动对象

饲料和饲料添加剂生产企业、经营企业和工商户。重点是中、小企业和经销商。重点品种是：饲料添加剂、添加剂预混合饲料、浓缩饲料、动物性饲料。

四、行动依据

依据《饲料和饲料添加剂管理条例》（以下简称《条例》）及其配套规章、《中华人民共和国广告法》、国务院《关于开展严厉打击制售假冒伪劣商品违法犯罪活动联合行动的通知》、《国务院办公厅关于继续开展严厉打击制售假冒伪劣商品活动联合行动的通知》、最高人民法院、最高人民检察院《关于办理生产、销售伪劣商品刑事案件具体分析应用法律问题的解释》、国家工商行政管理局和农业部《关于〈农资市场“打假”整治联合执法行动工作方法〉的通知》，以及农业部、公安部、国家工商行政管理总局、国家质量监督检验检疫总局、中华全国供销合作社《关于深入开展农业生产资料的打假联合行动的通知》，农业部、国家经济贸易委员会、国家工商行政管理总局、国家质量监督检验检疫总局、国家药品监督管理局《关于严厉打击非法生产经营和使用盐酸克伦特罗等违法行为的通知》等有关法规和规范性文件及相关技术标准。

五、行动重点

（一）打击无证制售饲料产品：重点包括无产品质量标准、无产品质量合格证的饲料产品，以及无产品质量标准、无产品质量合格证、无生产许可证和产品批准文号的饲料添加剂、添加剂预混合饲料产品，查处无鱼粉生产许可证的企业，对于违反规定的企业，依据《条例》及有关法规规定处罚。

（二）打击无证经销进口饲料产品和未经审定的新产品：包括无登记许可证的进口饲料和饲料添加剂产品和未经农业部审定公布的饲料和饲料添加剂产品，对于违反规定的企业，依据《条例》相关规定进行处罚。

（三）查处假冒伪劣饲料和饲料添加剂产品，对于违规企业，依照《条例》第二十七条规定进行处罚。

（四）查处在饲料中超量、超范围使用动物性饲料的行为，查处擅自经营和使用禁止使用的动物性饲料产品，对于违反规定的，依照《条例》和有关法规进行处罚。

（五）打击假冒、伪造或者买卖饲料和饲料添加剂证照的行为，对于违规企业和个人，依照《条例》第二十九条规定进行处罚。

（六）查处生产、经营和使用违禁药品的行为。各地要高度重视违禁药品的查处工作，切实采取有效措施，围追堵截违禁药品，要抓源头，对于生产、经营和使用违禁药品的行为要一查到底，对于涉及跨地区、跨行业的重要线索，要及时上报。

（七）对于不符合标签标准的饲料和饲料添加剂产品，要依据《饲料标签》进行整改，违法的，要依据《条例》有关规定进行查处。

（八）对于假广告、不正当销售坑农害农行为的，要依照有关法律法规进行处罚。

六、时间安排

按照农业部的统一打假时间表进行，9月进行饲料市场整治督查。

七、具体要求

（一）本次整治和规范饲料、饲料添加剂市场经济秩序专项行动由各省（区、市）饲料工作（工业）办公室牵头组织，会同畜牧、经贸、工商、质量技术监督、药品监督管理、检验检疫等行政管理机关联合执法。对于重大案件，要及时提请公安机关依法予以查处。在工作中，要充分发挥饲料监测机构作用，将专项行动推向深入。

（二）各省（区、市）饲料管理部门，应结合本地实际，制定详细的实施方案，并组织专门力量，狠抓落实。

（三）在专项行动中，要抓住典型，认真剖析，抓出成效。有关阶段性成果和总结，按规定及时上报。

附件3：兽药打假实施方案

一、行动宗旨

通过本次行动，重点打击无证生产假兽药，非法生产劣质兽药，非法销售假劣兽药，非法走私进口兽药，非法制售违禁药物活动，违反兽药广告管理行为等。通过兽药市场的治理整顿和兽药打假工作的实施，净化兽药市场，提高产品质量，建立健康、有序的兽药市场秩序，维护广大农牧民利益，保障动物疫病防治的需要和畜产品安全及人体健康。

二、行动区域

在全国范围内开展新一轮兽药市场的治理整顿和兽药打假工作专项活动。重点检查历年来全国兽药抽检通报中假劣兽药比较集中省份的生产、经营企业，重点检查走私进口兽药的地区和企业。

三、行动对象

兽药生产、经营企业。重点品种为：

（一）原料药：喹乙醇、阿散酸、洛克沙胂、地克珠利、恩诺沙星等。

（二）制剂产品：注射用青霉素、链霉素；安乃近注射液、安痛定注射液、庆大霉素注射液、磺胺嘧啶钠注射液、左旋咪唑注射液、复方氨基比林注射液、氯霉素注射液、左旋咪唑片、安乃近片、氨苄青霉素片及粉、呋喃唑酮片预混剂、土霉素片、恩诺沙星粉及溶液等。

四、行动依据

依据《兽药管理条例》、《兽药管理条例实施细则》及配套法规、《兽药广告审查办法》、《进口兽药管理办法》、国务院《关于开展严厉打击制售假冒伪劣商品违法犯罪活动联合行动的通知》、国家工商行政管理局和农业部《关于〈农资市场“打假”整治联合执法行动工作方案〉的通知》等有关法规及文件。

五、工作重点

（一）查处制售假劣兽药活动

查处对象：未取得兽药生产许可证、产品批准文号、营业执照从事兽药生产活动的。根据《兽药管理条例》第二十九条规定属于劣质兽药范围的兽药产品。

查处品种：兽用生物制品、有机胂类产品及行政保护期内新兽药。

查处范围：其中兽用生物制品查处范围为各地农业科研、教学单位及兽药经营单位、养殖场。

有机胂类产品及行政保护期内新兽药的查处范围为有关兽药厂。

（二）组织查处非法制售使用违禁兽药的活动

查处对象：通过调节动物内分泌功能，达到促进动物生长的物质，以及激素类药物。如：雌、雄性激素、玉米赤霉醇；牛、猪生长激素（*PST*、*BST*）、碘化酪蛋白等。

查处范围：兽药生产、经营企业及养殖场、饲料厂。

（三）组织查处走私进口兽药的活动

查处对象：兽药市场进口兽药是否已在我国注册登记、是否办理进口兽药许可证及经口岸兽药监察所报验。重点是未在我国注册的兽用生物制品。

（四）组织查处违法兽药广告活动

查处对象：兽药广告是否具有广告批准文号。

查处范围：报纸杂志等各种宣传媒体。

六、时间安排

按照农业部的统一打假时间表进行。

七、具体要求

（一）为保证行动方案的实施，各地要成立“兽药市场治理整顿工作领导小组”，督促指导协调各级畜牧部门兽药打假工作，并结合本地实际制定本省兽药市场专项检查方案，对全省“打假”工作做出具体安排部署，全面展开兽药市场治理活动。

（二）各地兽药管理部门要认真组织学习《国务院关于整治和规范市场经济秩序的决定》，深刻领会《决定》精神，分析本辖区兽药市场存在的主要问题，制定周密的工作计划，研究行动方案，切实开展各项专项治理整顿活动，通过抓源头、整市场，扩大抽检面，查处大案要案，加大处罚力度等一系列措施，严厉打击制售假劣兽药的违法行为。

（三）制定兽药市场治理整顿工作责任制，明确各级兽药管理部门负责人和案件承办人的工作职责，并制订假劣兽药案件查处工作程序、时限要求等规定。

（四）针对制售假劣兽药违法犯罪分子造假手法多样化和行踪诡秘的特点，应提高和改善兽药执法人员的办案能力和条件，配备必要的设施和交通工具。

（五）各地要克服地方保护主义，认清形势，顾全大局，加强协作办案工作，互通情报信息，使违法分子无空可钻，无处可逃。并积极争取公安、工商、技术监督、法院等单位的支持，采取联合办案的方式，加大办案力度，抓紧大案、要案的查处工作，并通过各种宣传媒体对执法活动进行宣传、暴光典型案件，集中销毁假劣兽药，以此威慑不法分子，教育广大群众，营造兽药打假活动声势，营造全社会参与打假的氛围。

附件4：牧草种子打假实施方案

一、行动宗旨

通过本次行动，重点打击制售假冒伪劣牧草种子行为，达到净化、规范草种市场秩序，保护草种生产者、经营者和种草者的利益，促进全国生态环境建设和草地畜牧业健康发展。

二、行动依据

《种子法》、《草原法》、国务院《关于开展严厉打击制售假冒伪劣商品违法犯罪活动联合行动的通知》、《国务院办公厅关于继续开展严厉打击制售假冒伪劣商品活动联合行动的通知》、最高人民法院、最高人民检察院《关于办理生产、销售伪劣商品刑事案件具体应用法律问题的解释》、国家工商行政管理局和农业部《关于〈农资市场“打假”整治联合执法行动工作方案〉的通知》等有关法律法规和规范性文件及相关技术标准。

三、行动区域

假冒伪劣草种多发地区，包括：内蒙古、新疆、四川、甘肃、山东、河北等。

四、行动方式

和公安及工商部门密切配合，采取抽样检查与现场考核相结合、市场调研与摸查线索相结合的办法。

五、行动内容

根据《豆科主要栽培牧草种子质量分级标准》、《禾本科主要栽培牧草种子质量分级标准》、《白沙蒿、伏地肤种子质量分级标准》，深入草种生产和经营企业，查处制售假冒伪劣牧草种子行为。

六、行动组织

本次打假行动，在农业部的统一部署下开展，主要由各级畜牧行政主要部门委托所属的草原管理机构具体组织实施。具体技术问题由3个部级牧草种子质量检验检测中心把关。

七、时间安排

按照农业部安排的打假行动时间表进行。

附件5：畜产品打假实施方案

一、重点工作

（一）进一步加强日常动物防疫和检疫工作，做到畜产品和动物性食品安全工作从源头抓起。

1.坚决贯彻“预防为主”的方针，减少动物疫病的发生和流行；

2.对发现的重点动物疫情，通过坚决的封锁、扑杀和无害化处理措施，防止染疫畜产品进入流通环节。

3.继续加强对国外疫病的分析、跟踪和监测，严防国外疫病传入我国；

4.切实加强畜禽产地检疫和屠宰检疫，加强检疫的监督检查，对检出的病害畜禽及其产品，严格按照国家规定进行无害化处理，杜绝病死畜禽上市流通。

（二）与有关部门联合开展畜产品和动物性食品打假专项行动。打击的重点是：

1.经营病死畜禽及其产品的行为；

2.逃避产地、屠宰检疫的行为；

3.不按规定进行病害畜禽无害化处理行为；

4.伪造屠宰检疫证、章、标志的行为；

5.非法使用检疫合格标志的行为；

6.经营受污染、腐败变质及有害物质残留超标的动物性食品行为。

二、行动措施

1.完善相关法规及标准，及时出台检疫配套规章和畜禽屠宰检疫规范。

2.加强动物防疫、检疫、监督体系建设。

3.强化免疫、封锁、扑杀、消毒、无害化处理等技术措施。

4.加强产地检疫和屠宰检疫，严防病害肉流入市场。

5.加大执法监督和公路检查力度。

6.开展专项打击行动。

7.开展全国肉类卫生大检查。

三、行动组织

本次“打假”行动，加强基础工作方面由各级畜牧兽医行政管理部门牵头，防疫、检疫、监督机构配合实施，请工商、卫生等有关部门配合。专项打假方面，根据国务院部门职能分工，配合有关部门实施。

四、工作进程

1．6月底以前，颁布实施《动物检疫管理办法》和《畜禽屠宰检疫规程》；

2.按照部里部署，9月份统一专项打击行动；

3．10月份开展总结、检查和督察工作；

4．12月份，组织全国肉类卫生大检查，请卫生、工商部门配合。

中华人民共和国农业部办公厅关于申报秸秆养畜项目有关问题的通知

（二〇〇一年七月十九日）

经与国家农业综合开发办公室协商，我部对“十五”期间秸秆养畜项目投资方向及申报工作提出了新的要求，现通知如下：

一、投资方向及目标

根据“十五”畜牧业发展规划及国家农业综合开发总体规划，秸秆养畜项目在有条件的地方以重点示范县建设为基础，推动秸秆养畜示范区建设。通过连片开发，巩固提高，建立健全示范区饲料生产和利用体系，完善品种改良体系，建立高效运作的畜产品加工流通体系，健全技术培训体系，逐步形成区域化、专业化生产格局，使之建设成为国内主要的牛羊肉及奶类商品产业化生产基地，项目区基本上杜绝秸秆焚烧现象。

“十五”期间确保建成秸秆养畜示范区20个，力争达到25个。在区域布局上，东中部广大农区以华北、华东、东北为重点，兼顾华南地区及长江中下游地区，重点围绕已立项实施的并通过验收的示范县进行续建，巩固和进一步扩大示范县秸秆利用水平和饲用规模，提高综合生产能力；同时，强化区级品种改良、技术服务、加工流通体系建设，促进区域化、专业化生产水平的提高，推动产业化经营的发展。西部地区在农区和农牧交错带等有条件的地区，围绕建立秸秆养畜示范区的目标，通过秸秆养畜与种草养畜相结合，以舍饲取代放牧，集中连片搞好新建示范县建设，逐步形成地域发展格局。“十五”期间确保新建秸秆养畜示范县80个，力争达到100个。

二、示范区标准及主要建设内容

1. 示范区标准　以地市级行政区为基础，区内已立项实施的秸秆养畜示范县不少于4个，区内各县平均牛存栏15万头以上（或户均养牛1头以上），出栏率不低于30%，个体产肉量140千克；羊存栏30万只（或户均养羊4只以上），出栏率不低于90%，个体产肉量14千克；秸秆处理利用率35%以上，饲用率45%以上。

2. 主要建设内容　“十五”期间，每个示范区建设范围不得超过5个重点示范县。重点示范县建设内容包括加大饲料作物的种植面积，充实饲料加工机械、秸秆处理设施，提升秸秆饲料处理水平；完善县一级，提高乡改良站的技术和装备水平；建立秸秆饲料和畜产品检验和检测体系。地市一级主要建设内容包括饲料作物产业化建设；牛羊品种改良体系建设；动物疫病防疫体系建设；技术培训体系建设；畜产品加工流通体系建设。

三、新建示范县标准及立项原则

新建项目的标准是：牛存栏10万头以上（或户均养牛0.8头以上），出栏率不低于25%，个体产肉量130千克；羊存栏20万只（或户均养羊3只以上），出栏率不低于80%，个体产肉量12千克；秸秆处理利用率30%以上。

立项原则：符合秸秆养畜项目“十五”规划，与国家农业综合开发总体规划相衔接；有利于连片区域开发；有利于建立新型的秸秆养畜规模养殖技术体系；有利于资源的开发利用，发展质量效益型畜牧业。

四、年度计划安排及中央投资控制规模

每年建设4～5个示范区（20个左右续建示范县），新建15～20个示范县。每个示范区中央投资600万元左右，重点续建区内四五个示范县，以及区级改良体系、加工流通体系、技术培训体系建设。每个新建示范县中央投资150万～200万元。考虑到资金配套能力、牲畜生产周期和秸秆供应能力，项目资金可分2年安排，对条件较好，示范效果显著的，可在3年建设期满后，根据资金能力，安排续建。

五、申报要求

项目申报按《农业综合开发农业部专项管理实施细则》（农办计［2001］63）有关要求执行，2002年项目申报截至时间为2001年8月20日（报达时间）。

附表：2002年申报秸秆养畜示范项目额表

省、区、市	新建	续建	示范区	省、区、市	新建	续建	示范
河北	2	3		广东			
山西		2		北京			
内蒙古	2	2		天津			
辽宁		3		上海			
大连				广西	2		
吉林		3		四川	3		
黑龙江		3		贵州	2		
江苏	1		1	云南	3		
浙江				陕西	3		
安徽		2		甘肃	3		
福建				青海			
江西		2		宁夏	2		
山东			1	重庆	2		
青岛		1		西藏			
河南	2	3		海南			
湖北		2		新疆	3	1	
湖南	2			新疆兵团	1		

中华人民共和国农业部办公厅关于2001年第四季度第一次生猪生产中违禁药物跟踪监测情况的通报

（二〇〇一年十一月二十六日）

为了严厉打击在生猪饲养过程中使用盐酸克伦特罗的违法行为，保证畜产品安全，我部在加强对盐酸克伦特罗使用环节监管和打击的基础上，增加了对生猪生产中尿样的抽查频率。按照计划，今年第四季度在河北、浙江、安徽、河南、湖南、江西、广东、北京、上海、天津、深圳等11个省（市）集中进行两次生猪养殖场（户）的饲料和猪尿中盐酸克伦特罗的跟踪监测。第一次监测共抽查了猪饲料样品525批，其中猪食槽内饲料样品263批，检出含盐酸克伦特罗的样品4批，检出率为1.52%；料仓内饲料样品262批，未检出盐酸克伦特罗。全部饲料样品盐酸克伦特罗检出率为0.76%。共抽查了猪尿样257批，检出含盐酸克伦特罗的样品26批，检出率为10.1%。

抽查的11个省（市）中，上海本地生猪未检出盐酸克伦特罗，深圳抽查的猪尿样品是屠宰场的外埠供深生猪。其他省（市）均检出了盐酸克伦特罗。第一次监测出的违规企业名单见附件。

有关省（市）畜牧兽医和饲料主管部门对违规企业要从严从快进行处理，按照《关于严厉打击非法生产经营使用“瘦肉精”的紧急通知》（[2001] 农明字第12号）的要求，严厉处罚。构成犯罪的，要移交司法机关追究刑事责任。并请将具体处理情况及时报我部畜牧兽医局（全国饲料工作办公室）。

在第一次跟踪监测中，大多数省（市）能够按照我部《关于开展2001年第四季度生猪生产中违禁药物跟踪监测的通知》（农办牧［2001］65号，简称《通知》）要求完成监测任务，但是，有些地方存在监测对象、样品数量不符合要求，未按时完成抽样任务等问题。有关省（市）要进一步提高对违禁药物跟踪监测工作的认识，严格按照《通知》要求开展工作。在进行第二次跟踪监测时要对抽样时间严格保密，采取突击的方式抽样，保证样品能够反映企业产品质量的真实情况。

领导讲话

坚定信心 重点突破 努力实现新时期畜牧业跨越式发展

——齐景发副部长在全国农业工作会议畜牧饲料专业会议上的讲话

同志们：

这次中央农村工作会议和全国农业工作会议，继续把调整农业经济结构和增加农民收入，确定为当前农业和农村经济工作的中心任务。畜牧业发展必须紧紧围绕这一主题，发挥排头兵和主力军作用。杜部长还要出席我们的专业会议，并做重要讲话，充分说明我部对畜牧饲料工作的重视，也表明我部对新一年畜牧业加快发展的殷切希望。贾幼陵同志的报告我完全同意。下面，我就今年的工作谈几点意见。

一、坚定信心，抓住机遇，加快发展

畜牧业是农业经济中的支柱产业和朝阳产业，充满活力，后劲十足。近几年，畜牧业产值已经在农业总产值中“三分天下有其一”，逐步成为调整农业产业结构和优化产业布局的主导力量。预计 2001 年，畜牧业将使农民收入增加 35 元，是农民增收的一大亮点。在当前农业和农村经济持续发展的大背景下，畜牧业面临着历史性的发展机遇。

首先，畜牧业的发展得到了党中央、国务院和地方各级人民政府的高度重视，具备了良好的外部发展条件。在去年的中央经济工作会议上，江泽民总书记提出了要尽快把畜牧业发展成一个大产业，这对我们是一个巨大的鼓舞。去年一年，党中央和国务院领导同志就畜牧饲料问题的批示有 140 多件，对很多重点工作做出了专门的批示和部署。国务院还下发了有关加快畜牧业发展和动物疫病防治等指导性文件，统一了各地区、各部门的思想认识，明确了畜牧业发展的政策措施。在经费保障方面，中央和地方人民政府都增加了对畜牧业投入。最近一段时间，我们在各地的新闻中还注意到，很多地方的党政领导在对农业和农村工作考察的讲话中，都提出要把畜牧业的发展放在农业和农村经济工作的突出位置来抓。可以说，畜牧业发展的外部环境之好，是历史上前所未有的。

其次，在农业和农村经济持续发展的基础上，经过多年工作的积累，畜牧业具备了跨越式发展的内部动力。当前，粮食供应充裕，饲料粮供应充足，饲料工业水平显著提高，为畜牧业的加快发展提供了良好的契机。近几年，国家大规模投资，启动了饲料安全、草原生态建设、动物保护以及良种工程等项目，增强了畜牧业发展后劲。同时，随着一批明显区域化分布和有较强市场竞争能力的畜牧业产业带和专业小区的形成，尤其是一批畜产品加工龙头企业、专业化批发市场和社会中介组织的壮大，使畜牧业具备了产业化经营的基础。

第三，我国加入世界贸易组织，为畜牧业发展提供了新机遇。今年，是我国加入 WTO 后的第一年，各行各业面对国内外市场融合和世界性贸易竞争，都会有很多不适应的地方，对畜牧业面临的挑战我们也要有充分的估计。我们的不利因素是经验不足，集团化作战能力差，畜产品质量安全和疫病防治的问题较多，这会给我们畜牧业带来短期的阵痛。但从整体和长远看，加入 WTO 给畜牧业带来的机遇会更大。我国有巨大的畜产品消费市场作为稳定生产的后盾，畜产品消费市场中，消费群体、消费层次和消费习惯千差万别，国外的任何一个企业、一种产品想垄断这个市场都不现实。同时，我国畜牧业产量位居世界第一，生产品种丰富多样，生产方式灵活机动，只要改变我国的防疫环境，提高产品质量，一个地区、一种产品或者是一个企业集团在出口贸易上实现突破，效益都将十分可观。此外，我国加入 WTO 后，以地缘经济的眼光看，周边国家和地区的畜产品市场也将进行一次重新整合，我国畜产品登陆这些市场的潜力也十分巨大。

总之，对今年畜牧业的发展形势，我们的整体判断是十分乐观的。我们全体畜牧兽医和饲料工作者，必须增强责任感和使命感，坚定信心，抓住当前发展的良好机遇，发展和壮大畜牧业。

二、精心部署，抓住重点，力求突破

对今年工作的部署，畜牧兽医局的报告十分全面。我仅就加快畜牧业发展的四项重点工作，提出一些具体要求。

（一）以实施良种工程，扩大供种能力为突破口，增加良种奶牛数量，促进奶业发展

去年，我国奶牛良种供应继续紧缺，一度出现了有价无市的局面。致使一些不法之徒以次充好、以假充真，坑害农民。这一方面说明我国奶业发展的势头强劲，也表明种源不足已经成为制约我国奶业发展的一大瓶颈。今年，我们要以实施良种工程，扩大供种能力为突破口，增加良种奶牛数量，促进奶类产量和质量同步提高。要加强种公牛站、冷冻精液站、人工授精站点、胚胎移植中心等良繁体系建设，要把良种引进、人工授精和胚胎移植等手段有机结合起来，多管齐下，迅速扩大优质种群数量，扩大生产规模，提高单产水平，保证奶业快速发展。

（二）以重点打击制售和使用“瘦肉精”等违禁药品和添加剂为突破口，加强畜产品质量安全管理

2001年，我国发生了多起“瘦肉精”中毒事件，引起了党中央、国务院领导的重视，广大人民群众现在也十分关心畜产品的质量和安全。经过各地、各部门的努力，这项工作取得了一定进展，但是离国家的要求还有很大差距，人民群众也没有完全满意。今年的畜产品安全管理工作，要继续以打击制售和使用“瘦肉精”等违禁药品和添加剂为突破口，坚决取缔和捣毁地下制售窝点，整顿和规范药品生产经营行为，整顿饲料生产和饲料市场，规范养殖生产，加强残留监测，强化屠宰环节的监督。要进一步暴露和发现薄弱环节，完善法律制度，通过大规模专项整治，积累经验，吸取教训，建立长效监管机制，全面推进畜产品质量安全管理工作。当前，对我们畜牧饲料主管部门，需要做的工作很多，由于对“瘦肉精”监督、查处的环节较多，监测、抽检的经费不足，快速检测技术也不成熟，工作会有一定困难，但我们必须树立起高度的责任感，积极采取措施，充分利用现有条件，先把工作开展起来。我部将会同有关部门，争取在政策措施、技术研究和工作经费方面提供更强有力的保障。

（三）以无规定疫病区示范区建设为突破口，提高动物防疫工作整体水平

2002年，是无规定疫病区示范区建设最为关键的一年。去年我部与项目区政府签订协议后，在国内国际引起了不小的反响，很多国家和地区的政府和企业都在关注这件事情的进展情况。我部今年的任务是继续保证项目资金的落实，项目建设的重点还是在地方。项目区的地方人民政府都在协议中对今年建成无疫区做出了庄严承诺，希望当地的畜牧兽医部门加大力度，将这项工作抓实、抓好、抓出成效。建好无规定疫病区示范区，不只是局部性突破的问题，我们把这项工作作为今年加强动物防疫的突破口，是希望在示范区的建设中能总结出一套完整的建设和管理经验，发挥示范作用。

讲到动物防疫，我还要强调一下免疫工作。2001年，我国动物疫情得到基本控制，取得阶段性成果，我看是得益于全面、扎实的免疫工作。对今年的免疫工作，除了要按照国务院14号文件要求，提高牲畜免疫率和扩大免疫范围外，有两个问题不能忽视。一是免疫标识制度今年必须要全面推开。另外一点是疫苗要真正打下去，国家投入了那么多经费，要是有谁领了苗不打，我看至少应该算犯了渎职罪，哪级领导发现了不去制止，哪级领导就是失职。现在动物防疫各地政府都是一把手亲自抓，我们今年将加强沟通，对一些举报的案件，直接交给当地政府处理。

（四）以草场围栏建设为突破口，整体提高草原生产能力和改善草原生态环境

当前，草原工作千头万绪，要做的事很多。草场围栏作为草原保护和建设的重要措施，是国家确定的五小基础设施建设之一。当前的工作重点，就是以草场围栏建设作为突破口，保证退耕还草、人工种草、天然草地改良、灭鼠治虫等综合配套措施的落实，分区域实施休牧禁牧、舍饲圈养、草田轮作、生态移民，加快草原生态保护建设进程。在落实草原承包责任制的基础上，对草场围栏和草原建设，我们还要按照“谁投资、谁建设、谁受益”的原则，积极引导农牧民个人投资建设草原的热情，发挥各方面的力量，实现草原建设的生态效益、社会效益和经济效益有机结合。

我部今年提出的四项重点工作，是加快畜牧业结构战略性调整的重大措施，事关今年全国畜牧业发展全局。但对于不同地区，工作会有不同侧重，各级畜牧和饲料主管部门可以根据本地区畜牧资源优势，因地制宜，提出适合本地整体经济发展的工作思路。但不管工作重点如何变化，必须以全面提高质量和效益作为贯穿全年工作的一条主线。

三、转变作风、扎实工作、开拓创新

要使畜牧业为农业结构调整和增加农民收入做出更大贡献，我们必须以对广大人民群众高度负责的责任感做好各项工作，如果我们的工作做不好，就对不起党中央和国务院的关怀。各级畜牧饲料主管部门，特别是部门领导班子，要大力转变政府职能，改变工作作风，从繁重的行政事务中解脱出来。要把工作的重点，放到规范、引导、服务和调控上，充分调动广大生产者的积极性和创造性，努力当好畜牧业生产者的教练员和裁判员。要加强调查研究，通过深入基层，了解农民的需要，实事求是地制定科学的畜牧业发展政策。工作要有布置、有落实、有检查，防止走过场。要加强畜牧业发展项目的管理，防止资金挤占、挪用，杜绝腐败。要注重加强执法队伍建设，完善内部管理制度，保证畜牧执法工作的公正、廉洁和高效，树立执法工作者在人民群众心目中的新形象。同时，我们还要把畜牧业工作的难点问题积极向政府汇报，争取在法制和政策上有所突破。要加强和有关部门的协调，争取在工作中积极配合，调动一切积极因素为畜牧业发展服务。

同志们，党中央、国务院对畜牧业的发展寄予厚望，我们一定要以江泽民总书记“三个代表”重要思想为指导，振奋精神，与时俱进，务实创新，全面开创我国新时期畜牧业发展的新局面，为实现新阶段农业和农村经济发展整体目标做出新的更大的贡献。

优化产业结构 保证畜产品安全 努力提高畜牧业综合实力

——贾幼陵局长在全国农业工作会议畜牧饲料专业会上的讲话

同志们：

今天的会议得到了部领导的高度重视，杜部长和齐部长将出席并发表重要讲话。根据会议安排，先由我作畜牧饲料行业年度工作报告。

一、2001年形势回顾

2001年，根据党中央、国务院的有关部署，各级政府按照“十五”规划的总体要求，大力发展畜牧业，调整农业经济结构，促进农村经济繁荣和农民增收。各级行业管理部门坚持依法治牧，依靠科技，狠抓质量，调整结构，使畜牧业生产呈现稳步、健康发展的态势，主要畜产品保持稳步增长，生产结构进一步优化，行业各项管理工作进一步走向科学化、规范化，畜牧业继续由数量型向质量效益型转变。

（一）畜牧业经济效益基本稳定

我部预计，2001年，全国肉类产量可达6 309万吨，禽蛋产量2 288万吨，奶类产量1 029万吨，分别比上年增长3%、2%和12%；配合饲料产量可达6 087万吨，比上年增长3%。2001年畜产品市场行情走势较好，生猪价格基本稳定，其他主要畜产品价格有所回升，猪肉平均价格较上年上升5.5%，牛肉、羊肉分别上升3.2%、3.3%，鸡蛋上升1.9%。受上年灾害和种植结构调整的影响，玉米价格前三季度持续上扬，饲料原料价格上涨幅度整体上大于畜产品上涨幅度。猪、禽生产比较效益不如上年，但无论是规模场还是农户饲养均有赢利；草食牲畜效益较好，生产者积极性很高。从全年来看，畜牧业经济效益仍保持较高水平，预计全年畜牧饲料总产值接近1万亿元，畜牧业产值占农业总产值的比重将超过30%；预计全年畜牧业将使农民人均增收35元左右，仍是农民家庭经营收入的重要来源。

（二）结构调整有了新的进展

在生猪和禽蛋生产稳步增长的同时，各地采取措施，大力发展草食牲畜，畜牧业生产结构进一步优化。由于牛奶消费需求日趋旺盛，奶牛饲养比较效益高，广大养殖场（户）生产积极性高涨，奶牛发展持续升温。各地加大扶持力度，一些龙头企业也积极投资奶业生产及加工，奶业出现了历史上少有的快速发展势头。在黑龙江、河北、内蒙古、山东等奶业大省（区）继续发展的同时，其他地区也显示了较快的发展速度，尤其是浙江、天津、江苏、河南、北京、湖北、广东等省（市），奶产量增幅都在20%以上。

（三）无公害畜产品生产呈现良好势头

各级政府及畜牧饲料部门对畜产品卫生安全工作给予了前所未有的关注和高度重视，并将其作为畜牧业向广度和深度发展的重要突破口，作为应对入世，增强畜产品市场竞争力，保障人们身体健康的重要战略措施来抓。在不断加强动物检疫，强化兽药和饲料管理的同时，积极推行标准化、规范化生产，发展无公害优质畜产品。北京、上海、天津和深圳等城市无公害畜产品试点工作取得明显进展；山东、浙江制定完善了种禽场、规模饲养场的饲养标准体系，推行标准化生产；北京鹏程食品公司和资源集团实行安全猪肉产业化工程，建立生产基地，定向收购，定点销售，确保猪肉质量安全；黑龙江省的一些畜牧龙头企业，争创畜产品绿色品牌，投资建设产、加、销一体的绿色生猪产业链；河南、浙江、江西正在建设无公害畜牧业示范小区和示范基地，重视改善和治理畜禽饲养环境；山西省委、省政府决定在雁门关周边地区28个县建设生态畜牧经济区。

（四）龙头企业带动作用加强

一大批畜产品加工龙头企业发展势头良好，通过“企业+农户”模式实施产业化经营，带动了畜牧业的发展，促进了农民增收。据山东省统计，全省龙头企业带动300多万农户发展养殖业，养畜超过6 000万头，养禽8.6亿只，参与产业化经营的农户户均增收1 000多元。河南“华英”集团年加工肉鸭的能力已达2 400万只，“双汇”集团的年屠宰加工生猪能力达到1 000万头。上海农工商肉食品公司实行产加销一体化经营，创建爱森牌猪肉，并通过上海市优质农产品质量认证，自去年第三季度开业以来，已开办40家放心肉专卖店，产品优质优价，深受消费者欢迎。内蒙古一些企业集团充分利用丰富的畜产资源，创造了一批名牌优质产品，成为国内有名的上市公司。此外，“订单畜牧业”、养殖协会、畜牧业合作社、畜牧业经纪人及其他中介组织等在全国各地蓬勃发展。

二、2001年工作进展

在党中央、国务院的关心和各级人民政府的领导下，通过全行业干部职工的共同努力，2001年畜牧饲料工作进展顺利，在法制建设、结构调整、畜产品质量安全、动物防疫和草原生态保护等方面取得了新的成绩。

（一）新政策新法规相继出台

去年10月，国务院办公厅转发了农业部关于加快畜牧业发展的意见，这在畜牧业发展史上还是第一次。文件明确了未来一段时期加快畜牧业发展的指导思想，提出了政策措施，对今后畜牧业的发展将产生十分重要的推动作用。各地畜牧部门反响很大，正在加紧贯彻执行。

针对入世后的新要求，国务院修改了《兽药管理条例》、《饲料和饲料添加剂管理条例》，增加了有关知识产权保护、饲料使用管理、兽药残留监控、兽药和饲料添加剂使用规范等方面的制度，完善了处罚条款，明确了刑事责任，为兽药和饲料管理提供了更有力的法律武器。我部也大力完善畜牧业管理配套规章，先后制定、修订了《甘草和麻黄草采集管理办法》、《兽用生物制品管理办法》、《饲料药物添加剂使用规范》、《兽药质量监督抽样规定》、《禁止在饲料和动物饮用水中使用的药物品种目录》和重大动物疫病防治规范。同时，不少地方畜牧饲料管理部门，克服困难和阻力，积极配合当地立法机关，加快本地畜牧饲料管理法规建设，创造性地出台了一批地方法规。如：河南省颁布了《畜牧业条例》，甘肃省颁布了《饲料和饲料添加剂管理条例》。这些地方法规的颁布和施行，进一步完善了管理制度，增强了行政执法工作的针对性和可操作性，创造了良好的法制管理小气候。

（二）动物疫病防治成效显著

2001年，我国动物防疫工作取得了重大突破。4月，国务院召开了全国动物防疫工作会议，温家宝副总理做了重要讲话。会后，国务院下发了《关于进一步加强动物防疫工作的通知》。会议明确了各级人民政府在动物防疫工作中的主体地位，明确了动物防疫工作由政府负总责，主要领导为第一责任人，动物防疫工作在组织领导力度上取得突破。多数地方人民政府按照我部制定的动物防疫责任状和提出的考核指标，层层建立了责任制。根据会议精神，进一步落实了动物防疫工作的督察制度。我部先后组织了三次大规模的督查活动，派督查组近50个，检查了19个省的工作。各地也纷纷组织督查组赴基层督查指导工作，取得了良好效果。2001年各级政府对动物防疫工作的投入也是前所未有的，中央政府除无规定动物疫病区示范区和动物保护工程等基建项目投资外，还新增9亿元财政专项资金用于重大动物疫病防治和畜产品安全监测，各级政府也根据情况相应增加了资金投入。

根据年初确定的口蹄疫以“免疫为主、扑杀为辅”的方针，各地全面提高了免疫密度和免疫质量，病畜扑杀率也有较大幅度提高。今年我们还在广泛调研和科学论证的基础上，选择了部分自然条件和基础条件较好的地区，全面启动了无规定动物疫病区示范区项目建设。国家口蹄疫防治规划、禽流感应急预案和其他重大动物疫病防治规范也纷纷出台，提高了国家疫病综合控制能力。

（三）畜牧业生产资料打假力度加大

近年来，畜产品质量安全问题已成为社会和公众关注的热点，已引起党中央、国务院高度重视。2001年各级畜牧饲料管理部门进一步加强了质量监督工作，在做好兽药、饲料行业管理和日常监督工作的基础上，重点进行了兽药、饲料“打假”和“瘦肉精”等违禁药品查处工作。根据国务院整顿和规范市场经济秩序的总体要求和畜牧业生产资料“打假”的具体部署，各级畜牧饲料管理部门在全国范围内开展了新一轮声势浩大的“打假”专项行动。以查处“四无”饲料添加剂产品为重点，规范饲料生产和经营；以查处伪劣兽药和疫苗为重点，整顿兽药市场。初步统计，全年共出动执法人员5万人次，捣毁非法生产经营场点480个，收缴假冒伪劣产品3 000多吨，货值达数千万元，使兽药、饲料市场得到初步净化。根据我部等五部委（局）联合下发的《关于严厉打击非法制售和使用“瘦肉精”等违禁药品行为的通知》，各级畜牧饲料管理部门与有关部门密切合作，在对“瘦肉精”等违禁药品加强检测的基础上严厉打击有关违法行为。通过开展社会监督，认真受理举报，重点突破大案要案。对于有线索的“瘦肉精”案件，一查到底。浙江汪国亮非法生产经营“瘦肉精”和假兽药一案取得重要突破，正在加紧审理中。浙江余杭、桐庐和广东信宜、河源的4起特大“瘦肉精”中毒事件得到妥善处理，并由此初步建立起饲料安全突发事件处理工作机制。通过加大打击力度，目前饲料生产经营环节“瘦肉精”检出率大幅度下降，已由1999年的19.8%降至2001年四季度的1.5%。

为加强畜产品安全监控，配合无公害农产品行动计划的实施，去年我们还组织制定了21项无公害食品行业标准，这些标准已经我部正式颁布，从去年10月1日起在全国范围内实施。

（四）良种繁育和资源保护工作进一步加强

一年来，国家继续加大了对良种工程的支持力度，投资9 600万元，支持建设畜禽良种繁育场68个，使畜禽良种繁育体系在以前建设的基础上更趋完善。各地以实施良种工程为契机，加大了资金和技术投入，良种选育、扩繁、推广步伐明显加快，畜产品品种结构不断优化，优质品种普及率进一步提高。与此同时，2001年畜禽品种资源保护工作有所加强。继续开展了畜禽品种资源保护场建设，仅中央财政就安排保种资金1 600万元，对40个重点畜禽品种进行了保护，同时开展了畜禽良种的动态监测，实施基因库保种；制定了《国家级畜禽品种资源保护名录》，并据此确定了一批国家级重点资源保护场；组织召开了全国畜禽品种资源保护与管理工作会议，明确了“十五”期间的指导思想、目标及工作任务。各地在开展畜禽品种资源保护与开发利用方面也做了大量工作，取得了可喜成绩。江苏、湖南、江西、陕西、吉林、河北、内蒙、辽宁、四川、浙江等省（区）积极争取财政支持，安排专项经费用于畜禽品种资源保护工作；湖北、甘肃、福建、安徽、吉林、山西、西藏、江西、河南等省（区）制定了详细的保种规划，并提出了具体措施。

（五）草原管护取得进展

党中央、国务院对草原保护和建设工作十分重视，去年对这项工作的支持力度进一步加强；我部也将其作为重点工作之一，加强了领导；专门召开了全国草原工作会议，部署了草原保护和建设工作；编制下发了《全国草原生态保护建设规划》，提出了草原保护和建设的总体目标与任务。各级畜牧部门上下配合，继续组织实施了天然草原植被恢复、牧草种子基地等重大建设项目，强化了项目管理，完善了各类管理办法，为草原生态环境的改善创造了条件。

根据我部颁发的《甘草和麻黄草采集管理办法》，我们组织有关省（区）开展了资源调查工作，建立了甘草和麻黄草采挖许可制度。会同国家环保总局等有关部门，对落实《国务院关于禁止采集和销售发菜制止滥挖甘草和麻黄草有关问题的通知》执行情况进行了检查。此外，草原防灾减灾工作继续推进，草原火灾面积进一步减少。

在做好上述重点工作的同时，2001年，我们还加大了科技项目管理改革力度，在课题承担单位的选择上，首次引入招投标机制，充分调动了中央、地方及科研院所、企事业单位的积极性，促进了产学研的强强联合。加强了信息收集、汇总、分析和发布工作，引导地方进行畜牧业结构调整。加强了疫情测报体系建设，强化了国内动物疫情测报和外来动物疫病监测工作。我们还加强了调查研究工作，完成了对兽医防疫体系的大型调研，摸清了各级兽医队伍特别是基层队伍的现状和防疫体制问题的根源，提出了改革的初步设想和建议，引起了国务院领导的重视。

三、2002年重点工作

过去一年我们做了大量工作，取得了显著成效，但我们的工作还存在不少的薄弱环节和漏洞，行业发展也存在一些不容忽视的重大问题：畜牧业结构还不尽合理，动物疫情形势依然严峻，基层畜牧兽医队伍面临很多困难，畜产品质量安全存在隐患，草原生态恶化的趋势仍未得到根本遏制，面对加入WTO后激烈的国际竞争，缺乏具体有效的应对措施。我们一定要抓住大力发展畜牧业的良好机遇，针对突出问题，找准工作切入点，集中精力，扎实工作，务求实效。

（一）大力促进奶业的快速发展

加快奶业发展是畜牧业结构调整的重要内容。随着我国居民生活水平的提高和消费习惯的改变，牛奶国内市场需求潜力巨大，奶业已进入快速发展时期。今年要抓住奶业发展的大好机遇，启动“奶业行动计划”，以增加农民收入为出发点，以资源比较优势为依托，以加快良种奶牛的繁育、供应为重点，促进规模化饲养、专业化生产、产业化经营，使我国奶业生产快速发展，力争奶类产量保持10%左右的增长速度。

加快良种奶牛的繁育速度，提高供种能力。实施良种工程，完善种公牛站、人工授精站（点）建设，支持重点地区胚胎移植中心建设。采取人工授精、胚胎移植和良种引进并举的措施，使高产奶牛繁育速度和奶产量、质量同步提高。

要在优势产区大力建设奶源基地。在总结各地奶牛饲养小区建设经验的基础上，引导优势产区发展适度规模经营，推进奶牛饲养小区的规划和建设；在农区积极推行“三元”种植结构，在西部和贫困地区充分利用退耕还草的有利条件，种植优质牧草，发展奶畜生产；充分发挥畜牧兽医技术推广机构的作用，推广奶牛生产技术，搞好疫病防治，规范饲养行为；在重点奶源基地进行项目和技术集成，开展集良种繁育、规模化养殖、饲料种植加工、鲜奶收储、奶制品加工于一体的奶业发展示范基地建设试点，通过“企业+农户”的模式进行产业化示范。

建立奶及奶制品质量安全检测机构，加快制定奶牛种质、原料奶和奶产品等的质量标准，开展质量检测。

（二）加强畜产品安全管理和监控

2002年，要继续以打击非法制售和使用“瘦肉精”等违禁药品和添加剂为重点，切实加强畜产品安全管理和监控。各级行业管理部门要认真贯彻落实新修改的《兽药管理条例》和《饲料和饲料添加剂管理条例》，进一步完善各项管理制度，增加抽查频率，扩大抽检范围，加强监管，严格执法。经过全国范围的集中打击和查处，争取在2002年使破坏畜产品质量安全卫生的违法犯罪活动蔓延的势头得到明显遏制，畜产品质量状况明显改善，人民群众信任程度明显提高。

全面开展兽药和饲料质量安全监督管理工作。一是继续开展兽药和饲料打假专项行动，不断把打假工作引向深入；二是继续实施畜产品药物残留监控计划，加强对饲料和动物饮水中超量超范围使用兽药的检测；三是加强兽药、饲料生产经营环节的统检和抽查，强化市场抽检和监管；四是逐步开展动物性饲料产品质量检验和流向监测；要公开通报监测结果，从重从快查处违法违规行为人。

严厉打击制售和使用“瘦肉精”的违法犯罪行为。各级畜牧饲料管理部门，要会同有关部门，按照职责分工，紧紧抓住关键环节，努力实现突破。以查处“四无”饲料添加剂和伪劣兽药生产经营为重点，整顿和规范兽药、饲料市场，严惩生产经营“瘦肉精”等违禁药品的不法之徒。以监控规模养猪场户为重点，严格执行兽药和饲料添加剂的安全使用准则，规范养殖生产。以整顿屠宰厂点为重点，强化屠宰和检疫工作。坚决杜绝私屠滥宰，对严重违法违规的企业和人员实行禁入制度。

加快研究制定和公布一批检测方法标准。要以违禁药品检测和饲料中超量超范围使用的药物检测为重点，加快制标进度，保证制标质量，争取上半年完成盐酸克伦特罗等违禁药品的快速检测方法。同时，要完善兽药残留限量标准，制定检测方法标准，建立完善常规方法，加快研制快速检测方法，为行政执法和日常检测提供技术依据。

完善管理制度，严格行政审批。制定兽药和饲料生产企业的审批许可条件和资质标准，规范审批程序，严格市场准入。继续推进兽药行业GMP（兽药生产质量管理规范）认证，开展饲料行业HACCP（危害分析与关键控制点）管理试点，提高兽药和饲料行业的整体素质和管理水平。逐步建立兽药使用记录制度和畜产品质量追溯制度，进一步规范兽药和饲料添加剂的安全使用。加强兽药和饲料管理法规的宣传、教育工作，普及兽药、饲料安全知识，创造良好的依法行政氛围。

（三）继续加强动物防疫工作

针对目前畜禽疫病防疫的形势，今年动物防疫工作的主要任务是：继续贯彻落实全国动物防疫工作会议精神，按照国务院《关于进一步加强动物防疫工作的通知》提出的目标和工作部署，抓好重大动物疫病防治，确保口蹄疫、禽流感等疫情不出大的问题；进一步加快动物保护工程项目建设，无规定动物疫病区示范区建设达到预期目标。工作重点，一是继续抓好口蹄疫、禽流感等重大疫病的防治工作。口蹄疫重要免疫环节免疫密度要达到100%；各地要采取有效措施，克服一切困难，保证免疫标识制度在今年全面推开；各疫苗生产企业要严格按规程生产疫苗，保证疫苗质量；要严肃查处领苗不打的行为，一旦发现，除追缴疫苗款外，还要追究领导责任；要落实产地检疫和到场到点屠宰检疫，拔点灭源，扑杀率必须达到100%；疫点封锁必须达到100%，疫区封锁必须及时、到位；场地、物品消毒全面彻底。二是要制定和贯彻执行主要疫病防治技术规范；保证全国动物疫情测报体系规范化运行；加大对基层防疫工作的督查力度；继续落实疫病防治经费，为全国的疫病防治工作提供保障。三是加强兽医基础设施建设。继续实施动物保护工程，加大对西部动物防疫体系和基础设施建设的力度，争取年内使西部各省重点区域的防疫能力有初步提高；建设符合国际生物安全要求的口蹄疫、禽流感、猪瘟、新城疫4个国家诊断实验室，完善我国的疫情测报体系。四是要建设好无规定动物疫病区示范区。胶东半岛、辽东半岛、四川盆地、海南岛和吉林松辽平原等无规定动物疫病区涉及的省、市，要按照项目协议和我部制定的验收办法，加快无规定疫病区项目建设工作。2002年底，我们将在严格验收的基础上，向国际公布无疫区建设情况。

（四）继续推进草原的保护和建设

要进一步贯彻《草原法》和《国务院关于禁止采集和销售发菜制止滥挖甘草和麻黄草有关问题的通知》，坚决制止乱采滥挖、乱开滥垦等破坏草原的行为，严厉查处破坏草原的案件，保护草原建设成果。各省（区）要贯彻落实好《甘草和麻黄草采集管理办法》，今年我部将继续组织开展执法检查。要利用卫星遥感和地面监测等手段，开展草原生态环境动态监测，为合理利用草原、防止超载过牧提供科学依据。

各地要在《全国草原生态保护建设规划》的基础上，加强政策研究，制定本地的草原生态保护建设规划。继续组织实施西部天然草原植被恢复建设项目、牧草种子基地建设项目。今年要以打草场、冬春放牧场和生态脆弱区天然草原的围栏建设为重点，采取综合配套的技术和工程措施，使重点地区草原植被得以恢复，增强草原涵养水分、防止水土流失等生态功能。在围栏的基础上，因地制宜地采取划区轮牧、休牧、禁牧和生态移民等措施，逐步恢复和提高草原生产能力。要加强牧草种子基地建设和牧草种质资源保种工作，改善牧草种子的供应状况。

各地要做好防灾减灾的预案，储备必要的救灾物资和资金，继续做好草原的防灾减灾工作。通过防灾建设和相关措施，使草原火灾受害面积控制在100万公顷以下。

（五）加快制定“入世”后畜牧业发展的相关对策

今年是我国“入世”后的第一年，对畜牧业而言，随着关税门槛的降低，国外畜产品特别是一些适合我国居民消费习惯的副产品的大量涌入不可避免。当前的首要任务是加快提高畜产品竞争力，充分研究和利用WTO规则及SPS和TBT协议条款，提高管理水平，保护国内畜牧业生产，扩大畜产品出口。一是尽快把无规定疫病区示范区建成国际认可的畜产品出口基地，以区域内畜产品的出口，带动周边地区畜牧业的全面发展。二是选择生产成本相对较低，比较优势较大的畜禽产品，作为突破口，根据输入地要求，净化动物疫病和降低有害物质残留，努力开拓国际市场。三是引导畜牧业龙头企业全面加强质量控制和管理，扩大生产规模，创建优质名牌，适应国际畜产品市场竞争。四是加快我国生产体系认证和产品认证工作，尽快引入国际认可的ISO质量认证和HACCP质量管理体系，并争取得到国际间的相互认可，在提升消费者对国内畜产品信心的同时，防止其他国家运用SPS和TBT协议条款，制造贸易壁垒。与此同时，我们还要通过发挥行业协会等中介组织的作用，共同防止国外畜产品的倾销；要尽快制定和修订畜禽产品特别是副产品的深加工质量标准，防止因消费习惯差异，导致国外畜禽副产品的大量涌入。

（六）加强法制建设

加快立法步伐，依法治牧、依法治饲。加快修改《草原法》，进一步修改《兽药管理条例》。修改《草原法》工作已列入国务院法制办公室今年的立法计划，要作为畜牧行业的重点全力推动。继续推进《畜牧法》起草工作，着手组织起草《饲料安全法》。继续推进《动物防疫法》配套法规和规章的出台，加大依法治疫工作力度。根据新修改的《饲料和饲料添加剂管理条例》，加快制定配套规章。

加强畜牧兽医和饲料管理法规的培训，做到知法、守法和执法的统一。健全和完善执法机构，加强执法队伍建设，努力提高执法人员的业务素质和执法水平，提高工作效率。加强执法系统基础设施建设，增加财政投入，保证办案经费。

（七）努力稳定基层畜牧兽医队伍

乡镇畜牧兽医站不稳定，除了受机构改革的冲击外，乡镇站自身职能不清、人员素质差、实力不强也是很重要的原因。各级畜牧部门要以国务院办公厅有关畜牧业发展的文件及国务院领导同志的有关批示为依据，积极与有关部门协调，争取获得他们的理解和支持，努力使乡镇畜牧兽医站在机构改革中得到稳定和加强。要继续研究乡镇机构改革过程中稳定基层畜牧兽医队伍的政策措施，通过调研，提出切实可行的改革方案，帮助乡镇畜牧兽医站在稳定的基础上逐步改革，以适应市场经济发展、特别是“入世”后的新形势。

同志们，当前我国畜牧业正处在一个难得的良好发展时期。江总书记在去年底召开的中央经济工作会议上首次提出要尽快把畜牧业建成一个大产业。刚刚结束的中央农村工作会议和农业工作会议，在前两年强调加快发展畜牧业的基础上，继续把发展畜牧业作为调整农业结构和增加农民收入的一项战略性任务，摆在十分突出的重要位置。这既让我们备受鼓舞，又使我们感到任务和责任的重大。我们一定要充分认清形势，牢牢把握这一大好机遇，要以良好的精神状态和饱满的热情投入新一年的工作。在这里，我先预祝大家新年愉快一切顺利，马到成功！同时，也给大家拜个早年，并通过你们向奋斗在全国畜牧饲料行业的广大干部职工致以节日的问候！

强化安全意识　确保饲料安全

——季之华副局长在全国饲料管理培训班上的讲话

各位领导、同志们：

这次培训的目的是贯彻落实中央经济工作会议、中央农村工作会议和全国农业工作会议精神，总结2001年饲料工作，分析形势和问题，统一思想，提高认识，努力做好2002年工作。

当前，各级领导空前重视畜牧业。江泽民总书记在中央工作会议上指出尽快把畜牧业建成一个大产业。朱镕基总理也指出，要积极发展畜牧业。温家宝副总理多次强调，必须加快发展畜牧业。全国农业工作会议上，杜青林部长、韩长赋副部长、齐景发副部长都分别发表了关于发展畜牧业的重要讲话。讲话指出，畜牧业和水产业是农业结构调整的亮点，畜牧业又是农民增收的关键，饲料作为畜牧和水产业的物质基础，事关畜牧大产业和水产养殖业的健康发展，事关农民增收，必须有一个大发展，在保证总量稳定增长的同时，更要努力提高饲料的产品质量。

一、饲料行业发展形势

2001年，在党中央、国务院的正确领导和各级政府的支持下，经过全行业的共同努力，饲料业继续保持健康发展的态势。2001年饲料业发展呈现出以下几个特点：一是产量继续稳步增长。预计2001年饲料总产量将达到7 800多万t，增长5%以上，其中配合饲料产量6 100万t左右，浓缩饲料产量1 400万t左右，添加剂预混合饲料产量300万t。二是产品质量进一步提高。配合饲料全国统检合格率为92%，其中猪料为89.5%，鸡料为94.6%，动物饲料和饮水中药物残留检查合格率为96.2%，生猪饲料中违禁药物检查合格率为99.34%，与2000年比较，均有不同程度的提高，饲料产品质量总体状况保持良好。三是产品结构进一步优化调整。浓缩料、添加剂预混合饲料比重上升，节粮型牛饲料和水产料比重增加。四是饲料资源开发继续取得进展。全年秸秆青贮总量达1.2亿t，秸秆氨化总量达5 500万t，棉籽饼、菜籽饼的脱毒技术也取得了突破性进展，很大程度上缓解了传统饲料资源的不足。五是饲料添加剂国产化程度进一步提高，产品品种、质量、价格等方面转变了多年来的对外依赖，一些品种填补了国内的空白，市场份额逐步扩大，呈现出良好的发展势头。六是饲料产品价格保持稳定。2001年，饲料原料、大部分饲料添加剂品种均有不同幅度的上涨，个别产品涨幅很大，但饲料产品价格一直保持稳定，猪料、禽料价格年均变动幅度每千克只有3～5分钱，全年饲料产品价格曲线基本平稳，为养殖业发展，农民增收做出了很大的贡献。

二、行业管理工作进展

（一）修改完善饲料管理法规和标准体系

一是组织修改了《饲料和饲料添加剂管理条例》，增加了知识产权保护、饲料和饲料添加剂使用管理、添加剂使用规范制度，完善了处罚条款，明确了违法犯罪的刑事责任等。2001年11月29日，朱镕基总理签发国务院令第327号，公布《国务院关于修改〈饲料和饲料添加剂管理条例〉的决定》，自公布之日起施行。为依法治饲、惩治不法分子提供了法律保障；二是完成了《饲料和饲料添加剂管理条例》的释义，由国务院法制办公室和农业部联合发布，指导全国饲料行业科学、准确地开展饲料执法工作；三是组织制定了饲料中盐酸克伦特罗测定方法标准，为行政执法提供技术支持。

（二）进一步加大对饲料和动物饮用水中使用违禁药品的查处力度

饲料和畜产品质量卫生安全已成为社会热点，引起国务院领导的高度重视。2001年，国务院领导就饲料问题先后批示15次。各级饲料管理部门认真贯彻落实国务院领导同志的指示精神，加大工作力度，努力实现突破。一是积极协调有关部门，争取配合和支持。先后协调国家经济贸易委员会、国家药品监督管理局、国家工商行政管理总局、国家质量监督检验检疫总局联合发文，要求各有关方面密切合作，堵截源头，严厉打击生产经营和使用违禁药品的违法行为。二是采取普查、统检、抽查、跟踪监测和生产许可证年审等方式，加大对饲料和饲料添加剂生产经营的监管力度，进一步加强对饲料和动物饮用水管理。三是开展社会监督，认真受理举报。对于有线索的“瘦肉精”案件，一查到底，并重点突破了浙江省生产经营“瘦肉精”案。四是加强新闻监督，公开曝光违法、违规企业。今年以来，先后在CCTV、人民日报、经济日报、农民日报、经济参考报等各大媒体宣传和曝光饲料安全问题十多次，促进了饲料安全工作的深入开展。

（三）组织开展饲料行业打假工作

为贯彻国务院整顿和规范市场经济秩序的决定，

由农业部牵头，国家工商总局、质检总局、公安部、供销合作总社等部门配合，联合开展了农业生产资料“打假”工作。各地饲料管理部门积极开展饲料“打假”工作，对假冒伪劣饲料和饲料添加剂的生产源头、经营场所、养殖场户等实行全方位监控，特别是加大对中、小饲料生产企业和经营网点的监管力度，对违禁药品添加、使用和无生产许可证、无产品批准文号、无产品质量标准、无标签和无质量合格证的饲料和饲料添加剂产品进行了查处。2001 年，饲料行业管理部门共出动执法人员 4 万多人次，检查饲料和饲料添加剂生产企业、单位和个人近千万次，查获假冒伪劣产品 3 000t，货值近千万元。各级饲料管理部门受理投诉 100 多起，移交公安机关处理案件 8 件 27 人。使制售假冒伪劣饲料和饲料添加剂的违法行为得到遏制，饲料和饲料添加剂市场得到进一步净化。

（四）加强饲料基础设施建设和项目管理

一是向国家发展计划委员会报送“饲料安全工程项目可行性研究报告”，经多方努力，该工程顺利批准实施。二是向财政部申请“饲料安全专项经费”和“畜产品安全检测经费”，并获批准。同时，四川、广西等省向同级财政申请了饲料安全专项。三是按照新建和续建并举，集中连片开发的方针，继续推进秸秆养畜示范项目建设，促进畜牧业结构的优化调整。

（五）制定产业政策，努力为饲料工作创造良好的发展环境

一是组织起草《关于促进饲料业持续健康发展的若干意见》，在征求有关部委意见的基础上，根据国务院办公厅提出的具体修改意见进行了修改，现已报送国务院待发。二是代国务院起草了《关于严厉打击非法制售和使用“瘦肉精”等违禁药品的通知》，已征求了有关部委的意见，近期我部即将和经贸委联合上报国务院批发。

三、饲料工作中存在的主要问题

（一）认识不到位

一是对饲料产业的定位不准。1999 年，仅饲料加工业的产值即达 1855 亿元，在国民经济统计的 38 个工业行业中排第 16 位。饲料业是联结种植业和养殖业的中轴产业，是大农业结构调整和产业升级的关键。但由于机构设置问题，人们往往将其视为从属产业，工作中也放在从属地位，忽视了饲料业已经发展成为一个独立门类的产业。二是对饲料产业的作用认识不清。发展饲料业不仅能够有效转化粮食，提高养殖业效率，促进养殖业向集约化和现代化方向发展，而且也能够吸纳农村富裕劳动力，增加农民收入，同时还可以带动化工、医药、机械、轻工、地矿和商贸等相关产业发展。发展饲料工业对畜牧业的贡献尤为突出，据测算，改革开放 20 多年来对畜牧业发展 的贡献率：推广配合饲料的贡献率为 40%左右，良种、防疫和管理的贡献率各占 20%左右。但各级政府在基本建设、事业费等项目安排以及机构设置时往往忽视了饲料业的作用，长此以往，饲料业的发展必将受到限制。三是对饲料产业的发展前景信心不足。邓小平同志早就指出，饲料工业是个很大的产业。江泽民同志也指出，要振兴饲料工业。从我国饲料工业的发展速度看，饲料工业的产值已直逼食品工业，在不远的将来，饲料工业必将成为我国国民经济的重要产业，发展前景广阔。美国的饲料工业已经进入全美十大工业之一。面对这个“朝阳产业”，任何无所作为和悲观的思想都将贻误这个产业的发展。

（二）管理体制不顺

一是越权管理。《国务院办公厅关于印发农业部职能配置内设机构和人员编制规定的通知》（国办发［1998］88 号）将饲料标准的拟定并监督实施等饲料质量监督管理的职能赋予农业部。《饲料和饲料添加剂管理条例》（以下简称《条例》）明确规定，农业部负责全国饲料和饲料添加剂管理工作。但有些地方的有关部门仍然坚持对饲料行业的管理，造成政出多门，重复检验，重复收费。二是不作为。一些省机构改革后，弱化了省级饲料管理机构，难以落实行业管理和行政执法的各项职责。三是管理缺位。目前，大部分省（区、市）县级尚未设立饲料管理职能部门，造成管理真空，饲料产品质量安全问题无人问津。四是协调难度大。饲料业是一个跨行业、多部门的综合性产业，涉及面广，政策性强。多年来，我部积极协调，逐步理顺管理职能，为饲料行业管理和发展创造了较好的外部环境和大气候。但一些省级饲料管理部门迄今仍未能创造协调、统一的工作小气候，饲料产品质量监督和免征增值税问题长期扯皮，工作难度加大，成效不显著。

（三）饲料安全问题突出

近年来，一些国家疯牛病、二噁英、口蹄疫等饲料安全问题频繁发生，造成巨大的经济损失，并引发严重的政治事件。国内 β-兴奋剂残留畜产品中毒的事件也时有发生，影响十分恶劣。当前，管理手段落后，与保障饲料质量安全的客观要求相距深远。一是饲料标准体系建设滞后。允许使用的饲料添加剂品种中仍有 120 多种未制定标准，有关安全卫生方面的检测方法标准也不完善，无法为行业监督和行政执法提供技术依据，直接影响到监督检测的法律效力。二是基建资金投入不足，检测经费匮乏，导致检测仪器设备陈旧，检测技术落后，检测覆盖面小，已不能适应行业监督管理和行政执法的需要。三是法律法规不完善。对于涉及饲料和养殖产品安全的问题，很多情况下不能只靠一个部门管理，如“瘦肉精”（盐酸克伦特罗）的查处，既要查源头，又要堵下游，更要抓流通。“瘦肉精”涉及五个部门，任何一个部门管理不到位，不能做到密切配合，都不可能彻底铲除“瘦肉精”这一社会毒瘤。

（四）“三个转变”滞后

主要表现为：其一，省际间管理不协调。国务院颁布施行《条例》后，各地陆续制定颁布了相应的法规规章，有的设立了新的行政许可和审批项目，超越了《条例》的基本管理制度，导致省际间管理矛盾加大，影响了全国饲料统一大市场的建立；其二，执法人员的素质有待进一步提高。由于人员变动和法律法规培训滞后，执法工作中的失误和纰漏不断，给监督管理和行政执法带来负面影响；其三，管理方法和管理重点还没有根本转变。一些地方的管理方法仍沿用原先的单一计划调控和行政命令，没有向经济监督、行政监督、法律监督和社会监督相统一的管理模式转变。管理重点仍是单纯的抓生产，还没有转到抓总量平衡和安全卫生上来。

四、2002 年工作重点

根据中央加快发展畜牧业的精神，必须加快饲料安全监管体系建设，促进饲料业持续健康发展，夯实畜牧业发展的物质基础。2002 年要以整顿和规范市场经济秩序为契机，以打击"瘦肉精"等违禁药品为突破口，切实加强行业管理和行政执法，努力确保饲料安全，促进饲料业和养殖业持续健康发展。重点要抓好以下几项工作：

（一）进一步加强饲料安全管理和监控

2002 年，要继续以打击制售和使用"瘦肉精"等违禁药品为重点，切实加强饲料安全管理和监控。各级饲料管理部门要认真贯彻落实新修改的《条例》，进一步完善各项管理制度，增加抽查频率，扩大抽检范围，加强监管，严格执法。经过全国范围的集中打击和查处，2002 年力争避免有关饲料产品质量安全的违法犯罪活动的发生。

全面开展饲料质量安全监督管理工作。一是继续开展饲料打假专项行动，不断把打假工作引向深入；二是继续实施畜产品残留监控计划，加强对饲料和动物饮水中超量超范围使用兽药的检测；三是加强饲料生产经营环节的统检和抽检，强化市场抽检和监管；四是逐步开展动物性饲料产品质量检测和流向监测。要公开通报监测结果，从重从快查处违法违规行为人。

严厉打击制售和使用"瘦肉精"等违禁药品的违法犯罪行为。各级饲料管理部门，要会同有关部门，按照职责分工，紧紧抓住关键环节，努力实现突破。以查处"四无"饲料添加剂生产经营为重点，整顿和规范饲料市场，严惩生产经营"瘦肉精"等违禁药品的不法之徒。以监控规模养猪场户为重点，严格执行兽药和饲料添加剂的安全使用准则，规范养殖生产。

完善管理制度，严格行政审批。制定饲料生产企业的审批许可条件和资质标准，规范审批程序，严格市场准入。

开展饲料行业 HACCP（危害分析与关键控制点）管理试点，提高饲料行业的整体素质和管理水平。加强饲料管理法规的宣传、教育工作，普及饲料安全知识，创造良好的依法行政氛围。

（二）尽快完善饲料行业管理的法律法规和技术规范

通过《条例》的颁布施行，使饲料行业进入法制化管理的新时期。依法行政是市场经济建设和政府管理职能转变的重要标志，也是"入世"后对政府职能部门管理的必然要求。为此，我们将在广泛宣传和严格执行修改后的《条例》各项规定的同时，对现有的规章和技术规范进行修改完善，使其更加适应现实工作的需要，解决各地在行业管理和行政执法中存在的突出问题。在此基础上，完成《饲料和饲料添加剂管理条例实施细则》、《动物性饲料安全卫生管理办法》、《自产自用饲料管理办法》、《省级饲料质量检验机构认可办法》等配套规章，健全饲料管理法规体系，并着手开展《饲料安全法》的起草准备工作。

进一步加强标准化体系建设和技术规范制定工作。近两年来标准的制定项目增加，速度加快，质量提高，是前所未有的。但标准化体系建设与行业管理和行政执法工作开展的要求还有一定的距离，《条例》及配套规章所要求的一些技术规范尚未建立，这就要求我们广泛争取各方面的力量，积极参与到标准和技术规范的制定过程中来，同时要注意轻重缓急，明确制定规程，加快工作进度，保证工作质量，为行业管理和行政执法工作提供及时、有力的技术支持。今年，饲料标准化工作的首要任务是加快研究制定和公布一批检测方法标准。要以违禁药品检测和饲料中超量超范围使用药物的检测为重点，加快制标进度，保证标准质量，争取上半年完成盐酸克伦特罗等违禁药品的快速检测方法。

（三）加快饲料安全工程建设

饲料安全不仅直接影响养殖业的健康发展和养殖产品的质量，而且也影响人民身体健康和环境质量，已成为饲料行业发展和食品安全的新问题。2002 年，我们将针对我国当前饲料检测手段落后、检测方法缺乏和饲料安全信息不畅等问题，首先在 20 个检测机构和科研单位购置必要的检测仪器，完善配套设施，力争使项目建设单位全方位、多层次开展饲料安全检测工作。同时，要做好第二期项目承建单位的准备工作，缩短筹建时间，加快落实第二期项目。

（四）积极推进秸秆养畜工作

发展秸秆养畜是综合利用农业资源，发展牛、羊生产，振兴奶业，促进我国畜牧业结构优化调整的战略性措施。秸秆养畜示范项目历时 10 年，累计制作青贮饲料 7.68 亿 t，氨化、微贮秸秆 2.66 亿 t，年均折算节约精料 2 200 万 t，已成为实现农牧结合和充分利用资源的有效途径，实现了经济效益、社会效益和生态效益的统一。加入 WTO 后，牛、羊产品很可能成为我国的优势畜产品。温家宝副总理早就批示要将这项利国利民的事业坚持不懈地抓下去。新世纪伊始，我们在充分吸收第一期秸秆养畜示范项目的成功经验的基础上，继续组织实施第二期示范项目。经与国家农业综合开发办公室协商，确定实施第二期秸秆养畜示范项目将坚持以下几个原则：一是实行"新建、续建并重"和连片开发的方针，边扩大，边巩固，逐渐形成区域化生产格局。第二期示范项目将在那些基础条件好、示范县集中的地区，加强示范区

（市）建设。二是配合西部大开发战略的实施，新建示范区、县适当向西部倾斜。三是将秸秆养畜与种草养畜等生态建设结合起来。农牧交错地带要建设一批秸秆养畜示范县，以舍饲取代放牧，让草原得以休养生息，夺取畜牧生产与生态建设双丰收；农区秸秆养畜项目要把冬闲田种植牧草与秸秆综合利用结合起来，全面提高土地利用率、秸秆利用率和草食家畜生产效率，增加农民收入；大城市郊区秸秆养畜项目和奶牛企业，要引导周边农户种植青贮玉米、高赖氨酸玉米和高油玉米等专用青贮饲料作物，大力发展青贮饲料，提高单位土地面积营养体产量和奶牛产量，增加双方收入。四是提高秸秆养畜项目的科技含量，除继续推广青贮、氨化、微贮等常规实用技术外，要不断创新，着力推广一批新型实用技术如脲酶抑制剂、精料补充料等，努力提高秸秆养畜的生产水平。

（五）加强饲料信息体系建设

加强饲料信息体系建设，是促进饲料业发展的一项基础性工作。为适应“入世”后的新形势，信息工作在政府职能中的地位将越来越突出。目前对饲料有关信息还缺乏规范的收集、整理和发布，还没有建立起有效的高质量的信息处理系统，有些信息到了企业那里，往往滞后、失真甚至扭曲，起不到正确的引导作用。各级饲料管理部门要进一步提高对信息工作的认识，加强对信息工作的领导。要在已有的生产和价格调查、统计体系、饲料监测体系的基础上，全面健全和完善饲料业信息采集系统。生产季报和价格月报要准确、及时，每个季度还要有生产、市场形势分析的文字材料；饲料的监测结果要定期以固定的形式通报。同时，要在已有的计算机网络基础上，加强信息体系硬件建设，扩大联网范围，提高网络运行质量。各地要适当增加投资，加快网络向基层的延伸。要通过对信息体系的建设和完善，提高对企业信息服务的质量。

（六）研究制定入世文件

我国已加入WTO，对饲料业来说，是机遇，更是挑战。“入世”后，我国肉制品平均关税已下调到14.5%。并且，由于我国所有农产品都不能使用特殊保障条款（SSG条款）（注：WTO《农业协定》规定，WTO成员的部分农产品在受到进口冲击时，可使用特殊保障条款，临时征收附加税，它是各成员比较常用的一种保护本国农产品的手段。美国、欧盟、日本是使用该条款最多的国家和地区。我国入关谈判承诺不使用该条款）和承诺解除对美部分地区肉类的禁令，我国用非关税措施对畜产品的保护受到限制，国外畜产品特别是一些适合我国居民消费习惯的副产品的大量涌入不可避免，而畜产品出口受疫病防治、药物残留等因素影响，短期内数量不会有很大增长。可以说，加入WTO，至少在近期内，将对我国畜牧业生产产生一定程度的冲击。饲料业作为畜牧业的上游链条，冲击也是不可避免的。为此，当前首要任务是提高饲料产品质量，将饲料中的药物饲料添加剂、矿物质微量元素降低到合理的水平，以减少畜产品残留（药物、重金属）；充分研究和利用WTO协议条款，针对WTO农业协定、SPS（卫生和植物卫生协定）、TBT（技术性贸易壁垒协定）、反倾销措施协定、补贴和反补贴协定、进口许可证程序协定等制定相关文件，最大程度上保障国内饲料业企业利益。

（七）转变工作作风，加强调查研究

深入实际、调查研究，是做好各项工作的基本要求。当前，要认真贯彻落实党的十五届六中全会精神，从深入实际、开展调查研究入手，切实转变职能、工作作风和工作方法。各级饲料主管领导要抽一定时间调研，亲自撰写调研报告，掌握全国饲料业的发展动态，不断完善管理方式和工作措施，切实帮助企业解决具体问题。进一步加强行业培训工作，提高从业人员的整体素质。

同志们，加入WTO和发展畜牧大产业给我们饲料业带来了前所未有的好机遇，我们要以江总书记“三个代表”重要思想为指导，认真贯彻落实党中央、国务院关于做好饲料工作的指示和会同农业工作会议精神，本着对国家、对民族高度负责的精神，坚定信心，锐意进取，努力把饲料工作提高到一个新水平！

加强组织建设　改进工作作风　在新形势下开创协会工作新局面

——白美清会长在全国饲料工业协会秘书长工作会上的讲话

（2001年10月16日　河南　洛阳）

同志们：

这次全国饲料工业协会秘书长工作会，是在新世纪的第一年，面临新形势的情况下召开的。会议的主要议题是，总结交流各地在协会工作中取得的成绩和经验，研究如何加强地方协会建设，以江总书记关于“三个代表”重要思想为指导，进一步统一思想，提高认识，努力加强队伍建设，切实改进工作作风，不断开创协会各项工作的新局面。下面，我讲几点意见，供大家参考。

一、充分认识我国饲料工业面临的形势和发展的特点，坚定前进的信心

我国饲料工业是伴随着改革开放而兴起的一个朝阳产业，短短的20多年间，在“饲料工业大家办”方针的正确指引下，在党中央、国务院、农业部等有关部门的领导、关心和支持下，经过饲料工业广大干部职工的共同努力，我国饲料工业走过了发达国家近百年的路程，尤其是从1990年至今的10年间，更是进入了一个新的发展时期，呈现出以下几个方面的特点。

第一，向国民经济重要产业迈进的步伐加快。我国饲料工业在20世纪80年代起步的基础上，90年代继续保持了持续发展、高速前进的势头。到2000年，全国饲料总产量达到7 429万t，其中配合饲料产量为5 912万t，分别为1990年3 122万t和2 062万t的2.38倍和2.87倍，10年间平均每年以9%和11%的速度递增。2000年，全国饲料工业总产值达1 110亿元（1990年不变价），是1990年225亿元的4.93倍，年均递增17.3%。饲料工业利税总额为42.9亿元，是1990年9.4亿的4.6倍，年均递增16.4%。饲料加工业从业人数也由1995年的40万人增加到了2000年的52万人，年均递增5.4%。实现了产量、产值、利税、就业人数“四增加”，这在其他行业也是少见的。经过各地20多年的共同努力，一个包含了饲料原料工业、饲料加工工业、饲料添加剂工业、饲料机械工业以及饲料科研、推广、教育、培训、监督、检测、信息等在内的完整的饲料工业体系已经初步形成，成为国民经济的一个重要产业。

第二，饲料工业经济结构调整的步伐加快。90年代以来，在进一步深化改革的同时，饲料工业进行了具有重大意义的战略性调整。在发展中进行调整，在调整中推动发展。这里主要包含了五个方面的内容。

——企业类型由过去的国有为主逐步向多元化方向发展。饲料工业创业之初，绝大部分是国有企业，随着改革的逐步深入和社会主义市场经济的不断深化，通过资产重组和股份制改造，民营企业连年大幅度递增，到2000年全国时产1t以上1.22万家企业中，民营企业由少数几家发展到4 911家，中外合资企业、独资企业由1990年的62家发展到347家，企业数占1/2，而产量则占一半以上，成为饲料行业工业的重要支柱。

——饲料企业逐步由小而散向大型化、规模化和集团化方向发展。适应市场的需要和社会化大生产的要求，从1980年到1992年短短的十二年间，全国时产1t以上的饲料加工企业的数量由几百家剧增到了1.2万多家。但从1992年至2000年的8年间，全国时产1t以上的饲料加工企业基本上稳定在1.2万家左右，而时产5t以上的较大型企业的数量却由1992年的872家剧增到了2000年的1 764家，增长了1倍。其中实际年产10万t以上的企业35家，年产5万t以上的企业158家，总产1 730万t，约占全国产量的23%。饲料企业追求规模效益的趋势十分明显，通过不断的兼并、联合和资产重组，已经初步形成了一批主业突出、核心竞争能力强，在国内具有一定实力的大型企业集团。

——以发展浓缩饲料和添加剂预混料为重点，优化了饲料产品的内部结构。2000年，全国浓缩饲料总量已达1 249万t，添加剂预混合饲料总量已达253万t，分别是1990年51万t和21万t的24.5倍和12倍，浓缩饲料年均增长速度为38%，添加剂预混合饲料年均增长速度为28%，大大高于配合饲料的年均增长速度。配合饲料内部也适应人们对养殖产品的市场需求进行了合理的结构调整。猪料比重由1990年的56%下降到了2000年的36%，下降了20个百分点。禽料比重由1990年的40%上升到2000年的51%，上升了11个百分点。水产饲料比重由1990年的4%上升到2000年的8%，上升了4个百分点。此外，牛羊饲料补充料也有了较大速度的增长。

——调整了饲料工业区域布局，开始优化区域结构。通过在实践中的统筹规划和地区间的合理分工与协作，饲料工业初步形成了全国性、区域性和地方性多层次发展的格局，推进了饲料工业生产的区域化、专业化和商品化。东部沿海地区重点发展附加值高、创汇高、品质档次高的饲料加工业、饲料机械工业和添加剂工业，形成了我国饲料工业生产的前沿阵地和出口基地。如广东省生产的配合饲料占全国总量的八分之一左右，上海、江苏已经形成全国饲料机械工业基地。中西部地区发挥丰富的原料优势和矿产优势，重点发展了浓缩饲料和饲料添加剂工业，浓缩饲料和添加剂预混合饲料发展速度高于全国平均速度，正逐步成为我国饲料工业的新基地。

——产品结构有了较大变化，低劣产品逐步淘汰，优质、安全、高效饲料产品发展步伐加快。1999年，全国饲料工业产品质量抽查结果表明：浓缩饲料产品总体合格率为81.5%，比1997年国家第一次抽查浓缩饲料产品质量总体合格率高了19.7个百分点。配合饲料产品总体合格率为95.7%，比1995年总体合格率高了37.7个百分点。饲料安全卫生问题越来越成为饲料企业产品质量的核心，据上半年全国饲料监测体系对商品饲料和养殖企业自配饲料及饮水质量的药物监控检测，上半年我国“饲料/水”卫生安全指标不合格率为3%，其中违禁药品检出率为1%，分别比去年下降4.8个百分点和5.5个百分点，质量第一，安全第一的观念，逐步在全行业中树立。

第三，科技型企业发展步伐加快，产品的科技含量增加。国家一直在税收、利率上对符合产业技术进步方向的饲料企业给予免征增值税的优惠政策。面对日益激烈的国内外市场竞争，饲料企业以科技进步为支撑，以技术创新带动企业加快技改步伐。从增加品种、提高质量、降低消耗、提高技术水平和经济效益出发，采用先进技术、工艺和装备，逐步提高了技术装备的自动化水平和工艺水平，提高了饲料产品的科技含量。与此同时，企业也逐步注意增强技术创新能力，注意与科研院所、高校之间的联合，骨干企业还建立起了技术开发研究机构，并从销售收入中提取一定比例的技术开发经费，不断运用高新技术，开发新产品、新工艺、新设备，形成新的经济增长点。

第四，参与农业产业化和一体化的步伐加快。饲料工业上连种植业，下连养殖业，是与农业产业化密切结合的产业。目前在我们饲料行业，已经有许多大型企业，以饲料企业为龙头，用“公司+农产”的模式，引导、带动农产进入市场，由简单到复杂，由单一到系统，逐步形成了与农民共创利益、共担风险的经营机制和灵活多样的组织形式，初步取得了良好的效益。如湖南省的唐人神集团、广东省的温氏集团、北京的资源集团等已经成为第一批农业产业化国家重点龙头企业。据了解国家正抓紧制定加快农业产业化发展的决定，采取各项政策措施，鼓励并扶持农业产业化龙头企业。这是一个新的特点，对形成饲料产业链十分重要。

总体来看，我国饲料工业已成为国民经济的一个方面军，它在促进我国养殖业的持续发展，加快农业结构的调整，促进农民增收，推动农业产业化，提高粮食转化率，确保菜篮子工程的有效供给，改善城乡人民生活等方面均发挥了极为重要的作用。可以说初步实现了邓小平同志关于“饲料要作为工业来办，这是一个很大的行业”的科学论断和宏伟蓝图。但是必须清醒地看到，我国饲料工业在持续发展的同时，仍然存在着不少的问题，面临着严峻的挑战，如饲料产品质量的安全性问题，企业不正当竞争加剧和企业效益下滑的问题，入世后如何保护民族饲料工业健康发展的问题，大型骨干企业综合实力和核心竞争能力不足的问题等等，都需要引起我们全行业的高度重视。我们要冷静地看到这些问题，并把这些问题分析清楚，把措施落到实处，不断创新，不断开拓，走出一条既符合我国国情又与世界接轨的饲料工业发展的新路。

二、认真学习江总书记“七一”讲话，明确加快饲料工业发展的指导思想

最近全党、全国都在学习江总书记“七一”重要讲话，我们认为这个讲话精神完全适合于饲料工业，是指导饲料工业发展的纲领性文件。最近协会领导和秘书处的同志多次学习了这一历史性的文件，越学越感到任务重大，方向明确。进入新世纪后，我国饲料工业要加快发展，就应根据江总书记“七一”讲话精神，集中精力抓两个方面：一方面是大力发展生产力；另一方面是不断调整社会主义生产关系和上层建筑中不适应的部分，这也是为了促进生产力的更好发展。

江总书记指出：“社会主义的根本任务是发展生产力，全党同志无论在什么岗位上，都要对自己所从事的工作经常加以检查和总结，看看是不是符合先进生产力的发展要求，符合的就毫不动摇地坚持，不符合的就实事求是地纠正”。所以，我们要始终注意在企业中坚持以生产为中心。请大家注意，江总书记讲话中指的发展生产力，是指用先进的生产力不断取代落后的生产力。我们讲发展生产，不是单纯量的扩大，而是着重于质的提高；不是盲目铺摊子、追指标，而是提高饲料工业的综合生产力。这里最重要的是发挥科技作为第一生产力的作用，应用高新科技改造和提高饲料工业。要用这样一个指导思想发展饲料工业，开辟新的发展路子。运用高科技和实用新技术改变饲料工业传统的生产，应该提出安全饲料、有机饲料、生态饲料问题，从长远来看，谁先掌握这种技术，谁先登上这个制高点，谁就会捷足先登并获得好的效益，在竞争中取胜。当前新的世界科学技术革命正在蓬勃发展，从饲料行业来看，高新技术领域有两个方面特别应予重视：一个是电子信息技术，一个是生物技术、生物工程。生物技术在饲料工业应用很广，像生态农业，有机农业、有机饲料将有可能成为这些产业的主流，我们要密切观察这一动向。另外，高新技术应用于饲料添加剂十分重要，要创造更安全、更有效的添加剂取代有副作用、有害的添加剂，这一任务也很艰巨。要以技术创新带动生产力的发展。所有饲料企业，特别是大企业都要下功夫，建立技术创新机制。学习海尔的技术创新经验，开发基金不要挤掉，一定要按比例提取。要充分发挥科技人才的作用，用其所长。再一个方面是电子技术、信息技术。企业管理特别是大型企业的管理必须尽快实施电子化。如控制产品质量，操纵企业运转，财务结算，资金运营，营销管理等，都离不开电子技术。母公司必须用电子技术这一手段控制子公司的经营活动，否则将来会失控的。董事长、总经理要熟悉电子信息系统控制原理，运用到生产上、经营上、管理上，可以提高效率，降低成本，强化企业管理。企业要做大做强，就必须应用计算机管理，这一点我们和国外大企业差距很大。总之我们要抓高新技术、实用技术来改造我们的传统饲料工业，发展饲料行业新的亮点，新的增长点，中国饲料行业要赶上世界水平，必须从这方面着手。未来的竞争是产品竞争，产品竞争是产品质量、成本、技术和服务的竞争。产品的竞争不单纯是数量的竞争，实质上是科技水平的竞争和人才素质的度量。在运用现代科学技术过程中，我们也不要把老祖宗留下的传统的好东西丢掉，如天然的中草药用于添加剂，就很有价值。所谓环保添加剂，就是用些天然的东西代替或减少化学物质的副作用，要在继承中发展、创新，向这样一个方向前进。

江泽民同志指出：“我们进行改革开放，调整和改革社会主义生产关系中不适应生产力发展要求的部分，调整和改革社会主义上层建筑不适应经济基础的部分，也是为了进一步解放和发展生产力”。调整和完善生产关系和上层建筑不适应的部分，饲料行业这方面面临的课题很多，需要把饲料行业的战略调整和深化改革结合起来。饲料行业正在经历战略性调整过程，也是分化重组的过程。现在多元化、多种方式经营的格局已经形成，但大、中、小企业有机结合还未解决好。目前重组正在加快步伐进行。据四川省饲料工业协会的材料，1992 年有饲料企业 2 700 多个，现在剩下 700 多个，将来还要减少，而产量、质量却有很大发展。中国饲料工业的问题不是不要小企业的问题，不是要砍掉小企业的问题，而是缺少龙头企业，缺少“航母”。经过自然淘汰，新陈代谢，将会逐步形成一批大而强的、有竞争能力的企业和集团。小企业要和大企业结合，组合成以大带小、以小促大这样的企业群体。我们必须明确一个观点，现在饲料行业真正意义上的大饲料、大市场已经出现。这就是进入WTO以后，参加经济全球化的大市场经济，是国内市场与国际市场互相联通的广阔市场。大市场不可能建立在小企业的基础上，必须以大企业为支柱。过去我们是重点搞国有企业，现在适应新形势我们要发展民族企业。民族企业包括国有的，国有参股的，集体的，民营的，个体的等。我们要扶持饲料企业，要抓大放小。但我们国家缺少的就是大企业，不看到这点，我们将来要吃亏的。美国300多家饲料企业生产了1亿多吨饲料，几家大企业生产了全国50%的饲料，而我国目前年产10万t以上的饲料厂不到40家，生产的饲料总量仅占全国饲料总量的9%～10%。这几年经过市场洗礼后，已经出现了一批大型企业，但按国际标准，真正的大型企业还说不上，我相信不久中国会出现一批大型企业。第一，中国是一个饲料大国；第二，中国人民素质不比别人差，我们企业家的素质正在提高。客观条件是具备的，关键在我们措施得力，人才努力。进入大市场后，饲料工业体系要从整体上改组、改造，最重要的是产品结构和企业组织结构，还有体制方面、机制方面的调整，总之一定要扶持先进的大型骨干饲料企业成长，它们代表着饲料业的先进生产力，同时要淘汰一些落后企业，形成有中国特色的、具有整体优势的企业群体。要使我们民族饲料企业的核心竞争能力和综合竞争实力能与跨国公司相抗衡，能够占领相当一部分市场，并且逐步地走出国门，开拓海外市场。

三、坚持不懈地抓好饲料安全问题，共同规范企业生产经营行为

饲料安全问题，是我国社会普遍关注的一个热点问题。广大的城乡居民一再呼吁要吃上“放心肉”、“放心鱼”，喝上“放心奶”。广大的饲养户则一再要求使用高效安全的饲料。确保饲料安全，是关系人民健康的一件大事，刻不容缓。

对于饲料安全问题，党和政府十分重视。中共中央、国务院关于做好2000年和2001年农业和农村工作的意见中，都明确提出要做好饲料安全工作。去年以来，国务院的领导同志先后九次明确批示：要加强饲料安全管理工作，建立健全全国饲料检测体系，制定完善饲料标准和检测方法，进一步加大对饲料中使用违禁药品的查处力度，确保饲料安全。

在饲料安全工作中，行业主管部门、相关的部门、广大的饲料工业企业和中介组织，做了大量的工作，取得了明显的成绩，保证了我国至今没有发生疯牛病和二恶英事件。但是，我们必须看到，不安全的饲料、违禁乱用饲料添加剂的现象还不时出现，屡禁不止。当前，杜绝不符合安全标准的饲料产品，确保饲料安全，是必须首先关注的问题，要有长期作战思想，要持之以恒，常抓不懈。根据前一段的经验，我认为要抓以下环节：

第一个环节要抓源头。源头就是饲料添加剂的生产。使用盐酸克伦特罗一定要杜绝，不论大厂，小厂还是个人，不论生产企业，经营企业还是使用单位，都不能违反规定随便卖，谁卖了，谁用了，就是违法，就一定要受到处罚。总之一句话，饲料生产、经营企业坚决不能买卖和使用违禁药品，要从源头上控制其进入饲料市场。对进口肉骨粉，我个人认为应当慎用，特别是大企业要慎用，否则出了问题就是大乱子。要吸取南京冠生园月饼事件的沉痛教训。对南方使用黄色素等也要谨慎，不宜超量使用，更不能乱用。

第二个环节要抓屠宰场检验。现在由于屠宰环节薄弱，宰前检测的数量有限，很容易使违法分子逃脱检验和处罚，要尽快制定出快速、简便的检测办法，使违法犯罪分子无机可乘。

第三个环节要从根本上加强企业和个人信用制度的建立。要搞好饲料安全，还必须重信誉，守承诺，发扬行业的优良传统。讲究信誉，是市场经济的灵魂；重视信用，是企业发展的保证。最近，江泽民总书记提出，依法治国、以德治国。我们提倡的重信誉、讲诚信，严格执行标准，就是贯彻江总书记以德治国的具体体现。饲料行业，历来就有讲信誉的好传统。在新世纪，要发扬光大这一好传统。将来协会可以开发一个数据库，贮存一些企业信用档案，谁干了什么事，记录在案。市场经济是非常规范的，特别是一些大型企业，要带头建立信用制度。今年3月份，几十家饲料企业向社会公开发布承诺，不制假、不售假，绝不在饲料产品中使用违禁添加物，确保饲料产品安全。这个承诺内容实实在在，起了很好的作用。我们要在全行业推广，在全行业使宣言变成行动，使承诺变为现实。同时，还要组织检查，把落实承诺的情况作为考核优秀企业的重要内容，对信誉好的企业进行表彰。我们饲料行业也衷心欢迎社会各界、新闻媒体对已有的承诺给以监督。

第四个环节要下大力创名牌产品。20多年的发展，我们已经拥有了自己的许多品牌，有的品牌已经在国际国内产生了一定的影响力，如正虹、希望、通威、六和等，尽管现在不能搞评比，但我们还是要想办法，加强管理、加强引导，逐步形成一批高效、优质、安全，有市场竞争力的优质名牌饲料产品，并争取成为中国名牌，发挥名牌效应，创造名牌企业，使我国饲料工业产品质量迈上一个新的台阶。

四、切实加强协会自身建设，努力提高服务水平

行业协会、联合会等中介组织，是改革开放的产物，是市场经济的需要。它随着市场经济的发展而发展，随着改革的深化而前进。饲料行业的管理体制和组织结构已经发生了变化。过去是二元式的管理结构，行政系统用行政办法，直接指挥管理企业。在全面进入市场经济后，要转到三元式组织结构，上面是行政部门，在转变职能后主要进行宏观管理，不直接管理企业；下面是众多的、多种类型的企业，独立核算，自主经营，自负盈亏，不是靠指令计划，而靠经济的办法运行。中间是行业协会、联合会等中介组织，成为行政管理部门和企业之间的桥梁。行政管理部门要精简机构，转变职能，减少人员，向这个方向发展。在机构改革中，中央的方针是“加强综合，淡化专业”，国务院去年已撤消一批专业局，很多行业方面的事交给中介组织，形成小行政大社会。展望新世纪，企业要发展壮大，中介组织也要逐步成长，行政机构要精简缩小，这是大趋势。

当前中介组织出现了发展的好时机，我们可以从四个方面认识：一是市场经济正在深入和发展，现在国家控制价格的商品只有10%，90%都市场化了，放开了，一些垄断性的行业，都在向市场经济方向发展，连粮食购销都逐步走向市场化。我国饲料行业市场化是比较早的，80年代就跨入市场经济范畴。二是政府转变职能的步伐在加快。去年国家撤消了9个国家局，国家经贸委主任李荣融同志最近的一个讲话指出，经贸委系统确定了六项重点职能，其中第五项讲：“充分发挥行业协会的桥梁和纽带作用，为转变职能创造条件。经贸委已经把行业统计、反倾销、引进国外智力、有关资质的审查、国内展览等前期性工作委托给行业协会。对目前经贸委承担的各种职能还要进一步分解，如适宜于行业协会干的尽可能交给行业协会承担”。这是经贸委的指导思想。这是一个新机遇。三是中国加入WTO，加强中介组织是国际交往的需要。如日本的三菱汽车事件，全日空事件，就是以消费者协会出面的，民间组织就把这些事给办了，用不着政府出面。将来还有反倾销、合同纠纷等许多事都来了；按国际惯例，许多事协会出面办更好。四是企业发展的需要。现在中国的一些企业，特别是大中型企业，它们有这个愿望，希望中介组织替它们说话，代表它们的利益，为他们服务，向政府反映情况，以争取较好的发展条件和外部环境。而行业协会能够发挥这样的作用。它是中介组织，正在由半官方向民间组织过渡，能够在政府和企业之间建立起通畅渠道。综合这四个因素，行业协会、中介组织的发展可以说出现了一个有利的机会。

行业协会、中介组织要发展，我看取决于三个因素：(1) 市场化的程度；(2) 机构改革的深度；(3) 协会的自身建设。前两点都是客观条件，最后一个是主观条件。协会在较好的环境中，在有利的机遇下，应该抓紧工作，积极地工作，发挥协会的职能作用。

协会要向“三性”发展。一是民间性，由半官方转向民间；二是服务性，协会的宗旨就是服务，协会不是为了在经济上赚钱的，而是以服务为生命。协会是带有公益性的中介组织，要强调“双向服务”，重点是为企业服务。三是国际性，加入WTO要与国际饲料工业联合会和各国的饲料工业协会等接轨。外贸逐步放开后一大批骨干企业都拥有进出口权，有很多事都需要中介组织去打前站，由中介组织出面去做。总之协会要向民间性、服务性、国际性方向发展。当前我们还处在社会主义初级阶段，协会更是才起步不久，是处于过渡性质的，要从实际出发。这个过渡也不是个短时期，行政部门转变职能要有一个过程，协会也有一个适应转变的过程。因此，既不能对协会要求过高，也不能消极等待。不要看协会是个清水衙门，它是有生命力的，有发展前途的。总之大家要了解这个过渡性。在这一期间，协会要量力而行，尽力而为，起到拾遗补缺的作用。

当前正是协会发展的关键阶段，协会的工作要重点放在健全机构、开展活动、搞好服务上。进一步加强各级饲料工业协会建设是我们面临的重要任务。长期以来，地方饲料工业协会在地方政府和业务主管部门的领导下，积极开展各种服务，不断加强和完善自身建设，为维护行业利益，加强行业管理，促进行业发展，开展了大量卓有成效的工作。但也存在机构不健全、领导力量亟待充实、服务功能有待加强等主要问题。当前各地省级机构改革基本结束，协会的工作要注意以下问题。

第一，在组织建设上进一步加强协会，特别是要充实加强省级协会。目前各地协会基本上有两种形式：一种是饲料办和饲料协会在一起；一种是饲料办和饲料协会分开的。饲料协会挂靠单位也有几种形式，有的挂靠计委，有的挂靠经贸委，有的挂靠在农业局、畜牧局，也有的在畜牧服务中心。我们的意见是，各种形式，各地都可以试验。但无论哪种形式，各地一定要从实际出发，要在“协”字上下功夫，多协作，多协调，多协商，多办实事，饲料办和协会团结在一起，发扬好的传统，共同办好协会。考虑到新世纪饲料行业任务很重，一定要注意充实和加强协会领导，要妥善配备好协会会长、副会长、秘书长。对一些热心饲料工业和协会工作，在当地有影响、有权威、有经验的老同志，不论在不在位，都要努力做好工作，换届时充实到协会的领导岗位上。四川省协会等单位的经验可以参考。我个人亲自参与过中国饲料工业协会的创办工作，中国饲料工业协会是全国成立最早的三个行业协会之一，当时国务院是把饲料工业协会作为一级协会来对待的，直到现在还是这样的，并没有改变。请地方饲料办和饲料协会的同志回去向领导汇报时讲清这一点，请有关部门务必注意充实加强地方协会的领导班子。二是要物色配备好秘书长、副秘书长，要配备专职的、德才兼备的、年富力强的局处级干部，这样对行业发展有好处。

第二，要有精干、有力的机构和队伍。要保持协会机构、编制、经费和队伍的稳定。经费问题通过多渠道解决。一是政府给点帮助；二是收一点会费；三是开展一些有偿服务，增加一点收入，通过各种办法来解决经费的问题。总的要求是要维持正常运转，不以赚钱为目的。

第三，协会要把工作重点转到为企业服务上，多方面、多形式为企业服务，尤其要重点扶持一些以饲料为主业的大企业。将来中国饲料工业协会要搞好规划，重点联系10～20个大型企业，请这些大型企业的办公室主任或策划部经理当协会的联络员，各地协会也要联系一些当地的骨干企业。协会贯彻企业家办会的精神，成为企业之家，企业家之家。协会要靠软件优势，为企业争取一个好的外部环境，为企业强化内部管理献策出力，并为企业的联合牵线搭桥。

第四，要加强学习，加强思想建设和作风建设。饲料行业不是一个单纯方面行业，涉及面广，相当复杂，宏观的、微观的问题都有，大家要加强学习，适应工作需要。当前重点要学习江主席"七一"讲话，学习六中全会决议，提高思想，改进作风。要学习吸取国内外的经验，形成中国的协会作风、机制和一套完整的制度。

总之，协会这个中介组织是个新生事物，还在不断地发展，应该实事求是，改革创新，继续摸索。协会要为大家服务，大家也要支持协会。无论机构怎样改革，协会的工作只能加强，不能削弱。80年代成立中国饲料工业协会，十几年就发展壮大起来了。当年成立的时候，根本没有预料到饲料工业能发展这么快，有今天的局面，对我们协会各级干部也是一种激励。有志者，事竟成，协会会越办越有经验，越办越有信心。

同志们，在进入新世纪后，我国饲料工业仍有极大的发展空间和广阔的活动天地，仍然是朝阳产业。第一，我国有广阔的国内市场，特别是全面进入小康后，需求会进一步增长，而且还有进入国际市场的机遇；第二，我国饲养业中还有二分之一到三分之一仍然是原始的办法使用饲料原料，改用工业化饲料的潜力极大；第三，科技的潜能远未发挥，特别是人才的优势才刚发挥，如果人尽其才，物尽其用，地尽其利，中国饲料行业跨越式的发展是完全可以实现的。可以预期，经过三、五年时间的努力，中国饲料产量将突破亿t大关，产量和质量将赶上世界先进水平，我国将由世界饲料大国转变为世界饲料强国，这是新时期摆在我们面前的一项光荣而艰巨的历史使命。各级饲料工业协会要认真学习贯彻江总书记"七一"讲话精神和"三个代表"重要思想，努力加强组织建设，切实转变工作作风，勇于开拓，不断创新，抓住机遇，扎实工作，把协会各项工作搞得更好，做出我们应有的贡献。

在新形势下切实加强协会建设为饲料行业的振兴和企业的发展服务

——白美清会长在中国饲料工业协会第四届理事会第二次常务理事会上的讲话

(2001年12月20日　湖南　长沙)

各位常务理事、各位同志：

这次常务理事会开了两天，今天就要圆满闭幕了。会议以江泽民同志"三个代表"的重要思想为指导，认真贯彻中央经济工作会议精神，总结了今年协会的工作，确定了明年的任务，完成了预定的议程。这次会议是在新世纪的第一年和我国正式加入世贸组织的新形势下召开的，是饲料工业贯彻落实中央关于"统一思想，坚定信心，沉着应对，趋利避害，转变作风，扎实工作"指示的一次重要会议，将对今后饲料行业的发展起到促进的作用。

根据这次会议讨论的意见和前一段时间我们对一些饲料企业的调查，我想着重讲几个问题，供大家参考。

一、在新形势下保持饲料工业持续、快速、健康的发展

改革开放以来，党中央、国务院高瞻远瞩，做出了两项具有战略意义的重大决策：一是在国内推进社会主义市场经济体制，加快改革和调整的步伐；二是在国际上决定加入世贸组织，使我国经济与世界经济对接，参加到经济全球化的潮流中，使中国市场全球化和世界市场中国化相结合，在竞争中求发展，迅速增加我国经济实力，实现我国第3步战略目标。这是关系到我国国民经济和社会生活各个方面的极其重大而影响深远的战略措施，事关经济工作的全局，影响到经济领域的方方面面。我国的饲料工业从一开始就实行市场经济，是我国国民经济中最早进入市场经济的行业之一。在加入世贸组织以后，更形成了饲料行业的大市场、大生产、大流通的新格局。这是国内外市场互相融通的名副其实的大市场；是现代科学技术和现代科学管理相结合的社会化的大生产；也是跨过省界、国界，商流、物流、信息流趋于现代化的大流通。这种新形势就对整个饲料行业提出了新的、更高的要求。

从改革开放以来，饲料工业一直保持着持续、快速发展的好势头。到2000年底，全国饲料总产量达到7 429万t，为1990年的2.38倍，10年平均以9%的速度递增；饲料工业总产值，10年间平均以17.3%的速度递增；利税总额10年平均递增16.4%；就业人数10年间增加5.4%，实现了产量、产值、利税、就业人数"四增加"。应该说在国家投资少（据统计近20年来国家投资约15亿元）的情况下，做到这样的成就是很不容易的，在其他行业也是少见的。今年尽管遇到种种困难，由于整个行业的努力，预计饲料总产量可能达到7 700万～7 800万t，增长5%左右，虽增幅减缓，但仍保持了好的发展势头。

在新世纪、新形势下，饲料工业能否持续、快速、健康发展，这就成为摆在我们面前的艰巨任务和崭新课题。

从国际国内经济环境来看，明年是我国正式加入世贸组织的第一年，入世后在带来机遇的同时给饲料工业也必然会带来新的冲击。国际上的跨国公司将大举进入中国市场，竞争的力度加大、范围很广，而且过去对饲料行业的优惠政策，有些因与世贸游戏规则

不符也将修改，这些都不可避免地给饲料行业带来新的困难，加重了我们改革、调整的难度。而且，还必须看到，当前国际经济发生了较大变化，世界经济增长放慢，据专家估计全球的经济增长将由去年的4.7%，下调到今年的2.4%，经济总量占全球70%的美、日、欧三大经济体同时陷入低潮，美国出现了战后第10次衰退，日本经济处于负增长，欧洲经济共同体速度大为减缓。特别是“9.11”事件带来的经济上的严重影响决不可低估，这些都比1997年东南亚金融危机的影响大得多。入世以后的冲击和当前国际经济不景气的冲击二者又绞在一起，几乎同时到达，这就必然对我国经济、对饲料业带来不利的影响，给整个经济工作包括饲料业带来更大的困难。明年以至以后一段时间，要保持饲料行业的持续快速发展，更为艰巨。中央经济工作会议指出：“我们要密切关注和正确分析形势的发展变化，把困难估计得严重一点，把影响时间预想得长一点，把应对预案准备得充分一点，使明年经济发展建立在扎实可靠的基础上”。

我们认为，今后饲料工业保持持续发展的任务更加繁重，难度也更大，但有利条件很多，发展的余地很大，前景也是好的。概括地说就是：市场有需求，原料有来源，加工有潜力，人才有优势，企业有经验。

第一，最根本的是我们有广阔的国内市场。在全面进入小康，扩大内需以后，人们对肉食以及市场对饲料的需求将进入旺盛期。随着经济的发展，总人口的增加，尤其是城市人口的增长，农村消费水平的上升等，这些因素均将增加畜产品的需求，从而拉动对饲料的需求，推动饲料工业的发展。据农业部专家的预测，到2005年，人口将增至13.5亿人，肉类需求将达到6 409万t，牛奶1 150万t，禽蛋2 603万t，水产品4 100万t；到2015年，人口14.5亿，肉类需求9 154万t，牛奶1 619万t，禽蛋3 324万t，水产品4 596万t。这是饲料工业发展的强大动力，将极大地刺激饲料工业的发展。

第二，我们还要进军国际市场。从我国近年来外贸统计看，我国畜产品的进出口处于逆差。2000年我国畜产品出口34.24亿美元，比上年增长18.9%，但进口为53.58亿美元，比上年增长33.2%，贸易逆差15.34亿美元，比上年增长91%。猪肉产品的进出口是逆差，牛肉、乳制品更是逆差。鸡肉产品由于加大精加工程度，提高了增值幅度，同时加强行业自律，实现顺差。这些方面固然说明我们的差距，但同样说明这是潜力所在。如果我们改变这种状况，从饲料抓起，就必然会带来新的商机。还必须指出，我国有许多特色畜产品，如改进品质，改善销售服务，是能够打开国际市场的。如中东伊斯兰国家的市场、东南亚市场等。经过一段时间的努力，利用入世后有利条件，完全有可能做到进出平衡或顺差，这也对饲料的发展开辟了新的天地。

第三，有广大的饲料资源和加工潜力。有了市场后，还要有资源。应该说我国是饲料原料资源比较丰富的国家，特别是农业由二元结构向三元结构方向调整后，饲料原料将大幅度上升，提供了雄厚的原料资源。再加上农作物秸秆，可利用资源很广阔。还必须看到，现在不少地区还采取原始的办法，直接用饲料原料喂牲畜，估计占一半左右，这方面的加工潜力还非常大。

第四，我们有人力和人才方面的优势。中国的人力资源丰富，劳动成本很低，具有极强的竞争力。经过20多年的锻炼，已经培养一批从事生产、加工、销售、科技、开发经营管理的人才。这些人才正在茁壮成长，正在饲料业的各个方面施展才干和抱负。这方面并不比国外差。我国饲料业进入市场经济起步早，已开始形成一批核心竞争力强的骨干企业，并在市场竞争中逐步发展。据统计，目前我国年产10万t以上的饲料厂已有38家，产量占全国饲料总量的9%～10%。现在整个饲料业正在分化重组，有实力的龙头企业将成为企业群体的“航母”，他们经得起风浪和竞争的考验，并正在走出去，向跨国公司模式发展。

还必须看到，党和政府十分重视饲料工业，实行了一些优惠政策，这是发展的基础。在入世后过渡时期的几年中，是个关键时期，国家将保留一些优惠政策，并采取国际通用的规则，支持和保护国内民族饲料工业的发展。所以这三五年是关键时期，从行业和企业角度来说，如果这三五年搞上去，就能立住脚，在国际国内市场占有一席之地。可以说这三五年，对饲料业和企业是生死抉择的时机，一定要把握难得的机遇，知难而进，努力开拓。中国的饲料行业一定能够做到持续、快速、健康的发展，对此我们充满信心。

二、以饲料安全为契机，全面提高产品档次和企业水平

饲料工业是与畜牧业密不可分的相关产业，它关系着千家万户的健康和亿万人民的身体素质。要吃上“放心肉”，喝上“放心奶”，必须要安全可靠、优质高效的饲料作保证。我们强调饲料安全工程，绝不仅是解决当前市场秩序混乱的权宜之计，而是关系饲料行业长远发展的一项根本措施。切实做到饲料安全，是老百姓的迫切愿望，是入世后参与国际市场竞争的保证，也是饲料企业发展的新起点。

我们必须以行动回答以下问题：中国能不能有效抵制疯牛病、二恶英的侵袭？能不能制止有害的饲料添加剂的生产、使用？这是对饲料行业的考验，也是对饲料企业的考验。如果这一关都过不了，就休想在国内市场站住脚，更难以进入国际市场。

不论从人民意愿、形势的需要、入世的要求、企业的发展看，都必须狠抓饲料安全。要以此为契机，全面改进加强企业的经营管理，推进企业的科技进步，提升产品档次和企业水平。对这个问题要有新的认识，要采取主动，从本企业做起。要以达到国际上

的通用标准为目标，高标准、严要求，这样才能出优质产品，出优秀企业。

解决饲料安全问题，要标本兼治，突出重点，持之以恒，常抓不懈，打攻坚战、持久战。

第一，要狠抓源头。这就是抓饲料添加剂的生产、经营和使用。饲料产品是关系人民身体健康和生命安全的敏感性商品，一定要坚持安全第一，质量第一，讲求营养、保健，对一切有害于人身健康的抗生素、激素、色素，都要严格按照国家标准和国际通用的标准加以制止。对于盐酸克伦特罗，更要坚决禁止使用，决不允许滥用。协会和所有会员在这个问题上都应当旗帜鲜明，形成共识，采取共同行动。与此同时，要研究运用高新技术开发有益的新型添加剂、天然添加剂，取而代之。对进口肉骨粉，我个人认为应当慎用，特别是大型企业更要慎重，否则出现了问题就是大乱子。要研究以其他物质来填补我国饲料蛋白缺乏的问题。

第二，要抓立法。解决饲料安全，防止假冒伪劣和有害物质渗入饲料中，最重要的是靠立法。国务院领导同志最近多次对集中打击制售和使用“瘦肉精”等违法行为作出批示，强调要制定和完善法规，明确监管责任。国家有关部门已经对此进行了大量工作，除已公布的以外，将陆续有一些法律和行政法规出台。所有饲料企业要坚决执行。要加强监督检查工作。特别是在屠宰等关键环节加强监管，务必不能让不安全的产品流入市场。要发动社会各界、消费者、新闻媒体广泛进行监督，形成强大的舆论压力。对重点案件要抓紧依法处理，决不准任何违法行为蔓延、逍遥法外。

第三，要从根本上建立和加强信用制度。要搞好饲料安全，必须在全行业坚持进行诚信为本的教育，并逐步建立企业和个人的信用制度，有什么问题，记录备案，并且要与各地联网。目前北京、上海等地已经开始了这一工作，这是贯彻依法治国和以德治国相结合的一项实际行动，有助于树立正气，打击歪风，彻底克服当前市场经济秩序混乱的现象，使饲料行业、饲料产品以新形象出现于市场上，让消费者放心。

第四，从饲料安全启动，推进科技进步，创名牌，增效益。饲料业的大市场、大生产同大名牌、大企业是相联系的。没有大名牌，就形不成大企业，所以要下决心在科技上创新，运用高新技术创造有特色的核心技术，才具有国际竞争力。每个企业均要努力把资源优势转变为品牌优势，创立名牌，提高知名度，成为中国名牌、世界名牌，并系列化。这是关系公司发展战略中的重大问题，也是我们追求的目标。

三、为企业的发展和联合服务，提高企业的组织化程度和现代化水平

在我国加入WTO后，在国内外市场紧密联系、互相融通、范围极其广阔的大市场中，企业是主体，是市场经济的基本单元。搞好搞活企业，特别是培植和发展一批具有经济实力和核心竞争能力的大型企业和企业集团，就是我们的当务之急。各级协会等中介组织，在这一新格局中都要竭尽全力为企业的发展和壮大服务，这是我们的战略任务和工作重点。

当前正是一个关键时期，尤其是加入WTO后过渡时期的这几年，是我们抓紧时间，打好基础，迎接挑战的重要时刻，要采取各种措施，奋发有为，把有利因素和条件，用足用好；把不利因素和条件，减少到最低限度。进入WTO以后，一方面我们应当认识竞争的激烈性，另一方面要认识合作的紧迫性，从这两方面来考虑企业的应对之策。

从竞争的激烈性来看，加入WTO以后，由国内竞争，转变为与国际强手的竞争；从单项竞争，转变为产业链的竞争；从企业单体的竞争，转变为企业群体的竞争；从争夺产品的竞争，转到争夺科技制高点的竞争；从争夺市场的竞争，演变为争夺人才的竞争。可以说是整体经济实力和科技发展水平的较量。归根结底是人才整体素质的较量。因此，我国的饲料企业如果想在竞争中取胜，就必须着重抓产品的开发，科技的创新，抓人才的使用，从而增强企业的经济实力。

从合作的紧迫性来看，加入WTO以后，合作的领域更加拓宽，交流的空间更加扩大，联合的对象也更为增加。在国际大市场中，既有竞争的对手，也不难寻觅到合作的伙伴。而且由于形势的压力所迫，联合的利害所趋，企业之间更有客观上联合的需要，也更有利于打破各自为政、单兵作战的局面，组成利益共享、风险共担的经济联合体。国际上目前兴起的大企业之间的兼并、合作之风，就是这一趋势的表现，它是有深刻的原因而形成的。我国的饲料企业现在有12 000多个，小而散的情况很普遍，应当把握这个时期有所作为，在扩大联合上迈出新的步伐。

我国各类饲料企业遍布于全国城乡，是一个很有基础的购销网络，这是我们的优势，是国外企业难以比拟的。但我们的缺点也很明显，与国外企业的差距，就在我们的企业现代化水平不高，组织化程度很低。因此，我们应该利用现在这样的机遇，以固本强身，扩大合作为对策，内抓管理，外促联合，防范风险，减少失误，不断提高企业的现代化水平和组织化程度。

内抓管理：饲料企业要进一步解决企业的体制、机制问题，以建立现代企业制度为方向，建立公司治理机构，搞活机制，调动经营者、技术员和全体职工的积极性。目前各地正在改制改组，这方面比以前有很大的进展。在改制的同时，一定要注意加强企业的内部管理，切实改变企业管理不严，经营粗放的现状。在管理中，特别要注意以劳动、工资、奖励制度为重点的人事管理；以经济核算、资金运营为重点的财务管理；以班组作业为重点的现场管理；以营销为重点的经营管理。特别是财务管理，是许多企业的薄弱环节，不真实、不规范、不进行核算的现象相当严重，应当根据朱镕基总理的指示，教育财会人员，以诚信为本，操守为重，遵循规则，不做假账。我们还要根据入世的新形势，注意与国际会计规则对接，把企业的财会水平大大提高一步。用信息化带动工业化是我们面临的新课题。信息技术是当今世界科技革命中最重大的发展和突破，其作用和效益将日益显示出来。饲料企业正处在经济结构的战略性调整，加快产业升级、提升产品质量的关键时刻，实施中央“以信息化带动工业化和整个国民经济现代化”的方针更加重要。根据专家的研究，企业运用信息技术，要着重抓住3个方面：一是建立工艺设计与生产控制的信息系统；二是建立企业内部的管理信息系统。特别是不少大型企业和企业集团，把财务电算化作为关键，逐步延伸到全公司、全集团的资金、物资、技术、人才的信息流管理，并加以整合，形成系统化、制度化；三是以互联网为基础的商务贸易信息系统，这是在企业内部信息化基础上，融物流、商流、信息流、资金流于一体的新型网络。现在已有了良好的开端，须不断整合和完善。我们要积极行动，克服“信息化搞不搞关系不大”，“信息化难度大，等以后搞”等错误思想，从实际出发，重点抓骨干企业的信息化，争取有所突破。

外促联合：扩大企业的纵向、横向联合，培养龙头企业是形势发展的迫切需要，也是企业的迫切愿望。纵观国际、国内企业的发展史，大型企业、企业集团是靠自身滚动发展和扩大对外联合两个方面而发展起来的。根据中央经济工作会议精神，联合需要采取自愿互利共赢的原则和灵活多样的形式，因势利导，不要搞拉郎配，不搞形式上的凑合。要逐步推进，从业务上的合作，发展到资产的联合；从贸易上的合作，发展到经济实体的联合；从单项的合作发展到整个产业链的联合；从对内的合作，发展到对外的联合。我们希望经过重新整合，滚动发展，今后几年将会涌现饲料系统的10强、20强企业，争取经过一段时间努力后跻身于世界饲料百强之列，这是完全有条件、有希望的。

防范风险，减少失误：在市场经济风浪中，随时随地都会出现风险，发生失误。在企业发展过程中，要十分注意规避风险，减少失误，特别是要避免出现重大的失误。有时一次大的风险、一次大的失误都会把企业拖垮。因此，企业前进中除了开源外，还必须堵漏，尽量化解风险。根据一些企业的教训，发生重大失误主要表现在3个问题上：一是决策失误。主要是投资重大项目失误；过度多元化经营失误；过度扩张失误；大宗贸易失误；大量经营债券、期货失误等，要竭力防止；二是管理失控，特别是对子公司的管理失控，大权旁落，赚钱归子公司，赔钱出大窟窿留给母公司，担保发生不能偿还，大量欠款收不回等。对此要警惕；三是用人不当，把企业搞垮。以上3个方面，要防微杜渐，通过建立科学、民主的决策制度和防范、化解风险的制度来解决，大型企业、企业集团尤应探索和积累这方面的办法、经验，以应付不测。很多知名企业、知名企业家都因发生重大失误而昙花一现，毁于一旦，前功尽弃，应引以为戒。

各级行业协会应当把为企业服务，帮助企业成长作为自己的根本任务。要为企业改善宏观环境，维护企业利益出力；为企业搞活机制、强化管理献策；为企业科技进步咨询服务；为企业扩大联合牵线搭桥，这样就会在工作中积累新经验，开拓新局面。

四、加强协会建设，发挥协会的职能作用

行业协会、联合会、同业公会等经济中介组织，是改革开放的产物，是市场经济的重要组成部分。我们的各级协会成立以来，在人员少、条件差的情况下，积极开拓，做了大量工作，协会工作本身也有很大改进。但是，我们应该看到，各级协会，是从行政分流出来的，人员也大多来自行政机关，因此在思维形式、运作方式、以至管理体制等方面都难免带上行政的烙印，受到计划经济、闭关操作的影响。面临入世以后的新形势，随着政府机关职能的转变，越来越多的政府职能将由协会等中介组织承担，各类企业也对协会寄予了很大期望，因此为适应这一新形势，协会本身必须加强自身建设，切实改进工作作风和工作方法，以便更好地担当新时期的新任务，更好地为饲料行业和饲料企业服务，当好政府与企业之间的桥梁和纽带。

加强协会建设，最根本的是实现协会向民间性、服务性、国际性方向转变。

协会是民间团体，是饲料企业自愿组织起来的、社会公益性质的、自律型的社团，它不是“二衙门”，不是企业的“婆婆”，而是企业自己的组织，这个位置一定要摆正，不能摆官架子，打官腔，沾染官僚主义，凌驾于群众之上。协会一切活动都要符合“民间性”的要求和方向。

协会是以服务为宗旨，不是以赚钱为目的。增强服务功能，更好地为企业服务，为行业服务，这是协会的生命线。协会要加强与企业的血肉联系，与他们同呼吸，共命运，代表行业和企业的利益，为他们办事。服务得越好，协会的作用就越大。

协会运作将与国际接轨。我国入世后，与国际同行的交往增多，涉及业务将大量增加，比如与国际接轨的质量认证工作，饲料产品按照国际食品卫生安全标准运作，国际贸易间的纠纷（如反倾销）的调查和协调等，很多业务将陆续开展。要尽量帮助我们的企业在国际纠纷中不吃亏，居于有理、有利的地位，这是面临的一个新课题，我们现在必须从头做起，工作向这方面转换，尽快地熟悉这些业务。

关于协会今后的工作，刘同占同志代表协会作了布置。我再强调一下，协会工作要以加强组织建设，拓展服务功能，强化行业自律，确保饲料安全为重点。就是要围绕确保饲料安全来开展工作，发挥行业协会的职能作用。

第一，要加强协会的组织建设。近年来协会的人员有很大变动，有的很不健全，明年特别注意加强省级协会的建设。为此，协会在洛阳召开的秘书长工作会议已经作了部署，请各地抓紧落实。考虑到新世纪饲料行业任务很重，一定要配备好协会会长、副会长，对一些在当地有威信、有影响、有经验、热心饲料工作的老同志和中青年同志，要充实到协会领导班子中去，同时要物色好秘书长、副秘书长，并保持协会机构编制和队伍的稳定。

第二，协会工作要立足于搞好服务。协会是企业之家、企业家之家，必须努力增强服务功能，扩大服务领域，利用协会的地位和优势，办企业想办而又难以办好的事，为企业排忧解难。这方面，各地协会已经创造了许多有益的经验，如为企业传递信息、组织专家会诊、为企业牵线搭桥、培训企业所需各类人才、解决经营中的实际困难等等，应当总结推广。总之，协会要在全方位服务上做文章，积累更多更好的经验。

第三，协会要强化行业的自律。在全面向社会主义市场经济转变的新阶段，当前出现了市场经济秩序混乱，假冒伪劣、欺诈拐骗等诸多不良现象，党中央、国务院正在采取措施，整顿和规范市场经济秩序。最近朱镕基总理指出要强化行业自律。这是非常必要和正确的。讲信用、重承诺，是市场经济的灵魂，是企业发展的根本。信用是企业的无形资产，信用程度差是参与国际市场竞争的严重障碍，是企业最需加强和补课的首要环节。企业要发展，一不靠吹，二不靠骗，而是要靠干。特别是饲料企业，所经营的商品关系千家万户人民的健康。更必须诚实守信，来不得半点虚假。近来因食用有瘦肉精的猪肉而中毒的事件一再发生，应给我们敲起警钟。除了国家将采取标本兼治的措施外，作为行业协会应当加强对行业的自律，根据《全国公民道德建设纲要》的精神，对企业、对广大职工进行诚信为本的教育，发扬本系统的优良传统，决不制造和贩卖有损于人民健康的各种假冒伪劣商品。要进一步开展“放心肉”、“放心奶”、“放心鱼”的活动，经实际检验的优秀单位要大力表彰；对有问题的单位要公开曝光，依法予以处理。使制造和销售假冒伪劣者望而却步，受到法律上的制裁、道义上的谴责，使全行业树立良好的职业道德和企业精神。

各位同志，这次会议之所以选择在湖南召开有特殊的意义。因为这里是革命先辈荟萃之乡，风流人物发祥之地。“惟楚有材，於斯为盛”。同时，湖南也是全国饲料工作的先进单位之一，这几年调整结构，提高素质走在全国的前列，浓缩料的生产居全国各省、市之首；而且三湘大地涌现了正虹、唐人神等贸工农相结合，产加销一体化的大型骨干企业，成为饲料领域的“新湘军”，朝气蓬勃，敢于拼搏，给整个饲料业带来生气。我们殷切希望通过会议交流，现场参观，使我国饲料界的同行亲身感受老一辈革命家创业之艰辛，精神之磅礴，学习饲料界先进单位管理之精华，经营之要道，从而抛弃小康之苟安。丢掉困境中之徘徊，与时俱进，开拓创新，在以江泽民同志为核心的党中央领导下，在新世纪再创新业，实现饲料行业的跨越式发展。

谢谢大家！

全面做好协会工作 促进行业健康发展

——刘同占秘书长在中国饲料工业协会第四届理事会第二次常务理事会上的工作报告

（2001年12月19日）

各位常务理事：

今年是新世纪开元之年，在以江泽民同志为核心的党中央的正确领导下，我国经济继续保持高增长、高效益、低通胀的发展势头。中国饲料工业协会在农业部和协会第四届理事会的领导下，将“三个代表”重要思想和党的十五届六中全会决定精神贯穿于协会各项工作，进一步解放思想，转变作风，适应市场经济和加入WTO的需要，继续坚持“双向服务”的方针，以企业为本，强化行业管理，提高服务质量，围绕行业发展和协会工作重点，想大事、议大事、抓大事，扎扎实实开展了以下几个方面的工作。

一、切实转变工作作风，深入实际调查研究

调查研究是协会搞好各项服务的基础，也是协会一贯的会风。白美清会长担任协会第四届理事会会长以来，更加强调这一点并多次深入到饲料企业调查研究。上半年，协会研究确定了行业协会如何扶持大企业发展、加入WTO后协会如何发挥作用和行业自律管理与服务等3个重点研究课题，抽调骨干力量，组成了3个调研小组，分别由白美清会长、刘同占秘书长和颜小军副秘书长带队，到北京、广东、浙江、上海、河北5省市进行了深入细致和扎扎实实的调查研究，调研期间通过召开座谈会、听取情况反映和深入企业实地考察等，基本了解了目前企业的迫切要求和行业的基本情况，掌握了大量的第一手材料。调研结束后，在对这些情况和问题进行深刻分析的基础上形成了综合调研报告，提出了具体的对策建议，供政府部门制定政策时参考。由于国际社会的“疯牛病”风波是由骨粉和肉骨粉引起的，国家领导人对此高度重视，要求像对待毒品一样对待骨粉和肉骨粉的生产和经营。为此，在全国饲料办的统一安排下，协会组织力量赴河北、山东、天津、河南、四川等省市进行了专题调研，在取得大量第一手资料的基础上，形成了《骨粉、肉骨粉使用风险分析与评估》和《动物性饲料产品管理办法（征求意见稿）》，为政府部门的宏观决策提供了有力的依据。针对一些地方发生的老百姓食用含盐酸克伦特罗（俗称瘦肉精）猪肉中毒事件，配合全国饲料办对非法使用盐酸克伦特罗屡禁不止的问题进行了实地调研，详细分析了产生问题的原因，

提出了具体建议，为政府部门严厉打击非法使用盐酸克伦特罗当好参谋。

二、协助政府加强行业管理，认真当好助手和参谋

（一）积极配合政府部门制定和落实有关政策

经过20多年的改革，我国饲料工业已经发展成为国民经济中重要的基础产业。为促进饲料工业持续健康发展，温家宝副总理批示农业部会同有关部门针对饲料生产和管理中的问题，制定一个指导性文件。协会将其作为今年的一项重点工作，积极配合全国饲料办起草文件和协调国家有关部委，目前，该文件代拟稿已经报送到了国务院秘书局。国家对饲料工业实行免征增值税政策，促进了饲料工业的快速发展。今年，协会继续积极向上级有关部门反映广大企业的意愿，配合全国饲料办作好各项基础工作，使国家对饲料产品免征增值税的优惠政策又继续得到了落实。

（二）将抓好饲料产品安全和质量管理作为协会各项工作的重中之重

1. 向全体会员发出了倡议。去年底和今年初，国家加大了对假冒伪劣饲料产品的打击力度，曝光了极少数不法企业，销毁了一批伪劣产品。协会及时抓住机会，向全体会员发出了倡议。倡议全体会员带头在饲料生产和经营过程中，进一步提高对饲料安全工作重要性的认识，严格执行国家法律法规，严格执行饲料标准，坚决杜绝生产、经营假冒伪劣饲料产品，坚决杜绝在饲料产品中使用违禁药品，自我约束，相互监督，彻底根除饲料安全隐患，维护行业良好形象，确保人民身体健康，为饲料安全乃至食品安全做出更大的贡献。这是协会自成立以来首次向行业发出倡议，也是协会第四届理事会成立后的第一次重要举措，在社会上引起了强烈反响。

2. 和全国饲料办一起共同组织了饲料安全质量情况新闻发布会。2001年3月中旬，经过充分准备，农业部在京举办了饲料安全质量情况新闻发布会，中央电视台、中央人民广播电台、人民日报等首都各大媒体的新闻记者以及饲料办、饲料协会、部分饲料企业代表近100人出席了会议。新闻发布会上，齐景发副部长、协会白美清会长对如何搞好饲料安全工作发表了重要讲话，季之华巡视员通报了全国饲料产品质量抽查情况并对强制性标准《饲料中盐酸克伦特罗的测定》作了解释和说明。新闻发布会上，湖南唐人神集团等35家饲料生产和经营企业发起了《饲料安全新世纪宣言》，向全社会庄严承诺不制假、不售假，绝不在饲料产品中使用违禁添加物，确保饲料产品安全。这次新闻发布会，集中反映了在饲料安全这个热点问题上，政府主管部门、行业协会、饲料生产经营企业和广大的消费者之间，不但有完全一致的认识，而且有完全一致的行动，充分体现了对我国饲料工业发展和对人民身体健康的高度责任感，表明饲料工业行业自律意识的进一步加强。此次新闻发布会在社会上引起了强烈反响，除了各大媒体的及时宣传报道外，4月9日的《人民日报》在第11版出了专版，全国许多地方也都有了积极的响应，《中国饲料》杂志7、8、9三期，以“行业的心声”、“社会呼唤饲料安全”为主题，组织配发了华北、华东、河南等地区狠抓饲料安全的纪实文章。为使宣言变为行动，使承诺变为现实，在全国饲料办的关心、支持下，协会与各省（区、市）饲料办、饲料工业协会以及饲料质量检测机构一起共同对这35家承诺企业的产品进行了监督检查，并且进行了通报表扬。

3. 积极参与饲料安全工程建设。为加大对饲料中使用违禁药品的查处力度，为饲料安全工作提供技术支持，在积极参与饲料安全工程信息网络建设的同时，协会主动向农业部提出了制定饲料安全评价规程等方面的工作建议。目前，部里已下达给协会主持制定饲料原料安全评价规程等6项规程和20项饲料安全卫生最高限量及其检测方法的任务，各项工作正在积极落实之中。

4. 加大了标准制修订力度。围绕饲料安全工程和适应加入WTO后与国际标准接轨的需要，积极争取资金支持，进一步加强了标准制、修订工作力度。今年饲料工业标准化工作的重点是围绕饲料安全和新的管理形势展开的。经过积极争取，由国家质量技术监督局下达国家标准计划项目36项，下达项目的数量和质量均创历史之最。在此基础上，又积极向农业部增补上报了30项饲料添加剂方面的行业标准计划项目，目前已有11项经过专家审核立项。今年的标准制、修订工作还注意发挥了企业的积极性，重点标准的制、修订工作标委会秘书处都参与了工作。同时积极做好标准审核上报工作，对本年度审查通过的标准，组织起草单位认真修改，及时上报。《饲料中盐酸克伦特罗的测定》和《饲料卫生标准》已经农业部和国家质检总局审批发布，《饲料植酸酶活性的测定》等8项国家标准已经上报待批。

5. 积极组织了饲料添加剂和添加剂预混合饲料生产许可证的审核发放工作。受全国饲料办委托，协会负责组织饲料添加剂和添加剂预混合饲料生产许可证的审核发放工作。去年经专家审核并报全国饲料办批准，共有746家饲料添加剂企业和2 203家添加剂预混合饲料企业获得了生产许可证。在去年工作的基础上，今年协会组织编写了《饲料添加剂和添加剂预混合饲料生产许可证申证指南》，为生产企业进一步了解申证要求，加快生产许可证办理速度提供了方便。同时，先后在黑龙江、上海、山东、广西、广东、天津等地组织了6期生产许可证政策法规培训班，组织部分审核专家赴陕西、黑龙江、上海、广东、广西、山东等省（区、市）对部分申请生产许可证的生产企业进行实地调查，使生产许可证的申报、审核和发放工作有序进行。经过努力工作，今年共有140家饲料添加剂生产企业和228家添加剂预混合饲料生产企业获得了生产许可证，还有79家饲料添加剂生产企业和137家添加剂预混合饲料生产企业通过了专家审核，已上报待批，较为圆满地完成了生产许可证集中审核发放的扫尾工作。为帮助行业管理部门和饲料生产企业全面掌握和了解生产许可证发放和管理情况，在全国饲料办统一安排下，会同农业部饲料工业中心编辑出版了《饲料添加剂和添加剂预混合饲料生产企业获证名录》。

6. 重视和加强了行业质量咨询和质量认证工作。质量认证是国际上对产品质量和质量管理进行评价监督的通行做法。主要依据规定的产品标准、生产规范和技术要求，经专门的认证机构对产品生产环境、生产过程、管理模式和产品质量进行确认，颁发证书和认证标志，其目的在于提高产品质量和企业生产管理水平，增强产品的市场竞争力。通过20多年的改革与发展，我国已经初步形成了一批产业突出，在国际国内有一定竞争力的大型饲料企业集团，许多大型企业已经先走了一步，通过了质量管理体系认证。目前，在全行业实施质量认证制度的条件已经基本成熟。为加强协会在这一方面的服务力度，协会专门成立了北京中饲协质量咨询中心并开展了质量咨询工作，目前已为大连翔大科技有限公司和长春中谷华龙饲料有限公司等6家单位开展了ISO9000质量认证咨询活动，加快了这些企业申请认证的步伐，部分企业年内就可申请认证。为帮助企业搞好质量认证的基础工作，已举办了2期饲料工业质量体系内部审核员培训班。为使全行业质量认证工作进入规范化管理的轨道，目前协会正在抓紧筹备建立中国饲料质量认证中心。

（三）大力推动行业科技进步，努力提高行业从业人员素质

1. 以饲料行业“丰收计划”为龙头，注重用高新技术和实用技术改造传统的饲料业。饲料行业“丰收计划”起步较晚，经过大家共同努力，1999年和2000年两年，饲料行业共组织实施了20项“丰收计划”项目，共投入资金3 747.3万元，其中国家投入资金578.6万元，地方配套资金188.7万元，农民和企业自筹资金2 480万元，项目区共推广配合饲料24万t，浓缩饲料1.05万t，印发资料80万份，培训人员40万人次，新增产值5.2亿元，有力地推动了饲料工业科技进步工作向更高、更深层次发展。今年是“十五”计划第一年，协会配合部“丰收计划”办公室，组织力量编写了《农业部“十五”重点推广50项技术》中的饲料行业部分，明确了“十五”期间行业须推广的重点技术。2001年已落实饲料行业“丰收计划”项目6个，争取国家投入项目资金180万元。项目资金已全部落实到位，项目也正在积极的组织实施之中。2002年饲料行业“丰收计划”申报项目已经过专家初审，最后确定了10个省的12个项目上报了部“丰收计划”办公室。协会近几年始终致力于新技术的引进工作，1997年被立项的“开发饼粕类饲料资源膨化技术”已经顺利通过了农业部组织的验收，今年协会继续组织了“转基因饲料安全性评价技术”的引进项目申报工作。

2. 职业技能鉴定逐步规范。

（1）2001年3月份，协会在海南省海口市召开了全国饲料行业职业技能鉴定工作会议。会议传达了劳动和社会保障部召开的全国职业技能鉴定工作座谈会的精神，重点研究了如何在饲料行业贯彻落实农业部关于《饲料工业行业检验化验员等三个职业实行就业准入制度实施方案》，广东、广西、辽宁、山东、重庆等省市介绍了当地开展职业技能鉴定工作的经验，使大家提高了对在饲料行业开展职业技能鉴定、实行就业准入、推行职业资格证书制度重要意义的认识，增强了进一步做好行业职业技能鉴定工作的信心。

（2）组织编审饲料行业国家职业标准。根据劳动和社会保障部、农业部的统一部署，饲料工业职业技能鉴定指导站组织饲料行业的30名专家和工程技术人员编写了“饲料检验化验员”、“饲料厂中心控制室操作工”、“饲料加工设备维修工”以及“饲料粉碎制粒工”等4个饲料行业职业的国家职业标准，通过了饲料行业国家职业标准编制委员会的初审，并将送审稿上报劳动和社会保障部。饲料工业国家职业标准的制定，为今后开展饲料行业职业技能培训与鉴定、在饲料行业实行就业准入和提高行业素质和整体竞争力具有非常重要的作用。在组织编审标准的同时，按照部人事劳动司的统一部署，在2000年编制“饲料检验化验员”职业技能鉴定要素细目表的基础上，又及时组织专家和技术人员编制了该职业近3 000道试题的职业技能鉴定试题库。

（3）指导各职业技能鉴定站开展职业技能培训与鉴定工作。据初步统计，今年共有10个站进行了4个职业、2个等级的培训鉴定，有2 051人获得了国家职业资格证书。在前几年工作基础上，指导站在西安举办了饲料行业职业技能鉴定考评员和督导员资格认证培训班，共有145人取得了相应的资格证书，至此，全国共有595人取得了考评员和督导员资格证书，为全面开展行业技能鉴定奠定了坚实的基础。

（4）进一步加强了省级职业技能鉴定组织建设。今年又有河南、内蒙古和云南3省区，申报建立饲料行业职业技能鉴定站，经多方努力，劳动和社会保障部已经批复云南省建立职业技能鉴定站，河南省和内蒙古自治区地方劳动厅已经同意建站，但由于材料上报时间晚，只能等2002年批复建立。至此，全国已建立省级技能鉴定站26个。全国饲料工业职业技能鉴定基地也已准备验收。

三、积极为企业排忧解难，努力提高服务水平

1. 行业信息和宣传工作继续加强。《中国饲料》杂志继续发挥了行业宣传喉舌的作用，新年伊始，开辟“新世纪、新任务、新天地”专栏，邀请协会会长、副会长、秘书长及行业主管部门领导畅谈适应新世纪、新形势，开创饲料工业新天地的感想和体会，充分展现了协会新一届领导班子在新世纪朝气蓬勃的新面貌。为帮助广大企业了解WTO知识，《中国饲料》开辟了“走进WTO”专栏，系统介绍了有关世贸组织的基本知识，受到企业好评。

中国饲料工业信息网开辟的网上信息栏目已达31个，到今年10月底，累计上网人数已达80万人次。今年10个月的上网人数是去年和前年两年上网人员总数的2倍，信息网站在吸收相关网站建设和服务经验的基础上，强化信息源的建设和开放联合，在广东、吉林建立了信息中心工作站，提高了网上信息的再加工，加强了网上信息的综合分析和预测，加快了网上信息的更新速度，增强了网络对网点的服务功能。在2001年国际农业信息研讨会全国农业网络评比中，协会信息网络被评为优秀农业社会团体网络奖。经过努力，协会在北京市工商局完成了《饲料广角》杂志社的注册登记工作，作为信息中心的网刊，通过扩大发行和规范经营，进一步提高了《饲料广角》杂志的可读性、实用性和综合性，基本形成了一网一刊的信息服务格局。

《中国饲料工业协会通讯》作为直接为行业和会员服务的窗口，更加突出了政策、信息传递简单、快捷的特点。经过多年来大家的共同努力，协会主编的《中国饲料行业名录》、《中国饲料工业年鉴》（1991—2000）两本大型工具书已经正式出版发行，为纪念纲要目标胜利实现，在对过去经验进行系统总结的基础上，协会策划、编辑出版了《饲料工业是一个很大的行业》一书。

2. 成功举办了2001中国畜牧业暨饲料工业交易会。2001中国畜牧业暨饲料工业交易会由农业部畜牧兽医局（全国饲料办）主办，全国畜牧兽医总站和中国饲料工业协会共同承办，饲料工业展区由中国饲料工业协会独立组织。由于协会突出了为企业服务的办展指导思想，加上大家齐心协力，整个交易会饲料工业展区筹展充分，组织有力，与会领导和代表对本届交易会饲料工业展区的一致评价是规模大、水平高、人气旺、收效好。

（1）规模大。本届交易会畜牧和饲料参展企业共889家，展位数1 179个，参展展位数和参会代表大大超过了1997年厦门交易会和1999年长沙交易会。饲料企业参展参会积极性空前高涨，展位数达到了480多个，尽管如此，仍然有数百个饲料企业被拒之门外。此外，本届交易会还吸引了包括美国、德国、法国、荷兰、意大利、挪威、泰国和韩国等国家和地区的15家饲料企业参展，使本届交易会饲料工业展区成为1996年首届饲料工业博览会后饲料工业领域的又一次盛会。

（2）水平高。一是产品展示上档次、上水平。协会把搞好本届交易会饲料工业展区定位在具有国际水准上。严把参展质量关，统一策划，把声光电引入展区布局之中，确保了展区内的整体展览效果。由于制作精心，设计新颖，整个饲料工业展区呈现出一片朝气蓬勃的景象；二是技术交流水平高。协会以此次交易会为契机，除了组织饲料科研、教学、开发单位和饲料企业进行专题技术讲座外，还针对大家普遍感兴趣的热点问题邀请了我国饲料工业知名专家、中国工程院院士张子仪研究员，欧盟技术委员会前副主席M. 万培拉博士，就饲料科技、饲料质量与安全、饲料产品进出口和加入WTO对我国饲料工业的影响等进行专题报告。对各参展参会单位的技术讲座，协会组织专家进行审核和修改，严把质量关。在整个交易会期间，饲料工业展区共安排了28场次专题报告和技术讲座，场场效果良好，无一场次出现冷场。

（3）人气旺。开幕式当天，整个大连星海会展中心人山人海，无论室内展区还是室外展区，每个展位前都挤满了参观的人流，大连市的移动电话由于用户突然大增出现了罕见的中断，很难打进打出。一直到撤展，展馆内仍有相当多的观众，据保守统计，交易会期间参观总人数达6万人次以上。

（4）收效好。本届交易会饲料工业展区，基本做到了四个满意，即领导满意、各省满意、企业满意和外商满意。泰国对外经贸部要了3个展位，他们基本上是抱着试试看的心态来参展，没想到参展第一天，他们带的资料和样品就被分发一空，如此壮观的场面他们连想都没有想到，直后悔带来的资料太少，准备不充分。加拿大大使馆商务参赞霍华德先生被邀请专程到大连观看了展览，参观结束后，霍华德先生对本届交易会饲料工业展区的组织和展览水平赞不绝口，认为加拿大也是一个农业和饲料大国，下一届交易会他一定出面组织本国饲料企业组团参会；国际饲料工业联合会秘书长罗杰先生参观展览后，不仅感到会议办得非常成功，而且通过此次活动，更加认识到了中国饲料工业规模很大，发展很快，认为国际饲料工业联合会需要中国的加入，并且希望通过他本人的努力，争取中国早日加入该组织。

3. 组织召开了饲料原料市场分析座谈会、全国饲料工业质量管理研讨会、饲料原料和添加剂防假识假培训班。今年上半年，全国各地旱情严重，受灾面积近0.3亿 hm^2，作为饲料工业两大主要原料的玉米、大豆受到冲击。为帮助广大企业及时掌握了解当前原料生产形势及供求关系，分析预测下半年原料走向，8月份，应广大企业要求，协会在京召开了本年度饲料原料市场分析座谈会，会议邀请部畜牧兽医局张喜武副局长、部信息中心郭作玉副主任、全国饲料办杨振海处长、国家粮油信息中心杨卫路处长等，分别就目前玉米、大豆生产形势及下半年预测，养殖业生产形势及下半年预测，当前饲料行业关注的几个问题，玉米、大豆、豆粕、鱼粉市场供求关系及价格趋势分析进行了专题讲座，与会代表对今年的饲料原料市场及存在的问题进行了分析，对下半年的市场趋向进行了预测，并就如何发展和规范饲料原料市场提出了政策建议，会议开得很成功，企业反响强烈。9月份，协会与四川省饲料办、饲料工业协会一起在成都组织了全国饲料工业质量管理研讨会，全国饲料行业的专家、饲料协会负责人以及部分企业负责人共70多人参加了研讨。6月份，协会邀请在识别假冒伪劣饲料原料和饲料添加剂方面有丰富经验的专家在武汉举办了一次防假培训班，与会专家从法律法规和辨别技巧等方面进行授课和现场辅导，企业参会非常踊跃，有近200人参加了培训，这是协会第一次举办这种类型的培训班，与会企业代表一再表示，像这种想企业所想、急企业所急的活动，应该多举办几次并长期坚持下去。此外，协会还积极协助今年在广西贵港市举办的第12届全国部分大中城市饲料工业发展研讨会。

四、进一步加强了国际交流与合作

1. 加入国际饲料工业联合会的各项准备工作正在抓紧落实中。为适应经济全球化和科技高新化两大趋势，中国饲料工业协会和饲料企业必须走出去，大显身手。国际饲料工业联合会是一个国际性的饲料行业组织，尽管是民间性的，但由于其在联合国食品法典委员会中属于非政府组织会员，处于观察员地位，因此有资格参加各个特别工作组的会议和活动，并发表意见。在良好动物饲养规范特别工作组中，国际饲料工业联合会就是一个积极的参与者，参加了第一小组的草案起草工作。如果中国饲料工业协会能够加入该组织，不仅可以通过该组织向联合国食品法典委员会转达我国的要求，而且，目前还能暂时以非政府组织的身份参加特别工作组的会议，直接参与有关草案的制定工作。早日加入该组织有利于推动协会与国际饲料工业组织及各国饲料工业协会之间的交流与合作。农业部已经行文外交部同意中国饲料工业协会加入国际饲料工业联合会，但由于在国际饲料工业联合会现有成员中包括了2个台湾企业，按照国际惯例，这两个企业必须署名中国台北，国际饲料工业联合会必须在这两个企业署名更正后在其会员中发表更正声明。为此，5月份协会专门邀请国际饲料工业联合会秘书长罗杰先生专程来华就此问题进行了磋商。11月，应国际饲料工业联合会的邀请，刘同占秘书长又带队赴荷兰就中国饲料工业协会加入国际饲料工业联合会的问题交换了意见，两个台湾会员的问题也得到了妥善解决，国际饲料工业联合会原则同意，今后凡有台湾饲料企业、组织要求入会，必须在公司、组织的名称后加注中国台北的字样。目前，协会正在等待国际饲料工业联合会的书面承诺，估计明年初就能加入该组织。

2. 与加拿大饲料行业协会签署了《中国—加拿大饲料行业协会合作谅解备忘录》。为促进中国和加拿大饲料行业协会间的技术、信息交流，建立起长期合作及友好互惠关系，协会刘同占秘书长、乔玉锋副秘书长于今年2月与随加拿大总理克雷蒂安率领的商务代表团成员加拿大国际谷物学院主席道格拉斯·斯托先生、加拿大豆类作物协会主席莱斯·兰金先生、加拿大双低油菜籽理事会主席戴尔·阿道夫先生签署了《中国—加拿大饲料行业协会合作谅解备忘录》。双方就如下条款达成共识：分享饲料及饲料原料的利用、饲料配方及加工、动物营养及科学管理方面的研究成果和技术知识；建立中加两国饲料行业间的定期互访和学术交流制度；确定和逐步开展饲料利用、加工和畜牧业方面的培训课程；通过目前的现有通讯渠道，双方每季度相互通报其行业工作计划和工作进展情况；今后中加双方饲料行业协会签署的合作谅解备忘录为基础，在信息交流、学术交流、人员互访和课程培训方面彼此协调。目前，该备忘录的部分条款已经启动。去年，协会与加拿大国际谷物学院共同在广州、北京和上海举办了3期培训班，今年又在宁波举办了1期，办得都很成功。根据合作备忘录，协会今年4月推荐中国农科院饲料所齐广海博士赴加拿大参加了"第12届国际饲料和油菜籽研讨会"，双方合作十分愉快。

3. 与美国饲料工业协会、欧盟饲料工业协会已就建立友好合作关系达成口头协议，友好合作备忘录正在起草过程中。

4. 成功举办了2001中国国际饲料工业新技术研讨会。中国加入WTO，将给国内饲料企业带来许多机遇和挑战，为给国内外饲料企业创造一个有利于高新技术合作与交流的发展环境，促进饲料企业之间在竞争中加强合作，积极利用高新科技成果改造传统产业，扩大贸易和投资，提高企业核心竞争力。11月底，协会在京举办了2001中国国际饲料工业新技术研讨会，会议研讨内容丰富，学术水平较高，10多位国内外知名专家在会上作了专题报告，很多报告内容如协会副会长张子仪院士所做的《试论改革我国数量型畜牧业中的若干技术路线问题》等，对企业在新形势下如何更好地适应市场，把握机遇，加强新产品开发，提高产品质量和经营管理水平等有很好的借鉴和指导作用，中外企业代表很感兴趣，有近200位国内外代表参加了研讨。

五、充分发挥各级协会之间的联合优势，共同搞好协会组织建设

（一）组织召开了全国饲料工业协会秘书长工作会议

行业协会工作是行业管理的重要组成部分，切实加强地方协会建设是当前摆在我们面前的一项重要而又紧迫的任务。为总结交流各地在协会工作中取得的成就与经验，共同探讨如何在新形势下切实加强地方协会建设和开创性地搞好协会各项工作，依据《中国饲料工业协会章程》的有关规定，10月份，协会在河南洛阳市召开了全国饲料工业协会秘书长工作会议，会议中心议题是新形势下的协会建设问题。除各省（区、市、计划单列市）饲料工业协会主要负责人参加外，各省饲料办负责人也应邀参加了会议。白美清会长围绕"充分认识我国饲料工业面临的形势和发展的特点，坚定前进的信心"；"认真学习江总书记'七一'讲话，明确加快饲料工业发展的指导思想"；"坚持不懈地抓好饲料安全问题，共同规范企业生产经营行为"；"切实加强协会自身建设，努力提高服务水平"四大主题做了《加强组织建设，改进工作作风，在新形势下开创协会工作新局面》的工作报告，河南、辽宁、广东、陕西、湖南、四川、青岛等省市在会上作了经验介绍，与会代表一致认为这次会议开得很及时，很重要，集中精力研究、探讨如何加强地方饲料工业协会建设的主题很突出，各省介绍的经验很有借鉴意义，白美清会长的讲话既有高度，又有深度，很符合当前地方协会的实际情况，具有很强的可操作性。刘同占秘书长在会议总结时进一步指出明年协会工作的重点之一就是贯彻本次会议精神，共同帮助地方协会加强自身建设，希望各地要以积极的态度，结合本地区实际情况，认真组织好这次会议精神的学习贯彻，力争短期内使地方协会的建设工作迈上一个新的台阶。

（二）切实加强了中国饲料工业协会自身建设

练好自身过硬本领，是提高协会战斗力和凝聚力的基础。今年协会在自身建设方面注重抓了以下几个方面。

1. 领导班子带头，认真学习贯彻《讲话》和《决定》。《中共中央关于加强和改进党的作风建设的决定》是指导加强和改进党的作风建设的纲领性文件，协会根据部党组的布置，集中安排了2个月时间进行学习贯彻，通过精心组织，广泛动员，认真学习、相互交流和狠抓落实，进一步提高了单位干部职工贯彻执行党的路线方针政策的自觉性，进一步找准了本单位作风建设方面存在的突出问题，为更好地搞好各项管理和服务工作奠定了基础。

2. 切实加强党风廉政建设，提高干部职工反腐倡廉的自觉性。2001年3月份，协会组织全体干部职工利用一周时间集中学习中共中央纪委第五次全体会议和部党风廉政建设工作会议精神，正确认识我国党风廉政建设和反腐败斗争的形势，深化在新的历史时期加强党风廉政建设和反腐败工作重要意义的认识，教育全体干部职工进一步树立正确的世界观、人生观和价值观，提高遵守党纪、政纪和法纪的自觉性，提高加强党风廉政建设和反腐败工作的自觉性，使每位干部职工自觉从我做起，确保本单位不出任何腐败问题。在深入学习和讨论的基础上，每位干部职工特别是领导班子成员带头撰写出了学习心得体会并进行了交流。

3. 围绕庆祝建党80周年，精心组织好送科技下乡和捐资助学活动。4月份，在河北省饲料办、饲料工业协会的协助下，到河北省易县安格庄乡送科技下乡，共向当地养殖户赠送技术资料1 200多份，协会和北京伟嘉集团的技术人员进行了现场答疑，答疑现场非常热烈，农民群众争抢资料和提出问题，希望协会今后多举办几次这样的科技下乡活动。此外，在去年对安格庄乡南头希望小学进行捐资助学的基础上，今年又向南头小学赠送了价值1万多元的学习用具和价值3万多元的4台电脑、1台打印机等教学设备，还赠送了职工捐助的1万元现金。此次活动，不仅帮助了革命老区的贫困学生，更重要的是对协会全体干部职工进行了一次革命传统教育和爱国主义思想教育，进一步提高了协会为行业、为企业搞好服务的自觉性，增强了协会的凝聚力。

4. 注重提高干部职工业务素质。积极创造条件，鼓励干部职工学业务、学法律，今年重点组织了质量体系内审员和档案管理知识等方面知识的培训。

各位常务理事，我国饲料工业是全行业的事业，协会一年来所做的工作仅仅是全行业工作的一部分，协会所取得的成绩是全体会员和全行业干部职工共同努力、共同奋斗的结果。明年是我国加入世界贸易组织后的第一年，经济的全球化和科技的高新化，行业发展和协会工作将会面临着许多新的机遇和特点，协会将在业务主管部门和第四届理事会的领导下，以邓小平理论和江泽民同志“三个代表”重要思想为指导，认清形势，明确任务，深化改革，完善自律，勇于开拓，不断创新，转变工作作风，强化行业管理，提高服务质量，在做好各项管理和服务工作的基础上，重点抓好以下几个方面的工作。

1. 进一步加大对国内外饲料工业发展动态和趋势的调查研究力度。2002年，协会将着重围绕饲料行业免税政策、饲料安全、行业自律和企业信用制度、深化企业改革和扶持大企业发展、协会的培育与发展、加入WTO后饲料原料及饲料产品进出口对策与饲料产品国际竞争等课题进行调研，有针对性地提出具体政策和建议，供政府部门决策参考。同时，积极协助政府部门落实有关饲料工业发展的方针政策，为企业的发展当好参谋。

2. 积极配合政府部门加强饲料监督，确保饲料安全。饲料安全问题一直是全社会关注的热点；饲料安全，直接影响人民生活。首先积极协助政府部门组织实施好饲料安全工程；其次配合政府部门做好饲料打假工作；第三，适应入世需要，继续加大标准制修订力度。在继续加强饲料标签标准宣传贯彻的同时，今年着重抓好修订后的强制性国家标准《饲料卫生标准》和《饲料中盐酸克伦特罗的测定》标准的宣传贯彻。进一步加强与国际标准化组织的合作与交流，加快饲料工业标准与国际接轨；第四，有计划地开展质量咨询和质量认证工作，全面加强企业内部管理；第五，继续组织好《饲料安全跨世纪宣言》的监督检查和评比表彰；第六，抓紧建立企业信用档案，倡导企业安全第一，质量第一，信用第一和服务第一。在继续做好饲料添加剂和添加剂预混合饲料生产许可证集中审核发证工作的同时，按照全国饲料工作办公室的部署，重点抓好对已发证企业的规范管理和监督检查。

3. 组织召开全国饲料行业科技进步大会。总结交流近几年来各地在科技进步和技术创新方面所取得的新经验，评比表彰新成果、新人才，推荐行业未来发展高新科技成果，引导企业建立技术创新机制，不断开发新的增长点。

4. 积极扶持大型企业发展。在认真调研的基础上，研究制定扶持大型企业发展的具体措施，通过努力，逐步形成一批有中国特色的、达到国际标准的、核心竞争力明显的大型企业集团，提高我国饲料产品国际竞争力。

5. 强化信息服务。抓紧做好饲料安全工程信息网络体系建设，强化统计信息的及时性、系统性和科学性，帮助大型饲料企业完善电子信息系统管理。

6. 组织召开第七届饲料添加剂新技术、新产品交流会。该会每两年举办一届，和原化工部饲料添加剂技术服务中心共同举办。饲料添加剂生产是饲料安全的源头，通过新工艺、新设备、新技术和新产品的交流、展示和推荐，进一步提高人们的饲料安全意识，为饲料安全乃至食品安全作出贡献。

7. 进一步加强国际间经济技术合作与交流。一是争取年初加入国际饲料工业联合会；二是重点研究加入WTO后如何更好地发挥协会作用；三是加强协会与世界各国饲料工业组织的交流与合作。

8. 切实加强协会建设。重点抓好全国饲料工业协会秘书长工作会议精神的贯彻落实，积极帮助地方协会解决建设和发展中的各种问题，共同探索协会未来发展之路。协会自身要着重从完善工作制度、深化人事财务制度改革、改善工作条件、增强服务手段、提高干部职工素质等方面苦练内功，提高战斗力，增强凝聚力，扩大影响力。

以上报告，请各位常务理事审议。

饲料行业组织机构

全国各省、自治区、直辖市、计划单列市饲料工作（工业）办公室组织机构一览表

单位	主任	副主任	编制	级别	成立时间	性质	经费来源	隶属关系	隶属关系变更及时间	办公地址	联系人	电话　传真	邮编
北京市农委养殖业管理处	王晓东			处级				市农村工作委员会		北京市东城区台基厂大街3号	王晓东	010-63088536 63088766（传）	100743
天津市饲料工业办公室	李如茂		7	处级	1989	行政	市财政	市农委		天津市河西区解放南路496号	孙宪	022-88242310	300221
河北省饲料工业办公室	李建国	师校军 赵吉祥	6	处级	1990.07	具有行政职能的事业单位	财政拨款	省畜牧局		石家庄市裕华东路216号	郭丽鲜	0311-6045007	050011
山西省饲料工业办公室	董希德			处级	1991	行政		省农业厅畜牧兽医局	1996年由山西省政府农委变更省农业厅	太原市迎泽大街312号	吕世秀	0351-4129732	030001
内蒙古饲料工业办公室	牧远（兼）	宗玉德（兼）		处级		行政		省畜牧业厅草原处	2000.5.10日由区经委划归区畜牧业厅草原处	呼和浩特市兴安南路216号	宗玉德	0471-4305099 4305062（传）	010010
辽宁省饲料工作办公室	邵传明	张玉文	5	处级	1984	行政	财政拨款	省畜牧局	2000.10后从农村工作办公室变更省畜牧局	沈阳市和平区太原北街2号	孟雅环	024-23448298	110001
吉林省饲料工作办公室	丁日新	无	5	处级	2000.09	行政	财政拨款	省牧业管理局	2000.09	长春市人民大街54号	王英	0431-2713664 2711639（传）	130051
黑龙江饲料工业办公室	张永亮	时胜远	4	处级	1986.05	行政	财政	省畜牧局	2000.05	哈尔滨市动力区文治头道街4－1号	王向红	0451－2636147	150040
上海市饲料工作办公室	钱根兴（兼）	陆仁忠	2	处级	1985	行政	行政拨款	市农业委员会	2001年由市商委划归到市农委	上海市幸福路42号福苑大厦七楼	凤懋熙	021-62948497	200052
江苏省饲料站	宋晓春	邢进才 严建刚	5	处级	2000.10	事业	全额拨款	省农业厅	2000.10.26	南京市龙江小区月光广场8号农林大厦	朱丽英	025-622555－0914 6222651（传）	210036

（续）

单位	主任	副主任	编制	级别	成立时间	性质	经费来源	隶属关系	隶属关系变更及时间	办公地址	联系人	电话 传真	邮编
浙江省饲料工业办公室	张火法	范克强	与农业厅畜牧管理局合署	处级	2000.09	行政	省财政	省农业厅		杭州市凤起东路29号	葛莉莉	0571-86944562 86041245（传）	310020
安徽省饲料工作办公室		沈华理	挂靠省农委畜牧局	正处	1982.	行政	财政	省农业委员会	1995年前属省粮食局	合肥市美菱大道421号	王明辉	0551-2610214 2615442（传）	230001
福建省饲料工作办公室	兰坪亮		3	正处	2000.	行政	财政	省农业厅	2001.08改挂省农业厅	福州市鼓屏路183号	陈贵英	0591-7851058 7832712（传）	350003
江西省饲料工业办公室	黄峰岩	兰永清		正处	1986.	行政	财政拨款	省农业厅	2001.1由省计委划归到省农业厅	南昌市省政府大院省农业厅内	周伟良	0791-6217341 6211476（传）	330046
山东省畜牧办公室饲料处	盖仲起	马哨山	5	处级	2000.04	事业	行政财政	省畜牧办公室		济南市槐树街68号	王文	0531-7953445 7105340（传）	250022
河南省饲料工业办公室	谢振生	杨文明 李水彦	6	处级	1993.	行政	财政拨款	省畜牧局		郑州市经五路23号	李灵平	0371-5800855 5782762 5942972（传）	450002
湖北省饲料工业办公室	罗先奎	王渝	3	正处	1998.05	行政	财政拨款	省农业厅	1995.12	武汉市武珞路519号	易俊东	027-87876982 87870641（传）	430070
湖南省饲料工业办公室	徐成进	夏铁羽 赵明 杨建武 文山虎	15	正处	1985.10	行政性事业单位	全额拨款	省计委	未变更	长沙市韶山北路84号	杨建武	0731-4445743 4426940（传）	410011
广东省饲料工作办公室	郭仁东	张其昌	4	正处	2000.08	行政	财政	省农业厅	2000.08	广州市先烈东路135号省农业大楼10楼	陈迎丰	020-87706349 87714673（传）	510500
海南省饲料工作办公室	张绍君		2	正处	1992.	行政	行政拨款	省农业厅		海口市海府路59号省政府大楼1103室	莫正群	0898-65338096	570204
广西区饲料工业办公室	陈荣贵	农万菊	6	正厅级	2000.05	行政	财政拨款	区人民政府	2000.05	南宁市七星路135号	梁纪豪	0771-2808395 2800023（传）	530022
四川省饲料工业办公室	唐宗长	李淳	畜牧食品局饲料处	副厅级	1987.	行政	财政拨款	省畜牧食品局	1995年变更到省畜牧食品局	成都市武侯祠大街8号	陈开勇	028-85545641 85581135（传）	610041

（续）

单位	主任	副主任	编制	级别	成立时间	性质	经费来源	隶属关系	隶属关系变更及时间	办公地址	联系人	电话 传真	邮编
重庆市饲料工业办公室	何学良	雷一也	3	处级	1986.8	行政	财政拨款	市农业局		重庆市渝中区人民路238－2号	曹亚平	023-69016183 69016192（传）	400015
贵州省饲料工作办公室	罗茨毕	瓦庆荣	9	处级	1991.	行政	行政拨款	省农业厅	1996年从省经贸委变更到省农业厅	贵阳市延安中路62号	隆华	0851-5284151	550014
云南省饲料工作办公室	谢晖	王天喜	与畜牧兽医处合署办公（10人）	正处	2000.10	行政	财政拨款	省农业厅	2000.1	昆明市穿金路156号（齐宝酒店8楼）	丁永华 王文惠	0871-5635180 5611600（传）	650225
陕西省饲料工业办公室	赵辉文	王清喜 杨帆 高宗耀	15	处级	1986.	事业	全额拨款	省农业厅		西安市习武园27号	刘冬霞	029-7343729 7323062（传真）	710003
甘肃省饲料工业办公室			6	正处	1996.06	事业单位行政职能	财政拨款	省农牧厅	1989年前归省计委，1989年后改挂省畜牧厅	兰州市秦安路1号	王秋娟	0931-8838380	730030
青海省饲料工业办公室	王海	王贵林	2	处级	1987.	行政	地方财政资金	省畜牧厅	1995年由省经贸委变更为省畜牧厅	西宁市交通巷4号	王贵林	0971-6136031 6141760（传）	810008
宁夏区饲料工业办公室	陈松华	姚伯平	5	处级	1986.	事业	全额拨款	区农牧厅	2001.	银川市玉皇阁南街48号	高新雯	0951-6072044 5025298（传）	750004
新疆区饲料工业办公室	聂新	无	5	处级	1992.	行政	财政拨款	区畜牧厅		乌鲁木齐新华南路23号	刘君健	0991-2837730 2837160（传）	830001
青岛市饲料工业办公室		苏建宪	5	处级	1990.08	事业	差补	市畜牧服务中心	2001.5.11由经委变更市畜牧服务中心	青岛市延安一路31号	苏建宪	0532-2737176 2738803（传）	266023
大连市饲料工作办公室	袁玉国	刘成芳	5	处级	2001.12	行政	财政拨款	市农村经济发展局	2001.12由市计委变更市农发局	大连市西岗区博爱街40号	张蓉	0411-3689265 3689283（传）	116011
深圳市饲料管理办公室	骆求辉	周瑶伟	4	正处级	2001.11.06	行政	行政拨款	市农林渔业局	2001.11由市贸易发局变更市农林渔业局	深圳市上步中路8号市政府二办三楼340室	廖敬扬	0755-2099325 2104719（传）	518006
厦门市饲料工业领导小组办公室					2000.07			市计委		厦门市湖滨北路61号市政府大楼5层	辛美	0592-5052374 5052659（传）	361012

（马莹）

各省、自治区、直辖市饲料工业协会组织建设机构一览表

单　位	会长	秘书长	编制	经费来源	成立时间	换届时间	有无会员（企业/个人）	隶属关系	办公地址	联系人	电话传真	邮编
北京市饲料工业协会	牛树琦	牛树琦（兼）		会费、刊物收入及自收自支	1986.02	2002.04	210	市农村工作委员会	北京市宣武区南菜园49号	潘明 王治平	010-63543914 63519154（传）	100054
天津市饲料工业协会	朱连康	杨秋蓉		会费	1991.	1997.	121/51	市农委	天津市河西区解放南路496号	孙宪	022-88242310	300221
河北省饲料工业协会	李建国	白亮亮	12	自收自支	1996.11	2000.09	180/160	省畜牧局	石家庄市裕华东路216号	侯玉漂	0311-6059407 6682941（传）	050011
山西省饲料工业协会	李茂岚	赵葆田			1997.04	未换届	136	省农业厅畜牧兽医局	太原市迎泽大街312号	吕世秀	0351-4129732 4810320（传）	030001
内蒙古区饲料工业协会	刘永志	宗玉德		部分会费	1986.	2001.09	62/138	区畜牧业厅	呼和浩特市兴安南路216号	宗玉德	0471-4305099 4305062（传）	010010
辽宁省饲料工业协会	刘志民	韩春泰		会费	1986.10	2002.05.14	101/150	省畜牧局	沈阳市和平区北京街82号	刘昭壮	024—22534972 22534973（传）	110002
吉林省饲料工业协会	王秀林	丁日新		会费	1991.01	2001.10	60/190	省牧业管理局	长春市人民大街54号	杜红	0431-8910154 2711639（传）	130051
黑龙江省饲料工业协会	赵羽	张永亮	与办合署办公		1987.04	1998.03	160	省畜牧局	哈尔滨市动力区文治头道街4-1号	时胜远	0451-2627420	150040
上海市饲料工业协会	范家增	吴国梁		会费及商委拨款	1985.	2001.8已到期			上海市幸福路42号福苑大厦7楼	凤懋熙	021-62948497	200052
江苏省饲料工业协会	潘永和	黄秀芳		全额拨款	1985.	1997.04	146	省经贸委	南京市北京西路70号	黄顺芳	025-6631734 6633513（传）	210013
浙江省饲料工业协会	沈利明	赵国源			1991.11	2002.06.07	92	省饲料办	杭州市凤起东路29号	赵国源	0571—86944990 86041245（传）	310020
安徽省饲料工业协会	张锋生	董卫星		会费财拨	1999.09		80/200	省农业委员会	合肥市美菱大道421号	王明辉	0551-2610214 2675442（传）	230001
福建省饲料工业协会	叶恩发	黄秀芳		服务收入会费	1994.12	1999.12	65/156	省农业厅	福州市鼓屏路183号省农业厅	林强	0591-7859740	350003
江西省饲料工业协会	张忠平	兰永平	10	财政拨款	1984.05	1986.04.		省农业厅	南昌市福州支路2号	黄潮	0791-6362883 6362201（传）	330006
山东省饲料工业协会	石军	程显荣			1986.	1992.		省经贸委	济南市文化西路41号三层	李相树	0531-6014104	250022
河南省饲料工业协会	谢振生	李水彦	社团	社会捐助会费、培训收入等	1996.04	2001.12	145/60	省畜牧局	郑州市经五路23号	李灵平	0371-5800855 5955122 5942972（传）	450002

（续）

单　　位	会长	秘书长	编制	经费来源	成立时间	换届时间	有无会员（企业/个人）	隶属关系	办公地址	联系人	电话传真	邮编
湖北省饲料工业协会	倪德新	罗先奎	2	自筹	1985.10	1997.06	129	省农业厅	武汉市武昌区武珞路519号	黄倩蓉 彭安强	027-87876982 87870641（传）	430070
湖南省饲料工业协会	徐成进	夏铁羽	与办合署办公	自筹	1985.10	2000.11	120	省计委	长沙市韶山北路84号	杨建武	0731-4445743 4426940（传）	410011
广东省饲料工业协会	郭仁东	朱阳生	8	会费	1990.07	2002.03	285	省农业厅	广州市小北路113号7楼	梁晓生	020-83553625 83546233（传）	510045
海南省饲料工业协会	周耀权	张绍君		会费	1998.06	2002.	30/130	省农业厅	海口市海府路59号省府大楼1103室	莫正群	0898-65338096	570204
广西区饲料工业协会	罗广烈	王　强		会费	1986.06	1995.07	120	区饲料办	西宁市七星路135号	梁纪豪	0771-2808395 2800023（传）	530022
四川省饲料工业协会	冯元蔚	李　淳		会费	1987.09	1997.10	136/213	省畜牧食品局	成都市武侯祠大街3号兴牧大厦811室	陈开勇	028-85545641 85581135（传）	610041
重庆市饲料工业协会	廖祯华	范俊昭			1986.08	1992.07	41/150	市农业局	重庆市渝中区人民路238—2号	曹亚平	023—69016192	400015
贵州省饲料工业协会	史光升	叶素平			1992.	未换届	76/150	省经贸委	贵阳市省委6号楼	王　遵	0851-5892161 5895483（传）	550002
云南省饲料工业协会	赵玉堂	王天喜（代理）	3	会费	1987.01	1998.1.13	137/121	省农业厅	昆明市穿金路156号齐宝酒店八楼	丁永华 王文惠	0871—5635180 5611600（传）	650225
陕西省饲料工业协会	王双锡	杨　旭			1989.	未换届		省农业厅	西安市习武园27号	陈亦兵	029—7321764 7323062（传）	710003
甘肃省饲料工业协会	张月安	张华炽		自筹	1992.1.18	未换届	33/230	省农牧厅	兰州市秦安路1号	岳魁 王秋娟	0931-8838380	730030
青海省饲料工业协会	彭立鸣	吉尕		政府资助企业赞助	1987.5.31	1996.05.21	22/35	省畜牧厅 省民政厅	西宁市大通路60号	王贵林	0971—6136031 6141760（传）	810003
宁夏区饲料工业协会	李春贵	张怀信	5	会费	1986.11	1994.03.06	49/87	区农牧厅	银川市玉皇阁南街48号	高新雯	0951-6072044 5025298（传）	750004
新疆区饲料工业协会	吐尔逊吾宋尔				1992.10	未换届		社团	乌鲁木齐新华南路23号	刘君健	0991—2837730	830001
青岛市饲料工业协会	张成堂	苏建宪		自收自支	1990.10	2001.03.30	109/112	市畜牧服务中心	青岛市延安一路31号	苏建宪	0532—2737176 2738803（传）	266023
深圳市饲料工业协会	正在筹备之中											
厦门市饲料工业协会	蔡万惠	蔡万惠	6	会费及社会捐助	2000.12.04		36		厦门市槟榔西里148号B座16楼	高翠红	0592-5062631 5031918（传）	361004

（余欣）

饲料行业检测机构

单位名称	主要负责人（法人代表）	是否通过计量认证	编制（人）	在职人数	技术人员			实验室（含办公室）（m^2）	仪器设备（台/套）	仪器设备总值（万元）	固定资产总值（万元）	年检测样品数量（批）	项次
					高级	中级	初级						
国家饲料质量监督检验中心（北京）	苏晓鸥	是	30	31	9	9	9	2 400	22	640	1 500	3 200	20 000
农业部饲料质量监督检验测试中心（沈阳）	孙永祥	是	33	33	12	7	5	2 000	21	320	473	1 431	5 650
农业部饲料质量监督中心（呼和浩特）	郭莉珍	是	20	22	9	11	1	2 000	4	100	500	500	3 000
农业部饲料质检中心（济南）	刘文永	是	20	22	8	8	3	1 000	20	281	382	3 000	25 000
农业部饲料质量监督检验测试中心（西安）	忽桂香	是	15	14	3	9	2	330	3	70	20	2 000	10 000
农业部饲料质量监督检验测试中心（成都）	柏 凡	是	20	15	6	5	1	524.40	6	180	500	2 400	10 000
农业部饲料质量监督检验测试中心（广州）	罗道栩	是	37	23	3	12	2	2 500	30	245	300	3 998	12 000
农业部饲料质量监督检验测试中心（南京）	黄 燚	是	22	18	3	7	2	1 200	13	200	300	2 000	10 000
农业部饲料监测中心（南宁）	盛兰弟	是	30	30	9	11	5	1 800	9	118	330	1 116	8 913
黑龙江省兽药饲料监察所	姚春藹	是	45	34	16	13	2	500	5	70	210	774	0
河北省兽药监察所	李广宝	是	23	37	8	12	8	1 700	15	290	400	400	0
新疆维吾尔自治区兽药饲料监察所	杨文淦	是	70	70	60	23	20	2 530	8	173	466	2 800	14 000
云南省饲料监察所	李春棣	是	9	9	2	4	3	850	4	120	320	600	1 800
北京市饲料监察所	周德刚	是	20	15	0	7	4	500	4	55	8	1 600	7 600
天津市饲料监察所	王瑞久	是	14	14	5	3	2	450	13	340	400	500	1 000
吉林省兽药饲料监察所	李广生	是	39	41	14	10	10	1 382	12	280	1 623	0	0
山西省饲料监察所	张建强	是	32	29	10	9	10	1 000	4	50	17.60	400	0
上海市兽药饲料监察所	沈富林	是	18	16	3	6	6	950	20	120	460	1 200	0
安徽省兽药饲料监察所	张启友	是	25	22	10	4	7	800	13	280	450	2 200	36
浙江省饲料监察所	陈慧华	是	15	13	2	9	0	1 050	7	130	700	1 600	8 000
福建省兽药饲料监察所	严乾临	是	10	10	2	5	2	430	6	150	300	300	0
江西省兽药饲料监察所	邱水平	是	24	22	7	9	3	1 400	6	12	280	2 000	5 000
河南省饲料产品质量监督检验站	张 雄	是	11	17	3	6	6	500	5	134	180	1 286	12 000
湖南省兽药饲料监察所	易 阳	是	17	12	8	2	2	1 200	6	360	560	1 600	8 000
湖北省饲料监测所	周 勇	是	16	17	4	7	5	1 310	11	200	500	1 200	1 200
海南省兽药饲料监察所	朱永雄	是	7	7	0	4	2	250	2	60	110	471	3 000
重庆市饲料质量监督管理所	米自由	是	14	20		5	3	567	2	70	94	1 200	4 800

（续）

单位名称	主要负责人（法人代表）	是否通过计量认证	编制（人）	在职人数	技术人员			实验室（含办公室）（m^2）	仪器设备（台/套）	仪器设备总值（万元）	固定资产总值（万元）	年检测样品数量（批）	项次
					高级	中级	初级						
贵州省饲料监察所	李　建	是	20	17	2	10	0	1 600	8	250	400	700	3 500
甘肃省兽药饲料监察所	詹述宣	是	61	54	7	9	4	1 130	4	100	310	400	1 200
青海省饲料兽药监察所	简芬英	是	25	23	1	7	10	2 000	2	140	400	220	50
宁夏兽药饲料监察所	晁向阳	是	19	15	8	2	1	550	4	60	91	150	1 000
大连市饲料监测站	曲韵坤	是	41	25	5	11	4	1 600	2	80	120	300	1 000
宁波市产品质量监督检验所	管怡和	是	51	44	11	20	9	4 000	20	580	1 200	5 000	0
青岛市饲料监测站	谢　华	是	13	15	5	4	2	500	7	150	500	300	20
合　计			866	806	2 077	280	155	42 503.40	318	6 408	14 664.60	46 846	177 769

注：排序不分先后

（杨曙明　苏晓鸥）

饲料工业行业信息网络机构情况（一）

	名　　称	网　　址
饲料工业行业主要网站	中国饲料工业信息网	http：//www.chinafeed.org.cn
	中国畜牧兽医信息网	http：//www.cav.net.cn/
	中国饲料行业信息网	http：//www.feedtrade.com.cn/
	中国牧业网	http：//www.china-ah.com/
	富英饲料信息网	http：//www.china-feed.com/
	中国粮油务网	http：//www.fao.com.cn/
	南方饲料信息网	http：//www.sfe.net.cn/
	西部畜牧饲料兽药网	http：//www.nsfeed.com.cn/
	东北饲料信息网	http：//www.nefi.com.cn/
	中华食物网	http：//www.foodchina.com/
	中华粮网	http：//www.cngrain.com/
	东方粮油饲料信息网	http：//www.emrn.com.cn/
	中国兽药信息网	http：//www.ivdc.gov.cn/
	中国金粮网	http：//www.jlgrain.com/
	神农牧业信息网	http：//www.shenong.com/
	中华牧业网	http：//www.china-ah.com
	中国畜牧在线	http：//www.cnaho.com/feed-info/
	中国谷盟网	http：//www.gm178.net
	上海邦成网	http：//www.epansun.com/
	北大荒粮贸网	http：//www.beidahuang.net.cn/
	北方粮食交易市场信息网	http：//www.cndnce.com/
	富得网	http：//www.foodec.com/
	宏良咨讯网	http：//www.goldgrain.net/
	上海汇易咨询	http：//www.csjci.com/
	陕西饲料工业网	http：//sxsl.agri.sn.cn/
	中国大豆网	http：//www.soybeanchina.com/
	中国粮食商情网	http：//www.chinagrain.com.cn/
	中国油籽油料网	http：//www.cnyouzhiyouliao.com/
	中国玉米网	http：//www.maize.com.cn/
	中粮流通网	http：//www.cfdt818.com.cn/
	上海益农网	http：//www.efeedlink.com.cn
	中国饲料在线	http：//www.chinafeedonline.com
	中国饲料市场信息网	http：//www.china-feed.net/
	中华饲料商务网	http：//www.chinaccm.com/13/
	中国北方饲料机械网	http：//www.sljx.com.cn/

饲料工业行业信息网络机构情况（二）

名 称		网 址
饲料工业企业主要网站	中牧实业股份有限公司	http：//www.hua-luo.com/
	新希望集团	http：//www.newhopegroup.com/
	东方希望集团	http：//www.easthope.com.cn/
	华西希望集团	http：//www.hxhopegroup.com
	江苏正昌集团公司	http：//www.zhengchang.com
	江西正邦集团	http：//www.zhengbang.com/
	北京挑战科技发展集团	http：//www.challenge.com.cn
	北京伟嘉集团	http：//www.vicagroup.com.cn
	唐人神集团	http：//www.trsgroup.com.cn/
	六合集团	http：//www.liuhe.com
	四川龙蟒集团	http：//www.lomon.com/
	湖南正虹饲料股份有限公司	http：//www.hunan-zhenghong.com.cn
	湖州璟宝集团有限公司	http：//www.jingbaogroup.com
	北京大北农集团	http：//www.dbngroup.com/
	北京九州大地生物技术有限公司	http：//www.jzdd.com.cn/
	北京友谊饲料股份有限公司	http：//www.friendshipfeed.com
	京英惠尔生物技术有限公司	http：//www.enhalor.com.cn/
	河北兴达饲料有限公司	http：//www.hebeixingda.com/
	上海大江（集团）股份有限公司	http：//www.dajiang.com/
	宜兴阿克苏诺贝尔公司	http：//www.akzonobelyx.com/
	通威企业集团	http：//www.tongwei.com
	禾丰牧业有限公司	http：//www.wellhope-ag.com/
	厦门金达威维生素股份有限公司	http：//www.kingdomway.com/
	广州龙沙有限公司	www.lonza-gz.com
	宁波联合生物技术有限公司	http：//www.nblhsw.com/
	广东区溢多利科技发展有限公司	http：//www.yiduoli.com.cn/
	四川隆生集团	http：//www.long-sheng.com/
	天津牧光饲料有限公司	http：//www.moregrowing.com/
	味之素（中国）有限公司	http：//www.ajinomoto.com.cn
	美国 ADM 公司	http：//www.adm.com/
	巴斯夫中国有限公司	http：//www.basf-china.com.hk/
	美国诺伟思公司	http：//www.novusint.com （http：//www.chinafeed.org.cn/mem/novus/）
	罗氏（中国）有限公司	http：//www.roche.com.cn
	安迪苏生命科学制品（上海）有限公司	http：//www.adisseo.com.cn
	康地饲料添加剂（北京）有限公司	http：//www.contibj.com/

饲料行业职业技能鉴定机构

省 份	鉴定站编号	通讯地址	邮政编码	联系电话
农业部饲料工业职业技能鉴定指导站		北京市朝阳区麦子店街20号楼	100026	010-64194582
北京市饲料工业职业技能鉴定站	农业022	北京市宣武区南菜园49号	100054	010-63543914
天津市饲料工业职业技能鉴定站	农业025	天津市和平区解放北路108号	300040	022-23312859
河北省饲料工业职业技能鉴定站	农业035	石家庄市裕华东路216号	050011	0311-6682941
山西省饲料工业职业技能鉴定站	农业037	太原市迎泽大街312号	030001	0351-4129732
辽宁省饲料工业职业技能鉴定站	农业044	沈阳市和平区北京街82号	110002	024-22534972
吉林省饲料工业职业技能鉴定站	农业183	长春市人民大街54号	130051	0431-2713664

（续）

省　份	鉴定站编号	通讯地址	邮政编码	联系电话
黑龙江省饲料工业职业技能鉴定站	农业 050	哈尔滨市文府街 4-1 号	150040	0451-2627420
上海市饲料工业职业技能鉴定站	农业 023	上海市斜土路 1277 弄 14 号	200032	021-64048918
江苏省饲料工业职业技能鉴定站	农业 056	南京市西康路 7 号招标中心大楼 1118	210024	025-6631764
浙江省饲料工业职业技能鉴定站	农业 193	杭州市青春坊 32 栋 505	310003	0571-87224319
安徽省饲料工业职业技能鉴定站	农业 265	合肥市美菱大道 421 号	230001	0551-2645961
福建省饲料工业职业技能鉴定站	农业 069	福州市鼓屏路 183 号省农业厅内	350003	0591-7859740
江西省饲料工业职业技能鉴定站	农业 197	南昌市省政府大院农业厅内	330046	0791-6226051
山东省饲料工业职业技能鉴定站	农业 203	济南市槐村街 68 号	250022	0531-7103442
湖北省饲料工业职业技能鉴定站	农业 083	武汉市武珞路 519 号	430070	027-87876982
湖南省饲料工业职业技能鉴定站	农业 085	长沙市韶山北路 84 号	410011	0731-4423340
广东省饲料工业职业技能鉴定站	农业 090	广州市先烈东路 135 号 10 楼	510500	020-87707465
广西区饲料工业职业技能鉴定站	农业 095	南宁市七星路 135 号	530012	0771-2800033
四川省饲料工业职业技能鉴定站	农业 104	成都市武侯祠大街 4 号	610041	028-85548413
重庆市饲料工业职业技能鉴定站	农业 028	重庆市江北区华新村 326 号	400020	023-67725271
贵州省饲料工业职业技能鉴定站	农业 215	贵阳市延安中路 62 号	550002	0851-5287049
云南省饲料工业职业技能鉴定站	农业 295	昆明市穿金路 156 号齐宝酒店八楼	650225	0871-5611600
陕西省饲料工业职业技能鉴定站	农业 110	西安市习武园 11 号农业大厦 3 室	710003	029-7345876
甘肃省饲料工业职业技能鉴定站	农业 219	兰州市秦安路 1 号	730030	0931-8838380
宁夏区饲料工业职业技能鉴定站	农业 254	银川市玉皇阁南街 48 号	750004	0951-6072044
新疆区饲料工业职业技能鉴定站	农业 220	乌鲁木齐市新华南路 23 号	830001	0991-2837160
青岛市饲料工业职业技能鉴定站	农业 076	青岛市延安一路 31 号	266023	0532-2738803

（胡广东）

饲料行业教育培训机构

2001年大学本科动物营养与饲料加工专业

序号	学校名称	学院名称	专　业
1	中国农业大学	动物科技学院	动物营养与饲料加工
2	河北农业大学	动物科技学院	动物科学
3	山西农业大学	动物科技学院	动物科学
4	内蒙古农业大学	动物科学与医学学院	饲料营养与饲料学
5	东北农业大学	动物科技学院	动物营养与饲料科学
6	南京农业大学	动物科技学院	动物营养与饲料加工
7	浙江大学	动物科学学院	动物营养与饲料加工
8	扬州大学	畜牧兽医学院	畜牧学
9	集美大学	动物科技学院	动物营养与饲料加工
10	江西农业大学	动物科技学院	动物科学
11	山东农业大学	动物科技学院	动物科学
12	河南农业大学	牧医工程学院	动物营养与饲料加工
13	华中农业大学	畜牧兽医学院	动物营养与饲料加工
14	华南农业大学	动物科学学院	动物营养与饲料科学
15	西南农业大学	动物科技学院	动物营养与饲料加工
16	四川农业大学	动物科技学院	动物科学
17	云南农业大学	动物科技学院	动物科学
18	西北农林科技大学	动物科技学院	动物营养与饲料加工
19	甘肃农业大学	动物科技学院	动物营养与饲料加工
20	吉林农业大学	动物科技学院	动物营养与饲料加工
21	沈阳农业大学	畜牧兽医学院	动物营养与饲料加工
22	福建农林大学	动物科学学院	动物营养与饲料加工
23	新疆农业大学	动物医学院	畜牧学

2001年大学专科动物营养与饲料加工专业设置

序号	学校名称	专　业
1	河北农业大学	动物营养与饲料加工
2	沈阳农业大学	动物营养与饲料加工
3	内蒙古农业大学	饲料营养与饲料学
4	张家口农业高等专业学校	动物营养与饲料科学
5	邯郸农业高等专科学校	动物营养与饲料加工
6	郑州牧业工程高等专科学校	动物营养与饲料加工
7	河南农业大学	动物营养与饲料加工
8	湖南农业大学	动物营养与饲料加工
9	江西农业大学	动物营养与饲料加工
10	山东农业大学	动物营养与饲料加工
11	佛山科学技术学院	动物营养与饲料加工
12	湛江海洋大学	动物营养与饲料加工
13	甘肃农业大学	动物营养与饲料科学
14	四川农业大学	动物营养与饲料加工

2001年硕士研究生动物营养与饲料加工专业

序号	学校名称	学院名称	专 业
1	中国农业大学	动物科技学院	动物营养学
4	内蒙古农业大学	动物科学与医学学院	饲料营养学
5	东北农业大学	动物科技学院	动物营养学
6	南京农业大学	动物科技学院	动物营养学
7	浙江大学	动物科学学院	动物营养学
10	江西农业大学	动物科技学院	动物营养与饲料科学
11	山东农业大学	动物科技学院	动物营养与饲料科学
13	华中农业大学	畜牧兽医学院	动物营养与饲料加工
14	华南农业大学	动物科学学院	动物营养与饲料科学
16	四川农业大学	动物科技学院	动物营养与饲料科学
17	云南农业大学	动物科技学院	饲料科学
18	西北农林科技大学	动物科技学院	动物营养学
19	甘肃农业大学	动物科技学院	饲料科学
20	吉林农业大学	动物科技学院	动物营养与饲料加工
21	沈阳农业大学	畜牧兽医学院	动物营养与饲料加工
22	福建农业大学	动物科学学院	动物营养与饲料加工
23	新疆农业大学	动物医学院	畜牧学

2001年博士研究生动物营养与饲料加工专业

序号	学校名称	学院名称	专 业
1	中国农业大学	动物科技学院	动物营养学
4	内蒙古农业大学	动物科学与医学学院	饲料营养学
5	四川农业大学	动物科技学院	动物营养学
6	东北农业大学	动物科技学院	动物营养学
7	中国农业科学院	研究生院	动物营养学

（赵之阳）

第三届全国饲料工业标准化技术委员会

姓　名	工作单位	通讯地址及E－mail地址	邮编	联系电话及传真
季之华	农业部畜牧兽医局（全国饲料工作办公室）	北京市朝阳区农展馆南里11号	100026	010-64192840 64192869
王随元	中国饲料工业协会	北京市朝阳区麦子店街20号楼908室 wangsuiyuan@agri.gov.cn	100026	010-64194587 64194587
徐百志	中国饲料工业协会标准质量处	北京市朝阳区麦子店街20号楼906室 biaozhichu@agri.gov.cn	100026	010-64194591，64194581 64194592
于炎湖	华中农业大学	湖北武汉市华中农业大学畜牧兽医学院 yuyanhu@public.wh.hb.cn	430070	027-87280805 87280408
王晓红	农业部畜牧兽医局（全国饲料工作办公室）	北京市朝阳区农展馆南里11号	100026	010-64192831 64192869
苏晓鸥	国家饲料质量监督检验中心（北京）	北京市中关村南大街12号 xiaoousu@public3.bta.net.cn	100081	010-68975907 68975906
杨曙明	国家饲料质量监督检验中心（北京）	北京市中关村南大街12号 smyang@foss.com.cn	100081	010-68975905 68975906
杨　林	国家饲料质量监督检验中心（武汉）	武汉市洪山区卓刀泉南路3号 yanglinprc@sina.com	430079	027-50657677 87803774
杨海鹏	国家饲料质量监督检验中心（武汉）	武汉市洪山区卓刀泉南路3号	430079	027-87493379，87803774 13098837380
刘幽若	天津化工研究设计院	天津市红桥区丁字沽三号路85号 lyouruo@yeah.net	300131	022-26663793 26663793
楼　霁	中国石油化工股份有限公司北京化工研究院	北京北三环东路14号 cwcrd@brici.ac.cn	100013	010-64273692 64273692
金振玉	国家粮食局无锡科学研究设计院	江苏无锡市惠河路186号 wuxiinst@public1.wx.js.cn	214035	0510-5881960 5806274
王卫国	郑州工程学院生物工程系	郑州市嵩山南路140号 wwgzl@public2.zz.ha.cn	450052	0371-7943899-4 7943899
南效景	中国农业机械化科学研究院	北京德胜门外北沙滩1号43信箱 nan.caams@263.net	100083	010-64882489 64882489
呙于明	中国农业大学动物科技学院	北京市海淀区圆明园西路2号 guoym@public.bta.net.cn	100094	010-62892712 62893900
沈建忠	中国农业大学动物医学院	北京市海淀区圆明园西路2号 sjzwyo@public.bta.net.cn	100094	010-62892803 62811988
佟建明	中国农科院畜牧研究所	北京海淀区圆明园西路2号 tjming@public.fhnet.cn.net	100094	010-62816061 62819257
张丽英	农业部饲料工业中心	北京圆明园西路2号 zhangliying01@sina.com	100094	010-62891272 62891272
崔爱红	化工部饲料添加剂技术开发服务中心	济南市文化东路80号 sdwhb@sdchem.com.cn	250014	0531-2600646 2928355

（续）

姓 名	工作单位	通讯地址及E-mail地址	邮编	联系电话及传真
雍文岳	中国水产科学研究院长江水产研究所	湖北省荆州市沙市区北京路106号 yongwy@yfi.ac.cn	434000	0716-8212277-3027 8228212
于秀娟	农业部渔业局科技处	北京市农展馆南里11号 sunfish@agri.gov.cn	100026	010-64192938 64192975
孙 鸣	中国饲料工业协会	北京市朝阳区麦子店街20号楼 biaozhichu@agri.gov.cn	100026	010-64194594 64194592
王 恬	南京农业大学	江苏南京市卫岗南京农业大学动物科技学院 ast@njau.edu.cn	210095	025-4395348 4395314
石 波	中国农业科学院饲料研究所	北京市海淀区中关村南大街12号 shibo-fri@yahoo.com.cn	100081	010-68975849 68975127
李爱科	国家粮食局科学研究院饲料所	北京市西城区百万庄大街11号 liaike@sohu.com	100037	010-68363548 68314541
罗道栩	农业部饲料质检中心（广州）	广州市万寿路113号 gdccvm@sti.gd.cn	510230	020-34291327，13802736836 34291326，34291327
罗绪刚	中国农业科学院畜牧研究所	北京市海淀区圆明园西路2号 wlysz@public.bta.net.cn	100094	010-62816012 62810814
凤懋熙	上海市饲料工业办公室	上海市幸福路42号706室	200052	021-62948497，13501981078 62948497
王云全	浙江新和成股份有限公司	宁波市中山东路181号中农信国际商厦23层A11 yawang@vip.163.com	315000	0574-87246798，87365091 13957408257
刘四宁	正邦集团南昌广联实业有限公司	江西南昌市昌北经济技术开发区枫林大街 guanglianne@zhengbang.com	330013	0791-3822046，13870979751 3812478
武纯青	成都蜀星饲料有限公司	成都市簇桥武侯大道新苗段	610043	028-85012823 85013712
姜树林	湖南岳阳岳泰集团有限公司	湖南省岳阳市洞庭南路576号 shulinjiang@ytfeed.com	414000	13975097646 0730-8331713
王伟斌	贵港扬翔饲料有限公司	广西贵港市西郊 wwb.ds@ggyx.com	537100	0775-4560545 4560545
刘宏达	上海大江（集团）股份有限公司	上海市松江区谷阳南路26号 cathw@sj.net.cn	201300	021-57817546 57723837
刘汉元	通威企业集团	成都：618信箱（高新区创业路2号） atw@tongwei.com	610041	028-85188888 85199999
陈金翠	福州海马饲料有限公司科技品管部	福州马尾经济技术开发区渔港路1号 seahorse@publ.fz.fj.cn	350015	0591-3983059 3681422
王金友	山东诸城市外贸集团公司	山东诸城市密州路东首 zcwm@public.wfptt.sd.cn	262200	0536-6063672 6051092
施文娟	北京桑普生物化学技术有限公司	北京右外东滨河路甲2号 bjspshwj@263.net	100054	010-63532238 63539952
张国安	广东省新会市新粮实业有限公司	广东省新会市会城镇冈州大道中5号一座 xhzhangguoan@sohu.com	529100	0750-6328093 6328093

（续）

姓　名	工作单位	通讯地址及 E-mail 地址	邮编	联系电话及传真
峗新跃	广西彼得汉预混饲料有限公司	广西南宁市长岗路五里三号 gxph@public.nn.gx.cn	530023	0771-5612885 5614742
方银元	湖北天发集团天荣饲料有限公司	湖北省荆州市沙市区三湾路玉桥经济开发区	434000	0716-8324044-6404 8328451
吴明夏	湖南正虹科技发展股份有限公司	湖南省长沙市芙蓉中路 467 号金源大酒店南九楼 hnzhsl@mail.yy.hn.cn	410007	0731-5162888 5168868
张　莹	广东省温氏食品集团有限公司营养部	广东新兴县簕竹榄根 zhangy@wens.com.cn	527439	0766-2291098,13902374139 2291098
吕明斌	山东六和集团有限公司	山东青岛市香港中路 61 号阳光大厦 21 层 lhlmb@public.qd.sd.cn；lumingbin@hotmail.com	266071	0532-5713170,13808984717 5713165
李祥明	农业部饲料质量监督检验测试中心（济南）	济南市槐村街 68 号 lisdsjs@163.com	250022	0531-7198033,13853193959 7198033
廖　峰	北京伟嘉饲料集团	北京海淀区上地东路四街 1 号 vicafeed@public.bta.net.cn	100081	010-62988706 62988707
张若寒	巴斯夫维生素有限公司	沈阳市经济技术开发区云海路 88 号 zhangrh@basf-china.com.hk	110141	024-25810788-103 25811236
冯所积	广南（湛江）家丰饲料有限公司	广州市东湖西路永胜上沙 17 号 603 房	510000	020-83792803 83792803
张　励	顺德市华星饲料厂	广东省顺德市北滘镇北滘工业园兴顺大道 5 号	528311	0765-6656817 6657277
刘大建	湖南唐人神集团	湖南省株洲市古大桥	412002	0733-8591108，8513853 13807334668
张树光	中牧实业股份有限公司北京饲料分公司	北京市丰台科学城星火路 1 号昌宁大厦 20 层	100070	010-83607526 83607996
张建勋	辽宁省兽药饲料监察所	沈阳市沈河区小南街 281 号 sysljcs@mail.sy.cn.cn	110016	024-24155743 24153310
赵雁青	北京大北农集团	北京市中关村大街 27 号中关村大厦 14 层 zhaoyanq@sina.com	100080	010-82856450-52 82856430

（孙　鸣）

Zhongguosiliaogongyenianjian

专 题 篇

饲料加工工业概况

2001年饲料加工工业在上年发展的基础上，继续稳步发展。饲料产品总产量达到7 806万t，其中配合饲料产量6 087万t，浓缩饲料1 419万t，添加剂预混合饲料301万t，分别比上年增长5%、3%、14%、19%。浓缩饲料和添加剂预混合饲料仍然是饲料产品中增长的亮点，估计这种增长势头还会持续一段时间。

2001年饲料加工业有了一些新的变化，饲料加工企业总数为11 905个，比上年减少2.5%，其中时产5t以上的企业1 955个比上年增加10.8%，一些大型饲料集团企业如正大集团、四川希望集团、通威集团、广东温氏集团、广东华星、湖南正虹股份、唐人神集团、山东六和集团、辽宁大成等仍是饲料加工企业的骨干，同时又涌现出了一批饲料加工企业新骨干，如广东恒兴、北京大北农、河南牧鹤、宏展、江西加大、正邦、辽宁禾丰等，他们发展势头良好，正在向本省、市以外区域扩展。

由于畜禽产品销售不畅、出口受阻、价格低迷以及饲料原料涨价等因素，饲料加工企业经济效益相对下降。2001年饲料加工企业总产值1 644亿元（现行价），比上年增加64亿元，增长4%，与饲料产品增长幅度不同步。

受市场价格的影响，鸡蛋价格一直低迷，养蛋鸡赔钱，因此，蛋鸡饲料也处于赔钱状况，饲料品种结构也发生了变化。2001年蛋禽饲料下降8.7%，猪饲料、肉禽饲料、水产饲料分别增长3.4%、5.4%和25.2%。

随着我国经济的发展，城镇居民收入增加，动物源性食品供应充足，人们对动物源性食品的需求，已从数量上的满足上升到对质量和安全卫生的要求，2001年发生的几起食用含瘦肉精（盐酸克伦特罗）的猪肉中毒事件，引起了全社会和政府对肉食品安全卫生的关注。2001年3月12日，由湖南唐人神集团、通威集团、湖南正虹股份等35家饲料工业企业联合发起的饲料安全新世纪宣言，为饲料工业健康发展提出了正确的发展道路，在行业中带了个好头。12月11日，我国被正式批准加入WTO，意味着将进一步加快加大开放力度。我国是世界最大的养殖业生产国，巨大的饲料市场潜力，必将引起国际同行的兴趣，我国饲料加工企业将面临国内、国际两个市场的竞争，因此，饲料加工企业必须加强学习新的规则，研究新情况，新对策，不断提高管理水平，技术水平和服务水平，迎接新的挑战。

【饲料产品产量和生产能力情况】 2001年全国饲料产品总产量7 806万t，比上年增长5%，年双班生产能力15 024万t，比上年增长27.5%，生产能力的增长高于饲料产品的增长，加工能力过剩的情况又有上升，内部挖潜，提高生产率是今后应该努力的方向。各省（市、自治区）饲料产品产量和生产能力见“饲料产品产量和生产能力情况表”。

2001年饲料产品产量和生产能力情况表

地　区	产品产量（t）	饲料产品		配合饲料产量（t）	浓缩饲料产量（t）	添加剂预混料产量（t）
		年末双班能力(t)	开班率(%)			
全国总计	78 064 805	150 241 640	51.96	60 868 408	14 188 415	3 007 981
北　京	2359400	2 800 000	84.26	1 829 900	312 300	217 200
天　津	2 232 543	2 626 000	85.02	1 874 541	249 041	108 961
河　北	6 848 996	9 800 000	69.89	5 380 717	1 208 251	260 028
山　西	1 562 030	2 486 000	62.83	1 294 650	252 170	15 210
内蒙古	650 574	2 086 416	31.18	353 113	265 235	32 225
辽　宁	4 002 746	11 890 000	33.66	2 124 939	1 836 554	41 254
吉　林	2 022 709	5 300 000	38.16	1 200 000	800 000	22 709
黑龙江	3 770 000	7 200 000	52.36	2 140 000	1 350 000	280 000
上海市	1 000 584	2 451 124	40.82	916 056	32 563	51 965
江　苏	2 662 186	5 430 200	49.03	2 281 472	166 179	214 535
浙　江	3 237 269	7 120 000	45.47	3 163 781	9 188	64 300
安　徽	1 652 280	3 350 000	49.32	1 416 507	120 855	114 918

（续）

地　区	产品产量（t）	饲料产品		配合饲料产量（t）	浓缩饲料产量（t）	添加剂预混料产量（t）
		年末双班能力(t)	开班率(%)			
福　建	1 494 361	2 884 680	51.80	1 387 574	24 196	8 2591
江　西	2 164 853	3 120 000	69.39	1 377 858	506 012	280 983
山　东	8 577 131	15 000 000	57.18	6 435 674	1 665 460	475 997
河　南	4 671 554	11 600 000	40.27	3 180 068	1 407 146	84 340
湖　北	3 302 343	5 386 000	61.31	2 661 507	580 010	60 826
湖　南	3 861 454	8 850 000	43.63	2 432 368	1 343 156	85 930
广　东	8 509 704	13 074 800	65.08	8 222 201	161 653	125 850
海　南	741 344	1 050 000	70.60	732 492	8 030	822
广　西	2 548 932	3 787 370	67.30	2 297 373	208 144	43 415
重　庆	754 800	1 400 000	53.91	649 100	64 200	41 500
四　川	4 194 328	8 103 350	51.76	3 634 400	365 303	194 625
贵　州	245 264	1 000 000	24.53	144 133	100 838	293
云　南	1 215 630	2 135 000	56.94	970 830	212 300	32 500
陕　西	1 371 041	5 600 000	24.48	535 259	781 195	54 587
甘　肃	1 055 447	2 000 000	52.77	964 987	86 700	3 760
青　海	55 918	240 700	23.23	55 558	290	70
宁　夏	298 385	620 000	48.13	282 322	13 063	3 000
新　疆	1 001 000	1 850 000	54.11	929 028	58 384	13 588

从上表中看出，山东省饲料产品总产量达到 857 万 t，第一次超过了广东省 851 万 t，上升到全国饲料产量第 1 位，从开班率来看，超过 60% 的省（市、自治区）有天津、北京、海南、河北、江西、广西、广东、山西、湖北 9 个，占全国 31 个省（市、自治区）的不到 1/3。

【饲料产品结构变化情况】 2001 年饲料产品结构与 2000 年相比较，发生了较大变化，这主要是市场价格导向的影响。从图中可以看出，与 2000 年相比较，鱼虾饲料所占比例增加了 2 个百分点，蛋禽饲料所占比例减少了 2 个百分点。

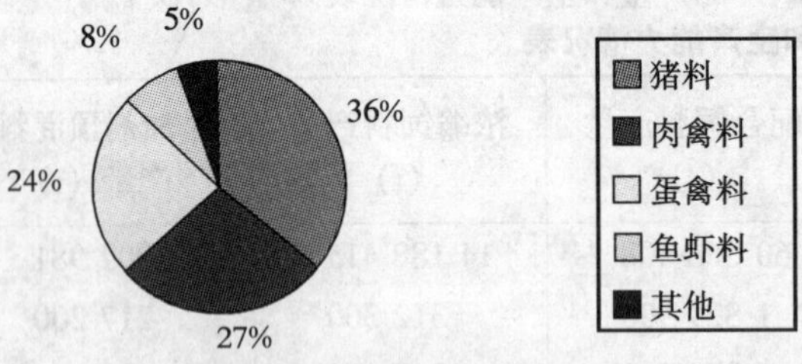

2000 年饲料产品结构图

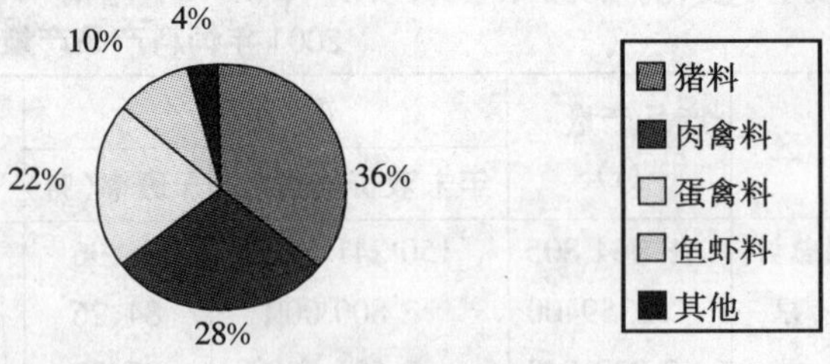

2001 年饲料产品结构图

（孔平涛　李国胜）

主要饲料产品概况

【猪饲料】

（1）猪配合饲料产量稳步增长。猪为六畜之首，猪配合饲料是饲料工业产品最主要的组成部分之一。2001 年度猪配合饲料产量达 2 222 万 t，较 2000 年度增长 74 万 t，占 2001 年度配合饲料产量的 36%，与 2000 年度的比率持平。

（2）猪配合饲料产品品种呈多样化发展，预混合饲料产品市场容量不断增大。猪饲料产品包括预混合饲料、浓缩饲料和全价配合饲料。随着饲料工业发展和动物营养饲料配方技术的逐渐普及，同时养猪业和饲料工业发展逐步走向微利。因此，猪饲料产品呈现多样化和个性化方向发展，其中较为突出的表现在以下几点：一是各类饲料产品普遍出现适应规模猪场或农户散养两个档次甚至多个档次。农户散养或专业户养猪饲料一般都经过中间商环节销售，因此在产品质量上重外在品质而轻内在品质；二是猪预混料产品越来越被更多的用户接受，因此出现猪预混料挤占浓缩饲料市场的局面。越来越多的经销商从专门经销浓缩料、全价料向经营预混料为主转变，农村猪预混料市场不断扩大。

（3）猪饲料产品市场销售逐渐细化和终端化。饲料产品市场竞争逐渐趋于白热化，因此生产、经营者的获利空间越来越小，迫使饲料生产企业减少产品进入终端用户的环节。一些企业纷纷将经销商从地区一级设至县级，甚至乡镇、村一级，有的企业直接在村镇一级设立饲料直销点，直接让利于养殖户，饲料产品市场销售逐渐细化，并直接向终端用户销售。

（4）猪配合饲料产品质量继续提高，但滥用β-兴奋剂造成的饲料安全问题已成为社会关注的热点问题。2001 年度猪配合饲料产品质量较 2000 年度有明显提高，特别是随着饲料企业和用户对饲料产品质量意识的提高、饲料用维生素等添加剂的成本大幅度降低，配合饲料产品中维生素、微量元素、蛋白质以及卫生指标等质量都有不同程度的提高。但同时，2001 年度发生在广东、上海、杭州的几起因食用含 β-兴奋剂猪肉引起的人群中毒的严重案件，使猪饲料及猪肉的安全性问题引起了社会的广泛关注。为此 2001 年度国家对猪饲料及饮水中 β-兴奋剂开展了大面积普查及抽查，并公布了一批检查结果阳性的企业。

猪配合饲料生产和管理应注意的若干问题：

（1）要高度重视动物源性饲料使用的生物安全性问题。我国配合饲料生产当前存在的一个严重问题是优质蛋白质饲料原料严重缺乏，因此在配制猪饲料特别是乳仔猪饲料时往往使用一些进口的动物血液制品及其他动物加工副产品（例肉骨粉、肠粉、肠膜蛋白），特别是一些供应商宣称这些动物蛋白饲料具有提高仔猪免疫能力，抗拉稀等功能，许多饲料企业都将使用这些动物源性原料作为配制乳仔猪配合饲料的“绝招”。但这些动物源性饲料的使用所带来的生物安全隐患已引起有识之士的担忧，为此呼吁国家有关部门要加强对动物源性饲料的生物安全性管理。

（2）要科学认识，客观、正确地对待 β-兴奋剂，才能更有效地杜绝其危害。追求瘦肉率，追求肉的感观性状，已成为养猪生产者不可抗拒的利益驱动。从近年情况看，国家三令五申禁止猪饲料使用 β-兴奋剂，并且对几起因使用β-兴奋剂而致中毒案件的肇事者给予了刑事处罚，但从实际情况看，β-兴奋剂的使用仍屡禁不止。β-兴奋剂有许多种，其效果及安全性差别很大，有些特殊结构的β-兴奋剂只要合理使用并没有明显的安全隐患。如美国 FDA 经严格审查于 2000 年 4 月批准了莱克多巴安（Ractopomine）作为饲料添加剂使用。因此应该对不同种类的 β-兴奋剂加强科学认识和管理，以促进我国养猪业的健康发展。

（3）加强对猪营养与饲料配制技术的推广。在猪饲料生产和应用中，目前存在很多误区，一是各种添加剂滥用，追求猪的表观性状；二是乳仔猪饲料配制使许多饲料企业很感棘手；三是猪的营养饲料很不科学等等，我国“八五”、“九五”期间，在猪饲料营养特别是乳猪饲料配制方面已取得了一系列实用成果，应加强对这些成果的推广应用。

（张宏福　吴福华）

【家禽饲料】 回顾 2001 年中国家禽业和家禽饲料工业概况，从国情和养禽业的国际大形势来看，我国优质肉鸡的饲养有优势，快大型白羽肉鸡处于劣势，蛋鸡业位于中间，其他家禽的发展也很迅速。2001 年的后半年中国即将入世，入世后因为南方有可能从国际上购进便宜玉米，发展蛋鸡生产，可能对“北蛋南销”的局面有所影响。2001 年肉禽产业茁壮发展，肉禽饲料产量再创新高，但蛋鸡饲料萎缩。2001 年畜牧业使农民人均增收 35 元，因为家禽饲料占饲料总产量的 50%，因此这其中家禽的贡献率起码为 17.5 元。

1. 家禽生产情况。2001 年世界禽肉和禽蛋产量分别为 6 859.68 万 t 和 5 182.06 万 t，其中中国分别占 1 273.19 万 t 和 2 335.44 万 t，仍分别居世界第 2 和第 1。2001 年鸡蛋价格一直维持在 4.0～4.8 元/kg 之间，养蛋鸡赔钱，生产蛋鸡饲料也赔钱，影响了家禽饲料的生产与发展，2001 年蛋禽饲料下降了 8.7%，但是，我国蛋鸡业是个成熟的产业，具有很强的适应能力，因此不会挫伤蛋鸡业。

(1) 禽蛋生产情况。我国蛋鸡业经过长期的发展，已经进入相对过剩的时期，加之鸡蛋消费（鲜蛋为主）及深加工不力，所以尽管2001年蛋鸡行业的生产效益好于2000年，商品蛋鸡饲养规模基本保持稳定，但是大规模企业仍有70%以上亏损。由于饲料原料价格上涨，而产品价格难以同步上涨，所以鸡蛋生产受影响较大。2001年全国蛋鸡存栏量有所压减，存栏减幅最大的华南地区下降25%以上，主要是上年蛋农养鸡亏损造成的，但因为蛋鸡行业比较成熟，自我稳定性强，所以全国鲜蛋供应量并未下降，2001年全国禽蛋总产量的50%以上产自华北和东北地区，总产量2335.44万t。2001年鸡蛋价格较低（见2001年全国禽蛋价格（元/kg）及蛋粮比价表），蛋禽饲料的价格走低（低于全国平均水平的10%），利润下滑，亏损面较大。下半年饲料和雏鸡成本下降，但是赢利还不大。

2001年全国禽蛋价格及蛋粮比价表

月份	1	2	3	4	5	6	7	8	9	10	11
蛋价(元/kg)	5.38	5.12	4.97	4.92	5.04	5.16	5.28	5.34	5.73	5.77	5.44
蛋粮比价	5.10	4.62	4.43	4.29	4.33	4.23	4.28	4.33	4.75	4.95	4.77

据联合国粮农组织估计，到2015年全世界禽蛋产量将由现在的5 500万t增加到7 200万t，其中中国将由2001年的2 335.44万t，增加到2 700万t。因此说蛋鸡业还会有一定程度的发展。

(2) 肉鸡生产情况。大范围的竞争使得中国肉鸡业不但实现了产业化，而且在良种良法的饲养上也与世界接轨，2001年以来，我国的肉鸡饲养在规模化的基础上，开始走向标准化。2001年出栏5万只以上的养殖场的出栏肉鸡数量下降，国内肉鸡出口量下降。近几年中国肉类消费中，禽肉消费比例增长最快。2001年中国消费肉类中，禽肉不足18%，人均禽肉消费量只有世界的56%，仍处于低水平，禽肉消费潜力巨大。目前中国优质肉鸡比重占60%以上，广东地区已占90%。

2001年我国禽肉总产量1 273.185万t，比2000年（1 250万t）略有增长，仅次于美国，仍居世界第2位。

2. 家禽饲料工业概况。2001年饲料企业普遍赢利少，规模在10t/h的中型饲料厂经营困难，大型饲料厂逐渐向“种、养、加”一条龙发展。

2001年在配合饲料总产量增加的同时，家禽饲料（蛋禽料和肉禽料）在配合饲料中的比例保持稳定。2001年所有饲料产品中，家禽饲料（3 015.7万t）占50%，在饲料总产量中的比重略有下降，下降了1%。自1991年以来，家禽饲料占饲料产品的比例一直保持在50%左右，表明家禽饲料仍是饲料产品的主力。2001年肉禽饲料产量1 693.64万t（占28%），比上年增长了5.4%，与上年相比增幅减缓，肉鸡饲料占饲料总产量的比例自1998年以来呈直线上升趋势，这有赖于养鸡大省的集约化饲养和一条龙管理方式的带动作用。蛋禽饲料总产量1 322.08万t（占22%），比上年下降了8.7%。

预混合饲料的推广使得小规模的饲料厂仍有生存空间。因成本低且粉料加工容易，所以多数蛋鸡饲养户是自配饲料，很多情况下仅考虑饲料的成本而忽略了饲料质量，即需要将低价饲料配方向低成本高效益饲料配方过渡以提高饲养效益。

3. 展望。入世后禽肉进口关税将从2001年的16%降低为2002年14%，2003年12%和2004年的10%，会对我国的肉鸡生产和贸易带来一定影响。我国的肉鸡饲养成本高、肉鸡的饲料转化率低，同时在饲养管理和肉鸡产品整体质量与发达国家有差距，仅有劳动力成本降低，劳动密集型企业的成本优势表现明显。近年来禽杂碎的进口量较大，对国内肉鸡业的冲击也较大，因此中国肉鸡的发展，应重视优质地方品种（如黄羽肉鸡、乌骨鸡、各种土鸡等）和特种家禽的饲养量，同时要加强对进口禽杂碎的监管力度。随着禽产品（鸡肉）在全球消费的不断增长，鸡（肉用鸡）饲料的需求快速增长将使禽料的生产仍然在整个饲料生产中占有最大的比重。

在饲养管理上农户养殖有很多问题如环保意识差、不作记录，根据饲料价格频繁更换饲料，不重视饲料效率，盲目用药和疫苗情况严重，对应激、通风、饮水、消毒等情况重视不够，从而造成养殖成本高、浪费严重。由于这种情况的存在，使得家禽（尤其是蛋鸡）饲料的价格非常低，这就是2001年蛋鸡饲料产量在饲料总产量增加的同时还降低的原因。入世后国际上提倡有机食品和绿色食品的生产，要求我们不仅关心禽本身的健康，还要注意饲养环境的卫生。可用于饲料的促生长、防病添加的品种越来越少，这就要求我们不断研制新的替代品，可喜的是近年来我们在绿色饲料添加剂的研究上不断努力，主要有微生态调控剂、中药类饲料添加剂、酶制剂、肽类、有机微量元素等已经在不断发展，无抗生素的饲料添加剂生产量不断增加。

国家扩大内需、鼓励消费的政策为禽类食品业的发展提供了更加广阔的市场，据预测未来几年禽肉的消费比重仍将持续增长。蛋鸡业的发展正向着特种鸡蛋方向发展，如乡村土鸡蛋、绿壳蛋、各种保健蛋。由于我国的入世，蛋鸡生产可能南移，因为南方可从国际上进口比较便宜的玉米，这对北方的蛋鸡生产业可能造成一定的影响，目前的这种耗人耗力的“北蛋南运”现象可能改变，可能对鸡蛋价格的稳定起一定作用，但会影响北方蛋鸡的生产。禽蛋的出口会不断增加，可能会刺激蛋鸡养殖业，蛋禽饲料总量可能会增加，但在饲料产品中的比例可能会继续下降。

养鸭业在家禽业中的地位已经被不少有识之士重视，国内已有一批鸭的加工出口企业，近年来鸡蛋的生产增长缓慢，而鸭蛋的产量逐步上升。鸭肉、鸭蛋、鸭肝的深加工在禽业加工中的地位逐渐上升。养鹅业会不断发展，国内外需求均有较大的出口，鹅耐粗饲，但也需要精料补充及鹅专用饲料。

中国家禽饲料发展的对策：继续推进畜牧业结构调整，普及畜牧知识，提高畜牧业效益。稳定蛋禽生产，加快优质肉禽的发展，只有家禽业发展了，才有家禽饲料业的发展，展望未来，中国家禽业及家禽饲料工业的发展，将依赖于农村养殖水平的提高，养殖技术的普及和养殖水平的提高。依靠先进的技术和严格的管理，适当增加饲养规模（农户养鸡以 5 000～20 000 只为宜），对提高养殖水平有很大作用。

推进一条龙式的养殖模式，增加农民收入。鼓励龙头企业与农民建立稳定的利益联系，带动农民稳定发展生产。实行蛋鸡产业化运作，形成规模优势。相对蛋鸡饲料而言肉鸡饲料价格相对比较稳定，因为肉鸡的饲养业中一条龙式的公司＋农户模式的企业较多，虽然还是农户养殖，但受公司的约束较多，这尤其在出口大省——山东省表现明显，农民的养殖意识和市场意识增强了，使得肉禽饲料工业发展自 1998 年以来呈稳步上升的态势。肉禽的发展离不开国际市场，所以应在提高国内农户养殖水平和产品质量的同时，开拓国际市场，相对于蛋鸡来说，肉鸡出口比较容易，可以通过扩大出路，寻找合作，扩大肉鸡的养殖。

依靠市场机制，调控禽产品生产。保护和开发中国特色肉鸡，保护品种发展民族特色肉鸡业，研究和制定特色肉鸡营养需要和饲料。在广东、广西，时下把肉鸡分两类：村鸡、饲料鸡之间价格相差 1 倍。这就意味着只要调整品种结构和改变养殖方式，肉鸡还有市场潜力。市场上普通鸡蛋的需求量虽然已经饱和，但是特种鸡蛋（营养保健蛋、绿壳蛋、卵黄抗体生产等）的需要量仍在增加。

安全生产，依靠科技，提高养鸡水平。安全生产主要指生产的饲料安全，不断研究和推广养殖和饲料新技术，开发新型饲料添加剂，在国家允许范围内减少和杜绝使用抗生素，控制大宗原料的品质，保证配合饲料营养全面，保证饲料的卫生，谨防霉变等而造成不必要的损失，是生产优质禽产品的基础。事实证明，养禽业形势严峻的主要原因不是市场，而是禽产品的质量。此外还应进一步加大扩大内需，出口精品的力度。

（武书庚 齐广海）

【水产动物饲料】 2000 年水产饲料的发展呈稳步上升态势。由于畜禽行业持续低迷，畜禽饲料利润逐渐降低，畜禽饲料生产的竞争更加激烈，于是纷纷把目光投向了水产饲料行业。2001 年水产饲料工业取得了较大的进展，全国鱼虾料总产量达至 615 万 t，比 2000 年的 491 万 t 增加了 25.3%，而 2000 年鱼虾料产量较 1999 年的产量（494 万 t）下降 0.6%。2001 年鱼虾饲料产量占配合饲料总量（6087 万 t）的 10%。2000 年、2001 年水产饲料基本情况见下表。

2000 年、2001 年水产饲料对照表

单位：万 t

年 度	配合饲料产量	鱼虾料产量	所占比重
2000	5 912	491	8%
2001	6 087	615	10%
增幅	175	124	2%
增幅百分比	3%	24.6%	

2001 年水产饲料分类表

类 别	产量（万 t）	所占比例（%）	备 注
鱼虾料总产量	615	100	主要指草鱼、鲤鱼、罗非鱼、鲫鱼、团头鲂等
淡水鱼饲料	490	79.7	
鳗甲鱼饲料	35	5.7	
对虾饲料	60	9.8	
海水鱼料	10	1.6	
其他	20	3.2	罗氏沼虾、蛙、蟹等

1. 水产饲料地区差异明显。水产饲料的生产存在地区差异，在全国不同的地方发展很不平衡。水产配合饲料生产量的相当大一部分集中在养殖水面密集、养殖水平较高的省份。如对虾饲料，广东省 2001 年对虾饲料产量分别为 25 万 t，占全国对虾饲料总产量（60 万 t）的 41.7%。而一些内陆省份的对虾饲料产量为零。山东、辽宁、江苏、湖北、广东、四川等省市的水产养殖产量在全国名列前茅，水产配合饲料的产量亦占相当大的比重，而在中国西北部及边远地区，如青海、西藏、内蒙古、山西、宁夏等，水产养殖业不太发达，因而水产饲料的产量相对较少。这种现象与各地区水产品的消费习惯、养殖水面的多少、水质及养殖水平等因素有关系。因此，促进边远地区水产养殖业的发展，可以开辟水产饲料的新市场。

2. 水产配合饲料产品品种呈现多元化。水产配合饲料现在已基本覆盖我国水产养殖的主要养殖品种。草鱼、鲤鱼、罗非鱼、鳗鲡、甲鱼、对虾等养殖品种的饲料仍然是水产配合饲料的主要部分，这和国内目前的养殖结构是相符的。但不容忽视的是，一些地方性的、名特优养殖品种的饲料呈现逐渐上升的趋势，如鲫鱼、团头鲂、黄颡鱼、观赏鱼、海水鱼等，说明我国的水产养殖结构正处于调整阶段。

3. 水产饲料生产企业朝集团化、规模化方向发展。水产饲料企业间竞争越来越激烈，这其中包括资金、技术、市场等多方面的竞争，2001 年有相当一部分饲料企业倒闭，而另一方面，许多企业朝着集团化、规模化的方向发展。例如：广东恒兴 2001 年对虾料产量为 5 万 t，广东粤海为 7 万 t，两者之和占了广东 2001 年对虾料销量的 48%。为占领及开辟新市场，许多企业在全国各地开了分厂或联营厂，如通威集团、希望集团、湖南正虹、山东六和、广东粤星等。

（周文豪　任泽林）

【反刍动物饲料】　我国反刍动物饲料的研制和生产仍处于相当薄弱的局面。全国配合饲料总产量1996年就已突破5 000万t大关，可是其中反刍动物饲料（主要是乳牛商品饲料）仅占1.27%，远低于世界平均水平（29%）。之所以产生这样的状况，原因固然很多，其中主要有：我国反刍动物生产除乳牛外，集约化程度和商品化程度较低，长期以来走着一条靠天养畜、粗放经营的发展道路。反刍动物饲料市场还有待培育和开发。其次，与猪禽营养研究相比，我国反刍动物营养研究还比较滞后。此外，尚未形成一条符合我国国情又能体现世界反刍动物营养发展水平的技术经济路线。

我国反刍动物饲料发展的趋势和特点是：

(1) 呈向前发展趋势，有巨大的发展潜力。从1991年起，全国反刍动物饲料总产量呈向前发展趋势（见1991—1998年全国反刍动物饲料产量估测值表）。从1994年起，国内饲料市场开始出售反刍动物商品饲料，其占全国配合饲料的比例多年保持在不到1%；如果加上农场自配部分，这一比例多年保持4%左右。1998年全国反刍动物饲料总产量据不完全统计为355万t，占全国配合饲料总产量的6.45%（其中商品饲料占全国配合饲料总产量的比例为1.27%），出现了一个飞跃。与1991年全国反刍动物饲料总产量相比，增加了1.3倍。其主要原因有二：首先是我国牛羊生产集约化程度有所增加，乳牛饲养数增加，肉羊市场看好；其次是由于1998年全国猪鸡饲料市场下滑，一些饲料厂家开始生产一部分乳牛商品饲料。尽管目前我国反刍动物饲料产量相当低，但是今后的市场潜力却十分可观。这是因为：一是牛羊生产产业化是其发展的必然趋势。目前，我国乳牛生产仍以家庭饲养为主，这样就必然产生小规模生产与大市场、专业化生产与社会化服务，产与销等矛盾。而产业化经营则效益显著，产品质量有保证。加之，养殖户为了增强抗风险能力，提高养殖规模效益和应用新的畜牧技术日益迫切。这些都为牛羊生产产业化发展提供了机遇。而产业化的发展必然会带动牛羊饲料工业的发展。二是大力发展以牛羊为主的草食动物生产，符合我国基本国情。我国每年增加近1 500万人，而耕地却因城镇建设等原因正在迅速减少。耕地与人口的矛盾问题日益尖锐。与此同时，人们对畜产品的需求也日益增长，人畜争粮的矛盾也日趋尖锐。在这样的情况下，大力发展以牛羊为主的节粮型畜牧业自然就提上了日程。而对以提高草食动物饲料利用率为目标的新型饲料产品系列的要求也随之日益迫切。

(2) 产品结构以乳牛饲料和以农场自配饲料为主。目前我国由饲料厂家生产和销售的反刍动物商品饲料几乎全部是乳牛饲料，只有极少量的是肉牛屠宰前育肥饲料。全国几乎90%以上牛羊生产所需的精补料由农场自配，全国乳牛商品饲料仅占乳牛精补料产量的20%。

(3) 反刍动物添加剂的研究迅速发展。目前我国一些科研机构和大学在反刍动物添加剂方面的研究，主要集中在脲酶抑制剂、酶制剂、抗应激添加剂、金属螯合物、蛋白和脂肪保护性产品、原虫控制剂、激素类促生长剂等，有的已经进入市场。

(4) 反刍动物营养和饲料科学的研究有新进展。据不完全统计，全国开展反刍动物营养的科研机构至少在10所以上。主要研究内容包括：牛羊营养需要量和饲料营养价值评定的研究、营养调控理论和技术研究、新型饲料产品研制和开发，放牧家畜营养检测和科学补饲技术研究及提高秸秆饲料利用率的研究等。这些研究为全国反刍动物饲料工业的发展奠定了基础，也为今后这一产业的更大发展创造了条件。

1991—1998年全国反刍动物饲料产量估测值

年　份	1991	1992	1993	1994	1995	1996	1997	1998	1999	2000	2001
年产量（万t）	154①	168②	166②	176	192	209	221	355	—	—	
占全国配合饲料总产量比例（%）	4.41	4.62	4.48	4.16	3.95	4.08	4.04	6.37	—	—	
其中商品饲料③占比例（%）	—	—	—	0.83	0.79	0.82	0.82	1.27	—	—	

注：①本表产量全部为乳牛饲料产量；
②全部为乳牛场自配饲料；
③商品饲料产量占反刍动物饲料总产量的比例为20%。

发展战略。根据国际范围反刍动物饲料研究和应用的发展趋势，结合我国国情，我国反刍动物饲料开发战略的基本思路可以概括为：从中国国情出发，以高新技术为依托，与本地饲料资源相匹配，在瞄准乳牛、肉羊和秸秆养畜等产业的同时，积极培养和发展牧区牛羊补饲产品市场，建立以生产营养调控型饲料产品为中心的反刍动物饲料工业体系，进行科工贸一体的集团化开发，推动不同程度的产业化水平不断提高。

(1) 以高新技术为依托。当前饲料工业内部竞争十分激烈，其竞争的实质就是科技实力和经营管理水平的竞争。我国反刍动物饲料工业发展所以比较缓慢，除生产发展水平和商品化程度低这一基本原因外，关键还在于我国反刍动物营养研究比较滞后。今后，我国反刍动物饲料要大发展，首先要重视和加强反刍动物营养理论和技术的研究，结合我国国情引进、消化、吸收，并研制一些高新技术，使我国反刍动物产品开发从一开始就建立在一个较高的起点上，也只有这样，才能在强手如林的国内外激烈竞争中站稳脚跟，求得发展。最近几十年，反刍动物营养有了突飞猛进的发展，如果我们还是简单地跟踪，恐怕很难真正做到从中国国情出发。

(2) 世界各国进行营养研究，都是从本国国情出发。他们提出的理论和技术既反映出当时国际上的研究水平，又体现出本国养殖业水平和饲料资源现状，换句话说，这些外国提出的理论和技术既具有普遍性，又能反映其国家的实际特点。我们进行反刍动物营养研究的最终目的是指导我国反刍动物养殖业的发展，如不从国情出发，就很难做到这一点。众所周知，我国最大的国情就是相当长时间内处于社会主义初级阶段。包括牛羊生产在内的养殖业实现生产方式由粗放型向集约化型的根本转变是一个相当长的历史过程。在此期间，养殖业内部不同程度的集约化和产业化水平会长期存在。目前我国畜禽饲养模式是一种混合型模式，既包括粗放型、初等集约化型，也包括中等或高等集约化型饲养模式，而且反刍动物饲料工业产品定位和发展模式都要与这种混合型饲养模式相适应，使不同程度的产业化水平不断提高，最终达到产业化的发展目标。

(3) 与本地饲料资源相匹配。这是一个非常重要的原则。世界各国发展本国畜牧业，解决饲料问题不外有两种方法：一是依靠本国资源，是自力更生的道路；二是依靠进口，盲目仿效外国经验。现在越来越多的国家和人士已经认识到第二种方针是一种窒息本国畜牧业的错误方针，必然导致在激烈的竞争面前处于不利地位。而实现第一种方针不仅可以大大降低饲料成本，为反刍动物饲料工业和市场开拓创造有利条件；而且还会物尽其用，对建立生态型农业和农业生产内部结构优化以及促进全国畜牧业走可持续发展道路有明显好处。

(4) 瞄准乳牛、肉羊和秸秆养畜等产品市场。这是由我国国情所决定的。与世界上其他国家一样，我国乳牛是反刍动物生产中商品化和集约化程度最高的产业。近年来，秸秆养牛和肉羊开发有了很大发展，对饲料工业发展提出了紧迫的要求。为此，在相当长时间内，我们必须要面向这三个有很大市场潜力、商品化程度较高的产业，以它们作为我国反刍动物饲料工业的市场基础，求得双向发展。在此基础上，才有可能做到逐步打开商品化程度较低放牧家畜生产所需的补饲产品市场，并进而向周边国际市场发展。

建立以生产营养调控型饲料产品为中心的反刍动物工业体系。当前，在动物营养学领域，营养调控理论和技术的研究已成为时代主旋律。为此，发展营养调控型的饲料产品是具有跨世纪意义的饲料工业重要发展方向。就反刍动物而言，开发和生产营养调控型的饲料产品更有其特殊的意义。这是因为反刍动物饲养模式和反刍动物营养生理特点更复杂，使用营养调控型产品更符合因地制宜、因时制宜和因畜制宜的原则，更能根据我国国情，发展反刍动物生产。

(卢德勋)

【特种动物饲料】 所谓的特种动物是指与传统的畜禽品种不同，具有较高的经济价值，人工饲养量相对较少的动物。目前我国可供人工饲养的特种动物已有几十种之多，其中具有一定开发潜能、市场前景广阔的品种有十几种，这些特种动物产品大多以药用、皮用或肉用为主。但是由于其发展历史较短，研究的深度和广度都具有一定的局限性，致使特种动物饲养业的许多配套技术跟不上，仅从饲料供应上看就有许多问题亟待解决。

1. 主要特种动物养殖与饲料生产情况。茸鹿饲料：我国饲养的茸鹿主要有梅花鹿、马鹿及梅花鹿与马鹿的杂交后代和少量的水鹿。据初步统计，2001年度全国茸鹿的存栏总数在55万头左右，年消耗精料20多万t。我国的茸鹿饲养相对较为分散，在精粗饲料的供给及分配比例上各地存在较大的差异。目前情况下，茸鹿的精饲料以玉米为主，条件好一些的场家会掺一定比例的豆饼、菜籽饼等蛋白饲料及部分矿物质饲料；而粗饲料则以作物秸秆、青贮料、树木枝条及青草等为主。由于在精粗饲料的供给量及供给比例上标准不一，使各地区及各饲养场间因营养因素所造成的鹿茸产量差异较大。虽然不同营养水平是否会对鹿茸的有效成分产生影响目前尚不确定，但是随着区域经济的不断发展，茸鹿作为我国特种动物的支柱产业应尽快从粗放的、原始的生产模式中走出来，制定出相应的饲料给量及精粗比，力求使各地的鹿产品在品质上趋于一致，最终达到茸鹿养殖业的标准化、科学化和规模化。另外，茸鹿饲养主要以粗饲料为主，冬春季节常因饲料品种单一、营养不均衡，造成茸鹿生产性能及体质下降，个别鹿场还会出现因营养缺乏而造成的代谢性疾病。虽然目前吉林已有几家企业及科研单位在研制开发茸鹿专用饲料添加剂，但是由于推广力度不足，年生产能力仅在百余吨左右，市面上极少能见到成形的产品。

毛皮动物饲料：我国饲养的毛皮动物主要包括貂、狐、貉及兔等动物。据初步统计，2001年度全国生产皮张大约650万张，存栏种兽大约在70万只左右。目前，我国饲养的毛皮动物中除兔外，其余几种动物均需饲喂动物性饲料，因此如何保证动物性饲料的新鲜及营养成分不被破坏也就成了众多饲养场所要解决的首要问题。特别是随着农村产业结构的调整，毛皮动物的饲养量正逐年增加，但其饲养模式正逐渐趋向于区域性的、分散的家庭式经营。由于多数饲养场是以家庭为单位，在饲料原料的选择、调配比例及调制方法上存在一定的差异，因此各场及各地常因营养因素造成皮张规格、毛皮质量各异。为寻求营养供应方面的统一，解决动物性饲料贮存及调制等方面存在的问题，我国江苏、山东、黑龙江、吉林等省已先后开发出貂、狐全价配合饲料及各类添加剂预混料，但因资金、场地、技术等多方因素，其产品的年生产能力不足千吨，远远满足不了市场需求。

珍禽：在所有的特种动物中珍禽是一个品种繁多、数量庞大的群体，目前我国的珍禽大到鸵鸟小到鹌鹑大约有十几种之多（不包括观赏鸟类）。据初步统计，2001年度全国各类珍禽基础种群的存栏数已突破2 000万只，出栏珍禽近8亿只，年累计消耗精料近650万t。在所有的珍禽中除鹌鹑有成形的饲料产品外，其他珍禽多采用肉鸡、蛋鸡或鸭饲料。由于品种间的差异，在营养供给上常出现不足或过剩等问题，严重制约了各类珍禽生产性能的充分发挥。同时，由于目前许多禽用饲料中普遍存在过多的药物或多种无营养价值的饲料添加剂，被珍禽采食后常因药物残留等问题而影响其肉质风味，违背了珍禽产品健康保健的初衷。虽然有个别场家从绿色食品的角度出发自己配制饲料，但是由于生产能力、资金运作等诸多问题难以形成规模。因此，因营养因素所造成的不同场家、不同地域间同一品种珍禽的生产性能间无可比性，产品质量千差万别，致使深加工企业很难组织到规格统一、质量一致的货源，由此也限制了我国珍禽产业的规模化发展。

其他特种动物：除上述3类特种动物外，目前我国市场上还有肉狗、野猪、野兔、麝鼠、狗獾、蝎子、蚂蚁、蜗牛及各类宠物等，其中许多动物属于非成形品种，市场前景很难预测，所以未能形成规模化饲养，在饲料供应上也大多以粗放的传统形式为主，极少有成形的饲料产品问世。

2. 发展方向。特种动物饲养业是一项新兴产业，是今后我国农村产业结构调整的优选目标，也是作为劳动密集型产业参与国际竞争的生力军，但是以其现有的饲养模式及饲养技术要想在国际竞争中取胜，从营养与饲料的角度出发应尽快做好以下几项工作：

(1) 加大科技投入，走可持续发展之路。我国的特种动物养殖大多起源于民间，科学研究一直处于滞后状态，再加之由于从业人员自身素质差等多方因素，使我国的特种动物在营养等方面明显落后于传统畜牧业。因此为促进这一产业的健康发展，政府部门应尽快组织专职人员从事特种动物的营养需要、饲料加工工艺、饲料剂型、高效环保型添加剂等方面的研究，为我国的特种动物养殖业参与国际竞争创造条件。另外，现有的特种动物养殖场也应尽快转变观念，紧靠生态农业的主题，走可持续发展之路，在充分利用当地饲料资源的基础上，尽量不用或少用速成型饲料产品，力求使特种动物保持其原有的特色。

(2) 立足于环保，充分利用现有的科学技术。随着倡导生态农业建设的深入，特种动物要想实现可持续发展必须立足于环保，在饲料的种类、调制技术、配制比例等方面进行严格把关，力求从营养的角度制定行业规范，使其产品从量到质趋于一致，使特种动物产品真正为人们所放心。同时提倡以目前已研制开发出的新型饲料添加剂如微生态制剂、寡聚糖、酶制剂、稀土及中草药等替代传统的抗生素等添加剂，使我国的特种动物饲养业在起步阶段就处于一个较高的起点，从而增强国际竞争力。

(3) 走科研与企业结合之路，力求饲料产品的多样化。目前我国仅有的几家特种动物饲料加工企业普遍存在着品种单一、生产能力低下等问题，一些科研单位虽已研究开发出特种动物专用饲料或饲料添加剂，但因资金、场地、经营理念等诸多因素致使许多科研成果很难以产品的形式推向市场，因此科研单位应力求与企业联合尽快实现科研成果的转化。同时各饲料加工企业也应转变观念，在立足本地饲料资源的基础上，充分发挥市场的调节作用，从实现资源共享的角度出发，开发出多个品种、多种剂型的特种动物饲料，为我国的特种动物饲养业，也为区域性经济的发展贡献力量。

（何艳丽　王峰）

饲料原料工业概况

作为饲料主流原料的玉米、豆粕、鱼粉，2001年出现了大幅度涨价，涨幅在30%以上，对饲料生产企业带来了不利的影响。虽然，第4季度豆粕价格有所回落，稍微减轻了饲料生产企业对原料涨价带来的压力，由于涨价幅度大，饲料价格上不去，企业又难以自行消化原料涨价造成的高成本，因此，出现了增产不增收的结果。

2001年，非主流原料的小麦、稻谷以及棉粕、菜粕、花生粕及其他杂粕，继续得到了开发利用，但这些非主流原料的价格，一般也都随着主流原料玉米、豆粕的价格涨落，大量进行开发替代，对企业并不能增加多少经济效益，并且还要承担饲料产品质量不稳定的风险，所以，大规模推广还有一定困难。我国饲料加工企业，长期依赖主流原料玉米、豆粕、鱼粉的局面还难以改变。

【玉米生产、进出口与饲料消费情况】 2000年玉米大幅度减产，总产量10 600万t，比上年减产17.2%，但因1999年玉米大丰收，农民存粮和国库存粮增加，促使2000年玉米出口1 047万t，创历史最高，对2001年的玉米消费增加了压力。2001年我国玉米产量11 409万t，比上年增长7.63%，世界玉米产量60 419万t，其中美国产量为23 952万t，占世界玉米总产量的40%。2001年我国进口玉米3.6万t，出口599.6万t，净出口596万t。2001年我国玉米总供应量及总消费量情况，见下表。

2001年玉米总供应量及总消费量表

单位：万t

总产量	总消费量 12 080					净出口	储存
	饲料	口粮	工业	种子	存储消耗		
11 409	8 500	1 450	1 150	120	860	596	

2001年总支出量比产量增加1 376万t，上年储存2 000万～2 500万t，增加储存支出1 300多万t，2001年玉米库存大大减少，造成2001年玉米持续涨价。第4季度新玉米上市，价格略有下降。

2001年玉米批发市场价格（均价）

单位：元/t

年份＼月份	1	2	3	4	5	6	7	8	9	10	11	12
2000	841	824	802	788	769	810	842	857	890	933	933	971
2001	1 000	1 030	1 065	1 090	1 094	1 144	1 165	1 157	1 030	1 050	950	1 050

2001年饲用玉米消费量占全国玉米总消费的80%左右，比上年略有下降。由于近两年来玉米库存持续减少，对明年玉米市场供应必将造成很大压力，估计价格仍将有小幅上涨。

【植物性蛋白质原料供应情况】 植物性蛋白质原料是饲料蛋白质原料的主要供应源，植物性蛋白质原料主要是榨油工业的副产品，即各种饼粕，其中又以豆粕为主，除了数量多，从氨基酸组成看，也是营养价值最好的植物性蛋白质。其次是菜籽粕、棉籽粕、花生粕、玉米蛋白粉。我国是蛋白质资源缺乏的国家，为支持饲料工业和畜牧业的发展，长期依赖进口的局面难以改变。自实行豆粕进口加收增值税以来，豆粕进口数量大减，大豆进口增加。2001年6月国务院出台了《农业生物转基因产品安全管理条例》，对转基因大豆进口有所限制，但对2001年大豆进口影响不大。

1. 豆粕　2001年我国大豆产量1 540万t，与上年持平，进口大豆1 394万t，比上年增加进口33.6%，创历史最高。

2001年世界大豆产量（主要生产国）表

单位：万t

产量＼国别	总产量	美国	巴西	阿根廷	中国	欧盟
产量	17 732	7 911	3 767	2 720	1 540	1 231
占总产量比例（%）	100	42	20	14	8	7

2001年中国大豆、豆粕的进出口数量表

单位：万t

大豆		豆粕	
进口	出口	进口	出口
1 394	24.8	5.3	31.5

2001年我国大豆消费情况表

单位：万t

国产	进口	总消费量　2 860				出口
		榨油	食用	种子	损耗	
1 540	1 394	1 980	710	88	29	24.8

2001年豆粕消费1 550万t，其中饲料用豆粕消费1 450万t。

2000—2001年大豆批发价格变化表

单位：元/t

	1月	2月	3月	4月	5月	6月	7月	8月	9月	10月	11月	12月
2000年	2 043	2 080	2 233	2 251	2 396	2 519	2 515	2 487	2 332	2 149	2 074	2 157
2001年	2 191	2 274	2 175	2 193	2 125	2 130	1 938	1 900	1 830	1 850	1 830	1 850

2000—2001年豆粕批发价格变化表

单位：元/t

	1月	2月	3月	4月	5月	6月	7月	8月	9月	10月	11月	12月
2000	1 525	1 748	1 749	1 850	2 180	2 293	2 141	2 056	2 002	1 777	1 853	1 953
2001	1 971	2 001	1 914	1 844	1 788	1 803	1 830	1 780	1 660	1 770	1 720	1 650

2.花生粕、棉籽粕、菜籽粕及其他杂粕　2001年我国花生、油菜籽产量与上年基本持平，棉花增产20%，油菜籽进口172万t，比上年进口减少42%。根据推算，2001年可提供菜籽粕809万t，花生粕243万t，棉粕411万t（详见花生粕、菜籽粕、棉粕产量表）。

花生粕、菜籽粕、棉粕产量表

单位：万t

品种 / 年份	花生粕	菜籽粕	棉粕
2000	243	705	340
2001	243	702.5	411.7

2000—2001年我国大豆、棉花、油料作物产量

单位：万t

品种 / 年份	大豆	棉花	花生	油菜籽
2000	1 541	441	1 443	1 138
2001	1 540	532	1 441	1 133

3.玉米蛋白粉及其他植物蛋白质原料　2001年工业用玉米1 150万t。工业用玉米主要生产玉米淀粉，用以生产酒精、制药、赖氨酸等。玉米含粗蛋白一般为8%，1 150万t工业用玉米可产粗蛋白92万t，折合含粗蛋白60%的玉米蛋白粉约为150多万t。其他植物性蛋白质原料有苜蓿粉、各种食品加工下脚料，如酒糟等。

【动物性蛋白质原料供应情况】　动物性蛋白质原料主要有鱼粉、肉骨粉、虾粉、鸡肉粉、血粉、羽毛粉、蚕蛹粉、乌贼内脏粉及全粉等。其中以鱼粉和肉骨粉为主，受资源的限制，鱼粉以进口为主，约占总消费量的2/3。

1.鱼粉。鱼粉是一种纯资源型的低级加工产品。其产量、贸易量和价格受鱼的捕获量、气候、资源保护的政策等多方面因素的影响。随着捕鱼强度和捕获量的不断增加，全世界鱼粉鱼资源趋减，我国则临近枯竭。2001年秘鲁鱼粉产量165万t，比上年减产27.5%，国产鱼粉46万t，比上年减产32%。为保护和涵养鱼资源，秘鲁和我国都规定了休渔期（禁捕期），秘鲁每年有两个休渔期（12月底至3月底，7月底至9月底或10月中），如果捕获的鱼个体偏小，还临时规定7～10天的不定期休渔期，合计每年休渔5个多月。我国黄、东海每年7月1日～9月16日规定休渔，休渔2.5个月，但由于监督管理不严，休渔期间有偷捕现象，造成鱼资源枯竭状况加剧。

2000年我国进口鱼粉118万t，是进口鱼粉最多的一年，加上国产鱼粉68万t，合计186万t，鱼粉供应充足，价格相对稳定，并且一直延续到2001年上半年。2001年由于秘鲁鱼粉和国产鱼粉都大幅度减产，进口数量减少。2001年进口鱼粉90万t，比上年减少22.8%，再加上水产饲料产量增长快，增幅达25.2%，鱼粉需求增加，拉动鱼粉价格持续上涨。2001年鱼粉市场批发价见下表。

2000—2001年鱼粉批发价格表

单位：元/t

	1月	2月	3月	4月	5月	6月	7月	8月	9月	10月	11月	12月
2000年	4 075	3 875	3 675	3 600	3 575	4 450	4 200	4 175	4 025	3 900	3 825	3 900
2001年	4 050	4 050	3 900	3 950	3 850	3 950	4 550	4 900	4 850	5 000	5 200	5 100

2000—2001年进口鱼粉(FOB价)和国产鱼粉(出厂价)价格变化情况，见2000—2001年鱼粉价格变化表。

2000—2001 年鱼粉价格变化表

单位：元/t（国 产）
美元/t（进口）

年 份	2000		2001	
月 份	进 口	国 产	进 口	国 产
1月	470	3 900	400	4 000
2月	400	3 900	360	3 950
3月	400	3 950	360	3 900
4月	400	4 100	350	3 950
5月	430	4 100	380	4 000
6月	430	4 200	400	4 200
7月	390	4 300	450	4 200
8月	390	4 200	500	4 250
9月	390	4 100	500	4 400
10月	385	3 950	520	4 500
11月	420	3 850	520	4 550
12月	450	3 800	520	4 550

* 国产鱼粉出厂价（人民币），进口秘鲁鱼粉 FOB 价（美元）。

2001 年我国每月鱼粉进口数量表

单位：t

月份	1	2	3	4	5	6	7	8	9	10	11	12
数量	53 410	21 803	69 661	41 750	53 621	51 247	127 720	83 655	78 277	104 538	120 249	95 777

2001 年各国鱼粉出口我国的数量表

单位：万 t

国 别	秘鲁	智利	新西兰	俄罗斯	美国	巴拿马	丹麦	波兰	阿根廷	马来西亚	合计
数 量	65.26	8.68	2.26	5.33	7.01	0.12	0.08	0.23	0.3	0.14	89.352

2001 年根据《进口饲料和饲料添加剂登记管理办法》，对进口鱼粉实行《进口登记许可证》制度。2001 年批准登记的进口鱼粉产地及代理商见 2001 年进口鱼粉注册企业名录。

2001 年我国进口鱼粉注册企业名录

商品名称	产地及代理商	登记主要成分及含量	批 准 文 号	有 效 期
鱼 粉	秘鲁·高龙集团股份有限公司	粗蛋白≥62%，粗脂肪≤10%，水分≤12%	（2001）外饲准字 077 号	2001.4 ～ 2006.4
鱿鱼粉	海光实业股份有限公司	粗蛋白≥30%，粗脂肪≤8%，水分≤10%	（2001）外饲准字 094 号	2001.4 ～ 2006.4
秘鲁鱼粉	秘鲁·立美贸易有限公司	粗蛋白≥63%，粗脂肪≤12%，水分≤10%	（2001）外饲准字 095 号	2001.4 ～ 2006.4
红鱼粉	智利·Peaquera EL Golfo 公司	粗蛋白≥67%，粗脂肪≤10%	（2001）外饲准字 103 号	2001.4 ～ 2006.4
乌贼膏	台湾·谊晟实业股份有限公司	粗蛋白≥32%，粗脂肪≤18%，水分≤30%	（2001）外饲准字 104 号	2001.4 ～ 2006.4
JSC Karbatora 鱼粉	俄罗斯 Joint - Stock 有限公司	粗蛋白≥65%，粗脂肪≤10%，水分≤10%	（2001）外饲准字 106 号	2001.4 ～ 2006.4
PHoenia 鱼粉	俄罗斯·瑞士海洋资源贸易和商业公司	粗蛋白≥65%，粗脂肪≤10%，水分≤10%	（2001）外饲准字 107 号	2001.4 ～ 2006.4
鱼 粉	秘鲁·农标普瑞纳（抚顺）饲料有限公司	粗蛋白≥67%，粗脂肪≤10%，水分≤10%	（2001）外饲准字 109 号	2001.4 ～ 2006.4

（续）

商品名称	产地及代理商	登记主要成分及含量	批准文号	有效期
Frigo 鱼粉	俄罗斯 Master Sea Service 有限公司	粗蛋白≥65%，粗脂肪≤10%，水分≤10%	（2001）外饲准字 110 号	2001.4～2006.4
白鱼粉	俄罗斯·香港泉兴国际发展有限公司	粗蛋白≥67%，粗脂肪≤10%，水分≤10%	（2001）外饲准字 111 号	2001.4～2006.4
红鱼粉	智利·香港泉兴国际发展有限公司	粗蛋白≥67%，粗脂肪≤10%，水分≤10%	（2001）外饲准字 112 号	2001.4～2006.4
红鱼粉	秘鲁·广州环亚太有限公司	粗蛋白≥60%，粗脂肪≤12%，水分≤10%	（2001）外饲准字 113 号	2001.4～2006.4
红鱼粉	智利·广州环亚太有限公司	粗蛋白≥63%，粗脂肪≤10%，水分≤10%	（2001）外饲准字 114 号	2001.4～2006.4
虾 粉	智利·ComPania Pesquera Camanchaca 公司	粗蛋白≥33%，粗脂肪≤10%，水分≤10%	（2001）外饲准字 115 号	2001.4～2006.4
鱿鱼肝末粉	台湾·谊晟实业股份有限公司	粗蛋白≥40%，粗脂肪≤15%，水分≤9%	（2001）外饲准字 116 号	2001.4～2006.4
白鱼粉	俄罗斯·高龙集团股份有限公司	粗蛋白≥60%，粗脂肪≤12%，水分≤12%	（2001）外饲准字 120 号	2001.4～2006.4
鱼 粉	秘鲁·香港天宝粮谷饲料贸易有限公司	粗蛋白≥62%，粗脂肪≤12%，水分≤10%	（2001）外饲准字 121 号	2001.4～2006.4
阿根廷白鱼粉	美国·高龙集团股份有限公司	粗蛋白≥60%，粗脂肪≤12%，水分≤12%	（2001）外饲准字 122 号	2001.4～2006.4
白鱼粉	美国·高龙集团股份有限公司	粗蛋白≥60%，粗脂肪≤12%，水分≤12%	（2001）外饲准字 123 号	2001.4～2006.4
俄罗斯白鱼粉	美国·高龙集团股份有限公司	粗蛋白≥60%，粗脂肪≤12%，水分≤12%	（2001）外饲准字 124 号	2001.4～2006.4
俄罗斯白鱼粉	俄罗斯·辽宁新太科技股份有限公司	粗蛋白≥60%，粗脂肪≤12%，水分≤13%	（2001）外饲准字 134 号	2001.4～2006.4
白鱼粉	美国·高龙集团股份有限公司	粗蛋白≥60%，粗脂肪≤15%，水分≤12%	（2001）外饲准字 140 号	2001.4～2006.4
鱼 粉	秘鲁·中牧实业股份有限公司	粗蛋白≥63%，粗脂肪≤12%，水分≤10%	（2001）外饲准字 142 号	2001.4～2006.4
鱼 粉	秘鲁·中牧实业股份有限公司	粗蛋白≥63%，粗脂肪≤12%，水分≤11%	（2001）外饲准字 143 号	2001.4～2006.4
白鱼粉	俄罗斯·青岛得利佳经贸进出口公司	粗蛋白≥60%，粗脂肪≤10%，水分≤10%	（2001）外饲准字 151 号	2001.4～2006.4
白鱼粉	俄罗斯·青岛得利佳经贸进出口公司	粗蛋白≥60%，粗脂肪≤10%，水分≤10%	（2001）外饲准字 152 号	2001.4～2006.4
俄罗斯鳕鱼粉	俄罗斯·上海远洋渔业公司	粗蛋白≥59%，粗脂肪≤11%，水分≤11%	（2001）外饲准字 153 号	2001.4～2006.4
白鱼粉	俄罗斯·辽宁新太科技股份有限公司	粗蛋白≥60%，粗脂肪≤10%，水分≤10%	（2001）外饲准字 154 号	2001.4～2006.4
白鱼粉	俄罗斯·辽宁新太科技股份有限公司	粗蛋白≥60%，粗脂肪≤10%，水分≤10%	（2001）外饲准字 155 号	2001.4～2006.4
白鱼粉	俄罗斯·辽宁新太科技股份有限公司	粗蛋白≥60%，粗脂肪≤10%，水分≤10%	（2001）外饲准字 156 号	2001.4～2006.4
白鱼粉	俄罗斯·辽宁新太科技股份有限公司	粗蛋白≥60%，粗脂肪≤10%，水分≤10%	（2001）外饲准字 157 号	2001.4～2006.4
白鱼粉	挪威·香港环亚太有限公司	粗蛋白≥60%，粗脂肪≤10%，水分≤10%	（2001）外饲准字 164 号	2001.5～2006.5

（续）

商品名称	产地及代理商	登记主要成分及含量	批准文号	有效期
白鱼粉	俄罗斯·香港环亚太有限公司	粗蛋白≥60%，粗脂肪≤10%，水分≤10%	(2001) 外饲准字165号	2001.5～2006.5
白鱼粉	俄罗斯·青岛乐施营养添加剂有限公司	粗蛋白≥62%，粗脂肪≤10%，水分≤10%	(2001) 外饲准字166号	2001.5～2006.5
白鱼粉	俄罗斯·中国水产舟山海洋渔业公司	粗蛋白≥60%，粗脂肪≤10%，水分≤12%	(2001) 外饲准字167号	2001.5～2006.5
红鱼粉	秘鲁·福州世顺贸易有限公司	粗蛋白≥65%，粗脂肪≤12%，水分≤12%	(2001) 外饲准字168号	2001.5～2006.5
红鱼粉	智利·福州世顺贸易有限公司	粗蛋白≥65%，粗脂肪≤12%，水分≤12%	(2001) 外饲准字169号	2001.5～2006.5
白鱼粉	美国·福州世顺贸易有限公司	粗蛋白≥60%，粗脂肪≤10%，水分≤10%	(2001) 外饲准字170号	2001.5～2006.5
白鱼粉	俄罗斯·福建省粮油食品进出口集团公司	粗蛋白≥62%，粗脂肪≤12%，水分≤12%	(2001) 外饲准字171号	2001.5～2006.5
红鱼粉	智利·福建省粮油食品进出口集团公司	粗蛋白≥62%，粗脂肪≤12%，水分≤12%	(2001) 外饲准字172号	2001.5～2006.5
红鱼粉	秘鲁·SK商事武汉办事处	粗蛋白≥62%，粗脂肪≤12%，水分≤10%	(2001) 外饲准字177号	2001.5～2006.5
红鱼粉	秘鲁·香港泉兴国际发展有限公司	粗蛋白≥65%，粗脂肪≤10%，水分≤10%	(2001) 外饲准字178号	2001.5～2006.5
白鱼粉	美国·香港泉兴国际发展有限公司	粗蛋白≥65%，粗脂肪≤10%，水分≤10%	(2001) 外饲准字179号	2001.5～2006.5
红鱼粉	秘鲁·德国托福国际代表处－北京办事处	粗蛋白≥64%，粗脂肪≤12%，水分≤10%	(2001) 外饲准字184号	2001.5～2006.5
红鱼粉	秘鲁·华垦物资有限公司	粗蛋白≥64%，粗脂肪≤12%，水分≤10%	(2001) 外饲准字185号	2001.5～2006.5
红鱼粉	智利·高龙集团股份有限公司	粗蛋白≥64%，粗脂肪≤12%，水分≤10%	(2001) 外饲准字186号	2001.5～2006.5
白鱼粉	俄罗斯·黑龙江绥汾河龙江商联进出口有限公司	粗蛋白≥50%，粗脂肪≤10%，水分≤10%	(2001) 外饲准字188号	2001.5～2006.5
红鱼粉	秘鲁·中化国际贸易股份有限公司	粗蛋白≥63%，粗脂肪≤10%，水分≤10%	(2001) 外饲准字190号	2001.5～2006.5
红鱼粉	智利·北京通标标准技术服务有限公司	粗蛋白≥65%，粗脂肪≤10%，水分≤10%	(2001) 外饲准字191号	2001.5～2006.5
红鱼粉	马来西亚·天津华农进出口公司	粗蛋白≥55%，粗脂肪≤13%，水分≤10%	(2001) 外饲准字196号	2001.5～2006.5
白鱼粉	美国·福建星进出口公司（美国）福州联系处	粗蛋白≥58%，粗脂肪≤10%，水分≤10%	(2001) 外饲准字205号	2001.5～2006.5
白鱼粉	俄罗斯·福建星进出口公司（美国）福州联系处	粗蛋白≥65%，粗脂肪≤10%，水分≤10%	(2001) 外饲准字206号	2001.5～2006.5
白鱼粉	智利·福建星进出口公司（美国）福州联系处	粗蛋白≥65%，粗脂肪≤12%，水分≤10%	(2001) 外饲准字207号	2001.5～2006.5

（续）

商品名称	产地及代理商	登记主要成分及含量	批准文号	有效期
红鱼粉	智利·福建大昌盛饲料有限公司	粗蛋白≥60%，粗脂肪≤10%，水分≤12%	(2001) 外饲准字208号	2001.5～2006.5
白鱼粉	冰岛·广州环亚太有限公司	粗蛋白≥65%，粗脂肪≤10%，水分≤10%	(2001) 外饲准字209号	2001.5～2006.5
白鱼粉	美国·福建省华洋水产集团公司	粗蛋白≥60%，粗脂肪≤10%，水分≤10%	(2001) 外饲准字210号	2001.5～2006.5
白鱼粉	挪威·厦门市顺和成贸易有限公司	粗蛋白≥60%，粗脂肪≤10%，水分≤10%	(2001) 外饲准字211号	2001.5～2006.5
白鱼粉	俄罗斯·厦门市顺和成贸易有限公司	粗蛋白≥65%，粗脂肪≤10%，水分≤10%	(2001) 外饲准字212号	2001.5～2006.5
白鱼粉	新西兰·香港泉兴国际发展有限公司	粗蛋白≥65%，粗脂肪≤10%，水分≤10%	(2001) 外饲准字213号	2001.5～2006.5
红鱼粉	俄罗斯·哈尔滨东宁丰佳贸易有限公司	粗蛋白≥68%，粗脂肪≤7.6%，水分≤8.4%	(2001) 外饲准字218号	2001.5～2006.5
鱼 粉	新西兰·辽宁新宁贸易有限公司	粗蛋白≥60%，粗脂肪≤15%，水分≤10%	(2001) 外饲准字219号	2001.5～2006.5
红鱼粉	秘鲁·营口嘉荣粮油饲料有限公司	粗蛋白≥60%，粗脂肪≤12%，水分≤10%	(2001) 外饲准字220号	2001.5～2006.5
红鱼粉	秘鲁·中国饲料集团公司	粗蛋白≥64%，粗脂肪≤12%，水分≤10%	(2001) 外饲准字223号	2001.5～2006.5
红鱼粉	智利·加拿大环球公司广州办事处	粗蛋白≥65%，粗脂肪≤10%，水分≤10%	(2001) 外饲准字224号	2001.5～2006.5
红鱼粉	智利·加拿大环球公司广州办事处	粗蛋白≥65%，粗脂肪≤10%，水分≤10%	(2001) 外饲准字225号	2001.5～2006.5
虾 粉	冰岛·香港环亚太有限公司	粗蛋白≥40%，粗脂肪≤10%，水分≤13%	(2001) 外饲准字234号	2001.6～2006.6
红鱼粉	新西兰·广州市奇通工贸公司	粗蛋白≥63%，粗脂肪≤10%，水分≤10%	(2001) 外饲准字236号	2001.5～2006.5
白鱼粉	新西兰·福建大昌盛饲料有限公司	粗蛋白≥60%，粗脂肪≤10%，水分≤10%	(2001) 外饲准字237号	2001.6～2006.6
红鱼粉	新西兰·福建大昌盛饲料有限公司	粗蛋白≥60%，粗脂肪≤10%，水分≤10%	(2001) 外饲准字238号	2001.6～2006.6
红鱼粉	智利·广东中山统一企业有限公司	粗蛋白≥65%，粗脂肪≤10%，水分≤10%	(2001) 外饲准字239号	2001.6～2006.6
红鱼粉	秘鲁·中国饲料在线（大连）	粗蛋白≥62%，粗脂肪≤12%，水分≤10%	(2001) 外饲准字249号	2001.6～2006.6
红鱼粉	秘鲁·上海智玮贸易有限公司	粗蛋白≥62%，粗脂肪≤12%，水分≤10%	(2001) 外饲准字251号	2001.6～2006.6
红鱼粉	智利·广东中山统一企业有限公司	粗蛋白≥65%，粗脂肪≤12%，水分≤10%	(2001) 外饲准字258号	2001.6～2006.6
红鱼粉	智利·广东中山统一企业有限公司	粗蛋白≥65%，粗脂肪≤12%，水分≤10%	(2001) 外饲准字259号	2001.6～2006.6
乌贼肝脏粉	日本·厦门南顺进出口贸易有限公司	粗蛋白≥50%，粗脂肪≤20%，水分≤10%	(2001) 外饲准字267号	2001.6～2006.6
阿拉斯加白鱼粉	美国·高龙集团股份有限公司	粗蛋白≥60%，粗脂肪≤12%，水分≤12%	(2001) 外饲准字268号	2001.6～2006.6
白鱼粉	美国·日本水产株式会社北京代表处	粗蛋白≥65%，粗脂肪≤10%，水分≤10%	(2001) 外饲准字272号	2001.6～2006.6

（续）

商品名称	产地及代理商	登记主要成分及含量	批准文号	有效期
阿拉斯加白鱼粉	美国·日本水产株式会社北京代表处	粗蛋白≥65%，粗脂肪≤10%，水分≤10%	(2001) 外饲准字273号	2001.6～2006.6
白鱼粉	法鲁群岛·高龙集团股份有限公司	粗蛋白≥60%，粗脂肪≤12%，水分≤12%	(2001) 外饲准字276号	2001.6～2006.6
白鱼粉	俄罗斯·日本水产株式会社北京代表处	粗蛋白≥62%，粗脂肪≤10%，水分≤10%	(2001) 外饲准字277号	2001.6～2006.6
红鱼粉	秘鲁·加拿大环球公司广州办事处	粗蛋白≥65%，粗脂肪≤10%，水分≤10%	(2001) 外饲准字290号	2001.6～2006.6
红鱼粉	秘鲁·北京通标标准技术服务有限公司	粗蛋白≥65%，粗脂肪≤12%，水分≤10%	(2001) 外饲准字292号	2001.6～2006.6
金枪鱼粉	美国·香港宏俊中国有限公司	粗蛋白≥53%，粗脂肪≤12%，水分≤10%	(2001) 外饲准字312号	2001.8～2006.8
红鱼粉	秘鲁·北京通标标准技术服务有限公司	粗蛋白≥65%，粗脂肪≤12%，水分≤10%	(2001) 外饲准字313号	2001.8～2006.8
红鱼粉	秘鲁·北京通标标准技术服务有限公司	粗蛋白≥65%，粗脂肪≤12%，水分≤10%	(2001) 外饲准字314号	2001.8～2006.8
白鱼粉	秘鲁·北京通标标准技术服务有限公司	粗蛋白≥65%，粗脂肪≤12%，水分≤10%	(2001) 外饲准字315号	2001.8～2006.8
红鱼粉	巴拿马·中国饲料在线(大连)	粗蛋白≥57%，粗脂肪≤14%，水分≤10%	(2001) 外饲准字321号	2001.8～2006.8
白鱼粉	阿根廷·中国饲料在线(大连)	粗蛋白≥57%，粗脂肪≤14%，水分≤10%	(2001) 外饲准字322号	2001.8～2006.8
白鱼粉	冰岛·福建大昌盛饲料有限公司	粗蛋白≥55%，粗脂肪≤12%，水分≤12%	(2001) 外饲准字323号	2001.8～2006.8
鱼精粉	日本·福建大昌盛饲料有限公司	粗蛋白≥55%，粗脂肪≤7%，水分≤10%	(2001) 外饲准字324号	2001.8～2006.8
干贝精粉	日本·福建大昌盛饲料有限公司	粗蛋白≥50%，粗脂肪≤15%，水分≤10%	(2001) 外饲准字325号	2001.8～2006.8
白鱼粉	美国·厦门市裕富利贸易有限公司	粗蛋白≥65%，粗脂肪≤10%，水分≤10%	(2001) 外饲准字331号	2001.8～2006.8
白鱼粉	新西兰·香港环亚太有限公司	粗蛋白≥65%，粗脂肪≤10%，水分≤10%	(2001) 外饲准字332号	2001.8～2006.8
红鱼粉	智利·厦门金屿发展有限公司	粗蛋白≥65%，粗脂肪≤10%，水分≤10%	(2001) 外饲准字334号	2001.8～2006.8
红鱼粉	智利·青岛乐施营养添加剂有限公司	粗蛋白≥67%，粗脂肪≤10%，水分≤10%	(2001) 外饲准字337号	2001.8～2006.8
曼哈顿红鱼粉	美国·正大中国投资有限公司	粗蛋白≥60%，粗脂肪≤10%，水分≤10%	(2001) 外饲准字346号	2001.8～2006.8
俄罗斯白鱼粉	俄罗斯·中水集团远洋股份有限公司	粗蛋白≥60%，粗脂肪≤10%，水分≤10%	(2001) 外饲准字348号	2001.8～2006.8
红鱼粉	纳米比亚·香港环亚太有限公司	粗蛋白≥60%，粗脂肪≤10%，水分≤10%	(2001) 外饲准字353号	2001.8～2006.8
红鱼粉	印度尼西亚·香港环亚太有限公司	粗蛋白≥60%，粗脂肪≤10%，水分≤10%	(2001) 外饲准字354号	2001.8～2006.8
红鱼粉	印度尼西亚·晋江奇美礼品宠物工业有限公司	粗蛋白≥55.8%，粗脂肪≤16%，水分≤10%	(2001) 外饲准字355号	2001.8～2006.8
红鱼粉	智利·福州世顺贸易有限公司	粗蛋白≥65%，粗脂肪≤12%，水分≤10%	(2001) 外饲准字356号	2001.8～2006.8

（续）

商品名称	产地及代理商	登记主要成分及含量	批准文号	有效期
白鱼粉	俄罗斯·福建大昌盛饲料有限公司	粗蛋白≥60%，粗脂肪≤12%，水分≤10%	（2001）外饲准字357号	2001.8～2006.8
虾粉	冰岛·福建大昌盛饲料有限公司	粗蛋白≥33%，粗脂肪≤5%，水分≤12%	（2001）外饲准字358号	2001.8～2006.8
白鱼粉	加拿大·美国动物蛋白及油脂提炼协会	粗蛋白≥65%，粗脂肪≤12%，水分≤10%	（2001）外饲准字363号	2001.8～2006.8
现代鱿鱼肝粉	韩国·珠海金银来饲料有限公司	粗蛋白≥45%，粗脂肪≤16%，水分≤10%	（2001）外饲准字367号	2001.8～2006.8
红鱼粉	秘鲁·大昌洋行（上海）有限公司	粗蛋白≥67%，粗脂肪≤10%，水分≤10%	（2001）外饲准字370号	2001.9～2006.9
白鱼粉	波兰·福建华闽进出口公司	粗蛋白≥65%，粗脂肪≤10%，水分≤10%	（2001）外饲准字372号	2001.9～2006.9
白鱼粉	智利·厦门金屿发展有限公司	粗蛋白≥65%，粗脂肪≤10%，水分≤10%	（2001）外饲准字373号	2001.9～2006.9
红鱼粉	秘鲁·北京通标标准技术服务有限公司	粗蛋白≥65%，粗脂肪≤12%，水分≤10%	（2001）外饲准字379号	2001.9～2006.9
红鱼粉	秘鲁·北京通标标准技术服务有限公司	粗蛋白≥65%，粗脂肪≤12%，水分≤10%	（2001）外饲准字380号	2001.9～2006.9
红鱼粉	秘鲁·北京通标标准技术服务有限公司	粗蛋白≥65%，粗脂肪≤12%，水分≤10%	（2001）外饲准字381号	2001.9～2006.9
红鱼粉	秘鲁·北京通标标准技术服务有限公司	粗蛋白≥65%，粗脂肪≤12%，水分≤10%	（2001）外饲准字382号	2001.9～2006.9
红鱼粉	秘鲁·北京通标标准技术服务有限公司	粗蛋白≥65%，粗脂肪≤12%，水分≤10%	（2001）外饲准字383号	2001.9～2006.9
白鱼粉	秘鲁·北京通标标准技术服务有限公司	粗蛋白≥65%，粗脂肪≤12%，水分≤10%	（2001）外饲准字384号	2001.9～2006.9
白鱼粉	秘鲁·北京通标标准技术服务有限公司	粗蛋白≥65%，粗脂肪≤12%，水分≤10%	（2001）外饲准字385号	2001.9～2006.9
白鱼粉	秘鲁·北京通标标准技术服务有限公司	粗蛋白≥65%，粗脂肪≤12%，水分≤10%	（2001）外饲准字386号	2001.9～2006.9
白鱼粉	秘鲁·北京通标标准技术服务有限公司	粗蛋白≥65%，粗脂肪≤12%，水分≤10%	（2001）外饲准字388号	2001.9～2006.9
白鱼粉	秘鲁·北京通标标准技术服务有限公司	粗蛋白≥67%，粗脂肪≤10%，水分≤10%	（2001）外饲准字389号	2001.9～2006.9
红鱼粉	秘鲁·北京通标标准技术服务有限公司	粗蛋白≥65%，粗脂肪≤12%，水分≤10%	（2001）外饲准字395号	2001.9～2006.9
白鱼粉	秘鲁·北京通标标准技术服务有限公司	粗蛋白≥65%，粗脂肪≤10%，水分≤10%	（2001）外饲准字396号	2001.9～2006.9
白鱼粉	智利·厦门金屿发展有限公司	粗蛋白≥65%，粗脂肪≤10%，水分≤10%	（2001）外饲准字397号	2001.9～2006.9
红鱼粉	秘鲁·美国加乐比蛋白质制品国际有限公司上海代表处	粗蛋白≥60%，粗脂肪≤14%，水分≤10%	（2001）外饲准字407号	2001.11～2006.11
阿根廷白鱼粉	阿根廷·山东省中鲁远洋渔业股份有限公司	粗蛋白≥60%，粗脂肪≤8%，水分≤10%	（2001）外饲准字409号	2001.11～2006.11
俄罗斯白鱼粉	俄罗斯·山东省中鲁远洋渔业股份有限公司	粗蛋白≥60%，粗脂肪≤8%，水分≤10%	（2001）外饲准字410号	2001.11～2006.11

（续）

商品名称	产地及代理商	登记主要成分及含量	批 准 文 号	有 效 期
澳大利亚白鱼粉	澳大利亚·福建大昌盛饲料有限公司	粗蛋白≥60%，粗脂肪≤12%，水分≤10%	（2001）外饲准字 411 号	2001.11～2006.11
阿拉斯加白鱼粉	美国·福建大昌盛饲料有限公司	粗蛋白≥60%，粗脂肪≤12%，水分≤10%	（2001）外饲准字 412 号	2001.11～2006.11
红鱼粉	巴西·中外运国际贸易公司	粗蛋白≥63%，粗脂肪≤12%，水分≤10%	（2001）外饲准字 414 号	2001.11～2006.11
白鱼粉	秘鲁·北京通标标准技术服务有限公司	粗蛋白≥65%，粗脂肪≤10%，水分≤10%	（2001）外饲准字 418 号	2001.11～2006.11
红鱼粉	秘鲁·北京通标标准技术服务有限公司	粗蛋白≥65%，粗脂肪≤12%，水分≤10%	（2001）外饲准字 419 号	2001.11～2006.11
白鱼粉	秘鲁·北京通标标准技术服务有限公司	粗蛋白≥67%，粗脂肪≤10%，水分≤10%	（2001）外饲准字 428 号	2001.11～2006.11

（孔平涛　李国胜）

【矿物质饲料——饲料级磷酸盐】 我国饲料磷酸盐的发展始于20世纪60年代，经过40多年的发展，产量上有了很大的增长。到2001年，我国注册的磷酸氢钙生产企业达205家，年生产能力达229万t，2001年各省市的磷酸氢钙生产情况见下表。

2001年全国磷酸氢钙生产情况

地区	磷酸氢钙（t）	地区	磷酸氢钙（t）
河北	84 672	山西	8 110
辽宁	3 600	吉林	4 270
上海	682	江苏	36 975
浙江	136	安徽	9 483
福建	1 650	江西	4 200
山东	42 811	河南	2 720
湖北	90 600	湖南	6 550
广东	85	海南	3 453
广西	26 400	四川	766 395
贵州	67 800	云南	156 500
陕西	3 352	甘肃	1 500
青海	4 116	宁夏	100
新疆	1 450	**全国总计**	1 327 611

我国较大规模磷酸氢钙的生产厂家比较集中，目前，规模在5万t/年以上的磷酸氢钙厂家共有7家。

在饲料级磷酸盐中钙盐占95%以上，并以磷酸氢钙为主（占钙盐的90%），该产品不仅Ca、P含量高，而且比例适宜；居于第二位的磷酸二氢钙主要用于水产饲料，目前全国的年生产能力达12万t；磷酸三钙由于相对生物学效价较低，国内使用量很少，故市场份额很小。另外，用于饲料的磷酸盐还有磷酸钠盐、钾盐和铵盐，但由于它们的价格偏高，主要用于一些特种水产饲料或反刍饲料中，在饲料应用中所占的份额不大。

我国饲料级磷酸盐应用中存在的问题：

（1）环境污染问题。磷酸盐添加到饲料中并不能被动物充分吸收，其中大部分磷会排到环境中造成污染，我国每年从畜禽粪便中排出的磷达250万t之多，是水体富营养化污染的主要原因之一。另外，国内磷矿的有效成分低，生产1t磷酸氢钙要排出3t左右的磷渣，全国每年将有300万t磷渣无法利用。

（2）氟含量超标。氟是动物必需的微量元素，但过量的氟对动物有严重危害。我国国家行业标准HG/T2636-2000中规定，饲料级磷酸氢钙中氟含量不得超过1 800mg/kg。由于饲料磷酸盐生产工艺中脱氟是成本的关键部分，因此一些不规范的小厂或不法商贩生产中不脱氟或少脱氟，往产品中加抗氟剂，使常规检测手段无法测出氟的含量，以逃避监督检验，这就致使国内市场饲料磷酸盐产品良莠不齐。

（3）生产能力严重过剩。我国由于前几年有许多企业盲目投资饲料磷酸盐行业，造成生产能力严重过剩，很多厂家处于停产或半开工状态。饲料磷酸盐产品的严重过剩，使市场价格一降再降，现企业出厂价格已基本接近生产成本，少数企业已低于生产成本倾销，给整个饲料磷酸盐行业蒙上了巨大的压力。

我国饲料磷酸盐工业的发展前景：当前我国饲料磷酸盐行业面临着巨大的挑战。一方面是来自新产品的压力。植酸酶添加于饲料中可使饲料植酸磷利用率达到80%以上，就可减少饲料中无机磷的添加量，从而减少动物磷排出造成的环境污染。随着植酸酶在饲料中的推广应用，将会占去饲料磷酸盐的部分市场份额；另一方面，国际竞争愈来愈激烈。国内饲料磷酸盐生产企业规模小、产量低、产品单一，产业链还不健全，无法与国外大型磷化工企业相比，尤其是加入世贸组织后，将会面临国外磷酸盐产品的巨大冲击。面对此种情况，就需要饲料磷酸盐企业采用先进技术，改进生产工艺，提高产品质量，生产无（低）污染产品，严把质量关，做到以质取胜；另一方面，降低生产成本，加快产品的更新换代，提高企业的市场竞争力，迎接国外产品和生物技术新产品的挑战。

（李艳玲）

饲料添加剂工业概况

营养性饲料添加剂

【饲料级氨基酸】 氨基酸作为一种重要的饲料营养成分，目前工业化生产并大量添加于饲料中的主要是赖氨酸和蛋氨酸，另外，苏氨酸和色氨酸也有少量添加。

1. 赖氨酸。饲料用赖氨酸是L-赖氨酸盐，它是白色结晶，L-赖氨酸盐纯度为98%，其中含赖氨酸78%，L-赖氨酸盐含氮量15.3%，粗蛋白质95.8%。畜禽仅能利用L－赖氨酸，不能利用D－赖氨酸，购买时应加以注意。在玉米-豆粕型猪日粮中赖氨酸为第一限制性氨基酸。

我国赖氨酸产业起步于20世纪90年代初，由当初的几千吨产量发展到2001年的33 985t。主要的生产厂家有福建泉州大泉赖氨酸有限公司、四川川化味之素有限公司、长春大成生化工程开发有限公司等企业。目前我国赖氨酸企业整体看，生产规模偏小，生产成本较高，从技术上与国外先进水平还有一定差距，国内产量还远不能满足饲料工业的需求，其缺口主要靠进口来解决，2001年赖氨酸进口量高达7.36万t。

我国的赖氨酸产业经过几年的发展，呈现出良好的发展态势，但从1997年开始至今，价格波动较大。1997年，赖氨酸价格远远高出国际市场平均价格；1998年，我国赖氨酸市场开始急转直下，国内企业开工不足，赖氨酸价格出现了全球罕见的低迷情况，其主要原因是来自国外的赖氨酸以超出常规的低价大量涌入中国市场，且数量增长幅度惊人。至2001年，赖氨酸进口量达到国内产量的2倍多。面对此种情况，一方面，国内赖氨酸企业需学习先进生产技术，改进生产工艺，提高生产效率，降低生产成本，以增强企业的国际市场竞争力，改变目前赖氨酸供给的进口依赖型局面；另一方面，需寻求新的途径，如开发推广高赖氨酸玉米，以最终实现赖氨酸需求的国内供给。

2. 蛋氨酸。蛋氨酸又称甲硫氨基酸或甲硫基丁氨酸。D型和L型蛋氨酸对畜禽有同等生物学活性，工业生产的是DL－蛋氨酸，为白色片状结晶或粉末，DL－蛋氨酸纯度为98%，含氮量9.4%，即粗蛋白58.6%。目前，世界上饲料用蛋氨酸的构型有DL－蛋氨酸、羟基蛋氨酸、羟基蛋氨酸钙盐和N－羟甲基蛋氨酸。在禽类的玉米-豆粕型日粮中，蛋氨酸为第一限制性氨基酸。我国的蛋氨酸生产只有天津罗纳普朗克蛋氨酸有限公司一家，2001年的年产量为1 800t，饲料用蛋氨酸主要依赖国外进口，2001年全年蛋氨酸进口量为57 673t。今后我国还需加强蛋氨酸生产的建设，以打破国际市场对我国蛋氨酸市场的垄断。

3. 苏氨酸和色氨酸。苏氨酸和色氨酸也是动物的必需氨基酸。随着赖氨酸和蛋氨酸合成品在配合饲料中的广泛应用，苏氨酸和色氨酸逐渐成为动物日粮中主要的限制性氨基酸。目前，国内外都有试验研究苏氨酸和色氨酸在日粮中的适宜添加量，随着研究工作的深入和完善，今后工业化生产的苏氨酸和色氨酸逐步应用于饲料将成为一种必然趋势。

（李艳玲）

【饲料级维生素】 维生素是维持人体正常生命活动和正常生长发育所需的一类化学结构各异的有机化合物，是人体必需的营养素。目前，维生素在其他领域的应用量可以说已远远超过了在医疗领域的应用。主要维生素饲料添加剂生产情况如下：

1. 维生素A 目前VA产品全国总产量为1 137 t，主要用于医药、饲料行业，国内约80%以上的产品用于动物饲料。生产厂家有：巴斯夫（沈阳）维生素公司、罗氏泰山（上海）维生素厂、浙江新和成股份有限公司。现在生产能力最大的是浙江新和成股份有限公司，占全国生产能力的65%左右，而产量占全国总产量的97%。

2. 维生素 B_1 B_1 又称硫胺（Thiamine）是人体必需营养物质。鉴于人与动物的体内不能合成，天然食物中 VB_1 在加工或烹调过程会大量破坏，必须从体外摄入。VB_1 在食品和饲料工业中用量也逐年增加。国内目前 VB_1 的生产厂家主要有两家：湖北华中制药厂，年生产能力近千吨，2001年 VB_1 盐酸盐170t，VB_1 硝酸盐440t；东北制药总厂的年生产能力也是近千吨，2001年 VB_1 盐酸盐195t，VB_1 硝酸盐483t。VB_1 制剂有5mg、10mg片剂，50mg、100mg注射剂。

3. 维生素C 近年来，国内VC生产发展迅速，产量猛增，实际年产量由上世纪80年代的5 794t扩大到现在的近5万t。通过这几年VC市场的激烈竞争，国内的一些小企业纷纷倒闭，目前有生产能力的厂家14家，2001年生产的厂家只有8家，其中产量万吨以上的仅3家，依次为江苏华源药业有限公司（靖江葡萄糖厂）、东北制药总厂、石家庄制药集团有限公司。VC是我国两大战略品种之一，是出口创汇的拳头产品，出口量占国内总产量的80%以上，每年为国家创造上亿美元的外汇收入，创汇额居我国医药商品之首，在国际市场上占有十分重要的地位。近年来，我国VC外销市场峰回路转，出口由滞转畅。从1998年下半年开始，我国VC出口量呈稳步递增的良好势头。据有关方面统计数据显示，去年，我国VC出口量继续增长，主要销往美国和欧洲。近年来，VC出口形势转好的主要原因：一是经过近两年调整，初步形成规模，无序竞争受到遏制，获准经营出口VC的企业已减少，保证了出口的顺畅；二是VC生产企业从改革入手，改机制、抓管理、上质量、减内耗，降低成本，增强了市场竞争能力；三是由于国际市场上VC价格大战已进入调整期，价格从1999年开始已出现缓升态势，形势正在向好的方面发展。

4．维生素E　VE是发展最快的维生素产品之一，自上世纪80年代以来VE一直是世界医药市场上的热销品种。随着人们崇尚天然食品浪潮的掀起，天然VE越来越受到人们的青睐，各生产商均认为必须扩大生产以满足天然VE未来的高增长。2001年VE国内有5个生产厂家。从目前看，我国VE用在饲料中约占50%～70%、，食品化妆品用量约占10%，少量出口，余者作为药用。国内合成VE生产随着中间体依赖进口发展到完全配套，技术水平逐渐提高，生产成本逐步降低。我国VE与国外同品种相比较，上世纪80年代初期无论产量，质量，成本上差距都是很大的。而今生产技术水平，产品质量与国外相差不大，VE收率国内各生产厂家均在95%以上。因此，从产量、能力、质量、成本等方面来说，我国与国外已无多少差距。但是从品种上看，国外品种有dl-a-游离VE、d-a-游离VE、dl-a-VE醋酸酯、d-a-VE醋酸酯；VE衍生物有VE烟酸酯、琥珀酸酯、亚油酸酯等，制剂品种有23种之多，其中有胶囊片剂、粉剂、颗粒、微囊乳剂、针剂等。而我国目前只有dl-a-型，衍生物只有VE烟酸酯，制剂仅有片剂、胶丸，50%VE粉（饲料用）等品种，远远不及国外，而且，我国VE在医疗，食品，饲料，化妆品，塑料等各种工业上的应用还有待于进一步开发。

5．维生素B_{12}　VB_{12}是结构最为复杂的一个维生素品种，生产上采用生物发酵方法制备。主要由美国Glaxo、法国Roussel-Uclaf、Rhone-Poulec、美国Merck S&D、中国华北制药集团和匈牙利Medimpex等公司生产。国际市场VB_{12}的总用量中的约50%为兽用。我国目前生产VB_{12}的主要厂家有华北制药集团、石家庄制药集团，其中华北制药集团约占90%。

6．维生素B_6　VB_6在美国用于营养补剂，强化食品及动物饲料添加剂。国外主要生产厂有瑞士的Hoffmann-LaRoche，BASF，Merek和日本第一制药株式会社。2001年国内年产量为748t，主要生产企业是罗氏新亚（上海）维生素公司和湖北咸宁第二制药厂。VB_6制剂有片剂：10mg；注射剂：25mg（1ml）；50mg（1ml）；100mg（2ml）霜剂：每支12mg，还有复合维生素片剂、注射剂。

7．维生素B_2　国内的VB_2生产厂家主要是湖北广济药厂，生产规模在1 000t以上，2001年的产量为1 027t，是仅次于罗氏、BASF之后世界第3大生产厂。国内的生产企业还有天津太河制药有限公司等。VB_2的制剂有片剂：5mg，10mg二种规格；针剂：1mg（2ml），2mg（2ml），10mg（5ml）。

8．维生素K_1　国外主要生产厂家有Roche、Merck、Eisai和Nishin Chemical。国内生产厂家主要是山东省青州蚕桑生化研究所，生产规模在30t左右，2001年产量为1.65t。

9．维生素P（Vpp）　烟酸和烟酰胺统称Vpp。VP的产量中约35%为药用，饲料约50%，食品和其他用途占15%。国内烟酸和烟酰胺的生产企业有：北京第二制药厂、天津太河制药有限公司、厦门第二制药厂、广州龙沙精细化工厂、河北张家口市泰康制药厂、安徽朝阳制药厂。2001年全国烟酸产量89t，主要由厦门第二制药厂生产；烟酰胺产量4 630t，主要由广州龙沙精细化工厂生产。

附表：2000—2001年中国维生素类产品产量及生产能力

产品名称	生产单位	计量单位	2000年		2001年	
			产量	能力	产量	能力
维生素类药		t	64 611.463	79 919.460	71 115.757	83 727.000
维生素A醋酸酯		t	895.020	4 354.000	1 137.680	4 354.000
	辽宁　巴斯夫（沈阳）维生素公司	t	56.150	154.000	15.880	154.000
	上海　罗氏泰山（上海）维生素厂	t	—	1 400.000	17.160	1 400.000
	浙江　浙江新和成股份有限公司	t	838.870	2 800.000	1 104.640	2 800.000
维生素B_1盐酸盐		t	257.651	678.000	372.000	580.000
	辽宁　东北制药总厂	t	89.651	198.000	195.000	200.000
	湖北　国有华中制药厂	t	168.000	380.000	177.000	380.000
	湖南　湖南省岳阳市制药三厂	t	—	100.000	—	—

（续）

产品名称	生产单位		计量单位	2000年		2001年	
				产量	能力	产量	能力
维生素 B_1 硝酸盐			t	812.516	555.000	923.000	1 200.000
	辽宁	东北制药总厂	t	324.916	55.000	483.000	700.000
		巴斯夫（沈阳）维生素公司	t	47.600	—	—	—
	湖北	国有华中制药厂	t	440.000	500.000	440.000	500.000
维生素 B_2			t	425.382	623.000	1 054.318	1 074.000
	天津	天津太河制药有限公司	t	28.812	150.000	27.318	44.000
	山西	山西集翔生物工程有限公司	t	1.700	30.000	0.000	30.000
	湖北	湖北广济药业股份有限公司	t	394.870	443.000	1 027.000	1 000.000
烟酸			t	188.434	706.000	89.409	706.000
	北京	北京第二制药厂	t	136.200	500.000	59.900	500.000
	天津	天津太河制药有限公司	t	3.394	16.000	3.520	16.000
	河北	张家口市泰康制药厂	t	—	20.000	—	20.000
	安徽	安徽朝阳制药厂	t	—	20.000	—	20.000
	福建	厦门第二制药厂	t	48.840	150.000	29.509	150.000
烟酰胺			t	3 867.512	3 650.000	4 629.593	3 650.000
	北京	北京第二制药厂	t	97.000	100.000	109.300	100.000
	福建	厦门第二制药厂	t	81.710	150.000	57.358	150.000
	广东	广州龙沙有限公司	t	3 688.802	3 400.000	4 459.415	3 400.000
维生素 B_5			t	—	—	131.000	
			t	—	—	131.000	
维生素 B_6			t	632.210	689.000	748.160	881.000
	上海	罗氏新亚（上海）维生素公司	t	520.700	521.000	613.800	631.000
	湖北	湖北省咸宁第二制药厂	t	111.510	168.000	134.360	190.000
	浙江	绍兴思贤制药有限公司	t			0.000	60.000
维生素 B_{12}			t	4.256	5.960	6.185	5.960
	河北	华北制药集团有限责任公司	t	3.764	4.780	5.550	4.780
		石家庄制药集团有限公司	t	0.473	1.000	0.635	1.000
	河南	河南省开封制药厂	t	0.019	0.180	0.000	0.180
右旋泛酸钙			t	108.731	300.000	321.846	482.000
	上海	上海四药有限公司	t	108.731	300.000	109.846	300.000
	浙江	横店康裕药业集团公司	t			212.000	182.000
重酒石酸胆碱			t	19.100	20.000	4.375	20.000
	吉林	柳河修正制药有限公司	t	19.100	20.000	4.375	20.000
维生素 C			t	41 181.437	55 830.000	48 754.183	56 270.000
	北京	北京中惠制药厂	t	2.400	—	2.400	—
	河北	华北制药集团有限责任公司	t	5 835.349	11 000.000	9 708.991	11 000.000
		石家庄制药集团有限公司	t	10 489.944	10 000.000	11 382.980	10 490.000
	辽宁	东北制药总厂	t	12 598.131	11 750.000	12 891.000	13 000.000
		沈阳东港制药有限公司	t	—	300.000	—	—
	吉林	吉林松源食品工业公司药厂	t	—	700.000	—	700.000
	黑龙江	佳木斯鹿灵制药有限公司	t	—	500.000	—	500.000
	上海	上海三维制药有限公司	t	1 923.359	2 000.000	1 175.675	2 000.000

（续）

产品名称	生产单位		计量单位	2000年		2001年	
				产量	能力	产量	能力
	江苏	华源药业有限公司（靖江葡萄糖厂）	t	9 684.132	10 000.000	13 595.537	10 000.000
	安徽	安徽四通生物医药有限公司	t	—	2 000.000	—	2 000.000
	江西	赣江制药有限责任公司	t	648.122	5 000.000	648.122	5 000.000
	山东	济南鲁药集团总公司	t	—	1 000.000	0.000	1 000.000
	河南	河南省商丘市哈森药业公司	t	—	180.000	—	180.000
	广西	广西南宁百会药业集团公司	t	—	400.000	—	400.000
维生素 D_2			t	0.543	1.500	0.814	1.700
	江西	赣南制药厂	t	0.192	0.900	0.220	0.900
	四川	四川省内江汇鑫实业总公司	t	0.283	0.500	0.438	0.800
		四川科德药业有限责任公司	t	0.068	0.100	0.156	—
维生素E醋酸酯			t	6 581.987	8 400.000	8 746.490	10 500.000
	辽宁	巴斯夫（沈阳）维生素公司	t	160.250	300.000	175.490	500.000
	江苏	无锡第二制药厂	t	—	100.000	—	100.000
	浙江	浙江医药股份公司新昌药厂	t	3 053.380	5 000.000	3 954.520	5 000.000
		浙江新和成股份有限公司	t	3 123.610	2 000.000	4 500.000	3 900.000
	重庆	西南合成制药总厂	t	244.747	1 000.000	0.020	1 000.000
	上海	上海三维制药有限公司	t			110.920	
维生素 K_1			t	1.910	5.000	1.654	30.000
	山东	山东省青州桑蚕育种厂	t	1.910	5.000	1.654	30.000
维生素 K_3			t	0.275	12.000	0.020	12.000
	上海	上海大众药业有限公司	t	0.275	12.000	0.000	12.000
	广东	广州侨光制药厂	t			0.020	
维生素 K_4			t	0.040	11.000	0.151	11.000
	上海	上海大众药业有限公司	t	0.040	5.000	0.151	5.000
	安徽	安徽华源朝阳药业有限公司	t	—	6.000	—	6.000
维生素M			t	160.232	180.000	68.488	170.000
	江苏	常熟市医药化工厂	t	72.250	80.000	68.488	70.000
		常州药业股份有限公司	t	87.982	100.000	87.982	100.000
维生素U			t	134.710	175.000	75.984	177.000
	吉林	柳河修正化学原料药厂	t	28.100	30.000	30.980	30.000
	上海	上海先锋药业公司	t	0.946	2.000	0.833	2.000
	江苏	中国药科大学制药有限公司	t	34.575	60.000	0.000	60.000
	河南	河南省三门峡市制药厂	t	63.530	75.000	39.420	75.000
	广西	广西南宁百会药业集团公司	t	7.559	10.000	4.751	10.000
长效维生素 B_1			t	12.530	10.000	13.230	10.000
	浙江	杭州民生药业集团有限公司	t	12.530	10.000	13.230	10.000
核黄素磷酸酯钠			t	1.114	16.000	5.207	8.000
	天津	天津太河制药有限公司	t	1.114	（16.000）	5.207	8.000
腺苷辅酶维生素 B_{12}			t	0.043	—	1.122	—
	河北	华北制药集团有限责任公司	t	0.020	—	0.011	—
		石家庄制药集团有限公司	t	0.023	—	0.011	—

（续）

产品名称	生产单位	计量单位	2000 年		2001 年	
			产量	能力	产量	能力
维生素 E 烟酸酯		t	11.687	8.000	5.900	8.000
	北京　北京第二制药厂	t	6.400	8.000	5.900	8.000
	辽宁　东北制药总厂	t	5.287	—	—	—
维生素 P		t	773.502	500.000	923.320	720.000
	山东　青岛泰东制药有限公司	t	240.350	500.000	487.820	500.000
	四川　四川光泰制药有限责任公司	t	118.600	—	125.000	100.000
	四川协力制药有限公司	t	177.752	—	82.400	—
	四川广松制药有限公司	t	236.800	—	203.100	—
	河南　豫东制药厂	t			8.000	
	泌阳制药厂	t			17.000	120.000
维生素 A 原油		t	28.000	50.000	28.000	50.000
	上海　罗氏泰山（上海）维生素药厂	t	28.000	50.000	28.000	50.000
维生素 E 粗油		t	107.000	200.000	107.000	200.000
	上海　罗氏三维（上海）维生素公司	t	107.000	200.000	107.000	200.000
维生素 A 酸		t	0.100	—	0.100	—
	上海　上海第六制药厂	t	0.100	—	0.100	—
维生素 C 钙		t	313.999	—	365.332	
	辽宁　东北制药总厂	t			53.250	
	江苏　江苏华源药业有限公司	t	313.999	—	312.082	—
盐酸呋喃硫胺		t	0.200	—	0.200	—
	上海　上海三维制药有限公司	t	0.200	—	0.200	—
维酶素		t	40.000	6.000	9.900	6.000
	河南　河南新星药业股份有限公司	t	40.000	—	—	—
	新乡制药股份有限公司	t			9.900	
	云南　昆明兴中制药厂	t	—	6.000	—	6.000
干酵母		t	4 948.310	—	4 948.310	—
	广东　江门市甘化厂集团股份公司	t	2 060.825	—	2 060.825	—
	江门生物技术开发公司	t	101.000	—	101.000	—
	江门市生物技术开发中心	t	1 204.000	—	1 204.000	—
	广东省雷州市制药厂	t	832.975	—	832.975	—
	广东省遂溪制药厂	t	749.510	—	749.510	—
维生素 E50		t	1 737.450	2 000.000	1 737.450	2 000.000
	上海　罗氏三维（上海）维生素公司	t	1 737.450	2 000.000	1 737.450	2 000.000
维生素 C-97		t	461.950	—	1 224.374	—
	辽宁　东北制药总厂	t			507.587	
	江苏　江苏华源药业有限公司	t	461.950	—	716.787	—
维生素 C 钠		t	903.632	—	903.632	—
	辽宁　东北制药总厂	t			411.206	
	江苏　江苏华源药业有限公司	t	903.632	—	881.579	—
维生素 C90		t			22.001	
	辽宁　东北制药总厂	t			8.001	
	江苏　江苏华源药业有限公司	t			14.000	
维生素 C 多聚磷酸脂		t			190.500	600.000
	安徽　安徽四通生物医药公司	t			190.500	600.000

（黄美珠）

【饲料级矿物质微量元素】 我国矿物质资源比较丰富，配合饲料所需的微量元素几乎都可生产。与其他类的添加剂相比，矿物质微量元素的生产工艺比较简单，尽管国内的需求在不断增加，但生产能力完全可以满足需要，而且生产水平还在不断提高，有些产品的结晶水已由7水减到1水，如氧化锌、硫酸铜等。再有氨基酸微量元素螯合物的生产也在不断增加。矿物质微量元素主要生产厂家见下表：

我国矿物质微量元素主要生产企业

产品	生产企业	生产能力(t/年)	备注
镁盐	上海宝达化工有限公司	10 000	硫酸镁
	山西南风化工集团股份有限公司	15 000	硫酸镁
	江苏省盐业公司灌东化工厂	10 000	硫酸镁
	天津长芦汉沽盐场有限责任公司	60 000	氯化镁
	辽宁盘锦兴海制药有限公司	5 000	碳酸镁
	江苏宜兴市东方精细化工厂	2 500	碳酸镁
铁盐	江苏镇江钛白粉厂	20 000	钛白付产
	北京北化精细化学品有限责任公司		硫酸亚铁
	南京油脂化工厂	1 000	硫酸亚铁
	济南裕兴化工总厂	70 000	硫酸亚铁
	湖北省襄樊市无机化工总厂	12 000	硫酸亚铁
	安徽铜化集团宏大化工有限公司	2 000	硫酸亚铁
铜盐	北京北化精细化学品有限责任公司	100	硫酸铜
	天津市兽药二厂	5 000	硫酸铜
	上海科昌精细化学品公司	100	硫酸铜
	四川省双流县磷肥厂	200	硫酸铜
	安徽铜陵有色金属集团公司	2 500	硫酸铜
	山东烟台金河实业有限公司	1 500	硫酸铜
	大连瓦房店市化工厂	1 000	硫酸铜
锌盐	北京北化精细化学品有限责任公司	200	硫酸锌
	广西柳州锌品集团		氧化锌
	江苏扬州天龙化工有限公司	10 000	氧化锌
	山东招远市新亚化工厂	300	硫酸锌
	河北省高邑县国光化工厂	2 000	氧化锌
	江苏徐州化肥厂	3 000	硫酸锌
	广西西江化工有限责任公司	6 000	氧化锌
锰盐	北京北化精细化学品有限责任公司	1 000	硫酸锰
	长沙化工厂	80 000	硫酸锰
	云南蒙自氮肥厂	2 000	硫酸锰
	湖南省长沙县兴达化工厂	5 000	硫酸锰
	四川德阳柏隆化工厂	2 000	硫酸锰
钴盐	北京北化精细化学品有限责任公司	10	氯化钴
	上海科昌精细化学品厂		氯化钴
	上海缪城化学品厂	20	氯化钴
	江苏阜宁化工厂	60	氯化钴
	大连太平洋钴镍品厂		氯化钴
	浙江湖州第二化工厂	100	氯化钴

（续）

产品	生产企业	生产能力（t/年）	备注
硒盐	北京北化精细化学品有限责任公司		
	上海金山区兴塔美兴化工厂	50	亚硒酸钠
	陕西省石油化工研究设计院	20	亚硒酸钠
	成都龙泉微量元素厂		
碘盐	北京北化精细化学品有限责任公司		碘化钾
	浙江仙居制药厂三分厂	15	碘化钾
	重庆化学试剂总厂	5	碘化钾
	东北制药厂		
	浙江杭州电化集团叶绿素厂		
	天津制药厂		

随着配合饲料、浓缩饲料和添加剂预混料产量的增加，以及饲养水平的不断提高，矿物质微量元素的消费量越来越大。根据2001饲料工业的生产情况，全国矿物质微量元素的消费量已超过30万t，其中用量较大的产品有硫酸镁、硫酸亚铁、硫酸锌和硫酸锰4类产品，分别为6.5万t、7.5万t、6.5万t和6.5万t，约占总消费量的85%。

（韩秋燕）

非营养性饲料添加剂

【抗氧剂】 空气中的氧是造成饲料中的脂肪、蛋白质、碳水化合物及维生素等变质腐败的诱因。氧化变质的饲料产生异味，不仅影响饲料的适口性、降低采食量，甚至引起拒食。即使食入后也因影响及有效成分被破坏而降低饲料的营养价值，同时也会损害动物的健康。在饲料中添加抗氧剂即可防止饲料氧化变质，因此抗氧剂又称饲料保存剂中的一个组成部分。我国已批准使用的抗氧化剂是乙氧基喹啉（乙氧喹）、二丁基羟基甲苯（BHT）、丁基羟基茴香醚（BHA）和没食子酸丙酯4个品种。由于价格的原因，主要使用的是乙氧喹。它不仅用于配合饲料，还较大量地用于鱼粉中。我国乙氧喹主要用作饲料抗氧化剂，少量用作水果保鲜及其他，BHT则主要用作食品抗氧化剂，饲料中应用量不大。

乙氧喹生产企业有：上海市长征第二化工厂、上海福达精细化工有限公司、广州天科科技有限公司、江苏中丹化工集团、南通利田化工有限公司、珠海和丰精细化工有限公司。其中江苏中丹化工集团、南通利田化工有限公司年生产能力为2 000t左右。BHT生产企业有：上海化原精细化工有限公司（原向阳化工厂），年生产能力1 700t；辽宁滨河化工有限公司（原滨河化工厂）年生产能力2 000t；上海益民食品四厂。

1991年以来，我国共批准进口抗氧剂饲料添加剂10余种，主要是乙氧喹和BHT及其他成分，如BHA和PG等的复配物。近年来，由于饲料的卫生受到关注，因此抗氧剂的使用增加比较快。2001年估计用量近4 000t，其中乙氧喹的使用量占90%以上，由于BHT的价格较高，因此用量非常有限。复合型抗氧化剂的各组份可发挥协同作用，增强抗氧效果。近年来，已开发多种复合型抗氧剂，如加入异维生素C、TBHQ及柠檬酸等组份，上海长征第二化工厂研制的“克氧灵”已经面市；北京桑普生物化工公司研制的“抑氧”，广州天科科技有限公司研制的“天科素”抗氧灵等，由单一型转向复合型是今后发展的方向。

（韩秋燕）

【防腐剂】 饲料中含有丰富的蛋白质、淀粉、维生素等营养成分，在高湿高温的条件下，容易因微生物的繁殖而产生腐败霉变。霉变的饲料不仅影响适口性、降低采食量，还会影响饲料的营养价值，而且霉菌分泌的毒素还会引起畜禽拒食、呕吐、腹泻、生长停滞以至死亡。因此，在雨季和夏季生产和贮存配合饲料都需加入防腐防霉剂。我国已正式批准使用的防腐剂5类13个品种，即丙酸类包括丙酸、丙酸钠和丙酸钙；甲酸类包括甲酸、甲酸钠和甲酸钙；柠檬酸类包括柠檬酸钠；乳酸类包括乳酸、乳酸钙和乳酸亚铁；富马酸。目前配合饲料主要使用丙酸类，青贮饲料则主要使用的是甲酸类。近几年来，使用双乙酸钠作为防腐剂有所发展。上述产品的主要生产厂如下表。

主要防腐剂生产厂家情况表

产品	生产单位
丙酸盐类	黑龙江鹤岗市红旗精细化工厂
	江苏泰县食品化工厂
	杭州群力营养源厂
	福建泰宁县精细化工厂
	广州化学试剂二厂

（续）

产　品	生产单位
甲酸钠和甲酸钙	天津有机合成厂
	长春市化工五厂
	连云港锦屏化工厂
	株洲市有机化工厂
	广东省梅县化工厂
	淮安防霉剂厂
柠檬酸和柠檬酸钠	安徽丰原集团（原蚌埠柠檬酸厂）
	湖北黄石柠檬酸厂
	湖南宁乡石油化工厂
	无锡中亚化学有限公司
乳酸及乳酸钙	河南郸城生物化学厂
	湖北亚风乳酸集团
	无锡第二制药厂
	山西关宝乳酸有限公司
富马酸及其酯类	苏州合成化工厂
	河南周口地区科利达精细化工厂
	江苏省吴县牡丹化工厂
	宁夏正元精细化工有限公司
	广东增城康达斯化工有限公司
	安吉县吉达精细化工厂
双乙酸钠	上海市浦东区三维饲料添加剂厂
	上海科昌精细化学品公司
	山东周平康复福利有机化工厂
	青州市利龙饲料有限公司
	昌邑市友详动物保健品厂
	河南新乡石油化工厂

1991年以来，我国共批准进口防腐饲料添加剂数10种，主要是丙酸及其盐和与其他多种成分包括山梨酸、乙酸、苯甲酸等的复配物。2001年饲料工业中防腐剂用丙酸及其盐类约为1.4万t左右；甲酸及其盐1 300t，富马酸500t，双乙酸钠约1 000t，其他800t，总计1.76万t。其中进口丙酸10 078t，丙酸盐约3 100t。复合性防腐剂的各组份可发挥协同作用，拓展抗抑菌谱，增强防腐防霉效果。近些年来，国内多家厂商已开发多种配合饲料用复合型防腐蚀剂，如深圳市永鲜精细化工有限公司的“永鲜宝”和“霉天敌”，重庆威士化工有限公司的“克霉灵”，北京桑普生物化学技术公司的“除霉净”，上海邦成饲料科技有限公司的“霉克净”等。

（韩秋燕）

【电解质平衡剂】 电解质平衡剂是近年发展起来的一类饲料添加剂，其作用是保持动物体内的电解质平衡，促进动物的健康生长。此外，电解质平衡剂还具有一定的防腐、保鲜效果。目前饲料生产中使用的主要有柠檬酸、延胡索酸、乳酸、酒石酸、苹果酸等有机酸，以及磷酸等无机酸和复合酸，因此国外也将其归类为酸味剂。目前国内市场销售的进口复合酸味剂有：美国安肥1000，美国健宝、西班牙肥得乐，国内生产的酸味剂有珠海溢多利公司的“溢酸肥”、浙江东立事业公司的“溢香酸”、顺德市惠牧生物技术有限公司的“得酸肥”等产品。

我国是世界上柠檬酸生产能力最大的国家，年出口柠檬酸近30万t，生产能力完全可以满足饲料工业的需要。我国乳酸的生产近年来也取得了较大的进步，现有生产单位10余家，最大装置生产能力已近2万t/年，并且可以生产L-型乳酸。其他无机酸的生产也完全可以满足需要。此外，碳酸氢钠、氢氧化钠和氢氧化铵也可作为电解质平衡剂，调节动物体内的pH值。我国这些产品的生产能力很大，可满足配合饲料工业需要。随着人们对饲料添加剂安全性的重视，预计这类产品的市场发展潜力很大。

（韩秋燕）

【着色剂】 随着畜产品竞争的加剧，饲养者为了改变产品的外观，扩大产品的销售，越来越多地使用具有特殊功能的色素，如用于水产养殖的虾青素。目前我国批准使用的色素有β-胡萝卜素、虾青素、辣椒红、叶黄素和斑蝥黄等6种产品，主要用于家禽和水产饲料以及宠物饲料。其中用量较大的品种是柠檬黄，虾青素。由于β-胡萝卜素、辣椒红等价格较高，因此难以在饲料生产中使用。由于色素的使用基本不能改进畜产品的营养价值，而且如不能严格按国家规定添加允许使用的色素，而用一些工业用染料或颜料，还会带来不良的后果，因此国家不鼓励配合饲料中大量使用色素。但由于畜产品的色泽是给消费者最直接的第一观感，因此色素的使用在不断增加。2001年的消费量在120t左右。

目前色素的重点生产企业有天津市恒泽化工科技有限公司、杭州民生药厂添加剂分厂及广州威尔斯饲料集团有限公司等企业。此外，食用色素完全可以用于饲料生产中，除天然食用色素外，我国现合成食用色素的生产能力较大，在满足食品工业需要的同时，可以满足饲料工业的需要。我国合成食用色素技术力量较强、生产能力较大的单位是上海染料研究所和天津染料研究所。由于担心合成色素的安全性，天然色素和仿天然色素将越来越受到重视。我国已批准的进口色素也比较多，如德国BASF公司的“露康定红”和“露康定黄”，瑞士的“加丽黄”和“加丽红”，展屏发展（中国）有限公司的“金碧黄”、“金碧红”等产品。总之，色素的供应是充足的。

（韩秋燕）

【粘结剂】 粘结剂也称赋型剂，是生产颗粒饲料特别是水产饲料必不可少的添加剂。近年来，由于我国水产养殖业的发展，促进了粘结剂的发展。根据来源不同粘结剂分天然和人工合成两大类。根据我国的规定，有海藻酸钠和α-淀粉、羧甲基纤维素钠（CMC）以及聚丙烯酸钠等。α-淀粉是目前用量较大的一种粘结剂，上世纪80年代末由于水产养殖业的需要，广东佛山溶剂厂等单位建设了小规模的生产线。随着水产养殖业的迅速发展，全国水产饲料的生产量越来越大，1994年佛山溶剂厂进行了扩建，使其α-淀粉的生产能力达到1万 t/年。目前，全国现有生产单位20余家，主要有广东佛山溶剂厂、广西明阳淀粉厂，总计生产能力为15万 t/年左右，2001年全国产量约8.5万 t，主要α-淀粉粘结剂生产企业的情况如下表。

主要α-淀粉粘结剂生产企业情况表

企业名称	生产能力（t/年）
广东佛山溶剂厂	10 000
福建怡昌公司	10 000
山西沅达公司	10 000
广西明阳淀粉厂	3 000
江苏省东台市港淀粉厂	3 000

海藻酸钠是一种性能优良的粘结剂，但由于受原料来源的限制，其产量低于α-淀粉，但价格高于α-淀粉。我国现有海藻酸钠生产企业20余家，但生产规模均比较小，主要分布在山东、福建、浙江等沿海地带，2001年全国海藻酸钠的总产量为8 000t左右，大量产品供应出口，少量用于食品加工。主要海藻酸钠黏结剂生产企业的生产情况见下表。

主要海藻酸钠粘结剂生产企业生产情况表

企业名称	生产能力（t/年）	2001年产量（t）
青岛黄海海藻工业公司	3 500	3 000
中国人民解放军第九七三三工厂	1 100	900
山东日照洁晶（集团）股份有限公司	3 500	3 200
山东乳山市黄海化工厂	500	350

目前，全国羧甲基纤维素钠的生产厂家达40余家，总生产能力在6万 t/年以上，2001年产量约5万 t，除用于饲料生产外，大量用于建筑和食品工业中。2001年主要羧甲基纤维素钠粘结剂生产企业的情况见下表。

主要羧甲基纤维素钠粘结剂生产企业情况表

企业名称	生产能力（t/年）	2001年产量（t）
苏州益民化工厂	2 000	1 500
上海青东化工厂	5 400	3 500
上海赛璐璐厂	3 000	2 200
浙江省临海市龙华化工厂	1 500	900
泰安市九龙化工总厂	1 000	700
重庆桥丰化工厂	6 000	3 400
四川泸州化工厂	2 300	1 000

（韩秋燕）

【抗结块剂】 为防止加工和贮存过程因水份变化而造成饲料结块，影响饲料质量而使用的添加剂为抗结块剂。此外，一些添加剂或添加剂预混料也将这类物质用作载体，以防止添加剂变性和结块。目前我国批准使用的抗结块剂有二氧化硅、硬酯酸钙、硅酸钠和硅酸钙等。我国长江以南地区由于气候的原因，常年湿度较大，如不对饲料进行适当的处理，极易结块，而长江以南的广东、江苏、上海、江西、四川、湖南和湖北又是我国配合饲料和养殖业比较发达的地区，因此对抗结块剂的需求量较大。我国现有数百家工厂可生产以上4种产品，主要抗结块剂生产厂家情况如下表。

主要抗结块剂生产厂家情况表

企业名称	产品	能力（t/年）
上海牙膏厂有限公司	二氧化硅	2 000
茂名高岭土工业有限公司	二氧化硅	150 000
江苏兰陵化工（集团）公司	二氧化硅	1 500
北京市红星泡花碱厂	硅酸钠	50 000
天津市泡花碱厂	硅酸钠	56 000
内蒙乌海化工厂	硅酸钠	20 000
锦州化工三厂	硅酸钠	20 000
上海星火化工厂	硅酸钠	72 000
南京无机化工厂	硅酸钠	15 000
江苏德邦化学工业集团有限公司	硅酸钠	10 000

注：抗结块剂的使用完全是根据生产的实际情况而定，因此用量很难统计

（韩秋燕）

【乳化剂和稳定剂】 乳化剂的作用是将两种或两种以上的不相容物质制成混合均匀的单一相容物质，由于许多维生素及其他饲料添加剂为酯油溶性产品，因此在配制人工乳时难以与其他饲料成分混合，此外一些以饮水方式投料的添加剂难溶于水中，因此必须通过乳化剂将其配制成可溶于水的乳液，以便动物的采

食。我国现批准使用的乳化剂有甘油脂肪酸酯、蔗糖脂肪酸酯和山梨醇酐脂肪酸酯等产品，主要用于人工乳的生产中。我国现有多家生产甘油脂肪酸酯、蔗糖脂肪酸酯和山梨醇酐脂肪酸酯产品的生产企业，其产品除用于饲料工业外，大量用于食品工业中。2001年全国甘油脂肪酸酯、蔗糖脂肪酸酯和山梨醇酐脂肪酸酯产品的产量在1.3万t左右，主要生产企业的情况见下表。

主要乳化剂生产企业情况表

企业名称	产　品	能力（t/年）
大连中兴有机化工厂	蔗糖脂肪酸酯	100
上海伊凡尔精细化工有限公司	蔗糖脂肪酸酯	300
金华市第二制药厂	蔗糖脂肪酸酯	400
杭州市桐庐化工公司	蔗糖脂肪酸酯	
山西颐泰恒精细化学有限公司	甘油脂肪酸酯	
广州市天河美嘉食品科技实业有限公司	甘油脂肪酸酯	
重庆市侨丰化工厂	甘油脂肪酸酯	
上海油脂二厂	甘油脂肪酸酯	
辽宁旅顺化工厂	山梨醇酐脂肪酸酯	400
山东寿光市助剂厂	山梨醇酐脂肪酸酯	500
南宁化工集团公司	山梨醇酐脂肪酸酯	300

随着饲养水平的提高，饲养业对配合饲料的质量要求不断提高，因此对于乳化剂的需要量将逐渐增大，并且复配性乳化剂的生产是未来的发展方向。

（韩秋燕）

【药物饲料添加剂】 集约化养殖生产中，人们对预防微生物和寄生虫所致的动物传染病十分重视。在配合饲料中添加药物，成为防治动物疾病和提高饲料效率的重要手段。起初我国只在饲料中混入土霉素钙。1985年以后大量兽药进口，许多兽药以预混剂形式进入我国市场。为避免滥用兽药，将混饲经口给予的治疗药物，与预防疾病或促生长提高饲料转化率的药物添加剂严格分开。1987年国务院发布“兽药管理条例”后，在“兽药管理条例实施细则”中明确规定“凡含有药物的饲料添加剂，均按兽药进行管理”。1989年1月农业部首次公布了“饲料药物添加剂品种及使用规定”，1994年和1997年又进行了修订。为加强兽药的使用管理，进一步规范和指导饲料药物添加剂的合理使用，防止滥用，保护知识产权，2001年国务院重新修订颁布了《兽药管理条例》。2001年7月3日农业部以农牧发［2001］20号文发布了“饲料药物添加剂使用规范”。我国批准使用的饲料药物添加剂按其主要用途，可分为两大类：

1. 可长期添加使用的饲料添加剂。它具有预防动物疾病、促进动物生长作用，其产品批准文号为“药添字”。农业部规定：生产含有此类药物成分的饲料，须在产品标签中标明所含兽药成分的名称、含量、适用范围、停药期规定及注意事项。

（1）抗球虫类。球虫的生命力强，很快就会产生对药物有耐受性的虫株，人们不断开发新的药物对付它们，因而抗球虫剂的品种繁多。按照抗球虫药的作用机理分为抑球虫药和杀球虫药两类。一些抗球虫药，开始是抑球虫的，但最后却成为杀球虫药。现在在养禽生产中应用的抗球虫药大多数为杀球虫药。磺胺类和呋喃类药物已基本不用。按生产方法可分为化学合成抗球虫剂和发酵生产的抗生素类抗球虫剂。①化学合成抗球虫剂。二硝托胺（球痢灵）属于硝苯酰胺类，本类药物中我国仅准用此药。它作用于球虫的无性发育阶段，对柔嫩艾美耳球虫和毒害艾美耳球虫有效，对毒害艾美耳球虫的效果最佳。浙江黄岩康达动物保健品有限公司生产。尼卡巴嗪的使用历史较长，但作用机制尚不清楚，可能是通过对琥珀酸相连的辅酶I的还原和能量依赖性转氢酶的抑制以及ATP存在时对钙离子积聚作用的抑制而起作用。我国于1986年批准使用。目前世界各国都在用，效果好，耐药性来得慢。缺点是影响鸡的采食量；在高温高湿条件下会使鸡对热的耐受性降低，严重时会昏倒。用药期间应充分供饮水和通风。江苏无锡合成兽药厂、湖北武穴二里丰企业（集团）公司、广东清远京南兽药厂等均有生产。美国默沙东公司的力更生（Nicarzin）即为此药的商品名。中国台湾派斯德公司有限公司登记注册的商品名为“杀球宁”。美国Prince农业有限公司登记注册的“球净”是尼卡巴嗪与乙氧酰胺苯甲酯以125:8比例的合剂。氢溴酸常山酮是由中草药提取物的有效成分化学合成的，它与抗疟药物常山酮有关，作用于艾美耳球虫的无性阶段，同时具有抑球虫和杀球虫效果。它的优点是用量小，仅添加2～3mg/kg，但适口性差，且对鸭、鹅和水生动物有毒。我国无生产。德国赫美罗动物保健公司登记注册，商品名为“速丹”。日本只准使用常山酮苯乙烯磺酸钙，添加量为40mg/kg。盐酸氯苯胍是一种胍的衍生物，它允许球虫在细胞内的最初阶段发育，但是阻止成熟裂殖体的形成。同时具有抑制球虫和杀球虫双重作用，具有抗药性。在20世纪70年代上市，我国1980年批准生产使用，杭州药厂兽药分厂、温州浙南兽药厂、沈阳利康兽药厂、湖北仙桃市第三制药厂等多处生产。除日本外，至今各国仍在使用。它会使鸡肉产生特有的令人不愉快的味道，影响了其用量。一般在仔鸡前期使用氯苯胍。盐酸氨丙啉在结构上与硫胺素（维生素 B_1）相似，是一种竞争性拮抗剂，其最佳药效期是球虫生活史的第 3 天，主要用于家禽、兔球虫病。盐酸氨丙啉和硝酸二甲硫胺，分别由上海中西药厂和东北制药总厂生产。从美国默沙东公司有进口，安全性好，但目前使用量不大。农业部规定使用的是复方盐酸氨丙啉预混剂。盐酸氨丙啉和乙氧酰胺苯甲酯预混剂，其中乙氧酰胺苯甲酯作为氨丙啉的增效剂，可扩大抑制球虫种类的范围。荷兰默沙东公司登记注册的“加强安保乐”即为此药。盐酸氨丙啉与磺胺喹恶啉预混剂，德国布莱梅药厂在我国注册登记，商品名为“阿速得”。氯羟吡啶，属于吡啶类药物，它能抑制艾美耳球虫子孢子或裂殖子的发育，但必须在球虫病暴发前或暴发后立即给予才能有效，但会慢慢产生抗药性。目前，我国已有大量生产，如江苏南通醋酸化工厂、南通市动物药厂、山东青岛兽药厂、山西芮城县兽药厂等。价格便宜，效果尚好。法国罗纳梅里厄公司注册登记准予进口的“可爱丹”是氯羟吡啶与苄氧喹甲酯以 100∶8.35 比例混合的预混剂。近年日本不用此药。从我国进口肉鸡时，检查氯羟吡啶的残留量十分苛刻，因此此药用量有所下降。地克珠利（Diclazuril）是最新的化学合成抗球虫剂，是目前受欢迎的品种之一，1992 年在欧洲上市，比利时杨森制药公司开发研制并已在我国注册登记。我国已批准浙江德清拜克生物有限公司、新昌制药股份有限公司、上海兽药厂和广东海康兽药厂等厂生产。添加量只需 1mg/kg，安全性较好。②抗生素类抗球虫剂。此类药物 20 世纪 70 年代后受到关注。从化学结构看，它们是聚醚类抗生素；从作用机理方面被称为离子载体型抗球虫剂。它们对一价或二价金属离子（例如钠、钾）有特殊的结合力，它使球虫子孢子中钠离子量急剧增加，膨胀致死，从而达到杀灭球虫的目的，对细胞内和细胞外阶段的寄生虫均有效，主要作用于寄生虫的无性发育阶段。这属于生物物理作用，与化学合成抗球虫剂的作用机理相差较大，因而这两类抗球虫剂之间没有交叉耐药性，使用中可以相互轮换以提高抗球虫效果。虽其耐药性来得慢，但我国部分地区已出现对其耐药性不得不提高剂量的现象。马杜霉素是由美国氰胺公司开发，并在我国登记注册，其商品名为“加福”。我国已有多家生产，主要有河南三宝（集团）股份有限公司、浙江德清拜克生物有限公司、山东齐鲁制药厂和江西亚星抗生素厂等。此药添加量只有 5mg/kg，稍多至 6mg/kg 时就会影响增重，严重时鸡不能站立。曾多次发生中毒事件。甲基盐霉素，美国礼来公司登记注册，商品名为“禽安”。甲基盐霉素与尼卡巴嗪以 1∶1 比例的混合剂称“猛安”。我国暂无生产。拉沙洛西钠，离子载体型抗生素，瑞士罗氏公司注册登记进口，商品名为“球安”，我国暂无生产。海南霉素已获农业部批准为一类新兽药。赛杜霉素（Semduramicin），美国辉瑞公司研制并在我国登记注册，商品名为“禽旺”。添加量为 50mg/kg。美国和日本均批准使用。莫能霉素钠，为离子载体抗生素，它调节离子通过生物膜及瘤胃中微生物菌群，减少乙酸和甲烷的产量，提高氮的利用，增加瘤胃对物质的消化力，起初此类制剂仅用作饲料添加剂，用于肉牛促生长。美国礼来公司已在我国登记注册，商品名为“欲可胖”。保加利亚 Pharmachth（制药）公司也登记注册。我国已批准北京东北旺制药厂生产，但因发酵单位低成本高，未正式投产。近来莫能菌素已制成瘤胃中缓释型大丸剂，用于放牧家畜。盐霉素钠，也可促进畜禽生长，由日本科研制药株式会社开发，1985 年进口我国，商品名为“优素精”，德国赫司特公司和保加利亚制药公司也登记注册。我国山东济宁市的鲁药舍里乐药业有限公司、福州抗生素厂等企业已有生产。

（2）抗菌促生长类。主要有以下几种：①化学合成类。复方硝基酚钠预混剂，主要用于虾、蟹等甲壳类动物的促生长。是由日本旭化学工业株式会社研制开发的，在我国已登记注册，商品名为“爱多牧”。氨苯胂酸（商品名：阿散酸）和硝羟苯胂酸（又称洛克沙生），20 世纪 60 年代前都曾作为抗菌药用于饲料添加，近来已被抗生素取代。欧盟和日本都不准作饲料添加剂。美国还可用，但为减少用量，已将治疗猪痢病的作用取消，仅作提高饲料转化率使用。我国虽批准两产品使用，但规定限制生产。现有浙江黄岩康达动物保健公司、舟山定海动物药厂、广东嵩珍营养源研究所兽药厂、河北涿州海晖化工有限公司等 10 多家厂生产。有机胂从动物体排出后，在自然界很快降解成无机胂而污染了环境，许多科学家呼吁应限制此类药作饲料添加剂使用。喹乙醇，此类药物副作用较大，已正式批准作饲料添加剂。鉴于在应用中发生多起鸡群中毒死亡事故，1997 年已不再推荐用于鸡的饲料添加剂。对猪的停药期由 28 天延长至 35 天。我国主要生产厂有江苏南通醋酸化工厂、湖北武穴二里丰企业（集团）公司、青岛兽药厂、山西芮城县第二兽药厂、吉林四平市兽药厂等多家。对喹乙醇的安全性还在进一步探讨中。我国兰州中兽医研究所已研制出喹乙醇的替代产品喹烯酮，目前正在报批中，还没有批准生产。②抗生素类。杆菌肽锌，应用较广。最初由日本旭化成株式会社进口，后来挪威雅来大药厂也准进口，商品名为“益力素”。波兰 POLFA 公司登记注册商品名为“POLFA 倍力健”。匈牙利飞乐夏兽药生物制品公司也注册。我国天津新星兽药厂、河北深州兽药厂均有生产，并可出口。杆菌肽锌与硫酸粘杆菌素以 5∶1 比例混合的预混剂使抑菌谱加宽，效果优于单独使用。日本旭化成株式会社名为“万能肥素”的产品，即是此混合物的预混剂。黄霉素由德国赫司特罗素公司进口，商品名为“富乐旺”，美国名称为斑贝霉素 Bawbermycin，目前我国已有 10 多家公司完成研制，正在申报，中牧股份公司已完成申报工作，已批准，但还未核发产品文号。维吉尼霉素，由美国辉瑞公司登记注册，其预混剂商品名为“速大肥”，我国暂无生产。它是大环内酯和环状多肽两种抗生素的复合体，抑菌效果较好。阿美拉霉素，用于猪和肉鸡的促生长，美国礼来公司登记注册，其商品名为“效美素”。硫酸粘杆菌素，用于革兰氏阴性菌引起的肠道感染，并有一定的促生长作用。日本明治制果株式会社、科研制药株式会社和日本旭化成工业株式会社的产品均在我国登记注册，日本旭化成工业株式会社注册登记的商品名为“抗敌素”。我国已有厂家申报，其中山东鲁抗已批准生产，其他厂家还没有正式生产。土霉素钙，属于四环素类抗生素，使用时间最长，生产厂也较多，主要有河北石家庄市华曙制药集团公司等。金霉素钙，属于四环素类抗生素类，原有10多家生产，现主要由内蒙古金河集团、福建蒲城抗生素总厂、河南驻马店华东医药集团公司等生产，其中内蒙古金河集团生产规模较大。作饲料添加剂时此类药应用碳酸钙作载体，以克服它们抑制动物对钙吸收的缺点。恩拉霉素其预混剂已由日本武田药品工业株式会社登记注册，商品名为“安来霉素”，我国暂无生产。那西肽预混剂，我国已批准山东明发有限公司、杭州大观山兽药厂生产，用于鸡的促生长。③微生物活菌制剂。目前已批准用于饲料添加剂的活菌有嗜酸乳杆菌、粪链球菌、枯草杆菌、脆弱拟杆菌、蜡样芽孢杆菌DM423和SA38等组成的复方制剂，内蒙古农牧学院正申报中的双歧杆菌复方制剂也属于此类。此类菌种来源于肠道菌，可以调节肠道菌群平衡，不产生残留，日益受到人们的重视。④中草药类。青蒿琥酯，系由菊科黄花蒿中提取物，用于防治牛、羊泰勒虫和双芽巴贝斯虫，还能杀灭红细胞内的配子体，减少细胞分裂及虫体代谢产物的致热原作用。博落回注射液，为博落回果提取的灭菌注射液，具有抗菌消炎之功效，用于仔猪菌痢、白痢。黄芪多糖注射液，是从中药黄芪中提取的多糖制备的注射液，用于免疫调节，治疗传染性法氏囊病，黑龙江生物制品一厂生产。金荞麦散，为金荞麦根、茎、叶、花的乙醇提取的干浸膏粉末。具有清热解毒、清肺排脓、活血去淤之功效，用于鸡葡萄球菌病、细菌性痢疾、呼吸道疾病。牛至油预混剂，是从中草药牛至中提取的挥发油制剂，用于预防和治疗猪、鸡大肠杆菌、沙门氏菌所致的下痢，促进畜禽生长。荷兰ROPAPHARM.B.V公司登记注册准予进口，其商品名为“诺必达”。我国因其牛至中挥发油含量低，成本高，没有开发出产品。万乳康，为左旋咪唑和淫羊藿、黄芪组成的中西药复方制剂，可增强免疫功能，用于奶牛隐性乳房炎。

2.混饲给药类饲料药物添加剂（包括预混剂或散剂)。用于防治动物疾病，并规定疗程，产品批准文号为“兽药字”。各畜禽养殖场及养殖户须凭兽医处方购买、使用，所有商品饲料中不得添加此类兽药成分，混入饲料只是一种给药方式，但不能作为药物添加剂管理。将此类药物误当成饲料添加剂使用，造成大批畜禽死亡的事件屡有发生，应加强管理。

(1) 驱虫类。动物有多种寄生虫，因而驱虫药物品种较多。一般驱虫剂都有一定的毒性。只能根据兽医处方规定的剂量和疗程作治疗药物使用，不能作为饲料添加剂长期添加。①化学合成类。磺胺类药物，为复方制剂。磺胺喹恶啉二甲氧苄啶预混剂，我国许多厂家有生产。磺胺氯吡嗪钠，由瑞士诺华动物保健公司登记注册，商品名为“三字球虫粉”。我国已批准上海诺华动物保健品公司生产。由于各国对此类药物残留监测的限制，用量将会逐步减少。环丙氨嗪，用于控制动物舍内蝇幼虫的繁殖，瑞士诺化动物保健公司登记注册，预混剂商品名为“蝇得净”。我国齐鲁动物保健品厂等多家开始申报，目前还未批准生产。苯并咪唑类，20世纪60年代美国首先合成噻苯达唑，但驱虫作用不强，用量大，逐步被阿苯达唑、奥芬达唑、芬苯达唑等代替，我国陕西汉江药业股份有限公司为此类药生产基地。氟苯咪唑，用于驱杀畜禽胃肠道线虫及绦虫，比利时杨森制药公司登记注册，商品名为“弗苯诺”。②抗生素类。越霉素A和潮霉素B均属氨基糖苷类抗生素，分子式相同，但分子结构构象有差异且由不同菌株产生。它们均对猪和鸡的肠道线虫有驱虫作用。越霉素A由日本明治制果株式会社开发研制，进口我国预混剂的商品名为“得利肥素”。天津河北制药厂、江西制药厂已生产。潮霉素B由美国礼来公司开发研制，并在我国登记注册准予进口，其预混剂的商品名为“效高素”。用于猪蛔虫病，鞭虫病及鸡蛔虫病。伊维菌素，荷兰默沙东公司登记注册，注射液商品名为“害获灭”。我国已批准上海同仁药业公司上海兽药厂、山东齐鲁制药厂平阴分厂等厂家生产。目前应用广泛，效果也好。

(2) 抗菌药类。主要包括2类：①化学合成类。呋喃苯烯酸钠粉，用于鱼类的类结节菌及鲽目鱼的滑行细菌的感染，日本三鹰株式会社登记注册，商品名为“尼福康”。我国已批准山东金泰兽药厂生产原料及制剂。复方磺胺嘧啶预混剂，为磺胺嘧啶和甲氧苄啶复合物，用于链球菌、葡萄球菌、肺炎球菌、巴氏杆菌、大肠杆菌和李氏杆菌等感染。美国普强药厂登记注册，商品名为“立可灵”。喹诺酮类药物，我国开发的此类药物和剂型远比欧美国家多，已批准生产的有吡哌酸、封喹酸、诺氟沙星、氧氟沙星、洛美沙星、培氟沙星、环丙沙星、恩诺沙星、沙拉沙星、二氟沙星、达氟沙星等十几种药物在兽医和食品动物中使用，批准的剂型包括注射剂、口服液、可溶性粉、片剂等。也有复方制剂，诺氟沙星盐酸小檗碱预混剂，用于鳗鱼嗜水气单胞菌与柱状杆菌引起的赤鳃病与烂鳃病，用于鳖红脖子病，烂皮病。维生素C磷酸酯酶盐酸环丙沙星预混剂，用于细菌性疾病。盐酸环丙沙星盐酸小檗碱预混剂，用于鳗鱼细菌性疾病，我国已批准北京佳伟生物有限公司生产。随着人们对抗菌药耐药性认识的提高，此类药物应用会逐渐萎缩，美国、欧盟等在批准此类药物应用于食品动物时特别慎重。欧盟只批准恩诺沙星、氟甲喹、马波沙星和达氟沙星用于家畜，恩诺沙星、二氟沙星、氟甲喹和恶喹酸用于家禽，恩诺沙星、二氟沙星和马波沙星用于伴侣动物。美国仅批准恩诺沙星和沙拉沙星用于家禽，批准恩诺沙星、二氟沙星、马波沙星和奥比沙星用于伴侣动物。并对兽医专用药恩诺沙星进行再评价，目前已禁止其用于鸡。②抗生素类。泰乐菌素，属于大环内酯类抗生素，用于治疗支原体感染引起的慢性呼吸道病，由美国礼来公司开发研制并在我国登记注册准予进口。磷酸泰乐菌素可作饲料添加剂。美国进口商品名为“泰农”。保加利亚 Bicvetstock 公司也有原料药进口。我国已批准山东鲁抗舍里乐药业公司、西安亨通光华制药有限公司、华中医药集团兽药厂正式生产。磷酸泰乐菌素和磺胺二甲嘧啶按 1:1 比例混合的预混剂，由美国礼来公司登记注册，商品名为泰农强。大环内酯类抗生素除对细菌有效外，还对支原体有抑制作用，因而可较好地预防呼吸道疾病。北里霉素，属于大环内酯类抗生素。用于防治慢性呼吸道系统疾病，可作饲料添加用，促进猪、鸡的生长。由日本旭化成株式会社登记注册准予进口，我国生产厂有沈阳抗生素厂、河南平原制药厂新乡分厂和浙江新昌制药股份有限公司等。盐酸林可霉素，属于林可胺类，作用机制与红霉素类似，但抗菌谱较窄，主要用于畜禽革兰氏阳性感染，也可用于猪螺旋体、弓形虫所致的血痢。盐酸林可霉素和硫酸大观霉素按 1:1 比例混合的预混剂，由美国普强药厂登记注册，商品名为“利高霉素”。安普霉素又名阿普拉霉素，是一种黑暗链菌产生的氨基糖甙类兽用抗生素，能明显促进增重和提高饲料转化率，对革兰氏阴性菌特别是对其他抗生素耐药的大肠杆菌和沙门氏杆菌等致病菌有相当强的抗菌作用，对革兰氏阳性菌、密螺旋体和某些支原体也有较好的抗菌作用。美国礼来公司登记注册“安百痢”即为硫酸安普霉素。我国已批准山东鲁抗舍里乐药业公司、河南濮阳弘天威公司生产。赛地卡霉素，日本武田药品工业株式会社已登记注册，商品名为“克泻痢净”。我国未生产。延胡索酸泰妙菌素，瑞士山度士有限公司登记注册，商品名为“枝原净”。硫酸新霉素，属氨基糖甙类抗生素，美国普强药厂登记注册，商品名为“新霉素”。我国已批准江苏宜昌动物药品厂、苏州普强动物保健公司生产。替米考星是由泰乐菌素半合成的大环内酯类畜禽专用抗生素，作用机制与泰乐菌素相似，对革兰氏阳性菌、某些革兰氏阴性菌、支原体、螺旋体均有抑制作用，对巴氏杆菌、支原体的抗菌活性强于泰乐菌素。美国礼来公司已登记注册，用于治疗猪胸膜肺炎放线杆菌、巴氏杆菌及支原体引起的感染，我国已批准生产。甲砜霉素，属于氯霉素类抗生素，抗菌作用机制与氯霉素相同，我国已批准浙江安吉兽药厂生产。氟甲砜霉素，美国先灵葆雅公司登记注册。我国已批准上海先灵葆雅公司、湖北安达药业公司、浙江台州海翔医药公司等厂生产。氟苯尼考，又名氟甲砜霉素，是新一代氯霉素类兽医专用广谱抗生素，用于家禽细菌性疾病。由于氯霉素已禁止用于食品动物，因此在动物疾病防治上，尤其是食品动物，具有广阔的应用前景。已在亚洲、欧洲、美洲的 20 多个国家上市。先灵葆雅公司注册的“纽弗罗”即为此。我国齐鲁动物保健品厂、浙江德清拜克有限公司已批准生产，还有多家在报批中。恶喹酸，用于治疗鱼、虾细菌性疾病，日本三鹰制药株式会社登记注册，商品名为“旺速乐”。田边制药株式会社也在我国登记注册，商品名为“百乐散”。头孢噻呋是美国 20 世纪 80 年代开发的兽医专用第三代头孢菌素，美国、加拿大、日本及欧洲一些国家已批准用于 1 日龄鸡感染的防治，主要用于雏鸡耐药金黄色葡萄菌及某些革兰氏阴性杆菌等引起的消化道、呼吸道感染。法国普强公司注册的“速解灵干粉注射剂”即为注射用头孢噻呋钠。我国已有厂家开发成功，正在申报中。

3. 饲料药物添加剂应用前景。药物在动物性食品中的残留已成为全世界人们关注的热点。治疗用药物添加剂只对生病的动物使用有限的时间，虽然药物会在动物体内存留，但数量和时间有限。长期添加饲料药物添加剂对无病的动物也适用，并且使用时间很长，甚至食用动物在其整个生命过程都会摄入所添加的药物，成为食品中药物残留的主要来源。规定屠宰前或产蛋前的停药期，用药后的弃奶期可减少药物在食品中的残留，但不能从根本上解决问题。

随着抗菌药物（含抗生素）的大量使用，人们发现耐药细菌滋生，以致贻误了对人类疾病的治疗。在饲料中长时间低剂量使用抗菌药物是耐药细菌滋生最重要的根源。科学家已召开多次全球性会议，呼吁减少饲料中抗菌药物的使用。我国兽药行业虽然起步较晚，对兽药的审批比较严格，并且严格区分治疗药和预防用的药物添加剂，但食品中兽药残留和耐药菌滋生的问题，也开始困扰我们。特别是近几年围绕我国畜产品出口问题，欧盟、韩国、日本均多次派兽医官员来我国检查。我国出口的畜产品大多数是来自集约化程度高，添加或饮水用药较多的大型饲养场。因而兽药残留在进出口贸易中越来越受到重视。及时淘汰不安全的品种，减少饲料药物添加剂的用量，是大势所趋。由于化学合成药、抗生素饲料药物添加剂缺少确保人类健康和安全的主题因素，世界各国对化学合成和抗生素类药物添加剂的使用，做出了严格规定和逐步淘汰禁用的规定，如欧盟已禁止氯霉素、二甲硝咪唑、甲硝唑、甲硝咪乙酰胺、呋喃唑酮、呋喃西林等 7 种药在欧盟的食用动物中使用，杆菌肽锌、螺旋霉素、维吉尼霉素、磷酸泰乐菌素等 4 种抗生素在 1999 年 7 月 1 日停止用于促生长剂，1999 年 10 月 1 日，喹乙醇及痢立清也被停止用于促生长剂。并规定莫能霉素钠、盐霉素钠、黄霉素、阿维菌素等 4 种使用至在 2006 年 1 月底。鉴于本年度欧盟已明确全面禁止从我国进口畜产品，为此农业部发文禁止氯霉素、氯丙嗪、地美硝唑等 21 类兽药及其他化合物用于食品动物（详见农业部 193 号公告）。

随着人们对食品安全认识的重视，对用于食品动物的药物审批将会更加严格，因此对于饲料药物添加剂研究开发除延续以前如伊维菌素、替米考星、甲基盐霉素、氟苯尼考等半合成抗生素，恩诺沙星、达氟沙星等动物专用抗菌素外，宠物用药将会登上兽医用药舞台。下世纪饲料药物添加剂产品将以体现无疫病、无残留、无污染“三无”为发展主流。天然中草药添加剂，取其自然，保持了其结构成分的自然状态和生物活性，并经数千年的实践筛选、确实对人和动物无毒副残留和不致耐药性，无“三致”的天然物的精华物质，因而成为世界公认的理想饲料添加剂。世界上研究开发应用天然中草药热潮不断兴起。我国中草药有丰富的资源，其预防和治疗疾病有成功之处，因此今后中草药饲料添加剂使用有增长趋势，但生产工艺和产品开发上需加大改进力度，才能有一席之地。目前许多兽药厂已将中草药开发作为其重点，考虑到中草药效果，积极采取提取等措施提高其有效成分含量，提高效果。另外发展作为微生物活菌制剂也是发展方向之一。

（冯忠武　段文龙）

新型饲料添加剂

【饲料级酶制剂】 2001年全国饲料用复合酶制剂总产量约为7 500t，比2000年增长了21%。其中，用于肉禽生产的复合酶制剂有3 150t，占总量的42%；用于乳猪的复合酶制剂有2 850t，占总量的38%；用于蛋禽生产的复合酶制剂有1 050t，占总量的14%；大约只有6%的饲料级复合酶制剂用于水产、反刍动物及特种养殖（具体情况见下表）。

2001年不同用途饲料级酶制剂的产量及所占比例

用途	产量（t）	所占总量的比例（%）
肉禽	3 150	42
乳猪	2 850	38
蛋禽	1 050	14
其他	450	6

就日粮针对性而言，用于玉米—豆粕型的饲料级复合酶制剂有6 100t，约占总量的81%，用于小麦日粮的复合酶制剂有1 200t，约占16%，另有少量的饲料用酶制剂用在菜粕、棉粕及稻谷等日粮结构中。饲料用酶制剂在酶种生产上，消化性酶主要以酸性蛋白酶、中性蛋白酶、α-淀粉酶等为主；非消化性酶以分解非淀粉多糖类抗营养因子的酶种为主，如：阿拉伯木聚糖酶、β-葡聚糖酶、甘露聚糖酶、纤维素酶和半纤维素酶等；另外还有破坏其他抗营养因子的酶种如：果胶酶、植酸酶等。

1．酶制剂应用现状。2001年是小麦专用酶制剂大量推广应用的一年，我国饲料资源不足，其中能量饲料缺口预测2000—2020年将达0.24亿～0.83亿t。而长期以来各类饲料的主要原料是玉米，造成玉米供应日趋紧张，玉米价格不定期上涨。小麦是我国的重要粮食作物。近些年来，随着我国粮食产量的不断提高，小麦已出现大量积压的局面。截至2000年，河南省就积压有270亿千克。为此国家开始较大幅度的拍卖、处理国家库存陈小麦，使小麦价格普遍低于玉米。2001年6月份在小麦产区小麦与玉米的差价甚至达到了300～400元/t，为小麦大量用作畜禽饲料提供了物质基础。小麦作为饲料有很多优点，一是小麦的营养价值比玉米高；二是小麦的磷含量比玉米高，小麦中磷的可利用率也高于玉米；三是小麦的含水量较低，便于储藏，以小麦为主的饲料较少霉变，等等。但是，小麦中存在许多抗营养因子（主要是戊聚糖，即阿拉伯木聚糖），影响了小麦营养物质的消化吸收，加上多年来固有的对小麦用作饲料的一些偏见，限制了其在动物饲料中的广泛应用。但是成本下降的吸引力足以排除一切不利条件，在巨大的配方成本下降的利益驱动下，很多厂家开始了用小麦替代玉米的大胆尝试，国内一些酶制剂厂家与一些科研院所合作，共同研究、探索，在很多地方引导企业成功应用小麦用作饲料原料，取得了可喜的经济效益，同时也为小麦应用技术积累了丰富的经验。要保证小麦酶的成功应用首先应注意饲料加工技术，大原则是：以粗碎为宜，禽料粉碎粒度大些，建议一粒小麦粉碎成4～5碎粒为宜；猪料粒度细些，但粒度应不低于700μm，以小麦为主要组成原料的猪料，推荐适宜粒度为700～900μm，这样既可获得较高的消化率，又可获得理想的饲料报酬，还会具有较好的饲料流动性。此外，滚筒式粉碎机粉碎效果较好；锤片式粉碎机可将筛孔孔径调整为2.5～3mm，或根据不同饲料产品加大筛片孔径。

应用小麦的第二个问题是小麦的能量问题。猪：小麦消化能为14 183.8kJ/kg，玉米消化能是14 267kJ/kg，两者差别83.2kJ/kg，若以小麦替代玉米的50%计，则能量下降近25kJ/kg，下降量很小，完全可以由小麦酶所起的对消化能的提高来补充；禽：小麦的禽代谢能只有12 719kJ/kg，低于玉米近836.8kJ/kg，若以小麦替代玉米的50%计，则替代后能量的下降量250～295kJ/kg，如果不加小麦专用酶制剂，则250～295kJ/kg的能量下降足以引起生长性能的下降。大量研究表明，适量的木聚糖酶可以使小麦日粮的禽代谢能提高6%～7%，在对小麦代谢能的研究中也发现，木聚糖酶可使小麦表观代谢能提高7%，由此可以表明，在酶制剂的作用下，小麦的禽代谢能可以由12 719kJ/kg提高到13 598kJ/kg，达到与玉米相当的水平。因此，在添加了足够量的木聚糖酶酶活的情况下，小麦的禽代谢能值可以等同于玉米的代谢能值来进行配方计算。小麦应用在饲料上除上述几点值得特别注意外，还应该注意小麦原料本身的品质，应进行分析再使用，确保配方计算时小麦营养计算值不会偏高。此外，生长和储存过程中感染赤霉病的小麦，由于其中可能会含有一定量的赤霉烯酮，引起母猪假发情等症状，因此应谨慎使用。

2．制定饲料用酶制剂行业标准。2001年11月25日在天津讨论通过了《饲用酶制剂通则》。《饲用酶制剂通则》对饲料用酶制剂的术语、定义、要求、检验方法、检验规则及其标志、标签、包装、运输和贮存都作了明确的规定。饲料用酶制剂（feed enzyme preparation)：是通过产酶微生物发酵工程或含酶的动、植物组织提取技术生产加工而成，具有一种或几种底物清楚的酶催化活性，有助于改善动物对饲料营养成分的消化、吸收等，并有功效的生物学评定依据、符合安全性要求、用作饲料添加剂的酶制剂产品。

饲料用酶制剂的分类：饲料用酶制剂可分为饲料用单一酶制剂、饲料用复合酶制剂和饲料用混合酶制剂。饲料用单一酶制剂：产品为经过分离、提纯工艺而只含有一种功效酶成分，对饲料中一种成分具有酶催化作用的饲料用酶制剂称为饲料用单一酶制剂。饲料用复合酶制剂：产品中含有两种或两种以上主要功效酶成分，这些酶是根据饲料原料和动物消化生理的不同而特定复配，对饲料中多种成分具有酶催化作用的饲料用酶制剂称为饲料用复合酶制剂。饲料用混合酶制剂：产品中含有两种或两种以上主要酶活，对饲料中一些成分具有一定的酶催化作用的饲料用酶制剂称为饲料用混合酶制剂。

饲料用酶制剂的酶种范围：饲料用酶制剂产品需说明其主要酶种及酶活。可用作饲料用酶制剂的酶种主要有如下几类：强化动物内源性消化酶的酶种（如：酸性蛋白酶、中性蛋白酶、α-淀粉酶、糖化酶等）；分解非淀粉多糖类抗营养因子的酶种（如：木聚糖酶、β-葡聚糖酶、甘露聚糖酶等）；破坏其他抗营养因子的酶种（如：果胶酶、植酸酶等）。饲料用酶制剂的剂型：固体剂型和液体剂型两种。

《饲用酶制剂通则》对菌种、生产工艺等的安全性也提出了明确的要求，如要求饲料用酶制剂酶源如来自产酶微生物发酵工程途径，则该产酶微生物发酵菌株要求是安全菌株。同时符合下列 3 个条件的产酶微生物发酵菌株为安全菌株：（1）该菌株是非致病性的（包括动、植物致病性）；（2）不产生毒素和其他有害生理活性物质；（3）菌种的遗传性稳定，易保存，不易退化，不易遭受噬菌体等的感染。同时，符合食品添加剂使用的菌株为酶源的发酵菌株可判定为安全菌株。《饲用酶制剂通则》还要求工业级酶制剂一般不得直接转作饲料用酶制剂使用，只有符合食品添加剂要求之“优等品”级的工业酶制剂才可以转作饲料用酶制剂的酶源，严禁用硫酸铵沉淀工艺等生产的工业酶制剂转作饲料用酶制剂的酶源。此外，生产全过程不得有致病菌、病原菌污染及其他导致非安全产品生产的情况出现。产品中不应添加抗生素、激素等违禁药物。该通则的通过将进一步规范生产厂家的生产，进一步促进饲料酶制剂行业的健康发展。

3. 酶制剂应用研究。目前，许多专家纷纷对酶制剂的应用进行研究。例如，2001 年 8 月在珠海举行了第四届全国饲料毒物与抗营养因子研讨会，专家们就饲用的作用机制、酶制剂在反刍动物饲养中的应用、非淀粉多糖酶制剂的研究与应用、影响酶制剂在饲料中应用效果的因素等多方面进行了广泛地研讨和交流。目前饲料抗营养因子中研究最多的仍然是非淀粉多糖这一大类物质。非淀粉多糖的抗营养作用主要表现在：降低饲料营养物质的消化吸收；影响日粮的转化效率和动物的生产性能；引起动物消化道形态和生理的变化，一些水溶性 NSP 可使动物消化器官增大或变重；与某些消化道中的生理活性物质结合，例如与消化酶、胆汁盐，甚至脂类、胆固醇等结合影响这些生理活性物质活性的发挥；与消化道后段微生物区系相互作用，造成厌氧发酵，产生大量毒素，抑制动物生长；产生粘性粪便，影响畜禽舍和周围环境，产蛋鸡还会污染蛋品等。

非淀粉多糖抗营养作用产生主要原因：一是表面活性，它可以与肠道中饲料颗粒表面、脂类微团表面及多糖－蛋白质复合物结合；二是持水性，水溶性非淀粉多糖可通过网状结构的形成而吸收水分子，形成凝胶，从而改变了肠道的物理活性；三是与离子和小分子结合，主要是螯合作用，这些都影响了营养物质的消化吸收。复合酶的作用机制主要包括：（1）降低食糜黏度；（2）消除 SNSP 对内源消化酶的抑制作用；（3）破碎细胞壁；（4）降解 NSP 以外的其他抗营养因子如豆粕中的 α-半乳糖苷可以用 α-半乳糖苷酶降解、胰蛋白酶抑制因子用蛋白酶降解、植物凝集素用蛋白酶降解、玉米中的支链淀粉用支链淀粉酶降解等；（5）减少畜禽后肠道有害微生物的数量；（6）提高畜禽体内代谢激素水平；（7）增强机体免疫力；（8）补充内源消化酶的不足。

目前酶制剂的作用已经得到了一致的认可，但在不同的情况下，酶制剂的作用仍有一定的差异，造成这种差异的原因主要有：日粮的种类不同；动物的种类和日龄不同；饲用酶制剂的性质和饲料加工过程的不同；动物消化道内环境的不同以及酶制剂与其他饲料添加剂的相互作用等。因此，酶制剂的应用也应就具体饲养情况的差异而不同。

4. 饲用酶制剂研究开发和推广应用中存在的主要问题。（1）某些新的饲用酶制剂产品开发过程中，对酶的最适活性单位或酶制剂添加量缺乏足够的实验基础，复合酶的单项酶种及活性比例具有一定的盲目性。（2）某些饲用酶制剂产品的有效成分和活性单位达不到要求，或与标示的含量不相符。（3）许多酶制剂产品的酶活性测定方法不统一，不同产品缺乏可比性，给使用者造成混乱。目前缺乏在饲料工业中有效可行的酶活性鉴定方法，尤其是饲料产品加工生产后的酶活性测定方法。（4）在粉料中使用饲用酶制剂的效果是明确的，但在颗粒饲料高温调质制粒过程中酶活性的稳定性仍令许多使用者疑虑。（5）有些用户在使用过程中缺乏正确的认识，对添加酶制剂的作用不清楚，目的不明确，这会影响使用饲用酶制剂的效果。

5. 酶制剂发展方向。（1）耐高温技术的研究。提高酶制剂对饲料加工过程中高温的耐受性的方法：可通过基因技术筛选耐高温的菌株；可以采用产品的物理处理如包埋等技术；采用液体酶制剂在饲料调制制粒和颗粒表面喷涂的技术；固化酶技术是人们模拟体内酶的作用方式，将酶进行一定的固定化，使之更符合需要的新型酶制剂。(2) 测定方法标准的研究。随着饲料用酶制剂行业标准制订工作的开展，测定方法标准的制订也进入了探索阶段。只有在测定方法有标准可依时，同一产品的品质、酶活水平的高低才有一个可以比较的基础。

（杨育才 李 莲）

【低聚果糖】 我国低聚果糖产业化进程，是从被列入国家科技“九五”攻关计划项目开始的。酶法低聚果糖的一条工业化生产线由云南天元健康食品有限公司于1997年建成，并于1998年进行了国家级技术鉴定。这是当前国内惟一通过国家级技术鉴定的酶法低聚果糖工程技术研发成果，获得了国家科委颁发的国家级火炬计划项目证书和卫生部颁发的拥有4项保健功能的保健食品证书。最近该项目被授予“中国食品工业20年（1981—2001年）20大科技成果之一”的荣誉称号。为了配合WTO后云南蔗糖产业的战略转移，已被国家发展计划委员会确认为“2001年高新技术产业化推进项目”，按年产5万t低聚果糖实施，已在云南省政府支持下全面启动。市售商品已达10余种，其中，G型糖浆中低聚果糖含量为55%，蔗糖和葡萄糖及果糖含量共为45%，甜度为60%；P型粉末低聚果糖含量超过95%，甜度为30%。

1. 低聚果糖拥有保健功能确切和食品配料优良的双重品格。低聚果糖又名果糖低糖或果寡糖。它是β-D-呋喃果糖苷酶作用于蔗糖，使蔗糖分子中的D-果糖以β-（2→1）糖苷链连接1～3个果糖而成的蔗果三糖（GF2）、蔗果四糖（GF3）和蔗果五糖（GF4）的混合物，它的分子质量大于504、小于823，分子聚合度在2～7之间，平均聚合度为2.7。这些特征是鉴别从植物菊苣中提取的一种代替油脂口感的食品配料“菊粉”的主要参数。

近年来在许多低聚糖类的食品中，低聚果糖被国际营养学者确认为“具有优良难消化性的水溶性膳食纤维”，可以双向调节人体微生态平衡，属典型的超强双歧因子，备受现代食品生产企业和消费者青睐，并被广泛应用于第三代保健食品之中。低聚果糖是存在于人们经常食用的上千种天然植物中，美国国家环境测试局（NET）评估了低聚果糖在食物中的含量，测试的部分结果是：香蕉0.3%、大蒜0.6%、蜂蜜0.75%、黑麦0.5%。经过美国食品工艺师协会（IFT），应用现代科学研究反复测试得出结论，现代酶法工艺酶化蔗糖生产的低聚果糖的分子结构和保健功能，与天然存在于果蔬植物中的低聚果糖完全相同，是全天然的双歧因子。云南天元低聚果糖在1998年分别经中科院上海药物所和北京医科大学药学院进行分离后，进行了氢1和碳13核磁振的测定，根据测试所获谱峰结果证明，其分子结构与日本文献报道的GF2、GF3、GF4相同。

专家一致指出低聚果糖的难消化性和对双歧杆菌的滋养作用，主要是由于小分子量的果糖低聚物承担的，因此蔗果三糖含量越高，则低聚果糖增殖双歧杆菌的保健功效越高，在酸性和加热的条件下的稳定性也就越高。低聚果糖作为一种非还原性糖，其黏度、水分活度、保湿性和酸性条件下的热稳定性以及可加工性，均与蔗糖相似。具有保健功能确切和食品配料优良的双重品格，在所有低聚糖类食品之中低聚果糖的商品化程度，在国外一直都处于领先地位。

低聚果糖在150℃稳定，160℃开始分解。不产生美拉德变色反应。低聚果糖在中性或接近中性环境中具有相当好的热稳定性。在pH＞5的环境中，加热到120℃，也比较稳定。但在pH＜4的酸性环境中加热时温度超过90℃，低聚果糖将发生分解。因此在产制酸性双歧因子食品时，例如在酸奶中添加低聚果糖时，应在原有的高温工艺后添加，并在添加后只作巴氏消毒即可入库。

2. 低聚果糖食用的安全性。在日本，日本明治制果公司中央研究所做的关于低聚果糖的安全性实验已经证明了低聚果糖是安全无毒性的。1995年厚生省批准低聚果糖为“特定保健用食品”。在欧洲，低聚果糖和菊粉已被批准为食品配料，不需按使用食品添加剂那样事先报审才能使用。在美国，生产厂家与美国官方化学家协会（ACAC）合作，已于1997年底经官方食品和药品管理局（FDA）批准，低聚果糖被列为“膳食纤维源”确定为“膳食补充剂”在市场销售。在我国，云南天元生产的低聚果糖经中国卫生部指定的科研机构完成的多项安全性毒理学试验和评价，卫生学和稳定性试验等。结果表明：云南天元低聚果糖食用是安全的、无毒的。酶法生产天元甘露液所采用的菌种，即β-D-呋喃果糖苷酶的黑曲酶菌种，经中科院微生态研究所鉴定证明亦属安全菌种。低聚果糖作为功能性配料，添加到喜之郎“健肠果冻”、娃哈哈“AD钙奶乳酸饮料”和“竹叶青酒”以及三鹿“婴儿阶段双歧因子奶粉”等50余个食品中，它们大多数已获得卫生部颁发的保健食品证书，“竹叶青保健酒”还获得国家级科技成果进步奖。

3. 低聚果糖在“国宝”大熊猫等暖血动物饲料中的应用。低聚果糖对存在于其他暖血动物中的双歧杆菌也有极好的增殖作用。1985年，日本荣田利章等完成了对猪仔和牛摄取低聚果糖的试验。1998年，日本中村尹等人又完成了母猪摄取低聚果糖的试验，说明：添加0.375%的低聚果糖可使母猪消化道有效吸收增强，从而使其重新发情的天数由20天缩短到11天，提高产仔数，并避免了药物催情副作用。2000年6月浙江大学农学院采用云南天元低聚果糖制成新型双歧因子物资饲料；“无腹泻饲料”，成功完成了畜牧业实验重大科研课题。试验说明：低聚果糖可有效治疗家畜断乳后出现腹泻、下痢症状，对其引发的染病死亡、生长缓慢、发育延迟等不良问题起到积极预防作用。2000年2月28日云南天元健康食品有限公司与中国成都大熊猫繁育研究基地联合开展“低聚果糖投喂大熊猫试验”。该基地已于2000年2月初对一只病弱的大熊猫“莉莉”连续20天喂低聚果糖，结果该大熊猫周期性出现的“排粘”、腹泻、厌食、稀便等症状得到有效遏制，体能与精神转好，食欲与体重都明显增加。成都大熊猫繁育研究基地主任李光汉教授表示，对利用低聚果糖促进各种濒危野生珍稀动物由野外微生态平衡转为人工繁衍微生态失衡的调节，将大有可为。

（于景芝）

【益生素】 益生素，也称为益生菌、微生态制剂，是一类能够改善肠道菌群结构、对宿主产生有益影响的活菌制剂。益生素能抑制肠道有害菌的生长繁殖，维持肠道微生态平衡，提高机体的健康水平，并且无抗药性、无残留、无毒副作用。将益生素应用到畜禽、水产生产中，不仅能促进动物生长，而且能提高机体的免疫能力和抗应激能力、减少腹泻等疾病。随着饲料中越来越多抗生素的禁用，益生素的作用备受重视。益生素可以是单一菌种制剂也可以是复合菌种制剂。益生素中常含有3类有益微生物：乳酸菌类、芽孢杆菌类和酵母类真菌。乳酸菌类主要有嗜乳酸杆菌、双歧杆菌、粪链球菌；目前主要应用的芽孢杆菌类有芽孢杆菌、枯草芽孢杆菌、蜡样芽孢杆；生产中应用较多的酵母菌有酿酒酵母和石油酵母。目前复合菌制剂较为常用，例如EM（有效微生物制剂）是由光合菌、乳酸菌、酵母菌和放线菌群等10属80种微生物培养而成。

1．益生素对各种动物的保健作用。主要包括4个方面：

（1）猪。给哺乳仔猪早期接种益生素，能增加肠道内乳酸杆菌的数量，抑制胃肠道病原菌，从而建立良性微生态环境，提高机体的抗病能力。饲料中添加益生素后，仔猪的黄、白痢发病率和死亡率明显降低。试验表明，给新生仔猪灌服EM制剂，黄痢的发生率明显减少；而且仔猪发生黄痢时，用EM制剂治疗的效果好于抗菌药的效果。哺乳仔猪应用加酶益生素，断奶时仔猪腹泻减少，Bertin等（1997）给哺乳仔猪喂服酿酒酵母后，60日龄的死亡率明显降低。益生素能维持胃肠道微生物区系的生态平衡，减少仔猪增强断奶仔猪抗应激的能力，预防消化道疾病（表1）。在仔猪断奶料中添加益生素后，仔猪腹泻等疾病显著减少（薛竹凤等，2001；Lopez等，1994）。何若钢等（1996）还发现可以用益生素替代抗生素来治疗仔猪腹泻；益生素对断奶仔猪下痢的治疗作用可达到90%的治愈率（王士长，1998）。

（2）家禽。益生素可有效抑制家禽体内的病原菌，提高机体的免疫机能和抗病力，减少疾病发生。冯国华等（2000）试验发现，在鸡饲料中添加复合益生素能够增加肠道中的有益微生物的数量，有利于建立良好的微生物区系；如果肠道菌群异常，益生素能帮助迅速恢复肠道的微生态平衡。另据报道，益生素可使鸡的发病率下降5%～10%，死亡率降低8%～15%。夏兆刚等（2001）在肉仔鸡的饲料中添加活菌制剂，结果肉仔鸡的死亡率和腿畸形率明显小于添加金霉素或腐殖酸组的。益生素防治肉仔鸡沙门氏菌病的作用也很明显，Promsopone等（1998）先给肉仔鸡饮水中添加益生素，然后让其接触沙门氏菌，结果肉鸡盲肠、结肠中的沙门氏菌数目明显低于对照组。

（3）水产动物。益生素能够调节水质、改善鱼体消化道的菌群结构、增加鱼的抗病力。Gram等（1999）在体外和体内试验中都发现，荧光假单孢菌能抑制鳗弧菌；他们通过对照试验发现，接触感染鳗弧菌，接种过荧光假单孢菌的鲑鱼死亡率比未接种的小46%。生产上常用微生态制剂治疗鳗鱼的微孢子虫和锚头蚤病，效果良好。益生素能够刺激对虾肠道内双歧杆菌、乳酸菌等有益菌的繁殖，抑制沙门氏菌、大肠杆菌等有害菌的活性。张淑华等（1995）报道，在对虾生长的不同时期投放益生素，对虾的死亡率明显下降。服用微生态添加剂的对虾虾体健壮，肝胰脏有明显的白色区；而对照组中的对虾肝胰脏混浊，混浊部位有杆状体病毒。除此之外，EM制剂还能消除罗氏沼虾尾扇上的缺刻症。

（4）牛。一般来讲，瘤胃会使许多菌群失去活性，所以益生素在反刍动物上的研究和应用受到限制。但是，通过适宜的方法应用益生素，犊牛的腹泻率明显下降、持续时间也缩短、死亡率降低。Abe等（1995）试验发现，犊牛出生时口服双歧杆菌或乳酸菌制剂，其幼年期的腹泻率明显下降。

2．益生素保健作用的机理。

（1）刺激有益菌。益生素作为活菌制剂，可以补充动物肠道内有益微生物，促进它们形成优势菌群。试验表明，仔猪日粮中添加乳酸菌后，肠道中的乳酸菌浓度增加（Tortuero等，1995）。有益微生物进入肠道中后创造的环境还适宜于其他有益菌的繁殖，例如，啤酒酵母能刺激肠道乳酸杆菌、双歧杆菌等有益菌群的增殖。加酶益生素也能促进肠道中双歧杆菌的增殖，在肉仔鸡的常规日粮中添加加酶益生素，14和35日龄肉仔鸡鲜粪中的双歧杆菌数是对照组的6～11倍（李桂杰等，2000）。

（2）抑制病原菌。益生素主要通过两条途径来抑制病原微生物的增殖：一是竞争性抑制。如前所述，益生素可以促进有益微生物的增殖，当它们占据致病菌的靶上皮细胞时，可以起到防御的作用。正常情况下，双歧杆菌和肠球菌与肠黏膜结合很紧密，并在肠黏膜的表面形成一层生物学微生态屏障，抑制致病菌的定植。另外，大量的有益菌群能充分利用肠道中的营养，从而减小了有害菌生存和大量滋生的可能。二是直接抑制。试验表明，啤酒酵母可使大肠杆菌失去活性。Nielsen等（1988）发现猪体内乳酸菌有5种品系具有抑制大肠杆菌的作用，Bomba等后来（1996）提取到一种乳酸菌代谢产物，它在体外试验中能抑制肠道致病菌的生长。Jadamus等（2000）也发现喂给蜡状芽孢杆菌可以抑制仔猪肠道中有害菌的生长。乳酸杆菌等微生物代谢产生大量有机酸能够降低动物肠道内的pH值，从而形成不适宜病原菌生存的酸性环境。另外，某些有益微生物能产生溶菌酶、过氧化氢、类抗生素物质，它们会杀灭或抑制有害微生物。

（3）调节机体代谢。益生菌在消化道内不仅产生有机酸，而且分泌蛋白酶、脂肪酶、淀粉酶、植酸酶等（李桂杰等，2000），它们也有利于提高日粮养分利用率。动物体本身及许多致病菌都会产生毒性胺、氨、细菌毒素、氧自由基、吲哚等有毒物质，益生素则可以阻止这些物质的合成。例如，保加利亚乳酸杆菌的代谢产物能够中和大肠杆菌外毒素，许多好氧菌产生的SOD可帮助动物消除氧自由基。饲喂啤酒酵母后，肠道内有益菌群大量增殖，它们在抑制潜在病原菌的同时，也能阻止肠内胺和氨的产生、促进肠蠕动、维持完整的肠黏膜结构。双歧杆菌可以通过其代谢产物抑制致病菌和肠内固有腐败菌，减少肠内毒素及腐败产物的含量，减轻肝脏的解毒负担，增强肝脏的营养代谢功能。

（4）提高机体的免疫力。益生菌本身就是一种非特异性免疫调节因子，它能提高抗体水平。研究表明，益生菌与致病菌有相同或相似的抗原物质，它们可刺激机体产生抗致病菌的抗体。有的益生菌可刺激机体产生干扰素，同时提高免疫球蛋白浓度和巨噬细胞的活性。Tortuero等（1995）试验发现，日粮中添加粪球菌和乳酸菌后仔猪回肠组织中白细胞间介素-2的浓度（7.43 ng/g）明显高于对照组（3.74 ng/g），回肠上皮细胞的噬菌作用和免疫力也增强。另外，双歧杆菌的细胞、细胞壁成分和胞外分泌物具有广谱的免疫调节作用，它们能刺激胸腺、脾脏和法氏囊等免疫器官的发育，激活吞噬细胞的活性，促进淋巴细胞的有丝分裂，增强机体的细胞免疫和体液免疫功能。

（5）其他作用。益生素在动物肠道内产生的物质能提高动物体的抗应激能力。Andlid等（1999）试验表明鲑鱼肠道中的酿酒酵母能产生高浓度的热应激蛋白。将益生素应用到水产上，还能够起到净化水质的作用，这有利于动物的健康生长。

3. 提高益生素保健作用的措施。

（1）添加时期。总的说来，益生素常用于雏鸡、仔猪和犊牛生产中。动物出生时，肠道微生物体系还未形成，这时应用益生素制剂，可促进益生菌抢先占据消化道成为优势菌群，利于防治疾病。而当要在肠道内微生物定植完成后改变菌群结构则比较困难。试验发现，仔猪在出生后立即灌服益生素，视猪群情况隔一段时间再喂2～3次，防病效果较好。此外，鉴于益生素可增加动物的抗应激能力，在动物断奶、运输、转群等应激时期使用效果较好。

（2）活菌种类。不同种动物消化生理特点不同，适合在其消化道中生存的菌种也不同。在反刍动物的瘤胃中有些益生素容易被消化、灭活，所以在反刍动物中应选择耐酸、抗胆汁的菌种。一般来讲，真菌微生物和酵母类细菌在反刍动物中应用的保健和促生长效果较好，乳酸菌和芽孢杆菌对单胃动物的保健作用较好，其中，活酵母菌既可用于反刍动物也可用于单胃动物。另外，所选用的活菌必需无毒、无害，而且对机体能产生有益作用。

（3）添加量。益生素添加剂中应有足够活力和数量的有益菌。应用时需根据益生素产品、动物种类、使用时期来确定合适的添加量。李焕友等（2001）用微生肠道调理剂来防治仔猪腹泻，发现添加量为600mg/kg饲料时效果较好。在肉仔鸡生产中，EM发酵饲料的添加量以日粮的5%～10%为宜（张建文等，1998）。罗氏沼虾的幼苗培育池中，益生素的使用量为100mg/kg时防病效果较好。

（4）添加方法。益生素不管通过直接口服、还是添加到饲料中，都要防止其生物学活性的下降或丧失，确保有益菌能顺利进入动物机体。EM制剂发酵后饲喂动物，保健效果更好。马曙生等（1999）试验发现，EM发酵液组哺乳仔猪的腹泻次数比EM原液组的低12.48%。此外，可以用胶囊或矿物质载体包被、保护益生菌，使其直接释放到肠道中而不在胃中被消化。

（陈才勇　王　恬）

【酸化剂】 为了保持畜牧业的快速和可持续发展，保障食品卫生安全，人类开始关注饲料中使用抗生素所产生的诸多问题：如病原菌的耐药性、药物的残留问题等等。目前国内外都在严格限制抗生素在饲料中的使用，许多科研和商业单位开展了取代或替代抗生素使用的产品研究和开发，而饲料酸化剂作为其中的一类，引起了人们的极大重视。饲料酸化剂的应用已有30年的历史，大量的实验证明酸化剂具有降低胃肠道pH，提高内源酶的活性，提高畜禽生产性能，同时对病原菌具有杀菌和抑菌等作用。为了控制畜禽疾病的发生和减少抗生素对人类的危害，在饲料中减少抗生素的使用，添加饲料酸化剂已势在必行。

无机酸作为酸化剂使用非常普遍，这是由于无机酸具有较强的酸性和较低的添加成本等。目前研究和应用过的无机酸主要有硫酸、盐酸和磷酸，已有试验表明硫酸基本无效（Easter，1988），冷向军等（1999）认为盐酸的使用效果则取决于对日粮电解质平衡状况的影响，Schoenherr（1994）报道磷酸可起到酸化和向体内提供磷源的双重作用，由于其用量和价格适当，而受到人们的重视。总的看来无机酸类如果添加剂量较少，达不到较好效果，较高用量则会损害动物的器官和腐蚀饲料加工机械。有机酸化剂主要有柠檬酸、延胡索酸、乳酸、丙酸、苹果酸、山梨酸、甲酸、乙酸等。在生产实际中人们偏好于有机酸，这主要源于有机酸具有良好的风味并可直接进入三羧酸循环。不同的有机酸各有其特点，但使用最广泛而且效果较好的是柠檬酸和延胡索酸。大量的试验证明：在仔猪饲料中添加柠檬酸、延胡索酸或甲酸可提高早期断奶仔猪的生产性能，由于商业原因，欧洲普遍使用延胡索酸，而我国则为柠檬酸。但是由于有机酸添加成本较高，对制粒有一定影响，因此有机酸化剂产品有待进一步改进工艺，以便更好地应用于饲料中。为了克服单一酸化剂的不足或缺陷，目前将无机酸及有机酸或盐类进行复合，因而复合酸化剂便应运而生，从而提高了酸化剂的应用效果，同时减少了酸化剂对设备的腐蚀和对皮肤组织的刺激。

1. 酸化剂的作用机制。

（1）降低胃肠道 pH，提高消化酶活性的机制。饲料酸化剂的作用源于其酸化效应，即通过降低胃肠道中的 pH，保持最佳的消化环境。侯水生等（1998）分析认为胃内容物 pH 水平稳定在适宜范围内才能维持正常消化生理。高 pH 显著抑制胃蛋白酶原的活化及胃蛋白酶的活性。当胃内容物 pH 为 2.0 时，胃蛋白酶活化迅速；当 pH 提高到 4 时，活化速度缓慢。胃蛋白酶的适宜 pH 为 2.0～3.5。当 pH 大于 3.6 时，活性显著降低；当 pH 大于 6.0 时，胃蛋白酶失活。因此，胃内容物 pH 影响饲料蛋白质的消化。早期断奶仔猪消化系统和免疫系统发育尚不成熟，当仔猪由母乳提供营养转变为饲料提供营养时，仔猪胃内酸度不足，很难达到成年猪胃内的酸度（pH 为 2.0～3.5）水平。因此，在断奶后的 3～4 周内，仔猪胃内 pH 一般维持在 3.5 以上，胃内容物高 pH 将导致胃内蛋白酶活性下降，饲料蛋白质消化率降低，并可能导致肠道疾病、腹泻等。添加酸化剂不仅可激活胃蛋白酶源，同时还可直接刺激消化酶的分泌，侯永清等（1996）发现饲料中添加柠檬酸和磷酸可提高小肠内胰蛋白酶和淀粉酶的活力，磷酸可明显提高胃蛋白酶活力，由于消化酶活力的提高营养物质的消化率也相应提高。

（2）酸化剂调控胃肠道微生物菌群平衡机制。通过饲料中添加酸化剂，降低胃肠道 pH，可改变有害菌的适宜生存环境或直接抑制杀死病原菌，同时促进乳酸杆菌等有益菌的增殖。病原菌如大肠杆菌、葡萄球菌、梭状芽孢杆菌在猪肠道中生长的最适 pH 分别是 6.0～8.0、6.8～7.5、6.0～7.5，pH 小于 4 则大量失活。因此添加酸化剂具有双重作用，既减少了微生物的有害作用和对养分的浪费，又大大降低了消化道疾病尤其是腹泻的发病率。侯永清等（1996）研究结果表明：酸性环境有利于乳酸杆菌等有益菌的繁殖生长，对大肠杆菌等有害菌有抑制作用。

（3）酸化剂的杀菌抑菌作用机制。饲料中添加酸化剂不仅可以降低胃肠道 pH 提高消化酶活力，还可通过抑菌或杀菌作用，保持肠道有益菌群优势，保护机体健康。Puyalto 等（2001）对酸化剂体外抑菌或杀菌作用机制进行了研究报道。综上所述：有机酸和无机酸均具有抗菌作用，其中非挥发性酸通过提高有害菌的细胞间质的酸度，使细菌胞内和胞外不能保持渗透压平衡而阻止病原菌的发育，起到抑菌效果，挥发性酸及其盐类，通过破坏病原菌细胞膜或影响病原菌细胞内渗透压导致代谢紊乱，从而阻止病原菌的繁殖和生长，起到杀菌作用。

2. 酸化剂在饲料中的应用优势。

（1）保护饲料防止霉变。通过在饲料中添加酸化剂，可以防止或控制饲料中霉菌的繁殖，保持饲料的新鲜度，从而提高饲料的适口性和营养物质利用率。此外，由于镰刀属霉菌毒素采用一般的霉菌毒素吸附剂难以控制其对种畜如母猪的危害，因而常常因霉菌霉素的雌激素样作用，导致母猪发生流产、死胎率升高、仔猪下痢等；由于受到霉菌毒素的影响，疫苗和抗生素的作用效价降低，导致免疫机能受到抑制。因此饲料中的卫生状况将直接影响母猪的生产性能，通过添加酸化剂可减少霉菌霉素所引起的一系列问题，为母猪和仔猪发挥遗传潜力提供良好的条件。

（2）替代抗生素的作用。病原菌的耐药性问题已受到极为关注，其中大肠杆菌的耐药菌株大量存在，使用抗生素治疗此类大肠杆菌感染的效果并不理想，因而酸化剂作为无毒无残留的抑菌杀菌添加剂为人们所重视。研究表明：酸化剂可调控胃肠道微生物菌群平衡，特别可以减少大肠杆菌的感染。Liu Y.G.（2001）报道，对具有耐药性的大肠杆菌菌株，可通过添加剂酸化剂达到抑菌杀菌的目的。值得关注的是，仔猪可通过母猪的粪便而感染大肠杆菌，引起腹泻或下痢。但通过母猪饲喂酸化饲料以后，有助于控制肠道微生物菌群平衡，母猪粪便中大肠杆菌的数量大幅度降低，从而可减少仔猪对大肠杆菌的感染，减少仔猪的死亡，并提高仔猪的生产性能。Copel（2001）报道，在妊娠和哺乳期的母猪饲喂酸化日粮 19 周后，母猪粪便中大肠杆菌数量较未饲喂酸化日粮减少约 100 倍，对仔猪感染大肠杆菌起到了良好的预防作用。

（3）提高钙的生物学利用率。一些常量和微量元素在碱性环境中易形成不溶性的盐而难以吸收，添加酸化剂可降低胃肠道内容物 pH 的同时，可与饲料中的矿物质如钙发生螯合作用，促进肠道对钙等矿物元素的吸收。钙的营养在母猪妊娠或哺乳阶段极为重要，Copel（2001）报道，母猪饲喂酸化日粮可提高钙的利用率达 8%。其机理为钙与挥发性脂肪酸结合，提高了小肠中钙的浓度。在生理条件下大肠中的钙以不溶性的磷酸盐形式存在，通过酸化剂的使用提高了肠道酸度和钙的溶解性因而钙的消化率由 47% 提高到 55%。钙的利用率提高有助于仔猪的生长发育，预防死胎的产生等等。

（4）调控电解质平衡：日粮电解质平衡（DEB）可以用（$Na^{+}+K^{+}-Cl^{-}$）meq/100g 饲料来表示。酸化日粮导致 DEB 降低，确实有使体内变酸的趋向。但 Coupel（2001）报道，这种状况有助于预防分娩母猪无乳综合症（MMA）的发生，并预防泌尿系统的感染，同时有助于减少死胎和提高血钙的生物学利用率。此外还有学者发现，日粮酸化后，仔猪体内谷-草转氨酸活性上升（Kirchgessner 和 Roth，1982）和血浆尿素 N 下降（Falkowski 等，1984），其可能是 N 的利用率提高或有更多的 NH_3 用于中和 H^{+} 而不是生成尿素 N。当然动物调节酸碱平衡的能力是有限的，如果酸化剂的添加量过大，则可能造成酸中毒导致生产性能下降。酸化剂经过深入的研究，其优势是明显的，除了上述几点以外，酸化剂还具有抗应激、提高免疫力、提高日粮适口性，提高生产性能等方面的作用。

3. 酸化剂产品应用与开发。目前，尽管国内酸化剂的研究有较大进展，但酸化剂产品仍存在诸多问题。如：种类单一，多属于单一酸化剂，很少考虑动物生理特点和饲养环境；添加量大，成本较高，酸化效果不佳；酸化剂对饲料中的维生素活性造成破坏；胃中吸收过快，无法到达小肠不能有效地发挥抑菌杀菌作用等等。

为了更好地应用酸化剂，减少饲料中抗生素的使用，今后酸化剂产品的研究开发应满足以下基本要求：能有效地提高饲料酸度，降低胃肠道中 pH；具有良好的饲料加工性能，具有良好的流动性，以提高饲料中混合均匀度；无味无刺激性，不会对人体产生刺激，不会抑制动物采食量；要综合考虑有机酸、无机酸及有机酸盐类的各自特点，提高酸化剂的环保安全有效性；使用特殊的载体或包被技术，增加酸化剂的缓释功能及避免预混料中使用时的产气问题等等。

总之，饲料酸化剂不仅可以降低胃肠道 pH，激活胃蛋白酶源，刺激消化酶的分泌，改善饲料及胃肠道内的生物安全，还具有促进生长和体内生物调控的作用，并具有抗生素类生长促进剂防病保健的类似功能。在关注食品安全关注人类健康的今天，由于饲料酸化剂具有无耐药性、无残留、无污染等特点，在饲料养殖业的应用前景将十分广阔，为了更加广泛有效的应用酸化剂，应加强酸化剂的研究和开发。

（李祥）

【糖萜素】 随着现代养殖业规模化和专业化的发展，畜禽感染各种疾病的危险性大大增加。为了预防畜禽疾病、促进动物生长发育、提高饲料转化效率及经济效益，多种抗生素药物用作饲料添加剂。抗生素添加剂的应用曾创造了养殖业和饲料工业的革命，规模养殖在全世界得到了迅速发展，动物的生产数量得到了大幅度的提高。但是，饲料中长期使用抗生素类药物添加剂所产生的负面效益也日益明显地暴露出来。主要表现在：引起病原微生物产生抗药性；破坏动物体内正常菌群的生态平衡；降低机体免疫功能及畜禽产品中的药残直接危害人体健康等。现在，饲料安全即食品安全的概念在世界范围内已成为共识。很多国家和地区都发出禁止使用抗生素的命令，丹麦政府为了保证食品安全，制定了饲料生产中禁止使用抗生素的规定；瑞士早在 1992 年就禁止使用饲用抗生素；1997 年 10 月，联合国世界卫生组织在专题会议上呼吁对畜禽慎用抗生素；欧盟农业委员会从 1999 年 1 月起就通过立法禁止使用曾经广为应用的四类抗生素（维吉尼霉素、泰乐菌素、杆菌肽锌和螺旋霉素）作促生长剂，并计划在 3～5 年内全面禁止使用饲用抗生素；在美国食品和饲料是同一概念，适用于同一部法律。我国农业部于 1997 年也修订了《允许作饲料药物添加剂的兽药品种及使用规定》（农牧发［1997］8号）。因此，研究开发能代替抗生素的功能强、价格低、性能稳定，无毒副作用的防病促生长饲料添加剂已成为世界性的难题。人类健康呼唤绿色，呼唤新一代高效、无残留、无公害绿色饲料添加剂，糖萜素（Saccharicterpenin）顺应时代而来。糖萜素是纯天然的植物提取物，不含任何化学合成成分，因此不会产生环境污染和毒副作用，添加糖萜素不加抗生素便可生产绿色饲料。

1. 糖萜素的理化特性与主要功能。糖萜素是从山茶科饼粕中提取的混合物，是由糖类（≥30%）、三萜皂甙（≥30%）和有机酸组成的天然生物活性物质，为棕黄色粉末状结晶，味微苦且辣，能刺激鼻黏膜引起喷嚏。它不溶于乙醚、氯仿、丙酮、苯、石油醚等溶剂，可溶于温水、二硫化碳、醋酸乙酯，易溶于含水甲醇、含水乙醇、正丁醇以及冰醋酸。糖萜素能分别与醋酸酐、钼酸铵、三氯化铁、香荚兰素起化学呈色反应。其主要功能如下：

（1）增强机体免疫功能，提高成活率。糖萜素所含的生物活性物质，具有调节网状内皮系统，增强巨噬细胞活性、白细胞介素－2 活性（32.7%～66.09%）、明显提高（P＜0.05）淋巴细胞转化率、IgG 含量（83.7%～115.4%）、ACTH（36.44%～122.79%）和红细胞 C_3b 受体花环率（21.7%），调节 cAMP 与 cGMP 含量和补体生成等作用，明显增强机体免疫功能。其表现为改善非特异性免疫反应，起到防御病原微生物感染的作用，从而提高动物的健康状况，同时协同增强特异性免疫效果，加强细胞免疫和体液免疫，提高疫苗接种的效果，延长免疫持续时间，起到免疫增强剂的作用，提高疾病的治疗效果，缩短治疗和康复时间，减少物质和能量的消耗。石传林等（2001）报道，糖萜素按 400mg/kg 添加于不含抗生素的基础日粮中，饲喂 320 日龄罗曼父母代种鸡，结果试验组死淘率为 2.5%，对照组死淘率 3.6%，试验组比对照组降低死淘率 1.1%；且试验组种蛋受精率比对照组提高 1.5 个百分点，种蛋孵化率比对照组提高 1.7 百分点。林元银（1999）做了蛋鸡试验，结果试验组死亡率（6.71%）比对照组（7.94%）降低了 15.5%（P＜0.01）。

（2）促进生长，提高饲料转化率。动物消化系统的功能直接关系到饲料转化率和动物生长发育，而糖萜素经底物水解法研究表明，能提高动物小肠内蛋白水解酶、脂肪酶和淀粉酶等的活性。此外，还能明显提高（P＜0.05）血清中总蛋白含量（12.93%）。从而可以改善动物消化吸收功能，提高生产指标。石传林等 2000 年夏季进行了添加糖萜素饲喂产蛋鸡的试验，结果发现试验组鸡比对照组鸡提高产蛋率 4.5%，饲料报酬提高 8.4%，差异均显著（P＜0.05）。刘永和等（2000）试验表明，糖萜素按 500mg/kg 添加于不含任何抗生素和促生长剂的基础日粮中，饲喂 30～70 日龄的仔猪，同等饲养条件下，糖萜素组比抗生素对照组效果好：日增重提高 93.51%，饲料报酬提高 6.30%，差异显著（P＜0.05）。同样杨兴武等（2000）研究发现，在基础日粮中添加 500mg/kg 糖萜素，饲养不同日龄的杂交仔猪发现，糖萜素组比喹乙醇组和杆菌肽锌组日增重分别提高 2.49%和 11.6%，料肉比分别下降 0.96%和 11.06%，每千克增重饲料成本降低 0.03 元和 0.40 元。

（3）提高动物抵抗病原微生物的能力。通过采用马丁培养基抑菌试验和人工感染试验，糖萜素对抗大肠杆菌、沙门氏菌、柔嫩艾美尔球虫和传染性法氏囊病毒等均有明显的效果。肖传发（1999）指出，禽流感爆发高峰期间，每吨鸡饲料（或饮水）中添加400～750克糖萜素，对家禽疾病的康复有较好的促进作用。

（4）改善畜禽肉质，增强市场竞争力。随着社会的进步和人民生活水平的提高，人们对产品的质量也要求越来越高。就畜禽产品而言，数量已不再是人们生活需求的首要问题，而品质优劣成了人们生活需求的关键所在。所以赢得了质量，就赢得了市场。用原子吸收分光光度计测定49日龄肉鸡胸肌和肝脏中的镉、铅含量。结果表明，糖萜素组肌肉和肝脏中镉含量比抗生素组分别降低94.41%（P＜0.05）和96.53%（P＜0.05）。铅含量比抗生素组分别降低14.18%和38.28%。测定56日龄肉鸡肌肉总色素、pH、氨基酸的含量和肠肌中肌肉脂肪含量。结果表明，糖萜素组胸肌总色素比抗生素组提高7.48%，pH降低2.52%；肌肉脂肪和苏氨酸含量糖萜素组比抗生素组分别提高20.18%（P＜0.01）和8.38%（P＜0.01）。

（5）其他功能。糖萜素饲料添加剂中所含有的生物活性物质还具有镇静、止痛、解热、镇咳和消炎的作用，能调节机体内环境平衡，降低机体对应激的敏感性，同时具有免疫调节作用。能明显提高机体的非特异性免疫调节功能，解除应激产生的免疫抑制，提高动物的应激能力。林元银（1999）对蛋鸡做了热应激试验，结果热应激期间试验组死亡率（1.91%）比对照组（2.45%）降低22%（P＜0.01）；试验组产蛋率（80.33%）比对照组（77.59%）提高（2.71%），产蛋重（9 229.3kg）比对照组（9 054.7kg）增加174.6kg，耗料（22 827kg）比对照组（23 112kg）减少285kg。试验结果表明，使用糖萜素饲料添加剂可以明显提高蛋鸡产蛋期的经济效益，特别是在热应激时使用效果更加明显。糖萜素还能清除机体内的自由基，其效率随浓度增加而提高，糖萜素（1 240mg/ml）对O·清除率94.40%（P＜0.01）、·OH清除率92.74%（P＜0.01）。此外，还可明显降低（P＜0.01）饲料中的过氧化值（32.28%），对饲料中V_A和粗脂肪有明显（P＜0.05）抗氧化作用。

2. 糖萜素在养殖业中的应用研究。糖萜素的有效化学成分稳定，与其他饲料添加剂不存在拮抗作用，无任何配伍禁忌，使用安全，毒理试验表明，小鼠LD_{50} = 2 378.48mg/kg，大鼠LD_{50} = 3 921.93mg/kg。一般情况下在日粮中添加200～500mg/kg，可以完全代替抗生素药物，使畜禽产品达到安全无残留，以生产出动物源性的绿色食品。

糖萜素在养禽生产中的应用：（1）浙江大学詹勇课题组在浙江、山东等对四批8302羽AA肉鸡日粮添加糖萜素500mg/kg，与土霉素、杆菌肽锌、痢特灵、莫能霉素等抗生素对照，结果成活率提高3.26%，日增重提高1.3%，料肉比降低3.15%，平均每羽肉鸡增收0.54元（0.33～0.75元），有显著的经济效益。同时，抗应激试验表明，糖萜素有较强的抗应激功能，残废率降低3.2%～4.2%。（2）山东诸城外贸公司47 600羽AA肉鸡使用证实，成活率提高3.47%，料肉比降低5.5%，每羽鸡增收0.21元。山东安丘外贸公司对8 300羽AA肉鸡饲喂后证实，至52日龄出栏时，成活率较对照组提高3.6%，每羽肉鸡最终多赢利0.21元。（3）在杭州进行了600万只肉鸭试验结果同样表明，添加糖萜素后，成活率，日增重与饲料报酬均优于对照组。

3. 在养猪生产上的应用。浙江大学课题攻关组经不同地区养殖场7批545头肉猪对比试验证明，使用糖萜素饲料添加剂与使用抗生素类饲料添加剂相比，肉猪成活率提高0.15%，日增重提高4.06%，饲料效率提高4.21%；仔猪日增重提高7.32%，料肉比降低5.67%，仔猪阶段每头增利5.57元，饲养全过程每头增利12.91元。浙江省农科院畜牧兽医研究所，浙江农业大学饲料研究所对200头生长育肥猪（12～80kg）饲养试验效果验证发现，添加200～500mg/kg糖萜素比添加抗生素（喹乙醇60～80mg/kg），均具有较好的促进生长、提高饲料利用率和降低饲料成本的效果。在京郊顺义某猪场大面积使用糖萜素，在防病促生长、抗热应激方面都取得了满意的效果，同时，因为无药残，猪肉绿色安全，获得了商家的青睐。

随着我国加入WTO，绿色饲料添加剂在畜牧业中应用越来越受到业内人士的关注，它将对提高我国饲料业的绿色进程，提高人民的健康水平，实现动物源性食品绿色化，特别是解决药物残留问题，加快畜产品出口创汇，具有良好的经济效益和社会效益，对社会的进步有着深远的历史意义。但由于我国养殖业的现状，抗生素不会轻易退出添加剂的历史舞台；同时作为饲用绿色饲料添加剂之一的糖萜素，由于其起步较晚，在国内养殖业中还未引起足够重视，规模化推广以及对各方面具体深入研究和体系完善依然任重道远。

（陈红平　周作红　董晓　刘立新）

饲料机械制造工业概况

【配合饲料加工设备】 随着饲料工业稳步发展，饲料机械工业也有了可喜的进展。2001 年，饲料机械企业有 72 个；生产饲料加工机械 21 104 台（套）。可以看出，饲料加工业在产量、生产能力和产值方面都在稳步提高，其中浓缩饲料和预混料增加的幅度较大。饲料加工企业总数减少，但时产 5t 以上的大中型企业数增加，这说明饲料加工企业经过整合、重组和技术改造向着大型化发展。

1. 饲料机械生产。据统计，2001 年，72 家饲料机械制造企业生产饲料加工成套机组 2 344 套，销售收入 106 933 万元，利润总额 6 223 万元。(1)饲料加工成套机组生产情况：2001 年饲料加工机组生产总数稍有下降，1～5t/h 的小型机组基本没有变化，5～10t/h 的机组有所下降，10t/h 以上的大型机组增加较大，增长了 42%，这与大型饲料生产企业增加是一致的。近 3 年饲料加工成套机组生产情况见“饲料机械成套机组产量表”。(2)各种饲料加工机械生产情况：从饲料加工机械总数来看，2001 年比 2000 年减少 1 万多台，其中混合机和其他机械基本上没多大变化，制粒机增加了 888 台（增长 71%），主要是粉碎机生产量减少幅度大，减少了 11 832 台。粉碎机产量减少，分析其原因主要有二：一是 1999 年和 2000 年产量较多，基本满足市场需求，新设备使用后不急于更换；二是饲料加工企业规模扩大，采用大型粉碎机，因此台数有所减少。近 3 年各种饲料加工机械生产情况见“饲料单机产量表”。

饲料机械成套机组产量表

单位：套

年度	≥10t/h	5～10t/h	1～5t/h	合计
1999	100	267	1 802	2 169
2000	118	427	1 863	2 408
2001	168	337	1 843	2 344

饲料单机产量表

单位：台

年度	粉碎机	混合机	制粒机	其他	合计
1999	18 805	2 796	813	2 033	24 437
2000	17 822	3 008	1 257	7 416	29 503
2001	5 990	3 158	2 145	7 266	18 559

在饲料机械制造方面，不仅原来生产的机械增加了很多规格，而且研制了许多新的品种。从而满足了不同饲料和饲料添加剂加工的需要。到 2001 年底全国添加剂预混合饲料生产企业已发生产许可证的单位有 2 579 家，这些企业在发证过程中根据许可证生产条件要求，许多企业都进行了技术改造，更换或增添了新的预混料加工单机（预混机、粉碎机等）或机组。已研制了年单班产量 0.1 万～1 万 t 的预混料生产线。由于农业和畜牧业产业结构调整，牧草种植、加工和反刍动物养殖业发展，在牧草和秸秆加工设备以及舐块加工设备方面都加大了研制开发力度，一些新的设备已问世。饲料机械（机组和单机）生产的主要地区在江苏、上海、广东、北京、山东、河南、河北及四川等省市，这些地区也是饲料加工业发达的地区。

2. 饲料机械发展特点。主要有 6 个方面：

(1) 从不同规模的饲料加工企业变化情况和饲料加工机组生产情况看，饲料加工企业正在向大型化发展，相应地，饲料加工设备也在大型化。目前，国内一些技术先进的大中型饲料机械制造企业可以完成研究设计、制造、安装一条龙服务。近年来又有一批年产 30 万、40 万 t 的大型饲料厂投产，完全采用国产设备。

(2) 水产饲料发展很快，主要表现品种多、规模大。与此相适应，水产饲料生产设备（单机和成套机组）近年来发展很快，不但加工机械品种增加，而且生产能力也很大，年产 20 万～30 万 t 水产饲料的公司已有多家投产。

(3) 制粒机生产大幅度增长，说明颗粒饲料生产增加，特别是一些过去没有制粒设备的老企业，在技术改造时，添置了制粒设备。膨化机产量增加且大型化，在水产饲料方面应用越来越多。

(4) 随着农业产业结构调整，近年来牧草种植大量增加，相应的，牧草加工机械需求量和生产量增加很大。草场作业机械，如割草、搂草、打捆机械在国内有了新发展，黑龙江、新疆、上海、北京等地一些研究设计和机械制造单位加大了这方面的研究力度，推出了一些新产品，已研制出了高密度打捆机。但某些国产设备从生产能力和产品质量方面，距国际先进水平还有一定距离，需要尽快改进。近年来从法国、美国和德国等国家已进口了一些牧草生产和加工设备。并且，在牧草制粒、压块以及草粉加工方面，需求也在增加，国内一些机械制造企业已开发了一些比较先进的设备。

(5) 某些饲料加工设备从研究、设计到制造采用了高新科技，一些饲料加工设备已达到或接近世界先进水平。一是在制粒机制造方面，一些技术先进的大中型机械制造厂都已采用了具有国际先进水平的多方位全自动深孔钻等机械加工设备和热处理设备，提高了环模质量和使用寿命，并且在结构和控制上作了大量研究和改进工作。三压辊制粒机和触摸式电脑整机控制技术已付于实践，环模拆装和环模压辊间隙调节都已自动操作，大大节省了时间和人力。二是在粉碎机制造方面，横宽形振动筛锤片粉碎机问世，已取得中、美等国专利。此机更为节能，粒匀、高效。不停机换筛粉碎机和新型高效超微粉碎机都已问世并用于生产。三是稳定可靠的高效膨化机，产量可达5t/h左右，已采用了电脑全自动控制技术。膨化机已作为饲料生产和原料处理的重要设备应用于不同的饲料企业，并已有了适应不同加工产品的系列膨化机，特别是在水产饲料生产方面，近年来膨化料发展很快。此外，膨胀机、真空喷涂设备和牧草加工设备等在研究设计和制造方面都有了新的进展。

(6) 近年来由于淀粉工业、酿造工业的发展，其副产品作饲料的综合利用力度加大，特别是粮食转化和燃料酒精生产的发展，在DDGS饲料产品和玉米蛋白粉等方面生产量很大，相应的机械设备需求很迫切，有些设备国内不能配套，只能进口。

(牟永义)

【牧草与秸秆加工机械】 中国草业目前正得到国家的重视和社会的关注。牧草生产和农作物秸秆利用的发展，对牧草和秸秆加工机械产生了更多的需要。2001年，在该领域，又有更多的企业进入并不断推出新产品。现代农装科技股份有限公司是以中央直属大型科技企业——中国农业机械化科学研究院为主发起人，联合清华紫光股份有限公司和机械科学研究院等共同发起设立的从事现代农业装备开发、生产及经营的高新技术企业。公司的主要产品有：自走式青贮饲料联合收割机、饲草打捆机、牛饲料搅拌喂料车、饲料膨化机、粗饲料压块机组等；上海电气集团现代农业装备成套有限公司与日本Star公司合资建立上海世达尔现代农机有限公司。公司利用日本Star农机公司先进的技术,生产中、小型圆捆机、小型方捆机、中小包膜机、割草机、翻晒机、揉草机等新型农机装备。首期生产纲领年产各类牧草机械1 650台,销售收入5 000万人民币。其中出口将占20%以上。天津市尤耐特机械技术有限公司注册在天津市高新技术产业园区,是专门研发现代草业的高科技企业,近年来,研制成MK5050-G型捆草机、RC-4512型揉搓机等。

1. 牧草种植机械。牧草种植包括新播牧草和退化草场改良两种作业。目前我国常用的牧草播种机械有北京南郊新华机械厂的孔盘式苜蓿精播机，通辽富华公司的撒播式牧草播种机，内蒙牧机所的免耕松土补播机，西安农机厂的2.7m宽的牧草播种机，内蒙商都牧机公司的0.8m麦草两用播种机。

2. 牧草收获机械。牧草收获机械种类很多，包括割草机、搂草机、打捆机、草捆运输堆垛机械、牧草种子收获机等。由于压扁有破坏蜡质层，使水分蒸发加快且全株均衡干燥的明显优点，割草压扁机一直是牧草生产方面不可或缺的机型。中国农业机械化科学研究院呼和浩特分院生产的9GY-3.0割草压扁机，可同时完成切割、压扁、集拢铺条3种工序，割幅为3m，配套动力25.7kW，生产率2～2.33hm^2/h，适用于人工草场。

搂草机除我国原有横向搂草机和侧向弹指搂草机外，已有用拖拉机动力输出轴驱动的双转子旋转搂草机。它既能翻晒，又能集拢、合拢和破拢，是更为理想的搂草作业机具。海拉尔牧机总厂生产的9LZ-4.5型圆盘式搂草机，搂幅4m，前进速度12km/h，生产率为5.6hm^2/h。北京市顺义区农机研究所研制生产了9LZ-5型指盘式搂草机，用于苜蓿等牧草和麦类秸秆等的搂集和翻晒。该机配套动力为20～44kW轮式拖拉机，工作幅宽2 500～6 000mm（可调），作业速度10～15km/h，生产效率5.3～6.6hm^2/h。

田间捡拾打捆始终是牧草生产的关键又薄弱的环节。“关键”在于若打不成捆则效果全无，“薄弱”在于打结机构的可靠性上不去，成捆率低。我国打捆机的生产厂家已有内蒙宝昌牧业机械厂、中国农业机械化科学研究院呼和浩特分院、上海电器集团现代化农业装备成套公司等，设计试制多种打捆机新机型。中国农业机械化科学研究院呼和浩特分院推出9YFQ-1.9型跨行式方草捆捡拾压捆机。其工作过程是拖拉机牵引压捆机横跨在同一草条上前进。它使地块周边的草条的打捆更为方便，不像侧边配置的打捆机那样必须逆行才能打捆。该机独特的预压室大大减少了楔型草捆的产生。工作幅宽1 928mm，配套25.7kW的拖拉机，生产率10～12t/h，草捆截面尺寸360mm×460mm，草捆密度120～180kg/m^3。上海电器集团现代化农业装备成套公司生产的9FK-8040型小方草捆捆扎机，基本形式是由拖拉机牵引和输送动力，通过捡拾机构、送料机构、压实机构。打结机构的连续工作，将散在田里的稻麦秸秆或牧草捡拾捆扎成方形草捆；9KYZ-7050自走式圆捆压捆机，用于稻草，麦秸等农业废弃物或牧草的收集捆扎，收集后可用作牧业饲料；9KYQ-9085中圆草捆捆扎机，基本形式是由拖拉机牵引和输送动力，通过捡拾机构、卷压机构和扎绳机构的连续工作，将散布在田地上的稻麦秸秆或牧草捡拾压成圆形草捆。与上述机型配套的9BM-9085中圆草捆包膜机，是用机械将已成捆的秸秆草捆用专用无毒拉伸回缩膜进行缠绕密封包扎。天津市尤耐特机械技术有限公司生产的MK5050-G型捆扎机，配套动力3.5kW，生产效率45～75秒/捆，草捆重量18～35kg,草捆尺寸52cm×52cm;LMK5070-X型捆扎机，生产效率45～60秒/捆，草捆重量15～45kg，草捆尺寸50cm×73cm。由于功率与机重的限制，田间捡拾打捆机只能打出密度为120～150kg/m^{3}的草捆。这种密度的草捆就近饲喂或短距离运输尚可满足要求，若远距离运输或用船运集装箱运输会严重丢吨，使吨运输成本很高。适合装火车闷罐车箱或集装箱的草捆密度为350～400kg/m^3。因此生产上需要能将田间捡拾打捆机打成的草捆进行二次压缩的高密度打捆机。此外，增加田间捡拾打成的草捆密度，即使达不到理想密度，但也会明显地改进运输效益。生产二次压缩打捆机的厂家及其参数如下表所示。

牧草高密度压捆机

生产厂家	型　号	草捆密度（kg/m³）	配用动力（kW）	截面（高×宽）（cm²）	生产率（t/h）	加工对象
中国农大非常规饲料研究所	9YG 25	400	7.5	15×23	0.9	散草
农科院草原研究所	9YD－200	320～380	22	50×37		普通捆
北京神农氏研发中心	GKY	300～400	18.5～33		1.2～3.0	普通捆
新乡东方机械有限公司	东方 200	350	18.5	3646		散草
山西中瑞集团	9CY1000				0.3～0.5	散草
辽宁雄风农牧机械有限公司	YKY160/48	350	33.5	35×45	1.0～1.5	普通捆
辽宁雄风农牧机械有限公司	YKG160/30	200～500	37～45			
包头泰达机械制造有限公司	63 型	350	30×2	46×72	2.0～	普通捆
包头泰达机械制造有限公司	32 型	200	11	36×46	1.3～1.5	普通捆
郑州 713 所	93QHD－1000		15	17×30	1.0～1.25	散草
现代农装科技股份有限公司	YD－220		13	40×50		普通捆

现代农装 2008 型自走式青贮饲料收割机是国家计委“九五”重大装备科技攻关项目。该机由主机配带 3 种割台，可分别收获青贮大麦、燕麦、苜蓿等矮秆作物和青贮玉米、高粱等高秆作物，在田间能一次完成对作物的收割、输送、切碎并抛送装车等作业。中收农机股份有限公司生产 92QY0.6 单行青饲收获机，主要适用于收获以玉米为主的高秆青（黄）饲料。用铁牛－55 拖拉机做配套动力牵引，机具后面挂拖车，一次可完成一行玉米的收割、喂入、切碎、抛送饲草至拖车等联合作业。主要技术参数：生产率 8～15t/h，刀盘转速 1 350rpm，切刀数量 6 片，切碎长度＜30mm。北京顺义区将玉米收获机的割台卸下，研制加装了无行距收获割台和秸秆粉碎、压扁、揉搓等装置，使玉米收获机增加了青饲收获的功能。该台样机经过 6 月份收获小黑麦和 7 月份收获青饲春玉米试验，性能良好，8 月中旬开始正式投入青饲玉米和皖草 2 号等作物的收获。该机有效割幅为 3m，切割器采用往复式，且在割台两侧设置了立刀，避免了倒伏作物或杂草的缠绕，日作业量 100～120 亩，割茬高度低于 10cm，秸秆揉碎率为 98%，作物切碎长度为 3～5cm，完全符合牛羊的饲喂标准，总损失率小于 5%。

3. 揉切与粉碎机械。山东淄博市临淄区农机推广站与六顺机械厂共同开发研制出 93ZT-18000 型滚筒式青贮铡草机。目前已通过农业部定型鉴定和推广鉴定检测。该机采用了先进的滚筒式六刀切碎机构，秸秆切碎长度为 21～25mm，每小时铡草 18～20t，配套动力 18.5～22kW 电动机。中国农业机械化科学研究院呼和浩特分院推出 9Q－60 型青干饲草切碎机，可切碎青干玉米秸秆、饲草、苜蓿等，配套动力 4～7.5kW，切碎长度 30mm，生产效率 6～8 t/h（青玉米秸秆）、2.5～3t/h（干玉米秸秆）。

陕西辰烁环保农业股份有限公司研制成功秸秆挤丝揉碎机，经该机加工后的秸秆，可迅速干燥并一次性成草，作为适口性极好的牛、羊饲料，牲畜的食用率高，而且干贮的饲草便于运输、保存。天津市尤耐特机械技术有限公司生产的 RC-4512 型揉搓机，配套动力 7.5kW，揉搓湿度 40%～75%，产量 3 000 kg/h。

4. 制粒与压块机械。以牧草、秸秆、作物茎叶等植物性饲草原料的加工的需求日益增大。牧羊集团、正昌集团引进国外草业加工技术，开发出各类牧草加工设备与工艺，可提供牧草加工生产线，其关键设备有牧草压块机、牧草制粒机，正在逐步取代昂贵的进口机型。河南省新乡市黄河禽林牧有限公司研制成鲜草深加工全套设备，在牧草资源加工利用上取得了突破。该设备适合对紫花苜蓿、鲁梅克斯、皇竹草、菊苣等牧草和秸秆进行深加工，可直接将鲜草切碎、揉碎、烘干。用户可根据不同的需要加工成草块、干粉或颗粒饲料，每天可生产干草粉 12～15t，加工后的干粉或草块。石家庄市潜水电泵厂生产的大型秸秆饲料成套加工设备，可将玉米秸秆等农作物秸秆加工成“饲料压缩饼干”。这一新技术可明显提高秸秆饲料的有效营养成分，其产品的体积仅为秸秆体积的6～8分之一，便于储存运输。

玉米作为山东省莱州市的主要粮食作物之一，每年种植2.67万km^2以上，年产鲜秸秆可达60多万t。由于收获机械化程度较低，人工收获后除部分用作养牛和生活燃料外，大部分秸秆被遗弃或焚烧，不仅使可利用资源造成很大浪费，而且污染了环境。为了解决玉米秸秆综合利用问题，莱州市在加快推广玉米联合收获机械和秸秆青贮机械的同时，建成玉米秸秆加工颗粒饲料生产线。项目总投资20万美元，预计年加工颗粒饲料5万t，可消化干玉米秸秆5万t。

5．烘干与储存机械。沈阳远大干燥设备有限公司、郑州713所、中国农大成套设备所、河南新乡市东方机械有限责任公司是我国目前生产快速牧草烘干的厂家。牧草在800℃高温下经几秒至几分钟即可烘干。烘干成品颜色青绿、气味芳香、保留了鲜草的色、味及营养成分，口感好，增加了牲畜的食欲，提高了经济效益。机组组成：烘干机、热风炉、铡草机、出料器、输送机、制粒机、压块机等。

6．牧草种子收获机械。利用普通谷物联合收获机加以改装可以应对80%的牧草种子收获。目前各地正在积累使用经验，如堵塞部分凹版，减小筛孔，降低风机转速等都是有效的方法。难于收获的是一些禾本科牧草种子，开花时间不一致，适宜用梳刷轮式收获装置。近期石家庄天同农机公司生产了自走式牧草种子收获机，收获种子后牧草继续生长，经改换割台后又可收获牧草。还有内蒙牧机所生产的牵引式草籽收获机，专用于羊草、披碱草、老芒麦、冰草等禾本科草籽的收获。

（郭佩玉　刘清水）

秸秆养畜

【秸秆处理】 2001年是秸秆养畜工作寻求新发展的一年，全国青贮秸秆1.27亿t（鲜重），比上年增长5.8%；氨化（含微贮）秸秆5 660万t，比上年增长2.9%。2001是中国奶业大发展的一年，对秸秆青贮的带动作用十分明显，秸秆青贮工作由政府推动转变为农民和养殖企业的自觉行为。青贮方式进一步多样化，除传统的窑贮、袋贮外，由国外引进的拉伸膜裹包青贮开始在一些地方应用；玉米带穗青贮比例大幅提高，同时专用青贮玉米种植面积也不断扩大；商品青贮在大城市周围大量涌现，河北的廊坊、山东的单县商品青贮经过几年的发展基本上可以在市场上站稳脚跟。一些青贮饲料添加剂开始应用于秸秆青贮，并被广大农民所接受。

【秸秆养畜示范项目建设】 2001年用于秸秆养畜项目的中央财政资金增加至5 700万元，新建设秸秆养畜示范县49个，其中养牛县21个，养羊县28个。到2001年底，国家共投入农业综合开发资金4.24亿元，建设了429个国家级秸秆养畜示范县，其中养牛示范县288个，养羊示范县141个。2001年开始秸秆养畜示范县续建项目的试点，已通过国家级验收，项目建设质量高，有偿资金按时归还的，可以考虑安排续建。

2001年，秸秆养畜示范项目建设资金政策发生重要变化。项目中央资金无偿资金与有偿资金比例由原来的4∶6调低至3∶7，此变化对项目建设产生一些影响，据项目县反映，由于项目资金主要投资于非赢利的基础设施建设，强调的是对农户发展秸秆养畜的服务和保障作用，因此有偿资金回收困难，导致有偿资金使用不充分，影响项目建设效果。同时，秸秆养畜项目建设思路也有重大变化。2001年是“十五”规划的第一年，秸秆养畜项目根据新形势的要求，项目建设重点由以示范县为主向以示范区为主转移。

秸秆养畜示范项目投资方向：根据“十五”畜牧业发展规划及国家农业综合开发总体规划，秸秆养畜项目在有条件的地市以重点示范县建设为基础，重点强化秸秆养畜示范区建设。通过连片开发，巩固提高，完善示范区品种改良体系，建立高效运行的加工流通体系，健全技术培训体系，逐步形成区域化、专业化生产格局，使之建设成为国内主要的牛羊肉及奶类商品产业化生产基地，杜绝秸秆焚烧现象。“十五”期间确保建成秸秆养畜示范区20个，力争达到25个。在区域布局上，东中部地区以中原、东北为重点，兼顾华南地区及长江中下游地区，重点围绕往年立项实施的重点示范县，通过扩大巩固重点示范县秸秆利用水平和饲用规模，提高综合生产能力；同时，强化区级品种改良、技术服务、加工流通体系建设，促进区域化、专业化生产水平的提高，推动产业化经营的发展。西部地区在农牧交错带等有条件的地区，围绕建立秸秆养畜示范区的目标，通过秸秆养畜与种草养畜相结合，以舍饲取代放牧，集中连片搞好新建示范县建设，逐步形成区域发展格局。“十五”期间确保新建秸秆养畜示范县80个，力争达到100个。

秸秆养畜示范项目主要建设内容：“十五”期间，每个示范区建设范围不得超过5个重点示范县。重点示范县建设内容包括加大饲料作物的种植面积，充实饲料加工机械、秸秆处理设施，提升秸秆饲料处理水平；完善县一级，提高乡改良站的技术和装备水平；建立秸秆饲料和畜产品检验和检测体系。地市本级主要建设内容包括饲料作物产业化建设；牛羊品种改良体系建设；动物疫病防疫体系建设；技术培训体系建设；畜产品加工流通体系建设。年度计划安排及中央投资控制规模：每年秸秆养畜项目资金用于建设4～5个示范区，新建15～20个示范县。示范区投资600万元左右，重点续建区内4～5个示范县，以及区级改良体系、加工流通体系、技术培训体系建设。新建示范县投资150万～200万元。考虑到资金配套能力、牲畜生产周期和秸秆供应能力，项目资金可分2年安排，对条件较好，示范效果显著的，可在3年建设期满后，根据资金能力，安排续建。

秸秆养畜项目管理规范程度：2001年农业部颁布了《农业综合开发农业部专项项目管理实施细则》和《农业综合开发农业部专项项目专家评审办法》，秸秆养畜项目管理也纳入其中，项目申报、立项、下达、验收各环节均有了明确的制度依据。作为项目管理的重要技术手段，“九七计划报表软件”正式在项目管理中应用，由于计算机在项目单位并不普及，有些省级主管部门软件配备也不很齐全，计算机管理要在项目管理中真正发挥作用还需进一步努力。

（张志青）

饲料工业生产许可证管理

2001年，饲料添加剂和添加剂预混合饲料生产许可证专家审核委员会共召开了4次审核会议。经农业部批准，共有222家饲料添加剂企业和364家添加剂预混合饲料企业获得生产许可证。具体情况如下：

第八次专家审核会议于2001年3月7～8日在京召开，共审核申请饲料添加剂生产许可证企业75家，建议发证企业72家，不发证企业3家；添加剂预混合饲料生产许可证企业50家，建议发证企业25家，不发证企业25家。农业部以第157号公告发布（2001年4月12日）。

第九次专家审核会议于2001年4月9～10日在京召开，共审核申请饲料添加剂生产许可证企业40家，建议发证企业33家，不发证企业7家；添加剂预混合饲料生产许可证企业59家，建议发证企业48家，不发证企业11家。农业部以第159号公告发布（2001年4月28日）。

第十次专家审核会议于2001年7月24～25日在京召开，共审核申请饲料添加剂生产许可证企业108家，建议发证企业82家，不发证企业26家；添加剂预混合饲料生产许可证企业133家，建议发证企业108家，不发证企业25家。农业部以第169号公告发布（2001年8月27日）。

第十一次专家审核会议于2001年11月26～27日在京召开，共审核申请饲料添加剂生产许可证企业111家，建议发证企业81家，不发证企业30家；添加剂预混合饲料生产许可证企业202家，建议发证企业137家，不发证企业65家。农业部以第182号公告发布（2001年12月29日）。

添加剂预混合饲料生产许可证共发放2 568个，吊销生产许可证企业1个，现有2 567个；添加剂生产许可证共发放963个。具体情况见下表：

2001年添加剂预混合饲料生产许可证企业一览表

地区	获预混料生产许可证企业（个）	地区	获预混料生产许可证企业（个）
北京	141	湖北	81
天津	71	湖南	85
河北	136	广东	126
山西	16	广西	76
内蒙古	32	海南	2
辽宁	74	重庆	92
吉林	21	四川	200
黑龙江	174	贵州	3
上海	81	云南	12
江苏	290	陕西	80
浙江	119	甘肃	5
安徽	29	青海	3
福建	61	宁夏	9
江西	79	新疆	18
山东	366	共计	2 567
河南	85		

2001年饲料添加剂生产许可证企业一览表

地区	获添加剂生产许可证企业（个）	地区	获添加剂生产许可证企业（个）
北京	26	上海	29
天津	16	江苏	86
河北	101	浙江	76
山西	2	安徽	5
内蒙古	3	福建	10
辽宁	40	江西	11
吉林	9	山东	109
黑龙江	36	河南	24

（续）

地区	获添加剂生产许可证企业（个）	地区	获添加剂生产许可证企业（个）
湖北	21	云南	17
湖南	49	陕西	25
广东	74	甘肃	1
广西	27	青海	2
海南	2	宁夏	2
重庆	36	新疆	7
四川	104	**总计**	**963**
贵州	13		

2001年添加剂预混合饲料生产许可证企业明细表

生产许可证编号	企业名称
饲预（2001）0496	江苏海安三陵饲料产销联合公司
饲预（2001）0704	栾城县饲料公司
饲预（2001）0721	福州正阳饲料有限公司
饲预（2001）0726	福州双安农牧开发有限公司
饲预（2001）0727	福州晋安区恒达饲料厂
饲预（2001）0730	福建省安安农牧开发有限公司
饲预（2001）0914	天津市赛信饲料有限公司
饲预（2001）0916	天津市蓝驰饲料科技有限公司
饲预（2001）0971	南昌市火炬新技术开发研究所
饲预（2001）1004	平谷县刘店万发饲料加工厂
饲预（2001）1139	遂宁市川中缔一饲料有限公司
饲预（2001）1148	遂宁市国强饲料有限公司
饲预（2001）1265	湖北畅响生物工程股份有限公司
饲预（2001）1326	济宁市化工研究所
饲预（2001）1360	莆田市城厢巨力牧业中心
饲预（2001）1384	陕西世纪水产技术物资经销部
饲预（2001）1402	西安百发百生物科技有限公司
饲预（2001）1411	西安天龙动物保健品有限公司
饲预（2001）1441	泾阳县向阳预混合饲料厂
饲预（2001）1647	天津市康宝高新技术开发公司
饲预（2001）1655	北京汉亚饲料营养科技有限公司
饲预（2001）1664	天津市津唯渔业科技发展有限公司
饲预（2001）1860	无锡市正旺科技饲料有限公司
饲预（2001）1912	诸城市兄弟牧业有限责任公司
饲预（2001）1925	昌邑市施普瑞饲料厂
饲预（2001）1934	枣庄市新平饲料有限公司
饲预（2001）1984	重庆金大牧业科技发展有限公司
饲预（2001）1985	重庆神农科技开发有限公司
饲预（2001）2032	济南超群饲料发展有限公司
饲预（2001）2218	广州理想实业有限公司
饲预（2001）2243	四川省达州市海合饲料有限公司
饲预（2001）2250	吉林省方圆实业股份有限公司
饲预（2001）2257	铁岭市中草药饲料添加剂厂
饲预（2001）2261	衡阳市正康科技饲料有限公司
饲预（2001）2264	四川省遂宁市来华饲料有限公司
饲预（2001）2266	四川省巴中市跨越预混合饲料厂
饲预（2001）2282	廉江市致富浓缩饲料厂
饲预（2001）2306	佳木斯强强饲料有限公司
饲预（2001）2307	哈尔滨市太平区发展饲料厂
饲预（2001）2318	哈尔滨市南岗区和顺饲料厂
饲预（2001）2329	天津市天赞水产科技开发有限公司
饲预（2001）2341	沈阳市元泰饲料有限公司
饲预（2001）2342	沈阳百丰动物营养品有限公司
饲预（2001）2344	沈阳市光辉饲料添加剂药品厂
饲预（2001）2345	凌源凯迪牧业有限公司
饲预（2001）2346	抚顺市克姆特精细化工有限公司
饲预（2001）2347	平度市普利动物营养保健品有限责任公司
饲预（2001）2348	淄博泰华饲料有限公司
饲预（2001）2349	山东省滨州畜牧兽医工程开发研究院
饲预（2001）2350	山东天易科技有限公司
饲预（2001）2351	济宁市科利民饲料有限责任公司
饲预（2001）2352	郓城县新生饲料厂
饲预（2001）2353	山东禹城未来动物保健品有限公司
饲预（2001）2354	山东省方圆化工有限公司
饲预（2001）2355	济南华菱药业有限公司
饲预（2001）2356	济南牧翔饲料有限公司
饲预（2001）2357	诸城市富龙牧业有限责任公司
饲预（2001）2358	青岛德维畜禽有限公司
饲预（2001）2359	青岛宝依特生物制药有限公司
饲预（2001）2360	青岛胶南市思泰普生物技术研究所
饲预（2001）2361	青岛富康源饲料有限公司
饲预（2001）2362	邹城市都佳饲料公司
饲预（2001）2363	山东祥酒厂
饲预（2001）2364	青岛市畜牧研究所饲料公司
饲预（2001）2365	青岛杰海饲料有限公司
饲预（2001）2366	青岛农丰动物药厂
饲预（2001）2367	青岛双亨利饲料有限公司
饲预（2001）2368	青岛北海兽药有限公司
饲预（2001）2369	青岛康大饲料公司
饲预（2001）2370	衡水兴亚饲料有限公司
饲预（2001）2371	阜城县粮食局饲料公司
饲预（2001）2372	河北省任县春华油脂饲料有限公司
饲预（2001）2373	南昌希望饲料有限公司
饲预（2001）2374	昆明黄龙山（饲料）工贸有限公司
饲预（2001）2375	昆明大滇饲料添加剂厂
饲预（2001）2376	昆明雄云饲料有限公司
饲预（2001）2377	昆明昆星饲料添加剂厂
饲预（2001）2378	昆明司得饲料有限公司
饲预（2001）2379	云南动物保健品厂
饲预（2001）2380	北海喷施宝有限责任公司
饲预（2001）2381	贺州市金竹饲料厂
饲预（2001）2382	重庆市龙锋饲料有限公司

（续）

生产许可证编号	企业名称	生产许可证编号	企业名称
饲预（2001）2383	宿迁大北农饲料有限责任公司	饲预（2001）2432	秦皇岛市海港燕赵饲料厂
饲预（2001）2384	杭州富阳市动物保健药品厂	饲预（2001）2433	秦皇岛领先科技发展有限公司
饲预（2001）2385	新昌县东方动物保健品厂	饲预（2001）2434	北京精准动物营养研究中心
饲预（2001）2386	建德市维丰饲料有限公司	饲预（2001）2435	北京普泽泰科技发展有限公司
饲预（2001）2387	浙江省龙游万利牧业有限公司	饲预（2001）2436	北京市爱德利都饲料科技开发有限公司
饲预（2001）2388	济南市万牧畜禽实业有限公司	饲预（2001）2437	恩施市长效饲料厂
饲预（2001）2389	湖北黄冈春晴生物工程有限责任公司	饲预（2001）2438	天津市乐好好科技有限公司
饲预（2001）2390	郑州市泛亚农大饲料有限公司	饲预（2001）2440	平顶山市湛河区理想饲料厂
饲预（2001）2391	南通东亚饲料有限公司	饲预（2001）2441	郑州金鼎生物技术有限公司
饲预（2001）2392	海安县金益饲料厂	饲预（2001）2443	河南新乡市好运农牧发展有限责任公司
饲预（2001）2393	江苏省天发特种饲料有限责任公司	饲预（2001）2444	河南省永城市翼丰饲料有限公司
饲预（2001）2394	如皋市开发区康达饲料厂	饲预（2001）2445	恩施自治州牧业宇亮饲料厂
饲预（2001）2395	南通市东联饲料有限公司	饲预（2001）2446	湖北恩施市燎原饲料有限责任公司
饲预（2001）2396	济南槐荫区万合饲料厂	饲预（2001）2447	孝感市南申饲料药物有限责任公司
饲预（2001）2397	西安汉威饲料厂	饲预（2001）2448	湖南正地饲料有限公司
饲预（2001）2398	广东省农业科学院兽医研究所兽药实验厂	饲预（2001）2449	汉德利饲料（湘潭）有限公司
饲预（2001）2399	广州市番禺区安华饲料厂	饲预（2001）2450	长沙科力饲料有限公司
饲预（2001）2400	广州景泰生物工程有限公司	饲预（2001）2451	西北农林科技大学饲料添加剂厂
饲预（2001）2401	广州市海纳川生物技术有限公司	饲预（2001）2452	吉林市中大饲料有限责任公司
饲预（2001）2402	广州市金百合饲料科技有限公司	饲预（2001）2453	上海宏威兽药有限公司
饲预（2001）2403	顺德市利宝饲料有限公司	饲预（2001）2454	上海浦东牧迪饲料厂
饲预（2001）2404	江门市英恒生物饲料有限公司	饲预（2001）2455	上蔡亿万饲料科技有限公司
饲预（2001）2405	广东梅县梅雁经济发展总公司	饲预（2001）2456	哈尔滨市香坊区罗曼饲料添加剂厂
饲预（2001）2406	珠海经济特区溢多利有限公司	饲预（2001）2457	哈尔滨市冰雪动物保健品有限公司
饲预（2001）2407	广东恒兴饲料实业股份有限公司	饲预（2001）2458	哈尔滨市饲料科技研究所宏大科技开发部
饲预（2001）2408	厦门银宝企业有限公司	饲预（2001）2463	黑龙江省宏望饲料有限责任公司
饲预（2001）2409	厦门市华隆物产技术开发有限公司	饲预（2001）2464	昆明云南农大久久饲料生物科技有限公司
饲预（2001）2410	厦门惠盈饲料科技有限公司	饲预（2001）2468	昆明长林饲料有限公司
饲预（2001）2411	漳州市禾丰牧业有限公司	饲预（2001）2469	黑龙江临江饲料有限公司
饲预（2001）2412	厦门天马饲料科技有限公司	饲预（2001）2470	哈尔滨市遥帝饲料厂
饲预（2001）2413	绵阳高新区强龙饲料有限公司	饲预（2001）2471	黑龙江农垦科达预混饲料厂
饲预（2001）2414	四川省西充县畜牧化工厂	饲预（2001）2472	黑龙江省双龙兽药厂
饲预（2001）2415	遂宁市先锋饲料有限公司	饲预（2001）2473	南通市第二兽药厂
饲预（2001）2416	蓬溪县畜禽饲料添加剂厂	饲预（2001）2474	太原市新力源科技开发有限公司
饲预（2001）2417	遂宁市家园动物营养保健有限公司	饲预（2001）2477	新疆昌吉市鼎兴牧业有限公司
饲预（2001）2418	犍为县牧星饲料有限责任公司	饲预（2001）2480	重庆光大饲料有限公司
饲预（2001）2419	犍为县兴旺畜牧营养品有限责任公司	饲预（2001）2481	重庆市巫溪县富农饲料有限责任公司
饲预（2001）2420	四川省犍为奇胜畜牧营养品有限责任公司	饲预（2001）2482	宣威市福特福利公司
饲预（2001）2421	江油市巨力饲料有限公司	饲预（2001）2484	富阳三利饲料有限责任公司
饲预（2001）2422	四川省仁寿县宏峰饲料厂	饲预（2001）2485	无锡弘大生物工程有限公司
饲预（2001）2423	南京金大饲料厂	饲预（2001）2487	徐州常兴饲料有限公司
饲预（2001）2424	武进动物药品厂	饲预（2001）2488	杭州康德权饲料有限公司
饲预（2001）2425	东台市动物药厂	饲预（2001）2489	湖州新世纪科技饲料厂
饲预（2001）2426	宜兴市苏亚达生物技术有限公司	饲预（2001）2490	桐乡市百灵生物工程有限公司
饲预（2001）2427	衢县丰收饲料厂	饲预（2001）2491	苍南华大动物保健品有限公司
饲预（2001）2428	石家庄百思特饲料科技有限公司	饲预（2001）2492	天津市中旭饲料有限公司
饲预（2001）2429	石家庄市宏业饲料添加剂厂	饲预（2001）2493	天津开发区黎明实业公司
饲预（2001）2430	石家庄市恒特饲料添加剂厂		
饲预（2001）2431	河北神兴沙棘研究院		

（续）

生产许可证编号	企业名称	生产许可证编号	企业名称
饲预（2001）2494	天津市天海兽药有限公司	饲预（2001）2549	抚州中盛饲料有限公司
饲预（2001）2495	天津市动物药厂	饲预（2001）2550	江西省养猪育种中心
饲预（2001）2496	天津市汉沽区海源饲料厂	饲预（2001）2551	赣州大地饲料添加剂厂
饲预（2001）2498	上海征泰饲料有限公司	饲预（2001）2552	上海浦东驰徉饲料厂
饲预（2001）2499	上海格治生物工程有限公司	饲预（2001）2553	银川正大有限公司
饲预（2001）2500	上海都灵饲料有限公司	饲预（2001）2554	北京三好饲料厂
饲预（2001）2501	上海申嘉动物饲料添加剂厂	饲预（2001）2555	北京永丰益源科技有限公司
饲预（2001）2502	上海豪孚科技发展有限公司	饲预（2001）2556	北京世航饲料技术有限公司
饲预（2001）2503	潍坊亿万饲料科技有限公司	饲预（2001）2557	北京旭农国际营养饲料有限公司
饲预（2001）2504	绵阳圣腾科技饲料有限公司	饲预（2001）2558	乌鲁木齐天合生物技术公司
饲预（2001）2505	绵阳市正太饲料添加剂厂	饲预（2001）2559	福州惠日科技有限公司
饲预（2001）2506	四川省农垦饲料厂	饲预（2001）2560	福建莆田市八重洲饲料科技有限公司
饲预（2001）2507	成都市全新饲料有限公司	饲预（2001）2561	重庆市奉街县正生饲料有限公司
饲预（2001）2508	成都江丰农业发展有限公司江丰饲料厂	饲预（2001）2564	长沙高新技术产业开发区天成饲料科技有限公司
饲预（2001）2509	四川罗江县红川龙预混饲料厂		
饲预（2001）2512	哈尔滨动物药品有限公司	饲预（2001）2566	临川市雄飞生物饲料厂
饲预（2001）2513	哈尔滨市永华饲料添加剂有限公司	饲预（2001）2567	南昌创新饲料厂
饲预（2001）2514	三河市明慧饲料有限公司	饲预（2001）2568	江西畜牧兽医科技开发中心
饲预（2001）2515	赣州希望饲料有限责任公司	饲预（2001）2570	江西省科学院生物保健品厂
饲预（2001）2516	石家庄龙达饲料有限公司	饲预（2001）2572	上海兽药厂南昌分厂
饲预（2001）2517	石家庄科瑞德饲料有限公司	饲预（2001）2573	安徽金牛实业股份有限公司阜阳饲料分公司
饲预（2001）2518	长沙伟嘉饲料有限公司		
饲预（2001）2520	长沙市荣宁饲料有限公司	饲预（2001）2574	安徽天邦饲料科技有限公司
饲预（2001）2522	广州市力维动物保健品有限公司	饲预（2001）2575	安徽淮北正虹饲料有限责任公司
饲预（2001）2523	广州三泓实业有限公司	饲预（2001）2577	深圳康达尔(安徽)饲料有限公司
饲预（2001）2524	广州市佳迪美动物营养保健有限公司	饲预（2001）2578	福建漳州狮王生物高科技实业有限公司砀山分公司
饲预（2001）2525	广州天科科技有限公司	饲预（2001）2579	安徽省太和正泰饲料有限责任公司
饲预（2001）2526	广州市罗氏华维动物保健品有限公司		
		饲预（2001）2580	太和县天源饲料有限责任公司
饲预（2001）2527	惠州市澳华饲料有限公司	饲预（2001）2582	厦门市浦头饲料有限公司
饲预（2001）2528	顺德优利维动物保健有限公司	饲预（2001）2583	安佑（漳州）饲料科技有限公司
饲预（2001）2529	顺德市大良区粤宝饲料有限公司	饲预（2001）2584	石家庄市猋弘森饲料有限公司
饲预（2001）2531	广东省台山市华丰饲料厂	饲预（2001）2585	广西钦州奥邦牧业技术有限公司
饲预（2001）2532	泰安大农动物保健品有限公司	饲预（2001）2586	广西武鸣科奥饲料厂
饲预（2001）2533	烟台市百瑞饲料科技有限公司	饲预（2001）2587	南宁武鸣顺旺浓缩饲料厂
饲预（2001）2534	诸城市宇州畜牧发展有限公司	饲预（2001）2588	广西武鸣神通浓缩饲料厂
饲预（2001）2535	泰安市山农大药业有限公司	饲预（2001）2589	南宁市久山浓缩饲料有限责任公司
饲预（2001）2536	文登市文峰饲料添加剂厂	饲预（2001）2590	桂林市漓源粮油饲料有限责任公司
饲预（2001）2537	潍坊新亚饲料有限公司	饲预（2001）2591	柳州亿万饲料科技有限公司
饲预（2001）2538	昌邑市丈岭镇光明饲料厂	饲预（2001）2592	浙江义乌华统饲料有限公司
饲预（2001）2539	潍坊乐港食品股份有限公司	饲预（2001）2593	金华市民升饲料科技开发有限公司
饲预（2001）2540	山东省农科院聊城市畜禽保健品厂	饲预（2001）2594	新昌县富邦农牧发展有限公司
饲预（2001）2541	泰安市泰农动物科技有限公司	饲预（2001）2595	恩施市旭日饲料厂
饲预（2001）2542	济宁恭发兽药有限公司	饲预（2001）2596	十堰市饲料技术研究推广中心预混料厂
饲预（2001）2543	郓城县虹大饲料有限公司		
饲预（2001）2544	赣州市康王科技饲料发展有限公司	饲预（2001）2597	湖北省咸丰县正立饲料厂
		饲预（2001）2598	湖北省咸丰县亚星饲料厂
饲预（2001）2545	南昌博大动物营养品实业有限公司	饲预（2001）2599	恩施自治州武陵动物保健品有限公司
饲预（2001）2546	江西樟树市华发实业有限公司	饲预（2001）2600	恩施自治州牧工商总公司益牧饲料厂
饲预（2001）2548	南宁市金卢饲料有限责任公司		

（续）

生产许可证编号	企业名称	生产许可证编号	企业名称
饲预（2001）2601	杭州亿万饲料科技有限公司	饲预（2001）2667	新会市新粮实业有限公司新粮饲料厂
饲预（2001）2603	恩施自治州兴民饲料有限责任公司	饲预（2001）2668	新会市新粮实业有限公司睦洲饲料厂
饲预（2001）2606	秦皇岛巨东饲料有限公司	饲预（2001）2669	新会市会城金达饲料厂
饲预（2001）2609	唐山力源生物技术有限公司	饲预（2001）2670	肇庆市华雄饲料厂
饲预（2001）2610	唐山市隆泰成动物药业有限公司	饲预（2001）2671	清远市百育旺预混料厂
饲预（2001）2612	河北远大动物药业有限公司	饲预（2001）2672	成都美华动物保健品有限公司
饲预（2001）2613	吉林华正饲料有限责任公司	饲预（2001）2673	绵阳市游仙红阳饲料厂
饲预（2001）2614	海南裕泰科技饲料有限公司	饲预（2001）2674	绵阳市天香饲料厂
饲预（2001）2615	利川市恒达饲料有限责任公司	饲预（2001）2675	绵阳市游仙红星饲料厂
饲预（2001）2616	上海均龙饲料有限公司	饲预（2001）2676	莆田市康华饲料有限公司
饲预（2001）2619	徐州世纪星饲料有限责任公司	饲预（2001）2677	伊宁向新禽业有限责任公司
饲预（2001）2620	南通增益饲料有限公司睢宁分公司	饲预（2001）2678	青岛和美饲料有限公司
饲预（2001）2622	许昌金海饲料有限公司	饲预（2001）2683	山东省昌邑市华宝饲料有限公司
饲预（2001）2625	云南省砚山县饲料添加剂厂	饲预（2001）2690	诸城市大康牧业有限公司
饲预（2001）2626	昆明三汇饲料有限公司	饲预（2001）2695	山东临朐山旺化工有限责任公司
饲预（2001）2628	昆明饲宝饲料有限责任公司	饲预（2001）2703	烟台佳世德饲料有限公司
饲预（2001）2631	成都爱丽美动物科技有限公司	饲预（2001）2709	长沙金大田生物工程有限公司
饲预（2001）2632	自贡市华牧饲料有限公司	饲预（2001）2710	无锡金灿烂饲料有限公司
饲预（2001）2633	成都艾力生物技术研究所	饲预（2001）2711	姜堰市金盛饲料厂
饲预（2001）2634	新疆和静天和饲料工业有限公司	饲预（2001）2713	营口红阳饲料添加剂厂
饲预（2001）2635	太原市小店区凯峰饲料添加剂厂	饲预（2001）2717	广西贺州地区五丰畜牧水产饲料有限公司
饲预（2001）2636	沈阳市弘企生物工程技术有限公司	饲预（2001）2718	天津市普丰饲料科技有限公司
饲预（2001）2639	沈阳市兽药厂	饲预（2001）2719	齐齐哈尔市万佳饲料有限责任公司
饲预（2001）2640	辽宁省锦州北山饲料添加药品厂	饲预（2001）2720	肇东市科发兽药有限责任公司
饲预（2001）2641	沈阳久强农牧有限责任公司	饲预（2001）2721	大庆市康润牧业有限责任公司
饲预（2001）2642	大连市金州区天牧源饲料厂	饲预（2001）2722	呼兰县春润饲料厂
饲预（2001）2644	丹东市动物药品厂	饲预（2001）2723	齐齐哈尔市天圣动物营养饲料厂
饲预（2001）2648	盐城市旺旺达饲料有限公司	饲预（2001）2724	上海市华星商务公司长桥饲料公司
饲预（2001）2649	连云港市上华饲料科技有限公司	饲预（2001）2725	上海良勇饲料有限公司
饲预（2001）2650	南通天成饲料有限公司	饲预（2001）2726	中原畜禽有限公司
饲预（2001）2651	杭州民生江南制药有限公司兽药分公司	饲预（2001）2727	北京南海汇川饲料有限公司
饲预（2001）2652	金华市双鹏饲料厂	饲预（2001）2728	北英伟生物技术饲料（天津）有限公司
饲预（2001）2653	建德市新安江红都饲料厂	饲预（2001）2729	北京万宁饲料添加剂厂
饲预（2001）2654	恩施市叶茂饲料厂	饲预（2001）2736	河南省华丰牧业科技有限公司
饲预（2001）2655	恩施自治州康维生物技术发展有限公司	饲预（2001）2740	湖南伟业农牧发展有限公司
饲预（2001）2657	枝江市牧工商有限责任公司饲料厂	饲预（2001）2741	郴州九鼎饲料有限公司
饲预（2001）2658	武汉华农大畜牧科技发展研究中心	饲预（2001）2742	上海环行饲料有限公司徐州分公司
饲预（2001）2659	湖南省津市市旺森养殖有限公司	饲预（2001）2743	宿迁市致富饲料厂
饲预（2001）2660	湘潭市光大动物饲料有限公司	饲预（2001）2744	宿迁市华夏饲料发展有限公司
饲预（2001）2661	衡阳市展望饲料有限公司		
饲预（2001）2662	广州市博仕奥生化技术研究有限公司		
饲预（2001）2663	广州桑马动物保健饲料有限公司		
饲预（2001）2664	深圳安佑康牧科技有限公司		
饲预（2001）2665	顺德市中天饲料实业有限公司		
饲预（2001）2666	顺德市勒流镇群丰畜牧水产饲料厂		

（续）

生产许可证编号	企业名称	生产许可证编号	企业名称
饲预（2001）2745	徐州浦瑞动物营养保健有限公司	饲预（2001）2753	石家庄市德田预混饲料厂
饲预（2001）2746	沧州宝利兽药有限公司	饲预（2001）2755	黑龙江省文明动物保健品有限公司
饲预（2001）2748	沧州市大农饲料添加剂有限公司		
饲预（2001）2749	沧州欣德威兽药有限公司	饲预（2001）2756	哈尔滨市双利来饲料添加剂厂
饲预（2001）2750	沧州市华丰兽药有限公司	饲预（2001）2757	哈尔滨绿原饲料有限公司

2001 年饲料添加剂生产许可证企业明细表

编　号	企业名称	产　品
饲添（2001）0006	济南得呈化工科技有限公司	甜菜碱（Ⅰ）
饲添（2001）0088	无锡市中盛饲料有限公司	饲料级 VE、B_1（Ⅱ）
饲添（2001）0215	黄骅市动物营养品厂	饲料级维生素、微生物添加剂、亚硒酸钠 VE、亚硒酸钠、酶制剂（Ⅱ）
饲添（2001）0380	逐宁市中川饲料微量元素有限公司	饲料级硫酸铜、硫酸锌、硫酸镁（Ⅰ）
饲添（2001）0657	济南市科力尔生物科技有限公司	饲料级微生物添加剂（Ⅰ）
饲添（2001）0658	济南科苑牧业发展有限公司	饲料级微生物添加剂（Ⅰ）、氯化胆碱（Ⅱ）
饲添（2001）0660	济南市历城区仲宫育福饲料制剂厂	饲料级磷酸氢钙（Ⅰ）
饲添（2001）0661	济南三峰生物工程有限公司	饲料级酶制剂（Ⅱ）
饲添（2001）0662	青岛业兴饲料有限公司	饲料级微生物添加剂（Ⅰ）
饲添（2001）0665	济南海骑牧业科技有限公司	饲料级 VB_1、VB_2（Ⅱ）
饲添（2001）0676	上海牧泰科升饲料有限公司	饲料级维生素 E、微生物添加剂（粪链球菌）、大蒜素、调味剂、着色剂（β－胡萝卜素）、酶制剂（Ⅱ）
饲添（2001）0703	杭州中添饲料有限公司	饲料级 VE、防腐剂（Ⅱ）
饲添（2001）0705	浙江绿宝酵素生物工程有限公司	饲料级微生物添加剂（啤酒酵母菌、枯草芽孢柑菌）（Ⅰ）
饲添（2001）0725	广州理想实业有限公司	饲料级调味剂、防腐剂、抗氧剂、大蒜素（Ⅱ）
饲添（2001）0756	汕头市爱迪康生物工程有限公司	饲料级微生物添加剂（Ⅰ）
饲添（2001）0766	四川省简阳市双鹏化工厂	饲料级亚硒酸钠（Ⅰ）
饲添（2001）0774	湖南省耒阳市翔凤饲料添加剂厂	饲料级硫酸铜（Ⅱ）
饲添（2001）0788	珠海市珠科生物工程有限公司	饲料级微生物添加剂（Ⅰ）
饲添（2001）0804	新昌新和成维生素有限公司	饲料级 VE、VA、AD_3、β－胡萝卜素（Ⅰ）
饲添（2001）0806	浙江省农业科学院生物制品厂	饲料级微生物添加剂（Ⅱ）
饲添（2001）0807	杭州杭江饲料添加剂厂	饲料级维生素 B_1、B_2（Ⅱ）
饲添（2001）0808	浙江春光生化有限公司	饲料级酶制剂（Ⅰ）
饲添（2001）0817	天津市天顺农牧业有限公司	饲料级维生素 B_{12}（Ⅱ）
饲添（2001）0818	北京中农博特生物工程技术有限公司	饲料级酶制剂（Ⅰ）
饲添（2001）0826	北京英惠尔生物技术有限公司	饲料级植酸酶、大蒜素、甜菜碱（Ⅰ）、包被氨基酸（Ⅱ）
饲添（2001）0828	东北制药总厂	饲料级维生素 C、维生素 B_1（盐酸盐、硝酸盐）（Ⅰ）
饲添（2001）0829	青岛杰海饲料有限公司	饲料级维生素 B_1、B_2（Ⅱ）

（续）

编 号	企业名称	产 品
饲添（2001）0830	平度市普利动物营养保健品有限责任公司	饲料级维生素 B_1、B_2（Ⅱ）
饲添（2001）0832	山东天易科技有限公司	饲料级调味剂（Ⅱ）
饲添（2001）0833	枣庄市采禾动物保健品有限公司	饲料级微生物添加剂（Ⅰ）
饲添（2001）0834	山东鲁西兽药股份有限公司	乙氧基喹啉（Ⅱ）
饲添（2001）0836	诸城市信得药业有限责任公司	饲料级微生物添加剂（Ⅰ）
饲添（2001）0837	青岛胶南市思泰普生物技术研究所	饲料级维生素 C、氯化钾、果寡糖（Ⅱ）
饲添（2001）0838	河北冀衡磷肥股份有限公司	饲料级磷酸氢钙（Ⅰ）
饲添（2001）0841	贵州黔能息烽县磷酸盐有限责任公司	饲料级磷酸氢钙、磷酸二氢钙（Ⅰ）
饲添（2001）0842	海南进步创新科技有限公司	饲料级微生物添加剂（沼泽红假单胞菌）（Ⅱ）
饲添（2001）0845	昆明黄龙山（饲料）工贸有限公司	饲料级微量元素（Ⅰ）
饲添（2001）0848	国龙科技饲料（上海）有限公司	饲料级酶制剂、抗氧剂、调味剂、电解质平衡剂（Ⅱ）
饲添（2001）0849	上海湘大新杨兽药有限公司	饲料级维生素 ADE、AD_3、电解质平衡剂、调味剂（Ⅱ）
饲添（2001）0850	柳州锌品股份有限公司	饲料级一水硫酸锌、氧化锌（Ⅰ）
饲添（2001）0851	重庆市龙锋饲料有限公司	饲料级调味剂（Ⅱ）
饲添（2001）0852	富阳胜大生化有限公司	烟酸、烟酰胺（Ⅰ）、饲料级维生素 C（Ⅱ）
饲添（2001）0853	浙江鑫富生化股份有限公司	饲料级 D－泛酸钙（Ⅰ）
饲添（2001）0855	德清县格林生物添加剂有限责任公司	饲料级微生物添加剂（Ⅰ）
饲添（2001）0856	浙江黄岩生物工程有限公司	饲料级维生素 E（Ⅰ）
饲添（2001）0859	浙江省萧山市楼塔饲料添加剂厂	饲料级大蒜素（Ⅰ）
饲添（2001）0861	公主岭稷丰生物工程有限公司	饲料级微生物添加剂（Ⅰ）
饲添（2001）0862	渭南畅通科技有限公司	饲料级氯化胆碱（Ⅱ）
饲添（2001）0866	宜兴市天石饲料有限公司	甜菜碱、大蒜素（Ⅰ）
饲添（2001）0868	广东省五丰联营动物保健品厂	复合酶制剂、复合微生物制剂（屎链球菌、嗜酸乳杆菌）（Ⅰ）
饲添（2001）0869	韶关市化工厂劳动服务公司	饲料级硫酸亚铁（Ⅱ）
饲添（2001）0870	韶关市长乐饲料添加剂厂	一水硫酸亚铁（Ⅰ）
饲添（2001）0871	珠海科恩生物工程有限公司	饲料级微生物添加剂（啤酒酵母、枯草芽孢杆菌）（Ⅰ）
饲添（2001）0872	珠海经济特区溢多利生物工程有限公司	饲料级酶制剂、果寡糖（Ⅰ）
饲添（2001）0873	茂名市威科生物工程有限公司	饲料级微生物添加剂（纳豆芽孢杆菌）（Ⅰ）
饲添（2001）0874	福建农大实验兽药厂	饲料级烟酸铬（Ⅰ）
饲添（2001）0876	成都力源农牧科研所	饲料级硫酸盐（Ⅰ）
饲添（2001）0878	北川县恒通实业有限公司	饲料级硫酸锰、硫酸锌（Ⅰ）
饲添（2001）0879	江苏正通保健品有限公司	饲料级氯化胆碱、维生素 E（Ⅱ）
饲添（2001）0880	南通天成保健品有限公司	饲料级维生素 B 族、C、单制剂（Ⅱ）
饲添（2001）0881	南通市飞亚兽药厂	饲料级氯化胆碱（Ⅱ）
饲添（2001）0883	萧山康力饲料添加剂厂	稳定 Vc 胶囊（Ⅰ）、L－肉碱盐酸盐、复合酶（Ⅱ）

（续）

编　号	企业名称	产　　品
饲添（2001）0884	浙江花园生物高科有限公司	饲料级维生素 D_3（Ⅰ）
饲添（2001）0885	河北新天伦维生素制品有限公司	饲料级维生素 B_{12}（Ⅰ）
饲添（2001）0888	广州立达尔生物科技有限公司	复合酶制剂、着色剂（叶黄素）（Ⅱ）
饲添（2001）0889	天津市金翼饲料有限公司	大蒜素（Ⅰ）
饲添（2001）0890	云南富民龙飞饲料级磷酸氢钙厂	饲料级磷酸氢钙、磷酸二氢钙（Ⅰ）
饲添（2001）0891	宣威市虹丰磷酸氢钙厂	饲料级磷酸氢钙（Ⅰ）
饲添（2001）0892	宣威市虹丰磷酸氢钙二厂	饲料级磷酸氢钙（Ⅰ）
饲添（2001）0893	昆明人和化工有限公司	饲料级磷酸氢钙（Ⅰ）
饲添（2001）0894	云南磷肥厂	饲料级磷酸氢钙（Ⅰ）
饲添（2001）0895	昆明隆祥化工有限公司	饲料级磷酸氢钙、磷酸二氢钙（Ⅰ）
饲添（2001）0896	昆明安宁龙水磷化工厂	饲料级磷酸氢钙（Ⅰ）
饲添（2001）0897	昆明市西山龙水磷化工总厂	饲料级磷酸氢钙（Ⅰ）
饲添（2001）0898	曲靖市大新有限责任公司	饲料级硫酸锌（Ⅰ）
饲添（2001）0899	云南省徽江磷业化工公司磷化工厂	饲料级磷酸氢钙（Ⅰ）
饲添（2001）0900	云南澄江磷化发展有限公司	饲料级磷酸氢钙、磷酸二氢钙（Ⅰ）
饲添（2001）0901	呈贡平实化工有限公司	饲料级磷酸氢钙（Ⅰ）
饲添（2001）0902	宜良县化工厂	饲料级磷酸氢钙、磷酸二氢钙（Ⅰ）
饲添（2001）0904	徽江县团山磷化工厂	饲料级磷酸氢钙、磷酸二氢钙（Ⅰ）
饲添（2001）0905	通海县磷酸氢钙厂	饲料级磷酸氢钙（Ⅰ）
饲添（2001）0906	乌鲁木齐牧野养殖有限责任公司	饲料级氯化胆碱（Ⅰ）
饲添（2001）0907	杭州康德权饲料有限公司	饲料级抗氧剂、电解质平衡剂、维生素 C、肉毒碱（Ⅱ）
饲添（2001）0908	温州市香料厂	调味剂（Ⅱ）
饲添（2001）0909	浙江大学科达生物技术有限公司	防腐剂、电解质平衡剂、抗氧剂（Ⅱ）
饲添（2001）0910	宁波生生生动物营业有限公司	饲料级抗氧剂（Ⅱ）
饲添（2001）0911	洞头县海蕴生物有限公司	调味剂（Ⅱ）
饲添（2001）0912	湖北畅响生物工程股份有限公司杭州分公司	沼泽红假单胞菌（Ⅰ）
饲添（2001）0913	富阳三利饲料有限公司	肌醇、维生素 C 磷酸酯、肉毒碱（Ⅱ）
饲添（2001）0914	苍南县华大动物保健品有限公司	饲料级丙酸钙（Ⅰ）
饲添（2001）0915	株洲选矿药剂厂	双乙酸钠（Ⅰ）
饲添（2001）0916	岳阳新神农饲料厂	甜菜碱盐酸盐（Ⅰ）
饲添（2001）0920	无锡正大畜禽有限公司	饲料级亚硒酸钠、碘酸钙、六水氯化钴（Ⅱ）
饲添（2001）0922	太原市新力源科技开发有限公司	甜菜碱盐酸盐、甜菜碱、双乙酸钠、氯化胆碱（Ⅰ）、
饲添（2001）0923	哈尔滨市香坊区罗曼饲料添加剂厂	饲料级维生素 VB_1、VB_2、VB_{12}、亚硒酸钠、碘化钾（Ⅱ）
饲添（2001）0924	哈尔滨市饲料科学研究所宏大科技开发部	双乙酸钠（Ⅰ）
饲添（2001）0926	上海华化生物制品厂	复合酶制剂（Ⅰ）
饲添（2001）0927	上海康鑫化工有限公司	肉碱、肉碱盐酸盐（Ⅰ）
饲添（2001）0928	上海朝翔生物技术有限公司	饲料级复合酶制剂、抗氧剂、调味剂、电解质平衡剂、果寡糖（Ⅱ）
饲添（2001）0930	焦作王封工业集团有限公司	饲料级维生素 K_3（Ⅰ）

（续）

编 号	企业名称	产 品
饲添（2001）0932	灵宝上洋科技有限责任公司	饲料级微生物添加剂（粪链球菌）（Ⅰ）
饲添（2001）0933	江西省天意生物技术开发有限公司	饲料级微生物添加剂（嗜酸乳杆菌）（Ⅰ）
饲添（2001）0934	济南大华广济畜牧发展有限公司	D－泛酸钙、维生素 K_3、大蒜素、甜菜碱盐酸盐、甘氨酸铁（Ⅰ）
饲添（2001）0935	高唐化工总厂	氯化胆碱（Ⅰ）
饲添（2001）0936	临沭县新大科技饲料有限公司	饲料级磷酸氢钙（Ⅰ）
饲添（2001）0937	临沂市宝丰化学有限公司	饲料级磷酸氢钙（Ⅰ）
饲添（2001）0938	临沂永丰化学有限公司	饲料级磷酸氢钙（Ⅰ）
饲添（2001）0939	泰安市山农大药业有限公司	包被维生素 C、大蒜素（Ⅱ）
饲添（2001）0940	荣成市东方精细化工厂	饲料级维生素 K_3、氯化胆碱、甜菜碱（Ⅰ）
饲添（2001）0941	山东天龙动物保健品厂原料分厂	饲料级硫酸盐（铜、铁、锰、锌）、亚硒酸钠（Ⅰ）
饲添（2001）0942	文登市文峰饲料添加剂厂	饲料级维生素 B_1、B_2（Ⅱ）
饲添（2001）0944	南宁市新城区化工厂	甜菜碱（Ⅰ）
饲添（2001）0945	成都市三力实用科技开发研究所	饲料级防腐剂（Ⅱ）
饲添（2001）0946	四川省彭山磷盐化工厂	饲料级磷酸二氢钠、磷酸二氢钾（Ⅰ）
饲添（2001）0947	成都市龙泉宏达微量元素厂	饲料级氯化钴、亚硒酸钠（Ⅰ）
饲添（2001）0948	都江堰市晶莹实业有限公司	饲料级硫酸铜（Ⅰ）
饲添（2001）0949	四川牧力宝酶制剂有限责任公司	饲料级复合酶制剂（Ⅱ）
饲添（2001）0950	广汉隆达饲料有限公司	饲料级矿物质添加剂（Ⅱ）
饲添（2001）0952	绵阳市涪城区金峰化工厂	饲料级硫酸亚铁（Ⅰ）
饲添（2001）0953	四川省广汉市运通化工厂	饲料级七水硫酸锌（Ⅰ）
饲添（2001）0954	哈尔滨动物药品有限公司	饲料级维生素 B_1、B_2、AD_3（Ⅱ）
饲添（2001）0955	哈尔滨市永华饲料添加剂有限公司	饲料级维生素 B_1、氯化钴、碘化钾、亚硒酸钠（Ⅱ）
饲添（2001）0956	罗氏新亚（上海）维生素有限公司	饲料级维生素 B_6（Ⅰ）
饲添（2001）0958	乌鲁木齐海星资环微生物研究所	饲料级微生物添加剂（Ⅰ）
饲添（2001）0959	吉林省大安明胶有限责任公司	饲料级磷酸氢钙（Ⅰ）
饲添（2001）0961	深圳市亚王康丽技术有限公司	L－肉碱盐酸盐（Ⅰ）
饲添（2001）0962	汕头市先南日用化工有限公司	饲料级双乙酸钠、亚硒酸钠（Ⅰ）
饲添（2001）0963	广州市尤佳科技开发有限公司恩平市饲料添加剂厂	饲料级大蒜素（Ⅰ）
饲添（2001）0964	肇庆市华芬饲料酶有限公司	复合酶制剂（Ⅱ）
饲添（2001）0965	户县秦川石粉加工厂	饲料级碳酸钙（Ⅰ）
饲添（2001）0966	栾城县亨利制剂厂	VB_{12}（Ⅱ）
饲添（2001）0967	重庆市化工研究院	饲料级防腐剂（Ⅱ）
饲添（2001）0971	哈密市明胶厂	饲料级磷酸氢钙（Ⅰ）
饲添（2001）0973	北京益农饲料中心	饲料级复合酶制剂（Ⅱ）
饲添（2001）0976	澧县金象硫酸铜厂	饲料级五水硫酸铜（Ⅰ）
饲添（2001）0977	湖南农大哥科技开发有限公司	饲料级微生物添加剂（Ⅰ）
饲添（2001）0979	湘潭市环鑫化工厂	饲料级磷酸氢钙（Ⅰ）

饲料安全管理

【新饲料、新饲料添加剂审批与管理】 2001年，因为申报新饲料、新饲料添加剂的有关企业所申报的品种或所提供的申报材料不符合有关规定的要求，农业部没有正式批准新饲料或新饲料添加剂用于生产。

【进口饲料、饲料添加剂管理】 饲料安全直接影响动物产品安全，进而影响人民身体健康，同时也直接影响动物产品的出口和农民收入。1999年比利时发生"二恶英"污染饲料事件，1999年6月欧盟发出指令禁止使用动物性饲料，以防范"疯牛病"发生。2001年8月，继欧盟之后日本对外宣布国内发现"疯牛病"的病例。随后日本修订饲料安全法，全面禁止使用哺乳动物性饲料，限制使用抗生素，力争恢复国民对肉食品消费的信心。欧盟也研究制定和实施饲料安全防范预案，重点解决"二恶英"、"疯牛病"和"口蹄疫"等问题的后遗症。国内近年连续发生"瘦肉精"中毒事件，这使饲料安全问题成为社会关注的热点话题。因饲料安全问题由技术问题变为经济问题，进而变为严肃的政治问题，全国政协代表、全国人大代表和国家领导人都十分关心饲料安全问题。近两年来，全国政协代表、全国人大代表曾多次提案，国务院领导也多次批示，要求加强饲料安全管理工作，建立健全饲料检测体系，制定和完善饲料标准及检测方法，加大查处力度，减少饲料安全事故的发生，保证养殖业发展，维护人民身体健康。根据全国政协代表、全国人大代表提案和国务院领导批示的精神，有关管理部门特别是农业部十分重视，做了大量工作，以减少事故发生，确保饲料安全。

1999年5月29日，国务院正式颁布了中华人民共和国《饲料和饲料添加剂管理条例》，为依法管理饲料和饲料添加剂提供了法律依据，使中国的饲料安全管理走上了依法管理的轨道。为了同国际市场接轨，适应国内外形势发展的需要，有关管理部门在总结条例执行中的经验和教训的基础上，对《饲料和饲料添加剂管理条例》进行了修改，并于2001年11月29日由国务院再次颁布实施。目前，农业部等有关管理部门，一方面依据现有法规和规定，对饲料行业进行严格的管理，一方面又组织力量，完善政策和制度建设，建立饲料质量安全长效管理机制，围绕《饲料和饲料添加剂管理条例》制定相应的配套法规和规定。如起草《关于促进饲料业持续健康发展的若干意见（国务院文件）》、《关于严厉打击非法生产经营和使用"瘦肉精"等违禁药品的通知》等文件；向社会公布允许使用和不允许使用的饲料添加剂品种目录等，这将从根本上改变饲料安全管理的现状。

为了加强对进口饲料的管理，保证饲料安全，2001年国家有关部门发布实施了《关于加强肉骨粉等动物性饲料产品管理的通知》等规章。2000年12月，农业部、对外贸易经济合作部和国家出入境检验检疫局联合发出《关于加强肉骨粉等动物性饲料产品管理的通知》（农牧发［2001］21号），规定外国企业生产的肉骨粉等动物性饲料产品（包括肉骨粉、骨粉、肉粉、血粉、血浆粉、动物下脚料、动物脂肪、干血浆及其他血液产品、脱水蛋白、蹄粉、角粉、鸡杂碎粉、羽毛粉、油渣、鱼粉、磷酸氢钙、骨胶，以及用上述原料加工制作的各类饲料，下称动物性饲料产品），首次向中华人民共和国境内销售的，应当向中华人民共和国农业部申请登记，取得产品登记证；出入境检验检疫部门凭农业部颁发的产品登记证受理进境动植检疫许可证申请。未取得产品登记证的饲料不得在中国境内销售、使用。自2001年1月1日起，禁止从欧盟国家进口动物性饲料产品。农业部、国家出入境检验检疫局和对外贸易经济合作部将根据中国禁止进口发生重大疫情国家动物及其产品的有关规定对该类产品的管理作相应调整。

2001年，农业部和国家出入境检验检疫局联合发出《关于办理动物性饲料产品进口登记有关问题的通知》（农牧发［2001］2号），要求未按规定办理产品登记证，使进口企业无法办理进口动物性饲料产品检疫审批手续者，国外厂（商）或其代理人必须于2001年2月15日前向农业部提出申请，农业部将根据所提供的资料对符合要求者，开具《临时登记证》，有效期为2个月。进口企业凭《临时登记证》向出入境检验检疫部门申请办理检疫审批手续。办理饲料级（或饲料用）乳清粉及乳制品登记时，必须提供饲料级标准，并在标签、标识上注明。《临时登记证》超过有效期而未办理正式进口登记的动物性饲料产品，不得向中国出口。

2001年3月，农业部发出了《关于禁止在反刍动物饲料中添加和使用动物性饲料的通知》（农牧发［2001］7号），规定禁止在反刍动物饲料中添加和使用以下动物性饲料产品：肉骨粉、骨粉、血粉、血浆粉、动物下脚料、动物脂肪、干血浆及其他血液制品、脱水蛋白、蹄粉、角粉、鸡杂碎粉、羽毛粉、油渣、鱼粉、骨胶等。

2001年3月，为加强对进口饲料的管理，防止疯牛病和痒病通过饲料进口或通过第三国转口传入中国，中国政府禁止从疯牛病和痒病疫区国家或地区进口动物性饲料产品。农业部和国家出入境检验检疫局联合发出第144号公告，规定：一、进口的动物性饲料产品必须按规定向农业部申请登记，取得产品登记证。二、进口单位进口动物性饲料产品，凭登记证复印件向出入境检验检测机构申请，取得《中华人民共和国进境动植物检疫许可证》。三、进口的动物性饲料产品必须符合中国的检验检疫要求：（一）必须随附出口国家或地区官方检验检疫机构出具的卫生证书正本；（二）卫生证书中必须声明动物性饲料产品是用来源于本国动物的原料生产的，不含有第三国的动物性饲料产品并且没有受到第三国动物饲料产品的污染；（三）卫生证书中必须注明动物性饲料产品来源的动物种类；（四）进口的动物性饲料产品必须货证相符；（五）进境的动物性饲料产品必须经出入境检验检疫机构检疫合格或经处理合格。对不符合上述要求的，一律做退回或销毁处理。

2001年，进口登记产品的品种数量比往年增加较多，共注册440个产品（明细见附件），其中主要为动物性饲料产品和能量饲料。动物性饲料原料173个，包括鱼粉123个、肉骨粉18个、动物血浆粉和羽毛粉等其他产品32个；配合饲料41个，包括猪饲料3个，宠物饲料23个，鱼饲料6个，虾饲料6个，其他3个；能量饲料34个，包括鱼油8个，动物油脂19个，脂肪粉7个。

2001年由于一些企业对国家的法律、法规及政策学习不够，领会不深，对国外的疫情变化及法律条文更改跟踪不及时，致使企业在进口饲料原料及产品时，出现了许多问题，给国家和企业造成了不必要的经济损失，也损害了国家和企业的形象。

今后，国家应加强进口饲料和饲料添加剂的监管力度，加快饲料监测体系基础设施的建设，在技术设备和监督方法等方面，向国际先进水平看齐，缩短我国检测技术和行业标准同发达国家间的差距，保证进口产品的安全性，为保证人民身体健康，促进行业发展提供可靠的保障。

（周岩华）

进口饲料和饲料添加剂注册目录（2001 01-08）

商品名称	产品类别	生产厂家	许可证号	有效期限
肉骨粉 Meat and bone meal	蛋白质饲料 Protein feed	加拿大西海岸提炼公司 West Coast Reduction Ltd.	(2001) 外饲准 001 号	2001.02－2006.02
鸡肉粉 Poultry meal	蛋白质饲料 Protein feed	加拿大西海岸提炼公司 West Coast Reduction Ltd.	(2001) 外饲准 002 号	2001.02－2006.02
利富来 M-PL Liqua life M-PL	饲料添加剂 Feed additive	美国嘉吉动物营养公司 Cargil Animal Nutrition USA	(2001) 外饲准 003 号	2001.02－2006.02
利富来 Z-M Liqua life Z-M	饲料添加剂 Feed additive	美国嘉吉动物营养公司 Cargil Animal Nutrition USA	(2001) 外饲准 004 号	2001.02－2006.02
利富来 PL Liqua life PL	饲料添加剂 Feed additive	美国嘉吉动物营养公司 Cargil Animal Nutrition USA	(2001) 外饲准 005 号	2001.02－2006.02
肉骨粉 Meat and bone meal	蛋白质饲料 Protein feed	美国安那美公司 Anamax Corporation USA	(2001) 外饲准 006 号	2001.02－2006.02
肉骨粉 Meat and bone meal	蛋白质饲料 Protein feed	美国益寿公司 Excel Corp. USA	(2001) 外饲准 007 号	2001.02－2006.02
水解羽毛粉 Feather Meal	蛋白质饲料 Protein feed	加拿大西海岸提炼公司 West Coast Reduction Ltd. Canada	(2001) 外饲准 008 号	2001.02－2006.02
肉骨粉 Meat and bone meal	蛋白质饲料 Protein feed	美国贝克公司 Baker Commodities Inc. USA	(2001) 外饲准 009 号	2001.02－2006.02
肉骨粉 Meat and bone meal	蛋白质饲料 Protein feed	美国普里迪公司 Perity Land Inc. USA	(2001) 外饲准 010 号	2001.02－2006.02
肉骨粉 Meat and bone meal	蛋白质饲料 Protein feed	加拿大亚省泊达公司 Alberta Processing Co. Canada	(2001) 外饲准 011 号	2001.02－2006.02
肉骨粉 Meat and bone meal	蛋白质饲料 Protein feed	美国国家副产品公司 National By-Products Inc. USA	(2001) 外饲准 012 号	2001.02－2006.02
钻石强力酵素 Nopcozyme	饲料添加剂 Feed additive	美国 Enzyme Development 公司 Enzyme Development Corp. USA	(2001) 外饲准 013 号	2001.02－2006.02
BIOSAT Sc 47	饲料添加剂	法国乐施福工业公司 Societe Industrielle Lesaffre	(2001) 外饲准 014 号	2001.02－2006.02
肉骨粉 Meat and bone meal	蛋白质饲料 Protein feed	美国全球丰收食品有限公司 Global Harvest Foods Ltd. USA	(2001) 外饲准 015 号	2001.02－2006.02
α-淀粉 α-Starch	饲料添加剂 Feed additive	曼谷淀粉股份有限公司 Bangkok Starch Industrial Co., Ltd.	(2001) 外饲准 016 号	2001.02－2006.02
玉米蛋白粉 Corn Gluten Meal	蛋白质饲料 Protein feed	美国全球丰收食品有限公司 Global Harvest Foods Ltd. USA	(2001) 外饲准 017 号	2001.02－2006.02
得卡肥 Digestocap	饲料酸化剂 Feed acidfizer	西班牙埃特亚公司 Industrial Tecnica Pecuaria S.A.	(2001) 外饲准 018 号	2001.02－2006.02

（续）

商品名称	产品类别	生产厂家	许可证号	有效期限
克氧 Oxicap	饲料抗氧化剂 Feed antioxidant	西班牙埃特亚公司 Industrial Tecnica Pecuaria S.A.	(2001) 外饲准 019 号	2001.02－2006.02
抗氧宝 Capsoquin N	饲料抗氧化剂 Feed antioxidant	西班牙埃特亚公司 Industrial Tecnica Pecuaria S.A.	(2001) 外饲准 020 号	2001.02－2006.02
依索金 Etoxiquin Liquido	饲料抗氧化剂 Feed antioxidant	西班牙埃特亚公司 Industrial Tecnica Pecuaria S.A.	(2001) 外饲准 021 号	2001.02－2006.02
日清饲料 Otohime	配合饲料 Compound feed	日清制粉株式会社 Nisshin Flour Milling Co., Ltd. Japan	(2001) 外饲准 022 号	2001.02－2006.02
钻石强力酵素 NOPCOZYMEⅡ	饲料级酶制剂 Feed enzyme	美国酶制剂开发公司 Enzyme Development Corporation USA	(2001) 外饲准 023 号	2001.02－2006.02
L-色氨酸 L-Tryptophan	饲料级氨基酸 Amino acid feed grade	日本味之素株式会社 Ajinomoto Co., Ltd.	(2001) 外饲准 024 号	2001.02－2006.02
百得喜 Bactocell	饲料添加剂 Feed additive	法国拉勒曼公司 Lallemand S.A.	(2001) 外饲准 025 号	2001.02－2006.02
金碧黄 GP-ORO	饲料添加剂 Feed additive	秘鲁 Agricola Barranca 公司 Agricola Barranca S.A. Peru	(2001) 外饲准 026 号	2001.02－2006.02
金碧黄 (液体) GP-LIQ	饲料添加剂 Feed additive	秘鲁 Agricola Barranca 公司 Agricola Barranca S.A. Peru	(2001) 外饲准 027 号	2001.02－2006.02
金碧红 GP-RED	饲料添加剂 Feed additive	秘鲁 Agricola Barranca 公司 Agricola Barranca S.A. Peru	(2001) 外饲准 028 号	2001.02－2006.02
百安明 MYCOFIX	饲料添加剂 Feed additive	Biomin Gesunde	(2001) 外饲准 029 号	2001.02－2006.02
L-色氨酸 L-Tryptophan	饲料级氨基酸 Amino acid feed	美国 BioKyowa 公司 BioKyowa Inc. USA	(2001) 外饲准 030 号	2001.02－2006.02
普乐酸化干剂 ProHacid Dry	饲料酸化剂 Feed acidifier	荷兰普乐维美公司 Provimi B.V., The Netherlands	(2001) 外饲准 031 号	2001.02－2006.02
普乐抗氧化干剂 BoNox Dry	饲料抗氧化剂 Feed antioxidant	荷兰普乐维美公司 Provimi B.V. The Netherlands	(2001) 外饲准 032 号	2001.02－2006.02
优越型复合酶 AP Rovabio Excel AP	饲料级酶制剂 Feed enzyme	法国安万特动物营养 Aventis Animal Nutrition SA, France	(2001) 外饲准 033 号	2001.02－2006.02
优越型复合酶 LC Rovabio Excel LC	饲料级酶制剂 Feed enzyme	法国安万特动物营养 Aventis Animal Nutrition SA, France	(2001) 外饲准 034 号	2001.02－2006.02

（续）

商品名称	产品类别	生产厂家	许可证号	有效期限
利乐 DELAC	饲料添加剂 Feed additive	荷兰 Joosen 产品公司 Joosen Products，The Netherlands	（2001）外饲准 035 号	2001.02－ 2006.02
大欧 DAOU	预混合饲料 Additive premix	法国 Europremix 公司 Europremix S.A.France	（2001）外饲准 036 号	2001.02－ 2006.02
欧多旺 Vitarom	预混合饲料 Additive premix	意大利欧亚盈有限公司 Trouw Nutrition Italia S.P.A	（2001）外饲准 037 号	2001.02－ 2006.02
赛巨力 Cellu Pract AS 100	饲料级酶制剂 Enzyme feed grade	德国普拉克微生物股份有限公司 Biopract GmbH，Germany	（2001）外饲准 038 号	2001.04－ 2006.04
DL-蛋氨酸（饲料级） DL-Methionine Feed grade	饲料级氨基酸 Amino acid feed grade	日本曹达株式会社 Nippon Soda Co.，Ltd.Japan	（2001）外饲准 039 号	2001.04－ 2006.04
丙酸钙 Calprona	饲料添加剂 Feed additive	荷兰 Verdugt 公司 Verdugt B.V.The Netherlands	（2001）外饲准 040 号	2001.04－ 2006.04
乐多仙™VP （包被颗粒） Ronozyme VP CT	饲料级酶制剂 Enzyme Feed grade	丹麦诺维信公司 Novozymes A/S，Denmark	（2001）外饲准 041 号	2001.04－ 2006.04
乐多仙™VP （液态型） Ronozyme VP L	饲料级酶制剂 Enzyme Feed grade	丹麦诺维信公司 Novozymes A/S，Denmark	（2001）外饲准 042 号	2001.04－ 2006.04
乐多仙™W （包被颗粒） Ronozyme W CT	饲料级酶制剂 Enzyme Feed grade	丹麦诺维信公司 Novozymes A/S，Denmark	（2001）外饲准 043 号	2001.04－ 2006.04
乐多仙™W （液态型） Ronozyme W L	饲料级酶制剂 Enzyme Feed grade	丹麦诺维信公司 Novozymes A/S，Denmark	（2001）外饲准 044 号	2001.04－ 2006.04
乐多仙™Pro （包被颗型） Ronozyme Pro	饲料级酶制剂 Enzyme Feed grade	丹麦诺维信公司 Novozymes A/S，Denmark	（2001）外饲准 045 号	2001.04－ 2006.04
乐多仙™Pro （液态型） Ronozyme Pro L	饲料级酶制剂 Enzyme Feed grade	丹麦诺维信公司 Novozymes A/S，Denmark	（2001）外饲准 046 号	2001.04－ 2006.04
乐多仙™A （包被颗粒） Ronozyme A CT	饲料级酶制剂 Enzyme Feed grade	丹麦诺维信公司 Novozymes A/S，Denmark	（2001）外饲准 047 号	2001.02－ 2006.02
乐多仙™A （液态型） Ronozyme A L	饲料级酶制剂 Enzyme Feed grade	丹麦诺维信公司 Novozymes A/S，Denmark	（2001）外饲准 048 号	2001.02－ 2006.02

（续）

商品名称	产品类别	生产厂家	许可证号	有效期限
宜可富迈可 IQF Micoban®Premix	饲料防腐剂 Feed additive-Preservative	宜可富化学及药品开发有限公司 Investigaciones Quimicas Y Farmaceuticas S.A.Spain	(2001) 外饲准 049 号	2001.02－2006.02
宜可富阿思得 IQF Acidmix®NF	饲料酸化剂 Feed additive-Acidifier	宜可富化学及药品开发有限公司 Investigaciones Quimicas Y Farmaceuticas S.A.Spain	(2001) 外饲准 050 号	2001.02－2006.02
宜可富谐睦 IQF Xamacol®	饲料着色剂 Feed additive-Pigment	宜可富化学及药品开发有限公司 Investigaciones Quimicas Y Farmaceuticas S.A.Spain	(2001) 外饲准 051 号	2001.02－2006.02
宜可富金福 IQF Xamacol®	饲料防腐剂 Feed additive-Preservative	宜可富化学及药品开发有限公司 Investigaciones Quimicas Y Farmaceuticas S.A.Spain	(2001) 外饲准 052 号	2001.02－2006.02
宜可富莫卡 IQF Moldkap®PX	饲料防腐剂 Feed additive-Preservative	宜可富化学及药品开发有限公司 Investigaciones Quimicas Y Farmaceuticas S.A.Spain	(2001) 外饲准 053 号	2001.04－2006.04
宜可富谐乐 IQF Xarpcol®	饲料防腐剂 Feed additive-Preservative	宜可富化学及药品开发有限公司 Investigaciones Quimicas Y Farmaceuticas S.A.Spain	(2001) 外饲准 054 号	2001.04－2006.04
宜可富沃卡 IQF Ovokap PX	添加剂预混料 Additive premix	宜可富化学及药品开发有限公司 Investigaciones Quimicas Y Farmaceuticas S.A.Spain	(2001) 外饲准 055 号	2001.04－2006.04
宜可富毒去完 IQF Toxiban®AM	饲料防腐剂 Feed additive-Preservative	宜可富化学及药品开发有限公司 Investigaciones Quimicas Y Farmaceuticas S.A.Spain	(2001) 外饲准 056 号	2001.04－2006.04
宜可富坎特 IQF Canthacol®	饲料着色剂 Feed additive-Pigment	宜可富化学及药品开发有限公司 Investigaciones Quimicas Y Farmaceuticas S.A.Spain	(2001) 外饲准 057 号	2001.04－2006.04
肉骨粉 Meat and bone mael	蛋白质饲料 Protein feed	澳大利亚 Gardner Smith 公司 Gardner Smith Australia Pty Ltd.	(2001) 外饲准 058 号	2001.04－2006.04
低蛋白乳清粉 Whey permeate	蛋白质饲料 Protein feed	荷兰宝迪乳品公司 Borculo Domo Ingredients, The Netherlands	(2001) 外饲准 059 号	2001.04－2006.04
巴罗顿 Barodon	饲料添加剂 Feed additive	韩国 Angora 株式会社 Korea Angora Co., Ltd.	(2001) 外饲准 060 号	2001.02－2006.02
维生素 K3 Kavist Plus MNB-50	饲料级维生素 Vitamin feed grade	意大利威尼达公司 Vanetts S.P.A.Italy	(2001) 外饲准 061 号	2001.02－2006.02
保卫素Ⅱ Maxi-Gro (P)	饲料添加剂 Feed additive	美国 DPI 配送加工有限公司 Distributors Processing Inc.USA	(2001) 外饲准 062 号	2001.02－2006.02

（续）

商品名称	产品类别	生产厂家	许可证号	有效期限
爱铁旺－50 Irong-50	饲料添加剂 Feed additive	中国派斯德有限公司 China Bestar Animal Health Ltd.	(2001) 外饲准 063 号	2001.02－2006.02
颗粒纯乳清粉 Granular whole dried whey	蛋白质饲料 Protein feed	美国国际原料公司 International Ingredient Corporation	(2001) 外饲准 064 号	2001.02－2006.02
巧克力奶粉 Milk Chocolate	蛋白质饲料 Protein feed	美国国际原料公司 International Ingredient Corporation	(2001) 外饲准 065 号	2001.02－2006.02
乳宝 Dairylac 80	蛋白质饲料 Protein feed	美国国际原料公司 International Ingredient Corporation	(2001) 外饲准 066 号	2001.04－2006.04
三幸酵素 Skanko enzyme	饲料添加剂 Feed additive Enzyme	日本昭和酵素研究所株式会社 Showa Enzyme Laboratories Co., Ltd.	(2001) 外饲准 067 号	2001.04－2006.04
海博乐氨基维他 Hiprachok-Amino 100	添加剂预混料 Additive premix	西班牙海博乐生物大药厂 Laboratiorios Hipra S.A.Spain	(2001) 外饲准 068 号	2001.04－2006.04
露他维 D3 油剂 Lutavit D3 Oil	饲料级维生素 Vitamin feed grade	德国巴斯夫公司 BASF Aktiengesellschaft，Germany	(2001) 外饲准 069 号	2001.04－2006.04
奥奇素 Bio-Mos	饲料添加剂 Feed additive	美国奥特奇生物技术公司 Alltech，Inc.Biotechnology Center，USA	(2001) 外饲准 070 号	2001.04－2006.04
粘营素 All-Bind	饲料添加剂 Feed additive	美国奥特奇生物技术公司 Alltech，Inc.Biotechnology Center，USA	(2001) 外饲准 071 号	2001.04－2006.04
饲料级烟酰胺 Niacinanide Feed grade	饲料级维生素 Vitamin feed grade	瑞士龙沙公司 Lonza，Ltd.Switzerland	(2001) 外饲准 072 号	2001.04－2006.04
L-赖氨酸盐酸盐 L-Lysine Monohydrochlori	饲料级氨基酸 Amino acid feed grade	VEDAN（VIETNAM）Enterprise Co.，Ltd.	(2001) 外饲准 073 号	2001.04－2006.04
维他宝露精 Vitaperos	添加剂预混料 Additive premix	法国梅里亚有限公司 Merial SAS，France	(2001) 外饲准 074 号	2001.02－2006.02
快大肥 2 Fast Growth	添加剂预混料 Additive premix	加拿大富基业公司 Kant Power Company，Canada	(2001) 外饲准 075 号	2001.02－2006.02
好维素 Nutrivimix	添加剂预混料 Additive premix	加拿大富基业公司 Kant Power Company，Canada	(2001) 外饲准 076 号	2001.02－2006.02
红鱼粉 Fishmeal	蛋白质饲料 Protein feed	高龙集团股份有限公司 Coland Holdings Co.，Ltd	(2001) 外饲准 077 号	2001.02－2006.02
低蛋白乳清粉 Whey Permeate	蛋白质饲料 Protein feed	法国阿诗玛公司 Asmar SNA，France	(2001) 外饲准 078 号	2001.02－2006.02

（续）

商品名称	产品类别	生产厂家	许可证号	有效期限
益康“XP” “XP” Yeast Culture	酵母培养物 Yeast culture feed grade	达农威生物发酵工程技术（深圳）有限公司	（2001）外饲准 079 号	2001.02－2006.02
L-赖氨基酸盐酸盐 L-Lysine Monohydrochlori	饲料级氨基酸 Amino acid feed grade	味之素（美国）哈特兰德公司 Ajinomoto Heartland Inc. USA	（2001）外饲准 080 号	2001.04－2006.04
低蛋白乳清粉 Maple whey permeate	蛋白质饲料 Protein feed	加拿大枫叶食品国际集团 Maple Leaf Foods，Canada	（2001）外饲准 081 号	2001.04－2006.04
中蛋白乳清粉 Whey permeate	蛋白质饲料 Protein feed	加拿大枫叶食品国际集团 Maple Leaf Foods，Canada	（2001）外饲准 082 号	2001.04－2006.04
低蛋白乳清粉 Whey permeate	蛋白质饲料 Protein feed	美国蓝多湖公司 Land O’ Lakes Inc. USA	（2001）外饲准 083 号	2001.04－2006.04
乳清粉 (Darigold) Whey permeate	蛋白质饲料 Protein feed	美国 Westfarm 食品公司 Westfarm Foods Inc. USA	（2001）外饲准 084 号	2001.04－2006.04
低蛋白乳清粉 (Foremost) Whey permeate	蛋白质饲料 Protein feed	美国 Foremost Farms 公司 Foremost Farms，USA	（2001）外饲准 085 号	2001.04－2006.04
低蛋白乳清粉 (Farro-Lac) Whey permeate	蛋白质饲料 Protein feed	美国 Foremost Farms 公司 Foremost Farms，USA	（2001）外饲准 086 号	2001.04－2006.04
饲料级混合油 Feed grade blend fats	能量饲料 Energy feed	美国贝克公司 Baker Commodities Inc. USA	（2001）外饲准 087 号	2001.04－2006.04
饲料级混合油 Feed grade blend fats	能量饲料 Energy feed	美国贵芬公司 Griffin Industries Inc. USA	（2001）外饲准 088 号	2001.04－2006.04
饲料级混合油 Feed grade blend fats	能量饲料 Energy feed	美国国家副产品公司 National By-Products Inc. USA	（2001）外饲准 089 号	2001.02－2006.02
饲料级混合油 Feed grade blend fats	能量饲料 Energy feed	美国普迪斯公司 Perity Land Inc. USA	（2001）外饲准 090 号	2001.02－2006.02
安劲维液体多维 Anupco Vitamino	预混合饲料 Additive premix	英国安劲亚营养产品公司 Anglian Nutrition Products Company，UK	（2001）外饲准 091 号	2001.02－2006.02
保力寿 Polychoc B+	饲料添加剂 Feed additive	法国新奥兰动物营养有限公司 Neolait-Codislait Moul IN NEUF，France	（2001）外饲准 092 号	2001.02－2006.02

（续）

商品名称	产品类别	生产厂家	许可证号	有效期限
超保维 Turbovitt	饲料添加剂 Feed additive	法国新奥兰动物营养有限公司 Neolait-Codislait Moul IN NEUF, France	(2001) 外饲准 093 号	2001.02－ 2006.02
鱿鱼粉 Cuttle fish meal	蛋白质饲料 Protein feed	海光实业股份有限公司 Hai Kung Industrial Corp.	(2001) 外饲准 094 号	2001.02－ 2006.02
秘鲁鱼粉 Peru fish meal	蛋白质饲料 Protein feed	香港立美贸易有限公司 Luckmate Trading Ltd.	(2001) 外饲准 095 号	2001.04－ 2006.04
宠物饲料（猫粮） Pet feed (Cat food)	配合饲料 Compound feed	泰国 Narong Canning 有限公司 Narong Canning Co., Ltd. Tailand	(2001) 外饲准 096 号	2001.04－ 2006.04
宠物饲料（猫粮） Pet feed (Cat food)	配合饲料 Compound feed	澳大利亚 Uncle Ben；s 公司 Uncle Ben；s of Australia	(2001) 外饲准 097 号	2001.04－ 2006.04
宠物饲料（狗粮） Pet feed (Dog food)	配合饲料 Compound feed	澳大利亚 Uncle Ben；s 公司 Uncle Ben；s of Australia	(2001) 外饲准 098 号	2001.04－ 2006.04
宠物饲料（狗粮） Pet feed (Dog food)	配合饲料 Compound feed	新西兰 Lucky Petfood 公司 Lucky Petfood New Zealand Ltd.	(2001) 外饲准 099 号	2001.04－ 2006.04
宠物饲料（猫粮） Pet feed (Cat food)	配合饲料 Compound feed	新西兰 Lucky Petfood 公司 Lucky Petfood New Zealand Ltd.	(2001) 外饲准 100 号	2001.04－ 2006.04
宠物饲料（猫粮） Pet feed (Cat food)	配合饲料 Compound feed	美国 Royal Canin 公司 Royal Canin Inc. USA	(2001) 外饲准 101 号	2001.04－ 2006.04
肉骨粉 Meat and bone meal	蛋白质饲料 Protein feed	澳大利亚康耐克顶摩公司 AMH Pty Ltd. Australia	(2001) 外饲准 102 号	2001.04－ 2006.04
智利鱼粉 Chile fish meal	蛋白质饲料 Protein feed	智利 Pesquera EL Golfo 公司 Pesquera EL Golfo Chile	(2001) 外饲准 103 号	2001.04－ 2006.04
乌贼膏 Squid soluble paste	蛋白质饲料 Protein feed	台湾谊晟实业股份有限公司 Ye Cherng Industrial Products Co., Ltd.	(2001) 外饲准 104 号	2001.04－ 2006.04
混维Ⅱ Vitamin premix Ⅱ	蛋白质饲料 Protein feed	台湾谊晟实业股份有限公司 Ye Xherng Industrial Products Co., Ltd.	(2001) 外饲准 105 号	2001.04－ 2006.04
俄罗斯鱼粉 Kurbatove fish meal	蛋白质饲料 Protein feed	俄罗斯 Joint-Stock 有限公司 Joint-Stock Litimited Company	(2001) 外饲准 106 号	2001.04－ 2006.04
俄罗斯鱼粉 Phoenix fish meal	蛋白质饲料 Protein feed	俄罗斯 Atoll-West 有限公司 Atoll-West Company Ltd. Russia	(2001) 外饲准 107 号	2001.04－ 2006.04

（续）

商品名称	产品类别	生产厂家	许可证号	有效期限
俄罗斯鱼粉 Intex fish meal	蛋白质饲料 Protein feed	俄罗斯 Chukotka Fishing 有限公司 Chukotka Fishing Company Russia	（2001）外饲准 108 号	2001.04－ 2006.04
秘鲁鱼粉 Peru fish meal	蛋白质饲料 Protein feed	秘鲁 Pesquers Hayduy 公司 Pesquers Hayduy S.A.Peru	（2001）外饲准 109 号	2001.04－ 2006.04
RIGO 鱼粉 FRIGO Fishmeal	蛋白质饲料 Protein feed	俄罗斯 Master Sea Service Master Sea Service Ltd.，Russia	（2001）外饲准 110 号	2001.04－ 2006.04
白鱼粉 White fishmeal	蛋白质饲料 Protein feed	俄罗斯 香港泉兴国际发展有限公司代理	（2001）外饲准 111 号	2001.04－ 2006.04
红鱼粉 Red fishmeal	蛋白质饲料 Protein feed	智利 香港泉兴国际发展有限公司代理	（2001）外饲准 112 号	2001.04－ 2006.04
红鱼粉 Red fishmeal	蛋白质饲料 Protein feed	秘鲁 香港环亚太有限公司代理	（2001）外饲准 113 号	2001.04－ 2006.04
红鱼粉 Red fishmeal	蛋白质饲料 Protein feed	智利 香港环亚太有限公司代理	（2001）外饲准 114 号	2001.04－ 2006.04
虾粉 Langoustine meal	蛋白质饲料 Protein feed	智利 香港泉兴国际发展有限公司代理	（2001）外饲准 115 号	2001.04－ 2006.04
鱿鱼肝末粉 Squid powder	蛋白质饲料 Protein feed	台湾谊晟实业股份有限公司 YE CHENG Industrial Products Co.LTD.Taiwan	（2001）外饲准 116 号	2001.04－ 2006.04
鱼用矿物精 Mineral premix for fish feed	饲料添加剂 Feed additive	台湾谊晟实业股份有限公司 YE CHENG Industrial Products Co.LTD.Taiwan	（2001）外饲准 117 号	2001.04－ 2006.04
L-赖氨酸 L-Lysine	饲料级氨基酸 Amino acid Feed grade	南非 AECI 生化产品有限公司	（2001）外饲准 118 号	2001.04－ 2006.04
乳清粉 Whey permeate	蛋白质饲料 Protein feed	美国 AGRI-Mark 公司 AGRI-MARK American	（2001）外饲准 119 号	2001.04－ 2006.04
白鱼粉 White fishmeal	蛋白质饲料 Protein feed	俄罗斯 香港高龙集团股份有限公司代理	（2001）外饲准 120 号	2001.04－ 2006.04
鱼粉 Fishmeal	蛋白质饲料 Protein feed	秘鲁 香港天宝粮谷饲料有限公司代理	（2001）外饲准 121 号	2001.04－ 2006.04
阿根廷白鱼粉 Southern Blue white fishmeal	蛋白质饲料 Protein feed	美国 ASC 贸易有限公司 ASC Trading Ltd.USA	（2001）外饲准 122 号	2001.04－ 2006.04
美国白鱼粉 American white fish-meal	蛋白质饲料 Protein feed	美国海鲜公司 American Seafood Company.USA	（2001）外饲准 123 号	2001.04－ 2006.04
俄罗斯白鱼粉 Pollock White fishmeal	蛋白质饲料 Protein feed	美国 ASC 远东公司 ASC Far East Ltd.USA	（2001）外饲准 124 号	2001.04－ 2006.04

（续）

商品名称	产品类别	生产厂家	许可证号	有效期限
黄油脂 Yellow grease	能量饲料 Energy feed	澳大利亚 GARDNER SMITH 公司 GARDNER SMITH AUSTRALIA PTY LTD	（2001）外饲准 125 号	2001.04－2006.04
爱露酸 AMASIL 99	饲料添加剂 Feed additive	德国巴斯夫公司 BASF Aktiengesellschaft，Germany	（2001）外饲准 126 号	2001.04－2006.04
露保细 LUPROSIL	饲料添加剂 Feed additive	德国巴斯夫公司 BASF Aktiengesellschaft，Germany	（2001）外饲准 127 号	2001.04－2006.04
饲料宝 Feed bond	饲料级抗结块剂 ANTI-Caking agent	美国 ACG 产品有限公司 ACG Product Ltd.	（2001）外饲准 128 号	2001.04－2006.04
补能佳 BIO-Protect Plus	饲料级维生素 Vitamin feed grade	美国 ACG 产品有限公司 ACG Product Ltd.	（2001）外饲准 129 号	2001.04－2006.04
MI-2500	饲料防霉剂 Mold inhibitor	美国 ACG 产品有限公司 ACG Product Ltd.	（2001）外饲准 130 号	2001.04－2006.04
MSB Vitamin K_3	饲料级维生素 Vitamin feed grade	意大利威尼达公司 Italy VANETTA S.P.A.	（2001）外饲准 131 号	2001.04－2006.04
MNB Vitamin K_3	饲料级维生素 Vitamin feed grade	意大利威尼达公司 Italy VANETTA S.P.A.	（2001）外饲准 132 号	2001.04－2006.04
牙鲆鱼饲料 Feed for flounder culture	配合饲料 Compound feed	韩国第一饲料（株）咸安工厂 JE IL feed Co.，Ltd.XIAN’AN Factory	（2001）外饲准 133 号	2001.04－2006.04
俄罗斯白鱼粉 Russia white fishmeal	蛋白质饲料 Protein feed	辽宁新太科技股份有限公司 Liaoning Suntek Technology Co.，Ltd	（2001）外饲准 134 号	2001.04－2006.04
猪肠膜蛋白粉 Bio-DPP30	蛋白质饲料 Protein feed	美国国际生物营养有限公司 Bio-Nutrition International Inc.USA	（2001）外饲准 135 号	2001.04－2006.04
饲料级乳糖 Lactose feed grade	蛋白质饲料 Protein feed	美国国际生物营养有限公司 Bio-Nutrition International Inc. USA	（2001）外饲准 136 号	2001.04－2006.04
饲料级乳清粉 Permeate Whey Feed grade	蛋白质饲料 Protein feed	美国 ADELL CORP. 公司 ADELL CORP. USA	（2001）外饲准 137 号	2001.04－2006.04
中蛋白乳清粉 Premium depreteinized	蛋白质饲料 Protein feed	美国大卫斯科国际食品公司 DIVISCO Foods International Inc. USA	（2001）外饲准 138 号	2001.04－2006.04

（续）

商品名称	产品类别	生产厂家	许可证号	有效期限
人工代乳粉 Milk replacer	蛋白质饲料 Protein feed	美国 MERRICK'S 公司 MERRICK'S Inc. USA	(2001) 外饲准 139 号	2001.04－2006.04
白鱼粉 white fishmeal	蛋白质饲料 Protein feed	美国 香港高龙集团股份有限公司代理	(2001) 外饲准 140 号	2001.04－2006.04
宠物饲料－狗粮 Pet feed-Dog feed	配合饲料 Compound feed	美国 POYAL CANIN INC. POYAL CANIN INC. USA	(2001) 外饲准 141 号	2001.04－2006.04
秘鲁鱼粉 Peru fishmeal	蛋白质饲料 Protein feed	秘鲁 香港中国食品贸易有限公司代理	(2001) 外饲准 142 号	2001.04－2006.04
秘鲁鱼粉 Peru fishmeal	蛋白质饲料 Protein feed	秘鲁 中牧实业股份有限公司代理	(2001) 外饲准 143 号	2001.04－2006.04
肉骨粉 Meat and Bone meal	蛋白质饲料 Protein feed	美国库尼公司 John Kuhni Sons, Inc. USA	(2001) 外饲准 144 号	2001.04－2006.04
乳糖蛋白粉 Nutri-Lac Blend	蛋白质饲料 Protein feed	美国国际生物营养有限公司 Bio-Nutrition International Inc. USA	(2001) 外饲准 145 号	2001.04－2006.04
喷雾干燥血浆蛋白粉 Spray dried animal plasma	蛋白质饲料 Protein feed	美国 Merrick's 有限公司 Merrick's Inc. USA	(2001) 外饲准 146 号	2001.04－2006.04
普壮素 PR-500	饲料添加剂 Feed additive	乌拉圭 CIENDAXS. A. CIENDAXS. A. Uruguay	(2001) 外饲准 147 号	2001.04－2006.04
产蛋强 DIGEST'ION	饲料添加剂 Feed additive	法国 C.C.A. Compagnie chimique d'aquitaine (C. C. A.)	(2001) 外饲准 148 号	2001.04－2006.04
佑福来 VF Appetite	饲料添加剂 Feed additive	法国 C.C.A. Compagnie chimique d'aquitaine (C. C. A.)	(2001) 外饲准 149 号	2001.04－2006.04
强肝剂	饲料添加剂 Feed additive	日本东京商事株式会社	(2001) 外饲准 150 号	2001.04－2006.04
白鱼粉 White fishmeal	蛋白质饲料 Protein feed	俄罗斯 香港 PARKMOND Group Ltd. 代理	(2001) 外饲准 151 号	2001.04－2006.04
白鱼粉 White fishmeal	蛋白质饲料 Protein feed	俄罗斯 韩国 Ocean Gate Trading Co., Ltd. 代理	(2001) 外饲准 152 号	2001.04－2006.04
俄罗斯鱼粉 Russia fishmeal	蛋白质饲料 Protein feed	上海远洋渔业公司 Shanghai Deep Sea Fisheries Co.	(2001) 外饲准 153 号	2001.04－2006.04
俄罗斯鱼粉 Russia fishmeal	蛋白质饲料 Protein feed	俄罗斯 韩国 SHINWOO SHIPPING CO., LTD 代理	(2001) 外饲准 154 号	2001.04－2006.04

（续）

商品名称	产品类别	生产厂家	许可证号	有效期限
俄罗斯鱼粉 Russia fishmeal	蛋白质饲料 Protein feed	俄罗斯 韩国 YOUNG WOO INTER-OCEAN CO., LTD. 代理	（2001）外饲准 155 号	2001.04－2006.04
俄罗斯鱼粉 Russia fishmeal	蛋白质饲料 Protein feed	俄罗斯 韩国 DAERIM CORPORATION 代理	（2001）外饲准 156 号	2001.04－2006.04
俄罗斯鱼粉 Russia fishmeal	蛋白质饲料 Protein feed	俄罗斯 韩国 YUJIN ITN CO., LTD. 代理	（2001）外饲准 157 号	2001.04－2006.04
吉斯达-21（单胃型） Gustor XXI	饲料酸化剂 Feed acidifier	西班牙 Nature S. A. 公司 Nature S. A. Spain	（2001）外饲准 158 号	2001.05－2006.05
仙摩密 Cemmos	饲料添加剂 Feed additive	美国 Cenzone 技术公司 Cenzone Tech Inc. U. S. A	（2001）外饲准 159 号	2001.05－2006.05
鱼用维生素 Vitamin premix for fish feeds	预混合饲料 Additive premix	台湾谊晟实业股份有限公司 YE CHERNG Industrial Products Co., Ltd.	（2001）外饲准 160 号	2001.05－2006.05
胆固醇 Cholesterol	饲料添加剂 Feed additive	台湾谊晟实业股份有限公司 YE CHERNG Industrial Products Co., Ltd.	（2001）外饲准 161 号	2001.05－2006.05
饲料用鱼油 Feed fish oil	能量饲料 Energy feed	冰岛力思公司 LYSI HF. Iceland	（2001）外饲准 162 号	2001.05－2006.05
乌贼油 Squid oil	能量饲料 Energy feed	台湾谊晟实业股份有限公司 YE CHERNG Industrial Products Co., Ltd.	（2001）外饲准 163 号	2001.05－2006.05
白鱼粉 White fishmeal	蛋白质饲料 Protein feed	挪威 香港环亚太有限公司代理	（2001）外饲准 164 号	2001.05－2006.05
白鱼粉 White fishmeal	蛋白质饲料 Protein feed	俄罗斯 香港环亚太有限公司代理	（2001）外饲准 165 号	2001.05－2006.05
白鱼粉 White Fishmeal	蛋白质饲料 Protein feed	俄罗斯 香港大洋实业有限公司代理	（2001）外饲准 166 号	2001.05－2006.05
白鱼粉 White fishmeal	蛋白质饲料 Protein feed	俄罗斯 中国水产舟山海洋渔业公司代理	（2001）外饲准 167 号	2001.05－2006.05
红鱼粉 Red fishmeal	蛋白质饲料 Protein feed	秘鲁 福州世顺贸易有限公司代理	（2001）外饲准 168 号	2001.05－2006.05
红鱼粉 Red fishmeal	蛋白质饲料 Protein feed	智利 福州世顺贸易有限公司代理	（2001）外饲准 169 号	2001.05－2006.05
白鱼粉 White fishmeal	蛋白质饲料 Protein feed	美国 日本 Maruha Corporation 代理	（2001）外饲准 170 号	2001.05－2006.05
白鱼粉 White fishmeal	蛋白质饲料 Protein feed	俄罗斯 Joint-Stock Company Intraros Joint-Stock Company Intraros Russia	（2001）外饲准 171 号	2001.05－2006.05

（续）

商品名称	产品类别	生产厂家	许可证号	有效期限
鱼粉 Red fishmeal	蛋白质饲料 Protein feed	智利 福建省粮油食品进出口集团公司代理	（2001）外饲准 172 号	2001.05－2006.05
饲料级鱼油 Feed fish oil	能量饲料 Energy feed	智利 香港泉兴国际发展有限公司代理	（2001）外饲准 173 号	2001.05－2006.05
卵磷脂 Nutripur S	饲料添加剂 Feed additive	德国 Lucas Meyer GMBH & Co. 公司 Lucas Meyer CMBH & Co. Germany	（2001）外饲准 174 号	2001.05－2006.05
虾苗饲料 Shrimp fry feed	配合饲料 Compound feed	台湾滋丰水产资材有限公司 TZU Feng Aquacultural Supplies Co., Ltd.	（2001）外饲准 175 号	2001.05－2006.05
虾饲料 Aquature	配合饲料 Compound feed	美国 Cenzone 技术有限公司 Cenzone Tech Inc. U. S. A	（2001）外饲准 176 号	2001.05－2006.05
红鱼粉 Fishmeal	蛋白质饲料 Protein feed	秘鲁 SK 商事株式会社代理	（2001）外饲准 177 号	2001.05－2006.05
红鱼粉 Red fishmeal	蛋白质饲料 Protein feed	秘鲁 香港泉兴国际发展有限公司代理	（2001）外饲准 178 号	2001.05－2006.05
白鱼粉 White fishmeal	蛋白质饲料 Protein feed	美国 香港泉兴国际发展有限公司代理	（2001）外饲准 179 号	2001.05－2006.05
喜爱迪-2000 CID2000	饲料酸化剂 Feed acidifier	比利时 CID LINES 公司 CID LINES CO., Belgium	（2001）外饲准 180 号	2001.05－2006.05
胆汁酸 Bile acids	饲料添加剂 Feed additive	台湾谊晟实业股份有限公司 YE CHERNG Industrial Products Co., Ltd.	（2001）外饲准 181 号	2001.05－2006.05
福德维 Fortevit	饲料级维生素 Vitamin feed grade	印度尼西亚 PT. Medion 公司 PT. Medion, Indonesia	（2001）外饲准 182 号	2001.05－2006.05
爱维康 Avilac	饲料添加剂 Feed additive	荷兰纽维得公司 Nutrifeed Veghel, Natherland	（2001）外饲准 183 号	2001.05－2006.05
鱼粉 Fishmeal	蛋白质饲料 Protein feed	秘鲁 德国托福国际代理	（2001）外饲准 184 号	2001.05－2006.05
鱼粉 Fishmeal	蛋白质饲料 Protein feed	秘鲁 秘鲁 Rusnam Import & Export S. A. C.	（2001）外饲准 185 号	2001.05－2006.05
红鱼粉 Red fishmeal	蛋白质饲料 Protein feed	智利 香港高龙集团股份有限公司代理	（2001）外饲准 186 号	2001.05－2006.05
喷干血球粉 AP301	蛋白质饲料 Protein feed	美国 Protein Corporation Nutrition 公司 American Protein Corporation Nutrition Ltd. USA	（2001）外饲准 187 号	2001.05－2006.05

（续）

商品名称	产品类别	生产厂家	许可证号	有效期限
白鱼粉 White fishmeal	蛋白质饲料 Protein feed	俄罗斯纳霍德卡海洋渔业发展基地	(2001) 外饲准 188 号	2001.05－ 2006.05
猪宝 500 Tetracid500™	饲料酸化剂 Feed acidifier	加拿大 Jefagro Technologies Inc. 公司 Jefagro Technologies Inc. Canada	(2001) 外饲准 189 号	2001.05－ 2006.05
红鱼粉 Fishmeal	蛋白质饲料 Protein feed	秘鲁 香港宏源有限公司代理	(2001) 外饲准 190 号	2001.05－ 2006.05
红鱼粉 Fishmeal	蛋白质饲料 Protein feed	智利 Pesquera Bio Bio S. A公司 Pesquera Bio Bio S. A. Chile	(2001) 外饲准 191 号	2001.05－ 2006.05
美速美 Mixomel	蛋白质饲料 Protein feed	比利时纽卡米动物营养公司 Nukamel N. V. Belgium	(2001) 外饲准 192 号	2001.05－ 2006.05
喷雾干燥动物全血粉 DP-87	蛋白质饲料 Protein feed	阿根廷 Harinarg 公司 Harinarg S. A. Argentina	(2001) 外饲准 193 号	2001.05－ 2006.05
丸九鱼饵 Fishing bait	配合饲料 Compound feed	日本丸九株式会社 Marukyu Co., Ltd. Japan	(2001) 外饲准 194 号	2001.05－ 2006.05
牛肉骨粉 Bovine meat and bone meal	蛋白质饲料 Protein feed	澳发（澳大利亚）公司 Ausadvance (Australia) Pty Ltd.	(2001) 外饲准 195 号	2001.05－ 2006.05
红鱼粉 Fishmeal	蛋白质饲料 Protein feed	马来西亚 马来西来倍力（马）有限公司代理	(2001) 外饲准 196 号	2001.05－ 2006.05
米雅饲料 MG	饲料添加剂 Feed additive	日本米雅利桑株式会社 Miyarisan Pharmaceutical Co., Ltd., Japan	(2001) 外饲准 197 号	2001.05－ 2006.05
红鱼粉 Fishmeal	蛋白质饲料 Protein feed	智利 Pesquerael Golfo S. A. 公司 Pesquerael Golfo S. A. Chile	(2001) 外饲准 198 号	2001.05－ 2006.05
富畜美 Ferozyme	饲料添加剂 Feed additive	酪多精企业有限公司 Lactozyme Enterprise Co., Ltd.	(2001) 外饲准 199 号	2001.05－ 2006.05
育佳 Yoca	饲料添加剂 Feed additive	酪多精企业有限公司 Lactozyme Enterprise Co., Ltd.	(2001) 外饲准 200 号	2001.05－ 2006.05
酪多精 Lacto Zyme	饲料添加剂 Feed additive	酪多精企业有限公司 Lactozyme Enterprise Co., Ltd.	(2001) 外饲准 201 号	2001.05－ 2006.05
生态保卫素Ⅰ Micro aid Ⅰ	饲料添加剂 Feed additive	美国 Distributors Processing Inc. 公司 Distributors Processing Inc. U. S. A	(2001) 外饲准 202 号	2001.05－ 2006.05
优四酸 Euroacid	饲料添加剂 Feed additive	西班牙营养技术公司 Nutritec S. A. Targona Spain	(2001) 外饲准 203 号	2001.05－ 2006.05
高流动性乳清粉 Whey powder H. F	蛋白质饲料 Protein feed	法国 Protilact 公司 Lactalis Industrie Ets Protilact, France	(2001) 外饲准 204 号	2001.05－ 2006.05

（续）

商品名称	产品类别	生产厂家	许可证号	有效期限
白鱼粉 White fishmeal	蛋白质饲料 Protein feed	美国 福建星进出口公司代理	（2001）外饲准 205 号	2001.05－ 2006.05
白鱼粉 White fishmeal	蛋白质饲料 Protein feed	俄罗斯 福建星进出口公司代理	（2001）外饲准 206 号	2001.05－ 2006.05
白鱼粉 Red fishmeal	蛋白质饲料 Protein feed	智利 福建星进出口公司代理	（2001）外饲准 207 号	2001.05－ 2006.05
红鱼粉 Red fishmeal	蛋白质饲料 Protein feed	智利 福州大昌盛饲料有限公司代理	（2001）外饲准 208 号	2001.05－ 2006.05
白鱼粉 White fishmeal	蛋白质饲料 Protein feed	冰岛 香港环亚太有限公司代理	（2001）外饲准 209 号	2001.05－ 2006.05
白鱼粉 White fishmeal	蛋白质饲料 Protein feed	美国 Trident Seafoods 公司 Trident Seafoods Corporation	（2001）外饲准 210 号	2001.05－ 2006.05
白鱼粉 White fishmeal	蛋白质饲料 Protein feed	挪威沃达海产公司 Vartdal Seafood AS	（2001）外饲准 211 号	2001.05－ 2006.05
白鱼粉 White fishmeal	蛋白质饲料 Protein feed	俄罗斯 挪威沃达海产公司代理	（2001）外饲准 212 号	2001.05－ 2006.05
白鱼粉 White fishmeal	蛋白质饲料 Protein feed	新西兰 香港泉兴国际发展有限公司代理	（2001）外饲准 213 号	2001.05－ 2006.05
喷雾干燥 牛血细胞粉 Spray dried bovine blood cell	蛋白质饲料 Protein feed	巴拉圭利肯公司 Lican Paraguay S. A.	（2001）外饲准 214 号	2001.05－ 2006.05
喷雾干燥 血浆蛋白粉 Spray dried bovine plasma	蛋白质饲料 Protein feed	南美巴拉圭利肯公司 Lican Paraguay S.A.	（2001）外饲准 215 号	2001.05－ 2006.05
虾苗饲料 Shrimp fry feed	配合饲料 Compound feed	台湾维仁化学兴业股份有限公司 Genchem Biotechnology Co.，Ltd.	（2001）外饲准 216 号	2001.05－ 2006.05
鸿宝威 Fatgronatfst	能量饲料 Energy feed	马来西亚 新加坡鸿贸国际私人有限公司代理	（2001）外饲准 217 号	2001.05－ 2006.05
红鱼粉 Red fishmeal	蛋白质饲料 Protein feed	“萨图靳恩”股份有限公司 TOO“CatypH”	（2001）外饲准 218 号	2001.05－ 2006.05
鱼粉 Fishmeal	蛋白质饲料 Protein feed	新西兰 新西兰新宁有限公司代理	（2001）外饲准 219 号	2001.05－ 2006.05
红鱼粉 Red fishmeal	蛋白质饲料 Protein feed	秘鲁 营口嘉荣粮油饲料有限公司代理	（2001）外饲准 220 号	2001.05－ 2006.05
饲料级牛油 Animal tallow	能量饲料 Energy feed	澳大利亚 AMH Pty Ltd. 公司 AMH Pty Ltd.，Australia	（2001）外饲准 221 号	2001.05－ 2006.05

（续）

商品名称	产品类别	生产厂家	许可证号	有效期限
L-赖氨酸盐酸盐 L-Lysine Hcl feed grade	饲料级维生素 Vitamin feed grade	味之素（巴西）公司 Ajinomoto Biolatina Ind. E Com. Ltda	(2001) 外饲准 222 号	2001.05－2006.05
红鱼粉 Red fishmeal	蛋白质饲料 Protein feed	秘鲁 宏港企业有限公司代理	(2001) 外饲准 223 号	2001.05－2006.05
红鱼粉 Red fishmeal	蛋白质饲料 Protein feed	智利 加拿大环球企业国际有限公司代理	(2001) 外饲准 224 号	2001.05－2006.05
红鱼粉 Red fishmeal	蛋白质饲料 Protein feed	智利阿丽玛有限公司 Alimentos Marinos Sa "Alimar" Chile	(2001) 外饲准 225 号	2001.05－2006.05
肉骨粉 Meat and bone meal	蛋白质饲料 Protein feed	澳大利亚 Ilousa Resources Pty Ltd. 公司 Ilousa Resources Pty Ltd. Australia	(2001) 外饲准 226 号	2001.05－2006.05
肉骨粉 Meat and bone meal	蛋白质饲料 Protein feed	澳大利亚标准商品公司 Standard Commodities International Pty Ltd. Australia	(2001) 外饲准 227 号	2001.05－2006.05
肉骨粉 Meat and bone meal	蛋白质饲料 Protein feed	澳大利亚 Queensland Glory Trading 公司 Queensland Glory Trading Pty Ltd. Australia	(2001) 外饲准 228 号	2001.05－2006.05
饲料级牛油 Animal tallow	能量饲料 Energy feed	美国康耐克公司 Conagra Trade Group Inc. USA	(2001) 外饲准 229 号	2001.05－2006.05
鲜灵 Endox	饲料抗氧化剂 Antioxidant	建明工业（亚洲）有限公司 Kemin Industries (Asia) Pty Ltd.	(2001) 外饲准 230 号	2001.05－2006.05
沙门净粉剂 Sal curb dry	饲料添加剂 Feed additive	建明工业（亚洲）有限公司 Kemin Industries (Asia) Pty Ltd.	(2001) 外饲准 231 号	2001.05－2006.05
乳酸宝粉剂 Scid lac dry	饲料酸化剂 Feed acidifier	新加坡建明工业（亚洲）有限公司 Kemin Industries (Asia) Pty Ltd. Singapore	(2001) 外饲准 232 号	2001.05－2006.05
克霉霸粉剂 Feed curb	饲料防霉剂 Mold inhibitor	建明工业（亚洲）有限公司 Kemin Industries (Asia) Pty Ltd.	(2001) 外饲准 233 号	2001.05－2006.05
虾粉 Prawn meal	蛋白质饲料 Protein feed	冰岛 香港环亚太有限公司代理	(2001) 外饲准 234 号	2001.06－2006.06
饲料级鱼油 Feed grade fishoil	能量饲料 Energy feed	新西兰 Bakels Edible Oils 有限公司 Bakels Edible Oils (N.Z.) Ltd.	(2001) 外饲准 235 号	2001.06－2006.06
红鱼粉 Rod fishmeal	蛋白质饲料 Protein feed	新西兰 Bakels Edible Oils 有限公司 Bakels Edible Oils (N.Z.) Ltd.	(2001) 外饲准 236 号	2001.06－2006.06
白鱼粉 White fishmeal	蛋白质饲料 Protein feed	新西兰 Premium Protein 有限公司 Premium Protein (N.Z.) Ltd.	(2001) 外饲准 237 号	2001.06－2006.06

（续）

商品名称	产品类别	生产厂家	许可证号	有效期限
红鱼粉 Red fishmeal	蛋白质饲料 Protein feed	新西兰 Premium Protein 有限公司 Premium Protein（N.Z.）Ltd.	（2001）外饲准 238 号	2001.06－2006.06
红鱼粉 Red fishmeal	蛋白质饲料 Protein feed	智利山豪斯公司 Pesquera San Jose S.A.Chile	（2001）外饲准 239 号	2001.06－2006.06
油脂强化吸收剂 Emulbesto 100A	饲料添加剂 Feed additive	荷兰 Lucas Meyer B.V.Eurologistic 公司 Lucas Meyer B.V.Eurologistic, Negherlands	（2001）外饲准 240 号	2001.06－2006.06
饲料级混合油 Feed grade blend fat	能量饲料 Energy feed	澳大利亚 HNX 贸易有限公司 HNX Trading Pty Ltd.Australia	（2001）外饲准 241 号	2001.06－2006.06
福来丹™ (果香)	饲料添加剂 Feed additive	丹麦 Danisco Cultor 公司 Danisco Cultor.Denmark	（2001）外饲准 242 号	2001.06－2006.06
福来丹™ (奶香)	饲料添加剂 Feed additive	丹麦 Danisco Cultor Danisco Cultor.Denmark	（2001）外饲准 243 号	2001.06－2006.06
肥而多肉骨粉 Fatdough meat and bone meal	蛋白质饲料 Protein feed	澳大利亚 CR Development（Group）Pty 有限公司 CR Development（Group）Pty Ltd.Australia	（2001）外饲准 244 号	2001.06－2006.06
肥而多饲料级混合油 Fatdough yellow grease feed grade	能量饲料 Energy feed	澳大利亚 CR Development（Group）Pty 有限公司 CR Development（Group）Pty Ltd.Australia	（2001）外饲准 245 号	2001.06－2006.06
虾苗饲料 Brine shrimp flakes	配合饲料 Compound feed	台湾明懋实业有限公司 Ming Grand Industrial Co.，Ltd.	（2001）外饲准 246 号	2001.06－2006.06
牛肉粉 Cattle meat meal	蛋白质饲料 Protein feed	美国西海岸提炼公司 West Coast Rendering Co.，USA	（2001）外饲准 247 号	2001.06－2006.06
L-赖氨酸硫酸盐及其发酵副产品 Biolys60	饲料添加剂 Feed additive	美国中西赖氨酸厂 Midwest Lysine，USA	（2001）外饲准 248 号	2001.06－2006.06
红鱼粉 Fishmeal	蛋白质饲料 Protein feed	秘鲁 美国 H.J.Baker&Bro.Inc. 代理	（2001）外饲准 249 号	2001.06－2006.06
奶牛阴离子矿物质添加剂 Animate	饲料添加剂 Feed additive	美国 IMC Feed Ingredients IMC Feed Ingredients.USA	（2001）外饲准 250 号	2001.06－2006.06
红鱼粉 Red fishmeal	蛋白质饲料 Protein feed	秘鲁 Sino Trade Company Ltd. 代理	（2001）外饲准 251 号	2001.06－2006.06
多元益菌素 Super CYC	饲料添加剂 Feed additive	韩国 Choong and Biogech 有限公司 Choong and Biogech Co.，Ltd.Korea	（2001）外饲准 252 号	2001.06－2006.06

（续）

商品名称	产品类别	生产厂家	许可证号	有效期限
饲料用混合油脂 Yellow grease	能量饲料 Energy feed	澳大利亚昆荣有限公司 Queensland Glory Trading Pty Ltd. Australia	（2001）外饲准 253 号	2001.06－ 2006.06
动物性油脂 Tallow	能量饲料 Energy feed	澳大利亚昆荣有限公司 Queensland Glory Trading Pty Ltd. Australia	（2001）外饲准 254 号	2001.06－ 2006.06
饲料级混合油 Feed grade blend fat	能量饲料 Energy feed	澳大利亚 Kerry 有限公司 Kerry（Australia）Ltd.	（2001）外饲准 255 号	2001.06－ 2006.06
饲料级混合油 Feed grade blend fat	能量饲料 Energy feed	新西兰 Kerry 有限公司 Kerry（New Zealand）Ltd.	（2001）外饲准 256 号	2001.06－ 2006.06
虾苗饲料 Shrimp feed	配合饲料 Compond feed	健丞饲料股份有限公司	（2001）外饲准 257 号	2001.06－ 2006.06
红鱼粉 Red fishmeal	蛋白质饲料 Protein feed	智利埃普瑞莎纳逊拿德皮斯卡公司 Empresa Nacional De Pesca S.A.Chile	（2001）外饲准 258 号	2001.06－ 2006.06
红鱼粉 Red fishmeal	蛋白质饲料 Protein feed	智利可卑斯加公司 Corpesca S.A.Chile	（2001）外饲准 259 号	2001.06－ 2006.06
全能代乳粉 Forall milk powder replacer	蛋白质饲料 Protein feed	美国 C.D.M 集团有限公司 C.D.M Group Ltd. USA	（2001）外饲准 260 号	2001.06－ 2006.06
肠膜蛋白 Forall porcine pepton	蛋白质饲料 Protein feed	美国 C.D.M 集团有限公司 C.D.M Group Ltd. USA	（2001）外饲准 261 号	2001.06－ 2006.06
精灵士（猪）	饲料添加剂 Feed additive	英国 Optivite 国际有限公司 Optivite International Limited	（2001）外饲准 262 号	2001.06－ 2006.06
精灵士（家禽）	饲料添加剂 Feed additive	英国 Optivite 国际有限公司 Optivite International Limited	（2001）外饲准 263 号	2001.06－ 2006.06
美虾宝 Aquagold	饲料添加剂 Feed additive	美国 Cenzone 技术有限公司 Cenzone Tech Inc. USA	（2001）外饲准 264 号	2001.06－ 2006.06
饲料级鱼油 Feed grade fishoil	能量饲料 Energy feed	新西兰 Premium protein（N.Z.）Ltd., New Zealand 代理	（2001）外饲准 265 号	2001.06－ 2006.06
枫叶 3500 Maple UGF3500	饲料添加剂 Feed additive	加拿大枫叶食品国际集团 Maple Leaf Foods International, Canada	（2001）外饲准 266 号	2001.06－ 2006.06
乌贼肝脏粉 Squid liver powder	蛋白质饲料 Protein feed	日本 Kaikoh 有限公司 Kaikoh Co., Ltd. Japan	（2001）外饲准 267 号	2001.06－ 2006.06
白鱼粉 White fishmeal	蛋白质饲料 Protein feed	美国北极风暴有限公司 Arctic Storm, Inc. USA	（2001）外饲准 268 号	2001.06－ 2006.06

（续）

商品名称	产品类别	生产厂家	许可证号	有效期限
饲料级甜乳清粉 Sweet dairy whey feed grade	蛋白质饲料 Protein feed	加里佛尼亚 F&A Dairy 公司 F&A Dairy of California, Inc.	（2001）外饲准 269 号	2001.06－2006.06
保安生 9100 Porzyme 9100	饲料级酶制剂 Feed enzyme	芬兰饲料国际有限公司 Finnfeeds Oy, Finland	（2001）外饲准 270 号	2001.06－2006.06
保安生 9300 Porzyme 9300	饲料级酶制剂 Feed enzyme	芬兰饲料国际有限公司 Finnfeeds Oy, Finland	（2001）外饲准 271 号	2001.06－2006.06
白鱼粉 White fishmeal	蛋白质饲料 Protein feed	美国 Unisea Inc. 公司 Unisea Inc. USA	（2001）外饲准 272 号	2001.06－2006.06
白鱼粉 White fishmeal	蛋白质饲料 Protein feed	美国 日本水产株式会社代理	（2001）外饲准 273 号	2001.06－2006.06
易离乳 1%（核） Module easywean 1%	饲料添加剂 Feed additive	比利时维他麦公司 Vitamex N.V., Belgium	（2001）外饲准 274 号	2001.06－2006.06
宝贝特 10%（核） Module babito 10%	饲料添加剂 Feed additive	比利时维他麦公司 Vitamex N.V., Belgium	（2001）外饲准 275 号	2001.06－2006.06
白鱼粉 White fishneal	蛋白质饲料 Protein feed	法鲁群岛 美国海鲜公司代理	（2001）外饲准 276 号	2001.06－2006.06
白鱼粉 White fishneal	蛋白质饲料 Protein feed	俄罗斯 日本水产株式会社代理	（2001）外饲准 277 号	2001.06－2006.06
乐多仙™WX （液态型） Ronozyme™ WX（L）	饲料级酶制剂 Feed grade enzyme	丹麦诺维信公司 Novozymes A/S, Denmark	（2001）外饲准 278 号	2001.06－2006.06
乐多仙™WX （包被颗粒） Ronozyme™ WX(CT)	饲料级酶制剂 Feed grade enzyme	丹麦诺维信公司 Novozymes A/S, Denmark	（2001）外饲准 279 号	2001.06－2006.06
纤维素酶 Safizym GP60	饲料添加剂 Feed additive	法国乐施福工业公司 Saf-Isis	（2001）外饲准 280 号	2001.06－2006.06
纤维素酶 Safizym GP800	饲料添加剂 Feed additive	法国乐施福工业公司 Saf-Isis	（2001）外饲准 281 号	2001.06－2006.06
维生素 K_3 MSB K_3	饲料级维生素 Vitamin feed grade	意大利威尼达公司 Vanetta S.P.A. Italy	（2001）外饲准 282 号	2001.06－2006.06
康贝 Combo	饲料添加剂 Feed additive	美国生统系统公司 American Biosystems, Inc.	（2001）外饲准 283 号	2001.06－2006.06
普利康 Prelac	饲料添加剂 Feed additive	荷兰纽维得公司 Nutrifeed Veghel	（2001）外饲准 284 号	2001.06－2006.06
赐美健 LBC ME10	饲料添加剂 Feed additive	瑞士赐百福生物公司 Cerbios-Pharma S.A. Swizerland	（2001）外饲准 285 号	2001.06－2006.06

（续）

商品名称	产品类别	生产厂家	许可证号	有效期限
福多蜜 Fructomix	饲料添加剂 Feed additive	法国JMD国际有限公司 JMD International Ltd. France	(2001) 外饲准286号	2001.06－ 2006.06
百福菌 Biosaf Sc47	饲料添加剂 Feed additive	法国乐斯福工业公司 Societe Industrielle Lesaffre	(2001) 外饲准287号	2001.06－ 2006.06
泰德维它 Vitamin Premix TF-1	预混合饲料 Feed premix	西德利美高大药厂 Ramikal-Werkhansmlchelsen Gmbh & Co.	(2001) 外饲准288号	2001.06－ 2006.06
L-赖氨酸盐酸盐 L-Lysine Monohydrochloride	饲料添加剂 Feed additive	印度尼西亚PT Cheil Samsung公司 PT Cheil Samsung Indonesia	(2001) 外饲准289号	2001.06－ 2006.06
红鱼粉 Red fishmeal	蛋白质饲料 Protein feed	秘鲁 加拿大环球企业有限公司代理	(2001) 外饲准290号	2001.06－ 2006.06
易离乳0.1%（核） Module Esaywean 0.1%	饲料添加剂 Feed additive	比利时维他麦公司 Vitamex N. V., Belgium	(2001) 外饲准291号	2001.06－ 2006.06
红鱼粉 Red fishmeal	蛋白质饲料 Protein feed	秘鲁 Peaquera Nemesis S. A. C. Peaquera Nemesis S. A. C. Peru	(2001) 外饲准292号	2001.06－ 2006.06
爱维生1500 Avizyme 1500	饲料添加剂 Feed additive	芬兰饲料国际有限公司 Finnfeeds International Ltd. Finland	(2001) 外饲准293号	2001.06－ 2006.06
爱维生1300 Avizyme 1300	饲料添加剂 Feed additive	芬兰饲料国际有限公司 Finnfeeds International Ltd. Finland	(2001) 外饲准294号	2001.06－ 2006.06
爱维生1502 Avizyme 1502	饲料添加剂 Feed additive	芬兰饲料国际有限公司 Finnfeeds International Ltd. Finland	(2001) 外饲准295号	2001.06－ 2006.06
爱维生1302 Avizyme 1302	饲料添加剂 Feed additive	芬兰饲料国际有限公司 Finnfeeds International Ltd. Finland	(2001) 外饲准296号	2001.06－ 2006.06
保安生TP100 Porzyme TP100	饲料添加剂 Feed additive	芬兰饲料国际有限公司 Finnfeeds International Ltd. Finland	(2001) 外饲准297号	2001.06－ 2006.06
赛罗特 Serolat	饲料添加剂 Feed additive	荷兰纽维得公司 Nutrifeed Veghel, Natherland	(2001) 外饲准298号	2001.06－ 2006.06
耐得酵素 Natuzyme Wetp	饲料添加剂 Feed additive	普乐腾生物化学公司 Bioproton Pty Ltd. Australia	(2001) 外饲准299号	2001.06－ 2006.06
鱼饲料 Fish feed	配合饲料 Compound feed	智利生态饲料公司 Ecofeed S. A. Chile	(2001) 外饲准300号	2001.06－ 2006.06
0.1%铬精 0.1% Picolean	饲料添加剂 Feed additive	意大利威尼达公司 Vanetta S. P. A. Italy	(2001) 外饲准301号	2001.08－ 2006.08
0.04%铬精 0.04% Picolean	饲料添加剂 Feed additive	意大利威尼达公司 Vanetta S. P. A. Italy	(2001) 外饲准302号	2001.08－ 2006.08
百事美调和油D Bergafat Blended Oil D	能量饲料 Energy feed	百事美（马来西亚）有限公司 Berg & Schmidt (M) Sdn. Bhd., Malaysia	(2001) 外饲准303号	2001.08－ 2006.08

（续）

商品名称	产品类别	生产厂家	许可证号	有效期限
百事美调和油 C Bergafat Blended Oil C	能量饲料 Energy feed	百事美（马来西亚）有限公司 Berg & Schmidt（M）Sdn. Bhd., Malaysia	（2001）外饲准 304 号	2001.08－2006.08
百事美单胃动物脂肪粉 Bergafat Monogastric	能量饲料 Energy feed	百事美（马来西亚）有限公司 Berg & Schmidt（M）Sdn. Bhd., Malaysia	（2001）外饲准 305 号	2001.08－2006.08
百事美反刍动物脂肪粉 Bergafat	能量饲料 Energy feed	百事美（马来西亚）有限公司 Berg & Schmidt（M）Sdn.Bhd., Malaysia	（2001）外饲准 306 号	2001.08－2006.08
百事美棕榈饼 Berga meal	能量饲料 Energy feed	百事美（马来西亚）有限公司 Berg & Schmidt（M）Sdn.Bhd., Malaysia	（2001）外饲准 307 号	2001.08－2006.08
喷雾干燥动物血球粉 DP-92	蛋白质饲料 Protein feed	阿根廷 Harinarg 公司 Harinarg Co., Argentina	（2001）外饲准 308 号	2001.08－2006.08
饲料级鱼油 Feed Grade	能量饲料 Energy feed	秘鲁 高龙集团股份有限公司代理	（2001）外饲准 309 号	2001.08－2006.08
优卡狗粮 Eukanuba® dog food	配合饲料 Compound feed	美国爱慕思公司 The Iams Company, USA	（2001）外饲准 310 号	2001.08－2006.08
爱慕思猫粮 Iams cat food	配合饲料 Compound feed	美国爱慕思公司 The Iams Company, USA	（2001）外饲准 311 号	2001.08－2006.08
金枪鱼粉 Tuna fishmeal	蛋白质饲料 Protein feed	美国萨摩亚斯塔基斯特公司 Starkist Samoa, Inc.USA	（2001）外饲准 312 号	2001.08－2006.08
红鱼粉 Red fishmeal	蛋白质饲料 Protein feed	秘鲁 Corporacion Pesquera Inca S.A. Corporacion Pesquera Inca S.A.Peru	（2001）外饲准 313 号	2001.08－2006.08
红鱼粉 Red fishmeal	蛋白质饲料 Protein feed	秘鲁 Empresa Pesquera SAN Feermin S.A. Empresa Pesquera SAN Feermin S.A.Peru	（2001）外饲准 314 号	2001.08－2006.08
白鱼粉 White fishmeal	蛋白质饲料 Protein feed	秘鲁 Empresa Pesquera SAN Fermin S.A. Empresa Pesquera SAN Fermin S.A.Peru	（2001）外饲准 315 号	2001.08－2006.08
ZAR-Min 牌饲用沸石（铝矽酸钠） ZAR-Min Zeolite (Sodium Aluminosilicate)	矿物质饲料 Mineral additive	美国 ZEO 有限公司 ZEO.Inc.USA	（2001）外饲准 316 号	2001.08－2006.08

（续）

商品名称	产品类别	生产厂家	许可证号	有效期限
喷雾干燥动物血浆粉 DP 73	蛋白质饲料 Protein feed	阿根廷 Harinarg 公司 Harinarg Co., Argentina	(2001) 外饲准 317 号	2001.08－2006.08
威豪狗粮 WV dog food	配合饲料 Compound feed	美国 Kal Kan 食品有限公司 Kal Kan Foods Inc., USA	(2001) 外饲准 318 号	2001.08－2006.08
威豪猫粮 WV cat food	配合饲料 Compound feed	美国 Kal Kan 食品有限公司 Kal Kan Foods Inc., USA	(2001) 外饲准 319 号	2001.08－2006.08
低蛋白乳清粉 Whey Permeate	蛋白质饲料 Protein feed	德国 BMI 公司 Baybrische Michindustrie Eg, Germany	(2001) 外饲准 320 号	2001.08－2006.08
红鱼粉 Red fishmeal	蛋白质饲料 Protein feed	巴拿马 Pesquera Taboguilla, S.A. Pesquera Taboguilla, S.A.Panama	(2001) 外饲准 321 号	2001.08－2006.08
白鱼粉 White fishmeal	蛋白质饲料 Protein feed	阿根廷 Coomarpes Ltda., Coomarpes Ltda., Argentina	(2001) 外饲准 322 号	2001.08－2006.08
白鱼粉 White fishmeal	蛋白质饲料 Protein feed	冰岛 Exis Ehf. 公司 Exis Ehf. Iceland	(2001) 外饲准 323 号	2001.08－2006.08
鱼精粉 Dried Fish Soluble Powder	蛋白质饲料 Protein feed	日本 Kaikoh 株式会社 Kaikoh Co., Ltd., Japan	(2001) 外饲准 324 号	2001.08－2006.08
干贝精粉 Scallop liver powder	蛋白质饲料 Protein feed	日本 Kaikoh 株式会社 Kaikoh Co., Ltd., Japan	(2001) 外饲准 325 号	2001.08－2006.08
饲料级家禽脂肪 Feed grade poultry tallow	能量饲料 Energy feed	澳大利亚 Camilleri Stockfeeds 公司 Camilleri Stockfeeds Pty Ltd., Australia	(2001) 外饲准 326 号	2001.08－2006.08
饲料级混合油 Feed grade mixed grease	能量饲料 Energy feed	日本新光株式会社 Shinko Co., Ltd., Japan	(2001) 外饲准 327 号	2001.08－2006.08
澳宝干狗粮 AOBAO dog food	配合饲料 Compound feed	澳大利亚饲料库 Great Australian Stockfeed	(2001) 外饲准 328 号	2001.08－2006.08
美速美一蓝 Mixomel-Blue	蛋白质饲料 Protein feed	比利时纽卡米动物营养公司 Nukamel N.V.Belgium	(2001) 外饲准 329 号	2001.08－2006.08
L-苏氨酸 L-Threonine 98.5%	饲料级氨基酸 Amino acid feed grade	美国 Biokyowa 公司 Biokyowa Incorporated, USA	(2001) 外饲准 330 号	2001.08－2006.08
白鱼粉 White fishmeal	蛋白质饲料 Protein feed	阿拉斯加海洋食品股份有限公司 Alaska Ocean Seafood LP, USA	(2001) 外饲准 331 号	2001.08－2006.08
白鱼粉 White fishmeal	蛋白质饲料 Protein feed	新西兰 环亚太有限公司代理	(2001) 外饲准 332 号	2001.08－2006.08

（续）

商品名称	产品类别	生产厂家	许可证号	有效期限
虾苗饲料 Shrimp fry feed	配合饲料 Compound feed	合盛饲料厂 Her Sun Feeds Factory	（2001）外饲准 333 号	2001.08－2006.08
红鱼粉 Red fishmeal	蛋白质饲料 Protein feed	智利 Pesquera Qurbosa S.A. Pesquera Qurbosa S.A.Chile	（2001）外饲准 334 号	2001.08－2006.08
维克胖维他预拌剂 Vitamino premix	预混合饲料 Premix feed	法国维克药厂股份有限公司 Virbac S.A.France	（2001）外饲准 335 号	2001.08－2006.08
热带观赏鱼饲料 Tropical fish food	配合饲料 Compound feed	海丰饲料股份有限公司 Hai Feng Feeds Co.，Ltd.	（2001）外饲准 336 号	2001.08－2006.08
红鱼粉 Red fishmeal	蛋白质饲料 Protein feed	智利 香港大洋实业有限公司代理	（2001）外饲准 337 号	2001.08－2006.08
生沛素 Bioture	饲料添加剂 Feed additive	美国 Scifeed 公司 Scifeed Company，USA	（2001）外饲准 338 号	2001.08－2006.08
奶牛用补充饲料 PPV 500	预混合饲料 Premix feed	德国 Schlubach & Co.Handels-und Bochako GmbH 公司 Schlubach & Co.Handels-und Bochako GmbH，Germany	（2001）外饲准 339 号	2001.08－2006.08
狗粮 Dog food	配合饲料 Compound feed	美国罗森普瑞纳公司 Ralston Purina Company.USA	（2001）外饲准 340 号	2001.08－2006.08
狗罐头 Dog can	配合饲料 Compound feed	美国罗森普瑞纳公司 Ralston Purina Company.USA	（2001）外饲准 341 号	2001.08－2006.08
猫粮 Cat food	配合饲料 Compound feed	美国罗森普瑞纳公司 Ralston Purina Company.USA	（2001）外饲准 342 号	2001.08－2006.08
猫罐头 Cat can	配合饲料 Compound feed	美国罗森普瑞纳公司 Ralston Purina Company.USA	（2001）外饲准 343 号	2001.08－2006.08
鱼饲料 Fish feed	配合饲料 Compound feed	韩国宇星饲料株式会社 Woosung Feed Co.，Ltd.Korea	（2001）外饲准 344 号	2001.08－2006.08
速酸肥 Stacidem 1406Z	饲料酸化剂 Feed acidifier	美国 Interphil Laboratories 公司 Interphil Laboratories，Inc.USA	（2001）外饲准 345 号	2001.08－2006.08
红鱼粉 Red fishmeal	蛋白质饲料 Protein feed	美国欧米加蛋白公司 Omega Protein，INC.USA	（2001）外饲准 346 号	2001.08－2006.08
白鱼粉 White fishmeal	蛋白质饲料 Protein feed	法鲁群岛 高龙集团股份有限公司代理	（2001）外饲准 347 号	2001.08－2006.08
俄罗斯白鱼粉 Russian white fishmeal	蛋白质饲料 Protein feed	中水远洋股份有限公司 CNFC Overseas Fishery Co.，Ltd.	（2001）外饲准 348 号	2001.08－2006.08
保安生 9302 Prozyme 9302	饲料级酶制剂 Feed enzyme	芬兰饲料国际有限公司 Finnfeeds Oy，Finland	（2001）外饲准 349 号	2001.08－2006.08

（续）

商品名称	产品类别	生产厂家	许可证号	有效期限
麦质素（液体） WheatEase（Liquid）	饲料级酶制剂 Feed enzyme	美国 ChemGen 公司 ChemGen Corp，USA	（2001）外饲准 350 号	2001.08－ 2006.08
麦质素（粉剂） WheatEase-D（Dry）	饲料级酶制剂 Feed enzyme	美国 ChemGen 公司 ChemGen Corp，USA	（2001）外饲准 351 号	2001.08－ 2006.08
L-赖氨酸盐酸盐 L-Lysine Monohydrochlori de	饲料级氨基酸 Amino acid Feed grade	协和发酵工业株式会社墨西哥分厂 Fermenlariones Mexicanas，S.A.de C.V.	（2001）外饲准 352 号	2001.08－ 2006.08
红鱼粉 Red fishmeal	蛋白质饲料 Protein feed	纳米比亚 环亚太有限公司代理	（2001）外饲准 353 号	2001.08－ 2006.08
红鱼粉 Red fishmeal	蛋白质饲料 Protein feed	印度尼西亚 环亚太有限公司代理	（2001）外饲准 354 号	2001.08－ 2006.08
红鱼粉 Red fishmeal	蛋白质饲料 Protein feed	马来西亚 马来西亚建荣水族公司代理	（2001）外饲准 355 号	2001.08－ 2006.08
红鱼粉 Red fishmeal	蛋白质饲料 Protein feed	智利 CIA.Pesquera Camanchaca 公司 CIA.Pesquera Camanchaca S.A.Chile	（2001）外饲准 356 号	2001.08－ 2006.08
白鱼粉 White fishmeal	蛋白质饲料 Protein feed	俄罗斯 美国百事达有限公司代理	（2001）外饲准 357 号	2001.08－ 2006.08
虾粉 Shrimp meal	蛋白质饲料 Protein feed	冰岛 Exis Ehf. 公司 Exis Ehf.Iceland	（2001）外饲准 358 号	2001.08－ 2006.08
埃特红 FS 30NT Capsantal FS 30NT	饲料着色剂 Feed additive-Pigment	西班牙埃特亚公司 Industrial Tecnica Pecuaria S.A.Spain	（2001）外饲准 359 号	2001.08－ 2006.08
埃特黄 EBS 30NT Capsantal EBS 30NT	饲料着色剂 Feed additive-Pigment	西班牙埃特亚公司 Industrial Tecnica Pecuaria S.A.Spain	（2001）外饲准 360 号	2001.08－ 2006.08
龙盾 Shield	饲料防霉剂 Mold Inhibitor	比利时建明欧洲公司 Kemin Europa N.V Belgium	（2001）外饲准 361 号	2001.08－ 2006.08
金闪闪 ORO GLO	饲料着色剂 Feed additive-Pigment	美国建明工业公司 Kemin Industries Inc.USA	（2001）外饲准 362 号	2001.08－ 2006.08
白鱼粉 White fishmeal	蛋白质饲料 Protein feed	加拿大西海岸提炼公司 West Coast Reduction Ltd.，Canada	（2001）外饲准 363 号	2001.08－ 2006.08
饲料级牛羊油 Inedible Tallow	能量饲料 Energy feed	澳大利亚 Iloura Resources 有限公司 Iloura Resources Pty Ltd.Australia	（2001）外饲准 364 号	2001.08－ 2006.08
高能 L NOBA DF 6/99L	能量饲料 Energy feed	马来西亚南方食用油工业有限公司 Southern Edible Oil Industries（M）Sdn.Bhd.，Malaysia	（2001）外饲准 365 号	2001.08－ 2006.08

（续）

商品名称	产品类别	生产厂家	许可证号	有效期限
高能 NOBA DF6/99	能量饲料 Energy feed	马来西亚南方食用油工业有限公司 Southern Edible Oil Industries (M) Sdn. Bhd., Malaysia	(2001) 外饲准 366 号	2001.08－2006.08
现代鱿鱼肝粉 Hyundai Squid Liver Powder	蛋白质饲料 Protein feed	韩国现代特殊饲料株式会社 Hyundai Special Feed Ind. Co., Ltd., Korea	(2001) 外饲准 367 号	2001.08－2006.08
牛油脂 Cattle Tallow	能量饲料 Energy feed	美国贝克公司 Baker Commodities Inc., USA	(2001) 外饲准 368 号	2001.08－2006.08
饲料级鱼油 Feed grade fish oil	能量饲料 Energy feed	海光实业股份有限公司 Haikung Industrial Co., Ltd.	(2001) 外饲准字 369 号	2001.09－2006.09
红鱼粉 Red fishmeal	蛋白质饲料 Protein feed	秘鲁 香港瑞士大昌洋行有限公司代理	(2001) 外饲准字 370 号	2001.09－2006.09
速美肥 SB PLUS Capsozyme SB PLUS	饲料级酶制剂 Feed enzyme	西班牙埃特亚公司 Industrial Tecnica Pecuaria S.A. Spain	(2001) 外饲准字 371 号	2001.09－2006.09
白鱼粉 White fishmeal	蛋白质饲料 Protein feed	波兰"Dalmor" Joint-Stock Company "Dalmor" Joint-Stock Company Poland	(2001) 外饲准字 372 号	2001.09－2006.09
白鱼粉 White fishmeal	蛋白质饲料 Protein feed	智利 Pesquera Qurbosa S.A. Pesquera Qurbosa S.A. Chile	(2001) 外饲准字 373 号	2001.09－2006.09
乳猪用人工乳 Piglet compound feed	配合饲料 Compound feed	德亨工业股份有限公司 Der Herng Industrial Co., Ltd.	(2001) 外饲准字 374 号	2001.09－2006.09
福磷生™5000L Phyzyme™	饲料级酶制剂 Feed enzyme	芬兰饲料国际有限公司 Finnfeeds Oy, Finland	(2001) 外饲准字 375 号	2001.09－2006.09
福磷生™40000G Phyzyme™	饲料级酶制剂 Feed enzyme	芬兰饲料国际有限公司 Finnfeeds Oy, Finland	(2001) 外饲准字 376 号	2001.09－2006.09
福磷生™5000G Phyzyme™	饲料级酶制剂 Feed enzyme	芬兰饲料国际有限公司 Finnfeeds Oy, Finland	(2001) 外饲准字 377 号	2001.09－2006.09
保伟益 250 Poultrygrow 250™	饲料级酶制剂 Feed enzyme	加拿大 JEFO Nutrition Inc. JEFO Nutrition Inc., Canada	(2001) 外饲准字 378 号	2001.09－2006.09
红鱼粉 Red fishmeal	蛋白质饲料 Protein feed	秘鲁 Pesquera Rubi S.A. Pesquera Rubi S.A. Peru	(2001) 外饲准字 379 号	2001.09－2006.09
红鱼粉 Red fishmeal	蛋白质饲料 Protein feed	秘鲁 Pesquera Exalmar S.A. Pesquera Exalmar S.A. Peru	(2001) 外饲准字 380 号	2001.09－2006.09
红鱼粉 Red fishmeal	蛋白质饲料 Protein feed	秘鲁 Pesca Peru Huarmey S.A. Pesca Peru Huarmey S.A. Peru	(2001) 外饲准字 381 号	2001.09－2006.09
红鱼粉 Red fishmeal	蛋白质饲料 Protein feed	秘鲁 Pesquera Diamante S.A. Pesquera Diamante S.A. Peru	(2001) 外饲准字 382 号	2001.09－2006.09

（续）

商品名称	产品类别	生产厂家	许可证号	有效期限
红鱼粉 Red fishmeal	蛋白质饲料 Protein feed	秘鲁 Del Mar S.A. Del Mar S.A.Peru	(2001) 外饲准字 383 号	2001.09－2006.09
白鱼粉 White fishmeal	蛋白质饲料 Protein feed	秘鲁 Pesquera Diamante S.A. Pesquera Diamante S.A.Peru	(2001) 外饲准字 384 号	2001.09－2006.09
红鱼粉 Red fishmeal	蛋白质饲料 Protein feed	秘鲁 Pesquera Polar S.A. Pesquera Polar S.A.Peru	(2001) 外饲准字 385 号	2001.09－2006.09
白鱼粉 White fishmeal	蛋白质饲料 Protein feed	秘鲁 Consorcio Malla S.A. Consorcio Malla S.A.Peru	(2001) 外饲准字 386 号	2001.09－2006.09
牛肉骨粉 Bovine meat and bone meal	蛋白质饲料 Protein feed	美国美商康家牛肉公司 ConAgra Beef Co.，USA	(2001) 外饲准字 387 号	2001.09－2006.09
白鱼粉 White fishmeal	蛋白质饲料 Protein feed	秘鲁 Pesquera Exalmar S.A. Pesquera Exalmar S.A.Peru	(2001) 外饲准字 388 号	2001.09－2006.09
白鱼粉 White fishmeal	蛋白质饲料 Protein feed	秘鲁 Pesquera SAN Vicente S.A.C. Pesquera SAN Vicente S.A.C.Peru	(2001) 外饲准字 389 号	2001.09－2006.09
金菊黄 Y40 Mariking Y40	饲料着色剂 Feed additive-Pigment	西班牙 Siatag，S.L. Siatag，S.L.Spain	(2001) 外饲准字 390 号	2001.09－2006.09
速补蛋白 500 Solpro 500	蛋白质饲料 Protein feed	阿米兰集团英国公司 Amylum UK Thames Bank House, UK	(2001) 外饲准字 391 号	2001.09－2006.09
比多福 Popup	蛋白质饲料 Protein feed	惠胜实业股份有限公司 Hui Shung Agriculture & Food Corp.	(2001) 外饲准字 392 号	2001.09－2006.09
乳猪用人工乳 Piglet compound feed	配合饲料 Compound feed	育立实业股份有限公司	(2001) 外饲准字 393 号	2001.09－2006.09
50%牛肉骨粉 50% Bovine Meat and bone meal	蛋白质饲料 Protein feed	美国 Wilbur-Ellis Company Wilbur-Ellis Company，USA	(2001) 外饲准字 394 号	2001.09－2006.09
红鱼粉 Red fishmeal	蛋白质饲料 Protein feed	秘鲁 Complejo Industrial Pesquero Sacramento S.A. Compleji Industrial Pesquero Sacramento S.A.Peru	(2001) 外饲准字 395 号	2001.09－2006.09
白鱼粉 White fishmeal	蛋白质饲料 Protein feed	秘鲁 Complejo Industrial Pesquero Sacramento S.A. Compleji Industrial Pesquero Sacramento S.A.Peru	(2001) 外饲准字 396 号	2001.09－2006.09
白鱼粉 White fishmeal	蛋白质饲料 Protein feed	智利 Sco.Pesquera Landes S.A. Sco.Pesquera Landes S.A.Chile	(2001) 外饲准字 397 号	2001.09－2006.09

（续）

商品名称	产品类别	生产厂家	许可证号	有效期限
露保康 Lupro-Grain	饲料防霉剂 Feed inhibitor	德国巴斯夫公司 BASF Aktiengesellschaft, Germany	(2001) 外饲准字 398 号	2001.09－2006.09
维乳康 Lactofeed 70	蛋白质饲料 Protein feed	英国维乳康国际乳品公司 Volac International Ltd. UK	(2001) 外饲准字 399 号	2001.11－2006.11
混合矿物素 Feed Supplement	添加剂预混料 Additive premix	谊晟实业有限公司 Ye Cherng Industrial Products Co., Ltd.	(2001) 外饲准字 400 号	2001.11－2006.11
鸡肉粉 Poultry by product meal	蛋白质饲料 Protein feed	美国峡谷动物蛋白及油脂公司 Carolina by Products, USA	(2001) 外饲准字 401 号	2001.11－2006.11
宠物级鸡肉粉 Pet food grade poultry by product meal	蛋白质饲料 Protein feed	美国峡谷动物蛋白及油脂公司 Carolina by Products, USA	(2001) 外饲准字 402 号	2001.11－2006.11
羽毛粉 Feather meal	蛋白质饲料 Protein feed	美国峡谷动物蛋白及油脂公司 Carolina by Products, USA	(2001) 外饲准字 403 号	2001.11－2006.11
纽雀姆 Nutram	配合饲料 Compound feed	加拿大 Maple Lodge Farms 宠物食品公司 Maple Lodge Farms Pet Food Ltd. Canada	(2001) 外饲准字 404 号	2001.11－2006.11
宠物时刻 Pet time	配合饲料 Compound feed	加拿大 Maple Lodge Farms 宠物食品公司 Maple Lodge Farms Pet Food Ltd. Canada	(2001) 外饲准字 405 号	2001.11－2006.11
欢乐狗粮 Happy paws	配合饲料 Compound feed	加拿大 Maple Lodge Farms 宠物食品公司 Maple Lodge Farms Pet Food Ltd. Canada	(2001) 外饲准字 406 号	2001.11－2006.11
红鱼粉 Red fishmeal	蛋白质饲料 Protein feed	秘鲁 香港中荣国际集团有限公司代理	(2001) 外饲准字 407 号	2001.11－2006.11
红洛奇 Red Rockies	精料补充料 Concentrate supplement	英国泰邦公司 Tithebarn Ltd. UK	(2001) 外饲准字 408 号	2001.11－2006.11
阿根廷白鱼粉 Argentina white fish-meal	蛋白质饲料 Protein feed	山东省中鲁远洋渔业股份有限公司 Shandong Zhonglu Oceanic Fisheries Co., Ltd.	(2001) 外饲准字 409 号	2001.11－2006.11
俄罗斯白鱼粉 Russia white fishmeal	蛋白质饲料 Protein feed	山东省中鲁远洋渔业股份有限公司 Shandong Zhonglu Oceanic Fisheries Co., Ltd.	(2001) 外饲准字 410 号	2001.11－2006.11
澳大利亚白鱼粉 Australian white fish-meal	蛋白质饲料 Protein feed	新西兰高蛋白有限公司 Premium Protein (NZ) Ltd.	(2001) 外饲准字 411 号	2001.11－2006.11

（续）

商品名称	产品类别	生产厂家	许可证号	有效期限
白鱼粉 White fishmeal	蛋白质饲料 Protein feed	美国 日本 Nichiro Corporation 代理	(2001) 外饲准字 412 号	2001.11－2006.11
仔猪棒 Piglet boost	饲料添加剂 Feed additive	美国普若兵国际公司 ProByn International, Inc.USA	(2001) 外饲准字 413 号	2001.11－2006.11
红鱼粉 Red fishmeal	蛋白质饲料 Protein feed	巴西 Ipala Ingredientes Para Alimentacao Animal Ltd.Btazil	(2001) 外饲准字 414 号	2001.11－2006.11
饲料级鱼油 Fish oil	能量饲料 Energy feed	美国 高龙集团股份有限公司	(2001) 外饲准字 415 号	2001.11－2006.11
纤宝莱 Fibrozyme	饲料级酶制剂 Feed enzyme	美国奥特奇生物技术公司 Alltech Biotechnology Inc.USA	(2001) 外饲准字 416 号	2001.11－2006.11
特威宝 PT Allzyme PT	饲料级酶制剂 Feed enzyme	美国奥特奇生物技术公司 Alltech Biotechnology Inc.USA	(2001) 外饲准字 417 号	2001.11－2006.11
白鱼粉 White fishmeal	蛋白质饲料 Protein feed	秘鲁 Austral Group S.A.A. Austral Group S.A.A.Peru	(2001) 外饲准字 418 号	2001.11－2006.11
红鱼粉 Red fishmeal	蛋白质饲料 Protein feed	秘鲁 Austral Group S.A.A. Austral Group S.A.A.Peru	(2001) 外饲准字 419 号	2001.11－2006.11
维他力—5000 Vitamin—5000	添加剂预混料 Additive remix	万力国际营养（泰国）有限公司 Right Professional Consultants Co., Ltd.Thailand	(2001) 外饲准字 420 号	2001.11－2006.11
保立胺－S Polian－S	饲料级酶制剂 Feed enzyme	立胺酵素股份有限公司 LIH AN Enzyme Industrial CO., Ltd.	(2001) 外饲准字 421 号	2001.11－2006.11
饲羊壮 Sheep special	添加剂预混料 Additive premix	英国 Tithebarn 公司 Tithebarn Ltd.England	(2001) 外饲准字 422 号	2001.11－2006.11
乐克 Nutriblock	精料补充料 Concentrate Supplement	英国 Tithebarn 公司 Tithebarn Ltd.England	(2001) 外饲准字 423 号	2001.11－2006.11
电解质 RECUP-LYT	饲料添加剂 Feed additive	比利时凡赛尔公司 Versele-Laga N.V.Belgium	(2001) 外饲准字 424 号	2001.11－2006.11
赛恩斯幼犬食品—干粮 Science Diet canine Growth-Dry	配合饲料 Compound feed	美国希尔思宠物食品有限公司 Hill's Pet Nutrition Inc., USA	(2001) 外饲准字 425 号	2001.11－2006.11
赛恩斯成猫食品—干粮 Science Diet Feline Maintenance-Dry	配合饲料 Compound feed	美国希尔思宠物食品有限公司 Hill's Pet Nutrition Inc., USA	(2001) 外饲准字 426 号	2001.11－2006.11
美益净 Micro Aid	饲料添加剂 Feed additive	美国 Distributors Processing 公司 Distributors Processing, Inc.USA	(2001) 外饲准字 427 号	2001.11－2006.11

（续）

商品名称	产品类别	生产厂家	许可证号	有效期限
白鱼粉 White fishmeal	蛋白质饲料 Protein feed	秘鲁 Grupo Sindicato Pesquero Del S.A. Grupo Sindicato Pesquero Del Peru S.A.	(2001) 外饲准字 428 号	2001.11－2006.11
优味素 Sugaring	饲料添加剂 Feed additive	韩国 LG 化学公司 LG Chem Investment, Ltd.Korea	(2001) 外饲准字 429 号	2001.11－2006.11
MSB94	饲料级维生素 Vitamin feed grade	乌拉圭 Dirox S.A. 公司 Dirox S.A.Uruguay	(2001) 外饲准字 430 号	2001.11－2006.11
MNB96	饲料级维生素 Vitamin feed grade	乌拉圭 Dirox S.A. 公司 Dirox S.A.Uruguay	(2001) 外饲准字 431 号	2001.11－2006.11
霉可脱 Myco－AD	饲料添加剂 Feed additive	美国特殊营养品公司 Special Nutrients, Inc.USA	(2001) 外饲准字 432 号	2001.11－2006.11
乳清粉 Whey permeate powder	蛋白质饲料 Protein feed	法国 Unicopa 公司 Unicopa France	(2001) 外饲准字 433 号	2001.11－2006.11
离乳宝 Piglet mean	配合饲料 Compound feed	德国 Schlubach & Co.Handels-und Bochalo GmbH Schlubach & Co.Handels-und Bochalo GmbH, Germany	(2001) 外饲准字 434 号	2001.11－2006.11
欧特宝 Optilac	蛋白质饲料 Protein feed	荷兰 Totalfeed 公司 Totalfeed B.V.Holland	(2001) 外饲准字 435 号	2001.11－2006.11
好力高 5%液体 Orego-Stim 5% Liquid	饲料添加剂 Feed additive	英国美力盾动物健康有限公司 Meriden Animal Health Ltd.UK	(2001) 外饲准字 436 号	2001.11－2006.11
好力高 5%粉末 Orego-Stim 5% Powder	饲料添加剂 Feed additive	英国美力盾动物健康有限公司 Meriden Animal Health Ltd.UK	(2001) 外饲准字 437 号	2001.11－2006.11
赛恩斯成犬食品—干粮 Science Diet Canine	配合饲料 Compound feed	美国希尔思宠物食品有限公司 Hill's Pet Nutrition Inc., USA	(2001) 外饲准字 438 号	2001.11－2006.11
赛恩斯幼猫食品—干粮 Science Diet Feline	配合饲料 Compound feed	美国希尔思宠物食品有限公司 Hill's Pet Nutrition Inc., USA	(2001) 外饲准字 439 号	2001.11－2006.11
饲料级鱼油 Fish oil feed grade	能量饲料 Energy feed	秘鲁 香港中荣国际集团有限公司代理	(2001) 外饲准字 440 号	2001.11－2006.11

饲料质量监督与检测

饲料安全即食品安全，这在国际相关领域已成为共识，在国内也被越来越多的人们所接受。2001年国务院发布了“关于修改《饲料和饲料添加剂管理条例》（以下简称《条例》）的决定”，将饲料使用的环节纳入到《条例》的管理范围。中央和地方政府的饲料产品质量主管部门加大了对生产、经营和使用环节中饲料和饲料添加剂质量，特别是安全方面的监管，以保障食用畜产品的安全。

【生产领域饲料和饲料添加剂质量】 国家饲料质量监督检验中心（北京）于2001年第四季度，对配合饲料进行了国家监督抽查。本次抽查了山东、广东、四川和吉林4省的75家企业生产的配合饲料产品，抽查企业数约占全国生产配合饲料企业总数的0.6%。此次被抽查的4个省是动物养殖大省，是配合饲料的主要产区，被抽检企业的经济类型和生产规模都不相同，抽检的猪、鸡配合饲料为配合饲料的主导产品，占整个配合饲料的80%以上。因此，本次抽查基本上能反映我国配合饲料产品的质量状况。本次抽查总的合格率为92%，其中猪配合饲料合格率为89.5%，鸡配合饲料合格率为94.6%。从企业生产规模来看，大型企业产品抽样合格率为88.9%，中型企业产品抽样合格率为94.7%，小型企业产品抽样合格率为89.5%。从企业所有制类型上看，国有企业产品抽样合格率为100%，私营企业产品抽样合格率为90.0%，股份制企业产品抽样合格率为84.6%，三资企业产品抽样合格率为100%。根据本次监督抽查结果，分析当前我国配合饲料产品质量有以下几个方面的情况：

1. 配合饲料产品质量保持稳定。本次配合饲料的监督抽查，合格率为92%，与1998年（合格率89.7%）相比，提高2.3%，但与1999年（合格率95.7%）相比，下降了3.7%（1999年抽检企业中多数为行业中的骨干企业）。说明我国生产的配合饲料产品质量保持稳定。配合饲料产品保持稳定得利于多方面的原因，主要是我国的市场经济的不断发展、科技的不断进步和管理的逐渐规范化。多年来，饲料企业数量迅速增加。竞争日益激烈，饲料企业也是由小变大、由分散而集中、逐渐变为规模化生产。全国大中型企业基本上配备了动物营养、饲料加工工艺、质量控制、市场营销、客户服务和现代企业管理等学科的科技人员，实现了产品研制、生产、品控和管理的科学化和现代化，企业的整体水平提高，带动了整个行业水平的提高，从而促进了饲料产品质量的提高。

1999年国家颁布了《饲料和饲料添加剂管理条例》，其后又陆续颁布实施了一系列法律法规，对企业的产品质量控制起到了积极的促进作用。国家多年来对饲料企业的产品质量进行监督抽查，对提高企业质量意识、督促企业把好产品质量关起到了极大的作用，对于那些不规范企业和产品质量不过关的企业来说，无疑是一把利剑。

2. 对企业的管理和监督仍需加强。本次抽查企业，无论规模大小，都是比较规范的企业，从技术到管理在同行业中属于中上水平，但仍有不合格的产品。并不是各企业不注重产品质量，而是企业虽然都配备了比较先进的检验室和技术人员，但检验能力有限，一般企业只能检验饲料的常规营养指标，对国家强制执行的16项卫生指标和违禁药物，基本上都不能检测，造成了质量控制上的漏洞。根据饲料管理的有关法律法规，对饲料添加剂和添加剂预混料实行生产许可证和产品批准文号制度，对浓缩饲料和配合饲料实行登记证制度。绝大多数配合饲料企业都按规定进行了登记，但有少数企业未进行登记，这些企业规模小，技术力量弱，生产的产品质量得不到保证，但由于其价格低，销售渠道不规范，甚至“打一枪换一个地方”，具有一定的欺骗性。这无疑给激烈竞争的饲料市场火上浇油，扰乱了饲料市场秩序，给正规的饲料厂家带来更大的压力。降低饲料成本和价格势在必行。

3. 卫生指标不合格现象明显增加。本次抽查，卫生指标中铅、游离棉酚、黄曲霉毒素B_1不合格数占不合格总数的67%。特别是黄曲霉毒素B_1，有两家企业的产品超标，这是严重的问题，在历年来的抽查中是极少见的。这些卫生指标超标，在短期内可能不会对所饲养的动物产生很大影响，但如果长期使用，会在动物体内蓄积，引起动物慢性中毒，影响动物的生产性能。更为严重的是这些有毒有害物质会通过动物产品（猪肉、鸡肉、鸡蛋等）传递给人体，影响人体正常机能，甚至会发生中毒，引发疾病，危害人体健康。造成这种现状的主要原因是企业原料把关不严。另外，本次黄曲霉毒素B_1超标的企业集中在四川省，可能与该地的气候环境有关，气温适中、湿度偏大、玉米等原料储存时间长等情况都有可能引起饲料发霉变质，产生黄曲霉毒素B_1。

4. 被检企业饲料中未添加盐酸克伦特罗。盐酸克伦特罗俗称“瘦肉精”，国家虽明令禁止在动物养殖业中使用，但一些不法之徒置法律和人民的生命安全于不顾，通过各种渠道取得该药，经过稀释加工后，销售给饲料生产厂家和养殖场。销售形式和销售渠道非常秘密，甚至可与毒品的销售方式相比。即使查出了饲料厂家或养殖场使用该药，想查出其销售渠道和经销商也非常困难。经过近来对饲料生产厂家的规范管理和跟踪监测，销售给饲料厂家的现象明显减少。由于使用“瘦肉精”后，猪胴体瘦肉增加，易于销售，且价格高，少数屠宰场（户）将该药销售给养猪场（户），许诺保证收购和较高的价格，因此少数养猪场（户）铤而走险，但为了逃避检查和处罚，在饲喂时才将“瘦肉精”加入到饲料或饮水中。本次抽查，对生长育肥猪后期饲料增加了检测盐酸克伦特罗违禁药物，被检样品均未检出盐酸克伦特罗。

【经营流通领域饲料和饲料添加剂质量】 2001 年农业部组织国家饲料质量监督检验中心（北京）会同农业部饲料质量监督检验测试中心（沈阳、济南、成都、广州、西安和呼和浩特）对黑龙江、吉林、辽宁、河南、安徽、山东、福建、四川、重庆、湖南、湖北、贵州、广东、广西、江西、云南、海南、陕西、甘肃、内蒙古、山西、北京、天津、河北、浙江、江苏、上海共计 27 个省（市区）销售使用的国产、进口饲料添加剂和动物性饲料的质量状况，进行了一次大规模的监督抽查。本次检查历时 4 个月，共抽查了 364 家企业，抽查样品 1 073 批次。抽查地域覆盖我国绝大多数省市自治区，因此，本次检查结果基本上能反映当前全国流通领域饲料添加剂和动物性饲料的质量状况。

1. 检查的结果。本次共抽查产品 1 073 批次，合格产品 825 批次，不合格产品 248 批次，总合格率为 76.9%；其中抽查饲料添加剂 935 批次，合格产品 757 批次，不合格产品 178 批次，合格率为 81.0%；动物性饲料 138 批次，合格产 68 品批次，不合格产品 70 批次，合格率为 49.3%。从生产产地来看，共抽查进口饲料添加剂和动物性饲料产品 340 批次，合格产品 295 批次，不合格产品 45 批次，合格率为 86.8%；抽查国产饲料添加剂和动物性饲料产品 733 批次；合格产品 530 批次，不合格产品 203 批次，合格率为 72.3%。从产品类型来看，抽查维生素类饲料添加剂产品 370 批次，合格产品 301 批次，不合格产品 69 批次，合格率为 81.4%；抽查矿物质类饲料添加剂产品 328 批次，合格产品 238 批次，不合格产品 90 批次，合格率为 72.6%；抽查氨基酸类饲料添加剂产品 192 批次，合格产品 182 批次，不合格产品 10 批次，合格率为 94.8%；抽查其他类饲料添加剂产品 45 批次（甜菜碱、植酸酶和防霉剂抗氧剂等），合格产品 36 批次，不合格产品 9 批次，合格率为 80.0%；抽查动物性饲料产品 138 批次，合格产品 68 批次，不合格产品 70 批次，合格率为 49.3%。从抽样的地域分布来看，东北 3 省的抽样合格率为 96.7%，内蒙、山西 2 省的抽样合格率为 62.5%，山东、河南、福建和安徽 4 省为 81.3%，广东、广西、江西、云南 4 省为 79.5%，贵州、重庆、四川、湖南 4 省市为 58.8%，陕西和甘肃 2 省为 73.8%，北京、天津、上海、江苏、河北和浙江 6 省市为 82.9%。

2. 存在的主要问题。

(1) 饲料添加剂产品总体质量与 1999 年相比，合格率下降了 9.4%。其主要原因，一是本次抽查中矿物类饲料添加剂较多，几乎都是国产产品，占所抽查添加剂的 35.1%，合格率为 72.7%，使饲料添加剂总体合格率下降；二是本次抽查中维生素产品国产率明显提高，抽查样品中国产产品占 76.5%，这些产品质量相对较低，合格率为 77.0%，而进口产品合格率高达 95.4%；三是本次还抽查了甜菜碱、植酸酶、防霉剂、抗氧剂、酸化剂等其他类型的添加剂，进口和国产产品的质量都不过硬，平均合格率为 80.0%，进口产品质量更低，合格率仅为 63.6%。

(2) 矿物质类产品质量值得关注，产品中镉、铅、砷、铬等卫生指标超标现象严重。其中硫酸锌中镉含量国家强制标准是低于 30mg/kg，本次监测最高达到 68 200 mg/kg，超过标准 2 272 倍，有 7 个批次的硫酸锌镉含量超过 10 000mg/kg。主要原因是本次抽查的几乎都是国产产品，而国内企业相对来说生产工艺简单落后，厂家规模小，或受经济利益的驱动偷工减料，对有毒有害物质不进行处理或处理不当。

(3) 动物性饲料产品包括鱼粉、乳清粉、肉骨粉、骨粉等，合格率不到 50%，国产产品合格率更低，仅为 36.8%。进口鱼粉不合格项目主要是粗蛋白和盐分；国产鱼粉不合格项目包括粗蛋白、盐分、砂分、水分、灰分、非鱼粉蛋白和沙门氏菌等。造成动物性产品合格率较低的主要原因，是由于我国对欧洲肉骨粉的禁令，造成 2001 年国内鱼粉短缺，鱼粉来源紧张，一些厂家为了应付这种情况，放松了对鱼粉质量的控制。另外肉骨粉中钙、磷含量较低，乳清粉中蛋白含量偏低等也影响了动物性饲料的合格率。

(4) 产品标签、明示或包装不规范，国产饲料添加剂生产许可证、产品批准文号、产品质量标准标注混乱，存在无证无号、假证假号、有证无号、有号无证、新证老号、老证新号、兽药证医药号、医药证兽药号等现象。进口鱼粉通常使用黑色编织袋外包装，本次抽查中发现，进口鱼粉外包装很乱或根本没有标识，无法甄别所抽查产品的确切进口商或货主。

(5) 产品引用标准混乱和企业标准的低水平，引用已经作废的产品标准现象突出。例如，氯化胆碱现行的标准为 HG2941－1999，但是很多企业仍在执行 HG2941－89 和 GB10818－89。国家鼓励企业的质量标准，高于国家标准和行业标准，而有的企业制定低水平的企业标准，故意放宽营养指标，压低限制性指标。例如，现行的 HG2932－1999 硫酸铜标准规定铜含量为≥25.06%，部分企业标准自定为 25.0% 和 21.0%；把饲料级硫酸锌的镉指标从 0.003% 放宽到 0.006%。

(6) 索要饲料添加剂、动物性饲料企业标准难。由于抽查企业包括生产、销售和使用各个环节，且品种繁多，产品普遍存在标识和标签不全问题。特别是销售和使用环节，由于商品倒手次数多，被抽企业甚至不能说明产品来源，更没有相关的质量标准，给产品检验和检验后的判定带来了困难。尽管检测单位采取种种办法向生产企业索要质量标准，仍有企业不配合，迟迟不给答复。

【养殖领域饲料的质量】 全国饲料工作办公室组织全国饲料质量监测体系，对猪、鸡养殖企业（户）所使用饲料和动物饮水中呋喃唑酮、氯羟吡啶、土霉素、金霉素、三甲氧苄胺嘧啶和二甲硝咪唑等药物和违禁药物盐酸克伦特罗进行监控。共抽查了广东、黑龙江、辽宁、山西、山东、浙江、江苏、江西、上海、广西、湖北、福建、四川、重庆、湖南、陕西、内蒙古、北京、河北、河南等省（区、市）的411家猪、鸡养殖企业（户）饲料和动物饮水样品810批次，猪、鸡配合饲料样品411批次，饮水样品399批次。

1. 药物监测结果。在抽查的810批次样品中，合格780批次，不合格30批次，总合格率为96.3%。其中肉鸡配合饲料181批次，合格169批次，不合格12批次，合格率为93.4%；肉鸡饮用水173批次，全部合格，合格率为100%；猪配合饲料230批次，合格212批次，不合格18批次，合格率为92.2%；猪饮用水226批次，全部合格，合格率为100.0%。与2000年饲料/水药物监控抽查合格率98.5%相比，本年度抽查合格率下降了2.2%。

2. 违禁药物监测结果。本次抽查猪配合饲料230批次，合格229批次，不合格1批次，合格率为99.6%；饮用水226批次，全部合格，合格率为100.0%。与2000年相比，检出率有所下降。湖南省2000年查出7批盐酸克伦特罗，合格率为82.5%，今年合格率为92.5%；上海市2000年抽查合格率为90%，今年合格率为100%；广东省、广西区抽查合格率连续两年100%。

3. 存在的主要问题。

（1）养殖场在饲料中添加药物仍不规范。一些饲料生产企业和养殖场，技术力量较弱，又不去认真学习饲料中添加药物的有关规定，在饲料中超范围添加兽药、超量添加兽药、不严格执行药物配伍禁忌和停药期或在产品标识上未注明添加药物，致使饲料中药物超标。

（2）经济利益的驱动使养殖场（户）铤而走险。尽管三令五申，禁止在饲料中添加违禁药物和超量使用药物，但一些饲料企业和养殖场受经济利益的驱动，在饲料中添加违禁药物和超量使用药物。尤其是违禁药物，由于其能提高猪的生产水平和瘦肉率，尽管会给人体带来危害，养殖场（户）仍非法在饲料中添加。

（3）违禁药物抽查取证更加困难。今年的违禁药物抽查中，只有河南禹州市均洋养殖种植公司的生长育肥猪饲料中检出盐酸克伦特罗，但不能说明我国使用盐酸克伦特罗的现象明显减少。由于监管和打击力度的加大，违禁药物盐酸克伦特罗的销售渠道更加隐蔽，使用手段更加狡猾。

（杨曙明　苏晓鸥　顾君华　董焕成）

科技与推广

2001年饲料工业科学研究和技术推广取得了巨大成就，“十五”科技攻关项目的提出，重点针对饲料安全和危害物质的检测技术立项。为确保饲料安全，规范国内饲料市场，使广大市民能吃到营养丰富，卫生、无污染的安全畜产品；为了使我国加入WTO后，建立技术壁垒，把住国门，实现对等贸易，提高我国在国际贸易中的地位，建议国家立项开展本项研究，开发出新的对人畜和环境安全的饲料和饲料添加剂新品种，以促进饲料工业健康、稳定、持续发展。同时，在各省市饲料加工和养殖业中大力开展新技术应用普及工作，特别是“九五”科技攻关成果的应用与推广，产生了巨大的经济效益和社会效益。

【科学研究】 2001年饲料行业科研项目共取得认定成果38项，其中8项为国际先进水平，21项为国内领先水平；获国家实用新型专利3项，撰写研究报告、论文213篇。由于该项目研究内容针对和实用性强，已有合同转让研究成果16项，实现商品化成果3项，创立知名品牌2个，共形成高科技新品52个，生产畜禽配合饲料148多万吨，浓缩饲料30多万吨，预混合饲料2万多吨。累计创直接经济效益2.54亿元，间接经济效益8亿元。通过攻关研究，在以下几个关键技术方面取得了突破性进展，对推动饲料工业科技进步产生了巨大作用：

1. 优质高效配合饲料产业化关键技术研究。建立了我国猪饲料消化能和氨基酸回肠表观消化率数据库，研究了4～8kg、8～20kg、20～50kg、50～90kg猪能量和赖氨酸、蛋氨酸、苏氨酸和色氨酸的回肠表观及其可消化需要量；研究得到华北、东北、华南、华中和西南5个地区的典型品种猪的瘦肉生长指数，提出了“中国猪饲养标准修订（草案）”；建立了预混料加工工艺电子计算机自动参数12个和预混料中微量养分测定的近红外分析法，有效地解决了微量成分的输送、自动添加难题；研制出7～28日龄、29～42日龄、43～60日龄3阶段日粮配方1套，60日龄体重达23.2～23.8kg，29～60日龄耗料增重比达1.55～1.59∶1，成活率达98%；研究提出华北地区和华南地区典型品种生长肥育猪全价配合饲料和预混合饲料配方技术，20～90kg生长肥育猪饲料增重比分别达2.87∶1和2.85∶1。累计推广三阶段乳猪全价配合饲料4.5万t，全价配合饲料76万t、浓缩饲料37.8万t、预混合饲料（折合为1%）2.45万t；形成高科技含量的系列全价猪配合饲料、浓缩饲料和预混合品牌。

提出以鸡可消化氨基酸需要为基础的配合饲料配制技术、优质高效鸡全价料生产过程质量控制技术等；起草《鸡饲养标准》修订意见稿；提出科技经济一体化的集团化运行机制，组建专题产业群企业（3个核心企业、31个辐射企业），形成鸡“‘九五’攻关协作品牌”，在1999—2000年间共生产销售该技术产品187万t，其中预混料1.774万t，浓缩料15.4万t，配合饲料合计187万t，该产品技术的市场占有率达20%以上。所推广应用的肉鸡配合饲料的转化效率达1.74～1.78，蛋鸡配合饲料转化效率达2.19～2.28，黄鸡配合饲料转化效率达2.45。

开展鲤鱼、草鱼和对虾饲料原料生物利用率研究，提出不同生产模式下鲤鱼、草鱼和虾用配合饲料应用模型15个，使鱼饲料系数达1.4～1.6，对虾饲料系数达1.6。提出反刍动物小肠能氮参数36个和小肠蛋白质新体系，降低饲料配方粗蛋白含量1～2个百分点，使低质粗饲料的采食量和利用率提高10%～15%和15%～20%。通过绒山羊营养调控技术研究制定绒山羊矿物质添加剂配方2个，该技术达国际先进水平。

研究提出青贮工艺技术及相应的参数，研制出4种青贮饲料添加剂，有效地促进青贮发酵保存，提高了青贮质量和品质，减少青贮饲料养分损失14%～15%，建立了生产线，并推广了20t。研制开发成功3种新型秸秆加工设备，解决了配套设备适应性差的问题，满足了不同养殖规模、不同需求的用户的需要。其中，9RZ－60型已推广了20台。

在日处理50～200t规模传统棉籽制油工艺中，研究棉籽仁壳分离制油产业化技术，使棉籽粗蛋白含量达45.86%，并且在全国推广辐射应用60万t以上；本专题开发的3t/h菜籽脱皮机，脱皮率达90%以上；在日处理30t油厂，开发的大豆脱皮制油新工艺，脱皮率大于90%，脱皮豆粕粗蛋白49%以上，赖氨酸利用率提高5.45%。在此基础上，提出了35～90kg生长肥育猪及14～42日龄麻鸭的无鱼粉、低豆粕日粮配制技术，豆粕使用率下降60%以上。对于35～90kg生长肥育猪，早籼稻在无鱼粉、低豆粕日粮中替代玉米达67%以上，不影响猪的生长性能。获专利2项。

2. 新型饲料添加剂的研制与开发。研制出安普霉素、植酸酶、纯品甜菜碱等高效饲料添加剂15种，提出中试生产工艺技术，产品符合饲料安全卫生标准；添加剂的总体技术性能达到同类产品国际先进水平，部分达国际领先水平。

在抗生素研究上，已优选出安普霉素单组份菌种，菌种在2.5t中试罐中的发酵单位为5 000～6 000r/ml，提取收率为70%～75%，安普霉素已获得国家农业部二类新药的批准。首次在国内外从肠道微生物、内分泌及免疫机能等方面对饲用安普霉素等抗生素的作用效果及其促生长机制进行了研究；首次在国内外用免疫及神经内分泌网络模型方法研究抗生素的促生长机制，并提出了抗生素的免疫屏障促生长新机制。

在植物源添加剂研究方面，筛选出黄芩、黄芪、板蓝根、老鹳草、芦荟、蜂胶等6种目标药物，研究提出6种目标药物有效成分的提取分离方法和优化提取工艺，申报的国家发明专利已通过初审。开发成功适用于家禽和水产的2种免疫增加剂新产品，均属国内外首创，并进行了中试生产。完成了产品免疫、促生长、毒理、安全性等临床试验和产品稳定性试验，提出了产品检测技术报告和质量标准草案。

在酶制剂研究上，获得了黑曲霉N25株植酸酶phyA基因，在国内首次在国际基因库中进行了注册；成功地构建出了能高效表达植酸酶的基因工程菌株6株，其中基因工程菌株PP－NP2000的产酶活性可达16 800U/ml培养基，产酶量提高30倍；研究了植酸酶基因工程菌生产工艺，解决了酶的包被技术和稳定技术；在国内率先研制出具有自有知识产权酶活达3 000U/g的植酸酶基因工程菌产品，产品价格低于进口产品；通过应用技术研究，降低了饲料成本，饲料中粪磷的排出量减少了50%。研制出的β－葡聚糖酶产品，其活性大大提高，成本降低。

研制出6个化学合成添加剂新产品、新剂型：氟洛芬尼原料、5%氟洛芬尼预混剂、30%氟洛芬尼注射剂、纯品甜菜碱、碱式氯化铜、柠檬酸铜。3项获国家二类新兽药证书。

在肉、蛋品质改进添加剂研究方面，研制出天冬氨酸镁、肉质改进剂、ω－3脂肪酸添加剂、蛋胆固醇调控添加剂4个新产品，提出吡啶羧酸铬的低成本、高收率合成工艺技术。在国内外首次研究吡啶羧酸铬、吡啶羧酸铬和天冬氨酸镁的配伍组合对猪的抗肌肉微损伤作用；在国内外首次采用降低鸡蛋胆固醇含量和提高胆固醇氧化稳定性这一技术研制蛋胆固醇调控添加剂。

3. 饲料质量监测、加工工艺及关键设备技术研究。提出了24项新检测技术，包括药物添加剂、酶制剂、微量元素氨基酸螯合物等。其中饲料中违禁药物“盐酸克伦特罗”的测定——高效液相色谱法和气/质联用法已经上报为行业标准，该两种方法填补了国内空白，为保障饲料安全将发挥重要作用；饲用植酸酶活性的测定（绝对法和相对法）解决了高新饲料添加剂产品——植酸酶及其在预混料、浓缩料和全价料中活性的检测技术，该两种方法填补了国内空白，达到国际先进水平，已上报为国家标准。其他检测技术均居国内领先水平。

深入研究了饲料加工工艺与饲料品质及营养价值之间的关系，对饲料加工中制粒加工工艺、膨化工艺、颗粒后液体喷涂技术参数进行了优化。设计出一套技术先进、经济实用的禽畜配合饲料工艺，采用先粉碎、后配料工艺，工艺灵活简便、操作维修方便、结构紧凑、自动化程度高。用该工艺生产的饲料，粉化率≤8%；制粒工段中维生素损失减少50%以上，淀粉糊化度≥60%，酶制剂损失减少40%（淀粉酶）以上。设计了一套先配料后粉碎的水产饲料工艺，采用该工艺，鱼饲料水中散失率≤10%（1h内,）；制粒工段中维生素损失减少50%以上，淀粉糊化度≥60%，酶制剂损失减少40%（淀粉酶）以上。此工艺已在常州神龙饲料有限公司10t/h的水产饲料生产线应用。另外，开发了基于6个采样点数据与8个基础数据库网络信息（生产原料数据库、生产配方数据库、配料误差数据库、生产过程参数数据库等）的动态复核及分析软件，实现了网络计算机对饲料产品质量的动态分析。

开发研制出了快速配料混合机、微量组分自动添加机、挤压膨化机挤压螺杆及挤压助剂和高速打包机等四台新型关键设备及部件，进一步满足了我国饲料工业发展的需要。其中快速配料混合机配料混合周期≤4.5min，配料精度达0.2%（F.S），混合均匀度CV≤4%，配料时间≤2min，配料种类为14种；微量组分自动添加机添加的准确率＞99.99%，微量组分的配置精度可达0.05%（F.S）；挤压膨化机挤压螺杆使用寿命能达到1 000h以上，比原国产螺杆寿命（500～800h）提高30%以上，通过添加挤压助剂可提高产品产量20%以上；高速打包机打包速度可达600～800包/h（以60kg/包计），称重精度优于0.2%（F.S），包重范围为25～100kg/包。共取得四项国家实用新型专利。

【“十五”科技攻关项目】 “十五”期间，饲料行业国家科技攻关项目主要有：

（1）饲料安全评价与检测技术研究；

（2）畜禽营养调控关键技术研究；

（3）饲料资源开发与产业化利用关键技术研究；

（4）生物饲料添加剂研究开发；

（5）优质环保型配合饲料生产及质量保证关键技术研究。

“十五”项目的提出主要针对以下重大技术问题：

（1）实现对新研制的添加剂、新开发的饲料原料和进口新饲料添加剂的安全性检测；提出饲料中违禁添加物、药物添加剂、霉菌毒素等的检测方法，研制快速检测所需的试剂盒，为饲料生产、销售以及质量监督提供快速、经济的检验手段；建立转基因饲料的检验方法，对转基因饲料实施有效的监控。通过上述一系列检测技术研究，为国家饲料安全标准、规程及技术体系的建立提供技术保证，初步形成一套我国自己的饲料安全检测和评价体系。饲料评价和检测技术总体水平达到国际90年代中、后期水平，部分达到国际领先水平。

（2）研制开发成功拥有自主知识产权的新型、安全植物来源防病剂、免疫增加剂、营养分配剂、色素、风味增强剂，基因工程酶制剂，兼有酶制剂、益生素和抗生素优点的微生态调控剂；研究出肠道不吸收、不易产生抗药性的新一代饲用抗生素；研制开发环保型合成添加剂，以增强我国添加剂创制能力和国际竞争力，促进添加剂工业整体技术升级。

(3) 综合评价高油玉米、优质蛋白玉米和早籼稻对畜禽和水产动物的营养价值，应用现代饲料加工工艺和生物技术手段，提高其利用效率，扩大其应用范围；建立主要蛋白质饲料资源氨基酸消化率数据库，构建猪、家禽氨基酸平衡模式；开发幼畜专用功能性能量和蛋白质饲料产品；集成前期研究成果，形成青粗饲料开发高效利用技术体系，以满足中长期内我国不同地区、不同饲养方式对青粗饲料质和量的需求。

(4) 提出安全新型饲料生产关键工艺参数，提供粉状饲料、颗粒饲料和膨化饲料适宜加工工艺；提出饲料产品质量控制信息库、配合饲料质量控制人工智能系统、配合饲料专家人工智能系统；开发出饲料行业网络化管理系统软件及其支持技术。

【我国饲料行业重点领域的技术攻关】 2001 年在我国饲料行业的重点领域开展了技术攻关，主要有以下 13 项：

1. 饲料安全评价技术研究。主要技术关键：适合评价饲料和饲料添加剂安全评定的各参数确定。主要研究内容：①新饲料、新饲料添加剂“三致”试验评定规程的研制；研制适合评定各类饲料和饲料添加剂“三致”的试验规程。② 饲料、饲料添加剂毒性试验评定规程的研制：研制适合评定各类饲料和饲料添加剂急性毒性、亚急性毒性、慢性毒性、急性蓄积性毒性的试验规程。③转基因饲料、饲料添加剂安全评价规程的研制：研制评价转基因饲料、饲料添加剂中活性导入基因、活性标记基因、所表达特异蛋白的评价规程。④饲料及饲料产品综合安全评定规程的研制：研究加药饲料、微生物性饲料、饲料添加剂、配合饲料在化学分析、微生物水平和分子水平进行安全检测技术及其安全性评价规程。

2. 饲料中违禁添加物检测技术的研究与开发。主要技术关键：高效价、单一、优质抗体的生产技术；高灵敏、低变异性定量和确认检测技术；动物组织中违禁激素类、镇静剂类和促生长类药物的残留和富集及与饲料中含量的关系研究。主要研究内容：①我国饲料中违禁添加物现状的调查及危害性评价的研究：调查我国饲料中违禁添加物的使用现状；研究动物组织中违禁物残留和富集及与饲料中含量的关系。②饲料中β-兴奋剂和激素类药物的检测技术研究和开发：β-肾上腺素激动剂、性激素、蛋白类激素的ELISA测定方法建立、检测抗体规模化生产技术和试剂盒开发、定量和确认检测技术研究。③饲料中镇静剂的检测技术研究和开发：氯丙嗪（盐酸盐）、安眠酮、安定 ELISA 测定方法的建立、检测抗体规模化生产技术和试剂盒开发、定量和确认检测技术研究。④饲料中违禁促生长类添加物的检测技术研究和开发：呋喃唑酮、甲氧卞胺嘧啶、新霉素的 ELISA 测定方法建立、检测抗体规模化生产技术和试剂盒开发、定量和确认检测技术研究。

3. 药物饲料添加剂检测技术研究与开发。主要技术关键：高效价、单一、优质抗体的生产技术；高灵敏、低变异性定量和确认检测技术；使用药物饲料添加剂与动物体寄生细菌生产抗药性关系研究；使用药物饲料添加剂的生态危害性评价研究。主要研究内容：①饲料中长期使用药物饲料添加剂的危害性评价研究：研究使用药物饲料添加剂与动物体残留量、动物体寄生细菌的交替感染症、动物体寄生细菌产生抗药性的关系；研究使用药物饲料添加剂的生态危害性评价。②饲料中抑菌剂的检测技术研究和开发：杆菌肽锌、维吉尼亚霉素、黄霉素、磷酸泰乐霉素的 ELISA 测定方法建立、检测抗体规模化生产技术和试剂盒开发、定量和确认检测技术研究。③饲料中抗球虫类药物的检测技术研究和开发：拉沙洛西钠、尼卡巴嗪、莫能霉素的 ELISA 测定方法建立、检测抗体规模化生产技术和试剂盒开发、定量和确认检测技术研究。④饲料中驱虫类药物的检测技术研究和开发：越霉素、潮霉素的 ELISA 测定方法建立、检测抗体规模化生产技术和试剂盒开发、定量和确认检测技术研究。

4. 饲料中有毒有害物质检测技术研究与开发。主要技术关键：高效、特异抗体的生产技术；高灵敏、低变异性定量和确认检测技术。主要研究内容：①饲料中有机有毒有害物质检测方法标准的研制：研究饲料中氰糖苷、生物碱、单宁、细胞凝集素和抗胰蛋白酶因子等的允许量有测定方法。研究 ELISA 测定方法和相应单克隆抗体试剂盒的开发。②饲料中次生有毒有害物质的允许量及测定方法研究：研究饲料中镰刀菌毒素（DON、ZEN、T-2）、赭曲霉毒素、麦角毒素的允许量及检测方法；研究饲料中过氧化物、亚硝胺、组胺及鱼粉中糜烂素允许量及检测方法。③饲料中外源性污染有毒有害物质的允许量及测定方法研究：研究饲料中有机磷、有机氮、除虫菊酯类农药残留允许量及测定方法；研究饲料中铜的允许量标准。④转基因饲料的检测技术研究：研究转基因玉米、大豆的检测技术，研究含转基因原料的配合饲料检测技术。

5. 植物来源饲料添加剂新产品研究与开发。主要技术关键：有效成分的高得率、低成本、稳定的分离和提取工艺技术；有效成分的合理复配技术，添加剂新剂型设计。主要研究内容：以黄芩、黄芪等为天然植物来源，研究其有效成分的高效率、低成本、稳定的分离、提取工艺关键技术。研究有效成分的合理复配技术；研究剂型，开发出新型“微量、高效化”天然植物饲料添加剂。研究产品安全性、产品应用技术以及相应的产品检测方法等。

6. 饲用酶制剂的研制与产业化。主要技术关键：高效表达戊聚糖酶（木聚糖酶）、角蛋白酶、菊粉内切酶、肉毒碱消旋酶的重组酵母的构建技术；基因工程酵母发酵生产戊聚糖酶（木聚糖酶）、角蛋白酶、菊粉内切酶、肉毒碱消旋酶的发酵生产工艺技术；戊聚糖酶（木聚糖酶）、角蛋白酶、菊粉内切酶、肉毒碱消旋酶的后加工工艺技术。主要研究内容：①戊聚糖酶（木聚糖酶）、角蛋白酶、菊粉内切酶、肉毒碱消旋酶的基因改造及其高效表达重组酵母的构建。②重组酵母高细胞密度发酵生产戊聚糖酶（木聚糖酶）、角蛋白酶、菊粉内切酶、肉毒碱消旋酶的发酵工艺的研究。③通过 PCR 方法，在分子水平上研究重组酵母的遗传稳定性，并探索影响其遗传稳定性的因素及对策。④研究重组酵母表达、积累戊聚糖酶（木聚糖酶）、角蛋白酶、菊粉内切酶、肉毒碱消旋酶的时间关系及表达稳定性规律。⑤酶后加工工艺研究。⑥戊聚糖酶（木聚糖酶）、角蛋白酶、菊粉内切酶、肉毒碱消旋酶的使用技术研究。

7. 微生态营养制剂及调控剂的研制与产业化。主要技术关键：微生物变异方向的人工诱导及酶基因转导技术；免疫活性物质高产酵母重组技术；微生物发酵与包被工艺技术。主要研究内容：能产生较高消化酶、维生素、氨基酸等营养物质的益生菌；能产生免疫活性物质的益生菌；能调节微生物在畜禽消化道生长速度和肠道上皮细胞附着的益生菌；上述益生菌液态发酵的最佳工艺参数，益生菌及其发酵产物的后处理工艺技术；益生菌及其发酵产物的耐高温加工工艺技术。

8. 动物产品品质改进添加剂研究与开发。主要技术关键：有效活性成分的提取技术、后加工工艺技术。主要研究内容：①安全型营养再分配剂的研制与开发：研制出具有营养再分配功能的植物提取添加剂，研究产品的作用效果、应用技术。②脂肪酸调控剂的研制与开发：共扼亚油酸的中试生产工艺、n－3 脂肪酸的低成本生产技术、脂肪酸调控剂的配伍技术等。③胆固醇调控添加剂的研制与开发：重点研究 1～2种可显著降低鸡蛋胆固醇及氧化胆固醇含量的中试生产工艺及配伍使用技术。④植物源风味增强剂研制与开发，研究风味物质沉积规律，产品的作用效果、应用技术。⑤天然营养性色素的中试生产工艺、应用效果和合理使用方法。⑥所研制产品的检测方法及产品质量标准研究。

9. 饲用抗生素新品种及其安全应用技术研究。主要技术关键：菌种诱变和发酵工艺技术；残留分析技术；饲用抗生素安全应用技术。主要研究内容：磷酸糖脂抗生素、环链多肽抗生素等新抗生素的菌种筛选、制产品工艺研究和中试发酵工艺研究；饲用抗生素促生长机制研究；饲用抗生素的环境效应及关键作用环节研究；饲用抗生素安全性研究；饲用抗生素应用技术研究。

10. 环保型合成添加剂研究与开发。主要技术关键：环保型添加剂的合成工艺。主要研究内容：研制 2～3 种减少畜产公害的合成添加剂；研究有机锰、有机锌、有机铜、有机铁和有机硒等的化学合成工艺技术；有机微量元素对畜禽的生物学活性；有机微量元素的应用技术、安全性和产品质量标准。

11. 新型饲料资源及其高效利用技术研究与开发。主要技术关键：主要蛋白质饲料资源氨基酸消化率数据库的建立及氨基酸平衡模式的构建技术；幼畜专用功能性能量和蛋白质饲料的研制与开发技术；饲料作物营养价值评定及畜禽胴体品质评价技术，酶工程技术，膨胀、膨化等现代饲料加工工艺关键技术参数。主要研究内容：主要蛋白质饲料资源氨基酸消化率数据库的建立及氨基酸平衡模式的构建；幼畜专用功能性能量和蛋白质饲料的研制与产业化；利用主要动物屠宰及酿造工业下脚料生产优质蛋白质饲料的工艺技术研究；高油、高蛋白玉米及早籼稻的化学成分及对猪、蛋鸡和肉仔鸡的消化能、代谢能及氨基酸消化率测定；高油、高蛋白玉米及早籼稻的饲用价值、使用特性及对畜禽胴体品质的影响研究；饲用早籼稻的加工工艺参数及提高其饲用价值的酶制剂的研制与开发。

12. 青粗饲料加工新工艺及产业化利用关键技术研究。主要技术关键：青绿饲料、粗饲料在反刍动物生产中的高效率应用技术，青粗饲料加工利用工艺参数确定以及配套生产设备开发，以及微生物处理秸秆的菌种筛选和处理工艺。主要研究内容：研究新型青粗饲料资源化学特性、饲用价值、使用特性；研究新型青粗饲料加工新工艺及其产业化利用关键技术；研究青绿饲料、粗饲料在反刍动物生产中的高效率应用技术；研究微生物处理秸秆技术；研究青粗饲料加工关键设备技术：自走式揉搓破碎技术与机具、干燥技术与机具、压块技术改进与相关机具等。

13. 安全新型饲料加工技术及行业信息网络化系统研究。主要技术关键：安全新型饲料加工过程中关键工艺分析，加工过程的计算机模拟和仿真；饲料生产过程工艺参数的在线自动测试与控制技术；饲料产品质量控制信息库，配合饲料专家人工智能系统；现代饲料行业网络化管理系统软件及其支持技术。主要研究内容：①研究安全新型饲料加工过程中的关键工艺，确定不同工艺条件对饲料的硬度、耐久性、水中稳定性、淀粉糊化度等物理化学性能指标、主要营养成分消化率的作用或影响规律；②研究富含纤维、淀粉、蛋白质和油脂等不同类型饲料的适宜生产加工技术；③研究氨基酸、维生素、酶制剂等添加剂在加工过程中的保真技术，确定减少加工损失的加工工艺和适宜加工条件；④研究减少饲料生产过程中交叉污染的工艺和技术；研究农副产品作为饲料原料通过加工减少有毒有害成分的技术，提出其在配合饲料中的适宜添加水平，提高饲料产品的安全性能；④研究配合饲料有关动物生产性能的主要参数，提供主要指标的测定方法，加强对饲料加工过程和饲料产品质量的控制与管理，提高饲料产品的合格率和饲喂动物的生产性能；⑤研究粉料、颗粒料、膨化料等不同形状饲料的物理性能指标，确定衡量饲料产品加工质量的主要指标，研制相应的测试装置；⑥研究配合饲料生产过程中主要工艺参数的在线测试、控制技术与质量保证技术；⑦研究大中型饲料企业网络化管理技术，建立饲料厂质量控制程序，将采购、库管、生产、销售与管理部门通过计算机网络连接起来，提高企业内部数据传递的准确性和时效性，降低生产成本，提高企业的生产效率、管理水平和对市场的应变能力。⑧全国饲料行业信息网和饲料质量监督信息库的研制。

【技术推广】 饲料行业的先进技术推广和科技转化工作，有力地推动了科学技术的推广普及。2001年的技术推广工作主要突出我国饲料行业特点，重点加强安全无公害饲料加工技术和新饲料添加剂试用示范技术的推广工作上，在帮助农户提高饲养水平，增加养殖收益的同时加强安全防范意识，争取饲料企业对饲料科技推广工作的支持。本年度继续实施饲料行业“丰收计划”21项，并取得了巨大成就，在项目具体组织推广过程中，结合本地情况，选择当地优秀饲料生产企业和饲养场作为试点基地，本着“实用、实效”的原则，采用现场讲解饲料产品使用方法和技术等形式，重点培养饲料新产品和新技术应用养殖示范户，举办动物营养、饲料加工和养殖技术等方面技术培训班。共印发畜、禽、鱼营养需要，饲料添加剂应用技术，猪、鸡饲料优秀配方，预混饲料、浓缩饲料配制技术，鱼、虾、蟹饲料配制技术和饲喂方法，饲料青贮技术等技术资料15万份，培训人员10万多人次。通过培训，提高了人员素质，带动了周围养殖户，扩大了饲料新产品、新技术的应用与推广范围。

（陈强）

教育与培训

【教育工作】 2001年全国有40所高等院校和科研单位设立饲料与动物科学专业。其中，设有本科的院校有23所、设专科的院校有16所，硕士点与博士点24个。这些教育科研单位为饲料工业行业输送了大批专业人才，他们在科研、教学、生产、企业管理、质量监督、安全检测、市场营销、技术服务等各个领域施展才能，为饲料工业的发展和提高做出了很大贡献。

【培训工作】 企业管理水平和饲料产品质量的提高离不开饲料工业全行业整体素质的提高，这一点在政府部门和企业都得到了共识，一年来，国家、地方、企业组织了大量的各种各样的培训，并以此作为国家、地方、科研部门和企业的一项经常性的工作，培训了数千人次。主要培训活动有：

(1) 2001年农业部饲料工业职业技能鉴定指导站共进行了4个职业、2个等级的培训和鉴定，有2 000多人经过培训、考试、考核获得职业资格证书；

(2) 2001年农业部全国饲料工作办公室为了使饲料企业全面了解和掌握国家税收法律、法规和有关政策，更好地在生产、经营中贯彻执行，进一步促进饲料工业的健康发展，企业举办了税收法制培训班。

(3) "农业部饲料工业中心"的主要培训活动是在中国农业大学举办两期的国际动物营养与饲料加工技术高级进修班。该进修班于5月和10月举行，每期内容交替，以动物养殖和饲料加工技术作为讲课重点，主要涉及养猪生产技术、家禽饲养技术、水产养殖技术、猪病防治、禽病防治、猪的饲养管理、猪营养最新研究进展、养殖场管理。每期培训班约有100多人参与。

(4) 中国农科院饲料研究所开展了多次专业技术及营销管理咨询培训，2001年举办了"高效养殖培训班"及"饲料与生物技术应用研讨会"。

(5) 伟嘉集团在积极开展各个层面的技术培训的同时，不断进行企业管理培训，经常举办企业高级管理培训班。集团各分公司经理及部分业务骨干近百人次参加了培训，共同探讨核心销售技能与销售渠道建设、团队建设与商务谈判、应收账款与销售风险控制等课题。

（赵之阳）

饲料行业职业技能鉴定

2001年，饲料行业继续按照就业准入制度的要求，作好职业技能鉴定工作。2001年3月，中国饲料工业协会召开了全国饲料行业职业技能鉴定工作会议。会议传达了劳动和社会保障部召开的全国职业技能鉴定工作座谈会的精神，重点研究了如何在饲料行业贯彻落实农业部关于《饲料工业行业检验化验员等3个职业实行就业准入制度实施方案》，各省进行了工作交流，广东、广西、辽宁、山东、重庆省市介绍了本省开展职业技能鉴定工作的经验，使大家提高了对在饲料行业开展职业技能鉴定、实行就业准入、推行职业资格证书制度重要意义的认识，增强了做好工作的信心。农业部饲料工业职业技能鉴定指导站通报了2000年开展工作的情况，提出了2001年饲料行业职业技能鉴定工作的指导思想，对全行业开展职业技能鉴定工作进行了部署。

根据劳动和社会保障部、农业部的统一部署，农业部饲料工业职业技能鉴定指导站组织饲料行业的专家和工程技术人员编写了“饲料检验化验员”、“饲料厂中心控制室操作工”、“饲料加工设备维修工”以及“饲料粉碎制粒工”等4个饲料行业职业的国家职业标准，通过了饲料行业国家职业标准编制委员会的初审，并将送审稿上报劳动和社会保障部。饲料工业国家职业标准的制定，为今后开展饲料行业职业技能培训与鉴定、在饲料行业实行就业准入和提高行业素质及整体竞争力具有十分重要的作用。

按照农业部人事劳动司的统一部署，指导站在编制“饲料检验化验员”职业技能鉴定要素细目表的基础上，组织专家和技术人员编制了该职业的职业技能鉴定试题库。参与工作的专家克服时间紧、任务重的不利条件，及时、高质量地完成了近3 000道试题的编制工作。试题库已由部职业技能鉴定指导中心录入完毕，并投入试运行。

河南省、内蒙古自治区和云南省申报建立饲料行业职业技能鉴定站，在部职业技能鉴定指导中心的大力支持下，劳动和社会保障部已经批复云南省建立职业技能鉴定站，河南省和内蒙古自治区地方劳动厅已经同意建站。农业部饲料工业职业技能鉴定指导站还在西安举办了饲料行业职业技能鉴定考评员和督导资格认证培训班，有145人取得了相应的资格证书，其中督导员33人。

饲料行业参加了农业部组织的农业行业职业技能鉴定质量检查，指导站派人参加了部里的检查组，对辽宁省和山东省的职业技能鉴定工作进行检查，通过座谈和实地考察，对两省在开展农业行业职业技能鉴定工作中的经验、存在的问题进行了总结，并提出了今后开展工作的建议，形成了书面材料上报部人事劳动司，由于调查认真细致，报告比较全面反映了职业技能鉴定工作的状况，在农业部上报劳动和社会保障部的汇总报告中，采用了其中相当的内容。在这次检查中，涉及的14省市饲料工业职业技能鉴定站工作开展得都比较好，得到了各检查组和部人事劳动司的好评。

各职业技能鉴定站积极开展职业技能培训与鉴定工作。2001年有10个站进行了4个职业、2个等级的培训鉴定，有2 051人获得了国家职业资格证书。农业部饲料工业职业技能鉴定指导站先后5次派人对职业技能鉴定进行实地检查、督导。

（胡广东）

饲料工业标准化

全国饲料工业标准化技术委员会在国家质检总局、农业部市场与经济信息司、畜牧兽医局（全国饲料工作办公室）、中国饲料工业协会等有关部门和各位委员、专家的大力支持下，随着改革开放的深入，适应市场经济的需要，在过去的一年里，在标准化改革、标委会组织建设、加大制（修）订标准工作力度和开展标准宣贯、咨询服务等方面做了大量的工作。为提高饲料产品质量、规范饲料市场和为政府和企业服务、促进我国饲料工业发展和提高饲料产品质量做出了新的贡献，取得了明显的效果。

1. 饲料工业标准化组织机构现状。我国于1986年成立了全国饲料工业标准化技术委员会，直属国家标准局（后为国家技术监督局、国家质量技术监督局、现为国家质量监督检验检疫总局）领导，第一届标委会委员29名专家。1996年换届，第二届标委会63名委员（其中28位为单位委员）。标委会秘书处设在中国饲料工业协会，为加强饲料工业标准的制定和宣贯，全国饲料工业标准化技术委员会下设两个秘书单位，并设有水产饲料标准和饲料机械标准两个协作组，为加强对企业在标准方面的服务工作，成立了饲料工业法律咨询组。在全国一些条件成熟的省市，已成立了10个地方饲料工业标准化技术委员会。

2001全国饲料工业标准化技术委员会年会进行了换届，第三届标委会由52名委员组成，其中专家委员29名，单位委员23名，农业部畜牧兽医局（全国饲料工作办公室）巡视员季之华为顾问，中国饲料工业协会王随元副秘书长为标委会主任委员，华中农业大学于炎湖教授为副主任委员，中国饲料工业协会徐百志处长为秘书长。为保持工作的连续性，第三届标委会委员又作了一定幅度的调整，与上届相比，保留的专家委员和单位委员高达70%以上。

在2001年年会上，第三届委员会对第一、二届委员会所做的卓有成效的工作给予高度肯定和积极评价，会议对26名为标准化工作做出重要贡献的同志给予了表彰，表彰人员为：齐文英、刘当慧、韩友文、牟永义、白韵如、陈必芳、于炎湖、雍文岳、金振玉、刘幽若、潘中华、王卫国、刘宏达、凤懋熙、李玉润、张励、张莹、冯所积、嵘新跃、刘大建、莫棣华、徐金垒、朱永定、杨林、张国安、廖峰。

支持协助浙江省饲料工业标准化技术委员会和饲料工业协会组织了华东地区及河南等省市参加的饲料工业标准化工作座谈会。会议就关于饲料工业标准的理解和解释及饲料产品流通有关问题进行了座谈。通过标准化协作网的工作机制，在华东地区初步协调了饲料产品跨省区的流通问题。

2. 饲料工业标准立项工作。随着公众安全意识的提高，人们对饲料产品的质量提出了更高的要求，为配合《饲料和饲料添加剂管理条例》的实施，国家质量监督部门和农业部已把制标的重点转向安全卫生和基础性标准，相应加大了卫生标准和添加剂检测方法标准的制定力度，特别是饲料中药物饲料添加剂和违禁药品检测方法标准的制定。2001年秘书处在国家质量监督部门立项制修订饲料工业国家标准计划项目33项，比上年增加10项，其中属新制定的标准33项，为标会立项最高纪录；在农业部立项制定饲料工业行业标准11项。1999—2001年国家标准立项79项，财政支持农业标准48项。财政支持农业行业标准项目，其资金投入较大，保证了标准制定工作的顺利开展。

充分发挥企业积极性，自筹资金制标。秘书处在有关单位和部门的支持和配合下，发挥企业的积极性，筹集资金制定了饲料机械和饲料添加剂等方面的标准，扩大了制标经费来源，加快了制标进程。2001年申请饲料添加剂L-抗坏血酸-2-磷酸酯等8项自筹经费项目。

3. 饲料标准的制修订工作。国家对饲料产品的安全问题十分重视，国家有关领导人多次指示要加强饲料安全管理工作，建立健全饲料监测体系，制定和完善饲料标准和检测方法，加大对饲料中使用违禁药品的查处力度，确保饲料安全。

（1）重点抓好强制性国家标准《饲料卫生标准》、《饲料标签》的制修订。针对原来的《饲料卫生标准》和《饲料标签》标准已越来越不适应行业发展的要求，必须对其做重大修订的实际情况，标委会决定进行修订。通过有关单位的积极努力工作，新版的《饲料卫生标准》已经国家质量技术监督局批准发布，并于2001年10月1日起正式实施。根据近年来《饲料标签》标准执行中存在的问题，标委会提出了《饲料标签》标准第1号修改单，该修改单已经国家质检总局批准［质检办函（2001）049号］，于2001年10月30日正式实施，对于解决行业管理中面临的实际问题将起到了积极有效的作用。

（2）饲料检测方法的制定和修订。特别是对饲料添加剂检测方法的制定和修订。在添加剂检测方法中，重点又放在药物饲料添加剂的检测方法方面。从1999年开始，国家质量技术监督局本着特事特办的原则，下达我标委会组织制定饲料中违禁药品检测方法标准的任务。经过组织专家论证，确保立项科学稳妥，目前已有“饲料中西马特罗的测定”等17项标准立项，今后还要陆续补充，加大制标力度。标委会还对金霉素等19种药物饲料添加剂在饲料中的检测方法进行了立项。

(3) 对重要饲料原料和饲料添加剂的标准制定。对关系到整个饲料行业发展的重大原料和添加剂标准，标委会都能够站在行业的高度，积极做好立项申请工作。近年来，标委会组织专家制定了《畜禽配合饲料通用技术要求》、《种鸭配合饲料》、《饲料用酶制剂通则》等行业管理急需标准；《饲料用豆粕》、《饲料添加剂·生物素》等标准都是结合行业的热点问题而及时提出并予以制修订的。

(4) 加大管理标准的制修订工作力度。《饲料和饲料添加剂管理条例》的发布和我国加入WTO的现实，各地管理部门都面临新的管理形势，企业也有新的发展要求，标委会针对以上情况根据需要，安排了《配合饲料企业卫生规范》、《预混合饲料生产企业通用技术要求》、《饲料安全卫生要求通则》等一批管理标准，通过这些标准的发布实施，逐步引导企业向健康安全方面发展。

4. 加强饲料标准上报和宣贯工作。为缩短标准发布周期，秘书处对各单位上报的标准报批稿认真审查，并积极与国家标准技术审查部、中国标准出版社交换意见，加快标准报批和出版周期。标准发布后，在行业内组织实施标准是标准化工作的立足点和出发点，因此，对一批重要标准组织宣传贯彻是标准化工作的重点。

(1) 做好标准审核上报工作。对2000年会审查通过的标准，组织各有关起草单位认真修改，及时上报。《饲料中盐酸克伦特罗测定方法》和《饲料卫生标准》已经农业部和国家质量技术监督局审批、发布。另有《饲用植酸酶活性的测定》等20余项国家标准上报待批。

(2) 为了加强对新批准的国家标准的宣贯，中国饲料工业协会和全国饲料标委会组织有关专家，在北京举行了一次“饲料标准化工作座谈会”，对饲料工业标准及标准宣贯中存在的问题进行了座谈。并分别派员在辽宁、天津、上海等9省市举办的饲料标准宣贯会上，对饲料标签标准进行了宣贯。目前全国各省市基本上都进行了宣贯工作，并作了大量咨询工作，企业已按新标准制作标签，行业也已按新标签标准要求进行了管理。

5. 标准化工作的改革思路。随着市场经济的发展，标准化工作的改革将要建立起快速反映市场需求的体制，充分发挥行业的整体作用，提高标准的水平，加强标准的复审和修订工作，使我国的标准尽量与国际标准和国外先进标准接轨；从而促进我国的技术进步，不断提高产品质量，实实在在根据市场需要推动产业结构调整。2001年国家为了加强标准化工作，成立了中华人民共和国标准化管理局（国家标准化管理委员会），今后将陆续出台一些相关政策，届时我们将全面执行。目前将从以下几方面开展工作：

(1) 加强标准制定工作的管理。为促进国际贸易、技术和经济交流以及加强我国标准制定工作的管理与协调，我国颁布了GB/T16733－1997《国家标准制定程序的阶段划分及代码》，对国家标准的制定将实行分段管理，从而与世界贸易组织和国际标准化组织接轨。按GB/T16733－1997规定，标准的制定程序划分为9个阶段：预备阶段、立项阶段、起草阶段、征求意见阶段、审查阶段、批准阶段、出版阶段、复审阶段、废止阶段。

(2) 标准制定、修订机制改革。从标准制定、修订计划来看，以前是单纯计划经济的作法，一年搞一次，满足不了市场的要求，现在将改为一年多次计划。以前标准立项是归口上报，现在可以直接上报，特别是一些急需项目，个人和企业都可以直接提出建议，采取这种多次计划、多渠道申报办法，既不取消计划，又缩短了申报时间，增加了计划的灵活性。

(3) 改革标准化技术委员会工作。在标准制定和修订力度以及标准水平方面，标准化技术委员会起着重要作用。从某种意义上说，没有标委会，就没有标准化工作。标委会要增加活力，积极开展工作，根据标准化主管部门的意见，标委会设置企业委员，企业委员在标准制定和修订工作中的作用是很重要的。标委会不搞终身制，要不断调整、充实。

(4) 以国家法律、法规为指导，饲料工业标准重点转向以安全性标准为主。《饲料和饲料添加剂管理条例》公布实施后，饲料行业科研、生产、经营、使用和管理等各方面都要严格遵照执行。饲料产品质量的重点是饲料安全性，安全与否将直接影响到养殖业，最终影响到人民身体健康。因此近年来，已把制标的重点转向饲料的安全卫生标准，针对饲料的卫生指标、饲料添加剂的使用，特别是药物饲料添加剂的使用，相应地加大了卫生指标和添加剂的检测方法方面标准的制定力度。

(5) 增强标准的时效性。目前从制定和修订标准来看，重点是放在修订方面。从数量上，标准已不少了，把目前的标准修订好，避免现在的标准还没搞好，又过多另立其他项目。对于修订项目和采用国际标准的项目予以优先立项。复审工作进一步制度化，通过复审确定哪些标准可以继续使用，哪些需要修订，哪些需要废止。通过对已颁发标准的修订，不断提高标准的质量。

(6) 缩短标准制定周期。我国标准制定周期长，要缩短时间。以前有的标准制定要搞三、五年，超过3年的今后一般不予立项。以前制标按期完成得差，一般项目能完成，但也不能按期完成。由于制标周期长，待标准发布时，就已显得落后了。在标准制定方面，今后实行阶段管理与国际接轨。为了缩短制标时间，可以采用快速程序，目前申报程序太复杂，时间长，今后可以简化一些中间程序。

(7) 提高标准质量。制定标准要保证标准文本质量，从格式到内容应认真把关。对于标准在实施中发现的问题，要及时修改。对于目前采用的标准修改通知单，有时用户往往见不到，往往发生产品质量纠纷扯皮。标准审查严格按有关规定办理，无论函审、会审都严格按章程办事，以确保标准质量。已批准的标准采用公告形式发布。

(8) 改革强制性标准。强制性标准实际上是以法律形式补充现行的标准。当前强制性标准太广了，是全文强制。今后将要缩小强制性标准范围，对于某些标准可采用条款强制。对强制性标准，要加强管理，按法规进行管理。重要标准草案要在全社会征求意见，可以采取在杂志上登载征求意见的办法。要正确处理强制性标准和推荐性标准的关系、推荐性标准和企业标准的关系。对于一些制定标准尚不成熟，而生产和管理中又急需的可制定指导性文件来加以解决。加强标准的宣传贯彻与实施，加大监督检查力度，特别是强制性标准的宣贯、实施和监督检查更要放在重要位置。

(9) 充分发挥单位委员的作用。为增强标准的可操作性，使标准化工作真正做到适应市场经济发展的要求，这些年来，标委会在标准的立项和审查过程中充分听取企业的意见和建议，力求标准化工作更好地服务于企业和管理。标委会委员既是标准制修订工作人员，又是标准的宣贯服务人员。希望各位委员在本单位、本地区结合自己的工作进一步做好标准的宣贯和实施工作，提供有关标准方面的信息和建议。

6. 标准化工作重点。主要有5个方面：

(1) 标准化工作在很多方面反映出与之不相适应的地方，因此必须转变观念，及时进行调整。主要解决机制不够灵活、标准时效性差、结构不十分合理问题、标准水平相对较低、标准宣贯和实施力度不够等方面的问题，并加大标准复审力度。

(2) 抓好立项标准的制定工作，特别是关于饲料安全方面标准的制定，做好在国家质量技术监督局、农业部和有关部委的标准立项、制定、审查和宣贯实施工作。

(3) 结合《条例》的贯彻，进一步做好《饲料卫生标准》和其他标准宣贯实施工作，为企业做好咨询服务工作，协助政府有关部门做好监督检查工作。

(4) 根据贯彻《条例》发放饲料添加剂和添加剂预混合饲料生产许可证工作的需要，制定饲料预混合机通用性技术标准，并协助政府有关部门对国内现有预混机生产情况进行调查和加强预混机产品质量的监督管理。

(5) 加强与国际标准化组织的交流与合作，结合我国加入WTO工作，做好饲料工业标准与国际标准接轨工作，为企业参加国际市场竞争做好服务。

我们已进入了新世纪，时代为我们提供了机遇，也向我们提出了挑战。2001年10月，国务院办公厅转发农业部《关于加快畜牧业发展的意见》中，明确提出要“建设高效安全的饲料生产和监管体系”，这就要求我们尽快饲料工业标准化体系，加速标准的制修订工作，提高标准的质量，为依法开展饲料质量检测监督提供科学依据。随着饲料工业的进步，改革开放的深入，市场经济的发展，对饲料工业产品质量、对标准化工作提出了更高的要求，我们饲料工业标准化工作必须转变观念，深化改革，适应时代发展的要求，在经济改革和经济发展大潮中做出新的贡献。

（徐百志　孙鸣）

饲料工业质量认证

ISO是国际标准化组织的缩写。国际标准化组织是由各国标准化团体组成的世界性联合会，是当前世界上最权威的标准化机构。ISO下设200多个技术委员会（TC），“TC176”是ISO负责制定有关质量管理和质量保证的国际标准技术委员会。由ISO/TC176技术委员会制定的所有国际标准均为ISO9000族标准。ISO9000标准颁布以来，在世界上得到广泛应用，有力地推动了企业的质量管理工作和国际贸易的发展。据统计，全世界已有150多个国家等同采用ISO9000族标准，有90多个国家开展质量认证工作，有50多个国家成立了认可机构，有40多万个组织通过质量认证。就我国国内而言，认可了57家认证机构，3万多个组织获得了质量体系认证证书。ISO质量认证逐步发展到国际互认阶段，包括质量体系认可机构的互认、质量体系审核员、注册机构与培训课程的互认。GB/T19000等系列标准是我国等同采用ISO9000系列国际标准相对应的标准。GB/T19000－2000版标准于2000年12月28日正式批准发布，2001年6月1日实施，它包括4个核心标准：GB/T19000质量管理体系　基础和术语；GB/T19001质量管理体系要求；GB/T19004质量管理体系业绩改进指南；GB/T29011质量和环境管理体系审核指南(目前未正式公布)。GB/T19000－1994标准将于2003年12月30日停止实施。

1.基本情况。随着中国加入WTO，国内越来越多的企业将质量认证当作提高质量管理水平，增强产品竞争能力，进一步打开国内外市场的“通行证”。据统计，截至到2001年12月31日，中国获得质量体系认证证书的组织已达37 706家。饲料工业行业的质量认证工作，起步较晚，截至到2001年底据不完全统计有137家企业取得认证证书。

2001年通过质量认证的39家企业分布情况：

(1) 按地区划分：山东7家；浙江6家；广东6家；江苏4家；四川3家；福建3家；北京2家；广西2家；辽宁、重庆、新疆、黑龙江、青海、海南各1家。

(2) 按企业类型划分：据不完全统计，饲料加工企业34家、饲料添加剂企业5家。

(3) 按认证标准划分：据不完全统计，实行ISO9002标准的39家，均执行1994年版标准，需要向2000版的ISO9000族标准转化。1996—2001年企业认证情况见全国饲料工业已认证企业一览表。

中国饲料工业协会为在饲料行业进一步推动质量管理工作，于2001年成立了“北京中饲协质量咨询中心”，配备了高级审核员、咨询专家，为企业质量认证并协助企业解决有关技术问题。

全国饲料工业已认证企业一览表

年度	1996	1997	1998	1999	2000	2001	合计
四川	1	3	5	6	7	3	25
广东		1	1	3	4	6	15
浙江				2	7	6	15
山东				1	4	7	12
江苏		1	2		5	4	12
辽宁			1	2	6	1	10
北京市				1	4	2	7
福建				1	2	3	6
重庆市				1	2	1	4
新疆		1		1	1	1	4
河北					4		4
黑龙江				1	1	1	3
广西				1		2	3
上海市			1		2		3
湖北				1	1		2
云南					2		2
吉林			1				1
安徽				1			1
内蒙古						1	1
青海						1	1
海南						1	1
河南					1		1
山西					1		1
陕西					1		1
江西					1		1
湖南					1		1
总数	1	6	11	22	57	40	137

2.ISO14000环境管理。环境管理标准，即国际标准化组织（ISO）1993年6月设立ISO/TC207环境管理技术委员会于1996年发布的ISO14000环境管理系列的标准。ISO14000系列标准共有15个，其中用于环境管理体系的认证与实施的标准包括5项：ISO14001环境管理体系——规范及使用指南；ISO14004环境管理体系—原理、体系和支持技术通用指南；ISO14010环境审核指南—通用原则；ISO14011环境审核指南—审核程序；ISO14012环境审核指南—环境审核员资格要求。

环境管理是20世纪末全球面临的重要问题之一。人类对现代化追求的同时也面临着环境污染的危害，面对日趋严重的环境污染形势，人们逐渐意识到：环境与人类的健康、与社会的进步、与经济的发展，均取决于人类自身的行为，人类对地球的保护及对环境的管理。1960年开始提倡环境意识；1970年开始治理；1972年联合国在斯德哥尔摩召开“联合国人类环境大会”，联合国环境署的成立；1984年成立联合国环境与发展委员会；1990年召开可持续发展企业理事会；1992年举行联合国环境与发展大会，建立21世纪议程和里约热内卢宣言及国际商会制定了可持续发展宪章；1994年确定标准认证；1996年ISO14001环境管理标准的正式发布；1997年日本京都全球气候会议召开。30年来，无论个人、企业和政府都在努力规范着人类自身的行为，为子孙后代保护赖以生存的环境和地球。

中国作为发展中国家，走经济协调发展和环境质量持续改善的路，符合国际环境管理体系标准的要求。据国家环境保护总局2001年年底的数字显示，我国获得ISO14000认证并备案的组织有1 056家，在世界排名第10位，亚洲排名第2位，居发展中国家前列，近几年来增长趋势迅速。

企业和企业家推行环境管理体系的认证需要有前瞻性意识：首先是加入WTO冲破绿色贸易壁垒，增加市场份额的需要，特别对出口贸易的企业，无论是中国境内生产的，还是境外进口到中国的产品，推行ISO14000标准，才能参与公平的贸易竞争；其次，节能降耗，优化成本，提高企业社会责任感的需要，企业合理地利用资源就是最大程度地节省开支，而企业合理地利用资源又是对社会重要的回报；第三，提高自身环境管理水平，塑造良好的企业形象，有利于长期发展。环境污染、环境危害日益成为各国政府、世界各媒体报道的重要内容，应对舆论压力不如提高自身环境管理水平才是抓了关键点。饲料行业和饲料行业的企业家，面对入世带给我们的挑战、困境及机遇，遵循国际通用规划，建立严格的管理体系，加强对环境的管理，是有所为之首选。

3. 饲料工业与HACCP管理。HACCP管理是保证饲料和食品安全而对生产全过程实行的事前预防性控制体系。HACCP英文全称是Hazard Analysis and Critical Control Point，即危害分析与关键控制点，主要包括危害分析HA和关键控制点CCP。HACCP管理在饲料和食品安全生产过程中起到预防作用：传统的食品生产过程以最终产品的检测保证食品的质量，HACCP管理以控制生产环节中潜在的危害保证食品的质量。HACCP管理是我国加入WTO保证农产品、食品安全，保证消费者的安全、健康，保证贸易公平的“通行证”：我国于1986年正式加入国际食品标准化组织（CAC），CAC的工作宗旨就是建立科学和协调一致的国际食品标准，以保护消费者的健康和公平的贸易。HACCP危害性分析的原则被CAC制定法典标准时采用，随着经济的全球化，加强农产品的深加工，发展食品工业和饲料工业，以提高农产品的附加值和国际竞争力。饲料是间接食品，为确保食品安全，饲料工业采用HACCP管理势在必行。

危害分析和关键控制点的三个分解：

（1）“危害”是指“可导致食品或饲料不安全消费的生物、化学或物理的特性”。产品受到的危害，包括有损于动物或人体的生物、化学、物理等方面的风险，可能存在于饲料生产、养殖、捕捞、加工制造、批发、销售与消费有关的某些或全部环节上。危害分析的两个要素：①鉴别可损害动物或人的有害物质或引起产品腐败的致病菌或任何病源；②详细了解这些危害是如何得以产生。危害特性的五种分类：①产品是否包含微生物的敏感成分；②加工中是否有有效消灭微生物的处理步骤；③是否存在加工后微生物及其毒素污染的明确危害；④是否有批发和消费者消费过程由于不良习惯造成危害的可能性；⑤是否在包装后或食用前不进行最后的加热处理。

（2）关键控制点的两种类型：能保证完全控制某一危害；能减少但不能保证完全控制某一危害。“控制”的含义是通过采取特别的预防措施减小或防止一个或多个危害发生的风险。

（3）关键控制点的监测措施，是关键控制点成效的“关键”。监测是为了收集数据。没有有效的监测就等于说没有HACCP体系，所以说是“关键”。

HACCP的基本原理：

（1）确定危害分析以制定预防性措施；

（2）识别关键控制点；

（3）确定关键控制点的安全值；

（4）监控每个关键控制点；

（5）建立纠偏措施；

（6）建立有效的档案记录；

（7）建立验证程序，确保其正常运转。其组成为：对从原材料采购、产品加工、消费各个环节出现的危害进行分析和评估；根据全过程的分析评估设立关键控制点；建立有效监测关键控制点的程序。

GMP、HACCP、ISO9000的联系与区别：GMP（良好生产规范）、HACCP、ISO9000都是目前国际上通用的质量保证体系。

（1）GMP是美国于1963年创建的一种保障产品质量和安全的管理体系。GMP多用于制药企业，食品的GMP其宗旨也是在生产环境、生产和贮运等过程中，确保有关人员、建筑、设施、设备均符合良好的卫生条件和操作规程，将可发生的危害从规章制度上加以控制；

（2）ISO是国际标准化组织的缩写，ISO9000族标准是由“ISO/TC176技术委员会”制定的所有国际标准。ISO9000适用于各行各业，HACCP适用食品和饲料等行业，ISO9000族标准因其规范化、程序化，强调组织的内部管理，强调凡事有人负责，凡事有章可循，凡事有据可查，凡事有人监督，而在全世界成为ISO9000现象。

HACCP管理因美国首创而先于饲料行业适用于食品行业，饲料安全既食品安全，HACCP管理以其目的在于解决饲料和动物性食品潜在安全的问题也被认可。HACCP管理在饲料行业的推行虽晚于

ISO9000系列标准和GMP，但它们都为推行HACCP管理创造了条件，打下了基础。作为生产动物性食品的饲料行业，HACCP管理的推行将是势在必行和对症下药的措施。全国饲料工作办公室于2000年4月26日至5月12日对美国的饲料管理进行较为系统的考察之后，在行业首先提出了“推行HACCP管理，确保饲料安全”的意见，使HACCP管理在大专院校、研究机构、检测机构、行业管理机构、企业得到促进和推行。随着HACCP管理在饲料行业的推行，我国饲料行业将根据行业特点和企业特点采取不同的管理模式，为饲料质量和饲料安全提供有效保障。

（方黎燕）

国际交流与合作

增进与国际饲料工业联合会的交流。应中国饲料工业协会邀请，国际饲料工业联合会秘书长 Roger 先生于 2001 年 5 月 10～19 日访问中国。Roger 先生此行目的一是出席在大连举办的中国畜牧业暨饲料工业交易会；二是来华商谈中国饲料工业协会加入国际饲料工业联合会事宜；三是了解大连、浙江的饲料工业发展情况。在交易会期间，中国饲料工业协会会长白美清、副会长张延喜、谭竹洲、秘书长刘同占、副秘书长王随元、乔玉锋、颜小军与国际饲料工业联合会（IFIF）秘书长 Roger（罗杰）先生就中国饲料工业协会加入国际饲料工业联合会等有关问题进行了商谈。

Roge 先生在大连期间，除参观饲料展览交易会外，还考察了大连华都肉食加工有限公司，大连华都饲料有限公司（础明猪场），大连韩伟养鸡有限公司，中国大连北良有限公司，大连（中国）稻草输出协会（大连雪龙农副产品产业有限公司）。在浙江考察了浙江鑫富生化股份有限公司，浙江科盛饲料有限公司，浙江大学阳光营养技术有限公司，浙江欣欣饲料股份有限公司。

中—加饲料行业协会合作取得实质性进展。为促进中国和加拿大饲料行业协会间的技术、信息交流，建立合作及友好互惠关系，经中华人民共和国农业部国际合作司和畜牧兽医局批准，中国饲料工业协会刘同占秘书长、乔玉锋副秘书长于 2001 年 2 月 13 日与随加拿大总理克雷蒂安亲率的商务代表团成员加拿大国际谷物学院主席道格拉斯·斯托先生、加拿大豆类作物协会主席莱斯·兰金先生、加拿大双低油菜籽理事会主席戴尔·阿道夫先生签署了《中国—加拿大饲料行业协会合作谅解备忘录》。

1. 根据合作备忘录，加拿大国际谷物学院执行主任 Arnold Tremere 先生函请我协会秘书长刘同占推荐一名掌握英语又熟悉饲料原料及油菜籽做饲料的科研人员赴加拿大参加该院举办的“第 12 届国际饲料和油菜籽研讨会”，费用由加方负担。协会推荐农科院饲料所齐广海博士赴加参会。

2. 与加拿大国际谷物学院 11 月末在宁波举办饲料原料讲座。为促进中国和加拿大饲料工业领域的交流与合作，根据中国饲料工业协会和加拿大国际谷物学院、加拿大豌豆协会等单位签署的备忘录内容，加拿大国际谷物学院于 2001 年 11 月 30 日在浙江省宁波市举办饲料原料技术讲座，介绍加拿大双低菜籽粕、饲用豌豆和饲用牧草等饲料原料的生产技术以及加拿大饲料原料市场展望。浙江饲料生产企业 80 人参加了讲座。

筹办国际饲料技术研讨会。2001 年 10 月 31 日～11 月 2 日在北京成功举办了“2001 年中国国际饲料工业新技术研讨会”。中国国际饲料新技术研讨会是行业性国际会议，每两年举办一次，通过新技术、新产品的交流，促进饲料行业的国际合作，2001 年是第 4 次举办。农业部畜牧兽医局贾幼陵局长到会祝贺并发表了讲话，中国饲料工业协会副会长张延喜致开幕词，中国工程院院士、中国饲料工业协会副会长张子仪到会并就饲料业的发展促进畜牧业的发展等问题作了专题报告，世界著名的跨国公司，如瑞士布勒公司、瑞士罗氏公司、德国巴斯夫公司以及芬兰饲料国际公司派技术专家参加了研讨会，介绍了各自研究、开发取得的成果；国内研究机构及大专院校的学者和教授在会上发表了最新研究成果。来自饲料企业、科研院校的 200 多名代表参加了会议。在为期 3 天的研讨会上，与会代表就饲料生物技术、饲料安全、动物营养、中草药资源及其应用前景、网络信息化在饲料企业中的应用、饲料添加剂品种现状及发展趋势等内容，与到会的中外专家进行了深入的交流与探讨，会议取得了圆满成功。

组织国外考察，学习先进经验。

（1）赴欧美考察。2001 年 11 月 4～14 日，由中国饲料工业协会刘同占秘书长率领的中国饲料工业协会考察组应国际饲料工业联合会（International Feed Industry Federation）的邀请赴荷兰进行了为期 10 天的考察。考察期间，考察组参观了欧洲 Victam2001 饲料展览和欧洲 VIV2001 畜牧展览；参加了国际饲料工业联合会组织的“食品法典研讨会”；会见了美国饲料工业协会会长、国际饲料工业联合会常务副会长 David Bossman 先生，并就中国饲料工业协会与美国饲料工业协会建立友好合作关系进行了磋商，达成了共识；会见了欧洲饲料生产者联合会会长 Yves Montecot 先生和秘书长 Alexander Doring 先生，并就中国饲料工业协会与欧洲饲料生产者联合会建立友好合作关系进行了磋商，达成了共识；会见了国际饲料工业联合会秘书长 Roger Gilbert 先生，并就中国饲料工业协会加入国际饲料工业联合会所面临的有关问题进行了磋商，达成了共识；与食品法典委员会饲料特别工作组主席及其部分成员，与美国、欧盟、非洲等一些国家和地区的饲料行业专家、企业家进行了广泛接触和交流，增进了友谊，提高了中国饲料界的国际声誉。

（2）赴法国参加饲料安全和添加剂技术培训。应法国贸易促进会的邀请，农业部人力资源开发中心组派赴法国饲料安全与添加剂技术培训团一行 7 人于 2001 年 12 月 3～20 日在法国进行了培训和考察。主要考察内容有：欧盟的饲料和添加剂管理的基本情况，法国（及欧盟各国）的饲料产量、品种种类，饲料在畜牧业中所占的地位，有关激素的使用、疯牛病、二恶英等情况。

参加“中泰第二届农产品研讨会”。由中泰两国农业部支持，第二届中泰农产品经贸研讨会于2001年9月20～22日在云南昆明国际贸易中心举行。开幕式由云南省副省长陈勋儒主持，农业部副部长刘坚，云南省代省长徐荣凯，泰国副总理察哇立先后致辞。中国饲料工业协会副秘书长乔玉锋应邀参加了此次盛会，并以“蓬勃发展的中国饲料工业”为题作了大会发言。在经贸洽谈会期间，中泰双方企业商讨了今后中国向泰方出口饲料用木薯和鱼粉，以及中方饲料企业与泰方及东南亚合作办饲料企业等有关问题。

（张贞奇）

饲料工业行业信息体系

2001年国际互联网处于地位调整时期，互联网的泡沫经济露出真容，国际上众多知名网站在多米诺骨牌的效应下化为灰烬。我国互联网的发展中网站的建设从盲动变为理性。应用基础建设和网站建设仍是一个快速发展的过程。ISP、ICP服务网站竞争更为激烈，不少信息服务网站在竞争中退出。据中国互联网络信息中心发布的2001年中国互联网络发展状况统计报告显示：截至2001年12月底，中国上网人数达到4 580万户，比2000年增加了2 330万用户。其中专线上网用户数1 606万，拨号上网用户数3 342万，ISDN上网用户数315万；宽带上用户数网200万；CN下注册的域名数126 146个（比上年增长3.3%）；CN域名的地域分布（不含EDU）：北京38 658个，占全国的31.0%；广东19 854个，占全国的15.9%；上海13 115个，占全国的10.5%；江苏6 678个，占全国的5.3%；浙江5 736个，占全国4.6%。以上5省市的CN域名注册总量占到全国的67.3%。WWW站点数（包括.CN、.COM、.NET、.ORG下的网站）：约293 213个（比上年同期增加10.4%）。

2001年中国农业互联网发展迅速，调查结果表明，农业网站中各地农业网站637个、公司企业网站4 163个、农产品/种植网站172个、畜牧养殖业网站140个、园艺/花卉网站166个、水产/渔业网站73个、林业网站413个、农业院校网站22个、农业实验区/开发区网站15个、乡镇企业信息网站57个、农业资料网站155个、农业工程网站40个、动植物保护网站44个、烟酒食品工业网站287个、新闻与媒体网站15、会议与展览网站27个、协会组织网站20个、政府机构网站139个、研究机构网站132个、农业基础科学网站1个。这些网站集中分布在北京和沿海主要省份，其中北京、广东、上海、江苏、浙江等地。

饲料行业互联网在内部及外部因素的积极推动下也呈快速发展趋势，饲料相关信息服务网站达20多家，企业网站达到537个（其中饲料添加剂网站95个），兽药网站116个，畜牧养殖网站166个（其中种畜禽网站：43个），畜产品加工网站15个。这些网站的信息服务为饲料行业加快信息的传播，扩大信息的涵盖面，提高信息的数量、质量、准确、直观、及时、有效等方面起到了积极作用。众多网站在信息服务中，根据自身在行业形成的信息资源优势，确立了信息服务的特色、服务优势和服务群体，形成了各具特色的信息服务方式。中国饲料工业信息网（http//www.chinafeed.org.cn），1999年底，每天的上网人数达300人次。2000年通过市场调查，研究、细化信息需求，对网上栏目及时调整，加快网上信息的更新速度，信息服务及时、准确、全面、科学、有效，增强了信息的分析和预测水平。形成网络的特色服务，如政策法规、价格情报站、鱼粉周报、大豆市场、玉米市场等栏目得到了企业的极大关注，上网人数快速增加。目前每天上网人数达到3 000～5 000人次，到2001年12月底累计上网人数达到90万人次，是1999年、2000年上网人数之和的2倍以上。2001年11月，由国际农业信息专家协会、国际农业信息专家协会中国分会、农业部中国—欧洲联盟农业技术中心、中华人民共和国农业部信息中心、中国农业科学院文献信息中心、中国农业大学、英国国际农业与生物中心、澳大利亚国际农业研究中心、中国电子商务协会共同举办的2001国际农业信息研讨会上，“中国饲料工业信息网”被评为全国农业网站优秀农业社会团体网站奖。

大连保税区康源国际贸易有限公司创办了中国饲料在线网（www.chinafeedonline.com）专业化的市场信息分析与预测得到了企业客户的认可。上海益农信息技术有限公司创办了e农网（www.efeedlink.com）目标是发展国际饲料电子商务。

行业内的宣传媒体如《中国饲料》、《饲料工业》、《饲料广角》、《饲料研究》、《饲料博览》等一批饲料相关科技类杂志也在网上建立了电子版网刊或网站，为用户提供快捷的信息服务起到了积极的推动作用。

（孔平涛）

Zhongguosiliaogongyenianjian

地方篇

北京市饲料工业

1999年，市饲料办撤消，由于市饲料办和协会一直合署办公，两块牌子、一套班子，协会受市农委委托承担了原市饲料办的行业管理工作。协会一直坚持管理与服务紧密结合，使行业协调服务体现于日常管理工作之中。

【发展概况】 截止2001年底，全市建档饲料企业637家（不含饲料机械厂家），其中饲料加工企业490家，经营企业147家，在饲料加工企业中，生产添加剂或预混料的企业150家。全年饲料总产量237万t，其中配合料185万t，浓缩料30万t，预混料22万t，饲料销售额54亿元，利税总额1.2亿元。我市配合饲料生产比较稳定，主要为京郊饲养业服务，支撑着400多万头猪，1 000多万只蛋鸡，1亿只肉鸡，10多万头奶牛，70多万t淡水鱼，2 000多万只鸭，20多万头肉牛，100多万只肉羊，200多万只肉兔，还有20多万头（只）特种畜禽的饲料需求。浓缩料、预混料是增长的趋势，主要销往外省市，少量销往国外。目前北京市饲料工业发展的特点和趋势是：

1. 国有饲料企业重组改制基本完成。原粮食、畜牧、农场、水产四大国有部门所属饲料企业，通过参股合作、合资或租赁、合并、承包、转产出售等不同形式，已由5年前占全市饲料企业的75%，降到目前的25%。粮食系统各区县饲料公司绝大部分已撤消，原属饲料企业或出租或改制嫁接合作，市饲料公司已宣布破产，重新组建了“创佳伟业工贸公司”，市水产系统直属的3个企业拆迁合并为2个，改组为股份制公司，畜牧系统“华都集团”所属的饲料企业有的合并、有的独立承包或撤消，因饲料公司不再统一协调管理，只和原“宏达饲料厂”合并为有限责任公司。农场系统所属的饲料企业有的租赁、有的承包、有的停产，最后一个较大的“福茂”租给了辽宁禾丰集团，标志着北京国有饲料企业重组改制基本完成。

2. 民营高科技饲料企业继续发展。由于北京具有动物营养饲料科技人才较多的优势，加上海淀、丰台科技园区、留学回国人员创业园区的优惠政策，不断有新的高科技饲料企业建立，如“鹤来”“东方联鸣”“中农博特”“丰科汇”等，本着起点高、科技含量高、员工素质高、管理水平高的“四高”标准兴办。其产品以生物技术为主，结合天然物及其提取物的开发利用，或消化吸收国外先进技术进行饲料配制技术的创新，生产出无公害 安全营养的饲料产品，如“北京丰科汇生物技术公司”的“绿牲牌”饲料，被中国绿色食品发展中心认定为A级绿色食品生产资料，并颁发了认证推荐证书。

3. 请全国知名企业进京参与北京国企改制又有进展。继四川“希望”、“通威”、广西“扬翔”、“厚望”等10来个饲料集团或公司先后进京建立窗口企业基地，参与北京国企改制重组，并取得了明显成效后，湖南的“唐人神集团”，辽宁的“禾丰集团”，又先后进京，“唐人神集团”租赁了顺义区的“北务饲料厂”，并拟组建北京总部参与京郊农牧产业化建设，“禾丰集团”和北京“三元集团”合作，租赁了北京最后一个较大的“福茂饲料公司”，成立了“北京三元禾丰饲料有限公司”。“东方希望”在怀柔新建的“强大饲料公司”即将投产。

4. 企业的法制观念、质量意识，特别是卫生安全意识普遍增强。企业各项管理制度进一步完善，员工素质普遍提高。这主要是通过《条例》及农业部各项配套规章政令的学习、培训，贯彻落实证、号的审核、审批、核查评定、注册登记、专项检查、年检年审等工作，对企业不断提出要求、规范企业行为取得了成效。

5. 饲料企业出现能联则联、能合即合，上规模、上档次、上水平、提高科技含量，进行饲料配制技术创新，积极参与发展农牧产业化的发展趋势。不少企业开发研制天然物及其提取物饲料添加剂和预混料，逐步消减或撤掉化学合成的饲料添加剂，减少或避免药物，重金属的残留，积极响应和参加无公害食品行动计划的启动和饲料安全工程的实施，参与市政府农产品安全体系建设，如“资源集团”的安全肉，“丰科汇”“天福莱”的安全蛋，“康达集团”的清真牛羊肉项目等。饲料行业认真执行无公害食品的饲养，饲料使用准则。协会正在引导和支持更多的饲料企业生产出更多的无公害安全饲料产品，转化出更多的无公害安全的畜禽产品，并积极向农牧产业化方向发展，以适应社会市场需求和入世后畜禽产品出口创汇的需要。

【主要工作】 2001年主要抓了以下几个方面工作：

1. 组织完成了饲料市场专项联合检查工作。根据国家工商局和农业部联合通知要求，上半年开展一次农资市场专项联合检查“打假”活动，饲料市场专项检查是其中之一。受市农委委托提出了“北京市饲料市场联合检查实施方案”，召开了饲料企业会议，进行了部署，并组成市农委、市工商局、市技术监督局、市饲料工业协会、市饲料监察所参加的联合检查组，在各区县农委、工商局、技术监督局和有关部门参与配合下，对168个企业进行了为时近一个月的实地检查，对检查出的问题，分别进行了处理和纠正，并以市农委名义给农业部呈报了检查工作总结报告。

2. 完成了添加剂、预混料生产企业年检工作。根据农业部要求，对添加剂、预混料生产企业生产许可证进行了一年一度的年检、年审工作。这项工作是和联合检查结合进行的，应该年检的136个企业，有3个企业当时问题未证实暂缓通过，后经查证落实予以补办。

3. 完成了21个新办添加剂、预混料企业申请审核上报工作。2001年内有21个新办饲料添加剂或预混料的企业申请生产许可证，对其申请材料进行了审核，并到生产厂地进行实地核查评定，经先后上报农业部审批，到年底18个企业获得批准，颁发了生产许可证，核批了产品批准文号。

4. 完成了饲料检(化)验员培训，考核鉴定发证工作。根据劳动部、农业部要求，饲料检(化)员等饲料行业特有工种，实行考核鉴定持证上岗制度。年内举办了三期培训并进行了考核鉴定。87名检(化)验员获得职业资格证书，少数不合格的和新企业的检(化)验员，还要进行补考和培训鉴定。同时，控制室微机控制员的考核鉴定准备工作正在进行。

5. 调整了协会天然物饲料添加剂专业委员会，举办了交流会，出版了专业书籍。为响应配合国家提出的无公害食品行动计划的启动，饲料安全工程的实施及市政府提出的安全农产品体系建设，缓解消减畜禽产品药物残留，推动天然物饲料添加剂的研制开发和利用。协会天然物饲料添加剂专业委员会召开专业会议进行了研讨，调整充实了专业委员会的力量，编辑出版了“天然物中草药饲料添加剂研究方法”，并于2001年9月26～28日在京举办了“首届天然物饲料添加剂应用学术交流会”，得到农业部绿色食品发展中心和科技部科技交流中心、全国饲料工作办公室、中国饲料工业协会等有关部门的支持，并将宣传贯彻“无公害食品饲养饲料使用准则”充实会议内容。不少专家教授作了专题报告，出版了论文集，收到了很好的效果。

6. 编辑了“北京市饲料工业管理工作手册”。为适应饲料行业实行市区县两级管理的需要和企业遵纪守法规范企业行为的需要，“手册”汇总了国家有关部委关于饲料工业政策、法规、政令以及北京市的具体管理办法，同时包括中央领导同志对发展饲料工业的指示讲话，还有北京市饲料工业发展历程等，是一本行业管理和企业管理工作的实用工具书。

7. 完成了2000年度饲料工业统计年报汇总上报工作和协会年检材料上报工作；调整了协会所办刊物《饲料与畜牧》编委会和协办单位。参加了新闻出版署在京举办的全国期刊博览会。

8. 为杜绝非法使用“瘦肉精”行为，市农村工作委员会于12月3日下发了严厉查处使用“瘦肉精”的通报，提出了四点要求：强化管理，实行区（县）领导负责制；广泛开展宣传和教育活动，严格执法，从重查处；加大检测密度。

（北京市饲料工业协会）

天津市饲料工业

【发展状况】 饲料加工业蓬勃发展。截至2001年底我市共有加工企业262家，年末双班加工能力185万t，分布在粮食、农垦、畜牧、水产、乡镇、科研、部队、医院、化工等系统，形成大、中、小相结合，以中小为主，兼有集体、民营、三资企业等多种经济成分并存的格局。一批外商独资、中外合资企业的建成，使天津饲料工业的技术装备和管理水平有所提高，全市饲料工业产量223万t，产值41.3亿元，同比分别增长12.4%和13.9%。其中配合饲料同比增长12.5%，浓缩饲料同比增长18%，添加剂预混料同比增长14%。尤其是“浓缩饲料与预混合饲料”的大幅度增长，标志着我市饲料科技水平趋向高科技方面发展与提高。

饲料添加剂工业发展较快。截至年底，共建成添加剂生产企业75家，形成7.2万t的生产能力，年产量4.1万t，同比增长11%，化工、制药等行业正在积极开展饲料添加剂与微生物添加诱食剂等新产品的开发，也获得可喜成效。

截至2001年底，我市共有饲料原料加工企业27家，年生产能力8.4万t，产量11.7万t，同比增长26%。产品有豆粕、血粉、肉骨粉、蛋白质、鱼粉、贝壳粉、干燥酒精糟（DDGS），其中DDGS已打入国际市场。

饲料机械生产填补我市空白。天津市渔业机械厂生产硕秋牌DSL－1.0型颗粒饲料机，由专家组验收，报经天津市人民政府农业名牌产品评审办公室审批后，成为第二批天津市农业“机械类”名牌产品。

【主要工作】 在农委的执法任务中，饲料办执法任务占两项：审批一项《饲料产品生产许可证》，核准《饲料添加剂及添加剂预混合饲料》批准文号证，负责全市饲料工业的“行业管理”和“业务指导”，并对饲料生产经营具有行政执法的权力。

严格把住源头随时做好农业部颁发的“饲料添加剂、添加剂预混合饲料”生产许可证申报及核准工作。市饲料办严格按国家政策要求对全市所有申请添加剂和添加剂预混合饲料生产许可证的企业进行逐一审核，凡符合规定的均可申报。结至年底共发预混料生产许可证70个企业，添加剂生产许可证23个企业。

确保饲料质量，搞好技能培训。为确保饲料质量及数据的准确性，我们严格按国家有关规定与饲料工业协会、天津特有工种职业技能鉴定站农业025站、天津市农科院畜牧研究所联合成立培训工作班子。在农业部职业技能指导中心有关部门的指导下，从5月至8月在农业干部培训中心举办两期饲料化验员职业技能培训。有45名同志获农业部颁发的上岗证书。另外在8月下旬还举办了《饲料生产许可证》政策法规培训班。参加培训人员是大中型饲料企业法人共120余人。

认真落实饲料免税政策。根据全国饲料工业办公室（1999）22号“关于执行饲料免税政策有关问题的通知”要求，国家税务总局以国税发［1999］39号文件下发了《关于修订“饲料”注释及加强饲料征免增值税管理的通知》，进一步明确了饲料产品免增值税的范围，并将省级饲料工业管理部门和饲料质量检测机构作为饲料免增值税管理工作的一个重要环节，以保证饲料税收政策的顺利实施，召开“天津市学习贯彻执行饲料免增值税政策会议”，市国税局、市饲料办以津国税流［1999］19号联合转发《国家税务总局关于修订“饲料”注释及加强饲料征免增值税管理问题的通知》的通知。结至年底我市饲料免税政策已落实 126 家企业。

【依法治饲】 5 月 19 日，国务院颁布了饲料和饲料添加剂管理条例，全市饲料行业执法队伍加大宣传力度，增强贯彻条例自觉性。其次，严格执法，使条例确立的各项制度措施真正落实到实处，最终达到加强执法监督，确保条例的贯彻实施，其目的加强执法队伍建设，建一支政治素质强，法律水平高，业务技能精的专业执法队伍。截至年底，经专业考试考核，全市已有 94 人领取天津市“饲料管理”行政执法证。

发挥“饲料工业协会”作用。天津市饲料工业协会成立于 1992 年，是国家一级协会，是协助政府实施行业管理的重要社会团体。基本可以概括为：“服务，自律，协调，监督”，主要做到 6 个方面工作：(1) 深入调研，及时反映企业的意见和要求，为政府制定法规、政策、规划提出建设和服务；(2) 制定行规行约，建立行业自律机制，引导企业公平竞争，维护行业整体利益；(3) 深化行业标准化工作，加强社会监督，提高产品质量；(4) 为企业提供科技，市场信息服务；(5) 协调企业之间利益关系，创造宽松发展环境。为此，尽力发挥协会作用，十分必要；(6) 2000 年度中国饲料工业协会授予优秀团体会员。

（天津市饲料工业办公室）

河北省饲料工业

【发展概况】 2001 年，全省建成时产 1t 以上（含 1t）的饲料生产企业 924 家，其中时产 5t 以上的（含 5t）的饲料生产企业 142 家，分别比上年增加 18 家和 3 家。增幅为 2.0% 和 2.2%，大型企业比中小型企业增长幅度快。年末双班生产能力 980 万 t，比上年增加 20 万 t，增幅 2.1%。全省饲料产品总产量 684.9 万 t，比上年增加 20.7 万 t，增长 3.1%；其中配合饲料 538.1 万 t、浓缩饲料 120.8 万 t、添加剂预混合饲料 26.0 万 t，配合饲料比上年增加 7.3 万 t、浓缩饲料比上年增加 13.5 万 t，增幅 1.4% 和 12.6%。饲料加工业总产值达 95.8 亿元（现行价），比上年增加 7.8 亿元，增幅 8.9%。全省共有饲料添加剂生产及分装企业 128 家。各种饲料添加剂总产量 6.1 万 t（其中维生素类 4.1 万 t、微量元素类 1.1 万 t、其他类 0.9 万 t），完成工业总产值 2.6 亿元。全省共有饲料原料生产企业 222 家，产品总产量 149.3 万 t（其中鱼粉 8.8 万 t；骨粉、肉骨粉 6.2 万 t；磷酸氢钙 8.5 万 t；其他原料近 125.8 万 t）。全省共有饲料机械制造专业和兼业厂家 20 多家，其中能生产成套饲料机械的骨干企业 3 家，共生产饲料机械 335 台（套）。本省有 100 家饲料添加剂和 137 家添加剂预混合饲料生产企业取得了农业部颁发的生产许可证，并由省饲料办核发产品批准文号 569 个。4 家企业的 12 个产品被评为省名牌产品。

【行业发展特点】

1. 饲料产量增加、饲料产品结构进一步优化。配合饲料产量平稳增长、添加剂预混合饲料持平，浓缩饲料增长速度明显加快。在配合饲料中，猪料占 145.7 万 t，蛋禽料 300.0 万 t，肉禽料 65.8 万 t，鱼虾料 20.5 万 t，其他料 6.2 万 t，所占比重分别为 27.1%、55.8%、12.2%、3.8% 和 1.1%。2000 年所占比重分别为 26.9%、56.3%、12.2%、3.8% 和 1.1%。相比之下，鱼虾料、猪料比重上升；蛋禽料比重下降，主要受去年鸡蛋市场不景气的影响。

2. 饲料工业企业向大型化、民营化发展。随着我国经济体制改革的深入和市场经济的发展，饲料企业转制步伐加快，全民和集体企业逐年递减，民营企业递增。企业整体规模扩大，企业兼并、重组力度加大。2000 年我省饲料企业全民 225 家，民营企业 481 家；2001 年全民企业 95 家，民营企业 657 家，全民企业减少 130 家，民营企业增加 176 家。

3. 产品质量稳步提高，利润下滑，饲料工业在微利的经济环境中运行。在 2001 年饲料免税工作中，省饲料产品质量监督检验站为全省 400 家饲料生产企业检验了 715 批样品，合格 638 批，合格率 89.2%；不合格 77 批，占 10.8%。国家抽检合格率 100%。

【主要工作】 2001 年主要抓了以下几个方面工作：

1. 认真宣传《条例》和《办法》，加大饲料执法力度。为了进一步贯彻落实国务院发布的《饲料和饲料添加剂管理条例》，2001 年 2 月 5 日，省政府颁布了《河北省实施〈饲料和饲料添加剂管理条例〉办法》。办法颁布之后，省局立即召开了贯彻落实饲料《条例》、《办法》新闻发布会，并决定从三月初至四月十日，为全省开展饲料《条例》、《办法》宣传月活动，并制定了《河北省 2001 年春季饲料、饲料添加剂执法监督检查工作实施方案》。据不完全统计，宣传月活动期间，全省共印发宣传材料 20 多万份，书写、悬挂宣传标语、条幅 18 000 多条，其中永久性墙体标语 1 500 多条，布条幅 900 多条，出动宣传车 500 多辆次。在开展宣传月活动的同时，省局要求各市对辖区内饲料和饲料添加剂生产、经营企业执行《条例》和《办法》的情况进行自查。为了督查各市宣传月活动和自查工作情况，省饲料监督执法大队组成了联合检查组，从四月十日至四月三十日，分片对全省 11 个市进行了抽查。共查了 22 个县（市、区）的 50 家饲料生产企业，52 家饲料经营企业和 37 家猪、鸡饲养场（户）。并对市、县饲料监督管理人员和企业负责人进行有关知识闭卷考试。据不完全统计，全省共检查了饲料生产企业 570 多家，经营企业 1 500 多家，查出有问题的企业 957 家，查出问题 13 500多个，需要规范的，限期进行了改正，对个别问题较严重的，已立案查处，暂扣生产、经营许可证，并限期整顿。下半年又制定了《河北省 2001 年秋季饲料工作考核实施方案》。秋季，我办对我省 11 个市秋季饲料工作进行了全面考核。共检查了 11 个市、22 个县（市）的饲料管理机构，53 家饲料生产、经营企业，并现场对 175 名饲料监督管理人员和企业负责人进行了闭卷考试。

2001年，把查处盐酸克伦特罗等违禁药品作为全年工作的重中之重，为了加大饲料执法力度，严厉查处非法生产、经营和使用盐酸克伦特罗等违禁药品的违法行为，省局成立了查处盐酸克伦特罗等违禁药品领导小组，张彦斌局长，李志、刘肇清副局长分别担任组长和副组长，各市也都成立了相应的组织机构，并加大了查处力度。全年对饲料、饲料添加剂中是否添加了盐酸克伦特罗等违禁药品进行了不定期随机采样，并送农业部和省所检验。

2001年我省实施的春秋两次饲料执法大检查，严厉打击非法生产、经营假劣饲料的专项行动，引起了农业部全国饲料工作办公室的重视。2001年八月，全国饲料工作办分南、北两片召开全国饲料执法经验交流会，北片会议在石家庄市召开，参加会议有三北地区和中南地区的部分省、市、区饲料办主任。我省在会上第一个介绍了执法监督方面的经验，受到了全国饲料办和与会代表的好评。

2.加强法制建设，依法加强管理。为了进一步加强饲料法制化建设，继2001年2月5日省政府颁布了《河北省实施〈饲料和饲料添加剂管理条例〉办法》之后，2001年12月21日，省政府又颁布了［2001］第19号令《河北省饲料和饲料添加剂包装管理办法》，为了进一步贯彻落实《条例》和《办法》，我局先后制定并下发了《河北省饲料经营企业管理办法》，《河北省饲料生产企业审查登记管理办法》和《省外企业在我省销售饲料、饲料添加剂管理办法》。随后下发了冀牧饲字第99号、第117号、第172号、第174号、第250号文件，会同省质量技术监督局联合下发了冀牧饲字［2001］236号文，会同省工商局联合下发了冀牧饲字［2001］258号文。这些文件的下发对规范饲料管理，理顺管理体制，打击制售假、劣饲料的违法活动起到了很重要的作用。特别是我局会同省质量技术监督局联合下发的冀牧饲字［2001］236号文件，彻底分清了我省各级饲料监督管理部门和质量技术监督部门对饲料企业的监督管理权，明确了各自的职责，解决了多年来的部门扯皮，减轻了企业负担。这项工作在全国30个省、市、区尚属首列，农业部办公厅在《农业情况交流》第27期中，全文进行了刊载。按照饲料《条例》和《办法》的要求，全年共核（换）发饲料经营许可证2 834个，饲料审查登记证明955个，其中：省内企业813家，省外企业142家，871个品种。

3.加强对饲料监督执法人员的管理和培训。2001年，我省有饲料执法人员600多名。为了提高饲料行政执法人员的业务水平和执法能力，我们按照省政府法制办的要求，分期分批对全省饲料行政执法人员进行了换证前的统一培训考试，使每一名饲料行政执法人员在领取新执法证之前，都经过了培训。为了提高饲料行政执法人员的业务素质，我们邀请了农业部局的有关专家和领导于2001年八月在秦皇岛市举办了一期饲料行政执法人员培训班，参加培训人数达250多人。为了加强对饲料行政执法人员的管理，我们抓了唐山市和沧州市饲料办两个试点，搞正规化，标准化和形象化建设。建立完善各项规章制度和岗位责任制，实行目标岗位管理。要求管理工作要正规化，执行标准要系统化，执法检查要形象化，在全社会树立饲料执法的良好形象。

4.继续实施农业部丰收计划项目。在2000年组织实施《产蛋鸡复合添加剂预混合饲料综合技术推广应用》丰收计划项目的基础上，2001年继续推广实施，共推广1 540万只，新增总产5 500t，新增总产值7 000万元，技术人员投入823人，办培训班267次，共培训14万人次，印发技术资料20万份。经过争取，将我省饲料产品质量监督检验站列入农业部饲料监测中心项目，项目资金560万元，饲料监测检验费70万元；我们还从省财政争取到饲料监督检验费50万元。

【存在问题】 一是国家粮改政策还未完全落到实处。饲料粮流通体制不顺，使饲料企业的饲料用粮遇到了很大困难，造成成本增加、经济效益明显下降。二是资金短缺，影响饲料工业发展后劲。饲料行业属于社会效益大、经济效益小的支农性的微利行业，需要国家资金的支持。由于国家金融投资体制调整，饲料行业争取发展资金难度大，使部分中、小企业资金严重不足，无力进行技术设备的更新改造。三是饲料工业科技水平低，同全国先进省、市相比，我省饲料工业整体科技水平还处于较低水平。产品科技含量低，产业、产品结构还不合理，对高科技和新产品认识不足，无长远规划的科技投入，急需以科技带动，促进产业的优化升级。四是饲料行业产业化进程缓慢，近年来，饲料行业加大改革力度，加快结构调整，发展了一些饲料、饲养、加工、销售一条龙的联合体，但总体看进展不快。在全国有名的大集团、龙型经济组织相对较少，规模效益低。五是机构、队伍建设不适应需要。饲料行业是一个涉及多部门、多系统、多学科的综合产业，开展行业管理工作与协调各方面关系的任务重、难度大，需要一支高素质的队伍，但目前有的地方饲料行政管理的机构、队伍不稳定，人员素质较低，不适应作为饲料执法主体和行业管理的需要。六是饲料安全体系不健全，资金缺乏，仪器设备不足，许多市、县没有专项经费，很难保证饲料安全工程顺利实施。七是饲料、饲料添加剂的配套法规规章和收费标准不健全，不利于饲料、饲料添加剂的监督和管理。

（河北省饲料工作办公室）

山西省饲料工业

【发展概况】 2001年山西省各级饲料管理部门和生产经营企业通过实施资源整合，扩大生产规模；增加科技含量，提高产品质量；调整产品结构，满足市场需求；培育名牌产品，提升竞争能力等战略性措施，使饲料工业保持了旺盛的发展势头。

1. 企业由数量型向规模效益型过渡，企业组织向多元化方向发展。遵循市场经济规律和优胜劣汰规则，从2000年开始，一些设备简陋，技术力量薄弱的企业，渐渐不能适应新的历史条件下饲料、养殖业要求，陆续退出饲料行业，取而代之的是技术力量强，经济实力雄厚的企业通过改组、改建，扩大规模，增加产量，完善服务等措施，建立了形式各异、功能齐全的大型企业，如省农科院汇福科技发展有限公司、山西粟海集团、山西万里饲料公司正在建设年产18万t以上的饲料生产线。有的企业则酝酿以联合、股份等方式，向大型化方向发展。至2001年底，全省饲料生产企业由上年的732个减至650个，而时产5t以上的企业则由上年的40个增至55个，这些企业的年生产量可达全省年产量的1/3。全省年生产能力提高到350万t。大型饲料生产企业的增加，不仅优化了人才、资源的配置，而且使饲料企业布局由小而散向大而集中的方向转变。

2. 饲料产量增加，产品结构趋向合理。2001年饲料原料价格大幅上扬，与上年相比涨幅达15%～20%，而畜禽产品价格却一直在低价位运行，使饲料的生产销售受到制约。为了巩固企业的市场份额，稳定市场秩序，多数企业在极微利或不赢利状态下维持生产，全年共生产各类饲料156.2万t，比上年增加27万t，增幅20%。饲料工业总产值23.7亿元，比上年减少1.5亿元，减幅6%，可以看出，饲料企业在本年度为养殖业的持续健康发展和农民增收做出了突出贡献。在“稳定猪、鸡，发展牛羊”政策的指导下，山西全省的牛、羊养殖有了较大发展，为了满足牛、羊及其他特种动物的需要，很多企业及时开发生产了牛、羊浓缩饲料、配合饲料及精料补充料20万t，占到全部产量的12.8%。至此，可满足各种饲养动物需要的饲料产品在全省基本普及，产品结构逐步走向良性循环轨道。

3. 饲料质量稳定，没有发生重大质量事故。由于国家启动饲料安全工程，加大监督检查力度，加之饲料行业的质量观念和社会责任感提高，使饲料产品质量继续保持了稳定发展的水平，产品抽检平均合格率为78%，比上年度75%的合格率提高了3个百分点。在饲料卫生方面，年内曾进行过三次专项检查(药物残留、“瘦肉精”等)，结果没有查出含有违禁药物的产品。与此同时，饲料企业的所有制构成逐渐向多元化发展。全部饲料加工企业（650个）中，国有企业77个，占11.8%；集体企业96个，占14.8%；民营企业259个，占40%；联营企业90个，占13.8%；股份制企业128个，占19.6%。

【主要工作】 培育规范有序的饲料市场秩序，确保饲料安全卫生是本年度饲料行业的主题内容，年内完成的主要工作有：

1. 大力宣传《饲料和饲料添加剂管理条例》。在会议传达和印发文件的基础上，山西省饲料工业办公室把“条例”印制成张贴广告，发送各企事业单位，起到了较好的宣传效果。

2. 为杜绝假冒、伪劣、有毒、有害物质进入饲料、养殖环节危害畜禽乃至人类健康，分别于3月、8月、11月开展了三次监督检查，查封了20个违规企业，销毁过期失效或无证产品110种。新年春节之际，在省政府的支持下，组织省、市、县三级饲料监测部门在全省 开展了一场以“瘦肉精”为主攻目标，对重点生产、销售及养殖场（户）进行了突击检查，共抽取“饲料/水”样品175份进行专项检查。“瘦肉精”检出率为零，解除了城乡居民对猪肉的恐惧心理。

3. 以提高饲料行业整体水平为目的，开展了饲料行业特有工种职业技能鉴定工作。6月份对63名饲料检验化验员进行职业技能鉴定，结果有59名通过鉴定，获得劳动和社会保障部核发的中级饲料检验化验资格。

4. 鼓励企业创名品、树品牌，提高行业竞争能力。9月份山西省举办首届饲料兽药畜产品展评展销交易会，饲料企业以优秀的阵容积极参与，全会评出163个获奖产品，其中有61饲料产品获得奖项，占获奖总数的37%。

【存在问题】 由于种种原因，市、县级饲料行业管理机构建设速度受到影响，仍有5个市（地）、100个县（市、区）没有成立饲料行业行政管理机构。有法可依，但无人执法的现象没有大的转变。其外，对流通领域、畜禽养殖场（户）的饲料和饲料添加剂管理比较薄弱，这些环节的安全隐患依然存在。

【今后工作思路】 一是大力宣传《饲料和饲料添加剂管理条例》及相关法律、法规，提高行业的法律意识。二是积极稳妥地推进职业技能培训和职业资格鉴定工作，提高从业人员的专业素质和行业整体水平。三是加快饲料行业管理机构和饲料执法队伍及饲料监测体系（特别是饲料安全卫生监测体系）建设，提高饲料管理水平。四是把饲料安全工作作为一项长期任务，坚持不懈地抓下去。应加大抽查频率，扩大检查范围，严厉打击制假售假和使用违禁药物的行为，为饲料养殖业健康发展创造良好的环境。五是加强饲料标准化建设步伐。饲料标准化是规范生产、经营行为，保证产品质量的重要手段。尤其是加入WTO后，必须将标准化工作提高到一个新高度予以重视，认真落实各项标准。六是推行先进的质量管理体系。要采取有效措施，推行ISO9000质量管理体系和“危害分析与关键控制点”管理体系（HACCP）。七是实施《饲料工业“十五”计划和2015年远景目标规划》。全国饲料工作办公室和山西省饲料工业办公室已相继出台了“十五计划”和到2015年目标规划，为圆满完成计划内容，实现远景目标规划，应尽快组织实施。八是通过科技创新和强化管理，推出重点企业进行重点培育，大力扶持，打造名牌饲料产品，提升竞争实力。九是认真研究世贸组织规则，提高适应经济全球化的能力，大力弘扬民族饲料工业。

（山西省饲料工业办公室）

内蒙古自治区饲料工业

【基本概况】 2001年全区有饲料加工企业149个，年生产各种饲料约65万t，其中配合饲料产量为35.3万t，浓缩饲料26.5万t，添加剂预混料3.2万t，此外，骨粉、鱼粉、豆粉等产量约4.3万t，远不能满足畜牧业发展的需要，很大部分依赖外省的饲料。特别是添加剂产品和添加剂的预混料产品，绝大部分来自周边地区。从产品结构上来看，我区目前生产的饲料，基本上是以猪、禽配合饲料及奶牛精补料为主，2001年配合饲料产量下降，浓缩饲料产量上升，牛羊反刍动物饲料产量大幅度增长，占全区配合饲料总量的26%，尤其是奶牛浓缩料，产量达到2万多t，随着奶业的发展和牧区禁牧舍饲的不断深入，反刍动物饲料产量呈现进一步上升的势头。

【组织机构】 自治区饲料工业办公室于2000年机构改革时由自治区经贸委划归畜牧业厅、现挂靠在草原处，有一名专职工作人员。目前由于基层机构改革还没有完成，饲料办建制一直没有确定，我区有一个部级监察所，同时也是自治区技术监督局认可的自治区级饲料监察所，隶属于畜牧业厅，是全国六个部级饲料监察所之一，负责华北地区的饲料检测工作，在包头和赤峰市各有一个市级饲料检测站，负责本地区的饲料检测工作，其主要任务是产品质量检验、委托检验、仲托检验、投诉检验，新产品鉴定检验，名牌产品认定检验等。

【主要工作】 2001年自治区饲料办重点抓了以下几个方面的工作：一是组织全区盟市畜牧局（饲料办），对区内饲料生产企业和经营企业进行了摸底调查，初步掌握了全区饲料生产、经营企业的基本情况和行业动态，为今后的宏观管理奠定了良好的基础。二是于2001年6月组织召开了全区饲料暨饲料工业协会第二届理事会议，会议明确了我区今后饲料工业发展的指导思想、工作思路和工作重点。完成了饲料工业协会隶属关系的变更和第二届理事会的换届选举工作，修改了协会章程，制定了《内蒙古饲料工业协会会员管理办法》、《内蒙古饲料工业协会会员会费管理办法》等文件，并决定与内蒙古畜牧科学院联合创办《畜牧与饲料科学》期刊。三是按照国务院打假联合行动电视电话会议精神，我们协同自治区工商行政管理局联合行动，在盟市畜牧、工商、电视台的配合下，对饲料生产企业比较集中的呼和浩特市和包头市进行了饲料打假活动，对市场上检查出来的假劣饲料，依据《饲料和饲料添加剂管理条例》进行了严厉的查处，这次行动是我区第一次对饲料行业采取的集中行动，有效地提高了饲料生产经营企业的守法意识。四是根据《饲料和饲料添加剂管理条例》，制定了《内蒙古自治区饲料和饲料添加剂生产、经营企业审查登记管理办法》，对企业的生产经营行为进行了整顿规范，并组织起草了《内蒙古自治区实施〈饲料和饲料添加剂管理条例〉办法》草案，列入自治区人大五年立法规划。五是加强饲料质量监测，确保饲料安全，严防在饲料中添加和使用盐酸克伦特罗等违禁药品和滥用抗生素药物添加剂的行为；2001年完成各类饲料产品质量检测2 000多批次，产品合格率达到88%，在农业部的支持下，我们在区内肉猪和肉鸡生产集中的盟市饲料生产企业和养殖场户，突击抽取了育肥猪配合料，肉鸡配合料及其饮用水45个批次，进行饲料安全检测，重点就饲料及其饮用水中盐酸克伦特罗、呋喃唑酮、氯羟吡啶，3-甲氧卞氨嘧啶等药物含量进行检测，检测合格率达到100%，此次行动有效地促进了广大饲料生产企业和养殖户的饲料安全意识。

【存在问题】 一是饲政管理环节薄弱。我区各级畜牧部门都没有饲料专职管理机构，面对日渐兴盛的饲料工业，缺乏管理力度，在整顿规范饲料市场，开展日常的统计、审核、培训等工作时，感到人力、技术严重不足。此外，饲料管理部门在饲料基础产业、科技、信息等方面没有投资，缺乏引导饲料工业向安全、卫生、环保型方向发展的必要手段，影响了饲料管理部门的宏观调控能力。二是饲料工业有些失衡。我区饲料加工企业主要分布在呼和浩特、包头、通辽、赤峰和临河，其他地区基本上没有成规模的饲料加工厂。这也是外省区饲料销往我区并占领一定市场的原因之一。随着禁牧舍饲、加强生态建设工程的实施，以及集约化经营程度的提高，半农半牧区和牧区对饲料的需求量不断增加，在这些地区有必要引导企业去开发，以适应饲料市场的需要。另外，我区饲料企业普遍规模小、档次低，像伊利集团和草原兴发集团走企业加农户的模式将是饲料企业发展的方向。三是科研投资和推广力度不够。我区饲料产品多属低档产品，原因有两个，第一具备现代化加工技术设备的企业少，第二饲料科研投资力度不够，已有的成果转化为生产的少，如我区畜牧科学院营养所，科技力量雄厚，尤其是在反刍动物饲料研究方面居于国内领先地位，由于没有专项资金，在进一步研究和成果转化方面受到了限制。根据形势的需要，应建立饲料信息中心，采用微机联网等多种技术手段，开展对饲料信息的及时收集、整理和传递、发送、以适应当代信息交流的要求。四是缺乏饲料贮备库。我区面积大，牧区交通不便，又没有农作物秸秆和饲草料加工厂，如遇自然灾害、粗饲料的供给就显得特别重要，实施禁牧舍饲后，粗饲料需求量将会急剧增加，大部分地区靠当地产草很难满足供应。农区有大量的农作物秸秆，加工成草捆后运往牧区，提前贮备好，以备急用。这项工程需政府统筹规划，合理布局，专项投资，这是解决牧区多年来粗饲料及时合理调剂的根本措施。

【发展措施】 加快我区饲料工业发展面临的重要任务：我区饲料工业经过近20年的发展，有成就，也有差距；有优势，也有劣势。因此，根据我区实际情况和现阶段饲料工业发展现状，今后工作的思路是：坚持以江总书记“三个代表”思想为指针，按照市场经济发展规律，坚持发展与提高并重，加大饲料资源开发力度，提高科技含量，把工业化饲料引入牧区，依法加强饲料行业管理，加强饲料质量监测，确保饲料安全，努力为饲料行业发展创造良好的发展环境，实现饲料质量和效益同步增长，为发展绿色生态畜牧业，建设畜牧业强区，振兴农村牧区经济发挥更大的作用。

具体措施：加强政策投入和资金投入，促进饲料工业快速发展；要加大结构调整力度，增强发展实力；要努力提高产品质量，强化科技服务水平；要充分利用资源，开发创新产品；要加强饲料安全监测，不断提高饲料质量；加强饲料行业管理，建立规范有序的饲料市场。

（内蒙古自治区工业办公室）

辽宁省饲料工业

【基本情况】 2001年饲料行业进入一个新的发展阶段，企业由数量扩张、快速发展阶段，转向优化结构、稳步提高阶段，企业组成向规模化、集团化方向发展，产品结构向名牌化、系列化方向转变。总体保持良好的发展势头。

1. 龙头企业的作用不断加强，企业规模效益日趋明显。据统计，省前十名饲料加工企业集团的产量为103万t，占总产量的25.8%，比上年增长2个百分点，实现工业总产值为16.3亿元，占总产值的18.7%，比上年增长7.8%，实现利润5 313万元，占总利润的25.3%。如辽宁大成农牧实业公司实行“公司+农户”的产业化模式，不但企业自身经济效益显著，而且带动6 000多户农民走上致富道路；禾丰牧业有限公司冲破所有制、地区界限，与北京福茂公司合作，成立北京三元禾丰公司，目前禾丰牧业有限公司已是具有15个分公司的大型企业集团，起到了龙头企业的作用。

2. 饲料产品结构进一步优化，产品名牌意识不断增强。一是企业根据养殖业需求及时调整产品结构。据统计，2001年配合饲料比重占总产量的53.1%，与上年相比下降了11个百分点；浓缩饲料的比重占45.9%，增长11.3%，添加剂预混料占1.0%，基本持平。在配合饲料中猪料占14.8%，与上年相比增加4.2%；蛋鸡料占53.1%，下降7.1%；肉鸡料占22.4%，基本持平；水产料占7.8%增长2.8%。在浓缩饲料中，沈阳、鞍山、铁岭产量增长较大，其中沈阳增长近三倍。通过饲料生产许可证年检，添加剂预混合饲料生产、流通领域得到了进一步规范。二是企业注重名牌效益。如禾丰的预混料、辽宁大成的肉鸡料、普瑞纳（抚顺）的乳猪料、辽河英鹏的蛋鸡料、营口嘉荣的鱼料不仅科技含量高，在省内市场占有很大份额，在省外也有一定的知名度和市场份额。

3. 饲料产品质量不断提高，产品质量安全意识得到加强。一是启动饲料产品安全工程。2001年省财政安排专项资金100万元，加大了对违禁药品查处力度，启动了饲料安全工程。根据农业部要求，先后对300多家饲料生产企业、500多家饲料经销单位、80多家饲养场进行了违禁药品检测，通过对160个样品的检测结果表明，我省饲料企业没有发现使用“瘦肉精”和违禁药品。二是饲料产品质量稳步提高。免税送样合格率为98%，抽样检测合格率为90%；饲料流通领域产品质量合格率为72%。

4. 以科技为先导，大力开发、推广、使用高科技产品。如禾丰牧业有限公司研制开发的无公害饲料添加剂已列为省级农业推广计划；沈阳畜牧业公司研制的B28断奶仔猪人工乳已列入国家农业科技成果转化项目；辽宁饲料工业新技术研究所开发的SEM科隆粉、天蔚来饲料公司的叶精菌体蛋白饲料等获得市级科技进步二等奖。

【饲料加工工业】 2001年全省饲料产品总量仍保持良好的发展势头，突破400万t，是大发展的一年。据统计，全省时产1t以上饲料加工企业为649家，与上年相比下降4.4%；其中时产5t以上企业180家，与上年相比增长13.2%；年末双班生产能力达1 189万t，与上年相比基本持平。总产量为400.3万t，与上年相比增长3.7%，其中配合饲料212.5万t，下降14.5%；浓缩料为183万t，增长37.0%；添加剂预混料为4.1万t，增长30.0%；全年实现工业总产值为87.2亿元（现价），增长6.0%，利润总额为2.1亿元。

【饲料原料工业】 饲料原料工业由于受国际市场的影响，加工成本增加，总产量减少，效益下滑。据统计，饲料原料企业共有99家，其中鱼粉加工企业24家，产量为12 411t，实现产值5 055.4万元（现价），利润80万元；骨粉、肉骨粉26家，产量为9 670t，实现产值477万元（现价）。磷酸氢钙2家，产量3 600t，实现产值477万元（现价）。

【饲料添加剂工业】 饲料添加剂工业通过对生产许可证的年检，使添加剂生产、流通领域更加规范，正向健康方向发展。虽然添加剂市场竞争激烈，但我省添加剂工业依靠雄厚的技术力量，不断开发新产品，一些科技含量高的品种如植酸酶、甜菜碱等产品产量稳步增长。据统计，2001年饲料添加剂总产量为16 878t，其中维生素K 3 156t，与上年相比增长4.7%；植酸酶、复合酶为342t，同比增长75%；甜菜碱30t。全年实现产值9.84亿元。东北制药总厂及时转变观念，根据市场需求，及时调整产品结构，当年生产饲料添加剂13 495t，其中维生素C 12 800t；维生素B 1 695t，实现产值达5 000万元。

【饲料机械工业】 饲料机械工业总体是稳步增长，中小型成套设备备受生产企业欢迎。据统计，2001年饲料加工机械总产量为211台套，同比增长85%。其中时产10t以上3台套，同比下降40%；时产5～9t 48台套，同比增长20%；时产1～4t 78台套，同比增长13%。全年实现工业总产值1 486万元，销售收入1 282.9万元，实现利润总额118.7万元。

【行业管理】 一是依法治饲，规范饲料行业管理。根据《饲料和饲料添加剂管理条例》的有关规定，先后制定了《辽宁省饲料生产企业登记审查管理办法》、《辽宁省饲料添加剂和添加剂预混合饲料生产许可证及产品批准文号审批程序》等规范性文件。二是组织实施免征增值税审核确认工作，全省共有690个生产企业1 621个产品通过审核程序，享受国家免征增值税优惠政策。三是组织实施对全省90家获得饲料添加剂和添加剂预混合饲料生产许可证的年检工作。四是充分发挥饲料工业协会桥梁纽带作用。为适应入世后政府职能转变的需要，省饲料办将对饲料生产企业登记审核等16项工作委托省饲料工业协会和省饲料技术推广站。五是强化饲料行业特有工种的培训工作。全年共培训鉴定化验人员86人，机械设备维修工34人，同时为提高培训鉴定工作专业化程度，通过考核确定了化验培训鉴定基地和机械设备培训鉴定基地，中控培训鉴定基地正在考核中。六是加强信息和宣传工作。一是组织了30个企业52个展位参加了"2001年中国畜牧既饲料工业交易会"；二是省饲料工业协会于6月份创办了《辽宁饲料》会刊；三是首次成功组织饲料行业庆"十一"歌唱祖国文艺汇演活动。

（辽宁饲料工作办公室）

吉林省饲料工业

【基本情况】 据统计，2001年吉林省饲料工业总产值实现了580 000万元（按现价），产品产量250万t，其中配合饲料142万t、浓缩饲料98万t、添加剂预混料2.3万t、饲料添加剂1.5万t。年末双班生产能力530万t，开班率47.2%。全省共有饲料和饲料添加剂企业276户，其中时产5t以上的企业55户。饲料工业从业人员22 999人。

【主要工作】 在2001年省政府决定将饲料行业管理职能划归省牧业管理局承担，吉林省饲料工作办公室挂靠在省牧业管理局，全省各市（州）、县（市、区）均在本级牧业管理局内设立了饲料工作办公室。使全省上下形成了省、市、县三级饲料行业管理体系。开展了卓有成效的工作：

1. 在2001年年初召开了全省较大饲料生产企业负责人座谈会，研讨了全省饲料业的发展前景。省牧业管理局彭志国局长做了重要讲话。他将吉林省饲料业面临的形势任务概括为"十个字"即"机遇、挑战、问题、潜力、发展"。

2. 2001年3月组织吉林德大有限公司、长春大成集团、长春中谷华龙饲料有限公司和吉林正大实业有限公司参加了农业部在北京召开的《饲料安全质量情况新闻发布会》，并且这四家企业加入了全国35家饲料企业发起的《饲料安全新世纪宣言》的行列。

3. 2001年5月25日，吉林省饲料工作候车室组织吉林省农科院畜牧分院，吉林农业大学等单位的饲料专业科技人员10人参加了由中国饲料工业协会和农业部职业技能鉴定指导中心在西安市举办的《饲料工业行业职业技能鉴定质量督导员和第四期职业技能鉴定考评员资格认证培训班》。分别获得了质量督导员、考评员和高级考评员证书。

4. 2001年10月28日，吉林省饲料工业协会第二届理事会召开。杨庆才副省长、中国饲料工业协会王随元副秘书长及辽宁、黑龙江两省饲料工作办公室的领导均出席了这次大会。大会选举王秀林（吉林行大有限公司总裁）为会长，徐周闻（长春大成集团董事长）等11名饲料企业老总为副会长。完成了协会由"官办"向企业家办会的转变。

5. 2001年12月，举办了全省饲料行业执法培训班。各市、州、县（市、区）饲料工作办公室主任均参加了培训。省法制局等有关部门的专家就行政执法有关问题进行了讲课和辅导。使全省饲料行业行政执法水平有了很大提高。

6. 按照全国饲料行业打假行动的部署，吉林省饲料办与工商部门联合行动，对饲料生产、经营较集中的长春市、吉林市、四平市和辽源市四市进行了全面检查，规范了企业、净化了市场。

【今后工作思路】 我省饲料业面临的形势任务，可以用"十个字"来概括，即"机遇、挑战、问题、潜力、发展"。

1. 机遇。我省牧业发展形势非常好，牧业产值要占农业产值的50%，"十五"期间，要实现这样一个目标，必须依托饲料业的大力支持。从今年开始，主要畜产品年平均增长在5%以上，这就是饲料业发展的最好机遇。同时，从粮食转化看，全省增加饲料粮面积，"十五"期末达到1 000万亩，今年增加100万亩。畜牧业发展越快，饲料业发展的空间就越大。

2. 挑战。加入WTO后，饲料企业发展面临严峻的挑战。一是受国外低价饲料原料和饲料的冲击；二是WTO规则制约国家对饲料工业的扶持和保护；三是外资企业大量涌入，这些企业背后有国际大财团支持，投资大、规模大、起点高，大多是战略性投资，3～5年内不赚钱，只是抢占市场份额，这将严重冲击国内饲料业的市场份额；四是目前饲料业获得利润已降到0.5%，而售价仍高于国际水平，在生产成本和生产率上，难与发达国家抗衡。

3. 问题。目前，饲料业发展滞后的原因一是缺乏科学的宏观发展规划。有的县各类饲料企业多达近百家，而有的县却一家没有，在企业布局上极不合理，致使饲料业发展处于无序状态。二是企业低标准、低水平生产，还处于初级阶段。三是认识滞后。目前，饲料业已经进入了新的振兴时期，正在朝着以调整、提高为主要标志的成长阶段发展。有些饲料企业的负责人在新形式面前，思想准备不足，认识不到位，行动上缺乏紧迫感。特别是对我国加入WTO后的形势认识不足，没有把入世看成是一种机遇和挑战，企业发展缺乏新的增长点。认识上的滞后，必然影响饲料业的发展。

4. 潜力。全省牧业总量扩张趋势和拥有的各种粮食资源，都是饲料业加快发展的潜力。特别是我省粮食人均占有量、商品量、调出量连续十几年居全国第一，但我省饲料业总产量远不如广东、山东、江苏、四川等省。由此可以看出，我省的饲料业发展上还是很有潜力的。

5. 发展。饲料业要坚持发展与提高并重的原则，逐步把我省建设成饲料业大省。主要是五个方面：一是建立健全新的饲料工作体系。二是搞好饲料业发展规划的制定。三是着力抓好饲料工业快速发展。各级饲料工作机构要从服务和扶持的原则出发，摸清每个饲料企业的基本情况，有针对性地培植骨干企业，发展名牌企业和名牌产品，帮助中小饲料企业上水平、上档次、上规模，为建设饲料业大省打下坚实的基础。四是搞好饲料市场的净化与管理。要按照国务院颁布的《饲料和饲料添加剂管理条例》的要求，对生产、经营伪劣饲料的厂家和企业，进行严厉的处罚和打击，帮助规范企业的生产行为。同时加大对饲料市场的整顿力度，坚决杜绝伪劣饲料进入省内市场，提倡公平竞争，保护优质名牌饲料。五是抓好饲料安全工作。生产绿色畜产品和安全畜产品，根本因素就在饲料上，各级饲料工作机构要与质量技术监督局搞好协调，各饲料加工企业要给予密切配合，对药物残留和饲料添加剂等按要求进行监测。同时，对饲料生产企业实行挂牌管理，评等评级，好的加以支持和鼓励，差的限期整改。以加强饲料安全体系建设为突破口，通过规范管理，使全省饲料生产迅速与国际接轨。

（吉林省饲料工作办公室）

黑龙江省饲料工业

【发展概况】 饲料工业继续保持健康发展的良好态势。一是产量稳步增长。2001 年饲料生产能力达到 720 万 t，生产企业已达 515 家，经营企业 3 600 多家。饲料生产总量达到 377 万 t，增长 11%，其中配合饲料产量 214 万 t，增长 8.7%，浓缩料产量 135 万 t，增长 17%，添加剂预混料 28 万 t，增长 14%，实现产值 92 亿元，增长 13%。二是产品质量进一步提高。配合饲料合格率达到 89%，饲料和动物饮用水中药物残留合格率为 93%，与 2000 年比均有不同程度的提高。三是产品结构进一步优化。浓缩饲料比重上升，节粮型奶牛饲料和猪料比重增加。四是饲料资源开发取得进展。全年秸秆饲料已达到 29 万 t，多种原料综合利用也有了很大突破，如棕榈粕、菜籽粕、棉籽粕等，降低了产品价格。五是饲料添加剂国产化进一步提高，产品品种、质量、价格等方面改变多年来依靠国外进口局面。六是饲料产品价格保持稳定。2001 年饲料原料、添加剂品种价格均有不同程度的上涨，个别产品涨幅很大，但饲料产品一直保持稳定，全年饲料产品价格基本平衡。七是新建起一批高科技企业，肇东、牡丹江两个万 t 赖氨酸厂建成，将改变我省饲料添加剂生产的格局，尤其对我省粮食转化起到很大作用。

【主要工作】 2001 年主要抓了以下几个方面工作：

1. 认真整治了饲料市场。按农业部要求，从 2001 年 5 月至 11 月开展了三次专项打假活动，不但堵住了对假冒伪劣饲料和饲料添加剂的生产源头，还使经营场所、养殖户等得到了全方位监控，同时对中、小饲料生产企业和经营企业也加大了监管力度，特别是加大了对违禁药物添加剂的使用以及无生产许可证、无批准文号、无产品质量标准，无标签和无质量合格证的饲料和饲料添加剂生产企业的查处力度。2001 年共出动执法人员 2 000 多人次，共检查生产企业 340 多家，经营企业 1 560 多家，查获假冒伪劣产品 230 多 t，特别对盐酸克伦特罗，进口肉骨粉等产品加强查处。制售假冒伪劣饲料和饲料添加剂的违法行为得到遏制，饲料和饲料添加剂市场得到进一步净化。

2. 加强饲料基础设施建设和项目管理。一是向国家报送哈尔滨饲料检测中心工程项目，经多方努力，该工程得到批准。二是向省计划委员会报送建立省级饲料检测站和市级饲料监测站项目，目前正在落实中。三是向省财政厅申请饲料安全监督检验费，此项经费正待审批。

3. 加强了行业队伍素质建设。一是和全国饲料工业办公室举办行政执法人员和大中型企业负责人法律法规培训班，加快了对法规的理解，提高执法人员素质。二是举办全省生产企业中控室操作工、化验员、维修工进行 5 期培训班，共培训鉴定学员 378 人，提高了从业人员素质。三是出现了一些好的饲料工业企业和行业管理部门，如哈尔滨美龙饲料公司，哈尔滨新胜饲料公司、哈尔滨远大饲料公司、伊春友好养殖厂、肇东、五常希望集团等大型企业，他们从企业管理、产量、质量、服务、效益等方面都给行业做出了榜样，为我省饲料工业发展做出贡献。特别是佳木斯市饲料工业办公室和哈尔滨市饲料工业办公室几年来工作认真负责，在行业管理上做出了很多值得我们学习的经验。

【存在问题】 主要有以下几个方面：

1. 认识不到位。一是对饲料产业定位不准。人们往往将其视为从属产业，工作中也放在从属地位，忽视了饲料工业已经发展成为一个独立产业部门。二是饲料产业作用认识不足。发展饲料不仅能转化粮食，提高养殖业效益，促进养殖业向集约化和现代化方向发展。而且也能吸纳农村劳动力，增加农民收入。同时还能带动其他相关产业发展。有些地方在机构设置、基本建设上往往忽视了饲料工业的作用。

2. 管理体制不顺。一是越权管理。国务院在农业部《饲料职能配置内设机构和人员编制规定》中把饲料标准的制定并监督实施等饲料质量监督管理的职能明确地赋予了饲料行政管理部门。但有些地方某些部门仍然介入饲料行业管理，造成政出多门，重复检验、重复收费。二是管理缺位。机构改革后还有部分县（市）尚未设立饲料管理职能部门，个别地区管理工作造成真空。

3.饲料安全问题突出。近年来，一些国家疯牛病、二恶英、口蹄疫等饲料安全问题频繁发生，造成巨大经济损失。当前国内盐酸克伦特罗等恶性事件也经常发生，甚至发生了严重中毒事件，影响十分恶劣。事件的出现，一是饲料标准体系建设滞后，饲料添加剂仍有120多种未定标准。有关卫生检测方法标准不完善，无法为行业监督和行政执法提供技术依据，直接影响到监督检测法律效力。二是建设资金投入不足，监督检验经费匮乏，导致检测仪器陈旧，技术落后，大部分市地根本没有检化验室，不能适应行业监督管理和行政执法的需要。三是执法人员素质有待进一步提高，由于人员变动大，法律法规培训滞后，执法中失误不断出现。

【今后工作重点】 2002年，我们工作指导思想是：继续贯彻执行《饲料和饲料添加剂管理条例》，切实加强行业管理和行政执法，努力确保饲料安全，促进饲料工业和养殖业持续健康发展。工作目标预计2002年饲料产量达到415万t，产值达到98亿元，分别比上年提高11%和9%。为完成上述目标重点抓好以下几项工作。

1.完善配套法规，重新制定《黑龙江省饲料和饲料添加剂管理办法》。《黑龙江省饲料管理暂行办法》是省政府1992年发布实施的，有些条款与1999年实施的《饲料和饲料添加剂管理条例》不尽一致，其可操作性也不强，急需重新制定。去年末，我们已把重新制定的《黑龙江省饲料和饲料添加剂管理办法》向省政府法制办进行了专题汇报，目前我们完成了修订稿起草工作，下一步要组织力量搞好立法调研、协调工作，力争年内尽早出台实施，从而使我省的饲料法规体系得到进一步健全完善。

2.强化执法监督管理，规范生产经营程序。

(1) 进一步开展专项打假活动，严厉打击违法行为。我们今年要按照农业部的统一部署和要求，继续把饲料打假工作引向深入。打假重点是对饲料和饲料添加剂生产经营场所、养殖场（户）的自拌料，特别是小型生产企业和经营网点的监督管理，进一步规范饲料和饲料添加剂市场的经营秩序。计划3～8月份组织三期全省性饲料、饲料添加剂专项打假活动，对查出的假冒伪劣饲料案件，坚持产品源头和流向要搞清楚，不搞清楚坚决不放过。对制假造假责任者坚决依法处理，做到查出一起处理一起，从重从快严厉打击。使饲料产品质量和安全性有明显提高，做到让人们吃上放心肉，喝上放心奶。

(2) 加强产品监管，保证产品质量。今年上半年，拟对全省饲料生产企业、经营单位、养殖场三个环节进行一次饲料统检。除了检测分析常规项目外，重点是对饲料中超量使用兽药和违禁饲料药物添加剂的检测，尤其是对盐酸克伦特罗的检测，同时开展动物性饲料产品质量检验和流向监测工作。公开通报检测结果，从严从快查处违法行为，杜绝“瘦肉精”的使用。

(3) 加强执法队伍建设，提高执法人员素质。为了适应新形势下饲料执法工作任务日益繁重的需要，要求市地县在机构改革后尽可能健全执法机构，充实执法队伍。针对市县饲料执法队伍人员新、专业素质不高的实际，组织开展一次全省饲料行政执法培训班，学习宣传新修订的《饲料和添加剂管理条例》、《黑龙江省饲料和饲料添加剂管理办法》和相关行政法规和执法程序。通过培训班，切实提高全省饲料管理队伍的执法水平。

(4) 抓好企业职业技能鉴定，提高从业人员素质。按照农业部［2000］14号文件要求，继续开展饲料行业职业技能鉴定工作。今年我们要继续对加工企业中心控制室操作工、维修工、化验员三个工种进行职业技能鉴定，拟举办6～8期培训班，培训人员500人左右。

3.搞好安全工程项目建设和资金筹措。2001年度我省申报的国家饲料安全工程项目已得到农业部的批准，农业部农计发［2001］33号文件批复省药检所项目总投资为560万元，其中，国投336万元，地方配套280万元，主要用于购置大型检测仪器设备和实验室改造。为了争取省里的配套资金尽早落实到位，我们向省计委报送了《匹配资金请示》和《可行性研究报告》，省计委已同意立项，要求组织好项目建设，尽早达到部级标准要求。

4.加快推进饲料工业科技进步。饲料是发展养殖业的物质基础，提高饲料工业整体科技水平，提高饲料产品科技含量，对于推进质量效益型畜牧业的发展，起着基础保障作用。一是要结合我省奶业振兴计划，搞好奶牛专用饲料开发和奶牛浓缩饲料、精料补充料等产品的推广工作，使推广使用面由现在的40%左右提高到60%左右，奶牛专用料用量由现在的26万t，提高到31万t左右。二是结合我省绿色畜产品发展规划，大力推广《绿色食品饲料和饲料添加剂使用准则》、《无公害食品奶牛饲养饲料使用准则》、《无公害食品猪饲养饲料使用准则》等国家行业标准，使绿色饲料生产和产品推广取得突破性进展。三是组织搞好饲料产品质量标准的审查、登记和备案工作，使企业做到按标准组织生产，确保产品质量。四是组织抓好部分饲料生产企业的ISO9000认证工作。为了尽快使我省饲料企业质量管理与国际接轨，提高竞争力，我们拟组织5～8家企业开展质量认证工作，把我省饲料企业标准化、规范化生产水平再向前推进一步。

5.积极为行业服务，促进饲料工业发展。

(1) 继续做好行业信息工作。要努力办好《东北饲料信息》和《饲料博览》两个专业杂志，并以此为平台，及时向全行业传递新信息、新技术、新政策等。

(2) 联合办一次兽药饲料展览会。拟由省饲料工业协会、省动物保健品协会共同组织，于年末在哈市举办兽药饲料展览会，沟通产销，促进发展。

(3) 举办一次WTO与饲料工业发展对策研讨

会。组织饲料企业、大专院校、科研单位和管理工作者参加。

(4) 协调省国税部门组织好年度内饲料企业免征增值税审批工作。

(5) 筹备召开省饲料工业协会换届会议，努力把协会办成企业之家。

（黑龙江省饲料工业办公室）

上海市饲料工业

【饲料行业管理概况】 根据上海市人民政府机构调整的决定，原挂靠在市商委粮食局的上海市饲料工业办公室划转到市农委畜牧办，并改名为上海市饲料工作办公室。2001年起正式开展工作，市饲料办与市畜牧办实行一套班子，两块牌子。依据《饲料和饲料添加剂管理条例》，上海市饲料工作办公室负责全市饲料、饲料添加剂企业管理工作。为加强对全市饲料、饲料添加剂的生产、经营和使用等环节进行执法监督和检查，2001年下半年又新组建了上海兽药饲料监督管理所，与市兽医卫生监督管理所一套班子两块牌子。上海市兽药饲料监察所和上海市饲料产品质量监督检验站对饲料、饲料添加剂的产品进行检测。上海市饲料工业协会在换届后，也将归口市农委管理。上海市饲料工业标准化技术委员会受市技监局委托负责饲料工业的标准化管理。上海市饲料工业职业技能鉴定站承担饲料行业特有工种技能鉴定。

【饲料工业概况】 2001年，上海共有饲料、饲料添加剂生产企业209家，年生产饲料、饲料添加剂125万t，产值29.8亿元。产值超1 000万元企业有30家，其中7家产值超亿元。有饲料机械企业3家，产值9 220万元，出口额1 110万元。

本市饲料工业在调整中保持了健康发展的势头，呈现以下几个特点：一是产量继续稳步增长。配合饲料总产量117.2万t，比上年增6.47%，浓缩饲料3.7万t，比上年增6.2%，添加剂预混合饲料3.3万t，比上年增33.4%。饲料添加剂0.8万t，比去年增12%。二是企业管理水平不断提高。有大江（集团）股份有限公司等8个企业已通过ISO9000认证。三是产品质量进一步提高。配合饲料、违禁药物检查合格率都处于全国领先地位。四是饲料资源开发继续取得进展。交大农学院对棉籽饼、菜籽饼脱毒技术，蛋白质利用率提高取得了实质性进展。上海杰隆生物工程股份有限公司开发了血浆蛋白粉替代同类进口产品。五是饲料添加剂国产化程度进一步提高。永信维生素公司开发生产的生物素已开始远销欧美等国。浓缩饲料、添加剂预混合饲料比重上升。六是饲料产品价格保持稳定。为养殖业整体效益的提高和全面发展，为农民增收做出了相当大的贡献。

【主要工作】 2001年主要抓了以下几个方面工作：

1. 加大了依法行政监督管理的力度。

(1) 为更好地贯彻国务院《关于严厉打击制售假冒伪劣违法犯罪活动联合行动的通知》（国发［2000］32号）、农业部《关于开展农业生产资料市场专项检查活动的通知》（农市发［2001］3号）、农业部等五部局《关于深入开展农业生产资料打假联合行动的通知》（农市发［2001］4号）和市府2001年105号令《上海市食用农产品安全监管暂行办法》的要求，市饲料办与市工商行政管理局消保处、市兽药饲料监督管理所等单位，制订专项检查方案和重点检查内容，联合开展了对饲料、饲料添加剂监督管理的专项检查。对全市（含市区）所有饲料生产企业和经营企业进行了全面抽查。全年共出动1 250人次，对247家饲料生产、经营企业进行了专项检查、销毁劣质饲料共34t；会同市兽药饲料监督管理所、市兽药饲料监察所和市饲料产品质量监督检验站，根据群众投诉的10起信函，专程到饲料厂现场进行检查和抽样检测；对外省市来沪销售的饲料添加剂和添加剂预混合饲料涉疑无证、无批准文号，即与外省市饲料办联系；同时，对部分饲料生产企业的饲料标签进行了专项检查，对饲料生产企业违禁添加“瘦肉精”和养猪场违禁使用“瘦肉精”进行了抽样检测。下半年市兽药饲料监督管理所对上述查处的问题按《饲料和饲料添加剂管理条例》进行了处罚。年底市饲料办还与市兽药饲料监督管理所联合对检查中有问题、产品质量不合格、许可证年检未通过以及新办企业70余家的法人以及技术负责人举办了饲料法规培训班。

(2) 加强了饲料安全用药的监督管理。2001年在加大对饲料生产企业添加“瘦肉精”等违禁药物监督检查力度的同时，着重加强饲料安全用药的监督管理。已在添加剂预混合饲料生产许可证的企业推行了药物使用月报表制度。农业部168号公告《饲料药物添加剂使用规范》发布后，又及时对饲料生产企业进行了宣讲。

(3) 实施了生产许可证和产品批准文号的管理。按《饲料和饲料添加剂管理条例》和农业部令第24号《饲料添加剂和添加剂预混合饲料生产许可证管理办法》，今年以来共受理了22家企业申报生产许可证，经组织考核，已有14家企业取得了农业部颁发的生产许可证。按农业部令第23号、《饲料添加剂和添加剂预混合饲料产品批准文号管理办法》，今年以来共核发批准文号400余家。

(4) 贯彻市府105号令，实施了安全质量承诺制。为贯彻《上海市食用农产品安全监管暂行办法》等有关规定，2001年9月底召开了全市饲料安全工作会议，会后当即签订了安全质量承诺书，截至年底，共有150余家饲料生产企业签订了安全质量承诺书。

2. 开展了饲料企业免征增值税、技术质量审核工作。为配合市国税局做好本市饲料生产企业申报免征增值税的工作，根据全国饲料工作办公室的要求，全年共为140个企业、660余个产品出具了市饲料产品技术质量审核表。

3. 开展了市饲料工业职业技能鉴定工作。今年初对农业部、劳动部1999年批准成立的上海市饲料工业职业技能鉴定站进行职能交接后，及时对鉴定站领导进行了调整。按照全国饲料工业职业技能鉴定指导站海南会议精神，市鉴定站开展技能鉴定，全年共有34名取得农业部、社会劳动保障部颁发的检化验初级工技能鉴定证书，29名取得检化验中级工技能鉴定证书。上海还承担了农业部、社会劳动保障部下达的《饲料厂中心控制室操作工国家职业标准》的制定工作，现已通过农业部审定。按农业部人劳司的要求，市鉴定站开展了自查，并向市农委和农业部检查组汇报了鉴定站的工作。

4. 抓科技、促发展和加强信息化工作。上海市饲料工业办公室1999年所承担的农牧丰收计划《猪禽预混合饲料推广应用》项目，经过两年来的努力，在年底通过了专家的验收。在做好本市主要饲料生产企业日常统计工作的同时，为加强信息化管理，2001年又建立了全市饲料生产企业统计管理网络。

【存在主要问题】

1. 饲料产业结构不合理。一是饲料加工能力相对过剩，企业开工不足，相当一部分企业规模小、工艺落后、技术含量低、缺乏市场竞争力。二是科技含量较高的饲料添加剂工业企业不多、品种少、产量低，不能满足国内市场需求，出口量也不大。

2. 对饲料产业的政策扶持小。饲料企业既要利用高新技术、先进适用技术改造传统产业，又要发展高新技术产业，实现跨越式发展都要有必要的资金投入，近几年来由于国家无技改资金、无贴息贷款、无贷款担保，使行业的整体技术水平同国外差距拉大。我市饲料科研能力较低，尤其是对生物工程、信息技术等高新技术研究开发经费少、产业化水平低，影响了饲料工业的发展。

3. 饲料工业的培训、技术推广、信息咨询等服务体系薄弱，区（县）畜牧行政主管部门无饲料工作专职人员。

【今后的设想和工作】 根据上海现代化都市农业的构想，《上海市养殖业"十五"发展专项规划》，根据国民经济和农村经济发展需要，从我市饲料工业实际情况出发，坚持提高与发展并重、数量与质量并举的方针，通过利用高新技术，先进适用技术改造传统产业，全面提高饲料工业整体素质，实现饲料工业的可持续发展。确定了发展重点、目标，研究要采取的政策措施几项重点工作。

1. 加强饲料行业管理体系建设、依法行政，加强饲料行业管理。为加强饲料的监管，按《条例》要求区、县必须建立相应的饲料行政管理部门；区、县兽医卫生监督管理所增加兽药、饲料监督职能，增挂兽药、饲料监督管理所牌子。加强饲料安全工程的执法监督管理，提高执法人员政治素质和业务水平，强化饲料行业的管理，提高饲料工业经济、社会效益。加强对新办饲料生产、经营企业的饲料法规等知识培训；对未向市饲料办申报登记的新注册企业，在与市工商部门协商后补办有关手续，督促企业依法经营。对现有的饲料生产、经营企业进行一次全面清理、整顿，按"先证后照"的原则，在饲料行政审批事项批准后，对企业进行资质清理。要认真宣传贯彻《饲料和饲料添加剂管理条例》，依法行政，加强监督，定期组织专项检查，严格查处违法案件，实施饲料安全质量承诺制度。

2. 实施饲料安全工程。

（1）为确保本市饲料和饲料添加剂的安全和质量，按已修订的《饲料和饲料添加剂管理条例》的要求，加强与相关部门的合作，共同从源头上把好饲料安全质量关；

（2）针对绝大部分饲养场都采取自配料以及配合饲料厂自配预混合饲料等问题，拟制订《上海市饲料和饲料添加剂管理办法》。加强对饲料使用的管理，把饲养场自配饲料的生产纳入统一监督管理。严把市场准入关，规范经营行为；

（3）强化监管机构，健全检测体系，投资540万元购置饲料设备和改造化验室等，建立饲料质量检测预报网络，进一步完善上海市饲料质量检测机构，实施饲料产品质量安全监督监测计划。每年检测饲料、饲料添加剂1 500～2 000批次，使安全饲料工作落到实处。完善投诉和举报网络，严禁生产、经营和使用"瘦肉精"等违禁药物，净化饲料市场；加强饲料监测体系建设；

4. 从2002年开始对所有饲料生产企业和饲养场推行药物使用月报表制度；

5.2002年将在本市已获得饲料生产许可证企业中逐步推行HACCP管理。

3. 发展重点。

（1）重点发展以维生素为主的饲料添加剂。饲料添加剂是配合饲料的核心，饲料添加剂工业严重滞后于饲料加工工业，上海应该将饲料添加剂工业的发展放在突出位置。重点发展维生素、开发氨基酸、酶制剂等产品，提高饲料添加剂国产化程度，提升国产饲料添加剂国际、国内市场的竞争能力。

（2）重点发展饲料机械工业。根据农业部要求，东部沿海地区重点发展附加值高、创汇高、高档次的饲料工业、添加剂工业和饲料机械工业的布局，我市以上海正诚、申德2个饲料机械企业为基础，逐步形成规模成为饲料机械的出口基地。

（3）大力开发饲料资源。加强棉籽饼脱毒技术研究，提高饼粕蛋白质利用率，大力开发轻工业下脚料，如：酒厂酒糟利用，减少饲料的消耗。加快秸秆利用，推广秸秆氨化、青贮技术。"十五"期间再发展1至2个区（县）为全国秸秆养牛、养羊示范区（县）。根据上海种植业结构调整，市郊农田将有三分之一土地种林木、花草，有条件的地方可利用林地种牧草养畜。

4. 加快饲料工业的结构调整、继续推进企业改革。饲料工业结构调整，要以市场为导向、以企业为主体、科技为依托，突出重点、有进有退，在升级换代上下功夫。一是重点发展一批拥有知识产权、竞争能力强的大公司和企业集团。退出一批规模小、设备陈旧、技术落后、年年亏损的配合饲料企业。二是通过兼并、联合、重组，实现生产要素最佳配置，使一些老企业转型升级换代。三是同农业产业化相结合，总结推广饲料、饲养、加工一体化模式，龙头企业带农民进入市场，实现农民增收。加快饲料企业的技术改造、产品升级，改造老设备和传统的生产工艺，争取农业部和市政府的支持，多元化融资，根据农业部在“十五”期间，饲料工业技术改造项目计划，上海每年完成2～3个技术改造项目。进一步深化国有、集体饲料企业的改革。2004年前，饲料企业完成现代企业制度改革，健全法人治理结构。小型饲料企业通过改组、联合、兼并、租赁、破产等形式进行产权制度和经营机制的转变。继续支持、鼓励和引导民营饲料企业的发展，鼓励外商、跨国公司向饲料产业投资。

5. 科技创新和技术进步。发挥行业协会、大专院校、科研单位的作用，研制开发安全、卫生、科技含量高的饲料产品。多形式、多层次开展技术培训，每年争取一个饲料工业“丰收计划”项目，加速科研成果的转化。

6. 实行饲料行政审批及政务公开。按市政府的步骤，做好饲料行政审批清理工作，实行政务公开程序化管理，做到依法行政。

（上海市饲料工作办公室）

江苏省饲料工业

江苏省农林厅自2000年底承担饲料管理职能以来，通过调查研究，摸清情况，提出了饲料业发展“实施四大战略，壮大一个产业”的基本思路，即以确保饲料安全为重点，全面提高产品品质，实施饲料可持续发展战略；以结构调整为主线，实施饲料业与种植业、养殖业的协调发展战略；以体制创新为突破，扩大企业规模，培育优势主导产业，实施集团化战略；以科技创新为手段，研制开发新品，实施饲料新品、名牌发展战略；以发展为硬道理，把我省饲料业建设成为国民经济的重要产业。2001年，通过组织实施四大战略，全省饲料产业得到了快速发展，步入了产品优化产业升级的新阶段，质量管理进入了规范化的新轨道。

【发展情况】 饲料工业产量快速增长，促进养殖业持续发展。现有各类饲料加工企业500多个，其中单班年产量万t以上的配合饲料加工企业95个，饲料添加剂生产企业57个，预混料生产企业279个。2001年全年饲料工业总产量266万t，比上年增长19%，其中配合饲料228万t，同比增长19%，浓缩料和添加剂预混合饲料分别为16.6万t和21.5万t，同比分别增长28%和23%，实现工业产值132亿元。饲料产业的快速增长，有力地促进了畜牧业的全面发展，2001年全省肉、蛋、奶产量分别为338万t、180万t和36万t，为丰富城乡居民菜篮子，提高人们的物质生活水平做出了贡献。

1. 饲料企业改革步伐加快，活力明显增强。国有企业改革、乡镇企业改制取得较大突破，现代企业制度的建立得到加强，民营企业进一步发展，经营主体多元化格局已经形成。现有饲料加工企业中，股份制企业已占46%；国有、集体企业占15.8%；民营企业占26%；中外合资（港、台资）企业占7.5%。随着股份制企业、民营企业的增多，企业活力增强，经济运行质量提高。目前，全省饲料年产量超过10万t的配合饲料企业有4家，预混合饲料年产量超过5 000t的加工企业有5家，年饲料加工产值超亿元的有27家企业。

2. 科技创新步伐加快，新品、名牌不断呈现。现有南通增益饲料有限公司等10多家企业通过了ISO9002质量体系的认证。南通正大有限公司的“通大”牌配合饲料年产销近20万t；南通增益饲料有限公司的“增益”、“增丰”牌预混料年产销6 250t；巴大饲料有限公司的“巴大”牌预混料年产销5 000多t；镇江天和生物技术有限公司的“牧乐维他”为历届农博会奖牌产品，这些产品分别在省内和全国都有相当的品牌知名度。

3. 饲料产品结构优化，质量稳步提高。2001年全省工业总产量中，浓缩料、预混料的比重分别为5.6%和8%。配合饲料中，猪料占45%，禽料占31%，鱼虾水产料占20%，其他占4%，其中鱼虾水产料发展迅猛，比上年提高4.6个百分点，基本适应了养殖业中稳猪、增禽和发展水产的需要。2001年省饲料监察所抽检近70多个饲料样品，农业部饲料产品检验测试中心抽检我省饲料企业的20个饲料样品，均未检出盐酸克伦特罗。溧阳正昌集团生产的“福乐兴”饲料产品，通过了绿色食品的标志认定。

4. 饲料市场管理加强，饲料安全得到基本保障。严格饲料企业和饲料产品的审核审批，把好饲料生产准入关。通过对全省饲料添加剂和添加剂预混料生产许可证的年检，帮助企业整改提高，规范了饲料生产行为。组织饲料市场的检查，查处无生产许可证、无批准文号的饲料添加剂和添加剂预混料企业，查处无质量标准和无产品合格证的配合饲料、浓缩饲料产品生产企业。对部分饲料生产企业在饲料中添加呋喃唑酮、卡巴多、氟哌酸等违规行为进行批评教育，责令限期改正，从而有效地保障了饲料质量安全。

【存在问题】 江苏饲料产业在得到快速发展，饲料管理逐步规范的同时，也面临着不少问题。一是企业规模不够大，龙头企业不多；二是部分产品质量不高，新产品开发能力不强；三是部分企业开工不足，经济效益下滑；四是无证、无号生产、经营情况依然存在，饲料安全存在着隐患。2002年是入世第一年，市场变数加大，对饲料安全的要求更高。对此，江苏省将组织实施无公害饲料行动计划。

【今后工作思路】

1. 开展“拒绝违禁药物确保饲料安全”的倡议。根据目前仍有极少数企业和不法分子，为了追求不正当利益，在饲料中滥用违禁药品，或在饲料中任意加大药物用量，或用劣质饲料原料生产不合格的饲料产品等现象，南通巴大饲料有限公司等23家企业在会上向全省饲料同行发出倡议，公开向社会承诺：严格按照《饲料卫生标准》生产和经营，不制假、不售假，绝不使用国家明令禁止的激素等促动物生长剂和镇静剂，确保饲料安全。同时欢迎社会各界和新闻媒体对企业的承诺给以监督。

2.组织以查“四无”为重点饲料市场的专项整治。即取缔无证生产的饲料添加剂和预混料生产企业，取缔无批准文号的饲料添加剂和预混料产品，查处无质量标准和无产品合格证的配合饲料、浓缩饲料、精料补充料及其他商品性饲料。凡发现“四无”企业或产品，严格按照《条例》等有关法律、法规进行严肃处理。

3.加大“瘦肉精”查处力度。不仅要进行市场抽检，还要进行养殖户“饲料\水”抽检，屠宰场的猪肝、猪尿抽检，对可疑的饲料生产企业、养殖企业和屠宰企业实施跟踪检查。加大对违禁药物盐酸克伦特罗生产、销售、使用的打击力度，对违法人员根据《条例》严厉处罚，情节严重的，按刑法追究刑事责任。依靠群众，发挥社会舆论监督作用。一经发现“瘦肉精”线索，集中力量坚决查处。

4.组织饲料产品的统检抽样。全年全省完成2 000个批次饲料产品的抽样、检测任务，为查处假劣饲料、整顿饲料市场提供可靠的依据，各市饲料管理部门负责抽样，省饲料监察所负责检测。

5.开展无公害饲料产品的评审认定。无公害饲料是指符合“江苏省无公害饲料安全要求”，并经江苏省无公害农产品认定委员会通过评定的饲料产品。推出一批质量过硬的饲料产品，树立饲料企业形象，帮助企业打造产品品牌，为企业发展创造良好的环境。通过2～3年时间实现饲料无害化、标准化、优质化。

（江苏省饲料站）

浙江省饲料工业

【发展情况】 近几年，随着农业和农村经济结构的战略性调整，高效优质养殖业迅速发展，全省饲料行业进入稳步发展阶段。目前，全省已批准登记的饲料生产企业有447家，年生产配合饲料300多万t，饲料添加剂和添加剂预混合饲料生产企业161家，产量近17万t。2001年列入工业统计的具有一定规模的企业119家，产值达45.9亿元。随着我国粮食市场逐步国际化，农业结构调整加快，饲料加工将有一个较大的发展空间。

1.饲料产量已趋稳定，产品质量提高，品种数量齐全。“十五”期间，我省从提高企业规模化和产品专用化、高效化、标准化、系列化生产水平入手，以配合饲料为主，保持饲料总产量稳定，同时大力开发和提高绿色饲料的比重，使产品质量走上新台阶。目前全省已有近20家企业通过质量认证，欣欣牌、一星牌饲料等多家企业的产品被评为省名牌产品。面上产品质量抽检合格率在85%以上，保持较高水平。同时，企业根据市场需求，不断开拓新产品，产品品种和数量基本能满足全省养殖业发展的需求。

2.饲料添加剂工业向绿色化、无公害化方向发展。我省饲料添加剂行业发展迅速，目前，全省获证的饲料添加剂生产企业有69家，产值达28.4亿元。生产的饲料添加剂在全国占有较大的份额并逐步增大，除原主要产品饲料级VE、VA、VD_3、VK_3及烟酸、泛酸钙、酶制剂等外，微生物饲料添加剂也有较多的推广应用。新昌新和成维生素有限公司是全国最大的维生素E生产基地，产量占全国的65%，居世界第三位。浙江医药股份有限公司开发生产的饲料级生物素，具有良好的市场前景。同时，加强新型饲料添加剂尤其是无公害饲料添加剂的开发和应用，加大饲料添加剂的产量和市场占有率，以小产品占领大市场，并积极开拓国际市场。

3.上规模、上档次企业比例增大。随着市场竞争的加剧和产品质量的高要求，省内一些规模小、产品单一的企业逐步遭到淘汰，企业档次和产量质量逐步得到提升，现有骨干企业34家，亿元销售企业9家，产值500万元以上企业近120家，部分大型骨干企业技术装备已接近国际水平。全省除一些知名老牌企业外，又涌现出了一批生产设备先进、技术力量雄厚、质量保证体系完善、产品上档次的骨干企业，如浙江医药股份有限公司新昌制药厂（主要产品生物素）、浙江花园生物高科有限公司（主要产品VD_3）等。

4.企业已向外向型、国际化发展。随着我国加入WTO，我省饲料生产企业，尤其是饲料添加剂生产企业，不仅瞄准国内市场，提高国内市场占有率，而且努力走出国门，参与国际竞争，扩大市场占有份额。到目前为止，我省多数生产原料的企业已将产品推向了国际市场，如VE、生物素、烟酸等产品，出口量都较大，在国外市场也占有一席之地。通过产品出口，既促进我省饲料产业发展，也对饲料生产企业提出了新的要求，促使企业按照国际标准进行建设，产品上档次，有竞争力，有利于我省饲料行业与国际接轨。

【饲料管理工作情况】 为切实加强饲料和饲料添加剂的管理，保障畜产品的安全，我省根据《饲料和饲料添加剂管理条例》及《浙江省饲料和饲料添加剂管理办法》的有关规定，认真履行管理职责，加大行政执法力度，查处大案要案，取得了明显成效：

1.加强新闻宣传，提高法制意识。平时充分利用报纸、电视、广播等新闻媒体宣传饲料和饲料添加剂管理工作的重要性和必要性，并进行有关法律、法规知识的宣传。同时，将查处使用违禁药物作为宣传活动的重点，2000年12月和2001年7月，结合查处违禁药物和打击假冒伪劣饲料的专项整治活动，专门组织召开了2次监督销毁违禁药物及假冒伪劣饲料现场会和1次饲料专项整治情况通报会，邀请了中央和省、市有关新闻媒体专门作了报道，扩大了社会影响，使全社会对饲料和饲料添加剂管理工作有了更深的了解。

2. 抓好饲料产业发展和监督管理工作。我省精细化工发达，饲料工业起步较早，已涌现出一批科技含量较高的饲料企业，除做好日常的行政管理外，我们还按照扶优扶强的原则，积极帮助企业进行技术改造，提高产品档次，进一步扩大我省饲料添加剂在国内外市场的占有率。对饲料和饲料添加剂生产经营企业，按照《饲料和饲料添加剂管理条例》和《浙江省饲料和饲料添加剂管理办法》的要求，已基本完成饲料生产企业的审核登记和饲料经营企业的备案登记，将饲料和饲料添加剂生产经营活动全面纳入依法管理轨道。对新申办企业，适当提高审验要求，拉升企业档次，提高市场竞争力。

3. 抓住大案要案，狠抓行政执法工作，净化养殖业投入品市场。按照国家和省整顿规范市场秩序的总体部署，我省采取"集中时间、突出重点、联合行动"的办法，重点开展了饲料和饲料添加剂市场的专项整治活动。在集中整治活动中，全省共出动执法人员1 268人，检查饲料和饲料添加剂生产经营企业1 524家，查获假冒、伪劣的饲料58 750千克，查获假冒、伪劣的饲料添加剂和添加剂预混合饲料24 859千克，取缔违法生产企业10家，立案查处违法案件97起，案值86万元。通过集中整治活动，使我省的饲料和饲料添加剂市场初步得到了净化，为养殖业挽回经济损失1 000多万元，为饲料和饲料添加剂市场的公平竞争创造了有利条件，从而保障了养殖业的安全生产和人民身体健康。同时，加大执法力度，严厉打击违法生产、使用、经营β-兴奋剂等违禁药物的行为。汪国亮等人非法经营β-兴奋剂案件的查处，在全国范围内产生了较大的反响，对违法者起到了很好的警示作用。

4. 加强基础设施建设，制定出台检测标准，加大检测力度。今年省级兽药饲料监察所，已投入实验楼和设备购置资金1 400余万元，全面开展了动物产品药物残留和动物产品、饲料和尿样的β-兴奋剂检测工作。除复核检验饲料添加剂、添加剂预混合饲料样品外，把畜产品安全的监控工作作为重中之重来抓，针对检测盐酸克伦特罗国家标准和行业标准尚不够完善的情况，我们及时组织力量起草了"饲料中盐酸克伦特罗含量的检测方法"、"动物尿样中盐酸克伦特罗残留量的检测方法"、"动物肝脏中盐酸克伦特罗残留量的检测方法"及"无公害猪肉质量标准"等8个浙江省地方标准，开展β-兴奋剂样品检测990多个，为各地执法检查提供有力的判定依据。

5. 开展无公害畜产品的试点。为从根本上探索畜产品安全生产，我省在平湖超仑贝饲料有限公司、海盐一星饲料集团有限公司、绍兴福景达农牧有限公司、杭州灯塔养殖总场开展生产无公害畜产品的试点。总的做法是：以生产企业为龙头，以与其连接的规模大户为基地，统一标准、统一品牌、统一防疫、统一饲料，对生猪饲养、饲料生产与使用、屠宰加工等环节进行全方位的监控。

【今后工作思路】 虽然我省饲料行业发展势头良好，管理工作也取得一定成效，但行业发展与市场要求还存在着一定的差距，尤其是我国加入WTO后，既给我省饲料行业的发展带来了机遇，也带来了挑战。主要表现在：一是企业规模较小、基础设施相对落后，影响了产品科技含量的提高，在国际市场上缺乏竞争力；二是饲养模式以千家万户分散饲养为主，规模化饲养还没有完全形成，给生产、经营、使用非法产品提供了市场空间；三是饲料行业的管理，人员、经费不足，经常性的监督检查工作还难以有效地开展起来。针对这些情况，我们将采取标本兼治的方法，重点做好以下几方面的工作：

1. 开展以查处违禁药物为重点的饲料打假活动，严厉打击违法行为。对违禁药物的查处将作为重中之重的工作来抓，对假冒伪劣饲料的生产源头、饲料和饲料添加剂经营场所、养殖场（户）、屠宰加工场（点）实行全方位监控，特别是加强对中小型饲料生产企业和经营网点的监督管理。充分发挥各级饲料主管部门的积极性，在做好平时的监督管理工作外，计划在每年8月份组织全省性的饲料、饲料添加剂市场专项整治活动，常抓不懈，进一步净化畜牧业生产资料市场。

2. 强化信息意识，狠抓业务培训，提高人员素质。信息在饲料产业的发展中的重要性越来越突出，一方面要建立省饲料办与全国饲料办及中国饲料工业信息网的信息联系；另一方面要加强省饲料办与企业及企业与企业之间的信息交流，以便及时掌握市场行情，适时调整生产。同时，要进一步加强对饲料和饲料添加剂管理人员及行政相对人法律知识、业务知识的培训，提高管理者的执法水平和行政相对人的法律意识，使全省的饲料和饲料添加剂生产经营企业严格按照有关法律、法规规范生产经营行为，在全社会形成良好的依法治理饲料的氛围。

3. 运行饲料安全工程，加强饲料安全监管。饲料安全是畜产品安全和食品安全的基础，为全面提高饲料和饲料添加剂产品质量，我们将在现有基础上，进一步加强了饲料监测体系的建设，制定和完善检测标准，增添检测仪器设备，充实监测力量，提高监测水平。同时，重点检测饲料和饲料添加剂是否符合质量标准以及畜产品中是否有违禁药物的残留，规范饲料用药，严禁违禁药物的生产、经营和使用，确保畜产品安全。

4. 坚持扶优扶强，实行长效管理。为充分发挥我省现有大型饲料企业的生产潜力，进一步提高饲料产品质量，我们将有重点地选择一批生产上规模、产品上档次、售后服务好的企业作为工作的联系点，以此推动全省饲料行业有序发展。"十五"期末，争取饲料总产量达到350万t以上，亿元以上规模企业发展到30家左右。同时，力争我省的饲料添加剂产品在国内市场占有率由目前的10%左右提高到20%以上，其中饲料用维生素原料在全国市场的占有份额达到60%以上。

（浙江省饲料工作办公室）

安徽省饲料工业

【发展概况】 2001年安徽省饲料工业呈现出良好的发展态势，饲料产品结构得到调整，民营、合资企业发展迅速：一是饲料产量稳中有增。全年饲料总产量165.2万t，比2000年增长2.9%，其中配合饲料141.6万t，比2000年增长2.8%；浓缩饲料12.1万t，比2000年减少23.9%（2000年浓缩料的统计范围为5%以上，2001年为10%以上）；预混料11.5万t，比2000年增长66.7%。二是产品结构进一步调整。如果统计与2000年口径一致，添加剂预混料增长5.8%。配合饲料中禽料比重上升，禽料、猪料的比已由2000年的57:65上升为61:67。三是技改步伐加快。随着《饲料和饲料添加剂管理条例》的深入贯彻和农业部对生产预混料、添加剂企业硬件条件的要求，多数企业投入大量资金，扩大了生产厂房，完善了仓储设施，更置了加工设备和化验仪器，改进了油脂喷涂工艺等。四是民营、合资企业份额加大。八十年代中后期全省粮食部门建立的83家饲料企业，多数被民营企业租赁、收购，正大、希望、私营企业发展迅速，配合饲料产量中正大、希望、私营分别占18%、13%、15%。

【主要工作】 2001年开展了如下主要工作：

1. 深入开展打击“瘦肉精”活动，净化饲料市场。“瘦肉精”是饲料业和畜牧业发展的毒品，危害人们身体健康，农业部已三令五申禁止添加。省畜牧局（饲料办）专门召开了全省畜产品安全工作会议，把打击“瘦肉精”活动作为当前工作的重中之重，要求各地迅速行动，紧密部署，深入持久地开展打击“瘦肉精”活动。省饲料办领导先后到阜阳、六安、黄山等市进行检查，并取样检测。11月29日农业部公布了第四季度第一次生猪生产中被查出“瘦肉精”名单后，我办立即赶赴我省3家养殖企业现场，配合当地部门提出处理意见，同时以省农委名义下发了明传电报。通过打击，有力震慑了不法分子，净化了市场。总体上全省饲料企业没有出现添加“瘦肉精”情况，经营市场上杜绝了穿着迷彩服，走村串户，大规模推广违禁药品添加剂的现象。

2. 开展饲料标准审定工作。省饲料办与省技术监督局发起成立了省饲料工业标准化技术委员会，秘书处设在省饲料办。2001年我们对标准的评审进行了改革，简化了程序。全年共审定标准120个，饲料标签1 100个，提高了企业的标准化水平，促进了饲料产品在省内外的流通。

3. 加强执法培训，规范执法行为。为贯彻国家有关饲料行业的法规、规章，提高基层执法水平，安徽省举办饲料执法培训班，编印了文件汇编，邀请了有关法律专家授课，参加培训的人员120多人。各地也举办了相应的培训班，全省累计培训1 000多人次，对规范饲料执法行为，维护市场秩序起着良好的推动作用。2001年全省累计查处饲料案件200余次，没有一起行政复议和行政诉讼。

4. 倡导技术创新。市场竞争关键是技术的竞争，我们举办了技术讲座和座谈会，讲授最近饲料加工工艺技术和营养配方的知识，推广运用无公害新型的饲料添加剂；同时利用承担的农业部“皖中稻谷、山芋型预混料畜禽饲养配套技术”的丰收计划项目，提高当地饲料利用效率，促进粮食的有效转化增值。

5. 规范饲料行风。针对全省饲料企业无序竞争，尤其是不法赊销，安徽省饲料办（协会）充分分析赊销的危害及其带来整个行业的不景气，及时提出整顿行风、取缔不法赊销的倡议。通过大家的一致努力，今年我省大的饲料企业基本不赊销，起着良好示范作用，净化了风气，提高了行业的生机和动力。

【下一步工作思路】 2002年工作思路：继续规范两个市场，一是饲料生产企业，一是饲料经营市场；以实施饲料安全工程为突破口，取缔“瘦肉精”的非法添加；健全饲料工业体系，促进全省饲料工业再上新台阶。具体工作：

1. 大力实施饲料安全工程。随着市场经济的建立，饲料市场竞争日趋激烈，非法添加“瘦肉精”等违禁药品的现象愈演愈烈，安徽省将拿出110万元，专门用于在全省10个生猪养殖大县监测“瘦肉精”，常年抽取生猪尿样进行监测。我办准备以此为契机，在全省大力实施饲料安全工程，发起饲料企业向社会承诺“不生产添加盐酸克伦特罗”等活动。

2. 进一步规范经营市场。目前，饲料的经营秩序较差，市场管理混乱，突出表现为经营场所贮存条件简陋，饲料经销者缺乏必要的专业知识。2002年准备对全省经营饲料户进行检查，按照《条例》的规定，制定检查细则，取消条件不合格的饲料经营户资格。

3. 开展职业技能鉴定工作。我国加入WTO后，在用人制度上要与国际接轨，实行职业准入制度。明年我省将完善职业技能鉴定工作的各项制度，准备开展饲料检化验员、饲料中控室职业技能鉴定，计划鉴定110人。

4. 加强行业宣传。人们对饲料行业的知之不多，宣传力度有待加强。明年安徽省利用饲料协会的网站，通过电视、报纸、会议等多种媒体扩大宣传。

（安徽省饲料工作办公室）

福建省饲料工业

【发展概况】 2001年饲料生产继续保持稳定发展。全年饲料工业总产值54亿元，总产量155.5万t，比上年增长4.8%，其中配合饲料138.8万t，与上年基本持平，占总产量的89.3%；添加剂和添加剂预混料9.2万t，比上年增长33.8%，占5.9%；饲料原料5.1万t，占3.3%；浓缩料2.4万t，占1.5%。

饲料生产呈现以下几个特点：一是饲料产品结构进一步优化。尤其是高附加值的饲料添加剂和添加剂预混合饲料占饲料产品的比重达5.9%，比上年提高了1.3个百分点。水产配合饲料达30万t，占饲料产品的比重达19.4%，比上年提高了6.3个百分点。二是股份制、民营饲料企业占主导地位。在我省284家饲料生产企业中，股份制企业占43.3%、民营企业占22.5%、集体企业占11.3%、合资企业占9.5%、外商独资企业占8.8%、国有企业占4.6%，已经真正实现了多种经济成分共存，共同发展的局面。三是规模化企业生产占支配地位。生产能力每小时5t以上的饲料生产企业只占全省生产企业数的16%，但其产品产量却占全省的72%。四是饲料原料价格变动较大，饲料加工企业生产成本提高，利润下降，一定程度影响我省饲料行业的发展。我省是缺粮省，每年都要调进大量的玉米、豆粕等饲料原料粮，每t的价格都高于产地150元以上，造成饲料价格居高不下，增加饲养成本，畜产品缺乏竞争力，制约了畜牧业的发展。

【组织机构】　福建省饲料工作办公室挂靠福建省农业厅，核定机关事业编制3名。厦门市、莆田市饲料办无编制，其他7个市都未设饲料办。

【主要工作】　按照农业部的工作部署精神，2001年我省在加强日常监督管理的同时，重点开展了在饲料中非法使用禁用药物的专项治理工作，取得较大的成效。

1. 加强宣传和业务培训，提高行业管理和执法水平。一方面，为提高自身综合素质和行业管理水平，省饲料办全体人员经过培训和考试，取得了省政府颁发的农业综合执法证，增强了对假冒伪劣饲料产品的识别能力，进一步提高执法水平。另一方面，为了加强饲料添加剂和添加剂预混合饲料生产企业的管理，提高企业自觉守法生产经营的意识，举办了饲料添加剂和添加剂预混合饲料生产企业厂长经理培训班，使全省的饲料添加剂和添加剂预混合饲料严格按照有关法律、法规生产经营，在全社会初步形成良好的依法治理饲料的氛围。

2. 加大监管力度，严厉打击生产经营使用“瘦肉精”等禁用药物的行为。我省对食品安全工程非常重视，建立了“建设食品安全联席会议”，并将饲料安全作为食品安全的一个重要因素进行专项治理。在专项治理活动中，我省将在饲料中非法使用违禁药物作为重点内容进行检查。

(1) 开展专项检查。对全省的饲料生产企业和饲料市场组织了3次检查，对123个饲料厂和632个饲料店共抽检了630批次的饲料和饲料添加剂。从检查结果看，三次抽查都没有发现饲料厂在生产过程中往饲料中添加“瘦肉精”的情况；但在饲料经销商中仍能查出在销售饲料时，另外搭售“瘦肉精”的违法行为。对在经营环节查出的5起经营“瘦肉精”的违法行为进行处罚和曝光，查处违规预混料30多t，没收“瘦肉精”253千克。

(2) 产销区联手整治“瘦肉精”。福州市对全市2 000家养猪场进行尿液“瘦肉精”残留检测，对检出“瘦肉精”阳性的猪场予以强制留栏饲养一个月的处理，经重新检测为“瘦肉精”阴性后方可出栏，该市还对280个大型猪场核发了《动物有害物质残留检测合格证》，领证猪场保证做到不使用“瘦肉精”喂猪；厦门市为了保证市民吃上放心肉，不但加强了辖区内养猪场的管理，还与销区的主管部门签订产销协议，规定生猪产区对行政辖区内的养猪业必须严格管理，保证不将含有“瘦肉精”的猪运往销区，销区对查禁不力，连续检测出“瘦肉精”阳性的生猪产区可实行停运、停销。

(3) 实行宰前“瘦肉精”残留检测。福州、厦门市对定点屠宰场的生猪进行宰前“瘦肉精”残留检测，两市共检出和销毁了生猪543头，为保证福厦两市的吃肉安全做出了很大的努力，使福州和厦门两市的“瘦肉精”检出率分别从专项治理前的75%和45%下降到6%以下，效果十分显著。

(4) 加强养猪场的“瘦肉精”检测。根据省政府的要求，2001年底前全省23个市要开展“瘦肉精”的检测工作，省市县三级都积极为开展工作创造条件，仅省政府就拨出300万元专项资金，用于购置“瘦肉精”检测仪器，市级也抽出资金配套，到11月，23个市的“瘦肉精”检测设备已基本到位，检测工作顺利展开。自5月份开始，全省共检测“瘦肉精”5 000多头份，从检测结果看，全省的阳性率为7.89%。23个城市定点屠宰场检测3 079头份，阳性230头份，阳性率为7.47%，其中福州、厦门两市的阳性率分别为5.5%和5.4%，其余市的检出率在12%左右。省农业厅为了促进23个市的工作，专门配备了一台“瘦肉精”流动监测车，对23个市养猪场进行“瘦肉精”巡回监测检查，共检测了1 137头份的猪尿样，检出阳性猪137头，阳性率为12.04%。在巡回检测中，还特别对工作开展比较迟缓、技术力量较差的县级市加强巡检，并进行“瘦肉精”检测实际操作的现场指导和培训，收到了较好的效果。

3. 加强日常监管，严格审核，规范饲料生产和管理。在日常工作中，我省严格按照《饲料和饲料添加剂管理条例》及其配套法规的要求，对新办的饲料生产企业的生产条件进行审查，合格的准予立项。加强对饲料添加剂和添加剂预混合饲料企业申报生产许可证的审核和产品批准文号的核发工作。结合添加剂和添加剂预混合饲料生产许可证年检工作，抽查条件变化大的生产企业，监督企业进行整改。省质量技术监督局与省农业厅联合发文，要求配合饲料、浓缩饲料的企业产品标准报企业所在地设区市质量技术监督局和饲料管理部门备案，同时抄报省质量技术监督局和省饲料办；饲料添加剂和添加剂预混合饲料的企业产品标准报省技术监督局和省饲料办备案。做好饲料生产和经营企业减免增值税的资格审查工作。通过以上几个方面的努力，促使企业改善生产条件，并间接地对产品质量进行了监控，促进全省饲料产品质量安全水平和行业整体素质的提高。

【存在问题】

1. 管理机构不健全，管理职能不够到位。全省只有省饲料工作办公室3个编制，9个区市中的厦门市、莆田市设立了饲料办，但没有人员编制，其余的7个市和全省所有县（市、区）都未设饲料管理机构，造成监督管理和执法检查力度不够，让不法企业有机可乘。

2. 饲料安全问题突出，畜牧产品和水产品品质受影响。影响我省饲料安全的主要因素有以下三个方面：一是非法使用禁用药品。如在饲料中加入催眠镇静剂、激素类或激素样物质，导致该类药物在畜禽产品和水产品中残留，严重影响人体健康。二是不按规定正确使用饲料药物添加剂。在实际生产中，超量添加或不遵守停药期和某些药物在产蛋期禁用要求的现象比较普遍，导致该类药物的残留超标，进而影响人体健康；三是过量添加微量元素。在以上的三种污染中，受第一种途径污染的畜禽产品被人食用后，很快表现出明显的中毒症状，备受社会关注，而受后两种途径污染的畜禽产品和水产品被人食用后，其危害表现比较缓慢，许多人对其危害性认识不足。

3. 饲料生产企业技术落后，管理水平低。全省时产5t生产能力以上的饲料生产企业只有45家，其余的都是小型饲料加工厂。有的企业经营者自身素质不高，质量意识不强，不重视产品质量的管理工作，企业没有按有关规定建立有效的质量管理体系，这在来料加工企业表现尤为突出；有的企业加工设备落后，生产场地狭小，没有必要的检化验设备和质检人员；有的企业标准化工作混乱，制订的企业标准落后于国家标准或行业标准，对产品标签内容标示不完整，修改配方后未能及时修订企业标准和标签等，造成产品指标和标准要求不相符。这些都导致产品质量难以保证。

【今后工作思路】 一是认真贯彻落实好农业部一系列文件精神，把饲料安全作为加强饲料行业管理和保障农民增收的一件头等大事来抓。二是进一步抓好《饲料和饲料添加剂管理条例》等法律、法规和规章的学习、宣传和贯彻，使全行业从业人员知法、懂法、守法，做到依法生产和经营。三是进一步加强对饲料行业的管理，加大饲料执法工作力度。制定《福建省饲料生产企业综合审查办法》，对全省饲料生产企业进行审查验收，抓好饲料生产条件和质量保证体系的完善；为国家核发饲料添加剂和添加剂预混料生产许可证把好本省企业的现场评审关；严格核发产品批准文号等，堵截伪劣产品源头，坚决制止不合格产品在市场上流通。四是建立健全市级饲料管理机构。五是制定福建省饲料标准。

（福建省饲料工作办公室）

江西省饲料工业

【发展情况】 2001年是我省机构改革将饲料管理职能由省计委划入省农业厅后的第一年。我省以宣传、贯彻《饲料和饲料添加剂管理条例》为主线，在饲料行政执法、饲料和饲料添加剂“打假”、饲料安全监督管理等方面开展了一系列卓有成效的工作，有力地促进了我省饲料工业持续健康发展。2001年，我省饲料工业继续稳步发展。全省饲料加工双班生产能力达到312万t，比2000年增长5.76%；饲料总产量218万t，比2000年增长4.8%；饲料产值59.64亿元，比2000年增长9.5%。从2001年我省饲料生产经营情况看，主要呈现以下几个特点：

1. 预混料、浓缩料发展势头较猛。截至2001年底，我省有84家饲料生产企业获得添加剂预混合饲料生产许可证。2001年浓缩料、预混料产量分别达到52.6万t、28.18万t，分别占2001年饲料总产量的24.1%和12.9%；与2000年相比，分别增长8.9%的9.7%。我省浓缩料、预混料发展势头较猛主要原因有二：一是浓缩料和预混料单位利润高于配合饲料的单位利润；二是浓缩料、预混料适应我省养殖业发展需求现状。我省规模养殖场（户）为降低饲养成本，大多购浓缩料、预混料自行配制配合饲料。

2. 饲料生产经营向规模化、专业化方向发展。随着饲料管理工作的加强和饲料平均利润下降，一些小企业越来越难以立足和生存，被迫关门。据统计，2001年，我省共有饲料生产企业482家，比2000年减少103家，这103家企业中85%以上为小型企业。

3. 饲料工业经济结构调整步伐加快，国有、集体企业占的比重越来越小。通过深化改革，我省饲料生产类型从过去以国有、集体所有为主逐步向多元化方向发展。通过资产重组和股份制改造，股份制企业和民营企业已占有很大比重。2001年底，我省482家饲料生产企业中，股份制企业占174家，约占36%；民营企业113家，约占23%；港澳台投资及外商投资企业16家，约占3.3%。

4. 饲料生产经营平均利润下降。一方面，由于国际市场玉米、豆粕期货价居高不下，价格比2000年上升13%左右；鱼粉、氨基酸和部分维生素价格也有不同程序上涨，加上严禁货运车超载，增加运输成本，使饲料产品成本增加；另一方面，由于畜产品市场低迷，饲料生产经营企业不敢贸然提价。导致饲料生产经营平均利润下降，企业基本上是微利保本支撑经营。

5. 对饲料生产、经营中的不正当竞争行为有所规范，行业利益得到较好维护。由于我省各级饲料管理部门、饲料协会的正确引导，加之饲料生产基本是微利保本经营，饲料生产经营企业及时改变了营销策略，减赊销、稳产量，增加资金回笼。

6. 饲料生产经营企业饲料安全意识大大增强。随着宣传和监管工作的到位，特别是饲料管理部门严厉查处经营、使用禁用药品典型案例的警示教育，我省广大饲料生产者、经营者、使用者对国家的有关法律、法规有所了解，认清了确保饲料安全的重要性和紧迫性，意识到了生产、经营和使用禁用药品的危害和后果，在生产经营中大多能做到依法生产和经营。

【主要工作】 2001年主要抓了以下几个方面工作：

1. 加大《饲料和饲料添加剂管理条例》的宣传贯彻力度。一是将《条例》及有关规章等汇编成册，分发到饲料和饲料添加剂生产者、经营者、管理者以及科研、教育、培训、检验等有关部门工作人员手中；二是召开全省饲料工作会议，宣贯《条例》；三是利用报纸、杂志等媒体宣传饲料和饲料添加剂有关管理规定，使广大干部群众加深了对《饲料和饲料添加剂管理条例》的了解，增强了贯彻执行《条例》的自觉性。

2. 切实加强饲料安全管理与监控。一是加强饲料安全工作的领导。我厅成立了查处盐酸克伦特罗等违禁药品领导小组。协调经贸委、公安、工商、质量技术监督、药品监督管理和出入境检验检疫等7部门，下发了《关于严厉打击非法经营和使用盐酸克伦特罗等药品违法行为的通知》，组建了查处盐酸克伦特罗等违禁药品联合工作组。2001年11月23日，我厅又专门召开了全省饲料及畜产品安全工作会议，部署在全省范围内开展为期三个月的专项整治行动，并组织督导组分赴各地进行了督导、检查。二是开展饲料及畜产品安全宣传及承诺活动。采取召集饲料生产经营者、养殖户、贩运户开会，印发宣传资料，广播电视宣传等多种形式，广泛宣传饲料及畜产品质量、安全的重要性，介绍盐酸克伦特罗等违禁药品的危害。全省1 000余个饲料生产企业和畜禽养殖场（户）公开向社会做出了保证饲料和畜产品安全的承诺。各兽药饲料经营户、规模养殖户和畜禽贩运户分别与当地畜牧、饲料管理部门签订了饲料、畜产品安全承诺书。三是严厉查处非法经营和使用盐酸克伦特罗等药品的违法行为。2001年，我省各级畜牧、饲料管理部门对全省饲料生产企业和兽药饲料经营网点进行了3次突击性的全面检查，对非法经营和使用盐酸克伦特罗等禁用药品的不法分子依法进行了严厉的处罚。

3. 以查处“四无”饲料产品为重点，整顿规范饲料市场秩序。我省采取了有力措施，积极开展饲料和饲料添加剂“打假”工作。组织市、县（市、区）饲料管理部门对辖区内饲料和饲料市场进行调查摸底，在调查摸底基础上，抓住重点，集中整治。除组织开展集中“打假”外，我省各级饲料管理部门还不定期对群众投诉比较多、问题比较突出的饲料和饲料添加剂市场进行了重点打击，做到有“假”必“打”。据不完全统计，我省各级饲料管理部门共检查饲料和饲料添加剂生产经营企业1 180家，依法查处“四无”产品企业32家，没收“四无”饲料、饲料添加剂产品109t，查获假冒伪劣饲料、饲料添加剂120t。罚款近70万元。同时，对那些产品标签、产品包装、产品标准等方面不规范的企业，责令限期整改。

4. 狠抓企业素质和产品质量的提高。我省饲料管理工作的着眼点始终放在促进饲料工业综合生产力的提高，促进企业素质、产品质量的提高上。一是认真执行国家有关饲料的政策，引导、鼓励企业运用高新技术和先进生产工艺，开发新型、优质、安全的饲料、饲料添加剂新品种。二是按照《条例》要求，把好饲料添加剂、添加剂预混合饲料企业现场评审关及产品批准文号核发关，把好饲料加工企业设立条件和饲料、饲料添加剂产品标准审查关，堵截伪劣饲料产品源头。已经发放了生产许可证的，我办每年都进行了严格的年检。对达不到条件与要求的企业，限期整改，整改仍不合格的，建议农业部吊销生产许可证。2002年度饲料添加剂、添加剂预混合饲料生产许可证年检，我省建议农业部吊销了六家企业的生产许可证。

5. 强化饲料质量监督检验工作。我省积极筹备农业部饲料质量监督检验测试中心（南昌）的建设，添置了一批高档的检测仪器设备，充实了监测力量，提高了监测水平。2001年11月底，农业部饲料质量监督检验测试中心（南昌）一次性通过了农业部组织的“双认证”评审。为确保饲料质量和安全，我省对设区市饲料质检机构进行了“瘦肉精”检测培训，加强了对饲料生产、经营企业产品质量和安全的监督抽检工作。特别是针对小型饲料加工企业和流通领域的产品，加大了抽检力度。通过强化饲料质量监督检验工作，我省饲料质量和安全基本得到确保。饲料和饲料添加剂产品总合格率达到90%以上。

【存在问题】

1. 经费不足。我省各级财政比较拮据，落实给饲料管理部门的经费有限，难以满足饲料执法、饲料“打假”及饲料安全监管等工作的需要。

2. 饲料管理机构不全，体制不顺。目前，我省部分设区市、大多数县（市、区）没有饲料管理机构，政府也没有授权有关部门管理饲料，饲料监管工作力量薄弱。此外，饲料管理方面还存在多头管理、交叉执法等体制不顺的问题。

3. 法规不配套，且现有的饲料法规漏洞较多。

【下一步工作思路】

1. 继续大力宣传、贯彻新修改的《饲料和饲料添加剂管理条例》。通过各种媒体和各种途径向广大饲料生产经营企业、养殖场（户）、社会公众、政府和有关部门广泛宣传新修改的《条例》，力争做到家喻户晓，深入人心，为全面开展饲料行政执法工作奠定法律基础。

2. 着力抓好饲料安全工作。2002年，我省将继续以打击非法经营和使用“瘦肉精”等禁用药品和添加剂为重点，切实加强饲料安全监管。一是督促饲料生产经营企业、畜禽养殖场（户）严格贯彻执行农业部颁发的《饲料药物添加剂使用规范》和农业部、卫生部、国家药品监督管理局公布的《禁止在饲料和动物饮用水中使用的药物品种目录》，减少和杜绝饲料产品滥用药物、过量用药行为。二是继续开展饲料“打假”专项行动，不断把饲料“打假”工作引向深入。三是进一步加强对饲料和动物饮用水中超量、超范围使用药品的检测。四是逐步开展动物性饲料产品质量的检验和流向监测。五是加强饲料生产经营环节的统检和抽查，增加抽检频率，扩大检测覆盖面，强化市场抽检和监管。公开通报监测结果，从重从快查处违法违规行为。

3. 建立、健全饲料管理机构，充实队伍。我省市、县、乡三级地方政府机构改革已全面展开，我办将继续加强与有关部门的沟通和协调，争取理解和支持，在机构改革中保持一支高效、精干的饲料行政管理机构和骨干队伍。配备与饲料工作相适应的机构和人员，建立、健全省、市、县三级饲料管理体系，从组织上保证《条例》的贯彻执行。切实转变职能和工作方式，理顺工作关系，充分发挥各级饲料协会的桥梁与纽带作用，全面提高工作效率，建立起办事高效、运转协调、行为规范的行业管理体系。

4. 加快开展饲料工业职业技能培训及鉴定工作的步伐，力争年底全部结束。

（江西省饲料工作办公室）

山东省饲料工业

【发展概况】 2001 年我省畜牧业的快速发展，有力地带动了饲料工业生产的迅速增长。全省饲料生产仍保持了稳定发展，发展特点如下：

1. 产品产量稳步增长。2001 年，全省饲料总产量达 857 万 t，同比增长 7.4%。其中配合饲料 644 万 t，增长 6.8%；浓缩饲料 167 万 t，增长 6.4%；添加剂预混合饲料 47.6 万 t，增长 22.4%饲料工业产值 185 亿元，同比增长 6.9%。

2. 产品结构进一步优化。为适应养殖业不断发展的需要，饲料企业普遍加大了产品结构调整力度，在保持传统产品的同时，增加了花色品种。从类别看，配合饲料稳定增长，预混料、浓缩料产量比上年有较大幅度增长。从品种看，猪鸡饲料增幅较小，牛羊饲料、鱼虾料、特种养殖和其他饲料增幅较大。饲料原料、饲料添加剂的产量和品种数量也都有较大增长。

3. 产品质量进一步提高。重视产品质量，增强竞争能力，已在饲料行业形成共识。广大饲料生产企业加大了科技投入，重视产品的升级换代，提高产品的档次，开发出一批质量高、安全性能好的新产品，产品质量明显提高。去年全省饲料质量抽查、免税检验、报批检验等检验结果表明，饲料产品合格率平均在 90%以上。

4. 民营、三资企业迅猛发展。随着改革的深入，市场经济的发展，竞争日益激烈，企业都注重体制转换，加快改制、改组、改造步伐。股份制企业、民营企业、三资企业显示了旺盛的生机与活力。目前，全省民营、三资饲料生产企业已发展到 1 000 多家，占全省企业 90%以上，其中三资企业 40 多家。

5. 企业规模进一步增大。近几年，我省饲料企业不断扩大规模，打造品牌，实行一体化经营，饲料工业生产集中度不断提高，产销量向优势企业和名牌产品集中，其规模化优势明显。目前，全省共建成年产万 t 以上的大型饲料生产企业 140 多家。以山东六和、诸城外贸、山东凤祥、青岛正大、潍坊中基等为代表的一批大型骨干企业，无论是生产规模，还是经济效益，都处于优势地位，其产品占有市场很大份额，在市场竞争中占据主动地位，成为我省饲料工业发展的骨干力量，代表着我省饲料工业的整体形象和发展方向。山东六和通过租赁、并购等形式，低成本扩张，现已建立加工企业 40 多家，年产量达 90 多万 t。

6. 饲料质量监测能力进一步增强。为加强我省饲料监测体系建设，省饲料监察所购置了全自动氨基酸分析仪等一批高新仪器设备，检验能力有很大提高。同时根据《全省饲料质量监测体系建设规划》，首批安排了烟台、潍坊、淄博三市的饲料监察所，筹建化验室，购置了仪器设备，其中烟台市饲料监察所已开展工作。其他市的饲料监察所也在不断完善之中。

【组织机构】 2000 年机构改革后，在省农业厅内设立省畜牧办公室，主管全省畜牧业和兽医、饲料工作。省畜牧办公室设饲料处，对上可使用“山东省饲料工作办公室”的名义，编制 6 人。属于行政性质。

【主要工作】 2001 年主要抓了以下几个方面工作：

1. 大力宣传贯彻国务院《饲料和饲料添加剂管理条例》，制定相应管理办法。《条例》颁布后，全省上下采取多种形式进行了宣传落实。根据《条例》和《山东省饲料工业管理暂行办法》，组织制定了《山东省饲料生产企业审查登记管理暂行办法》、《山东省饲料和饲料添加剂经营企业审查登记管理暂行办法》和《山东省饲料生产、经营企业审查登记考核办法》，进一步明确了省、市、县三级饲料主管部门的管理权限，理顺了饲料管理关系。根据国务院、省政府有关出口动物产品安全卫生方面的规定，为确保出口产品饲养场饲料的高质、高效、无残留，确保出口动物产品的安全卫生，制定了《出口饲养场用饲料产品及生产企业认定办法》。这些办法的出台实施，为我省饲料工业的规范化管理打下了坚实基础。

2. 加大执法监管力度，开展饲料执法大检查活动。为贯彻国务院和农业部等有关部委关于开展农资市场专项检查的通知精神，在全省范围内开展了声势浩大的饲料和饲料添加剂执法大检查活动，加大对违禁药品使用以及无生产许可证、无产品批准文号、无产品质量标准、无标签和无质量合格证的饲料和饲料添加剂产品的查处，从生产源头、经营场所、养殖业户等实行全方位监控，特别是加大了对中、小饲料生产企业和经营网点的监管力度。去年，全省共出动车辆 100 余台，执法人员 600 多人，检查生产、经营企业 1 000 多家。查没假劣饲料和饲料添加剂 200 多 t，货值 40 多万元，有效地净化了饲料市场。各市特别是县一级，也都普遍加强了日常执法监督。严厉打击了制售假冒伪劣产品和使用违禁药品的违法行为，保护了生产者、经营者及养殖户的合法权益，为养殖业创造了良好的安全环境。

3. 加强饲料质量监督抽查。根据农业部要求，去年加大了对饲料产品的抽检力度，重点加强卫生指标和违禁药品的监控。省饲料监察所对全省猪鸡养殖企业的饲料和饮用水、饲料添加剂和动物性饲料进行了三次抽检，同时还完成了进口产品登记、产品批准文号报批复核、免税报检、仲裁等质量监测任务。济南、青岛、烟台等市也开展了饲料质量检测工作。去年省里受理投诉、举报案件十多起，都组织人员进行了专门调查和处理；各市县也受理了不少举报和投诉案件，都做了较好的处理。同时对骨粉、肉骨粉的生产、经营和使用情况、存在问题等作了调查，走访了有关企业，召开了肉骨粉生产、使用企业座谈会，对有关动物性饲料的进口、使用、清理，做出了规定安排。

4. 成立了饲料行业联谊会。经过充分酝酿、组织筹备，成立了由 30 家大中型饲料企业共同发起的“山东省饲料工业行业联谊会”，并就加入 WTO 后饲料行业发展问题进行了交流，在联合协作应对入世挑战方面有了一个良好开端。组织召开了发展无公害饲料对策座谈会，对无公害饲料的发展趋势、饲料中抗生素使用、替代品的研制开发进行了探讨。

5. 完成了职业技能鉴定工作。按照农业部部署，结合我省实际情况制定了饲料行业技能鉴定工作计划，通过省、市两级饲料管理部门的积极配合，省饲料所、青岛饲料办两个技能鉴定站对全省饲料企业化验员、中控工进行集中培训和鉴定，到目前为止，全省共鉴定化验员 1 050 人、中控工 150 人，全面完成国家交给的任务。

6. 加强行业培训工作。去年在青岛举办了饲料企业政策法规培训班，全省 400 多家获得生产许可证企业参加，就饲料管理法规、生产技术规范、药物添加剂使用、证号管理和饲料质量安全控制、饲料工业发展趋势和对策等进行了培训。还举办了《条例》和《饲料标签》标准培训班。各市、县也采取多种形式对生产经营企业的从业人员进行培训，提高了从业人员的素质，增强了法制观念，提高了贯彻执行法规的自觉性。

7. 加强行业管理，规范生产经营秩序。根据《条例》和相关的配套办法，对饲料添加剂和添加剂预混合饲料生产企业进行发证考核，目前共有 480 家企业获得了农业部颁发的生产许可证；受理、核发产品批准文号 600 多个；审核备案企业标准 330 多个；审核免税企业 960 个；对 1 100 个饲料生产企业进行审查登记，并核发了审查登记证。发放饲料经营企业审查登记证 2 000 多个。认定、发放《出口饲养场用饲料产品及生产企业合格证》80 多个。完成了获证企业年度检查工作，对获证企业生产条件、申证资格以及人员、场地、设备、质检、卫生环境改进和变化情况进行了审核和检查。

8. 招商引资工作取得很大进展。山东省是畜牧业和水产养殖业大省，饲料市场潜力和空间很大，投资环境较好，国外和省外的厂商纷纷到我省投资兴办饲料厂。近两年，全省接待了韩国、泰国、法国以及上海、湖南、四川等多批次的国内外客商，来我省考察寻求合作或投资兴办饲料厂，其中正大亿万、希望红门、湖南岳泰、湖北正邦、上海新杨等企业，采取合作、租赁等方式已在我省办厂并建成投产。

【存在问题】 我省饲料工业虽然有了较快发展，取得了很大成绩，但还存在不少问题。饲料产品结构还不尽合理，产品科技含量和档次低，饲料添加剂生产量少；企业结构不合理，数量多、规模小；在饲料管理上存在有法不依，有些地方保护主义较重，搞市场封锁，有些地方没有专业管理机构，工作不到位等。

【工作思路和打算】 今后饲料工业发展的总体思路和要求是：紧紧围绕增加农民收入和确保食品安全两大主题，以我国加入世贸组织为契机，加快科技和体制创新步伐，提高饲料工业的科技水平和整体素质；优化饲料产品结构，由总量扩张转向提高产品质量和确保饲料安全；搞好饲料行业的规模化重组，支持民营和三资企业发展；强化饲料行业管理，加强执法监督和监测体系建设；依法行政，规范生产经营秩序，维护公平竞争环境。

1. 全面贯彻《条例》，制定地方规章。去年 11 月，为适应入世的新形势，提高饲料产品质量，确保饲料安全，国务院已对《饲料和饲料添加剂管理条例》进行修改，并重新公布。这标志着我国饲料法制化管理又提高到一个新的历史水平。一要深入学习新《条例》，把握新增加的各项法规条文。新条例以规范饲料和饲料添加剂生产经营为重点，兼顾饲料和饲料添加剂的使用管理。二要加大宣传力度，努力做到知法守法。省及各地都要通过各种媒体和各种途径广泛宣传，形成宣传声势，力争做到家喻户晓，深入人心，为全面开展饲料行政执法工作奠定基础。三要完善法律法规，在搞好调查研究的基础上，加紧制订出台《山东省饲料和饲料添加剂管理办法》以及其他配套的规范性管理文件。

2. 调整产品结构，开拓农村市场。要抓住当前畜牧水产养殖业出现阶段性变化的有利时机，加快产品结构调整步伐。饲料工业生产布局要适应畜牧养殖业区域布局，产品结构要适应畜牧水产养殖业的不同生产方式。大力发展浓缩饲料、预混合饲料。特别要大力发展特色饲料，如良种畜禽专用饲料、“笨鸡”“土猪”专用饲料、观赏动物饲料、宠物饲料等，饲料产品要专业化、系列化、标准化、特色化。要大力发展饲料添加剂，特别是维生素、微生态制剂、酶制剂、酸化剂、螯合盐类、植物源性添加剂以及抗生素的替代产品。要努力塑造名牌，多出精品，打造山东饲料的品牌效应。在经营模式上，巩固集约化规模饲养饲料市场，重视开拓农村分散饲养的饲料市场。推广六和集团“以农为本、扎根农户”的经验，扩大最终用户，稳定市场占有率。

3. 增加科技投入，加强科技创新。要充分调动科研单位和饲料企业的力量，多渠道筹集资金，加大科技投入。要加强基础研究和高新技术研究，加强饲料营养和消化吸收机理的研究，针对不同畜禽品种、不同生长阶段的特点，开发适销对路的饲料产品；加快应用基因工程、发酵工程、酶工程、精细化工等高新技术，加速研制安全、高效、低残留、无污染、低成本的饲料添加剂，当前要特别注意抗生素替代品的研究开发。鼓励大中型饲料企业建立和完善技术研究开发中心，鼓励科研单位、大专院校与企业开展多种形式的合作，推进多种形式的产学研结合，加快重大科技成果的开发和转化。建立健全科技推广体系，发挥行业协会、联谊会的作用，多形式、多层次开展技术培训，加快科研成果的推广应用。

4. 抓大促小，推进规模化经营。企业改革的重点是建立规范的现代企业制度，强化法人治理结构，使企业真正成为市场法人实体和竞争主体。要引导企业通过联合、兼并、重组等形式，减少企业数量，扩大企业规模，形成一批拥有知识产权、主业突出、核心能力强的跨地区、跨行业、跨所有制的大企业和企业集团。继续支持、鼓励和引导民营饲料企业的发展，鼓励外商，特别是跨国公司向饲料企业投资，投资高新技术产业和出口型企业，参与国内企业的改组改造。实施产业化战略，饲料加工企业要向两头延伸，一头伸向饲料原料，一头伸向畜禽养殖、食品加工及销售，逐步建立以饲料加工为龙头的企业集团。同时，注意培育发展专业化大公司，“专而强”、“专而精”，使之在某一类产品或技术上具备与国外大公司抗衡的能力。鼓励有实力的大型企业和企业集团到国外投资办厂，以充分利用国外饲料资源，进入世界饲料市场。

5. 加强产品监管，确保饲料安全。饲料安全卫生问题，已引起各级政府和社会各界高度重视，成为我国社会普遍关注的一个热点问题。确保饲料安全，是关系人民健康的一件大事，刻不容缓。一是凡生产、经营和使用营养性饲料添加剂和一般饲料添加剂，均应属于农业部105号公告《允许使用的饲料添加剂品种目录》中规定的品种及经审定公布的新饲料添加剂。生产饲料添加剂的企业需办理生产许可证和产品批准文号，新饲料添加剂需办理新饲料添加剂证书，不得经营和使用未经批准生产的饲料添加剂。二是凡生产含有药物饲料添加剂的饲料产品，必须严格执行农业部168号公告《饲料药物添加剂使用规范》的规定，凡生产含有《规范》附录一中饲料药物添加剂的饲料产品，必须执行《饲料标签》标准的规定。凡在饲养过程中使用药物饲料添加剂，需按照《规范》规定使用附录二中所列品种，不得超范围、超剂量使用药物饲料添加剂。使用药物饲料添加剂，必须遵守休药期、配伍禁忌等有关规定。三是严格遵守农业部176号公告《禁止在饲料和动物饮水中使用的药物品种目录》的规定，加大对饲料生产、经营、养殖环节使用和经营违禁药物违法行为的打击力度。

6. 加大执法力度，严格依法行政。要以整顿和规范市场经济秩序为契机，以打击“瘦肉精”、“睡梦美”等违禁药品为突破口，切实加强行业管理和行政执法，集中力量侦破和曝光一批涉及面广、影响恶劣的大案要案，依法严惩违法犯罪分子，确保饲料和畜产品安全。一是加大执法力度。省里决定2002年5－6月份，统一部署，开展全省执法大检查活动。省将分三个组和市县饲料管理人员组成联合检查小组，对生产许可证（审查登记证）、产品批准文号、包装标签、饲料添加剂、进口饲料添加剂、新饲料添加剂、饲料药物添加剂、违禁药品、动物性饲料等九个方面进行检查，重点是经营企业、无证生产企业、生猪养殖企业（户）等。同时省里将对饲料生产、经营、使用和养殖环节的饲料质量和违禁药品进行全面抽检，目前，省饲料监察所已在部分市开始抽查产品。将依据检查监测结果，对有违法违规行为的企业和个人予以通报。对非法生产经营的不法分子，要依法追究其刑事责任。尚不够刑事责任的，要没收其违法生产、经营的产品和违法所得，并依法处罚。各市县也要根据本地实际，加强日常执法监督。二是完善市场准入制度。要严格按照申办生产许可证和审查登记证的条件和资质标准，规范审批程序，严格市场准入，避免盲目上马。在审查验收、年检时，严格把关。三是健全管理机构，加强队伍建设。要建立健全省市县三级饲料监督管理体系。建立饲料监督抽查制度，设立专项监督抽查经费。重点加强省、市饲料监察所的建设，完善检测手段，提高检测能力。市级饲料监察所要抓紧进行计量和资格认证，依法开展质检工作。各市县要切实把饲料执法权承担起来，要努力稳定饲料行政管理和技术队伍，保证工作的顺利开展。四是全面提高执法人员素质。严格按照《条例》规定的职责权限和程序办事，真正做到严格执法、廉洁执法、文明执法。在执法过程中，注意提高管理部门的形象、威信，规范管理，不能搞市场封锁、地域封锁。有些县市对外地饲料在本地销售发“准销证”、“准营证”，变相收费等类似的作法，不符合国家的规定，不利于统一大市场的建立，应立即予以纠正。省里将举办饲料执法人员培训班，执法人员要逐级申报，经培训考核合格后持证上岗，挂牌执法。

7. 加强饲料标准化工作。入世以后，关税将大幅度降低，技术性壁垒在国际贸易中的作用越来越突出，以技术性措施促进出口，抑制不必要的产品进口，是国际的通行做法。因此，我们要大力推行采用国际标准和国外先进标准。一是以抓好新的饲料卫生标准、饲料标签标准的宣贯为突破口，提高全行业的标准化水平；鼓励企业开展质量管理和质量保证体系的认证工作，全面加强企业内部管理。二是加强企业标准的审查、备案工作，鼓励企业采用国家标准、国际标准和国外先进标准。今年，着手成立省饲料行业标准化技术委员会，加强行业的标准化工作。

8. 加强教育培训和技术交流，完善行业协调和服务工作。首先要加强入世法规的宣传和培训。各级管理部门要学习研究入世后的规则和原则，不得出台与WTO规则相抵触的地方规章和规定，不搞地方保护主义，不搞地区封锁，不搞各种形式的歧视政策，给予民营和外资企业与国有企业相同的待遇。省里将举办企业经理、技术负责人培训班，重点是有关WTO规则和知识的培训。二是加快人才队伍建设，特别要注重观念的更新与转变。加强国际间的人才交流与合作，加强人才的培养和引进，各地要有计划地组织管理人员和科技人员出国考察，学习国外先进的管理经验和技术。也可到国内大专院校、科研单位进行定向培养，提高管理和技术人员的素质。继续搞好饲料行业职业技能鉴定工作，今年在做好设备维修工的培训、鉴定工作的同时，继续做好未获证化验员、中控工的技能鉴定。总之，要加快提高饲料行业从业人员以及广大农民的市场意识、竞争意识、法律意识、质量意识、公平意识以及道德文化素质，以适应入世后的国际竞争形势。三是大力发展和完善中介组织和合作社，让中介组织和合作社在协调市场、行业自律、组织反倾销、反补贴以及贸易应诉等活动中发挥积极的作用。今年，省畜牧办要抓紧协调，将山东省饲料工业协会移交过来，搞好换届工作，尽快发挥作用。各地也要加紧工作，没有成立饲料协会的，要尽快成立起来。行业协会要克服官办意识，强化民办意识，把为企业服务，为政府服务作为协会各项工作的出发点和立足点，拓宽服务领域，提高服务质量。在信息、咨询、协调、培训、交流、联合等各方面，发挥更大作用。

9. 建立饲料信息体系，加强信息服务。在市场经济中，市场信息起关键性的作用。加入WTO后，市场信息的作用将更加突出。要建立全省性的饲料信息网络系统，特别是饲料管理部门和质检部门，要在已有的计算机网络基础上，扩大联网范围，并让更多的企业加入进来，及时准确地跟踪、收集、加工、整理国内外饲料政策、法规、标准、科技、检测、质量、价格和流通信息，并予以发布。既为政府宏观决策提供信息支持，也为广大饲料生产、经营企业和用户提供准确、及时、有效的市场信息服务。

（山东省畜牧办饲料处）

河南省饲料工业

过去的一年，按照我省从饲料生产数量大省转变为饲料产品质量强省的要求。认真贯彻《饲料和饲料添加剂管理条例》，加大饲料执法力度，加强行业管理，规范饲料市场经济秩序，促进饲料工业健康、稳定发展。取得了可喜的成绩，完成了各项工作任务和计划。

【主要业务工作】 2001年，全省饲料加工业产品产量达467.2万t，饲料工业总产值94.9亿元，其中：配合饲料产量318.0万t，添加剂预混合饲料8.4万t，浓缩饲料140.7万t；饲料原料工业产品销售收入2.37亿元；企业规模不断扩大，2000年底，全省具有一定规模的饲料加工企业578家，其中时产5t以上的配合饲料企业113家，浓缩饲料生产企业223家，预混合饲料生产企业85家，饲料添加剂企业24家，饲料原料企业35家；饲料监督检验工作得到了加强。残留、残毒、重金属、微生物超标以及禁用添加剂等的检测工作逐步展开，饲料市场得到了依法管理；推广和应用国家级饲料质量标准146个，企业标准500个，有力地推动了我省饲料产品质量的提高；饲料资源的开发和利用有了新的突破，饲草种植面积不断扩大，引草入田出现良好开端，秸秆青贮氨化技术进一步得到推广应用。饲料工业的迅猛发展，促进了我省农业和农村经济的发展，支持了城镇“菜篮子”工程建设。

1. 加大执法力度，规范饲料市场经济秩序。今年以来，按照农业部的工作部署和省局的工作安排，我处把加强饲料市场监督检查，规范饲料市场经济秩序作为中心工作来抓，并取得一定成绩。

(1) 饲料市场治理整顿工作成绩显著。按照农业部、省政府的要求，省局今年上半年和下半年进行了两次大规范的饲料市场专项治理活动。成立了饲料市场专项治理活动领导小组，制定了饲料市场专项检查实施方案。据不完全统计，全省共查处饲料生产企业391家、饲料经营企业4 700多家，查封了违法生产企业37家、经营企业164家，检查大小养殖场1 278家，查处假冒伪劣、过期霉变等不符合规定的饲料产品1 347.6t，没收经营盐酸克伦特罗等违禁药品10多起共计40.3千克，处理大小违法案件566起，罚没款11.94万元。通过一年来连续不断饲料市场打假治理活动，规范了我省饲料、饲料添加剂生产、经营市场，有力地打击了饲料生产、经营中的违法活动，提高了饲料产品的质量，在全省的饲料产品抽检活动中，配合饲料产品合格率为87.1 %，浓缩饲料产品合格率为90.4 %，猪饲料合格率为90.6 %；鸡饲料合格率为87.5 %；鱼饲料合格率为33.3 %；鸭饲料合格率为100 %，产品质量较往年明显有所提高，同时也提高了全社会的饲料安全意识，保护了畜牧业健康发展。

(2) 深入开展打击制售、使用“瘦肉精”等违禁药品专项斗争，确保饲料安全。针对一些不法商贩，受经济利益驱动，在饲料和饲养过程中添加“瘦肉精”等违禁药品，严重危害人民身体健康和损害我省形象的行为。省局专门召开由各市主管局长参加的打击销售、使用“瘦肉精”等违禁药品专项治理工作会议。成立了以谢振生局长为组长的协调领导小组，制定了实施方案，并与工商、公安联合发文，联合执法，形成合办，加大打击力度。我局于本年初对郑州桑园市场搞的一次突击性检查中，就查出了47公斤涉嫌违禁药品的“三无产品”，当场焚烧；又分别于8月份、10月份就群众举报的六个案件迅速出击，对涉嫌添加使用、经营违禁药品的朱广义经营门市部案、郑州诺佳经营门市案做出了严肃查处。与此同时，全省各直辖市、县（区）也分别采取了同样的行动，对于大案要案，无论涉及到谁都要追查到底，决不手软，决不姑息迁就。

2. 加强行业管理，促进饲料工业健康、稳步发展。

(1) 参与了《河南省畜牧业条例》中饲料和饲料添加剂部分章节的起草、修订工作，为河南饲料工业发展提供法律保障。

(2) 制定了《河南省饲料生产企业登记管理暂行办法》和《河南省饲料经营企业登记管理暂行办法》。依据《饲料、饲料添加剂管理条例》的要求，根据我省饲料工业实际管理工作的需要，参照兄弟省市先进管理经验，经多方征求意见，出台了饲料生产、经营企业两个暂行管理办法，进一步提高了《条例》的可操作性，同时又摸清了家底，为搞好饲料管理工作打下了坚实的基础。

(3) 进一步规范饲料行业行政管理和执法行为。针对群众反映的极个别饲料管理部门和极少数饲料执法人员，由于对《条例》学习不够，片面理解，在饲料管理和执法过程中，出现一些与《条例》规定不一致的现象，如超越权限办理准产证，生产许可证，越权抽检，抽而不检，只收费不抽检，收取保证金等不法行为，我们进行了干预和制止。及时下发了《关于进一步规范饲料行业行政管理和执法行为的紧急通知》，要求各级饲料管理部门从讲政治的高度，切实保护饲料企业合法权益，严格依照《条例》赋予的职责权限和程序办事，坚决纠正有法不依的错误思想和行为。同时，全省印制统一格式的饲料执法文书，对执法程序以及执法工作者的权利、义务作了明确规定，今年还实行了“佩卡上岗”制度，执法人员在执法时既要出示执法证，又要佩带“河南饲料监督”胸卡，胸卡上面贴有本人照片，标明执法人的姓名、单位、职务、编号，自觉接受社会监督和群众监督。

(4) 加强法律培训工作，促进各项政策的贯彻落实。根据我处今年的工作安排，我们分别在郑州、驻马店举办两期饲料行政执法培训班，培训对象为市、县主管局长、饲料办主任，参加人员近200人。通过学习培训，增强了业务知识，提高了执法水平，同时要求各市县饲料管理部门举办由饲料生产、经营企业从业人员参加的饲料政策培训班，据不完统计，全省共举办类似培训班100多个，培训人员近万人。通过培训，增强了企业遵纪守法的自觉性和依法保护自身合法权益的意识。

3. 加强对动物性饲料产品的专项治理活动。由于动物性饲料产品容易传播疾病，特别是饲用同类动物性饲料更容易传播，农业部对肉、禽等动物性饲料产品管理工作极为重视，省局根据农业部《关于加强对进口饲用和动物性饲料经营和使用管理的通知》、《关于加强肉骨粉等动物性饲料产品管理的通知》精神，省局组织了对全省动物性产品进行专项检查，凡经营和使用禁止使用的动物性饲料产品，要立即就地销毁，禁止同类动物饲用同类动物性饲料产品。

4. 继续做好饲料添加剂和添加剂预混合饲料企业申报生产许可证的审核、验收及其批准文号审批工作。依据农业部24号令、23号令和我省制定饲料添加剂和添加预混合饲料生产许可证管理实施意见，产品批准文号管理实施意见，省里组成考核验收小组，对申报生产许可证的饲料企业现场从技术人员、生产场地、生产设备、质量验收、管理制度、卫生环境等6个方面要求进行审核。在省质检站和各市、县饲料办的大力配合下，共完成13家饲料生产企业审核工作，其中报农业部获取生产许可证9家，全年办理产品批准文号176个，饲料生产登记证157家。

5. 继续做好饲料工业统计、企业免税、年检工作。饲料工业统计工作是一项基础性工作，我们在各种调查研究的基础上，在南阳召开了饲料工业统计工作会议，总结统计经验，布置工作任务，以确保统计的准确性、实用性，为各级领导提供有力的一手资料，为制定各种政策和规划提供基础。按照国家税务总局财税明电（2000）6号文通知，继续做好我省饲料企业产品免征增值税工作，全年共为224个饲料企业1 650个产品进行免税审核。我处严格按照国家对饲料企业的免税政策，认真核对产品名称，严格免税程序，做到既为企业着想，扶持企业发展，又不让国家税金流失。按照农业部生产许可证年检通知精神，对企业申报的年检申报材料进行认真审核，同时，抽出专门力量对部分饲料厂年检情况进行了抽样检查。

6. 加强饲料监测体系建设。根据《条例》第二十条规定，制定印发了《河南省饲料产品质量监督检验制考核管理办法》，依据考核办法，组织人员对省饲料产品质量监督检验站进行考核验收。授予河南省饲料产品质量监督检验站承担饲料产品质量监测资格。解决了长期以来省质检站无检验资格的困扰。这也是自《条例》颁布以后，省饲料管理部门首次开展此项工作。今年，重点加强省饲料产品监督检验中心建设，争取农业部和省财政部门支持400多万元，扩建、改建化验室，添置必要化验仪器设备，使其能够承担饲料产品中添加违禁药品、药残、微量元素等监测任务。

7. 加强对外交流和宣传工作，扩大影响力。过去，我们对对外交流和宣传工作，没有引起足够重视，外界对我们工作也不甚了解，今年我们把对饲料信息收集、交流和宣传作为一项重要工作来抓，明确一位处长专门负责此项工作。据统计，接待农业部及兄弟省市来豫参观考察7批30多人次，组织外出参加交流会、研讨会、展览会5起100多人次（含企业人员）；河南卫视新闻报道3次；在河南农村报、城市早报、河南科技报、中原牧业报、牧业通讯、中国饲料杂志等报纸、杂志上发表饲料专业论文、信息20多篇，接受记者采访10多起。引起社会各界高度重视，扩大了行业对外影响力。

【存在问题】

1. 饲料市场监管能力不足，制售、使用违禁药品和超量添加药物添加剂的现象，屡禁不止，且有扩大趋势。

2. 饲料产品质量监测能力不足，特别是对违禁药品残留、微量元素含量等检验化验方面，缺少必要的监测手段和仪器设备。

3. 全省饲料企业数量多，规模小，低水平重复建设严重，难以实现规模效益。饲料名牌企业、名牌产品少，形不成名牌效应。

【今后主要工作】 深入贯彻落实《饲料和饲料添加剂管理条例》，加大执法力度，提高管理水平，促进饲料工业健康发展。

1. 继续做好添加剂、预混料厂的生产许可证和批准文号审核、审批工作。

2. 认真做好饲料生产、经营企业两个管理办法落实工作，争取第一季度完成登记发放工作，第二季度检查验收。

3.2002 年第一季度，完成饲料厂的年检和免税审核工作。

4. 依法整顿饲料市场，加大检查监督力度。上半年结合企业年检，加大对饲料和饲料添加剂市场进行整顿力度。重点打击假冒伪劣产品，禁止销售无标、无证、无批号的饲料添加剂、添加剂预混料。严禁一号多用、仿冒、伪造文号等的饲料、饲料添加剂以及禁用、停用霉变的饲料、饲料添加剂流入市场。对违犯规定的，按《条例》规定严肃查处。下半年安排专项资金，对配合饲料进行统检，重点检查涉嫌添加违禁药品。

5. 举办 1－2 期饲料企业厂长、经理等参加的高级管理者培训班，提高企业管理和经营水平。

6. 依据《河南省饲料产品质量监督检验机构考核管理办法》，完成对部分市级饲料产品质量监测机构考核验收工作。

7. 继续抓好饲料安全工用，通过开展企业质量跟踪回访、质量评优、用户信得过活动，敦促饲料生产企业提高产品质量。

8. 制定行规行约，建立起自尊、自律、公平、竞争、共同发展的良好机制。

9. 搞好职业技能鉴定工作，明年争取农业部批准建立河南省饲料特有工种职业技能鉴定站，以提高我省饲料生产企业的素质。

10. 创办河南饲料杂志或河南饲料通讯，加强法规、政策宣传，让外届了解河南饲料工业。

（河南省饲料工业办公室）

湖北省饲料工业

【发展概况】 2001 年，我省饲料工业出现了近年来难得的好局面，饲料生产比去年增长约 10%，其中配合饲料约 266 万 t，浓缩饲料约 58 万 t，预混合饲料约 6 万 t。2001 年我省饲料生产的一个显著特点是，鱼饲料产量大幅增加，在饲料产量中所占的比例之大为历年之最。

【组织机构】 2001 年我省饲料行业的管理机构进一步完善。2000 年省级机构改革到位后，今年各市级机构的改革有的已经完成，有的正在进行当中，总的趋势是饲料行业管理机构基本设在农业部门。湖北省饲料工作办公室设在省农业厅，市一级有的在农业局，有的在畜牧局。

【主要工作】 2001 年主要抓了以下几个方面工作：

1. 饲料执法检查。在饲料执法检查中，重点打击销售使用盐酸克伦特罗等违禁药品。2001 年省饲料办组织召开了市州饲料办主任会，安排布置了饲料检查，主要内容是，是否添加了盐酸克伦特罗等违禁药品，有无生产许可证，有无产品批准文号，有无饲料标准及标签。此次执法检查得到各地重视，执法检查成效显著。全省共查办 40 起案件，结案 32 件，取缔不法生产经营企业 30 余家。此次执法检查对不法分子产生了震慑作用，在一定程度上净化了饲料市场。除此之外，我省还通过多种形式对饲料生产及经营企业进行明查暗访，对饲料市场保持一种高压势头，以遏制不法分子的不轨行为。

2. 实施饲料入户工程。2001 年，省政府拨款 200 万元用于发展饲料工业，重点是实施饲料入户工程。今年我办主要抓了大冶、沙洋两个县市。大冶侧重于猪，沙洋侧重禽。现已发展了 3 100 个养猪示范户、42 个养禽示范户，出栏生猪 14 000 头，饲养蛋禽 6.3 万只。饲料入户工程提供饲料应用技术、种猪种禽、疫病防治和产品回收等全套服务。饲料入户工程的实施提高了农业养殖科技水平，增加了农民收入，促进了粮食转化，开辟了农村潜在的饲料市场。

3. 切实为企业搞好服务。2001 年，主要工作有：一是简化程序，为 205 家企业办理免增值税手续，充分落实了国家税收优惠政策；是为全省 14 家添加剂，添加剂预混料生产企业申办了生产许可证，对 97 家饲料企业 1 320 余个产品审核发放了批准文号。三是以省饲料标准化专业技术委员会为依托，为 100 多家饲料企业制作饲料标签提供了指导服务；四是协调解决了多起饲料企业与执法单位的矛盾和纠纷；五是以《湖北饲料》为媒体，为企业提供政策法规、科技动态，市场行情、养殖业状况等方面的信息；六是组团参加了 5 月 16 日至 18 日在大连举行的“2001 年中国畜牧业暨饲料工业交易会”及在湖北天门举行的“湖北农业招商会”，同年参与组织了 11 月 25 日至 30 日在武汉汉阳生产资料大市场举办的“2001 年湖北（秋季）畜牧业暨饲料工业交易会”。通过几次大会，展示了我省饲料工业形象，宣传了我省饲料企业，提高了我省企业知名度；七是举办技术研讨会和讲座，帮助企业提高管理和技术水平，以适应激烈竞争的市场。

【存在问题】

1. 我省饲料企业“小而散”的局面没有很大的改变，企业普遍缺乏竞争力，没有龙头企业，没有知名产品。

2. 企业整体素质不高，产品质量不稳定，科技含量较低。

3. 行政执法队伍薄弱，对市场的管理力度不够，导致违禁药物的经营和使用现象偶有发生。

【今后工作思路】

1. 加大执法检查力度。2002年我办将结合《生产许可证》和《批准文号》的年检工作，对饲料生产企业进行抽查，促其规范化生产；另外，我办拟配合国家安全工程，上下半年分两次对全省饲料产品抽样检查，重点检查是否添加违禁药物及产品质量是否达标，通过加大执法检查力度来净化饲料市场。

2. 鼓励、扶持企业联合，按照市场未分选优化组合，使企业尽快增加自身实力，以应对入世的挑战，并抓住机遇发展壮大。

3. 搞好服务工作，为企业的发展提供一个良好的环境，并加强信息，技术交流。

4. 继续抓好"饲料入户"工程，力争每个县市都有饲料入户的示范点，饲料入户率达到42%。

5. 在今年适当的时候，湖北省饲料工业协会进行换届改选，根据入世后的新形势，力争新的一届协会更加适应新的工作和局面。

（湖北省饲料工作办公室）

湖南省饲料工业

【发展概况】 2001年全省饲料产量386.15万t，比上年增长9.81%，其中浓缩饲料134.32万t，增长13.52%；添加剂预混合饲料8.59万t，增长14.99%。工业总产值和销售收入均已达102亿元，在全省工业行业中居第10位。利润3.46亿元，分别增长25.93%。

【组织机构】 湖南省饲料工业办公室、湖南省饲料工业协会两块牌子一套人马，编制15人，正处级，隶属于湖南省发展计划委员会。

【主要工作】 2001年全省饲料工业行业主要工作如下：

1. 做好宏观指导和协调工作。为了认真落实中央领导的指示，2001年湖南省饲料工业办公室代省政府、省计委起草、发出了14个文件，其中省政府2个，省计委12个。有的联合发文协调到7个省直单位。由于饲料安全是个关系全局的大事，都得到了这些委、厅、局的大力支持。由于狠抓了饲料安全，全省饲料行业管理进一步得到了加强。据国家通报的一些省市非法使用"瘦肉精"的案件，湖南的情况是比较好的。

2. 争取领导的重视。今年5月，就如何进一步抓好湖南饲料工业，怎样解决工作中存在的问题，我们给省委书记杨正午、常务副省长周伯华、副省长庞道沐、郑茂清写了专题报告，正午书记作了"要采取切实有效措施，确保饲料安全"的重要批示。就饲料办工作经费困难问题伯华常务副省长对省财政厅作了3次批示，道沐副省长、茂清副省长也对财政厅作了2次批示。省财政厅同意在原来的基础上增加了近1倍的经费。全国饲料办对湖南饲料管理给予了充分肯定。过去，我省饲料管理工作被评为全国的先进单位，在10月中国饲料工业协会秘书长会议上指定湖南介绍了工作经验。在全国农业工作会议上，农业部安排省饲料办作为全国惟一的饲料行业代表介绍了工作经验。

3. 从正面宣传，领导饲料行业的健康发展。3月份，我办把饲料工业所取得的成就及工作中存在的一些问题，用《要情摘报》形式传递到各位省级领导。5月11日在《湖南日报》上从正面大力地宣传了我省饲料业的辉煌成就。请省领导和有关负责同志在报上发表了文章；在《湖南日报》头版刊登了饲料业已成为湖南经济新亮点的重要新闻；辟专版介绍、宣扬了湖南饲料工业所取得的成绩和优秀企业。引起国内同行的密切关注和称赞，特别是新华社记者，几次索稿要求刊登专讯、内参。这次宣传确实取得了较好效果。10月份，《湖南日报》社记者专赴饲料办要求介绍情况，了解饲料工业对拉动第一产业和第二产业经济新的增长点的数据。10月6日，再次在《湖南日报》头版刊登了湖南饲料工业的重要新闻。

4. 贯彻实施"生产许可证"、"产品批准文号"制度。根据国家有关规定，今年除对去年100多家饲料添加剂和添加剂预混合饲料企业进行年检外，又对28家申报企业的人员、生产场地、生产设备、质量检验、管理制度、卫生环境等基本条件进行现场审核。并按照"产品批准文号管理办法"的规定，对申报企业的产品进行抽样检测，审查标准、标签等资料。到年底，我省获证企业已有135家，其中添加剂企业49家，预混料企业86家。今年共核发添加剂产品批准文号286个，其中预混料产品批准文号263个，添加剂产品23个。通过年检、审查发证工作，促进企业进一步规范生产经营行为，制止了没有批准文号的产品在市场上流通。

5. 继续落实国家对饲料产品免征增值税政策。今年以来，我办对饲料企业申报免税产品进行了采样、封签、检测、审核。同时，为企业审核、修订产品标准、标签。免税产品共抽检样品591个，审核免税企业320家。从检查结果看，合格率91%。今年与往年不同的是，检验一次不合格的不予免税；申报企业弄虚作假的，取消免税资格；过期未办理审批手续的企业，不享受免税优惠政策，以促使企业坚持不懈地关注产品质量。

6. 狠抓饲料安全。

（1）全省各级饲料部门与饲料生产、经营企业逐一签订了饲料安全责任书，凡违规的，责令停产整顿，限期改正；情节严重的按照有关规定和有关程序，一律吊销生产许可证和营业执照。

（2）在湖南卫视和《湖南饲料》杂志公布了举报电话，让人民群众参与监督，举报一起，坚决查处一起。

（3）抓典型，严格执法。浏阳市正旺饲料厂在饲料中添加违禁药品，我们根据有关法规和政策，对该厂作了严肃处理，一是依规进行罚款；二是通报全省；三是责令该厂停产三个月进行整改。

（4）专题召开了两次全省饲料办主任会议，传达贯彻中央领导的指示和农业部一系列文件精神，要求进一步转变工作职能，重点抓好行政执法和饲料安全。

(5) 注重密切配合，齐抓共管。2001年饲料管理部门再次与农业、药品监督管理部门联合行文，进一步明确各自职责。饲料企业违规归饲料部门监管，养殖场（户）违规及乱使用兽药归畜牧部门监管，药品归药品监督部门监管。为了协调一致，搞好密切配合，做到统一行动，三个部门还联合成立了“湖南省查处非法生产、销售和使用禁用药品联合工作组”。饲料办主任任组长，省饲料部门、省畜牧部门、省药品监督管理部门为组员单位。并召开了两次专题会议，部署了全省的检查工作。

(6) 为了使工作不停留在发文件上，我们开展了监督检查工作，两次专门召集全省饲料办主任到省里开会汇报落实情况，省计委分管主任自始至终听取了汇报。另外深入到几个市、县检查督促落实。从检查了解的情况来看，市、州、县都认真贯彻了省里一系列文件，通过检查整顿，饲料市场经济秩序大有好转，有效地遏止了添加违禁药物的行为。

7. 做了大量调查研究工作，征求了若干方面的意见，为修订《湖南省饲料管理办法》做了一些准备。

【存在问题】 饲料安全仍存在着不少隐患；弱小企业太多，目前全省饲料生产企业有672家，但上规模的企业只有163家。

【下年工作思路】

1. 贯彻落实修改后的国务院《饲料和饲料添加剂管理条例》。

2. 把农民增收和让人民群众吃上放心肉作为饲料办工作的出发点。

3. 大力实施创名牌战略，支持大中型企业的发展。

4. 转变职能，开拓创新，把饲料安全监管、行政执法、饲料质量效益作为工作的重点。

5. 引导企业技术改造，开发新品种，优化结构。

（湖南省饲料工业办公室）

广东省饲料工业

【基本情况】 2001年，广东省饲料工业继续稳步发展，全省饲料加工单班生产能力达653.7万t，比上年度增1.04%；饲料总产量850.97万t，与上年度持平；产值171.5亿元，比上年度增12.5%。

【主要特点】

1. 顺应市场，调整结构，改变营销策略，减赊销稳产量，增加资金回笼。由于香港禽流感风波和畜禽水产品价格持续低迷，饲料加工能力饱和及市场竞争激烈，再加上饲料原料价格波动大，饲料生产基本是微利保本经营。饲料企业面对困难局面积极改革经营方式，降低成本，调整品种结构，增加资金回笼。

2. 饲料工业和养殖业互相依赖，互相促进，并存发展。饲料产品属中间产品，前有养殖业种苗，后有养殖业商品，种苗旺销，体现了养殖业产品物畅其流，连锁反应带动饲料工业发展。2001年我省生猪、家禽饲养量分别增长1.3%和2.6%。饲料工业与养殖业发展是相适应的。

3. 饲料生产区域发展不平衡。湛江、云浮、佛山等市饲料工业发展迅速，后劲势猛，与上年度同期相比，产量增幅都在10%左右，广州、茂名、肇庆、韶关等市产量也有不同程度的增长；而顺德、深圳、江门、汕头、中山、珠海、东莞、惠州、揭阳等市饲料产量有所下降。尤其是饲料大市顺德市下降了8.9%。

4. 新办添加剂预混合饲料企业和小型饲料生产企业增多，水产饲料发展势头强劲。2001年我省新办饲料添加剂、添加剂预混合饲料企业58家（其中添加剂企业27家，预混料企业31家）；立项开办时产5～10t，(年产1万～3万t）的小型配合饲料厂36家。2001年全省水产饲料101.2万t，其中湛江12.99万t，中山市的水产饲料比例已超过40%；顺德市减少无利可图的鸭料，致力水产饲料开发，水产饲料比例已接近23%，生产势头强劲。

5. 原材料价格猛涨，企业效益下降。由于国际市场玉米、豆粕期货价居高不下，价格比2000年上升13%左右；鱼粉、氨基酸和部分维生素价格有不同程度的上涨，加上严禁货运车超载，增加运输成本，使饲料产品成本增加，然而饲料生产企业不敢贸然提价，长期微利保本支撑经营，一些企业因经营不善严重亏损而倒闭。

【主要工作】 2001年全省饲料工业行业主要工作如下：

1. 抓好法规的宣传贯彻和地方法规的制定工作。为了宣传贯彻国务院《饲料和饲料添加剂管理条例》，印发了《条例》和农业部《饲料药物添加剂使用规范》、《饲料标签》标准及条文释义，以及《广东省查处生产销售假冒伪劣商品违法行为条例》等法规汇编。抓好饲料企业生产条件和质量保证体系的完善工作，强调要严格按《条例》规定的五个条件进行资格审查，重点抓好饲料卫生标准、饲料标签等强制性标准的实施。召开全省饲料工作会议，邀请中国饲料工业协会专家来我省举办饲料添加剂政策法规培训班，380人次接受培训，提高行政管理人员的政策水平和业务技能。根据广东省实际情况，在开展立法调研工作的基础上，重新提出《广东省饲料管理条例》，征求有关部门意见。

2. 整顿规范市场秩序，加大饲料打假力度。与省六厅局联合发文转发农业部等五部委局关于严厉打击非法经营和使用盐酸克伦特罗等药品违法行为的通知，并成立领导小组；对重点饲料集散市场加强检查，开展六次饲料专项打假工作，及时处理河源等地的“瘦肉精”突发事件，查封异地生产的添加剂厂家及有毒产品。公开销毁查获的纯品“瘦肉精”21.5

千克、假劣饲料15t及冒用名厂的饲料包装袋10 000多条，货值26万元。整顿了饲料市场秩序，震慑了违法分子，使饲料打假工作取得了阶段性胜利。

3. 做好饲料产品免征增值税审核及新办饲料企业立项工作。2001年全省共审核免征增值税饲料企业354个，经饲料检测部门检验合格的饲料产品3 773个，使企业顺利办理了免税手续，受到了饲料企业和国税部门的好评。截至2001年12月底止，我省上报农业部审批的饲料添加剂、添加剂预混合饲料企业生产许可证210家（其中添加剂73家，预混料137家），核发饲料添加剂、添加剂预混合饲料产品批准文号1 446家。

4. 积极开展饲料工业职业技术技能鉴定工作。在省农机研究所和省畜牧研究所两个鉴定培训点的密切配合下，2001年共办班8期，培训饲料厂检验化验工、中央控制室操作工和饲料加工设备维修工等共353人，98%取得《中华人民共和国职业资格证书》。提高了饲料行业劳动者素质，创造了就业择业机会。

5. 发挥协会沟通、协调、服务作用，搞好科技与人力资源开发。省饲料工业协会积极发挥桥梁和纽带作用，做好饲料行业的人流、物流、资金流、信息流的服务工作，收集市场行情动态，为政府制定方针政策指导生产提供决策依据；引导饲料企业进行技术改造、市场营销、经营管理和品种结构调整，提高企业竞争能力。举办不同形式的学术交流、讲座等共12场950人次参加。大力推广绿色饲料和环保型添加剂等新技术、新产品，提高饲料利用率和降低饲料成本。2001年5月组织参加大连举办的中国畜牧业暨饲料工业交易会，参展饲料企业67个；9月份在广州成功举办2001年国际畜牧业展览会，56个饲料企业参展，收到了预期效果；《广东饲料》杂志发行量加大，内容丰富，在全国同行有较大的影响力，再次被评为广东省优秀科技期刊。

【下一步的工作思路】 广东省的饲料工作总体要求是：宣传贯彻新修订的《饲料和饲料添加剂管理条例》，整体和规范市场经济秩序，进一步开展饲料质量安全监督管理，严厉打击制售和使用"瘦肉精"的违法犯罪行为。完善各项管理制度，增加抽查频率和抽检范围，严格行政执法，确保饲料安全，促进饲料业和养殖业持续健康发展。重点抓好如下几个方面工作：

1. 认真学习和大力宣传贯彻新修改的《饲料和饲料添加剂管理条例》，依法行政，规范行业管理确保饲料安全。

2. 健全饲料管理监测机构和培训执法队伍。计划办两期全省饲料执法培训班，培训市、县级饲料管理部门人员，帮助地级市建立饲料监测机构，努力建设一支政治素质强、执法水平高、业务技能精的专业队伍。

3. 公布农业部审批下达的我省饲料添加剂、添加剂预混合饲料生产许可证和省饲料办核发的产品批准文号，为各市饲料管理部门行政执法、打击假冒伪劣饲料产品提供依据。

4. 抓好饲料产量质量管理和饲料安全工程工作。一要抓好新办和在建饲料企业的生产条件和质量保证体系建设，使企业能保证生产合格产品供应市场；二要抓好饲料产品标准化工作，要求企业要按标准组织生产，确保产品质量，重点抓好饲料卫生标准，饲料标签等强制性标准的实施；三要抓好饲料用药管理，贯彻执行农业部颁发的《饲料药物添加剂使用规范》，减少和杜绝饲料产品滥用药物、过量用药，强调企业严格按规范执行。

5. 继续做好饲料产品免征增值税审核工作。饲料产品免征增值税工作由省国税局指定省级饲料质量检测机构进行检验，省饲料办将会同省国税局检指定测机构一起研究饲料检验项目和收费标准，并行文布置落实。

6. 大力整顿饲料市场秩序，加大执法力度。全省饲料打假工作继续由省饲料办牵头，联合公安、工商、技监、药监、供销等部门，成立打假工作小组，对重点地区、主要品种、市场的突出问题采取联合行动，重拳打击假劣饲料产品和违禁药品，要打准、打狠和打死，防止死灰复燃；同时发挥地市饲料管理部门的职能作用，尽快形成上下衔接的饲料监测体系，加大对所辖区内饲料、饲料添加剂生产经营企业和饲养场（户）使用饲料和动物饮用水的监管工作；建立饲料打假报表制度，制定月、季、年报表下发市级饲料管理部门，及时了解全省饲料执法打假动态和情况。

7. 狠抓科技进步，搞好人才培训，提高行业素质。首先，要建立科研单位和饲料企业组成的立体科研推广体系网络，开发绿色、环保饲料和添加剂，实现"三个安全、两个效益"（饲料安全符合卫生标准，畜禽安全及产品有害物质残留符合国家标准，人们食用的畜禽水产品安全及有益健康和保健；使用安全饲料的养殖户有效益，生产安全的饲料企业有效益）。第二，要继续开展饲料工业职业技能鉴定工作，加快人才培训步伐，提高行业整体素质和管理水平。第三，加快企业的技术改造步伐，促进企业挖潜增效。第四，要发挥协会作用，加强与国内外同行的科技交流和新产品推广应用工作。

8. 继续做好咨询服务、信息交流工作。引导企业深化改革，强化管理，调整产品结构，开拓省内外市场，增加效益，促进全行业持续稳定健康发展。

（广东省饲料工作办公室）

广西壮族自治区饲料工业

2001年是全年饲料工业产品产量达255万t，比去年增长5.2%，其中配合饲料229.73万t，增长3.5%，实现工业总产值54.61亿元；产品质量稳步提高，产品结构进一步优化，企业规模和档次有所提升，行业管理步入正轨。

【行业发展特点】

1. 产品质量稳步提高。全区结合免税抽检303家饲料、饲料原料生产企业，682批产品，合格620批，合格率达90.91%，比去年89.07%提高了近2个百分点。农业部饲料监测中心（成都）于3月份抽检我区饲料产品12批、农业部饲料监测中心（广州）于7月份抽检我区饲料/水各20批，均全部合格。此外，产品结构进一步优化，技术含量高的乳猪配合饲料、虾配合饲料、预混合饲料比重增大，而大猪配合饲料等一些档次低的饲料产品比重下降。

2. 企业向规模化大型化推进。一批企业在市场激烈竞争中不断发展壮大。扬翔饲料有限公司年产量达20.5万t，比去年增长14%，扬翔、漓源、富丰、南宁正大等五家我区最大饲料企业产量达76.5万t，已占全区总产量30%。贵港扬翔饲料有限公司、南宁正大畜牧有限公司、博白宝中宝饲料公司、柳州大北农饲料公司等企业以饲料加工为龙头，实施饲料、养殖、产品回收一条龙产业化经营，发展势头强劲。

3. 水产饲料发展迅猛。继年初我区第一家专业水产饲料企业——南宁百洋饲料有限公司投产后，8月份，广东恒兴集团在北海投资近2 000万元新上虾饲料生产线，10月1日，通威集团在广西的第一家水产饲料厂在南宁开工建设。同年底，泰国正大集团又投资500万美元在北海建设北海（卜蜂）水产饲料生产项目，这些项目的建设投产，使我区水产饲料生产实现了上规模上档次的大飞跃。

4. 市场整治初见成效。在工商、技术监督等部门的配合下，我们开展了全区饲料市场专项整治工作，重点查处无生产许可证、无产品批准文号、无质量合格证的饲料添加剂产品，市场整治初见成效，在地市、县一级的饲料专业市场，假冒伪劣饲料、饲料添加剂得到了有效控制。

5. 行业管理职能进一步落实。地、市一级机构改革结束后，饲料管理职能全部进入农牧管理部门，管理体制得到了理顺，全自治区14个地市，有3个单设饲料管理科，其余11个设畜牧与饲料科，落实了行业依法加强管理，扎扎实实为企业服务，为行业发展服务。

【主要工作】 主要有以下几个方面：

1. 严厉打击违禁药品的使用。广东等地含“瘦肉精”猪肉导致人民群众中毒事件，一次又一次给我们敲响警钟，我们把查处违禁药物、确保饲料安全放在工作的首位。一是及时转发农业部等有关部委的文件，利用“3·15”消费者权益日活动等开展宣传活动；二是我们就加强我区饲料安全管理工作向自治区人民政府请示，要求将饲料安全管理与质量监督项目列为财政支持的确定性项目，得到了自治区财政厅的大力支持；三是在自治区财政的支持下，安排了饲料质量监督抽查，共抽检猪配合饲料111批，盐酸克伦特罗（瘦肉精）阳性2批，检出率为1.80%，对违法使用“瘦肉精”的3家养猪场，依法作出行政处罚，在全区饲料养殖行业通报批评，还在新闻媒体予以曝光，抽检禽配合饲料100批，重点检测不允许在禽饲料中添加的药物饲料添加剂喹乙醇，发现27家企业违规在禽饲料中添加喹乙醇，已发出通报限期整改。各地市县饲料管理部门也高度重视该项工作，经常深入饲料生产企业、经营市场检查，发现可疑添加剂及时抽检。贺州市以市人民政府名义印发通告，严厉打击“瘦肉精”，全区违禁药物使用得到遏制。

2. 开展饲料市场专项整治工作。2月下旬，我们召开专门会议对饲料市场整治工作进行动员，宣讲整顿市场的目的意义，7月下旬，我们在贺州市及时召开阶段总结暨现场会，交流上半年工作经验，参观学习贺州市整治饲料市场的做法和经验，对下半年市场整治工作作安排，全区饲料市场整治初见成效。据不完全统计，全区共出动执法人员5 236人次，检查饲料（兽药）门店8 792间，饲料生产企业110家，全区查处饲料标签不符产品18种，查没假冒伪劣饲料产品8 500千克，对违法经营者罚款7万多元，查没无产品批准文号预混合饲料产品10571千克，案值120 784元，查处饲料经营门店30家，不符合饲料生产条件饲料加工点39个，取缔无生产许可证企业2家，查获违禁药品“睡梦美”300千克。

3. 强化饲料、饲料添加剂证号管理。我们认为：证、号不是卡压企业的手段，而是促进企业提高管理、技术水平，加强企业硬件建设、提高产品质量的有效管理措施，我们耐心细致宣讲申证条件，解释办证指南。在中国饲料工业协会的支持下，举办了生产许可证管理培训班。在确保申证条件的前提下，尽量简化手续，方便企业申报，全年考核16家饲料添加剂、添加剂混合饲料生产企业，并及时上报农业部申请生产许可证，依据《广西饲料和饲料添加剂管理办法》，核发了75家饲料生产企业准产证，同时核发了156个饲料添加剂、添加剂预混合饲料产品批准文号。此外，建立并正常开展了许可证、准产证年检工作，认真确定年检的内容和重点，有效促进企业管理、技术、产品质量水平的提高。

4. 大力宣传饲料管理法规。懂法是守法的前提和基础，鉴于饲料管理法规出台时间不长，饲料经营、使用者缺乏了解的实际，我们加大饲料管理法规的宣传力度。一是印发饲料管理法规汇编1 000册，定制宣传挂板1 500张；二是派出专家到各地举办的培训班讲授饲料管理法规，全区地、市一级饲料专业市场经营业主均接受了法规培训，贵港市还以乡镇为单位逐个举办饲料经营业主培训班；三是各地、市县还通过印发宣传资料、张贴标语、挂横幅、出动宣传车等形式开展法规宣传，河池地区开展了《条例》宣传月活动，全地区9个县62个乡镇，塑料宣传挂板上墙433张，挂横幅29条，贴标语1 627条，印发宣传资料13 666份，南宁地区上林县的13个乡镇挂出宣传横幅18条，张贴标语230条，印发宣传资料540份。通过宣传活动，增强了饲料经营业主依法经营意识，扩大了行业管理的影响。

5. 认真落实税收优惠政策。饲料生产与人民群众生活密切相关，饲料成本直接影响人民群众的“菜篮子”。饲料生产一直得到国家税收优惠政策的扶持，我们主动与国税部门沟通，介绍饲料范畴界定的依据，制定免税产品质量检验细则。严格执行国家财政部、国税总局的文件要求，为保证税收优惠落到实处，公平税赋，认真严格把好饲料界定关、质量关，全年审核申请免税企业303家，报自治区国税局核定公布。

6．抓饲料标准化工作。积极宣传贯彻国家强制标准《饲料标签》、《饲料卫生标准》，针对上述标准实施过程中遇到的新问题，及时邀请专家探讨解决办法，并主动与自治区技术监督部门沟通，两次联合发文解决实施《饲料标签》标准中遇到的问题。认真审核企业报送的产品企业标准，在标准审核中，着重纠正质量低档化，药物使用不规范，超量、超范围使用的问题，并帮助企业完善标准、规范标准文本，对一些非常规饲料、饲料添加剂产品企业标准，主动邀请专家帮助论证，提高标准的制订质量，全年审核企业标准398个、企业标准修改单161份。为全区饲料行业杜绝无标生产，不断提高产品质量奠定了基础。

7．努力推动全行业技术进步。经常举办专题技术讲座，召开新技术、新产品研讨会，是我区饲料行业工作的一大特色。一年来，我们共举办12期（次）技术讲座、学术交流会，参会人数达1 500人次，为减轻企业负担，今年还尝试分片召开研讨会的做法，在饲料生产企业相对集中的南宁、柳州、玉林分别举办，取得了良好效果。10月中旬我们主持召开的饲料与动物营养学术年会，更博得行业好评，共邀请了13位教授（博士）就饲料添加剂应用、种猪营养等热门技术问题作学术报告，参会人数达350人。此外，针对我区饲料生产、畜禽营养中的热点难点问题，我们还组织专家深入企业，帮助解决，并牵头组织协作攻关，我们主持的《不同类型优质黄羽肉鸡营养需要》课题，已取得阶段性成果。

8．推动行业管理水平提高。一是指导国有企业改革，为国有企业改制、租赁牵线搭桥，介绍先进管理经验。二是定期召开大中型企业厂长（经理）例会，除介绍饲料工业、养殖业发展态势，原料市场、产品市场走势，通报有关政策法规，为企业相互交流管理经验创造条件外，我们还邀请知名管理专家授课，共开设市场营销、企业内部管理等专题讲座四期，就企业营销管理、财务管理、人员管理作了有效培训。

9．扎实开展职业技能鉴定工作。我们结合生产许可证、准产证申证考核和年检工作，稳步推进饲料工业劳动准入制度，共组织4期饲料检（化）验员培训鉴定，培训鉴定161人，全区已有371人取得中级检（化）验员资格证书。我们积极支持探索中央控制室操作工考核鉴定方法，已成功开发中央控制室操作工实际操作考核软件，举办中央控制室操作工培训鉴定1期，鉴定44人，我区已步入全国饲料行业职业技能鉴定先进行列。

【主要问题】 一是违禁药物使用更为隐蔽，查处难度大。少数养殖场“瘦肉精”由商贩送货上门，在饲养过程中直接添加，一旦遇到检查，以防疫为借口，阻碍执法人员进入，迅速转移、藏匿含有“瘦肉精”饲料，逃避查处。二是全行业对饲料安全重要性认识不足，对饲料药物残留、重金属残留影响畜产品质量进而负面影响饲料工业发展还缺乏清醒的认识，饲料药物在使用量、使用范围、停药期还相当混乱。三是饲料市场赊销，低质量竞价倾销还相当严重，上述问题制约着我区饲料工业更快发展。

【今后工作】 2002年全区进一步加强饲料行业管理工作，把饲料安全管理放在首位，确保饲料安全，为畜产品安全创造条件，转变政府职能，扎扎实实为企业服务，推动国有饲料企业改革，推动全行业技术、管理水平提高，实现全区饲料工业行业健康发展。重点做好以下工作：

1．严厉打击违禁药品。尽快修订《广西壮族自治区饲料和饲料添加剂管理办法》，进一步加强饲料使用环节的监管，一方面做好宣传工作，鼓励群众积极举报，把部门监督提升为全社会共同的行为；另一方面加强抽检工作，对饲养过程中添加违禁药品的企业和个人，除依法做出处罚外，在新闻媒体曝光，以震慑违法分子。

2．组织实施饲料安全工程。进一步完善我区饲料监测体系建设，配合国家农业部做好部级饲料监测中心（南宁）的建设，扩建玉林市、桂林市新建贵港市饲料监测站，做好项目的监督管理工作。

3．开展饲料质量监督抽检。制定全年计划，全面完成国家/自治区饲料质量监督抽查工作，合理、均衡下达检测任务，自治区级安排抽检大猪配合饲料300批，重点监测“瘦肉精”的非法使用；抽检禽配合饲料200批，重点监测药物饲料添加剂的使用；抽检添加剂预混料200批，市场抽检饲料产品400批，全面监测饲料产品质量。及时对检测结果进行总结分析，对不合格产品作出行政处罚。

4．进一步宣传饲料管理法规。结合宣传新修订的《饲料和饲料添加剂管理条例》，加大法规宣传力度，根据不同环节有针对性开展宣传活动，针对饲料生产企业存在药物使用不规范问题，举办企业技术人员培训班，宣讲药物使用规范和《饲料卫生标准》等技术法规。

5．继续开展饲料市场整治工作。重点打击无生产许可证、无产品批准文号、不符合《饲料标签》标准要求等假冒伪劣产品。

6．进一步推进职业技能鉴定工作。充分利用现有法规、政策，推进饲料行业劳动准入制度，新开展饲料设备维修工技术培训鉴定工作，继续开展检（化）验员、中央控制室操作工技术培训鉴定工作，进一步提高全行业劳动者素质。

7．强化饲料、饲料添加剂证号管理。对申报生产许可证、准产证企业，进行严格审核，公布已取得有关证号企业及产品，加强对其监督管理。

8. 深入调查研究。围绕饲料安全、行业自律、养殖业产业化饲料企业的作用等问题，深入调查研究，有针对性地提出具体政策和建议。

（广西壮族自治区饲料工业办公室）

海南省饲料工业

【发展概况】 2001年海南省饲料工业通过加强行业管理，提高产品质量，全省配合饲料生产实现了持续增长。主要特点如下：

1. 配合饲料产量、产值和年末双班生产能力持续增长。据统计全省配合饲料产量为741 344t，产值达到17.3亿元，年末双班生产能力达到105万t，保持了不同程度的增长。

2. 产品结构得到进一步调整。今年来我省把海洋产水产养殖业作为一项重要产业来抓。由于市场需求迅速增长，水产饲料和特种动物饲料生产增长较好。2001年全省水产饲料和特种动物饲料需求量达7.5万t，其中虾料就达到5万t、蛙料0.5万t，我省当年生产量达到3.4万t。同时添加剂预混料产量达到822t，浓缩料产量达到8 030t，产品结构得到进一步优化，促进了我省饲料工业和水产养殖业的发展。

3. 饲料产品质量稳步提高。据2001年对全省饲料市场产品质量监督抽查看，我省配合饲料产品的合格率达97%，同比提高了2个百分点。

4. 饲料行业职工素质有较大的提高。全省饲料生产企业年末职工总人数达1 673人，大学专科以上(其中博士4人、硕士8人、大学本科197人，大学专科274人)，占29%；技术工种人员有192人，占11.4%，与往年相比都有较大提高。

【组织机构】 海南省饲料工作办公室，隶属于省农业厅，级别为正处级单位，编制2人，属行政机关编制，全部经费由财政拨款。海南省饲料工业协会成立于1998年，现有团体会员35个，个人会员140人，协会挂靠省饲料办。

【主要工作】 主要有以下几个方面：

1. 加强对动物性饲料产品的管理。为防止国外“疯牛病”等疫病的传入，根据农业部、对外贸易经济合作部、国家出入境检验检疫局于去年12月30日联合下发的《关于加强肉骨粉等动物性饲料产品管理的通知》，我办及时下发了《海南省农业厅关于严禁经营使用无证进口鱼粉的通知》(琼农饲字〔2001〕3号)，严禁经营使用无证进口鱼粉，并在全省开展一次规模较大的检查，与海关、动植检部门配合，对进口饲料产品进行严格的审查，特别是对进口鱼粉等动物源性饲料产品进行检查。

2. 整顿饲料市场，打击使用违禁药品的违法行为。根据农业部关于整顿农资市场的工作部署和农业部等五部委局农牧发〔2001〕14号文的要求，我办严格执行国家法律法规和饲料标准，加强了全省饲料行政执法工作力度，在对全省饲料市场进行整顿的基础上，突出重点抓非法使用“瘦肉精”养猪的查处工作。年内举办了二期查处“瘦肉精”执法工作人员培训班，并与省工商局、药监局、公安厅、财政厅等部门联合发文，在全省开展了一场声势浩大的查处“瘦肉精”专项行动。全省共抽查大型规模猪场39个，抽取的饲料尿液样78个，对违法使用“瘦肉精”的2家养猪场，除在海南各大媒体上曝光外，还按照国务院《饲料和饲料添加剂管理条例》有关规定给予罚款处理。此举对养殖行业震动极大，有效地刹住了违法使用“瘦肉精”养猪这股歪风。此外，在2001年度全省农业系统行政执法评比工作中，我办被评为三个优秀单位之一。

3. 加强行业从业人员的培训，严格推行饲料行业特有工种持证上岗制度。从2001年开始，要求所有饲料生产企业的检验化验员、设备维修工、中控工等特有工种严格执行持证上岗制度，凡没有取得国家证书的人员，限期参加培训，没有资格证者不得从事相应岗位工作。我省也制订了饲料行业从业人员职业资格考核凭证上岗制度，编写了饲料经营人员学习教材，对全省饲料经营人员统一培训、考核、发放经营人员资格证。2001年全省已参加培训学习并获得了资格证的经营人员有310人。

4. 对饲料生产企业的安全生产情况进行专项检查。为汲取海南省农科院“7·5”特大爆炸事件教训，根据《国务院特大安全生产事故领导责任追究规定》和农业部关于行业安全生产的要求，我办先后组织了二次专项检查，特别是对容易产生事故隐患的工种和生产环节，要求生产企业必须严格执行国家有关制度规定，一年来我省饲料行业生产秩序井然，杜绝了安全生产事故的发生。

5. 优化投资环境，加大招商引资力度，促进海南饲料工业快速发展。为了保障我省饲料行业的快速发展，我办认真落实国家有关政策，同时不断努力为投资商创造良好的投资环境，加大招商引资的力度，通过引进民营资金和实行强强联合，使因管理不善处于亏损停产状态的海南龙华饲料厂和海南琼州饲料厂得到重组，重新启动正常的生产；此外，我省目前生产规模较大的水产饲料生产企业——海南海跃饲料厂也在当年8月建成投产。同时做好饲料添加剂和添加剂预混料生产企业的许可证审核和年审工作，年内有三家饲料添加剂和添加剂预混料，通过农业部审批取得生产许可证投入生产。

6. 积极推进科技创新，大力推广绿色环保饲料产品。围绕控制和减少抗生素类药物的使用和残留问题，组织各生产单位开展技术研发和产品革新。今年我办挤出经费支持厂家专门用于开展此项工作，并取得了一定效果。如海南恒兴饲料厂研制开发出生物制剂，减少虾料依赖抗生素的使用，较好地解决了当前养虾滥用抗生素的问题。海南裕泰饲料厂开发出不添任何药物的罗非鱼新一代饲料产品，经养殖试验和推广，取得了较好的经济效益和生态效益。

此外，年内还制订了海南饲料管理地方配套规章，根据省政府128次办公会议要求，组织起草《海南省饲料和饲料添加剂管理办法》。与此同时年内还完成饲料生产企业产品免征增值税审核工作。

【存在问题】

1. 饲料执法工作薄弱。饲料安全是当前社会的焦点，而我省饲料执法工作目前现状不适应，其表现是人员少，基层队伍不全，执法手段有待完善；

2. 饲料产品结构有待调整，我省饲料生产“三多三少”的情况仍然突出，即禽类料相对多，水产料少；全价料多，浓缩料少，预混料少；普通产品多，名牌产品少。这种状况反映了我省饲料工业生产整体水平还低；

3. 饲料工作经费少，随着人们生产水平提高，人们更多的是关注饲料安全和人体健康，因此，开展饲料工作需要一定的经费支持；

4. 无公害绿色环保型饲料推广面窄。我省的发展目标是建设生态省，在饲料方面推广无公害绿色环保型饲料尤为重要，此项工作有待进一步加强。

5. 政府有关职能部门对饲料行业管理重叠，个别部门对企业抽检收费，企业对此颇有怨言。

【今后工作】 主要有以下几个方面：

1. 基本思路。认真宣传贯彻和执行国务院《条例》，以《条例》要求为准则，进一步加强和规范我省饲料生产、经营、使用管理，杜绝伪劣产品进入流通领域，确保饲料安全，保障养殖业正常发展和维护人民身体健康。

2. 奋斗目标。全年配合饲料产量突破80万t，比今年增加6万t，其中畜禽料保持平稳增长，侧重于加快水产料的生产，虾饲料产量争取达到4.5万t，同比增长34%，饲料添加剂1 000t，增长22 %。

3. 主要措施。

(1) 整顿饲料生产、经营秩序，规范饲料使用管理，争取明年在出台《海南省饲料和饲料添加剂管理办法》的基础上，进一步完善我省相关管理制度。

(2) 加强执法队伍建设。继续举办饲料执法人员培训班，力争在全省做到每个市县配备2～3名饲料执法人员。

(3) 做好饲料安全工程项目实施工作，严格按照要求做好实施工作。

(4) 杜绝非法使用“瘦肉精”养猪行为。加强对全省各大中小型养猪场自配饲料的管理监控，完善管理措施，从根本上铲除非法使用“瘦肉精”养猪的隐患。

(5) 做好饲料行业的龙头企业的扶持工作，争取两个企业进入省和国家龙头企业。

(6) 增加资金和科技投入，加快研究开发推广应用无公害饲料和饲料添加剂产品，特别是符合海南水产养殖业要求的饲料和饲料添加剂。在资金方面一是争取中央的重视和支持，二是积极向省政府提出有关项目立项。此外还要制订有关的倾斜性政策为企业研制开发高新技术饲料和饲料添加剂产品提供支持和促进企业技术创新，提高技术水平和产品的技术含量，提高产品质量和应对加入世贸后的市场竞争。

(7) 抓好饲料工业协会的建设。省饲料工业协会自1998年成立以来，为沟通企业与管理部门起到了桥梁与纽带作用，促进了企业间的合作和行业工作的开展，根据协会的地位、性质和作用，我们将抓好协会的制度建设，充分发挥协会的作用，制订行规行约，规范正常的生产经营秩序，遏制不正当竞争和维护养殖户、饲料企业的合法权益。

(海南省饲料工作办公室)

四川省饲料工业

【基本情况与年度特点】 2001年，四川饲料工业持续健康发展。一是饲料加工企业进一步优化组合，向集团化、规模化方向深入发展，企业个数比上年减少，年末双班生产能力大幅增加，已形成810万t的生产规模，同时，全省饲料企业的管理水平整体提高，已有25个饲料企业通过了ISO9000质量体系认证，居全国同行之首。二是工业饲料产量持续稳步增长，全年共生产饲料产品419.4万t，工业总产值108.34亿元（现价），位居全国前列；三是产品结构调整力度加大，添加剂预混料和浓缩饲料的比例比上年大幅提高，分别占4.6%和8.7%，产品更加适应市场的多层次需求。特别是磷酸氢钙的产量达76.64万t，占全国同类产品总量的70%以上。四是饲料产品质量与畜产品安全愈来愈受到政府的重视和社会的关注，我省各级饲料管理部门根据国家的统一部署，上下联动，在全省范围内集中开展了大规模的专项检查活动，依法对饲料产品进行监控，加大查处违禁药物的力度，有效地打击了违法行为，对保护养殖户的合法权益，保障饲料安全和人民身体健康起到了积极作用。

【饲料企业与产品】 据2001年饲料工业综合统计，全省有饲料生产加工企业861个，职工29 176人。按产品类别分，配合饲料业271个（时产5t以上的配合饲料企业68个），浓缩饲料企业289个，添加剂预混料企业200个，饲料添加剂企业101个；按经济类型分，国有企业44个（其中，万t以上的3个），占5.1%，民营和个体817个（其中，万t以上的65个），占94.9%。在饲料产品中有配合饲料363.44万t（猪料184.77万t、禽料131.93万t、水产料42.26万t），浓缩饲料36.53万t，添加剂预混料19.46万t。饲料原料103.48万t，其中，饼粕类7.73万t，骨料和肉骨粉3.4万t。饲料添加剂4.32万t，其中，赖氨酸1.35万t，各种微量元素2.63万t。

【行业管理】

1. 继续深入宣传贯彻《饲料和饲料添加剂管理条例》及四川的“实施办法”。全省上下继续深入宣贯“条例”和“实施办法”，行业管理部门还完整地收集、整理了近年来党和国家对饲料行业的法律、法规和政策，陆续印发了近16万字的《饲料和饲料添加剂管理政策法规汇编》(Ⅰ、Ⅱ)，并与《四川农村日报》共同开辟了25个法制知识有奖竞答专题宣传，回收答卷数十万份，取得了较好的社会效果。

2. 组织召开了全省有饲料生产企业、经营企业和饲料管理部门近300人参加的"2000年度饲料安全抽检不合格企业整改培训会"，旨加强对企业遵纪守法与饲料质量安全方面的教育，全国饲料工作办公室领导专程到会指导，特邀国外7位著名专家到会做饲料安全方面的专题报告。

3. 开展市场专项整治工作。根据国家开展饲料市场专项整治工作的通知要求，我省各地饲料管理部门迅速行动，精心组织，在全省范围内集中开展了大规模的专项检查活动，并召开了有人民日报社和新华社等40多个新闻单位、企业和相关单位共130多人参加的"全省饲料兽药质量安全情况新闻发布会"，通报我省饲料质量安全情况，30个重点饲料企业在会上向全省同行提出倡议，做出承诺，陈文光副省长在会上作重要讲话。据统计，全省共出动执法人员35 772人次，先后检查了508家饲料生产企业，136个饲料专业市场和集散地，22 999个饲料经销单位，232家养殖场。没收、销毁无生产许可证、无批准文号及伪劣饲料产品783.3t，涉案产品550余个，货值150余万元；假冒伪劣饲料添加剂和原料368.2t，货值100余万元。立案查处违法案件426件，罚款29.18万元；查处无证生产饲料和饲料添加剂企业48家，无证产品83个；责令72家生产企业、1 246家经营单位限期改正，132家经营单位停止经营；建议吊销饲料添加剂生产许可证2家，添加剂预混合饲料生产许可证6家，撤消产品批准文号20个。取缔现配现售含添加剂的混合物摊点1 854个，没收自配原料33.2 t。农业部、公安部、工商行政总局等7部局组成的执法打假工作督察组对我省眉山市、宜宾市的饲料执法打假工作进行了抽查，并给予了高度评价。

4. 加强饲料企业生产条件审查，提高行业整体水平。按《四川省〈饲料和饲料添加剂管理条例〉实施办法》的规定，结合全年的市场专项检查情况，对全省的饲料企业进行了逐一认真清理、整顿，对生产条件符合要求的700多个配合饲料、浓缩饲料、饲料原料企业核发了《生产条件审查合格证明》，还有19个添加剂企业和29个添加剂预混料企业获得了农业部颁发的生产许可证，有效提高了我省饲料行业的生产水平。

5. 加大对饲料产品的监督力度，定期公布产品质量情况。全年共抽检饲料样品582批，抽样批次同比增长94%。结果表明，盐酸克伦特罗的检出率为0，呋喃唑酮、磺胺等药物的检出率较去年下降了20多个百分点，卫生指标的不合格率也有大幅下降，全省饲料质量安全水平明显提高，企业使用药物添加剂更加规范。

【主要活动】 举办了"全国饲料工业技师管理研讨会"，重点对企业进行质量管理培训，从生产源头上保证饲料产品安全，国家质量监督检疫总局和中国饲料工业协会领导及全国同行专家共70余人出席了会议，中国工程院院士张子仪、中国农业大学教授戎易等近10位行业著名专家到会作精彩的学术报告，对我省加强饲料工业管理，提高饲料产品质量，产生了积极的作用；全年共举办了4期饲料新技术培训班，培训行业专业技术人员近1 000人；组织了全省34个饲料参加了2001中国畜牧业暨饲料工业展览会，会议期间合同成交额5 125万元，扩大了四川饲料工业在全国的影响；在有关部门的大力支持下，正式出刊了《西部饲料》杂志，这是我国西部12省市区出刊的第一本饲料科技杂志。

【资源开发】 2001年我省继续抓好通江、古蔺、万源、乐山等县的秸秆养畜示范在建项目，新建盐源，达县两个国家级秸秆养畜项目示范县，全年完成了青贮饲料830万t，氨化秸秆饲料220万t。

(四川省饲料工业办公室)

重庆市饲料工业

【发展概况】 多年来，重庆市饲料工业坚持，以提高产品质量和经济效益为中心，加快产品结构调整，推进科技进步，以管理促发展，取得了较好的效果。特别是2001年随着饲料工业体系建设进一步完善，已初步建立起以优胜劣汰的市场运行机制，全行业总体实力显著增强，发展前景广阔。全市现有企业约230家，其中饲料添加剂预混料生产企业115家，配合饲料生产企业130家左右。年双班生产设备能力140万t，其中时产5t级以上的饲料企业16个。2001年生产饲料及饲料添加剂75.48万t。其中配合饲料64.91万t，浓缩饲料6.42万t，添加剂4.51万t。实现工业产值164 928万元，产品销售收入174 465.5万元，利税总额8 118.51万元。饲料工业已成为我市国民经济新兴的重要基础产业之一。

【组织机构】 重庆市农业局主管全市饲料工作，重庆市饲料工业办公室负责日常管理。

【主要工作】 主要有以下几个方面：

1. 深入调查研究，协助政府研究、制定全市饲料工业发展的政策、措施和规划。并配合有关部门，对饲料工业的税收、产品质量、资源开发、科技进步、饲料工业布局等问题提出了具体措施和建议，报政府有关部门，供领导决策参考。为加强政府对饲料生产、经营的宏观管理，维护生产经营者和消费者的合法权益起到了积极的作用。

2. 强化行业管理，确保饲料工业健康有序发展。各级饲料办层层抓《条例》和配套规章的宣传、贯彻工作。共召开宣贯会27次，参会企业753家(次)，参会人数近1 870人次。使饲料管理者、生产者、经营者和使用者增强了法制观念和贯彻《条例》的自觉性。根据国务院《饲料和饲料添加剂管理条例》及农业部有关规定，对申报饲料添加剂、添加剂预混料生产许可证的企业按要求严格进行了审查、上报，对申报产品批准文号的包装、标签、标准、检验等也进行了审查,使企业的生产、经营行为规范化、法制化。从而保证了全市饲料工业的健康发展。

3. 加强产品质量监督，查处违规行为，整顿和规范市场秩序，根据农业部《关于2001年“饲料/水”中药物监控和饲料添加剂、动物性饲料质量监督检测实施方案》的安排，结合监督检验，检测了饲料和饮水中的卫生指标、药物、违禁药品等，加强对全市饲料市场检查和执法力度，有力地打击了制、售假冒伪劣饲料和饲料添加剂的违法行为，有效地促进了饲料产品质量的提高，保证了畜产品安全，保障人们的身体健康。

4. 扶优扶强创名牌，促进产品质量提高。今年市饲料办与新闻媒体合作，组织部分企业向社会承诺,不制假、售假、讲信誉,不在饲料中使用违禁添加物,确保饲料安全。通过对企业产品质量、企业管理、质保体系的评比,引导企业上质量、上规模、创名牌,发挥名牌效应。2001年评出了十强企业九家。

5. 开展了盐酸克伦特罗的专项检查。未发现企业使用盐酸克伦特罗；但库房内存有催眠镇静药、磺胺类药、呋喃类药等；而可能对人体有害的“红皮素、快大素”等的销售和使用时有发现。

6. 深入开展“打假”工作。根据国务院和农业部“打假”工作部署，加强了对饲料市场的监督管理，严厉打击制售假冒伪劣饲料和饲料添加剂的违法行为。我办对部分区县（市）的饲料和饲料添加剂生产厂家和饲料市场进行了专项检查，共抽检34个经销户的59家市内外生产企业的100个批次的产、商品。代表量398t，价值89.6万元。所检项目全部合格的有81个批次，抽样批次合格率81%。重庆市农业局和重庆市技术监督局对抽检结果分别发布了公告。

7. 积极开展职业技能培训及鉴定工作。根据农业部安排，我市于2001年6～11月已成功地举办了四期饲料检验化验员中级工培训班，饲料厂中心控制室操作工和饲料加工设备维修工各一期，共有125家企业的344名技术人员参加职业技能培训及鉴定。理论考试和实际操作考核合格335人，合格率97%。规范了用人单位和劳动者的行为。

8. 规范生产、经营秩序。一家生产企业在销售中采取骗买骗卖的不法经营行为，损害消费者利益，给饲料行业造成了极坏的影响；另一家企业自编产品批准文号，严重违反《饲料和饲料添加剂管理条例》的有关规定。对此，我办在全市范围内进行通报批评，并处以罚款，责令企业限期整改，以维护正常的生产经营秩序。

【存在的问题】

1. 企业生产规模小，产品科技含量低。部分小型企业的生产条件简陋，产品科技含量低，资金短缺，在竞争中处于弱势地位，经常是维持或半停产状态，这种情况制约着我市饲料行业的发展和产品质量的提高。

2. 饲料生产、经营企业从业人员素质有待进一步提高。我市目前从事饲料生产、经营缺乏相应的专业技术人员。2001年饲料企业年末职工人数中大专以上的仅有21.6%。

3. 部分饲料企业质量管理体系不健全，管理水平低，检测能力亟待提高。特别是对饲料卫生指标，没有进行有效的控制。

4. 受机构改革的影响，区县机构、人员未定，造成饲料行业执法体系建设进展缓慢，管理松懈，执法不力。

【今后工作思路】 以加强饲料卫生质量监控为重点，确保饲料安全，加大饲料行业的科技投入力度，扶优扶强，提高饲料行业的整体水平。其具体内容包括三个方面：一是要促进饲料和饲料添加剂生产企业的科技投入，提高产品的质量，扶持一批龙头企业，创一批名牌产品；二是实施饲料安全工程，加强饲料和饲料添加剂产、商品安全项目的监测；三是加强执法队伍的建设，加大《条例》的执法力度。

（重庆市饲料工业办公室）

贵州省饲料工业

【发展概况】 我省属内陆贫困山区，饲料工业起步晚，发展速度慢，全年饲料工业总产值5.15亿元，比上年下降9.64%，饲料加工企业产品产量共计24.53万t，比上年下降10.25%，其中：配合饲料14.41万t，比上年下降32.76%，浓缩饲料10.08万t，比上年增长66.61%，添加剂预混合饲料0.029万t，比上年下降63.29%。在配合饲料产品结构中，猪料占61.17%，蛋禽料占2.17%，肉禽料占24.17%，水产料占7.32%，反刍料占1.45%，其他料占3.72%。单一饲料工业产品产量15.11万t，比上年增长106.14%，其中：菜籽7.64万t、骨粉、肉骨粉0.47万t、磷酸氢钙6.78万t。全省有132个饲料生产加工企业（比上年减少34个）、21个饲料原料生产企业（比上年减少17个）投入生产，年末双班生产能力100万t，时产5t以上配合饲料加工企业10个（比上年减少7个），时产1～5t的配合饲料加工企业65个（比上年减少28个），浓缩饲料加工企业41个（比上年减少12个），添加剂预混料加工企业3个，磷酸氢钙生产企业13个，饲料原料加工企业21个，饲料企业从业人员总计2 943人，比上年减少922人，大专以上工程技术人员1 188人。

【组织机构】 贵州省饲料工作办公室属贵州省农业厅内设机构，与贵州省农业厅畜牧兽医局合属办公，两块牌子一套人马，行政定编9人，畜牧兽医局局长任饲料工作办公室主任。目前，全省9个地（州、市）和80%的县先后以不同形式成立了饲料工业办公室，职责是负责本地区的饲料行业管理，指导饲料生产。全省有独立建制的地（州、市）级饲料监察所（站）5个，县级饲料监察所（站）52个，已批准饲料监督执法人员400余名。

【主要工作】 主要有以下几个方面：

1. 认真宣传贯彻《饲料和饲料添加剂管理条例》。国务院新修订的《饲料和饲料添加剂管理条例》颁布实施后，立即通过各种新闻媒体和途径进行大力宣传和贯彻实施，印制宣传资料一万余份，参加全省性的法制宣传活动，向社会公众、政府和有关部门宣传。组织全省各级饲料管理部门管理人员认真学习新修订的《条例》及相关的法律法规和政策性文件，提高行业管理人员的执法水平，多次举办饲料行业从业人员培训班，学习《条例》及相关的法律法规文件和专业知识，培训饲料生产、经营企业管理和质检人员约 6 000 余人。同时向农民宣传普及饲料安全和科学用药知识，强化养殖产品质量安全意识。

2. 全面加强行业管理工作，确保饲料质量安全。

(1) 认真清理整顿市场、加强产品监督抽查。全省各级饲料管理部门在农资市场的打假工作中，积极与工商、技监、公安和新闻单位等部门配合，以整顿和规范兽药饲料市场为突破口，加大执法和宣传力度。部分地区专门成立兽药饲料稽查大队，在坚持经常性清理整顿的基础上，相继组织了 4 次全省性的集中整顿饲料市场活动，对饲料生产、经营、使用环节进行全面清理整顿，查处“四无”生产、经营户，取缔无证、无批准文号的饲料添加剂和预混料产品，查处假冒伪劣、未附具产品合格证或标签不规范的饲料产品，重点清查滥用违禁药品及超量、超范围使用药物饲料添加剂情况。清理整顿活动，有力地打击了坑农、害农、扰乱市场秩序、危害畜牧业健康发展的不法行为，促进了我省饲料行业和畜牧业健康有序发展。

(2) 严厉打击非法生产经营使用“瘦肉精”等违禁药品。根据农业部《关于严厉打击非法生产经营使用“瘦肉精”的紧急通知》精神，我省加大“瘦肉精”危害的宣传力度，全省各地成立严厉打击非法生产经营使用“瘦肉精”领导小组，对本辖区饲料生产、经营、使用环节进行全面清理整顿，以监控养殖场（户）和屠宰场为重点，坚决制止非法生产经营使用“瘦肉精”的行为，严格执行兽药和添加剂的安全使用准则，规范养殖生产。

3. 加强饲料生产、经营企业管理。针对我省饲料生产、经营企业小，达不到《条例》规定要求的情况，对全省饲料生产、经营企业进行全面清理整顿，达不到《条例》规定要求的，令其停产整改，整改后仍达不到要求的，不允许生产。

4. 积极帮助企业做好饲料产品免税工作。根据国家对饲料的免税政策，我办积极协调省国家税务局，安排省饲料监察所承担全省饲料免税检验工作。全省各地饲料办积极协助国税局，完成了饲料生产企业、饲料经营企业免税审核工作。

5. 加强饲料工业协会的组织建设。为加强行业管理，进一步促进我省饲料工业的发展，充分发挥协会的桥梁和纽带作用，我办加强了饲料工业协会的组织建设，通过协调，贵州省饲料工业协会将划归我省农业厅归口管理。

【存在的困难和问题】

1. 无行业管理和整顿市场专项经费，各地工作难以深入开展。我省交通不便，县以下饲料经营户小而分散，零售游动摊点多，“配方门市”多，由于各地财政困难，无饲料行业管理和整顿市场专项经费，工作难以深入开展。

2. 存在不规范使用兽药和饲料添加剂的现象。饲料和畜产品质量安全已成为政府、群众和媒体关注的热点。我省饲料和畜产品安全形式也不容乐观，存在不规范使用兽药和饲料添加剂的现象。

3. 机构不健全，人员不稳定，行业管理和执法工作难度大。饲料工业办大多挂靠事业站，工作人员多为兼职或借用，无编制、无人员、无工作经费，给依法行政、依法管理造成困难。特别是机构改革后，弱化了饲料管理机构，饲料工作大都放在从属地位，部分地区畜牧局改为畜牧事业局、畜牧服务中心，属事业单位，难以落实行业管理和行政执法的各项职责。

【今后的工作重点】 今后我省饲料工作的总体思路是：紧紧围绕增加农民收入和确保食品安全两大主题，以整顿和规范市场经济秩序为契机，切实加强行业管理和行政执法，为饲料工业发展创造良好的外部环境，建设高效安全的兽药饲料生产和监管体系，努力确保兽药饲料安全，确保畜牧业的持续稳定增长。

1. 进一步建立完善地方性法规和有关标准。结合《饲料和饲料添加剂管理条例》，针对我省的具体情况，尽快出台《贵州省〈饲料和饲料添加剂管理条例〉实施办法》，制订《饲料安全卫生紧急预案》和《饲料安全卫生责任追究制》；饲料监测部门要结合实际制定一些快速检测方法标准，要以违禁药品和饲料中超量超范围使用药物的检测为重点，加快制标进度，保证制标质量。

2. 进一步加强行业管理，加大执法力度，确保饲料安全。积极争取各级政府、领导的支持，克服困难，认真宣传贯彻落实《条例》，加强监管，加大执法力度，进一步搞好饲料行业管理工作，继续开展饲料打假专项活动，把打假工作引向深入，对饲料市场的管理工作要常抓不懈，确保饲料市场的有序竞争，确保饲料安全，确保人民身体健康。

3. 进一步加大宣传力度，加强学习，提高素质。通过各种媒体和途径进一步加大新修订《条例》及相关法律、法规、政策性文件的宣传力度，加大对“瘦肉精”危害的宣传力度，进一步深入学习贯彻《条例》，强化管理制度建设。开展专业知识的培训，提高行业管理人员的业务工作能力和执法水平，培养一支高素质的行业管理队伍。同时加强饲料生产、经营企业管理人员及养殖户的培训工作，加强对农民的舆论引导和政策引导，引导农民由盲目追求数量的增加到质量和数量并重发展，提高畜牧业的发展速度和质量。

4. 调整产品结构，优化经营模式。

(1) 针对我省饲料企业小而多、设备落后、产品科技含量低、无市场竞争力的情况，积极争取各方面的资金，加大对饲料工业的投入，围绕“抓大促小”，通过改制、兼并、联合、重组等形式，组建上规模、上档次、市场竞争力强的兽药饲料企业集团，倡导绿色、环保、无公害理念；推广“公司＋农户”的模式，建立起以饲料为龙头，融种植、养殖及畜产品加工为一体的农业产业化链条，建立无公害饲料推广使用示范基地，无公害养殖基地，以点带面，带动农民进入市场，增加收入；增加工业饲料的普及率，加快我省饲料和养殖业的发展。

(2) 针对我省以发展草食家畜为主的特点，调整饲料产业结构，在稳定发展猪、禽料的同时，加快牛羊饲料、饲料添加剂的发展。

(3) 针对我省以家庭养殖为主的特点，大力发展浓缩饲料，充分利用农民手中的能量饲料资源，加快开发农村饲料市场，使饲料普及率接近全国平均水平。

(4) 加强饲料市场建设。鼓励、帮助饲料企业与农户建立稳定的供销关系，逐步建立规范的饲料市场，制定市场规则，加强市场管理，营造公平、公开、公正的市场竞争环境。

(5) 以省、地、县、区、乡、镇畜牧部门为基础，建立畜牧饲料科技推广体系，积极帮助企业，开展无公害优质饲料的推广工作。

5. 充分发挥饲料工业协会的桥梁和纽带作用，促进我省饲料工业的发展。

(1) 积极加紧筹备贵州省饲料工业协会的换界改选，尽快开展协会工作。

(2) 多渠道筹集资金，联合大学、科研及有实力的饲料企业，结合我省实际，研究开发蛋白饲料资源、中草药资源、牛羊饲料添加剂及科技含量高的饲料配方，引导企业利用新技术、新产品，合理设计配方，提高我省饲料产品的科技含量。

(3) 搞好行业自律，确保饲料安全。

(4) 开展饲料生产企业职业技能培训工作。

6. 进一步加强对外交流，学习省外行业管理的先进经验。我省饲料工业起步晚，发展慢，与兄弟省相比，差距很大，严重滞后于养殖业的发展。在今后的工作中，我们加强与兄弟省联系，采取走出去，请进来的办法，学习省外行业管理的先进经验，结合我省实际，制定相应的发展规划。西部大开发战略的实施，为我省饲料工业的发展提供了新的发展空间，我省饲料工业落后，饲料和饲料添加剂品种、数量有限，不能适应养殖业发展的新形式，随着国家在资金、政策等方面对西部的倾斜，随着人们生活水平的提高，对动物食品需求的增加，带动饲料工业的快速发展；根据《贵州省畜牧业“十五”计划和2015年发展规划》，按全国平均料肉比及30%的饲料普及率计算，预计2005年我省饲料产品社会需求量为170.76万t，按现在的发展速度，我省未来的饲料市场发展空间巨大，加之，我省饲养业中还有三分之二到二分之一仍是原始的办法使用饲料原料，改用工业化饲料的潜力极大，因此全行业工作人员将继续发扬艰苦奋斗、开拓进取的精神，同心同德，加快我省饲料工业的发展。

（贵州省饲料工作办公室）

云南省饲料工业

【发展概况】 2001年云南饲料工业继续保持增长，取得了较好成绩。2001年底，全省饲料加工企业已发展到302家，饲料年双班生产能力已达213.5万t。全省饲料总产量达到121.56万t，比2000年增长4.6%。工业总产值达到26.5亿元，比2000年增长8.6%。2001年云南饲料工业的发展，呈现以下几个特点：

1. 饲料产品产销了持续增长，企业效益稳中有升。2001年云南饲料工业在激烈市场竞争中，企业采取薄利多销，加大产品推广力度和售后服务，扩大了市场占有份额，使全省饲料产销量继续保持了持续增长的良好态势。饲料总产量由2000年的116.2万t，上升到121.56万t，净增5.36万t，增长4.6%。其中配合饲料总产量97.08万t，比上年减少2.57万t，减少2.6%；浓缩饲料总产量为21.23万t，比上年净增7.83万t，增长58.4%；添加剂预混合饲料总产量为3.25万t，比上年净增0.1万t，增长3.17%。饲料工业产品销售收入25.6亿元，比上年增长10.3%，实现利润5 784.5万元，比上年增长23.9%。

2. 饲料产品结构进一步调整优化，产品质量有一定提高。2001年，我省饲料原料价格较2000年相对稳定，畜产品价格除牛、羊肉较高外，而猪、禽、鱼、禽蛋、奶价格保持了相对稳定，市场情况看好。面对激烈的市场竞争，饲料生产企业重视捕捉市场信息，狠抓饲料产品结构调整和新产品开发，使全省饲料产品结构也相应地发生了一些新的变化。2001年全省饲料总产量中：配合饲料占79.9%，比上年下降5.9个百分点；浓缩饲料占17.5%，比上年增加6个百分点，增幅较大；添加剂预混合饲料占2.7%，与上年基本持平。配合饲料中：猪配合饲料占31%，比上年下降6个百分点；蛋、肉禽料占43%，比上年下降1.7个百分点，水产饲料占15.9%，比上年增加0.9个百分点；反刍动物饲料占7.5%；其他饲料占2.4%，比上年略有减少。通过产品结构的调整，既增加了企业饲料产品的产量和效益，更重要的是使企业产品适应市场经济和养殖业发展的需求。

企业在生产经营中，坚持以质量求生存、求发展、求效益的经营思想，全面加强质量管理，企业质量意识和标准化意识不断增强，不仅饲料产量保持了持续增长的势头，而且产品质量也有一定提高。2001

年全省抽检590个饲料样品，合格产品507个，合格率85.9%，比1998年全国统检时，合格率上升8.6个百分点。

3. 饲料生产企业向集团化方向发展。面对日益激烈的国内外市场竞争，我省一些中型企业，除加强自身技术改造步伐，扩大生产规模外，有的企业还采取低成本扩张、兼并、租赁了一些生产经营不景气的饲料企业。如昆明黄龙山（饲料）工贸有限公司，分别在开远、大理、会泽租赁了粮食部门的饲料企业。神农饲料有限公司，分别在大理和广西南宁投资组建了新厂。新希望集团昆明分公司也分别在昆明云龙、曲靖、楚雄、大理建设新希望饲料有限公司，而且即将投巨资在昆明安宁市建设一座拥有现代化设备的特种饲料厂，计划2002年破土动工。云南西尔南饲料有限公司在大理邓川，昆明华港饲料有限公司在大理都投资建设了分厂。饲料企业兼并重组之风在云岭大地拉开序幕，企业向集团化、规模化方向发展迈出了可喜的一步。

4. 饲料工业发展仍处于地区发展不平衡状况。2001年我省饲料产品产量主要集中在昆明，占全省总产量的80%以上，其次为大理、曲靖、玉溪、红河等地区，其他地区产量甚少，有待于饲料工业加快发展。

【主要工作】 2001年，我省逐步理顺了饲料行业行政管理工作，取得了一些进展，主要做了以下工作：

1. 完成了饲料行业行政管理职能和饲料工业协会主管部门的变更。机构改革完成后，省农业厅发文向有关部门和全省饲料生产企业通报了我省饲料行业行政管理职能变更及机构和人员组成等情况。同时，为充分发挥云南省饲料工业协会的桥梁纽带作用，为有利于整个饲料行业的管理和为企业做好服务工作，经与省经贸委协商同意并报省民政厅批准，顺利完成了饲料工业协会主管部门的变更，已于2001年底办理了有关移交手续，正常开展工作。

2. 认真做好饲料添加剂和添加剂预混合饲料生产许可证及产品批准文号的组织申报、评审、办理和管理工作。按照农业部令第24号《饲料添加剂和添加剂预混合饲料生产许可证管理办法》要求，组织生产企业申报，然后我省组织专家评审组对申报企业进行了实地审查、严格评审。到2001年底止已对50家饲料添加剂和添加剂预混合饲料生产企业进行了评审，已全部上报农业部审批，农业部已审核发证33家。对已获生产许可证的企业，按照农业部令第23号《饲料添加剂和添加剂预混合饲料批准文号管理办法》的要求，我省组织获证企业核发批准文号、截至2001年底止已审核发放了24家共95个产品的批准文号。

3. 认真组织实施《云南省人民政府办公厅关于加强饲料和饲料添加剂生产经营管理有关问题的意见》。云南省人民政府办公厅于2001年7月出台了《云南省人民政府办公厅关于加强饲料和饲料添加剂生产经营管理有关问题的意见》［云政办发（2001）133号］，一是放宽了经营饲料和饲料添加剂的主体范围，将具备条件的个体工商户和畜牧、水产技术推广机构纳入管理范围；二是根据《饲料和饲料添加剂管理条例》规定，对开展饲料生产经营前置条件审查进一步明确和细化。为贯彻落实好省政府办公厅文件要求，省农业厅转发了省政府办公厅文件，并就有关事项做出了具体规定。省饲料工作办公室对饲料和饲料添加剂生产和经营者的条件审查工作进行了部署，要求各地饲料主管部门严格按照文件要求进行审查并已着手开展工作。

4. 加大执法力度，确保饲料安全。为净化和规范饲料生产经营活动，保障消费者合法权益和人民群众身体健康，按照国家有关文件精神，我省下发了《关于深入开展兽药、饲料等畜牧行业生产资料打假的通知》，并制定了具体实施方案，做出了具体工作安排。在省饲料监察所及有关地、市饲料监察所的配合下，2001年10月开展了饲料打假专项行动，对我省的昆明市、大理市、曲靖市、红河州、思茅地区等6个饲料集散地和养殖重点地区进行了抽查，共抽查样品120个，其中添加剂原料和饲料原料48个，预混料24个，浓缩料和配合饲料48个，抽检合格率为：原料62.5%、预混料25%、饲料及浓缩料为66.7%。按照有关法规，对不合格产品进行了处罚。查封了省外进入我省无生产许可证产品300件，过期饲料375包。有力打击了生产经营伪劣产品和无证产品，规范了市场、确保饲料安全。

5. 完成了云南省饲料行业职业技能鉴定站筹建，即将开展工作。云南省饲料行业职业技能鉴定站，经多次努力，终经国家劳动和社会保障部批准，于2001年11月正式挂牌成立，目前正抓紧做好职业技能鉴定各项筹备工作，将于2002年下半年正式开展职业技能鉴定工作。

6. 积极为企业做好各项服务工作。为使饲料企业按照国家税务总局文件要求，能享受到免征增值税的待遇，经与省国税局协商同意，省国税局和省农业厅联合发文具体布置2001年的饲料产品免征增值税工作，在省饲料监察所的配合下，全年共审批免征增值税的企业140多家。同时，我们还按照省内有关规定，对120多个企业的300多份产品质量标准协助进行修订和审查并报省质量技术监督局备案；对300个企业的《饲料标签》进行了审查、修改并办理了《饲料标签》认可证，对提高企业质量意识和标准化意识具有十分重要的意义。

我省饲料工业的发展虽然取得了一定成绩，但与全国兄弟省、市、区相比，仍然有较大差距，主要表现在：一是饲料工业的发展仍然滞后于全省养殖业的发展，饲料普及率仅有18.9%；二是饲料企业管理和技术素质普遍偏低，饲料质量仍然不高，合格率仅为85.9%，尚待进一步提高；三是机构改革对各地、州、市、县的饲料管理工作带来一定影响，全省饲料行业管理有待进一步理顺；四是有的地州市农业部门对饲料管理工作不熟悉，须加强对饲料管理有关法律、法规的培训；五是饲料市场有待进一步规范。

【今后工作思路】

1. 继续抓好新修订的《饲料和饲料添加剂管理条例》宣传贯彻及培训工作。为提高管理者水平，规范生产经营行为，拟在2002年适当时机，集中一定时间对全省饲料生产企业和饲料行业行政主管部门的领导进行宣传贯彻及培训，使《条例》深入人心，提高全行业执行《条例》的自觉性，增强大家“依法行政”、“依法生产”、“依法经营”的意识。

2. 全面组织贯彻落实《云南省人民政府办公厅关于加强饲料和饲料添加剂生产经营管理有关问题的意见》，认真做好饲料生产企业和经营者的前置条件审查。

3. 继续做好饲料添加剂和添加剂预混合饲料生产许可证和产品批准文号的评审、申报、核发及管理等工作。

4. 认真贯彻执行饲料工业行业实行就业准入制度，积极开展职业技能鉴定工作。

5. 组织开展打击饲料市场生产、经营伪劣产品和违禁药品活动，做好市场准入管理。

6. 支持云南省饲料工业协会工作，做好省饲料工业协会第四届会员代表大会各项筹备工作。

7. 引导和协助有条件的饲料生产企业向规模化、集团化、产业化方向发展。

（云南省饲料工业办公室）

西藏自治区饲料工业

2001年是实施“十五”计划的第一年，西藏饲料工业在“稳定发展草原畜牧业，大力发展农区畜牧业，加快发展城郊畜牧业”的目标下，紧紧依靠农副产品，人工种草以及种植业结构调整等，在兴办饲料加工业和提高饲料利用率上都有了一定的发展。饲料加工业在我区是一个新兴产业，长期以来以草原畜牧业为主，依靠天然草地发展畜牧业生产；农区畜牧业和城郊畜牧业长期以来处于家庭副业地位，没有生产加工饲料发展畜牧业的概念。新形势、新阶段要大力发展畜牧业，就必需加快发展饲料工业，是形势所迫。我区饲料加工业从无到有、从小到大发展迅速，是农区发展畜禽养殖业，牧区抗灾保畜必不可少的产业。饲料工业的崛起带动了城郊畜牧业的发展，对高寒牧区畜牧业稳步发展，减少灾害损失，增加农牧民收入，做出了的贡献。

【基本情况】 目前，我区在日喀则地区、山南地区、那曲地区中小型饲料加工厂的基础上，进一步扩大生产干粉型混合饲料生产能力，提高饲料品质，降低生产成本，开发加工原料利用率。全区现有四家中小型饲料加工厂，从业人员49人，年生产各种饲料1 820余吨，年产值1 000余万元。随着农区和城郊畜牧业的快速发展，部分乡村和农户也有了小型饲料粉碎机、混合机，农牧民也基本掌握了简单的饲料配方和加工技术。在西藏畜牧业由粗放经营向集约化经营的发展中，饲料工业是一个重要部分。

【组织机构】 西藏的饲料加工业起步晚，2001年机构改革后，在西藏农牧厅畜牧水产处中设置了全区饲料办公室，主管全区饲料加工业工作。六个地市农牧局负责本辖区饲料加工业工作，各县农牧局负责本县饲料加工业工作。

【主要工作】 一是认真落实、积极贯彻执行农业部一系列文件精神，抓饲料安全，促进农牧民增收，确保食品安全；二是制定西藏畜禽营养标准等基础工作；三是逐步通过引进饲料加工设备，提高饲料工业生产能力和经济效益；四是利用科学技术扶持建设一批起点高，上规模，有示范带动作用的饲料加工业。五是对目前现有的饲料加工业进一步加强管理，确保饲料安全。

【存在的问题】

1. 目前我区饲料加工业的发展不能适应畜牧业发展需要，配合饲料、全价饲料和畜禽各个生长阶段的饲料生产几乎是空白，这严重制约农区和城郊畜牧业的发展。畜牧业的生产一直处于粗饲粗放的经营状况，饲草饲料的利用率不高，浪费现象严重，冬春季节贮存饲料不够，给畜牧业生产造成的损失就更大，尤其是遇上自然灾害，牲畜的死亡率更高，抵御自然灾害的能力极为薄弱。

2. 现有的饲料加工厂，设备简单、老化、生产能力差，管理方式、营销策略，原料基地建设等存在诸多问题；严重缺乏饲料加工业专业人才，缺乏对饲料加工业发展的研究和饲料配方等。各地发展饲料业不平衡，有些地方还没有，饲料资源没有很好地开发利用，配、混合饲料的质量不高，蛋白质不足，例如动物的血、骨等是很好的动物蛋白，由于综合利用不好浪费极大。饲料添加剂生产，大都是空白。西藏畜禽营养指标的参数，也是空白，饲料行业科研机构和监测机构不健全，科研人员少，且又分散，不能充分发挥其作用；对饲料成品无法进行检验、监测和监督。这些问题，严重制约西藏饲料工业的发展，应该尽快解决。

【发展方向】 针对饲料工业在我区还是一个新兴事业，发展本地饲料工业，必须从本地区实际情况出发，走符合市场经济的道路。依靠本地资源，抓住农牧业结构调整这个主线，大力发展农区畜牧业的机遇，生产符合我区实际的各类全价饲料、混合饲料，充分利用骨、鱼资源，生产骨粉和鱼粉，为农区养殖业的发展提供饲料保障。

1. 结合实际、合理规划。一是要打好基础，创造条件，如制定西藏畜禽营养标准等；二是逐步提高饲料工业生产能力和经济效益，要符合西藏跨越式发展的总体思路。

2. 科技先行、起点要相对高一点。西藏饲料工业的发展，要瞄准国内外当代科学水平，起步要高一些。我们不能从头来，而且也没有必要从头来，搞饲料工业，要学会走捷径，奋起直追，争取在不太长的时间里，使我区饲料工业技术水平赶上或接近内地先进水平。

3. 因地制宜、合理布局。发展饲料工业要从实际情况出发，在饲料工业布局上，要以集中与分散相结合，在广大农村以相对分散为宜；在企业的规模上，要大中小型相结合，以中小型为主；添加剂工业，技术含量高，需要量少，一次性投资大，要适当集中。在全区的主要城市重点建设添加剂预配料厂和浓缩饲料厂，大中型配合饲料厂，同时可有计划的进行饲料原料基地的建设，这样对发展农区畜牧业起着相当重要的作用，大量的小型饲料厂，应放在县和县以下乡镇，包括专业户、重点户去办。这样，可以就地取材，就地加工，减少运输，降低成本，提高效益，又方便农民。

4. 充分合理开发利用饲料原料。我区地大物博，资源丰富，我们把发展饲料工业的立足点放在发挥这一优势上，即广辟区内饲料资源上面来。

【主要措施】 主要有以下几点：

1. 加快发展农区畜牧业，必须加强对西藏饲料生产的领导，尽快成立西藏饲料专门领导小组，其职能是对西藏饲料生产统筹规划，统一领导，协调生产，逐步实现产供销一条龙的生产经营模式，推动西藏饲料业稳定、协调发展。

2. 必须加大科技培训力度，提高人员素质。没有较高的科技水平，没有一定的懂得饲料配方的畜牧科技人员参与，是不能生产出高质量的饲料产品，使其工作人员分期分批地进行培训，逐步提高科技人员技术水平及管理水平，另一方面培训管理部门的执法人员，增强对假冒伪劣饲料的识别能力，提高执法水平，保障饲料加工业的顺利进行。

3. 建立健全机构，启动饲料安全工程，全面开展饲料和饲料添加剂产品质量监测。要建立饲料监测机构，增添检测仪器设备，充实监测力量，提高监测水平，逐步完善管理制度。

4. 提倡多种渠道集资，多种形式办厂，多种经济成分经营，充分发挥各地办饲料工业的积极性，特别强调要引导农民放手办饲料工业，小型饲料加工厂。

5. 采取相应的扶持政策和灵活措施，扶持饲料工业的发展。饲料加工业是为种养业服务的行业，在初级阶段，在政策上加以扶持是必要的。饲料工业要面对农牧民，农牧区市场，价格要适当，农牧民乐于使用配方饲料，饲料工业才有发展的基础，才能为加快畜牧业发展做出贡献 。

（西藏自治区农牧厅畜牧兽医水产处）

陕西省饲料工业

【基本情况】 2001 年，全年饲料工业总产量达 155 万 t，推广配合饲料 311 万 t，饲料工业总产值达到 50 亿元。创利税 2.8 亿元，分别较上年增长 6.9%、5.4%、66.7% 和 86.7%。其中：饲料加工工业产量为 137.1 万 t，较去年的 136 万 t 增长 0.8%；饲料原料工业产量为 9.4 万 t，较去年的 7.8 万 t 增长 20.5%；饲料添加剂产量为 6.3 万 t，较去年的 1.7 万 t 增长 270.6%；饲料加工工业中配合饲料产量为 53.5 万 t，较去年的 57.5 万 t 减少 7.5%；浓缩饲料产量为 78.1 万 t，较去年的 74.5 万 t 增长 4.8%，在饲料加工工业中所占比重为 57%，较去年上升了 3 个百分点。2001 年全省共生产猪用饲料 60 万 t，鸡用饲料 55 万 t，水产饲料 6.8 万 t，分别较去年增长 27.1%，减少 25.7%，增长 15.3%。截至 2001 年底，全省共有饲料加工企业 394 个，饲料原料工业 66 个，饲料机械制造企业 2 个。2001 年，陕西规模企业发展加快，主导作用明显。全省新建了一批具有一定规模、高起点的饲料生产企业，这些企业的崛起为陕西饲料工业的发展注入了新的活力。另外从全省饲料企业的生产情况看，饲料生产产量居前 60 名的大中型饲料企业产销量已超过 70 万 t，占全省总产量的 45%，为加快陕西饲料工业生产跨越式发展奠定了坚实的基础。

【组织机构】 陕西省饲料工业办公室现有职工 14 名，编制 15 人，处级建制，属全额事业拨款单位，隶属陕西省农业厅，负责全省饲料工业企业政策规划、管理、质量监督和执法工作。陕西辖区十个市饲料工业办公室机构健全，具体工作有人抓，有人管，行业宏观管理手段强，措施得力。

【主要工作】 主要有以下几个方面：

1. 加强行业管理，搞好行业组织协调工作。一是做好 2001 年度全省饲料工业免税工作。全年共完成了 685 个产品免税审核工作；二是组织企业参加了 2001 年 5 月 16 日至 18 日在大连召开的 2001 中国畜牧业暨饲料工业交易会，陕西展团共有展位 12 个，参展企业 9 家，参会人员 128 人；三是继续抓好丰收计划项目“安全高效复合预混合饲料推广项目”的实施，并组织申报实施了“奶牛高产料技术推广”项目；四是组织企业参加“2001 中国国际农业博览会名牌产品”评比活动，4 个企业的 5 个产品获得了名牌产品称号，同时组织企业参加 1999—2000 年中国名牌产品竞争力调查活动，“华秦牌”、“壮须牌”分别荣获饲料行业十大“名牌”。五是每季度组织行业部分大中型企业负责人召开季度生产形势分析例会。

2. 推进标准化工作，加强产品质量管理。一是按规定对已核发生产许可证的企业进行了年检，同时对新申报生产许可证的企业进行了严格的审报。二是抓好产品批号和标签认可号核发工作，全年共审定核发产品批准文号 232 个，标签认可号 478 个。三是为推进全省饲料工业标准化进程，组织企业参加了中饲协举办的“饲料工业标准编写培训班”。四是配合《条例》的执行，公布实施了《陕西省饲料添加剂、添加剂预混合饲料生产许可证申报程序》、《陕西省饲料添加剂及添加剂预混合饲料生产企业综合审核要求》、《陕西省饲料添加剂、添加剂预混合饲料、饲料原料产品批准文号申报程序》、《陕西省饲料企业标准备案申办程序》共四个程序。

3. 加强行政执法，确保饲料安全。一是会同省饲料监测所重点开展了两次对关中地区的西安、渭南、咸阳三市的饲料生产企业和饲料经销门市部进行了专项检查，共检查115个单位，其中饲料生产企业51个，饲料经销门市部64个，检查饲料产品1 020个。二是结合《条例》要求，废止了全省饲料生产企业执行的“准产证、准销证”制度。制定了《陕西省饲料生产企业资格审查办法》。三是召开饲料安全专题会议，会上我办向全省饲料企业发出了倡议，石羊集团饲料有限公司等21家饲料生产企业发布了《饲料安全宣言》，并在全省饲料生产企业中开展了饲料安全工程先进单位评选活动。四是成立了陕西省“查处生产、销售和使用违禁药品”联合工作组。并对西安市的未央区、雁塔区、长安县和咸阳市的兴平市、泾阳县及渭南市的临渭区等三市六区县20个猪场进行了抽样，完成了农业部下达的2001年度“饲料/水中药物”监控计划的要求。

4. 办好《陕西饲料报》，建好饲料网，做好行业信息宣传工作。全年共出刊《陕西饲料报》24期36万份，走访企业进行采访追踪报道140余次，策划广告版和企业专版20个。为适应信息化的发展，创建并开通了陕西饲料工业信息网，并在网上发布信息60多条，为行业发展提供了有效服务。

5. 加强行业职业技能鉴定及行业培训工作。一是受中国饲料工业协会委托，5月29日至6月2日承办了全国饲料工业行业职业技能鉴定质量督导员和第四期职业技能鉴定考评员资格认证培训班。二是结合我省饲料工业实际情况，对饲料检验化验员初级工和中心控制室操作工各开展了一次职业技能培训和鉴定。三是为提高我省饲料行业整体水平，我办先后与企业联合举办了六期企业管理、产品开发、市场营销策划、饲料加工工艺及设备技术等内容的培训班，参加培训达1 500多人。

【存在问题】

1. 认识不到位。一是对饲料产业的定位不准；二是对饲料工业的作用认识不清；三是对饲料工业的发展前景信心不足。

2. 行业发展整体观念滞后。传统式的经营思想仍是制约陕西饲料工业发展的最大障碍。

3. 企业结构不适应产业发展。企业生产规模偏小，不适应我省新时期饲料工业发展要求。

【2002年工作思路】 2002年，我省饲料工业的指导思想是：以国内外两个市场为导向，以调整产业结构为主线，以机制、科技创新为动力，充分发挥我省饲料资源优势，大力发展优势产业和特色产品，优化饲料产品结构，加快区域发展，全面提升饲料工业整体水平。具体要稳定提高猪、鸡饲料生产，大力发展牛、羊、水产饲料，放手发展特种动物饲料和规模生产，突出抓好陕南陕北饲料工业发展，坚持稳中求进，把我省饲料工业做大做强。

主要措施是：通过五个“加强”，达到五个“提高”，即加强行业管理，提高服务水平；加强执法力度，提高产品质量；加强基础设施建设，提高行业整体实力；加强科研成果转化，提高行业科技水平；加强饲料资源开发，提高资源利用率。

主要目标是：饲料工业总产量160万t，其中浓缩饲料80万t。配合饲料推广量320万t，实现工业总产值58亿元，创利税2.9亿元，饲料工业产品抽检合格率达85%以上。

为实现上述目标，重点抓好以下十个方面的工作：①加强行业管理，规范行业秩序；②大力开发饲料资源，提高资源利用率；③适时调整产品结构，开发绿色饲料产品；④以加入世贸为契机，深化企业改革；⑤加大饲料工业行政执法力度；⑥加快饲料工业标准化工作进程；⑦实施饲料工业安全工程；⑧强化监测职能，履行职责，搞好服务；⑨抓好行业宣传和信息服务工作；⑩搞好行业培训和职业技能鉴定工作。

（陕西省饲料工业办公室）

甘肃省饲料工业

【基本情况】

1. 饲料生产实现三同步。一是与畜牧业发展同步。随着国家加快发展畜牧业战略的实施及规模养殖的蓬勃发展，饲料业的市场容量进一步扩大，饲料产销量稳步增长，产品的商品化率大幅提高，反刍动物饲料生产增长迅猛，从占总量的1%增加到3%。二是与科技进步同步。饲料企业技术改造步伐加快，技术装备运用水平整体提高，产品的科技含量和质量稳步上升，同时，饲料企业与科研院校共建科研基地，饲料科技成果转化进程加快。三是与农业产业结构调整同步。饲料工业作为调整当地农业产业结构和发展小城镇战略的有效途径，在各地得到优先发展，饲料业在农业产业链中日益发挥强劲的关联带动效应。

2. 产业结构调整加快。一是大型饲料企业发展势头强劲，武威希望、兰州石羊等大型饲料企业的进入，提升了行业技术应用水平，优化了企业结构。二是饲料添加剂和添加剂预混料生产加快发展，2001年，有6家企业获得农业部生产许可证。饲料产品生产实现系列化、特种化，反刍料、鱼料、特种饲料成为新的增长亮点。三是非常规饲料资源的开发利用有新突破，武威α淀粉厂、张掖金园猪厂、高台宏达饲料厂等多家企业建成α-淀粉、苜蓿草粉和茄黄素生产线，饲料产品结构得到优化。

3. 行业投资多元化和企业产权多样化初步形成。2001年，行业新增生产能力达20万t，其中，陕西石羊集团在兰投资1 000万元新建10万t饲料厂；甘肃省饲料厂融资300万元，盘活沉淀资产近千万；高台宏达饲料厂新建苜蓿饲料项目已完成，今年销售草产品达4 000t，市场前景十分乐观；兰州博亚景泰、天水分公司等数家新建饲料企业发展势头强劲。来自外资、民营、个体等渠道的投资正逐渐取代国有资金投入的主流地位。同时，以实现企业产权多样化为目标的国有饲料企业改革进入实质性阶段。原粮食系统54个国有饲料企业，其中20多家企业已通过经理人控股、职工持股、合营、兼并等形式，进行企业产权改制，产权的明晰和多样化，使企业成为真正的市场竞争主体。

4. 产业支持体系进一步完善。围绕着《饲料和饲料添加剂管理条例》和《甘肃省饲料和饲料添加剂管理条例》的宣传贯彻落实，我们制定实施了甘肃省《饲料标准化管理办法》、《饲料企业审查管理办法》和《饲料工业专家组管理办法》等一系列管理制度，饲料行业的法制化、标准化进程得到有力推进。

【主要工作】

1. 加强立法，依法治饲。2001年6月2日，《甘肃省饲料和饲料添加剂管理条例》经省九届人大常委会第22次会议通过，并于7月1日正式实施。这是全国饲料行业的第一部地方法规。《条例》的颁布施行，是我省饲料行业发展的一个新的里程碑。《条例》从起草到颁布历时四年多，期间，进行了大量的调研论证，多方征求意见，反复修改，集中了各方面的智慧。从1996年底开始，我们着手起草，1999年，形成草案第四稿，1999年底上报省政府。2000—2001年，经过大量的修改、调研工作，《条例》终于颁布实行。

2. 实施饲料安全工程，确保饲料安全。国家饲料安全工程项目2001年正式启动，我办根据农业部饲料安全工程方案和我省饲料安全工程五年规划，经过多方论证，提出以建设甘肃省兽药饲料所为核心的我省饲料安全工程项目可行性方案，上报农业部立项。该项目总概算330万元，拟新建建筑面积约1 200平方米，采购高效液相色谱仪、近红外光谱仪、紫外分光光度计等先进设备，并进行人员培训。此项目的实施，可望增加监测项次76项，年承检能力20 000项次。

3. 完善管理制度，加强行业支持体系建设。围绕着《饲料和饲料添加剂管理条例》和《甘肃省饲料和饲料添加剂管理条例》的宣传贯彻落实，我们制定并执行了《甘肃省饲料企业审查管理办法》、《甘肃省饲料检验机构管理办法》和《甘肃省饲料工业专家组管理办法》等管理制度，并依此已办理企业审查手续33家，完成1家省级饲料检验机构的计量认证工作。与省质量技术监督局联合组成了甘肃省饲料工业标准化技术委员会，并制定了《甘肃省饲料标准化管理办法》。截至目前，该委员会已审核通过了3家饲料企业近40个饲料产品的企业标准。

4. 强化依法行政职能，切实加强饲料行业管理。一是部署落实了农业部等部局关于严厉打击非法生产经营使用“瘦肉精”的专项工作。二是依法查处张掖三特饲料有限公司违法伪造饲料生产批准文号，制售不合格饲料产品的违法行为。我们在查清事实，证据确凿的情况下，依据《饲料和饲料添加剂管理条例》的有关规定，依法做出对其停业停产的行政处罚。三是依法纠正了外省一家饲料公司饲料产品包装使用不规范行为。四是根据国家工商局、农业部《农资市场“打假”整治联合执法行动工作方案》，在工商、技术监督等部门的大力支持与配合下，集中时间，集中精力，集中执法人员，开展了一场声势浩大的饲料市场打假行动，取得了阶段性成果。

【存在问题及下一步工作思路】 今后我们的工作重点是，继续优化产业结构，加快资源配置调整，提高行业整体的竞争力，增强产业化解风险的能力，努力为饲料业发展创造良好的外部环境，促进饲料业持续稳步增长。

1. 加快产业结构调整，进一步开拓农村市场。以市场为导向，引导饲料企业适应养殖业发展的需要，在保质、安全地服务规模养殖的同时，着眼于农村千家万户家庭养殖市场，着眼于扶贫攻坚任务，大力推广适用于农村市场的浓缩饲料、添加剂预混料，借以不断优化我省饲料工业产品结构，从而为养殖业均衡、健康、持续发展而努力。

2. 推进科技进步，加快饲料工业科技创新步伐。充分发挥我省畜牧科技力量的优势，促进成果转化，重点加强对饲料资源，特别是优质牧草工业化加工关键技术、新型饲料添加剂的研究，争取两年内在非蛋白氮、饲料酶制剂、苜蓿草工业化生产技术推广应用伤首先取得突破性进展，使我省反刍畜精料补充料产量在目前的基础上增加3～4倍，把我省牧草产品推向全国。

3. 加强两个体系建设。两个体系一个是标准体系，一个是安全监察体系。这两个体系如同电脑的软件和硬件，互为一体。一方面我们要加快饲料安全工程建设，进一步完善、健全全省饲料监察体系网，初步构建以省级饲料检验站为中心，以省级区域检验站为骨干，地县级检验机构为补充的全省饲料监察体系。另一方面，我们要积极参与制定相应的饲料安全卫生标准、有毒有害物质和违禁药品的检测方法标准以及药物饲料添加剂在饲料中的检测方法标准，与有关部门配合强化饲料工业技术标准管理工作，为依法行政提供科学依据。

4. 实施信息化带动工业化战略。随着网络技术的发展，信息化已成为提高工业化程度、促进产业升级的动力之源。在十五规划中，我国制定了信息化带动工业化的国家战略。我们要制定适宜的规划，有步骤的运用网络技术建立我省行业信息采集和报送系统，建立行政审批和办公网络系统，在这些系统基础上，构建我省饲料行业信息网络，并以此为建立行业安全预警系统创造条件。

（甘肃省饲料工业办公室）

青海省饲料工业

【饲料生产】 2001年青海省在饲料加工工业方面：已建成5家年单班生产能力1万t以上的饲料企业，时产1t以上饲料加工企业38个，个体加工点82个，饲料原料生产企业5个，年单班生产能力12.035万t。饲料企业设备日趋完善合理，生产全价配合饲料和颗粒饲料的规模逐步扩大。2001年共生产各类饲料近5.6万t，其中配合饲料约5.5万多吨，配合饲料中：猪料约占72.8%，禽料约占3.6%，反刍动物料约占18.4%，其他料约占5.1%。按现行价计算实现工业产值约6 000多万元。我省目前年末双班生产能力约24.07万t，浓缩饲料生产能力约1万t，添加剂预混合饲料年末双班生产能力0.5万t。

【饲料安全】 我省结合反刍动物饲料安全、“放心肉”检查和执行全国饲料统检任务，对我省的饲料加工企业、养殖企业和经营企业进行了较全面的检查，目前已杜绝了反刍动物饲料中使用动物性饲料添加剂的行为，也没有发现使用“盐酸克伦特罗”等违禁药品和不符合饲料安全要求的饲料产品。通过检查，对规范饲料生产、销售和使用者的行为起到很好的促进作用，不仅维护了生产和销售合格饲料产品企业的正当权益，也震慑了制售假冒伪劣者。

（青海省饲料工业办公室）

宁夏回族自治区饲料工业

【基本概况】 2001年，全区共有饲料生产企业224家，其中时产5t以上的饲料加工企业10家，1t以上30家，年双班生产能力达到62万t。产品产量298 385t，其中配合饲料产量282 322t，浓缩饲料产量13 063t，添加剂预混料产量13 588t，实现工业总产值63 198万元。

【组织机构】 宁夏饲料工业办公室，于1986年成立，编制5人，级别：处级；负责人：正处一名，副处一名；隶属关系：宁夏回族自治区农牧厅；性质：事业编制；职能：“统筹、规划、协调、管理”全区饲料工业工作；经费来源：全额拨款。宁夏饲料工业协会，于1986年11月成立，会长：李春贵，秘书长：张怀信，编制：饲料协会和饲料办两块牌子，一套人员；体制：事业；经费来源：会费收入；换届情况，1994年3月6日换届为第二届理事会，会员数87人（个人）理事人数：59名；常务理事人数：18名；团体会员数：49个。

【主要工作】 主要有以下几个方面：

1. 开展了全区饲料生产企业工作大检查。为贯彻执行《条例》，加强管理，开展了对企业生产条件和生产情况的检查，要求饲料加工厂按照《条例》规定的条件建厂，对不符合要求的生产企业，限期整改。同时，对生产企业资格、生产程序、质量检验、产品包装、标签、仓储及违禁药品使用，进行全面检查，在检查工作中，将印制的《条例》挂幅及农业部配套文件，下发企业，进行宣传，强化企业守法意识。召开企业座谈会，传达《全区农村工作会议》精神，针对饲料工业面临的形势和任务，帮助企业分析、研究如何优化产品结构，增强市场竞争力，制定对策。从而提高了管理部门的工作力度，增强了企业安全生产意识，使企业进一步明确形势和任务，在生产过程中，进一步加强管理，挖掘潜力，调整结构，完成生产任务。

2. 开展了饲料市场“打假”整治工作。为了加强饲料产品的质量管理，促进饲料工业产品市场的净化，根据农业部有关精神，会同有关部门，在全区开展了市场“打假”整治工作，查处了非法生产、销售和使用违禁药品，对中、小生产企业和营销专业户，生产经销的产品中，重点检查饲料添加剂、添加剂预混合饲料、浓缩饲料。对20多个品种，2 000余件包装不符合要求，使用过期许可证、批准文号进行查处，规范企业的生产、经营行为，使全区饲料工业在市场竞争中健康、有序地发展。

3. 开展了对全区饲料生产和经销企业资格审查登记工作。据统计，我区现有饲料生产企业224家，饲料营销企业300多家，为了加强饲料工业行业管理工作，根据《饲料和饲料添加剂管理条例》有关规定，开展了全区饲料生产和经销企业审查登记工作，对100家具备生产、经营条件的企业颁发了生产、经营审查合格证。为了加强登记后的管理工作，制定了宁夏自治区饲料生产、经营企业登记管理暂行办法，召开论证会，协调有关部门联合下发、实行。

4. 开展了行业技术培训工作。完成了全区大中型企业三个特有工种岗位的职业培训，举办了培训班，组织国内知名专家、学者来宁讲学，培养企业管理人才，从而提高了行业人员的整体素质。

【饲料行业工作特点】

1. 饲料生产总量增加。全区饲料产量30万t，总量包括自配料达62万t。

2. 产品结构有所调整。牛羊饲料、水产饲料和预混合饲料产量增幅较大，微生态饲料产品市场供不应求。

3. 饲料安全意识增强，产品质量有所提高。全区有16个企业申请并通过了产品标准审定、企业质量认证和化验室等级评定；大中型企业产品质量抽检合格率100%。

4. 企业结构调整取得较大进展。宁夏饲料总厂完成改制；宁夏星火科技集团有限公司兼并银川市康利饲料厂，完成改造组装水产浮性饲料生产线；灵汉渔业饲料公司承租灵武市饲料厂扩大企业生产规模准备工作就绪；银川正大饲料公司新上预混合饲料生产线已组装完毕；宁夏和氏璧生物技术有限公司新建饲料用复合纤维素酶已经生产，银川郊区恒翔饲料厂水产饲料的生产和固原县试验区金泉公司苜蓿草饲料加工生产线建成投产。国有企业改制步伐加快，私营企业发展迅猛，以饲料企业为龙头的多种形式联合体，在饲料行业悄然兴起，拓宽了企业生产领域，提高了综合效益。

5. 企业科技创新能力增强。饲料企业与科研单位、大专院校联合，注重新产品的开发研制，提高产品的科技含量，使全区饲料质量进一步提高。

【存在问题】

1. 企业条件差，规模小，产品科技含量低，产品结构不尽合理，大部分企业开工不足，影响了整体效益。添加剂品种少、数量小，无法满足本区饲料工业生产需求，大部分靠从外省调入。

2. 机构队伍建设不适应需要。大部分市、县均无饲料专管机构，要求市、县必须明确专管、兼管部门和人员，以保证饲料执法、行政管理工作顺利进行。

3. 资金短缺，影响饲料工业发展后劲。饲料工业属微利行业，很多企业因流动资金严重不足，不能进行正常生产，更无力进行技术改造。

4. 饲料市场无序竞争状态亟待规范。无厂牌、无手续生产饲料的“大板锹”企业近200家，不符合《条例》要求的饲料经营企业100余家，造成市场混乱，亟待整顿、规范。

5. 饲料检测体系有待加强。由于资金缺乏，饲料检测设备、仪器不足，大部分市、县均无专项经费，不能够保证饲料“安全工程”的顺利实施。

6. 试验经费中断，高新饲料技术得不到试验推广，影响了饲料工业整体水平的提高。

【下一步工作思路】

1. 贯彻《条例》加大执法力度。组建饲料行业执法队伍，加强培训，保证执法工作的顺利进行。

2. 把市场入口关，做好饲料企业生产、营销生产许可证、产品批准文号和资质审查证的审核、审批工作。对不符合条件的要求限期整改或予以取缔。

3. 加强质量管理，确保饲料安全。抓好饲料卫生标准，饲料标签标准等强制性标准的实施。对现有饲料标签进行清理和修订，实行标签备案认可管理制，会同区标准部门，帮助企业制定好企业标准，严禁无标生产。

4. 联合有关部门，依法对全区饲料生产、经营企业执证情况，产品质量进行统检和抽检，以促进企业改进生产条件和提高产品质量。

5. 开发饲料资源，研制饲料新产品，以多种形式促进企业与科研单位、学院相联合，支持无公害、无残留配方的研制，保证产品的安全、可靠。大力开发我区饲料、饲草资源，降低饲料成本。

6. 做好“丰收计划”项目的验收工作。

7. 完成自治区饲料工业协会第三届换届工作。

（宁夏回族自治区饲料工业办公室）

新疆维吾尔自治区饲料工业

【基本概况】 2001年全区生产各类饲料108.39万t，比上年增加13.37万t，增长14%。其中：配混合饲料92.9万t，浓缩饲料5.84万t，添加剂预混料1.36万t，分别比上年增长3.74%、15.87%和172%。生产的饲料中还有苜蓿草颗粒、甜菜颗粒和棉籽颗粒8.29万t。各类饲料中商品饲料占45%为48.77万t，较上年增长14%，增加5.99万t。配合饲料中，猪料占12.94%，蛋禽料占8.53%，肉禽料占58.73%，鱼料占13.35%，反刍料占4.67%，其他料占1.78%。添加剂生产企业生产碳酸钙18 200t，磷酸氢钙1 450t，碌化胆碱750t。骨粉、肉骨粉生产企业约3 000t产量。饲料工业总产值16.9亿元，年末职工人数为3 585人。全区现有135家企业生产饲料，年双班生产能力达185万t。其中配混合饲料企业85家，添加剂预混合饲料企业21家，添加剂企业13家，牛羊甜菜、苜蓿等颗粒饲料企业13家。骨粉、肉骨粉企业28家。另有原料企业151家（主要生产棉籽饼粕、豆粕、菜葵饼粕、麸皮和棉壳等）。2001年，新疆饲料产品质量监督检验站完成各类饲料产品检验813个批次，其中定期监督检验90个批次，合格89个；饲料添加剂、添加剂预混合饲料报批文号26个批次，合格22个；免税检验193个批次，合格153个；委托检验282个批次，合格65个，未下结论192个；盐酸克伦特罗专项检验229个批次，未检出。

【组织机构】 新疆2001年政府机构改革确定畜牧部门负责全疆饲料和饲料添加剂管理工作，具体业务由自治区饲料工业领导小组办公室（简称新疆饲料办）负责，饲料工业办为依照公务员管理的事业单位，具有行政执法管理职能，定编5人，领导职数2人。自治区饲料行业仅有区一级饲料管理机构，区以下的管理机构一直没有建立，2001年自治区实施办法颁布后，我们抓住时机推动地州级建立饲料管理机构，全疆13个地州市，已有11个地州市相继成立了饲料工业办公室。

【主要工作】 主要有以下几个方面：

1. 建立完整的地方饲料行业管理规章。1999年国务院颁布了《饲料和饲料添加剂管理条例》，我办自国务院条例颁布后，就积极开展了工作，经过各方面的共同努力，2001年3月自治区人民政府常务会议通过了《新疆维吾尔自治区实施<饲料和饲料添加剂管理条例>办法》。自治区实施办法颁布后，我们根据其相关规定，及时制定了《新疆维吾尔自治区饲料、饲料添加剂企业设立条件审查办法》、《新疆维吾尔自治区饲料产品登记文号管理办法》、《新疆维吾尔自治区饲料产品标准审查办法》、《经营外省区饲料、饲料添加剂产品登记备案办法》和《新疆维吾尔自治区饲料、饲料添加剂经营企业管理（暂行）办法》五个规范性文件，并以自治区畜牧厅文件下发各地执行。使我区饲料行业从生产、经营、监督、检验等方面都有了严格的规章，构筑起了完整的法制化管理框架。

2. 大力宣传贯彻饲料行业管理法规。宣传法律法规是贯彻执行法律的重要一环，知法、懂法、守法、执法，无一不是以宣传法律法规为基础的。我们紧紧抓住《新疆维吾尔自治区实施＜饲料和饲料添加剂管理条例＞办法》于2001年6月1日起正式实施之机，集中开展了宣传活动。在新疆电视台安排了厅领导的专题电视讲话，同新疆人民广播电台举办了宣传周活动。印制了汉维文饲料法规文献3 000册，下发到全疆县以上畜牧管理部门和各类饲料企业。新疆日报也全文刊载了《新疆维吾尔自治区实施＜饲料和饲料添加剂管理条例＞办法》，发行数量达十几万份。另外，我们还同新疆电视台一起制作了长达10min的饲料安全专题节目，并在新疆电视一台播出。

3. 召开全疆饲料行业管理和行政执法工作座谈会。为了全面布置和安排贯彻实施国务院《条例》、《自治区实施＜条例＞办法》和自治区畜牧厅五个规范性文件，我区首次召开了全区饲料行业管理和行政执法会议。会议认真分析了我区饲料行业的现状和存在的问题，总结了前一段工作的经验，提出了今后工作的重点和方向，推动了各地州开展饲料行业管理和行政执法工作。

4. 强化对饲料行业行政执法管理人员的培训。饲料行业行政执法管理工作，对地（州）县（市）畜牧部门的同志来说比较陌生，大多数同志不熟悉，针对这一状况，我们于2001年4月举办了全区饲料行政执法管理人员的培训班，对全疆畜牧部门的饲料行政执法人员进行了集中培训。培训包括行政执法培训和饲料管理业务培训两部分，培训邀请了自治区法制局的领导和新疆农业大学的教授讲课，参加培训的同志普遍感到收获很大。

5. 组织对饲料市场的整顿及打假工作。成立了由自治区饲料办和自治区饲料质量监督检验站组成的打假小组，对我区部分饲料生产、经营单位进行检查。进入11月我办又安排在全疆范围内开展严厉查处生产、经营、使用“瘦肉精”工作，下发了《关于查处和严厉打击非法生产经营使用“瘦肉精”等违禁饲料添加剂的通知》等文件。此项工作有突破性的进展。

6. 及时办理有关证号等业务。2001年有9个饲料添加剂和添加剂预混料企业取得了生产许可证，办理和增加的批准文号19个。办理和重新办理饲料产品免税审核的企业100个。根据自治区有关规定，配合饲料、浓缩饲料、精料补充料生产企业设立条件通过审查30家，核发饲料产品登记文号486个。组织专家审查了11家饲料企业的21个产品标准。

7. 举办了全疆第三届饲料职业技能考核培训班。2001年举办了饲料检验化验员、饲料厂中央控制室操作工、饲料机构维修工的职业技能考核培训，共有82人次参加，有75人成绩合格，上报农业部取得了中级等级资格证书。通过培训和考核，掀起了全疆饲料行业工人学习技术、用技术、争做技术尖子的热潮。

【今后行业管理工作思路和措施】 主要有以下几点：

1. 建设饲料质量监测体系。新疆饲料安全体系建设分为三个层次，一是饲料行业行政执法管理体系建设；二是饲料产品质量和安全检测体系建设；三是饲料生产、经营、使用者对饲料产品质量和安全的自检、自控、自律体系建设。新疆地域辽阔，为提高监测能力，建设和完善乌鲁木齐部级饲料质量监测中心，配齐仪器设备，使其成为自治区和西北片区饲料质量监督评价，以及饲料中含量违禁药品，兽药、农药和有毒有害物质的确认和定量检测的最有权威的机构，建设好伊犁州、阿克苏地区、喀什地区、石河子市饲料监测站，使其成为承担北疆和南疆片区常规饲料检测和饲料企业委托饲料的监测任务，以及饲料中常见违禁药品、兽药、农药、有毒有害物质等组分快速检测机构。

2. 加强对饲料产品的监督管理和对质检人员的培训。根据国家的部署安排，增加对饲料产品的抽检次数和频率，采取普查、抽查和跟踪监测等形式，加大对生产、经营和使用“瘦肉精”等违禁药品的查处力度。采取统检、抽检和专项检查等形式，加强预混合饲料和饲料添加剂中的卫生指标及有毒有害的物质的安全检测。加大对棉副产品等单一大宗饲料原料中的棉酚和卫生指标的安全检测。针对新疆反刍动物多，加强对动物性饲料产品的安全检测。对自治区检测站伊犁州、喀什地区、阿克苏地区、石河子市饲料监测站从事质量检验工作的人员分期分批地进行严格培训。

3. 加强饲料生产、经营企业设立条件及饲料产品标准的审查。根据国家《饲料和饲料添加剂管理条例》及《自治区实施＜饲料和饲料添加剂管理条例＞办法》的规定，加强对饲料生产企业设立条件的审查，要求大中型饲料生产企业必须具备检化验能力，以确保饲料安全和质量。加强对饲料经营企业的条件审查，把好饲料源头关。鼓励饲料企业采用ISO－9000体系质量认证和推行HACCP（危害分析与关键控制点）质量管理体系。认真审查各类饲料企业标准，杜绝无标准生产。

4. 大力宣传、推广无公害饲料标准和绿色饲料标准。大力宣传和推广无公害饲料标准和绿色饲料和饲料添加剂标准，鼓励饲料生产企业生产和使用无公害或绿色饲料和饲料添加剂。新疆中草药资源极为丰富，我区天康饲料有限公司率先成功开发绿色无公害、无药残中草药饲料添加剂，并大量使用在配合饲料中，效果显著，凭借中草药资源优势，大力开发天然绿色中草药饲料添加剂，将是未来发展的一个重点。

5. 切实加强饲料行政执法机构和队伍建设。各地、州、市要设立饲料管理机构，县（市）级畜牧局要承担起饲料行政执法工作，在乡级设立饲料监督员。要通过培训和交流学习培养一批公正廉洁的行政执法队伍。

6. 进一步推进饲料工业技术进步，积极开发奶牛精料补充料。牛羊育肥料、羔羊代乳料、反刍家畜微量元素复合预混料、牛羊复合营养舔块等产品。大力推广苜蓿和秸秆、充分利用农副、工副产品，草捆、草块、草砖、草颗粒、青贮、微贮的加工利用是今后发展的一个主题。

7.引导消费，大力开发牛羊饲料市场，加快数量型畜牧业向商品畜牧业的转型。新疆是少数民族居住地区，人们喜食牛羊肉，但长期以来，传统的靠天养畜的数量型畜牧业一直制约着新疆牛羊肉生产的发展，引导消费，大力开发牛羊饲料市场，提高牛羊饲养水平，提高饲料报酬，提高牛羊生产商品率，提供优质的价廉的牛羊肉商品，丰富人民菜篮子，这项工作迫在眉睫。大力发展节粮型畜牧业发展新疆农副产品和工副产品资源丰富，有集中精力解决好各种副产品的加工利用。

（新疆维吾尔自治区饲料工业办公室）

大连市饲料工业

【行业概况】 经过“八五”、“九五”的建设，2001年全市饲料工业有了新的发展。以饲料加工为主体，以饲料原料工业、饲料添加剂工业相配套的饲料工业雏形已基本建成。全市行业从业人员近1 300人，素质较高，大专以上学历的专业技术人员占20%。饲料企业已逐渐由封闭型向开放型转变，由单一产品型向多种经营型转变，由单纯生产型向市场经营型转变，由产量产值型向质量效益型转变，由粗放管理型向科学管理型转变，市场竞争力不断增强。出现了以预混料为龙头的饲料加工企业联合体，以饲料为主产品的多种经营企业集团，以饲料为纽带的饲料生产—畜禽养殖—畜禽产品加工—畜禽产品销售的企业集团，加快了企业经营机制的转换和农业产业化的进程。行业管理、技术监督、科研推广等管理服务体系日益健全。

【饲料加工业】 2001年全市有饲料生产企业83家，其中添加剂生产企业3家，主导产品为微生态制剂、饲料级甜菜碱、碳酸钙；添加剂预混料生产企业14家，主要生产畜、禽及水产养殖所需的维生素、微量元素、非营养性添加剂预混料；时产5t以上配合料、浓缩料生产企业13家；鱼粉生产企业24家；骨粉生产企业3家。

在国内外较有影响的正大、大成、ADM等集团都在大连建立了公司，生产各种品牌的饲料。在大成、韩伟等集团的示范带动下，又出现了龙城、华都、福乐家、龙门等的饲料生产—养殖—屠宰加工一条龙经营模式的大中型企业集团，形成了资金、技术、人才相对集中，利益共享，风险共担的新格局，企业整体素质全面提高，总体势力显著增强。

【行业管理和质量监测】 大连市政府对饲料行业的发展高度重视，在2001年的机构改革中，将饲料管理职能由市计划委员会划归市农村经济发展局，大连市饲料工作办公室具体行使饲料行业管理职能。各区（市）县农村经济发展局负责辖区内饲料行业管理。

饲料产品质量监测，一方面由饲料行政主管部门按照国家、省下达的质量监督抽检计划及根据实际情况和需要，组织监督抽检。另一方面，强化企业自检或委托检验。对饲料产品质量的稳定和提高起到了有力的保障和促进作用。

【存在的问题】 大连市饲料行业的发展也有一些不容忽视的问题，主要是饲料产品的产量、科技含量还不能满足养殖业的需要；企业管理和专业技术人才不足；行业管理薄弱，信息不灵，市场秩序不很规范，假劣饲料产品在一定程度上仍有存在。

【今后工作】 围绕大连市率先实现农业现代化的奋斗目标，作为畜牧业支柱产业的饲料工业的发展，在“十五”期间总的指导思想是：坚持提高与发展并重方针，以市场为导向，增加资金和科技投入。加强基础设施建设，优化产品结构。强化行业管理，深化经济体制改革，转换企业经营机制，推动饲料工业持续、稳定、协调发展。

一是依法加强行业管理。《饲料和饲料添加剂管理条例》的修订，极大地鼓舞了广大行业管理人员的信心和热情。加强《条例》宣传，依法管理是今后工作的重中之重。要从过去的直接抓微观、抓企业转到抓宏观、抓市场、抓质量上来，建立健全行业管理制度，制定行业有关政策，加强监督检查，引导行业健康发展。二是促进现代企业制度的建立。通过改革、改组、改造和管理，引导企业优化组织结构，促进饲料企业存量资产优化，推进企业技术进步，建立现代企业制度，创建面向市场，自主经营，具有较强技术开发能力和融资能力的产供销一体化的大型企业集团，实现规模效益。三是加强科研和科技成果推广。以科技为先导，转变饲料工业增长方式，加强科学研究，加速科技成果产业化、商品化进程。加强科研基地建设，增加科研资金和人员的投入，科研工作从立项到完成都要有企业参加，将基础研究、实验过程、成果产业化等环节紧密连接，提高效率，以研究开发高科技含量的产品为重点，实施名牌战略，造就一批名牌企业和产品，塑造大连饲料工业的良好形象。

（大连市饲料工作办公室）

青岛市饲料工业

【基本情况】 发展速度快，发展质量好，是青岛市2001年表现出的鲜明特点。一是从发展总量看，全年完成各类饲料总产量93万t，实现销售收入23亿元，比去年同期增长16%，增幅高于全国平均水平。二是从结构调整看，全市饲料行业结构调整步伐加快，企业类型向着多元化方向迅速发展，民营企业大幅度递增，与合资企业、独资企业共同成为全市饲料行业的重要支柱，中小企业加快了向“专、精、特、新”方向发展的步伐，同时，形成了一批主业突出，核心竞争能力强，在国内省内具有一定实力的大型企业和企业集团，产品结构进一步优化，水产饲料、浓缩饲料和添加剂预混合饲料在全市饲料生产总量中的比例明显上升，蛋白原料、特种动物饲料生产又有了新的发展，大大增加了企业经济效益和社会效益。三是从科技创新看，全市饲料行业不断运用高新技术，开发新产品、新工艺、新设备，大幅度提高了饲料产品的科技含量，形成了一个又一个新的经济增长点，企业与高等院校、科研院所的合作关系更加紧密，科技成果转化速度进一步加快，企业自身的技术创新能力有了明显增强，从而有力地提升了全市饲料行业的发展层次。四是从产业化格局看，龙头企业、专业化基地、中介组织、标准化手段整体推进，大力提升了集生产、科技、销售、服务于一体的整个产业体系的竞争力。五是从产品品质管理方面看，全市已有十几家饲料生产企业通过了和正在进行ISO9000系列质量认证，全行业质量管理思想的意识已实现了由被动向主动转变，品质管理方法已明显脱离了沿用了多年的传统模式，引进提高和创新而出的各种崭新的品质管理模式，标志着全市饲料工业行业产品品质管理水平已经有了实质性提高。六是从饲料安全方面看，我们采取综合措施，实施饲料安全工程，加大饲料安全监管力度，消除各种隐患，确保了全年各种饲料产品的卫生和安全。七是从全行业整体素质看，企业适应市场经济能力明显增强，市场经济规律得到了普遍重视，丰富了管理内涵，提高了管理层次，逐步建立了对市场变化做出快速、准确反映，并有效参与市场竞争的经营机制，市场机制在资源配置中的基础性作用，已在全市饲料工业行业内越来越多地得到体现，市场机制激发出了企业的生机和活力，企业在经过新一年市场经济磨炼中整体素质又有了新的很大的提高，为今后不断发展奠定了坚实的基础。

饲料工业的快速发展，对全市社会经济发展及“菜篮子工程”建设做出了重要贡献。其一推动了畜牧水产养殖业的快速发展，2001年全市肉蛋奶产量分别达到64万t、38.7万t和25.6万t，分别比上年增长6%、3%和11%，水产养殖产量达到82万t，其中海水养殖产量占92%，比上年有大幅度增长。其二促进了农村经济结构调整，繁荣了农村经济，吸纳了农村富余劳动力，增加了农民收入。其三促进了国民经济和相关工业发展，对化工、轻工、纺织、食品、医药、水产、粮食、酿造等多个行业的大量副产品及废弃物进行综合利用，既治理了环境，又增加了经济效益。其四增加了城乡人民的物质生活基础，改善了城乡人民的膳食结构，提高了城乡人民的生活水平，为增强人民体质做出了积极的贡献。

【主要工作】 2001年青岛市饲料工业之所以取得了优异的工作成绩，主要在于重点把握了以下几个方面的工作。

1. 以创新的思路和措施，指导促进和规范全市饲料工业加快发展。创新是事业兴旺发达的不竭力量，我市饲料工业在新的世纪之初如何以创新促发展，是我们十分注重的问题。我们通过召开座谈会、研讨会、论证会等多种形式，进行了广泛的调查研究和多方面的论证分析，在确立了全市饲料行业以创新促发展的整体思路和相应措施的基础上，年初我们将全市饲料工业工作会议和市饲料工业协会第四届理事会合二为一召开，从行业管理、行业协会两个角度全面部署以创新促发展的整体工作思路和工作措施，强化了工作的导向性、前瞻性和针对性。

2. 依法整顿和规范市场经济秩序，为企业创造良好的市场环境和发展空间。2001年4月份，我们按照省畜办的统一部署，集中了一个月时间，与全省联动，与工商部门密切配合，进行了一次“青岛市饲料和饲料添加剂生产、经营和使用情况执法大检查活动月”活动。整个活动由市饲料管理部门和工商行政管理局联合成立的“青岛市执法大检查领导小组”统一指挥，根据《大检查活动月实施方案》统一部署，各市（区）大检查活动月领导小组负责本辖区内大检查工作，同一时间，同时行动，各市（区）工商部门和各乡镇工商所全面配合，依法检查，依法处理，对假冒伪劣产品、非法生产和经营企业，一经查出就按规定处罚，对生产和经营不规范的企业和产品，就敦促其立即改正。这次共检查饲料生产和经营企业498家，饲料使用单位17家，其中存在一定问题责令限期整改的生产企业26家，经营企业382家，取缔非法生产企业13家，经营企业57家，整个大检查活动取得圆满成果。大检查结束后，我们向省里写出了书面报告。下半年我们在巩固4月份大检查活动月成果的基础上，又继续开展了一系列市场整治活动，通过这些活动，打击了假冒伪劣产品和制假售假行为，强化了合法企业和产品的市场经营地位，净化了市场，弘扬了正气，震慑了犯罪，有力地维护了饲料市场经济秩序，为企业创造了良好的市场环境和发展空间。

3. 紧紧抓住结构调整这条主线，加快构建我市大饲料工业发展框架。2001年，我们在推动全市饲料工业结构调整过程中，主要把握了以下原则：一是结构调整要与青岛饲料工业的产业基础和资源优势相匹配；二是要与国内外高科技和高新技术饲料工业发展方向相符合；三是要与青岛新世纪城市功能转换和结构优化调整的要求相一致；四是要充分考虑青岛饲料工业在全国同行业中的定位；五是要决心发展几个重点领域，集中力量形成拳头，提升青岛饲料工业的整体层次。

在2001年结构调整工作中，我们针对全市饲料行业实际情况，突出了投资拉动，大集团、大企业牵动，高科技带动，改革开放推动，管理部门发动等诸多方面，收到了明显的阶段性成果。困扰了我们多年的各种结构性矛盾开始改观，表现在饲料原料行业特别是蛋白原料行业和添加剂及添加剂预混料行业，其生产能力和市场竞争能力开始增强；高技术含量、高附加值并具有较强竞争力的产品开始形成产品群，有的已成为用户心目中的名牌产品；生物制品、特种动物饲料已逐步成为我市饲料工业产品中的后起之秀；各种水产饲料大幅度增长，仅青岛海跃、长生中科、恩贝3个公司的对虾饵料产量就达2万t，比上年翻了几番，其中海跃已在海南建了新厂，长生中科也正在海南考察建厂，恩贝公司准备在青岛继续扩大规模，其他各类水产预混料、浓缩料、配合饲料从产量到生产厂家也在不断增加；企业结构也在不断优化，其特点是在大企业的带动下，初步形成了一、二、三梯队的梯次发展的合理经济构架，有些中小型企业已具有了“专、精、特、新”的明显特色。2001年的结构调整，使我市饲料工业增加了后劲，增加了新的增长点，加快了我市构建大饲料工业发展框架的进程。

4. 推进科技进步，强化名牌意识，抓好饲料安全，努力提高全市饲料工业科技水平和产品质量水平。我市饲料工业的发展，始终坚持“科技兴饲”发展战略。把饲料工业发展的支撑点，牢固树立在依靠科技进步和提高劳动者素质上，是我们长期不懈的大政方针。2001年，我们充分发挥我市饲料科研、教育力量雄厚的优势，加强饲料科技基础研究，多方面开展饲料工业技术教育和培训，同时，鼓励企业加大科技投入加强技术开发力量，使大专院校、科研单位和企业之间，既有机结合密切协作，又分层次开展科研工作，互助互补，形成合力，整体推动了我市饲料工业科学技术水平的不断提高。在大专院校、科研单位和企业科技人员的共同努力下，2001年我市又开发饲料新产品20多个，完成技改项目5个。2001年我们抓饲料工业科技进步的主要着眼点，是科技与经济相结合，发展与创新相结合。在产品层面上，我们努力强化名牌意识，帮助企业通过形象策划、技术进步、产品开发、质量管理、品牌策划宣传和良好的售后服务等手段，力争创出自己的名牌，实施名牌战略，以品牌优势引导消费，扩大市场需求，努力开拓更为广阔的市场空间。

饲料安全问题是过去一年全社会关注的热点问题，2001年，我们按照上级部署，高度重视饲料安全，多次下达文件，召开会议、现场检查，工作抓的很实，到目前为止没有发生一例饲料安全问题。对饲料安全问题我们要实施综合措施，常抓不懈，确保我市饲料产品安全和质量。

5. 帮助企业以改革发展促管理，切实提高企业管理水平。在企业改革方面，我们最突出的是抓住了改制机遇，努力把培育和发展多元化、投资立体化作为改革的重要内容，因企业制宜，多策并举，宜股则股，宜租则租，通过产权划转、租赁等，引入其他投资主体和个人股东等多种形式的流动和重组，在企业中建立了多元化的产权结构，推动了各种生产要素的优化组合，通过资产重组和资本运营等一系列改革措施，企业活力和生产效率有了很大提高，激励和约束机制逐步强化，按劳分配和按生产要素分配相结合的分配机制基本形成，职工能进能出的就业机制日渐完善，适应市场经济体制要求的企业经营机制日趋成熟，企业优胜劣汰机制已作为一条重要经济规律成为大家的共识。

6. 与横向部门密切协作，加大各项工作力度。我们非常注重与市有关部门的横向协作和工作配合。为加强质量监督，我们以主管部门名义与工商、国税、技术监督等部门联合下文，就产品质量监督管理及打击假冒伪劣产品等问题，提出了明确的规范要求和保证措施，各负其责，把关到底。在全面贯彻《饲料和饲料添加剂管理条例》过程中，为保证新、老饲料生产和经营企业都纳入管理范畴，我们与工商局协商一致，联合发文要求在新饲料生产和经营企业申办工商营业执照和老企业工商营业执照年检时，预先经过我们前置审批，只要我们按照规范化工作要求审批合格并出具证明后，工商部门方给予办理工商营业执照，达到先证后照的要求。在饲料企业免征增值税工作中，我们从1996年就率先与市国税局进行了横向工作配合，具体做法是，我们先对饲料产品按规定条件进行确认和质量检验，国税部门见到我们的确认和质检合格证明材料后，方予以办理免税，我办和国税局按上述意见联合下发文件并严格贯彻执行。去年我们又与国税局协商一致，将全市饲料经营企业的免征增值税工作纳入统一管理的轨道。从大局出发，加强与各有关部门的横向协作，有益于各项工作顺利开展。

7. 强化行业管理，积极为企业排忧解难，努力提高服务质量与水平。2001年，我们一手抓管理，一手抓服务，在为全市饲料工业健康快速发展保驾护航方面，做了很多扎实有效的工作。一是对已经取得证照、号的生产和经营企业，帮助他们在采购、生产经营全过程控制中和各项工作创新、饲料安全等方面不断完善和提高水平；对申请开办的企业，帮助他们整顿和规范，使他们尽快达到验收标准，推进企业标准化；做好特有工种职业技能鉴定工作，努力提高职工队伍素质，到2001年底共计鉴定合格化验员138人，中控室操作工37人；成立畜牧水产专家顾问组，帮助企业技术进步及新产品开发；组织企业参加有关交易会、研讨会、展览会、博览会等，为企业创造学习、交流和开拓市场的机会；开展优质产品推介工作和创名牌活动；组织召开企业座谈会、交流会等，使企业相互交流、相互促进、共同提高。

【主要问题】 一是技术创新体系建设滞后，高技术、高附加值产品比重较低，产品结构调整发展不平衡，能够打入国际市场的产品少；二是整体经济效益偏低，新上项目尤其是外资项目不多，影响了发展后劲；三是采取综合治理措施，规范市场秩序，加大饲料安全管理力度还应进一步加强；四是有些企业的管理模式相对滞后，内部活力不足，难以适应新形势的要求；五是行业管理和宏观调控需根据新形势的发展进一步加强。

【工作思路】 今后我们要以科技进步为基础，结构调整为主线，与国际接轨为方向，提高经济效益和社会效益为重点，积极发展具有国际竞争力的大企业集团，搞活具有市场活力的中小企业，加大市场经济秩序整治力度，进一步构建龙头城市大饲料工业架构新格局，尽快把我市发展成为具有重要影响力的现代化饲料工业科技和产业基地。

（青岛市饲料工业办公室）

宁波市饲料工业

【基本概况】 2001年，宁波市饲料工业继续保持良好的发展势头。至2001年底，全市有各类饲料生产企业31家，其中时产5t以上配合饲料加工企业8家，时产1～5t的配合饲料加工企业6家，配合饲料年末双班生产能力达到80万t。2001年配合饲料实际生产22万t，实现销售收入5.5亿元。饲料工业已经发展成为一个重要的产业。

【组织机构】 2001年初，宁波市政府专门发文明确宁波市农业局为全市饲料和饲料添加剂主管部门，负责全市区域内的饲料和饲料添加剂管理工作。宁波市农业局根据内设机构的职能设置，由市畜牧兽医站具体负责饲料和饲料添加剂管理工作。

【主要工作】 2001年，宁波市农业局就饲料和饲料添加剂管理工作主要做了以下几方面的工作：

1．借助各种载体，开展宣传教育活动，提高全社会特别是饲料业和养殖业生产场（户）、经营单位对《饲料和饲料添加剂管理条例》等法律法规的认识。2001年初，市畜牧兽医站组织了由全市各规模猪场、饲料和饲料添加剂生产企业及经营户参加的《饲料和饲料添加剂管理条例》、《浙江省饲料和饲料添加剂管理办法》培训班，专门请专家就相关法律、法规及瘦肉精的问题进行了讲解；同时，在市生猪产销协会内部刊物《宁波市生猪产销通讯》上，经常性地刊登有关饲料和饲料添加剂法律、法规的解释宣传资料、各地管理工作动态和在国内外发生的相关事件，起到为各协会会员综合指导、常敲警钟的作用；2001下半年，在市畜牧兽医站的组织下，生猪产销协会开展了在全市生猪产销行业中开展不使用‘瘦肉精’让市民吃上‘安全肉’活动的倡议，全市近40家规模牧场、户参与了倡议活动。

2．加强检查和检测，强化监督力度。2001年7月到8月，市农业局开展了饲料和饲料添加剂专项执法检查。10月份结合种畜禽与兽药市场检查工作对饲料和饲料添加剂经营市场再次进行了检查整顿。两次全市性的执法检查对规范和整顿农资市场起到积极有效的作用。同时，市畜牧兽医站对全市规模牧场通过定期和不定期的生猪尿样抽检，对防止和杜绝在生猪生产过程中使用“瘦肉精”起到了重要的作用。此外，市农业局及时处理了由有毒四号粉引起畜禽突发性中毒事件。2001年6月，宁波市一些养殖场、户突然发生畜禽死亡事件，畜禽死亡量大、死亡速度快。在宁波市委、市政府的统一领导下，市农业局联合其他有关部门，通过开展毒理试验、封存可疑产品、跨省域调查取证等，查清了事件真相，处理了相关当事人，为农户挽回了损失。由于措施得当，行动迅速，避免了人畜中毒事件的进一步扩大。

3．开展饲料生产企业审核登记工作。市农业局在加大饲料和饲料添加剂市场监管力度的同时，也进一步加大对饲料和饲料添加剂生产企业的管理。2001年，市畜牧兽医站组织有关专家，根据《浙江省饲料生产企业审核登记办法》，按照人员要求、生产现场、生产设备、质量检验、管理制度和卫生环境等六方面内容对全市饲料生产企业进行了登记审核。对不符合要求的饲料生产企业，特别是在质量检验方面存在严重问题的饲料生产企业，责令其限期整改，进行复核验收，并关闭了一些家庭作坊型的小规模饲料生产加工企业。

4．结合标准制定，规范饲料和饲料添加剂的使用。为规范各规模牧场和养殖户的生产行为，提高畜产品产量，增强宁波畜产品的市场竞争力，2001年市畜牧兽医站组织有关专家，分别制定了安全卫生优质猪肉和安全卫生优质禽肉两个地方标准中，专门规定了饲料和饲料添加剂的使用条款，并进一步明确了以瘦肉精为重点的有关兽药和添加剂的禁用（限制使用）要求。

【工作思路】 宁波市农业局计划通过以下几方面的努力，进一步抓好饲料和饲料添加剂生产、经营和使用行为的监督、管理工作，促进饲料业和养殖业的良性协调发展：

1．按照《饲料和饲料添加剂管理条例》和《浙江省饲料和饲料添加剂饲料管理办法》的要求，加大对饲料和饲料添加剂生产企业的管理，确保生产安全和质量安全，对达不到《条例》条件的企业，要责令其停业整顿，如整顿无效，则令其停产歇业。

2．加大对销售市场的管理。一方面，广泛性地宣传《饲料和饲料添加剂管理条例》，让经营者懂法、知法；另一面，加大市场整顿力度，对经营假冒伪劣产品的经营者，按照《饲料和饲料添加剂管理条例》的要求，进行严肃处理。

3．开展对使用行为的监督管理。对养殖场、户，特别是对规模牧场，通过不定期的尿样抽检等形式，加强对养殖场、户的监督管理；对上市前的肉猪等，进行有关指标的抽样检测。

4．鼓励养殖规模场和饲料生产厂家的联合。当前，一些养殖场、户，尤其是规模牧场，为节省成本，往往自购原料，自行配方，自行加工，而这种做法对规模场的负面影响也是明显的，对饲料业和畜牧业的发展都是不利的。因此，促进规模牧场和饲料生产厂家开展一定形式的联合，有实力的饲料厂家也可为规模牧场代加工等，形成一定形式的联合体，共同增强抵御市场风险的能力，促进饲料业和畜牧业的良性发展。

（宁波市农业局）

厦门市饲料工业

【基本情况】 厦门市地处东南沿海，改革开放后成为第一批经济特区，饲料行业在全国起步早，从最初的几家民营小企业发展到今天的38家饲料生产厂家，企业有来自新加坡、泰国和台湾地区的著名企业入驻，并吸引了国内希望集团、通威集团加盟投资办厂。年生产量达到60多万吨，产品销售收入达到十几亿元，利润近4 000万元，产品行销全国20多个省、市，受到广大客户的好评，厦门银祥实业有限公司、厦门浦头饲料有限公司被市委、市政府评为“厦门市农业产业化龙头企业”；厦门银祥实业有限公司的“银祥牌”饲料、厦门浦头饲料有限公司的“银合牌”饲料在2002年7月再次被厦门市著名商标认定委员会认定为2002年“厦门市著名商标”，并上报福建省申报“福建省著名商标”。

【今后工作思路】 随着中国加入WTO后，饲料工业面临着更为激烈的竞争，我们将加强经营管理，规范行业行为，增强科技含量，努力促进我市饲料行业的健康发展，这样不仅可以防止企业间的不正当竞争，杜绝假冒、伪劣饲料充斥市场，也可以切实保护客户和消费者的利益，有利于企业间的良性发展。为此，我们统一制定一个《厦门市饲料行业诚信经营若干守则》，在人才流动、保护品牌、合理定价、统一采购原料等重大问题上进行规范；严格执行农业部的“关于发布《食品动物禁用的兽药及其他化合物清单》”等有关规定 ，从源头确保食品安全；随着我国加入WTO和世界经济全球化新形势，我们要本着与时俱进的精神，努力培育一批主业突出、拥有自主知识产权、核心竞争力强的大型饲料企业集团；我们力争今、明两年在国家饲料工业协会的支持下，组织一次全国性饲料行业饲料产品展销会，诚邀全国各地的大型饲料企业来我市参加展销会。

（厦门市饲料工业办公室）

（注：2001年香港、澳门、台湾饲料工业情况暂缺）

Zhongguosiliaogongyenianjian

企业篇

重点企业经验介绍

先进的企业管理 辉煌的发展业绩

——北京伟嘉集团

北京伟嘉集团是在中华人民共和国农业部、原国家科委的倡导与支持下，由中国饲料工业协会创办的科工贸一体化的高新技术企业，成立于1994年，坐落在中国“硅谷”——海淀区中关村上地信息产业基地，毗邻清华大学、北京大学、中国科学院、中国农业大学、中国农业科学院等高等院所，东临八达岭高速公路，具有得天独厚的文化、信息、地理等方面的优势，为集团获得国内外最新科技成果及科研动态奠定了坚实的基础。集团充分利用所具备的新技术和产品、以实施农业部“丰收计划”、国家“八五”、“九五”、“十五”饲料科技攻关产业化项目为契机，成功地转化科技成果、辐射新技术，加速科技成果产业化，形成了以预混料为核心业务的饲料主业，动物保健品、草业、酶制剂等为支柱产业的规模经营格局。同时，通过合资、租赁、买断国有企业，投入资金、技术和人才，使部分亏损企业或长期停产企业出现了新的生机和活力，有力地拉动下岗工人再就业，使国有资产盘活、增值。伟嘉集团由初始总资产不足10万元的小型饲料加工企业迅速发展成为拥有独资、合资、合作企业25家，总资产达1.5亿元，产值超过4亿元的高科技企业集团。建立了以北京为中心，山东、河南、山西、辽宁、黑龙江、内蒙、广东、广西、江西、湖南等十几家分公司，辐射华东、华北、中南、东北、西南地区的市场网络。

在这个被称之为新经济的时代里，企业的生产方式、经营方法、管理手段都正在发生巨大的变革，只有以新思维、新观念、新思路、新方法去创新企业经营，企业才能跟得上时代的步伐。在伟嘉集团创始人廖峰总裁提出“以科技创新为依托，以机制创新为保障，以管理创新为手段”的“三创新”原则的指引下，伟嘉集团以稳健的步伐迈入了实现企业战略升级的新纪元，在各方面取得了优异的成绩：开发出近百个品种动物保健品，营销网络步入成熟；预混合饲料销量逐年增长，浓缩料、鱼料销量蒸蒸日上；“嘉得康”猪用预混料在2001农业博览会上获得名牌产品的殊荣，集团被评选为信誉免检企业；集团技术中心完成《北方地区鱼用料及养殖技术推广》、《奶牛高产料技术推广》等农业部丰收计划项目。

一、优质产品，优质服务

伟嘉清楚地认识到随着新经济时代的到来，一场新技术革命业已到来，企业发展的关键就在于技术创新。伟嘉自成立之时便确定了“优质产品、优质服务”的思想。1997年，成为“全国饲料工业标准化技术委员会单位委员”，开始参与承担制定全国饲料工业国家标准的职责。充分发挥在行业内技术和信息方面的优势，与多家国家农业科研机构的专家教授在动物营养、生物技术、发酵科技等领域进行广泛的交流与合作，始终保持产品在技术上的领先地位。并全面建成由高科技产业基地、高新技术研究中心、培训基地组成的大兴高科技产业基地，集生产、科研、培训为一体。其中培训中心还肩负着全国饲料工业职业技能鉴定的职能；高新技术研究中心云集21名本专业著名的专家，致力于集团科技研究和产品开发创新工作，广泛地为行业提供服务。研究中心、集团技术部组成的研发队伍，共同构成了集团技术创新的核心体系，是伟嘉品牌战略的有力支撑点，也是对国家“九五”、“十五”饲料科技攻关产业化项目的补充和完善。技术创新能通过新的科研成果、新的技术成果的转化，创造出新的产品和新的市场，带动产品创新和市场创新，加强了伟嘉技术创新机制的建立与完善，拓展了企业的发展空间，增进了企业经济效益。同时，伟嘉集团创办了以宣传养殖知识、提供国内国外最新原料、养殖信息的报刊——《伟嘉通讯》，迄今为止，共出版30余期，发行近百万份，为养殖户普及养殖知识、了解养殖形势起到了重要作用。

伟嘉根据在畜牧行业的长期实践和业务的广泛开展，已形成了一套有效的技术支援系统和服务手段。为客户提供全方位的技术服务。技术中心的营养专家根据各地的地区差异，设计了符合当地生产的养殖配方。技术人员均具有丰富实践经验，为客户随时提供一切服务，及时解答客户各方面的问题，将客户的具体问题转化为解决问题的方法和措施。同时，伟嘉为每个用户单独建立档案，详细记录客户的养殖状况，当地的疾病档案等。以便客户可以迅速获得相应技术支持和问题报告。

集团还设立了24h服务热线，专家咨询热线，以及养殖专家们不定期巡访，科技下乡，放电影，专家讲座等形式多样的服务活动。力求快速度响应养殖户的服务需求。提供日常性服务及对客户的定期拜访。伟嘉的承诺：长期提供优良、迅速的技术服务与支持，让客户的投资得到最大限度的回报，让客户更加放心、满意。

服务是企业的生命，伟嘉人深悟到这一至理名言的深刻内涵。秉承“客户至上”的服务宗旨，“以人为本”的服务理念，提供优良、快捷的技术服务与支持，让用户的投资得到最大限度的回报，让养殖户更加放心、满意。

二、先进的理念，先进的企业文化

树立先进的企业理念，建立优秀的企业文化对企业的制度创新、技术创新和管理创新，将会发生越来越重要的作用，对企业在日益激烈的市场竞争中发展壮大具有极其重要的意义。随着信息全球化、网络化的兴起，伟嘉充分认识到人才多元化所带来的地域、文化差异，融会贯通是团队作战的基础。伟嘉凭借良好的团结协作精神，从营销组织的变革上提供组织机构的平台，建立了“工作是学习，领导是老师，公司是教室，市场是学校”的互动的学习型团队。在上级、下级、同级之间互相学习，互相促进，互相提高的全方位互动下，形成强有力的自主管理。从根本上实现了“企业以人为本”的发展方向。中期培训、年终培训则是伟嘉每年定期培训的两大例会，曾邀请知名专家就饲料行业发展变化趋势、动物营养研究最新动态、团队建设、业务管理与销售技巧、营销沟通与礼仪等方面内容进行讲授。同时，伟嘉每年选送技术和管理骨干到美国、德国等畜牧业发达国家进行学习考察，了解行业前沿动态，为人才营造一个更为广阔的国际视野空间。通过共同定策略、共同参与的方式，使差异性在合作中逐渐理解逐渐融合。并重视人的全面需要和个性发展，使得企业中的员工人际关系简单纯洁、员工积极性高，从而吸引更多的管理人才和技术人员加盟，实现了人资源的优化配置。创造出一种以民主为特征的环境机制，强调沟通与协调，形成“沟通中调整、在调整中沟通”的氛围。并实行定期交流制度，让领导和员工共聚一堂，总结过去的经验，规划未来的发展。使公司领导能真实地把握员工的心理动向，从而寻找管理上的差距。同时，伟嘉还不定期举办各种活动如旅游、歌咏比赛、球赛、舞会等，丰富了员工的业余生活，有效地提高员工的整体素质，增强员工的亲和力，营造了信任性的组织文化。

三、永远的创新，丰厚的回报

技术创新是企业赢得竞争、快速发展的重要战略，是培育企业“核心能力”、增强企业长期竞争优势的关键。注重核心能力的培育，也反映了经济全球化时代企业竞争的基本特征，企业竞争优势已逐步从传统的物质产品转向信息化、无形化和连续化的创新能力。伟嘉集团自1996年以来“高效肉鸡预混料及饲养技术应用”、“高效乳猪料精的推广应用”、“北方地区鱼用料及饲料技术推广”、“奶牛高产料技术推广”、“安全猪用添加剂预混料运用技术”等丰收计划推广项目的实施，是农业部利用伟嘉集团的技术实力和推广能力，把动物营养前沿技术与成果及最新的饲养管理技术推向全国的充分体现。集团技术产品多次入选及实施“丰收计划”推广项目更显示了伟嘉集团雄厚的技术与经济的综合实力。同时，由于伟嘉集团在技术领域的领先，开发出的产品先后获得了首届农业博览会认定产品、北京市百项表彰拳头产品、中国国际农业博览会名牌产品等荣誉。伟嘉集团也先后被评为：中关村科技园区海淀园1999“优秀新技术企业”、2001年度首届中关村最具潜力的“十佳高新技术企业”、2001年度中国国际农业博览会名牌产品、全国饲料标准化技术委员会单位委员、中国饲料工业协会“优秀团体会员”、北京市饲料行业先进集体。

以下是伟嘉集团添加剂预混料列入“丰收计划”在全国的推广情况：1995年，高效乳猪料精推广技术被农业部列为“全国农牧渔业丰收计划”项目；1996年，高效肉鸡预混料饲养技术被农业部列为“全国农牧渔业丰收计划”项目；1999年，鱼用预混料喂养技术被农业部列为“全国农牧渔业丰收计划”项目；2000年，奶牛高产料技术推广被农业部列为“全国农牧渔业丰收计划”项目；2001年，安全猪用添加剂预混料应用技术被农业部列为“全国农牧渔业丰收计划”项目。

经营有方　成效卓著

——天津正大饲料科技有限公司

天津正大饲料科技有限公司是泰国正大集团1992年在天津经济技术开发区投资兴建的独资企业，是正大集团专业化生产超级预混合饲料的厂家。主要从事畜、禽、水产品预混合饲料的生产和销售。公司占地面积2.3万m^2，总投资额840万美元，年生产能力9万t，规模居世界前列。2001年，该公司固定资产总值8 300万元，销量7.8万t，产值4.7亿元；公司员工总数400人，硕士以上10人，中高级200人。

天津正大饲料科技有限公司投产以来，业务迅速拓展，截至目前已拥有7家分公司，并分别在河南、陕西、山西、银川、内蒙、甘肃、新疆、江苏、山东等地设16家办事处，销售网点遍布全国，年营业额突破6亿元人民币，已成为国内畜牧、饲料业举足轻重的企业之一。该公司自1995年以来历年参加天津经济技术开发区“百强企业”综合指标评比，排名均在三十名以内；1996年来一直被评为“天津市外商投资先进技术企业”称号；1998年以来多次被评为中国饲料工业协会优秀团体会员；历年来均获得AAA信誉企业称号；荣登全国“五百强”企业榜。

天津正大饲料科技有限公司一直以产品品种齐全、营养全面均衡、客户服务周到而著称。主要产品为预混合饲料、浓缩饲料，目前开发的产品已达200余种，规格齐全，适用于各种家畜、家禽及水产动物的不同生长阶段。天津正大饲料科技有限公司设有产品配方部及开发部，有泰国营养学博士主管产品开发及配方设计，针对不同生长阶段的各种营养需要，并结合动物营养界最前沿的科学研究，设计独特的科学配方。另外，天津正大饲料科技有限公司设有试验农场，专门研究新产品对动物的实际生产性能、生理机制等方面的影响，还进行新品种畜、禽的饲养试验。

天津正大科技饲料有限公司生产线采用当今世界先进的重心分流工艺，具有年生产能力达 9 万 t 预混料的主厂房，现代化管理的高架仓库。主要生产设备由瑞士布勒（BUHLER）公司专门设计提供。生产过程均由电脑自动控制，采用 PDS 系统软件保证生产过程的稳定，如：采用自动称量系统；采用桨壁超小间隙混合设备，以达高均匀度，并控制了混合过程防止原料发热而导致的成分效价降低。

天津正大饲料科技有限公司品管系统从品质保证和品质控制两方面着手，对原料、储存、生产过程各个环节进行控制。拥有先进、精密的检测设备，品管系统的仪器配备、检验项目及方法在国内同行业中居首位。另外，品管部门还提供售前、售中、售后质量检验服务。

天津正大饲料科技有限公司秉承正大集团“科学技术为先导”的原则，设有专门的培训中心，对不同层次的技术、销售人员进行定期培训，并不定期举办先进技术经验讲座。

天津正大科技饲料有限公司配有专门的技术人员负责饲料的售前、售中、售后技术服务，并亲临饲养单位与客户进行技术交流，定期举办培训研讨活动。将畜牧业的最新技术知识传播给广大农户，一定程度上带动了我国养殖业的发展。公司还配有病理实验室，为客户饲养中出现的各种动物疾病进行病理诊断，进一步为客户服务。

泰国正大集团是亚洲最大的农牧业跨国集团，在数十个国家和地区拥有 500 家子公司。1979 年，正大集团在华投资，至今已逾 10 亿美元。天津正大饲料科技有限公司在我国的兴建和发展，带来了先进的技术、现代化经营机制、销售渠道，并培训了产业工人。从而促进了预混合饲料行业在我国的发展，促进了遍布在全国县（市）乡（镇）的中小饲料厂的发展，带动了农民养殖户和分散饲养户由传统饲养方式向现代科学饲养方式的过渡，提高了养殖效益，扶植了一大批农民脱贫致富。

科技领先　质量为上

——天津牧丰饲料有限公司

天津牧丰饲料有限公司是中国牧工商总公司和天津市人民政府（天津市农村工作委员会）共同投资兴建的从事饲料科研及加工的现代国有企业。公司坐落于天津市西青区杨柳青镇北，总投资 1 800 万元，占地面积 20 公顷。自 1996 年登记注册，经过 5 年的发展，公司现已成为集动物营养研究、畜禽水产饲料、特种养殖饲料开发生产于一体的高科技企业。公司在天津饲料工业界有很高的知名度，而且是天津饲料工业界惟一的一家国有企业。公司 2000 年被中国饲料工业协会评为优秀企业，同年被天津市人民政府评为天津市优秀企业。公司拥有大型全自动电脑成套加工设备，年产量 10 万 t。根据科学的配方，采用一流的加工工艺，年生产预混料 5 000t，浓缩料 5 万 t。

公司汇集了畜牧、兽医、饲料加工、动物营养、市场营销、经营管理等中、高级人才 32 名，占公司全部职工的 29%。公司内各层管理者均受过良好的企业管理教育培训，具有丰富的工作经验，具备精良的业务素质和较高的专业水准，使员工队伍基本达到了知识化、专业化、年轻化。公司同中国农业大学动物营养室合作，从现代畜禽营养需求角度出发，利用可消化氨基酸平衡理论和雾肽营养理论设计生产了鸡、猪、鱼、牛、鸭、狗、兔等一系列预混料、浓缩料、全价料七个大类 29 个品种的优质饲料。2001 年度公司产品被天津市技术监督局认证为质量公正产品。其产品畅销于内蒙、辽宁、山东、山西、河北、北京、天津地区。2001 年公司年销售额 7 500 万元。

一、实现具有现代意识的科学经营战略

企业是否能快速发展和成功，首先取决于其经营战略是否具有科学性。因为经营战略决定着企业的一切经营活动，是企业经营活动的基础和指导原则，所谓具有现代意识的科学经营战略，就是指企业的经营活动不能仅仅考虑如何获得利润，而是要在其经营中真正确立消费者的主体地位。任何企业必须使自己的经营活动从始至终都要把消费者的主体地位作为目标和中心。牧丰公司实施了这种现代意识的经营战略。具体地说，就是实施“双赢战略”，大搞“致富工程”，用消费者的主体地位整合市场。

一是微利经营，让利于养殖户。所谓“双赢战略”，就是产品定位让自己获利，也让养殖户获利，而且，把后者视为企业赢利的前提和基础，在这个思想指导下，牧丰的市场发展基本战略一改企业成立之初的随行就市地经营思路，调整为微利经营战略，该战略整套动作模式是，贴近养殖户，贴近市场确定产品价格→农民养殖户获利→大量农民养殖户购买牧丰产品→牧丰饲料生产规模扩大，成本费用降低，企业利润回升。这一做法带来的直接结果是：养殖户获利，牧丰得到了企业的规模发展。今年该公司又提出把 3 班的满负荷生产量确定为盈利平衡点去定价，再一次让利于养殖户，想以此使公司的销量翻一翻，市场占有率更进一步提高，树立“牧冠”品牌饲料。

二是强化科技指导，坚持与农民养殖户同呼吸、共命运。我国的养殖业特点是技术落后，规模小，产量低，抗市场风险能力弱。而牧丰公司的产品销售对象恰恰是这些养殖户。要想让养殖户用了公司的产品后能获利，只有从根本上协助农民提高养殖技术和饲养管理水平。为此，牧丰公司专门组建了一支由 8 名

有丰富养殖技术及经验的大本毕业生组成的技术服务队，每天深入到农民养殖户家中，进行养殖技术培训，帮助养殖户解决饲养中的实际问题；同时，公司技术部每年都编制许多实用养殖技术手册，印刷后免费赠送给农民来提高养殖户的科学饲养水平。而且，在某些养殖集中地区，公司每年至少举办两届养殖技术培训班，请专家教授对养殖户进行培训。几年来，经过公司的不懈努力，以其高质量的产品，过硬的畜牧养殖技术，扎实有效地帮助了万户农民的养殖户致富。随之而来的是公司的产品也快速畅销津、京、冀、鲁等地，成为养殖户心中的名牌，在部分地区形成了“牧冠”牌饲料的绝对垄断地位。

二、以科技先导设计产品，以市场需求为准则定位产品

“科研和生产相结合”的道路是我国饲料工业发展的必由之路，牧丰公司领导班子上任伊始就认为“既然确定了双赢的经营战略，就得依靠科技的优势，提高产品转化率，降低成本”。1997年初，公司领导多次赴京和中国农业大学动物营养研究中心接洽，聘请农大教授计成作为该公司技术顾问。在计教授的指导下，结合我国和天津地区畜牧生产和饲料资源的特点，利用动物营养室的最新科研成果“蛋鸡可消化氨基酸平衡”研制开发了“牧冠”牌618蛋鸡精料，产品投放市场后，以稳定的品质，极高的饲料转化率，合理的价格受到了广大养殖户的青睐，当年的销售额达1 000万元。

1998年，养殖效益严重滑坡，凭着对市场脉搏的准确把握，公司领导意识到进一步调整产品结构的必要性，能否研制开发一种高转化率，成本更低的饲料产品，成为该公司能否进一步发展的主题。经过反复讨论，决定把研制开发猪818浓缩料作为公司产品开发的重点。为了便于实验数据的科学、可靠，公司专门投资建立了一个实验基地，经过一年的攻关，终于将该产品开发成功，投放市场后，经养殖试验证明饲料转化率比同类产品提高5%，用户反映极好，该产品成为牧丰公司当年盈利的主导产品。

几年来，牧丰公司先后依靠科技开发了12个适销对路的高科技产品，大大满足了不同层次，不同类型的养殖户的需求，从而提高了市场的应变能力和市场占有率。

三、培训组建一支高素质的营销队伍

5年来，牧丰公司的销量以每年72%的速度递增，累计销售额1.4亿，而且没有坏账损失，靠的就是他们从建厂伊始就着手组建了一支高素质的营销队伍。

牧丰公司建设高素质营销队伍的标准是：畜牧兽医、饲料及相关专业大本以上学历，并且十分了解养殖行业情况；有营销经验，业务能力强，能适应恶劣环境；有极强的责任感，使命感，人生定位高。根据这一标准，牧丰公司先后从全国十几所高等院校及人才市场引进了60多名人才。通过严格的筛选淘汰，组建了一支25人的高素质的营销队伍。而且，每月还要利用5天时间聘请同行业的专家教授对这些人进行培训。经过几年的培训和实践，目前这支队伍已成为一支营销经验丰富，养殖技术精湛，敬业精神强，能为养殖户提供强有力售后服务保障的队伍。他们每月3日回公司，8日下市场，长期工作在养殖一线，为养殖户提供产品和服务，赢得了广大养殖户的一致认同，并为公司的产品直销华北地区提供了保证，树立了品牌形象。

四、狠抓产品质量

产品质量是否稳定过硬直接影响着养殖户的生产，继而也影响着公司的形象。同时，饲料又是由60多种原料混合加工而成的产品，原料又来源于不同地区，因而，质量控制十分复杂且又重要。为了保证“牧冠”饲料在市场的稳定性，公司把产品的质量管理作为生产的头等大事，制定科学严格的质量保证制度。具体做法：一是把好原料入库关。公司对购入原料实行采购部订合同→品控部验质量→化验室监测→最后入库4个环节把关，原料进厂时由品管人员进行感观品质的质量检验，然后由化验室抽样（100%）进行蛋白、水分、纤维、灰分等项目检验，若有一项不合格，不准入库，原料入库储存后，保管员每天对原料进行检查，发现坏损，不得投入生产。二是把好配方关。技术部根据配方标准制定科学合理的生产配方输入电脑，饲料车间生产时，电脑操作员根据输入的数据准确配料。三是把好生产加工关。牧丰公司根据生产工艺制定了生产环节每个岗位的工作标准，而且对上岗人员进行定期培训，确保他们按照工艺一丝不苟的操作。四是把好成品入库关。成品入库后，10t为一批，每一批100%抽检，抽检样品由化验室化验，凡是不合格产品一律不出库，确保产品合格率100%。

五、强化标准化、制度化管理

牧丰公司在发展中制定了一系列标准化、规范化、科学化管理制度，做到工作有目标，收入靠指标，实行“一个中心，两个降低，三个提高”。一个中心指以市场为中心；两降是指降成本、降损耗；三提高是指提高劳动生产率；提高产品质量；提高员工素质。每年初，公司经理办会根据市场变化及企业实际，把全公司的每个岗位，每道工序的目标和操作要求进行认真修订，制定出明确的目标，然后按目标进行制度化考核，考核结果直接和收入挂钩，不合格者随即淘汰。对于管理岗位，实行有创新意识，能超额完成公司指标的加薪提职，对于成绩平平的坚决不聘。对于能“量化”工资的岗位，全部实行提成工资制，完不成“量化”指标，则实行“末位淘汰制”。如对销售人员实行销售吨位提成制；一线工人实行生产吨位提成制；其他员工实行按岗位计酬，让每个工人都明白报酬的计算方法，这种透明的分配方法让员工有了干劲。同时，不定期对员工进行培训，烘托一种“以人为本”，“人性化”管理的气氛，培养一种“和谐”“敬业”的企业文化氛围。经过几年的运作，公司员工已形成高度的凝聚力，为将来的发展奠定了坚实的基础。

六、抓思想政治工作和精神文明建设不放松

公司在市场经济环境下，注意抓好员工的思想政治工作和精神文明建设，树立全心全意为人民服务的宗旨，把一切依靠职工、一切为职工的思想贯穿于企业改革和发展的全过程。加强企业与职工的联系，推行厂务公开，加强民主管理，从根本上维护企业和职工利益。

依托专业技术　提高服务效果

——山西省威科饲料科技公司

山西省威科饲料科技公司（简称威科）是以饲料、饲草、饲粮生产研发，为畜牧养殖业服务的农业产业化龙头企业。投产至今，一直保持持续发展势头。产量和营业额分别以30%、51%的速度递增；品牌不断增值；市场份额日益扩大。2001年产销量达6万t。威科以“安全饲料、专业技术、用心服务”为经营理念，通过系列化的服务，诚信经营，发挥了农科院的技术优势。在省内饲料行业率先通过了ISO9002国际质量保证体系认证和高新技术企业认证；2000年、2001年连续两年被中国饲料工业协会授予先进企业称号；威科公司还是2001年山西畜牧先进企业、山西创名牌先进企业、国家安全饲料重承诺、守信用企业。在注重经营管理的同时威科还加强了科技开发工作，截至目前承担或参与承担了国家丰收计划项目、国家跨越计划项目、财政支持农业产业化系列化项目和省科委的星火项目、科技攻关项目等。其中财政支持农业产业化系列化项目《威科畜牧服务网》获山西省农村技术承包一等奖；山西省科技攻关项目《乳猪颗粒饲料研制》已通过验收；国家丰收计划项目《威科蛋鸡饲料推广》正在实施。为公司的全面发展奠定了坚实的基础。

一、科技为先导

2001年威科公司在绿色饲料添加剂、饲料原料的开发利用、动物营养理论研究和试验等方面做了大量工作，取得较好的成绩，承担的《全国农牧渔业夏收计划》项目“蛋鸡预混料应用技术推广”，在晋源区推广蛋鸡14万羽，怀仁县推广8万羽，长子县推广6万羽，使养殖户降低饲料成本5%，延长产蛋高峰期20～30天，改善鸡蛋品质和蛋壳质量，每羽鸡多增收3～5元，料蛋比由传统的2.5～2.7:1降至2.3～2.4:1，取得显著的社会效益和生态效益。同时公司根据该省“稳定鸡、猪，发展牛羊”的畜牧业发展战略，结合市场实际情况，研制开发了奶牛精料补充料、肉牛配合饲料、肉羊精料补充料及浓缩料、鲤鱼、罗非鱼配合饲料等饲料新品种。并根据国家有关添加剂管理条例，开发引进了安全饲料添加剂，设计生产安全饲料产品。此外在国内豆粕紧缺的情况下，通过多次养殖实验，成功研制出了无豆粕日粮配方，推向市场后，产品转化创收达几十万元；公司还推出“威科”4%系列猪用预混料。

公司根据自身特点，采取“走出去，请进来”的办法，先后与农业部饲料工业中心，中国农科院饲料研究所、广东农科院、中国农业大学、山西农业大学等科研机构建立了合作交流关系，并筹资引进世界先进的百瑞尔饲料配方软件，保证了对配方的动态管理，为威科饲料产品的质量优化、成本降低提供了有效的技术保证。通过一系列强化科技手段，不断增加产品的技术含量，改进生产工艺，加大创新力度，使威科的产品独具特色，为企业的发展提供了长盛不衰的活力。

二、质量为根本

产品的质量是企业生存发展的基石，威科在抓生产的同时特别注重产品的质量建设，尤其加强了对生产过程中的质量监控，将监控程序细化，指定专人负责，严格控制。同时健全了以产品安全为核心的各项管理制度，使员工质量意识显著提高。通过在省内饲料行业率先建立ISO9002质量保证体系，完善各项工作规程，保持了质量体系的持续性与有效性。关注产品质量已深入到公司的每个角落、每道工序，达到“产品合格率100%、行检合格率100%”的质量标准。2001年3月，威科会同有关饲料企业向全国发起了《饲料安全新世纪宣言》，公开承诺不制假不售假，倡导绿色安全饲料，将规范化的生产与安全质量紧密结合为一体，确保了威科饲料质量的内在品牌优势。

威科公司在2001年成为省内饲料行业首家通过高新技术认证的企业，同时被中国质量检验协会评为“打假扶优重点保护企业”；中国饲料工业协会评为“重承诺、守信用”企业；山西省名牌战略领导小组评为“山西创名牌先进企业”；公司的“威科牌”523#肉仔鸡后期颗粒料、142#奶牛浓缩饲料、113#产蛋鸡浓缩饲料、530#乳猪颗粒料和产蛋鸡1%预混饲料5个产品荣获山西省首届畜产品饲料兽药展评会金奖；威科131猪浓缩料荣获2001年山西名牌产品称号；同时2001年再次荣获中国国际农业博览会名牌产品称号。确立了威科成为山西农牧业发展的龙头企业地位。

三、服务为职责

2001年的养殖业形势较为稳定，为饲料生产企业带来了商机，同时也引来同行业间的激烈竞争，各生产厂家从促销手段到销售策略不断变化、提高，力图扩大市场份额。针对这种情况，公司及时调整销售策略，各片区技术代表与片区联系经理及威科畜牧服务网齐心协力，团队出击，稳扎稳打，积极开拓市场，坚持“精耕细作”的营销战略，在稳定用户的基础上发展市场，在发展市场、巩固用户的基础上扩大用户，特别是开展了以送科技下乡、努力提高养殖户从业素质为核心的售后服务系列活动，使广大养殖户的观念从单纯的过去拿钱买料转变到学威科技术，从而形成了养殖户与威科公司利益共享、一荣俱荣的鱼水关系。2001 年全年出动专家和技术员 251 人次，分别在吕梁、晋中、长治、大同、运城等地举办 17 期养殖培训班，培训人员 6 080 人次，现场解决问题 5 000 余起，发放资料 8 万余份。这些举措深受广大养殖户的欢迎，使他们认识到用威科产品安全、放心。正是因为有了用户的信任，2001 年公司全年饲料销售取得了令人满意的成绩。

四、管理为基础

企业管理从根本上说就是对员工的管理。在企业的发展中使员工个人能力发挥最大化，始终是威科以人为本营造企业文化的出发点。首先是建立一支高效精干、整体素质好的员工队伍，科学定岗，量才使用，明确职责，最大限度地发挥人才优势，鼓励员工在工作中努力开拓、勤奋敬业，培养员工坚韧不拔的工作作风，增强员工的成本意识和效益观念，树立既为公司更为自己做事的思想，树立忠诚公司的理念，提倡团队精神，对自己、对公司充满信心，争创一流业绩。同时公司也为员工提供了公平、公正、合理的竞争平台。其次，加强在职业务培训和继续教育，全方位提高员工素质。2001 年全年在职培训达 29 次，内容涉及饲料安全、质量体系、市场营销等十几个领域，还邀请知名专家举办各种专业研讨会和学术讲座，派出业务骨干走出去学习先进的专业知识和管理经验，使员工的知识结构不断更新，不断丰富，以最佳状态投入工作。再次，推进企业基础管理，“严”字当头，苦练内功。企业管理最重要的一环就是制度的建立和实施，做到有法可依，有章可循，变人治为法治，而制度的实施关键坚持了一个“严”字。2001 年威科在完善原有各项规章制度的同时，重点推行了“日清日结”，坚持“首问责任制”、“24 小时复命制”，行政秩序明显改善。通过这些措施在员工中确立经营目标，树立企业形象，倡导企业作风，明确企业责任。使威科人团结一心，既有个人心情舒畅、生动活泼、又有统一意志、积极向上的工作局面。

成功是反败为胜
成功是超越自我

——内蒙古正大有限公司扭亏增盈启示录

内蒙古正大有限公司是泰国正大集团与自治区饲料公司合作经营的农牧企业，总投资 866.45 万美元，注册资本 433.22 万美元，公司饲料厂于 1995 年 8 月建成投产，年设计生产能力为 12 万 t。主要生产销售畜禽、水产饲料，共有 9 大系列，80 多个品种，110 余种规格的产品。销售市场主要在自治区范围内，东西跨度为 2 200 多千米。内蒙古正大有限公司在 2000 年 6 月以前企业曾经在年年亏损的困境中苦苦挣扎。进入 2000 年 6 月，在以姜波总经理为核心的领导班子的带领下，走出困境。2001 年实现利润 300 万元，销量成倍增长。

在短短的两年时间里，从一家苦无良策、前景堪忧的中型饲料厂一跃发展成为行业的排头兵，在正大集团一号区 22 家公司中销量、利润遥遥领先的一流外资企业。这其中，内蒙古正大有限公司经历了一个置之死地而后生、反败为胜的重生过程。回首往昔，总结过去，内蒙古正大正是凭借策略制胜、创新制胜、服务制胜、培训制胜、团队制胜的五大法定，一步步走出困境，创造了一个又一个奇迹。

2000 年 6 月，正大集团对公司高级主管层进行了调整，组成了以姜波总经理为核心的领导班子。姜波总经理首先对市场进行深入调查，认真研究企业情况，深刻剖析现状后，提出了一系列切实可行的新举措。概括来讲，就是“五个制胜”。

一、策略制胜

从 2000 年 7 月开始，公司提出“三手抓，三手都要硬”的策略，即一手抓市场、一手抓成本、一手抓费用，三项并举，齐头并进，三举一得的全方位改革策略。

抓市场，促销量。实施“打点策略”，严格控制应收账款，不断开发专销客户。2001 年公司销量达 7 万 t，较上年同期增长 58.5%。

二、创新制胜

为了有效降低成本，公司首先从采购渠道入手，拓宽采购渠道，与供应商建立良好的信用合作关系，为公司在短时间内降低原料采购成本做出了贡献。

在变革前期，公司五项费用高居不下，公司领导认真分析，进行了大刀阔斧的“降费风暴”。从拍卖车辆、顺车销售、减员增效；到食堂、外库的承包，变油锅炉为煤炉，这些变革措施使公司的盈利目标成为可能。

控制费用的效果立竿见影，2001 年五项费用目标比 2000 年降低 329 万元，为公司实现利润目标打下了坚实的基础。

三、服务制胜

2001 年初，公司提出“全面实施客户服务满意工程”。工程实施一年多，成效显著，在提升品牌信誉方面做出了贡献。

2001 年 9 月，为配合呼和浩特市“奶业兴市”的发展策略，公司成立了“内蒙古正大现代奶牛服务中心”。该中心是内蒙正大在奶牛养殖业开展服务营销、专家顾问式销售的一项新举措。不仅为当地奶牛养殖业提供及时有效的服务，同时促进了公司奶牛料销售的快速增长，是企业赢得竞争优势的一个有力武器。

四、培训制胜

在变革初期，公司提出了“以人为本”的管理精神，“换脑不换人”，稳定员工情绪，提升工作热情。公司在两年多的时间里，始终不放松对业务代表及员工的培训工作。培训已经成为员工最大的福利。

从2000年下半年开始，公司首先对业务代表进行“扫盲、考核”，在较短的时间内，通过大量的培训将每一位业务代表训练成专业的技术服务人员兼讲师。要求每一个业务员进行“三讲”，即在一个月内至少要对客户进行3次培训。公司聘请兼职的农大教授从事市场培训工作。两年来，公司在市场进行各种形式的专题培训已近2 000场（次），受训人员多达2.3万多人。每一份付出都会有收获，培训工作，改变了客户的观念，稳定了客户的思想。为销量攀升奠定了良好的基础。

五、团队制胜

公司将团队建设作为企业文化的一项主要内容。设立“正大文化视窗”、“生产部专栏”；创办“正大市场报”；提升主任级的管理能力，进行跨部门、跨市场沟通，倡导团队精神。依靠丰富多彩的形式，在两年时间内，公司打造出一支“攻无不克、战无不胜”的精英团队，谱写了一首扭亏增盈壮丽的凯歌。

强化管理　促进发展

——辽宁众博饲料科技有限公司

辽宁众博饲料科技有限公司是由辽宁省饲料研究所创办的科技型股份制企业。公司成立于1999年7月，坐落在连接关内外的交通要道城市——辽宁省锦州市。公司主要致力预混饲料的生产，同时进行新型饲料添加剂和新原料的开发。公司以“科技领先、求实创新、拼搏奋进、永创辉煌”为企业准则和精神，本着“勤勤恳恳工作，踏踏实实做人”的原则工作，从投资100万元起，不到3年时间，年销售额便发展到2 000多万元。

一、加强人才和产品质量管理

众博公司坚持“科技兴业，人才为本”的发展战略方针，并不拘一格引进人才，从而增强了众博公司发展的源动力。现有员工中专业人员占员工总数的43%，其技术主要依托于辽宁省饲料研究所。公司拥有一批年轻的博士，硕士和本科生等优秀人才。目前，公司获得多项省级以上科研成果。并尽快的使这些科研成果得到推广和应用，并本着真诚相待、平等互利、共同发展的原则与各饲料厂家广泛合作，博采众长，共同发展。现在，已与省内外80多家饲料企业建立了良好的合作关系以及稳定的技术合作和成果转化关系。公司有完善的质量管理体系、并拥有一流的大型进口饲料分析检验设备的化验室（高精化验室依托辽宁省饲料检验二站）。产品质量是企业的生命，公司每一种原料和产品都经过质量把关，并对产品进行严格的质量跟踪。帮助企业解决生产技术上的难题，指导企业生产。

众博狠抓饲料安全，推进科技进步。不断提高贯彻执行《饲料和饲料添加剂管理条例》及相关法律法规的自觉性，指导生产和经营活动。积极推进无公害饲料标准的实施，严格按照《饲料卫生标准》、《饲料标签》等有关饲料标准组织饲料产品的生产和经营，加强经营管理，推进企业的科技进步。

二、注重提升企业管理理念

经营管理理念，是企业成败的关键。在市场经济时代，市场就是企业的生命线，公司总经理要求员工树立全员营销观，壮大营销队伍，增加了服务措施，公司向用户承诺：无偿提供实用饲料配方，无偿起草饲料企业标准、设计饲料标签；无偿提供技术咨询、政策咨询；无偿化验饲料产品（常规项目）；为用户无偿送货上门；免费培训化验人员、到现场举办技术讲座、免费赠送新产品并指导实验。帮助饲养户提高科学养殖水平。经常走访用户，帮助企业解决生产、产品质量存在的实际问题。通过信息网推广新技术，用电子信箱同用户相互沟通。由于这些服务措施具体实在，因此，产品的市场占有率不断提高。

三、不断创新，促进公司更大发展

众博公司创建近3年，一年一个台阶，3年迈出3大步。投产第一年就以生产优质高效的产品创出品牌。起动先进的生产设备和企业管理软件，应用先进的检测分析设备（包括气、液相色谱和原子吸收分光光度计等）严格质量把关，使“众博”牌预混料饲料添加剂很快就得到市场认可、用户的赞许，在辽西以及全辽宁省成了一个闪光点。第二年，在工作初见成效的基础上，以市场为导向，开发新产品，稀土微量元素就是当时研发新产品之一。经饲养试验，投产后，很快畅销。每月销售100多t。接着又开发出“痢康宝”（复合腐殖酸钠），用户反应对畜禽下痢很有效，特别是蛋鸡在高温季节饮水多，呈水样便，产蛋率、蛋壳质量下降，用药物效果不佳时，添加“痢康宝”（复合腐殖酸钠）3天就止痢，产蛋率回升，并对蛋鸡蛋壳颜色变浅也有改善。第三年开发出“绿康宁”（猪专用绿色镇静剂）、蛋鸡用“蛋壳好”等复合预混料。同时还与国内生产核酸酶的民星集团合作，推广绿色添加剂——核酸酶，提高了饲料质量、降低了饲料成本，减少了磷对环境的污染。3年来开发出各类预混料添加剂50余种。销售额每年递增

50%。目前产品已覆盖辽宁并销到吉林、河北、河南、山东等省。

重视产品质量　增强企业活力 促进畜牧业发展

——哈尔滨美龙饲料有限公司

1993年春，一座新型的中外合资企业落成在美丽的哈尔滨机场路旁。这就是东三省首家以生产浓缩饲料为主的饲料企业——哈尔滨美龙饲料有限公司。

美龙饲料有限公司是由黑龙江省生物制品二厂与香港利亨农业有限公司合资兴建，以生产畜禽用浓缩饲料、预混饲料为主的专业化、现代化企业。公司拥有美国进口的自动化生产设备及高效检测仪器，由美国著名动物营养专家钟伟彤博士提供适合东北三省地区饲养特点的电脑配方和生产技术。在公司全体员工的共同努力下，现已开发、投放市场各种畜禽、鱼虾饲料63个品种，产品覆盖东北三省及内蒙古部分地区，年销量近万吨。

造福他人，普惠后代，是美龙饲料有限公司经营之本；用户满意，社会受益，是美龙饲料有限公司经营宗旨。以质量求信誉，以信息为导向，以管理求效益是美龙公司经营之道。

一、以法治厂是公司始终如一的经营原则

随着我国畜牧业的蓬勃发展，各地大小饲料厂风起云涌。如何在激烈的竞争中生存、发展。美龙公司寻求的是一条以法治厂的路。

他们深入学习贯彻《饲料管理条例》，《标签标准》及各种饲料管理的法律法规文件。

根据国家标准及饲料管理条例的有关规定，制定了产品检验标准和原材料采购标准。为了进一步提高中层干部的管理层次和员工的管理意识，进行ISO质量体系认证，在认证中制定了企业的方针、目标和质量管理程序，使企业步入产品标准化、管理规范化的良性运行轨道。

二、以规章制度规范人，是企业提高产品质量的重要措施

美龙人视质量为企业生存的源泉，发展的动力，在美龙公司的规章制度中明文规定："不合格原料不准投入生产，不合格产品不准出厂。严禁使用伪劣原料或以次充好。不破包、散包，不缺斤少两。对玩忽职守造成质量事故，追查生产责任，严肃处理。"从而有效地规范了生产工人和技术管理人员的生产行为，并树立了良好产品质量观，促进了产品质量的提高。

在生产环节上，做到了投料有监督，原料持合格单领料；在产品检验上做到了一批一化验，从生产投料到产品入库都有生产检验记录，责任签字。由于公司实行严格的规章制度，以规章制度规范人的行为，把住了产品质量关。伊春友好养鸡场用美龙饲料后，种鸡产蛋率达到国际水平，哈尔滨市郊和外市县用该厂"551"蛋鸡产品料均反映产蛋率高，产蛋高峰期长。几年来公司生产有条不紊，产品信誉不断提高，用户满意地说："美龙饲料产品稳定，用着放心，饲喂效果好"。

三、以科学技术教育人，是企业提高产品质量意识的可靠途径

要想提高产品质量意识，首先要提高员工的素质和科学技术水平。对此，美龙公司采取了许多措施：一是定期培训。由主管技术总经理和技术人员讲课，宣讲饲养、饲料、家禽、家畜、疫情疾病知识，使业务员在实践中增长才干，增强应变能力，提高专业素质。二是采取外培训形式提高部门经理经营水平。分期分批或单独教练的形式，让部门经理及中层管理人员外出学习取经，学人之长，补己之短。

四、市场调研，是产品结构变化的信息来源

公司重视市场调研工作，在业务员和部门经理公出中，公司要求，只要外出，就要带回市场情报，看公司的产品在市场中的份额，质量用户是否满意。每次公出，业务员都要认真写出差报告，这些报告由内勤人员整理汇总，形成档案记录。公司领导层人员，根据这些记录，通过每月例会、总结和研究改善产品内涵，外观质量的方法和途径，向市场投放适销、畅销产品。在产品质量上，他们追求的目标是：美龙永远不会让用户失望。

五、服务是企业质量管理工作的重要环节

服务也是产品质量的体现，服务态度的优劣，直接影响用户的情绪。在美龙公司的管理中，把服务态度放在首位。公司要求每个员工都要以礼待人，热情服务，用户的需要就是他们的工作，诚信、友情第一，把用户的困难视为自己的困难，即使是份外工作也尽力协办。用户从进厂门到货物出门都能感受到美龙人的亲切，美龙人的诚实。

公司由专家及专业技术人员带队，在乡镇农村巡回，宣讲饲养、管理，禽畜疫病的防治工作，让养殖户尽快掌握科学饲养管理技术，用好美龙饲料，养好畜禽。几年来，这支队伍走遍黑龙江、吉林二省，授课上百次，受教育人数上万人次。除此之外，公司还聘请两位兽医专业技术人员，登门为用户进行售后技术服务，帮助养殖户做好禽畜疫病防治工作，使用户尽快走上致富之路。

六、以整体形象凝聚人，是企业创收创利的有利保证

公司在管理上强化质量意识，从整洁的厂容厂貌

到车间、仓库有条不紊的管理，无处不体现质量管理的严格。员工爱岗敬业，尽职尽责，使每一个步入美龙公司的用户深深体会到，美龙公司的管理是规范的，美龙公司的产品质量是可靠的，美龙人的质量意识是可贵的。美龙牌浓缩饲料已得到了用户的普遍认可。质量管理工作获得了农业部全面质量管理达标证书；产蛋鸡浓缩料“533”荣获首届中国饲料工业博览会认定产品；1998年美龙牌浓缩饲料获得了黑龙江省质量监督局颁发的产品信得过荣誉证书；1999年被评为黑龙江省饲料十强企业；2000年企业获ISO国际质量体系认证证书。

抓质量　促服务
全面提升企业水平
——上海新农饲料有限公司

上海新农饲料有限公司是一家集产、销、研为一体的股份制公司，主要从事畜禽复合预混合饲料、浓缩饲料和配合饲料的研究与生产。公司成立于1994年，目前由总部配合饲料厂、复合预混合饲料厂、上海新农试验猪场、武汉新农饲料研究所、深圳金新农饲料有限公司（合资)、武汉泛华生物技术有限公司(合资)、武汉神农科技饲料有限公司（合资）组成，净资产5 000多万元，年销售额达2亿多元。

复合预混合饲料厂自1994年投产，一直专业生产加工“新农牌”畜禽复合预混合饲料及浓缩料。2001年新农预混料销售量超过1万t，在上海地区名列各大预混料生产厂家销售量榜首。配合饲料厂自1999年4月起，全面推出了“新农牌”配合饲料，产品投放市场以来。很受客户的欢迎。特别是高科技产品“310”系列早期断奶乳猪料、“311”系列乳仔猪料深受广大用户推崇，2001年销售2万多吨，名列上海地区各大饲料企业乳猪料销量榜首。上海大部分规模化猪厂使用新农公司饲料，在浙江、江苏、江西、福建、安徽、山东、河南等市场也深受客户的欢迎。

公司产品销量连续3年以50%的速度稳步增长，并连续几年被评为上海市百强私营企业（2001年排名更上升至第31位)、松江区十佳企业，上海外贸出口猪场主要饲料供应企业。2001年公司通过了ISO9001质量体系认证。

一、以技术为支撑是新农公司及其产品的战略定位

公司自创立之初，便通过技术入股的形式，吸纳了多位既掌握动物营养最新研究进展、又有丰富实践经验的博士为股东，并专门成立新农饲料研究所。通过新农研究所，公司与国际、国内一些知名的大专院校、科研机构长期保持紧密接触与良好合作，随时掌握行业新动态和研究新成果，并根据市场的需要，及时地将这些先进技术应用到生产中，不断适时地研发新产品。并以高学历、经验丰富的技术人才组成了技术部，从事现场技术服务和品管、质检工作；公司还拥有一支具有畜牧兽医专业大学本科以上学历的优秀销售员队伍，在销售过程中，他们能保证公司的产品在客户那里得到满意效果，并能及时为客户提供各种技术支持。

为了不断地提高员工在管理和专业方面的理论水平，公司定期或不定期地为员工举行各种培训，使员工的综合素质得到极大提高，增强了公司的凝聚力和向心力，使员工对公司更加认同。

二、以市场为导向是新农公司成功的经营策略

20世纪90年代初，外资饲料企业在中国饲料行业处于优势地位，新农公司一开始的战略目标便是同他们竞争。新农公司自信技术和产品有能力与外企竞争，但经济实力毕竟相差太大。所以新农公司确立“先做好局部地区”的战略，选择上海这个市场经济相对较规范、而规模化养殖发展较快、较集中的地区作为自己登陆中国饲料行业的第一块滩头阵地。选择直销这种最经济、最快捷、最有效的销售方式，围绕规模化猪场这个目标客户群，向他们直接销售新农的先进技术、高档产品和优质服务，引导和帮助客户提高养殖水平，最终达到与客户共同发展的目的。

经过几年的艰辛努力，凭着公司高起点的定位、高水平的追求和独特的销售方式，新农公司终于达到了自己“先做好局部地区”的战略目的，在上海的规模化猪场建立了自己稳固的销售网络。自1997年开始，新农饲料在上海规模化猪场的市场占有率已名列上海各饲料品牌前列，新农公司步入了快速发展时期。

向外省拓展、做大，便又成了新农公司的发展课题和战略目标。要实现这一战略目标，新农公司决定整合自己在技术、销售、服务等方面所形成的优势，在“我们要做的就是市场迫切需要的”、“我们所做的就是最好的”原则上做文章，根据市场的需要不断研发新产品，引导和帮助客户共同发展。1999年，新农公司成功推出了“新农牌”310早期断奶乳猪料，不仅完全解决了乳猪21日龄早期断奶所产生的各种应激，而且能使仔猪断奶后10天内平均日增重达220～250g，保证了猪场21日龄早期断奶技术的顺利施行，使猪场的经济效益大大提高。新农公司所开发的其他优质饲料也深受广大用户欢迎，给客户丰厚的回报。

三、品质稳定是市场稳定的前提

质量是企业的生命，饲料企业只有提供高质量、稳定的饲料产品，才能保证企业长远、稳步的发展，也是企业创名牌，提高竞争力的根本。新农公司一直视质量为企业的生命，质量上乘，品质稳定是上海饲料界和客户对新农产品的一致评价。

新农公司的每一位员工都积极参与公司的质量控制工程。采购部选择一级供应商供应优质原料，品管部负责每一批入库原料达到采购标准，工厂、品管保证每一批产品按配方和工艺生产，每一批成品必须经过质检化验合格、品管认可方可入库，仓库保证妥善保存原料和产品，销售部保证及时销售和安全合理的运输。每一道工序均有原始的记录和日报表，严格按照ISO9001标准管理整个过程。

四、"差异化服务"是新农技术服务的特点

服务是市场竞争的一种有效竞争手段，新农公司非常重视对客户的服务，将销售定位于服务型销售。但是，新农公司所创导的服务不是一般性的技术服务，而是一种更独特、更有效、更实在的"差异化服务"——别人所没有、别人做不到的服务。

为了解决猪场发病问题，新农公司适时地将他们的技术服务战场转移到疾病防治上来。他们与华中农业大学等知名大专院校、科研机构和兽药、疫苗生产厂家建立广泛紧密的合作关系，根据疾病的流行情况，适时地邀请专家教授为他们的客户做疾病防治、饲养管理技术讲座和疑难病现场诊治。同时新农技术部还专门组织有丰富临床经验的技术人才成立兽医服务小组，开展现场疾病诊治、剖检、血清检测等形式多样而有效的服务手段，使客户增加识病、防病、治病知识，降低了猪场的发病率和疾病所造成的损失，坚定了客户与新农公司共同发展的信心。另外，他们在代理和使用一些高档进口产品的同时，直接引进了国外先进的技术和服务，从而进一步提高了新农的服务档次，突出和实现了新农"差异性服务"的效果。

新农服务的目的和宗旨就是"帮客户赚钱"，使客户的经营省心、放心、舒心，使养猪最终成为一件非常简单的事。技术领先、品质稳定、服务独到是新农公司的优势，诚信务实、帮客户赚钱、与客户共同发展是新农公司的经营理念，围绕规模化猪场开展服务型直销是新农公司的销售模式，做中国最好的专业化饲料公司、创中国规模化猪场第一饲料品牌是新农公司永远的努力方向。

推行名牌战略　崇尚以人为本

——浙江医药股份有限公司新昌制药厂

浙江医药股份有限公司前身为浙江新昌制药股份有限公司，其主体为新昌制药厂。新昌制药厂创建于1954年，经过几十年的高速发展，已拥有资产8.2亿元，净资产3.5亿元，2001年实现销售收入12.25亿元，上交税金12 000万元。目前新昌制药厂占地50万m^2，现有员工2 500余人，科技人员占40%，所属研究院下设九个研究所，拥有120名中、高级科研人员，是我国维生素类产品的重要生产基地，国家级重点高新技术企业。

面对日趋激烈的国际竞争，新昌制药积极导入CI策略，推行名牌战略，公司在北京、上海、广州等国内30多个大中城市设立了分支机构，并在香港、美国、日本、坦桑尼亚、巴基斯坦等国设有分公司，网络遍及全球。

新昌制药崇尚以人为本的企业文化，奉行团结、克己、正直的为人之道。每年投入上千万元用于人才的引进、培养和提高，计划在5年内引进和培养50名博士，初步造就了一支朝气蓬勃的高素质科研和管理队伍，并与中国药科大学、四川抗生素工业研究所、美国东肯塔基大学等30多家国内外著名高校和科研机构建立了包括人才交流、信息交流、产品开发等内容的长期友好合作关系。企业成立了R&D中心，紧扣市场脉搏，使新产品的研究与开发瞄准潜在市场，确立"三高二低一结合"（高科技含量、高附加值、高市场占有率；低污染、低消耗；原料新产品上规模与制剂产品上档次相结合）的产品发展战略。

近年来，新昌制药在脂溶性维生素的研发生产方面，结出了累累硕果：以基础化工原料为起始原材料生产的合成维生素E生产量达8 000t/年，生产量居世界第三；国内首家开发成功d－生物素纯品和2%d－生物素粉，填补了国内空白，并首家实现工业化生产，目前已形成年产30t d－生物素纯品、600t d－生物素粉的生产能力，生产量居世界首位；由新昌制药厂独立承担研发的"天然d－a－维生素E工艺技术创新"项目荣获2000年度国家科技进步二等奖；由新昌制药厂研究院独立完成的"β－胡萝卜素"制备新工艺成本十分低廉，具有很强的国际竞争力，多年来国内"β－胡萝卜素"开花不结果的尴尬局面一举被新昌制药打破。

新昌制药厂建立了十分完善的质量保证体系。厂长直接领导下的质管部现有人员150余人，100%具有技术员以上职称，其中硕士生一人，大学本科生30多人，高级工程师5人，执业药师10人。质管部下设质量监督科和质检中心。质检中心拥有3 700m^2的质检大楼，下设仪器室、生物效价测定室、化学成分分析室、药理室、微生物测定室、中间体检验室。质检中心负责全厂成品的检测、进厂原辅料的检测以及中间体的检测。拥有世界上先进的分析仪器，如HP1100液相色谱仪，HP6890气相色谱仪，美国尼高力红外光谱仪，鲁道夫全自动旋光仪，METTLER DL18全自动水分测定仪，日本岛津UV2000紫外分光光度仪。质管部按GMP要求来进行全厂的质量管理，制定了质量管理文件及标准操作规程（SOP）4 000多个。完善的GMP管理体系保证了新昌制药厂生产的每一批产品无论从原料采购，还是到车间生产、产品化验和入库出厂，各个环节均得到了有效控制，确保出厂的产品品质一致。

新昌制药以"标本兼治"作为环境治理的原则，通过技术进步减少废物排放以求治本，投入3 800万元建成省级达标的污水处理站，省内医药行业中首家建成废渣焚烧炉并通过省级达标验收。2001 年 4 月份通过英国 ISO14001、中国 CCEMS 的认证。

“八五”以来，新昌制药先后被评为全国医药系统先进集体，国家重点高新企业、浙江医药行业“双十佳”企业、浙江省出口先进企业，年年被评为浙江省 AAA 级信用企业，16 次省“高质量医药产品”称号。

海马在前进
——福州海马饲料有限公司

福州海马饲料有限公司是由香港泉兴国际发展有限公司下属的香港峰立有限公司与福建省海洋渔业总公司、福建省华洋水产集团公司共同出资兴办的中外合资企业。年产各种水产配合饲料 8 万 t。公司引进国际先进水平的技术配方和工艺设备，建立了雄厚的科技队伍和健全的销售和技术服务网络，是国内大型的特种水产饲料专业厂家。公司强化产品质量和售后技术服务力度，生产的海马牌对虾、鳗鱼配合饲料深受广大用户的信赖和支持，产量逐年上升。2001 年的产量是建厂初期的 70 倍，产值增长 180 倍。截至 2001 年底，累计产量 45 万 t，产值 33 亿元，实现利税 3.9 亿元。主要经济指标均居国内同行业的前茅。

海马牌系列水产配合饲料先后荣获：部优、省优、中国农业博览会金奖、名牌产品，2001 中国国际农业博览会认定名牌产品，福州市、福建省著名商标等荣誉，2001 年顺利通过了 ISO9002 质量体系的认证。在杨人燧总经理的领导下，海马公司经历了 17 年的风雨历程，主要做了三件事：抓市场建设、抓科技进步、抓质量管理。

一、增强市场意识，强化市场建设

一是根据市场的趋向，不断探索和寻找新的增长点，推出新产品。80 年代中期，全国出现养虾高潮，海马对虾饲料应运而生，1986 年投产当年只生产 1 000t。第二年即达7 000t，产量逐年增长；90 年代初期，养鳗热潮已隐约出现。公司在 1992 年立即投入鳗料的开发，生产了 900 多吨，占当年省内销量不足 3%，第二年即达 6 800t，占 15%，高峰年达 2.2 万 t，占全省市场销量的 25%。同样，在甲鱼养殖热潮前夕，公司及时瞄准市场，当年销 400 多吨，1998 年达 6 000 多吨。目前，海马公司已具有粉状、颗粒、膨化、半膨化等多品种、多规格、多功能，适用于对虾、鳗鱼、甲鱼、蛙及海、淡水鱼虾类养殖所需要的系列产品，2001 年产量达 7 万 t，再创历史新高。

二是有效处理好赊销带来的风险。为了实现规模效益，他们采用经销为主，直销为辅的经营方式。为了降低经营风险，他们寻找当地有经济实力和社会影响力的经销商，利用其各种优势来扩大规模。同时，要经常与经销商一起分析养殖形势，分析赊销对象的经济情况和还款能力，并给予较大的经销费用，以达到优势互补，互利互惠的目的。

三是广泛深入地开展技术服务，密切与用户的关系。使海马产品和品牌形象扎根于用户之中。

二、抓好科技开拓，建立服务机制

10 多年来，海马公司在引进先进配方的同时，不断的消化吸收，积极地开发新技术、新材料、新工艺，使配方更科学，更先进，更切合实际，从而使产品更有竞争力。10 年来，他们在配方技术上，孜孜不倦追求和探索，务求达到营养充足、平衡，易于吸收和转化，有引诱力和嗜口性，良好的水中稳定性，有保健作用和增强免疫功能，采用天然原料，在实际使用中达到缩短养殖周期，鱼虾健康，用药少，肉质好，饵料效率高等综合效率。取得了显著效果。

一是加强科技队伍建设，增强科技实力。海马公司不断引进和招收各种专业的大专毕业生和高、中级职称的科技干部。从事配方研究和养殖试验，有的深入养殖户搞筛选比较，认真总结群众点滴经验。经过多年的实践积累，为公司产品的更新换代奠定了重要基础。

二是加强与境内外科研机构和高等院校的协作与交流。采用有偿使用的原则，引进科研成果，提高产品的科技含量。例如海马公司与公司股东在台湾的研发机构全兴控股有限公司进行科技交流，开发新原料资源，使饲料效率不断改善，为养殖技术的发展做出了贡献。同时注重引进功能型的技术，促进产品质的飞跃，从而提高了效率，降低了成本。

三是建立公司的科技试验基地，不断进行实地试验。公司先后在福清、同安、连江建立海、淡水养殖试验基地，对鳗鱼、对虾、甲鱼、蛙等进行多种养殖试验，为科技工作提供了一手实践资料，对实现产品更新换代和技术储备做了大量的工作。

四是培养科技人员树立敏锐的市场意识，作好技术储备。一旦养殖高潮到来，能够立即推出新配方，生产出新产品，迅速供应市场，并不断调整，保持产品质量优势和市场较大的占有率。技术服务是企业与用户建立紧密关系的纽带，他们通过技术服务，使用户对公司产生了信任感，从而使产品和品牌形象具有极大的浸透力和竞争力。除了普遍提高用户的养殖水平外，他们还为用户解决具体的技术问题。如水环境监测和、病害防治等，并提供养殖和市场信息，开展交流，以达到扶持养殖的目的。

此外，公司还聘请境内外知名的专家，组成顾问团，为用户提供技术信息，开展技术讲座，现场会诊巡回服务以解决重大的疑难问题。对于出口产品，他们还派了专家到国外的现场为养殖户解决技术问题。同时，按地区组建技术顾问网络，并活跃在各地区的养殖现场，面对面地为其解决养殖中出现的各种技术问题。公司专门设立市场调研部，配备精干的具有专门技术的人员和专用设施及检测设备，定期开展小型技术交流。定期到重点养殖户及其周边为用户进行技术服务和跟踪，尽量满足用户的要求，并组织用户之间的技术交流，达到取长补短、共同提高的目的。采用简讯和快讯形式，向养殖户提供技术信息和病情通报及防治措施。最大限度帮助养殖户提高防病手段，避免损失。

三、抓质量管理，提升企业竞争力

质量是企业的生命，海马公司非常重视质量管理，长期坚持四个基本原则：原料是基础，配方是核心，工艺是关键，管理是保证。

一是原料是基础。海马公司非常重视原料的选择、检测、储存和使用。严把原料检验关，制定原料质量标准和进仓、检测制度。按照 ISO9002 质量标准，文件程序规范操作，确保原料的质量。

二是配方是核心。技术配方最基本的要求是易吸收、消化、转化和营养的全面、平衡。海马公司对此做了大量工作，效果非常明显。

三是工艺是质量的关键。公司主要的工艺设备都是引进国外先进设备。他们根据生产进行改造，达到缩短粉碎时间，提高粉碎细度，拌和均匀，易于吸收、消化，增强水中的稳定性，使之不易散失，提高饲料效率。强化膨化技术，使颗粒的浮性达 99% 以上，延长漂浮时间。他们在工艺设备改造方面坚持市场需要的原则，使之一机多用。当市场需要特殊的用途的产品时，他们都能随时调整设备生产出市场需要的特殊产品，使产品具有了个性化，并能领先市场。

四是管理是保证。生产优质饲料，实际上是对人的管理和使用。因此，海马公司以严格的规章制度来规范人的行为，率先采用国际通用的质量管理模式，建立严格的产品质量检验制度，确保产品质量。

规范公司管理　促进公司发展

——厦门正大农牧有限公司

厦门正大农牧有限公司系泰国正大集团与厦门畜禽集团公司、厦门市饲料工业公司和福建省饲料工业公司于 1989 年合资创办的大型畜牧联合企业，已建成了现代化大型饲料厂、预混合饲料厂和肉用父母代种鸡场、孵化厂。年产猪、鸡、鸭、水产等各种配合饲料 15 万 t，畜禽及水产预混合饲料 1.2 万 t，肉用商品代鸡苗 600 万羽。该公司全套采用美国、瑞士的先进设备，由正大集团技术总部直接提供配方，并对原料采购、饲料品质和生产过程进行全面的控制和管理。公司各类产品久负盛誉，不仅建立了良好的技术咨询和售后服务系统，深得广大用户的好评和信赖，并通过 ISO9002 国际品质认证。

公司以服务社会，繁荣农牧为宗旨，近几年来，获得了较快的发展，赢得了多项荣誉：厦门外商投资先进技术企业，厦门市政府授予“重合同守信用”单位，福建省 300 家大工业企业，1997 年度厦门市 20 家工业先进企业，1996/1997 年度厦门市外商投资企业“二十佳”，1997 年度厦门市金融资信“AAA 级”企业，福建省《一级种禽场》，1998 年度全国“双优”外商投资企业。2001 年公司继续创造了良好的经营业绩，全价料销量 8 万 t，预混料销量 1 937t，艾维茵肉鸡苗 495 万羽，销售收入 16 929 万元，获利 834 万元。其主要作法有以下几方面：

一、管理策略

一是营造一个更科学、更合理和更公正的经营机制，维护公司股东、客户、员工三者利益，使公司稳定、持续发展，创造三赢的效益。二是继续推行 ISO9002 质量管理体系，以市场为导向，以优良品质为基础，以售后服务为保证，努力树立驰名品牌。三是实施“目标化管理”，努力控制、降低生产与管理成本，提升生产效率。四是加强原料市场分析预测，不断降低原料采购成本，确保产品的竞争优势。五是立足闽南销售市场，延伸开发周边地区，继续发挥产品优势，扩大市场辐射力。六是更新改造生产设备，扩大生产能力并提高产品质量档次，强化公司在市场的竞争力。继续改造现有设备，使其满足 12 万 t/年运转。

二、财务策略

一是充分利用结算资金和银行授信业务，增加流动资金周转率，降低财务费用。二是继续实行稳健的客户信贷管理和采购合同制度，降低公司资金风险。三是强化存货成本管理。

三、人力策略

一是通过奖罚和绩效考核机制，充分利用现有的优秀人才，淘汰不适用人员，以适应市场竞争的要求。二是在公司营造学技术、学技能、学管理氛围，积极实施对公司全员全方位的管理技术培训，并针对国家职业资格证书制度对相关职位的人员进行培训，分批取得职业资格，以提升技能水平、提高工作效率。

随着公司经营的日益扩展，对中高级管理人员需求增加，公司永续经营也要求实施管理队伍梯队建设，继续留住优秀干部并加强对后备干部的培养，增强管理骨干的力量。对特殊岗位的技术人员和有特别贡献的人员给予特殊待遇。

把小公司做成大公司
把大公司做成大家的公司

——江西正邦集团

江西正邦集团有限公司成立于 1997 年，注册资金3 000万元，系中外（加拿大）合资企业。集团成立之初，仅有2家饲料生产企业，固定资产6 000万元，年产值3亿元。由于正邦集团一直坚持“把小公司做成大公司，把大公司做成大家的公司”的核心价值观，企业发展较快，短短6年的时间，已发展成为拥有18家子公司、净资产总额达3亿元、销售收入达16亿元，涵盖了饲料、农业化工、科技贸易、食品加工4大产业的农牧企业集团。解决了2 000多人的就业问题，累计向国家纳税数千万元，带动和支持了企业所在地种养殖业发展和农民增收，为国家做出了一定的贡献。

一、坚持求实创新，不断提高企业竞争力

正邦集团的前身是原江西省临川县粮食局下属的一个小型饲料厂，创办于1984年，当时仅有20名员工，10万元资产，年产饲料6 000t。现任集团总裁的林印孙敏锐地意识到饲料生产将给中国落后的养殖业带来质的飞跃，但落后的设备却成了瓶颈。于是他带领工人对设备进行了多次技术改造，虽然在一次技术改造中被机器切去了大拇指，但产量却从6 000t提高到1万t。

5年间，还清了建厂时的全部贷款，还上交粮食局60万元利润，“永惠”牌饲料已赢得市场认可，企业被授予“省级先进企业”。

随着改革开放的深入，企业抓住几次发展机遇，得以飞速发展。1993年，在现抚州市临川大道兴建年产6万t的永惠饲料厂，适应了饲料市场快速增长需求，提高了市场占有率。1994年，根据国家政策的调整，原国有饲料厂成功改制，由加拿大外商入股组建中外合资企业，体制变革带给永惠巨大的发展活力。1997年正邦集团成立，由此拉开了大发展的序幕。翌年集团向农业化工行业迈进，1999年向省外市场拓展，2000年涉足食品加工领域，2001年投资动物保健品生产。更值得一提的是2001年秋季与世界零售业巨头沃尔玛结盟，由集团下属子公司云南广联每年供应沃尔玛肉鸡30万只，有力地推动了当地养殖业的发展。

所有这些与正邦人敢于创新、勇于创新密不可分。正邦集团的这种求实创新精神源自于浓厚的学习氛围。集团自办工商管理学院，聘请国内外名师自办“EMBA”班，不但高层主管成为首届学员，普通员工也积极参与，使得全体员工的观念不断更新，创新意识不断增强，提高了正邦集团的整体竞争力。

二、实施差异化经营，做大做强做百年老店

多年来，正邦集团在成本控制、产品研发和技术服务上倾注全力。集团成立了信息部，专门进行信息工程建设，不断探索管理流程、生产流程现代化、网络化。成立集团采购中心，实行集团采购，在所属子公司推行5S规范化生产管理，最大限度地降低采购、生产、管理成本。成立北京信息中心，获取世界先进的管理经验和科技信息，使集团科研工作始终站在一个较高的层面上，及时进行产品的研发换代，不断推出适应市场需求、满足客户需要的产品。

所属子公司都聘请了技术服务专家进行完善的售后技术服务，举办了数百场技术服务讲座，2万多人受到了各种类型的专业培训；发放各类技术服务手册、报纸1 000多万份，提高了客户的致富能力，改变了他们的经营观念。

公司推行“公司+农户”的经营模式，推进农业的产业化、规模化经营，建立与客户的利益共同体，进行农产品的统一收购销售，使数万个家庭脱贫致富。正邦的经营策略、品牌建设、市场开拓模式已经引起越来越多经济界人士的关注。

三、坚持绿色产业建设，为菜篮子工程做贡献

2001年3月份，由全国35家大型饲料企业发起、中国饲料工业协会组织的“饲料安全新世纪宣言”新闻发布会在北京举行，正邦集团成为与会的惟一一家江西企业。在会上，正邦集团表示在饲料生产中以往从未使用、今后也决不使用违禁药物与激素，支持政府的菜篮子工程，保证让消费者吃上放心肉、放心菜。当年底，顺利通过了中国饲料工业协会的监督检查，并被评为“重承诺、守信用企业”。

正邦化工有限公司自运作以来，一直坚持高效低毒、低残留、无污染的无害农药生产，市场占有率、客户忠诚度得到了同步提高，企业获得了迅速发展，成为江西省农化行业效益最好的企业之一。

云南广联畜禽有限公司与世界零售业巨头沃尔玛年供应30万只肉鸡项目的成功实施，也得益于正邦集团的绿色饲料生产，不但为企业找到了一个新的经济增长点，也为当地养殖业带来了发展的机遇。

维雀乳业有限公司自2000年底运作以来，由集团饲料生产企业向奶牛养殖户提供绿色饲料，维雀乳业负责收购鲜奶生产合格乳品推向市场，实现了生产的良性循环互动，已经占领了省会南昌及周边县市的部分乳品市场，并迅速向省外市场进军，品牌价值与市场占有率节节攀高，近期将有望成为南昌市政府的“菜篮子工程”。

目前，正邦集团正在积极进行绿色饲料和绿色乳品的申请认证工作，后续绿色产品的研发生产工作也在紧锣密鼓地进行。

四、关注社会公益事业，奖学重教无私奉献

2001年2月11日，江西省青少年基金会、共青团江西省委组织举行的“希望工程1+1助学再行动”首捐仪式。集团林印孙总裁举起了向希望工程捐赠100万元的牌子，他的眼睛里带着激动带着欣慰。在接受记者采访时，林印孙仿佛了却了多年的心愿：“让贫困失学的孩子重回校园，让失学的孩子充满希

望，这是我早就想做的一件事，今天终于如愿以偿了！做企业为什么？作为企业的经营者所有者也是社会的一分子，应该承担更多的社会责任，这才是我追求的目标所在。”早在1996年正邦集团还很弱小的时候，就在临川二中设立了奖学金，至今已经有数百名学生获得了资助。

2000年起，正邦集团又陆续在江西农业大学、江西财经大学、南昌大学、华中农业大学、云南农业大学等10多所院校设立了总额达1 500万元的奖学助教基金，几年来，数百名高校师生获得了正邦奖学金的资助奖励。2001年暑假期间，江西师范大学开展三下乡活动，正邦集团给予了全力赞助。

让企业文化成为活力之源

——江西泰和县大北农饲料有限公司

泰和县大北农饲料有限公司是由北京大北农集团托管原泰和正泰饲料公司而成立的一家企业。5年来，公司由一个固定资产仅500万元，年产4万t猪用饲料的小厂，一跃成为拥有固定资产3 000多万元和年产12万t猪、鸡、鸭、鱼等4大系列100个品种的饲料企业。5年来，企业固定资产增加了1 000余万元，利税总额超过2 600万元。公司先后获得吉安市“井冈之星”双文明企业、“江西省科技型企业”和“江西省饲料工业十佳企业”等省、市、县各种称号或表彰30多项。公司之所以能在几年的时间内得到迅速发展，一个根本的原因，就是他们精心建设企业文化，以健康向上的企业文化作为思想政治工作的载体，使企业文化成为增强企业活力的源泉。

一、大力培育企业精神，增强员工“企业就是我的事业”的认同感

企业精神是企业发展的精神动力和支柱，也是企业文化的灵魂。泰和县大北农饲料有限公司自1996年创立以来，一直坚持把企业精神的培育作为促进企业发展的根本来抓。在抓企业生产经营的同时，着力培育“谦虚、协作、勤俭、创新”的大北农企业精神，激励全体员工为企业分忧，为企业发展出力，为国家建设做贡献。

一是引导员工认同大北农精神。把我是大北农人，以科技兴农、产业报国为己任，发扬‘谦虚、协作、勤俭、创新’的企业精神，立志创世界一流的农业科技企业。他们把“全力以赴，永不言败，追求卓越，成就自我”作为公司的企训，把“科技兴农，产业报国”作为员工的座右铭，书写在公司的办公室、会议室、宣传栏里，并要求员工时刻牢记。他们坚持开展“升旗日”活动。每月第一天上午8时，全体员工身着公司统一配发的服装，集中唱国歌、升国旗，面向国旗宣誓，读大北农企训，念员工座右铭。公司还经常就社会热点问题、焦点问题、难点问题组织员工讨论，在讨论中形成共识。公司因势利导，在全体员工中开展了“时代精神与科技兴农”为主题的讨论和演讲比赛。广大员工积极参与，畅谈了自己对国家、对社会、对企业、对人生的看法，极大地升华了员工的思想境界。

二是改革用工、人事、分配制度，激励员工发扬大北农精神。他们依照市场经济的要求，坚持精干、快速、高效的原则，彻底改革了企业组织机构。全公司目前只设5个职能部门，砍掉2/3机构，裁减冗员1/3，所有岗位实行招聘，竞争上岗。干部以政绩决定升降去留，员工以效益确定奖罚擢用。在分配制度上，按照多劳多得，收入与业务和贡献挂钩的办法，拉开决策者、管理者与实施者，复杂劳动与简单劳动的分配差距，重奖业绩和贡献突出者，惩罚不称职者。三项制度的改革，极大地增强了员工的竞争意识和创新意识。

二、精心塑造企业形象，增强员工“我代表着企业”的责任感

良好的企业形象是无形资产，是经营之源，他们提出了“不是一流的产品就是废品，不是一流的员工就不是好员工，不是一流的企业就是要倒闭的企业”的响亮口号，并提出了实现“创一流的农业科技企业，跻身江西同行业前茅”的奋斗目标。从1997年起，在企业中坚持开展了“塑一流形象”活动，精心塑造良好的企业形象。

在塑造“一流员工形象”活动中，他们把着力点放在形象的自我设计和自我塑造上，使形象塑造的过程成为广大职工自觉参与、自我定位、自我教育、自我提高的过程。他们明确提出“人人都代表大北农形象”。每一次组织职工按照“合格大北农职工标准”（即仪表整洁、举止文明、钻研业务、爱岗敬业、遵纪守法），自己给自己“画像”、自报形象档次（即优秀、合格、基本合格、不合格），并组织员工进行评议。针对公司青年人多，容易受到不良习气影响的情况，设立了双文明监督岗，在全公司范围内检查《规范》落实情况，每月定期对各岗位进行检查、考核、通报、督促，并与当月的工资挂钩。同时，公司还注重员工外观形象的塑造，实行“三统一”（胸挂统一的徽标，使用统一设计的名片，身着统一配发的服装），使得员工不管走到哪里，人们都知道这是大北农人，员工也都有一种“我代表着企业”的荣誉感和责任感。

在塑造“一流产品形象”活动中，他们坚持“以产品塑造形象，以形象培育名牌，以名牌开拓市场，以服务稳定市场，以市场增加效益”的路子。一方面，实行多品牌参与市场竞争，产品开发做到“生产一代、储存一代、研制一代、构想一代”。另一方面，开展增收节支、技术革新、工艺改造、降耗增效与“成本月”、“6S”管理等活动，深挖潜力，苦练内功，并实行“切块分段”负责制，引导员工增强产品质量意识，确保产品的一流质量。

三、全面提升企业素质，增强员工“与企业共兴衰”的使命感

在制定企业发展战略中，把吸引人才、培养人才、提高员工素质，进而提升企业的整体素质作为企业文化建设的重要课题来抓。

首先，注重素质人才的选聘。公司制订了一系列吸引高素质人才的优惠条件，在选聘使用人才上坚持公平、公正原则，对凡是来大北农工作的人，不计较籍贯、学历、原工作单位和职务，只要通过大幅度、专业技术能力、考试、试用这三道关口，就予以录用。在试用3个月期间，可以自由地选择岗位。

其次，注重对员工的再培训、再提高。公司鼓励支持员工在岗自学、函授，教育所需费用全部由公司报销。同时采取选择优秀员工到大中专院校委培等方式，全方位，多渠道地提高职工文化科技素质和管理能力。5年来，公司先后有30人拿到了本科毕业文凭，40多人拿到了大专毕业文凭。公司还每年邀请北京、浙江等地有关方面的专家、领导来公司作专题讲座或报告，以开阔员工的视野。

再次，注重对员工创优争先的教育和激励。公司通过开展各类主题活动和层层评选“十佳”，用先进典型激励员工奋发向上。同时，为了扩大“名牌员工”的效应，从1998年，公司先后用员工的名字命名工艺名称4项，成为员工学习的典范。通过树典型、学典型，极大地激发了全公司员工的积极性，学技术、当能手、比贡献在公司蔚然成风。

四、努力营造企业环境，增强员工“企业就是我的家”的归宿感

企业环境建设也是企业文化建设的一个重要方面，优良的企业环境既能促进员工的身心健康，也能充分挖掘员工的潜能，为企业的发展注入新的活力。

一是着力营造文明安全的工作、生活环境。1999年，他们大张旗鼓地在全公司范围内开展了以整顿治安、卫生、文化、环境为主要内容的环境整治活动，着力解决员工反映强烈、对生产经营影响较大、与文明环境不相符的10个问题。经过整顿、公司工作生活环境大为改善，厂区整洁优美，生产井然有序，社会治安良好。他们积极开展“献爱心”活动，倡导“我帮你，你助我”的社会风气。针对公司单身员工多的情况，把关心的重点放在单身员工身上，千方百计提高食堂饭菜质量，大力整顿和改善单身宿舍内外环境。每当有单身员工生病，公司都为他们开设病号饭，逢年过节为单身员工举行聚餐，使他们感受到家庭般的温暖。

二是着力营造民主和谐的政治环境。公司建立健全了工会、共青团、女工委等群众组织，并定期开展活动。公司还成立了由总经理任组长的思想政治工作领导小组，小组成员经常深入班组和员工家庭开展调查研究和谈心活动，及时疏导员工在生产和生活中的思想问题，帮助员工解决实际困难，千方百计为员工办实事、办好事，受到员工的称赞，使员工对企业产生了认同感和归属感。

三是着力营造轻松愉悦的业余生活环境。为满足员工业余文化生活的需要，公司投资100余万元建起了篮球场、舞厅、图书室等文体设施，并充分利用这些场所和设施开展文体活动。在每年的10月份都要开展为期一周的“大北农文化艺术节”，每逢“三·八、五·四、七·一、十·一”等节日，公司都与当地的团委、妇联等部门联系，共同举办演讲、歌咏比赛、知识竞赛等活动，每周都举行周末晚会，职工自编自演的文艺节目多次在市、县演出并获奖。这些活动的开展不仅丰富并活跃了业余文化生活，陶冶了员工的道德情操，同时也培养了员工团结协作的团队精神，为企业的发展提供了强大的精神动力。

坚持农业产业化经营
推动畜牧业健康发展

——山东六和集团有限公司

山东六和集团组建于1995年，现已发展成为集饲料生产、兽药制造、畜禽良种繁育、畜禽产品加工等各产业于一体的大型畜牧业企业。现有员工11 000人，分公司和子公司63个，其中饲料企业39个，动物保健药厂4个，种鸡场、种猪场、标准化商品鸡示范场11个，畜禽产品加工企业7个，奶牛良种繁育基地、鲜蛋加工基地各1个。2001年产销各种饲料93万t，折合配合饲料260万t，覆盖出栏商品鸡1.5亿只，存栏蛋鸡、种鸡1 800万只（套），出栏生猪150万头；孵化优质鸡苗4 500万只，宰杀商品鸡5 000万只，繁育六和白优良种猪1万头，加工鲜蛋8 000t，动物保健药品销售收入5 000万元，实现总销售收入23亿元，出口创汇3 000多万美元，帮助广大养殖用户实现养殖效益6亿元。先后被评为国家星火龙头企业、全省农业产业化经营先进龙头企业。

一、饲料主产业坚持微利经营、服务营销和近距离市场开发

一是在同行企业中率先实施了微利经营。借鉴西方发达国家同行企业的运作实践，对各饲料生产厂确定了以双班满负荷生产为保本点，在三班满负荷生产情况下自然实现微利的经营原则。这一做法，使每吨饲料售价较以往平均价格降低了200～400元，使广大用户得到了实惠，有效地降低了养殖成本，而且带动了整个饲料业由过去的暴利转向了微利经营的道路。近两年来，集团公司在实施微利经营方面又取得了新的进展：一是发挥集团公司规模采购优势，采购质优价廉的原料。进口原料，均由集团公司统一采购，国内部分大宗原料，也由集团公司或者片区统一采购，大大提高了谈判能力并降低了采购成本。二是提高营养配方技术水平，降低配方成本。集团公司营养配方技术人员在执行用户质价标准和确保各项营养指标的基础上，对一些替代原料不断进行试验、开发和使用，有效地降低了配方成本。三是严格控制和降低管理、制造、财务、销售4项费用，2001年集团公司饲料每吨平均4项费用降至120元以下，最低达80余元。通过上述措施，使微利经营真正建立在了低成本优势的基础之上。

二是面对农村养殖户普遍脏、乱、差和技术落后的状况，组建专家技术服务队伍，深入农村养殖户，讲管理，授技术，亲做实干，帮助他们改进管理，减少浪费，提高技术水平。2000年以来，集团公司在服务营销队伍建设上，提出了专业化、本土化、中龄化的标准要求，到2001年，服务营销队伍的“三化”人才已达到60%以上，他们技术过硬，经验丰富，大大提高了集团公司技术服务工作质量。

三是饲料生产厂在全省实施密集型布点和近距离市场开发。为了帮助广大养殖用户节省运输费用，集团公司把过去的远程市场开发与销售，改变为近距离市场开发与销售，并以各个饲料生产厂为轴心划定了各自的近距离市场开发区域。到2001年底，省内33家饲料厂在近距离市场发展区域销量均已达到60%～80%，仅运输费用一项，可为近距离市场用户节省3 000余万元。此外，在近距离市场开发区还简化了销售环节，优化了销售渠道，对规模化养殖大户基本实现了厂家直销，对必须保留经销商的，也仅在乡镇或养殖大村保留一级，并引导和帮助他们也实施微利经营、靠量求利，或者把优秀的经销商直接转变为公司的服务营销人员，从而进一步降低销售环节费用，确保近距离市场养殖用户真正享用到微利的饲料产品。

二、以产业化经营拉动农村养殖业的发展

集团公司于1997年涉足畜禽良种繁育和加工业，首先在平邑购建了一个冷藏厂和两个种鸡场。在吸取过去“一条龙”运作成功经验和失败教训的基础上，与养鸡户建立起一套适应市场经济的共同合作制度，实行饲料、鸡苗、养殖和加工产业化运作，由于这一制度有效地减少了农民的养殖风险和提高了养殖收益，极大地拉动起平邑及其周边地区肉鸡养殖业的发展，并很快成为当地农村经济的重要支柱产业之一。在平邑一体化运作取得成功后，集团公司又先后在临沂、新泰投建了3个种鸡场，并先后建成临沂六和冷藏厂、邹平六和冷藏厂、莱芜六和冷藏厂、寿光六和冷藏厂、栖霞六和冷藏厂、平度六和冷藏厂，现均已投产运营，不仅有力地拉动了我省肉鸡养殖业的发展，而且对商品鸡养殖全程进行了有效控制，保证了鸡肉的品质。

为了促进蛋鸡和生猪养殖业的发展，集团公司在潍坊、青岛、淄博、莱芜投建了鲜蛋加工基地、种猪繁育场和猪肉生产线，并与六和饲料、六和白种猪养殖，蛋鸡养殖进行产业化经营，也已取得良好的经济效益和社会效益。青岛六和鲜蛋加工基地2001年落户城阳河套后，已加工出口4 000t鸡蛋，极大地激发了当地和周边区县的蛋鸡养殖热情，蛋鸡存栏量较以前增长了近三分之一。六和白种猪通过与六和饲料和猪肉加工一体化运作，也大大降低了农户的养殖成本，提高了养殖效益，驱动了当地养猪业的发展。

三、积极引导、扶持广大养殖户向专业化、规模化、产业化、标准化方向发展

首先，利用集团公司自身的产业化经营优势，积极培育、造就养殖大户，通过饲料产品厂家直销和周到的技术服务，支持和帮助优秀用户扩大养殖规模，提高专业技术水平，并通过他们带动更多的养殖用户走专业化、规模化的道路。目前，在集团公司直接扶持帮助下，已有2 000余个优秀养殖户初步实现了规模化养殖（蛋鸡存栏1万只、母猪30头、肉鸡年出栏2万只以上）。

其次，集团公司积极采取内部引导、鼓励和资金参股扶持等办法，建成规模化、标准化肉鸡示范场、蛋鸡场、猪场10余处。其中，庆云六和标准化商品鸡场存栏规模20万只，临沂六和标准化商品鸡场存栏规模30万只，惠民六和标准化蛋鸡场存栏规模7万只，正在投建的昌邑六和标准化商品鸡场、寿光六和标准化商品鸡场存栏均在10万只以上。这些国际标准水平养殖场的投建，得到了各级政府的支持和同行企业的响应，并在农村养殖业发挥出良好的示范带动作用。

四、依托生物技术，发展绿色畜牧

集团公司凭借自身科研实力，早在1999年就开始了新型绿色动物保健品——微生态产品的研制，先后从国内外引进23名具有博士、硕士学历的生物技术人才，组建了六和博士工作站。经过近两年时间的努力攻关，先后攻克了益生菌微囊化技术、耐高温饲料用菌株的分离培育以及微生态制品规模化生产工艺设计，开发出绿源生、源康宝等生物微生态制品近20种，并自2001年5月份以来，分别在六和种鸡场、青岛汉河集团蛋鸡场、养猪场、济南槐荫宋庄种鸡场、莱西九联集团商品鸡场、山东省农科院试验鸡场等单位进行了广泛的对比试验。结果表明，微生态制剂能有效提高蛋鸡的产蛋率和种蛋合格率，而且耗料量、死淘率以及蛋的破损率都明显降低；在对43头已经使用抗生素治疗无效的腹泻病猪进行微生态制剂灌肠，3日内的治愈率最高为90%以上，总治愈率为100%；在肉鸡养殖方面，与全程使用中药和西药相比，微生态制剂能明显提高肉鸡胴体重，降低死淘率和料肉比。大量的对比试验表明，微生态制剂不仅能有效增强畜禽的肌体抗病能力，减少药物使用，降低养殖成本，更重要的是能够改善和提高畜禽产品品质，为用户带来更好的养殖效益。

目前，集团公司已将耐高温饲料用微生态产品取代大部分化学合成药物应用于饲料生产，并取得良好

的养殖效果，尤其在蛋鸡饲养上，由于蛋重、蛋色及其品质的改善明显可见，深受用户的欢迎。在此基础上，集团公司已于今年上半年开始探讨绿色鲜蛋的生产加工。目前，在平度市大田镇已建立约5万亩的绿色饲料用粮生产基地，计划以生物技术为依托，通过平度六和饲料厂和青岛六和鲜蛋加工基地的密切配合，组织绿色鸡蛋的生产、加工和销售。

观念创造价值

——山东胜利股份有限公司

“以高科技决胜未来、以高品质立足市场，以高效率提供服务”，这是山东胜利股份有限公司实现“中国生物技术第一企业”新世纪战略目标强有力的保障。随着公司开发的具有自主知识产权的抗生素兽药——海南霉素的投入市场。以其高效、安全经济等优点与传统的抗球虫药物相比，不但可以高效防治球虫病（抗球虫指数ACJ在181～196之间），而且对革兰氏阳性菌有广泛的抗菌谱，同时对厌氧菌等真菌也有良好的抗菌作用，具备活性高、无残留、无抗药性等特点。是新一代鸡抗球虫药物中的佼佼者。

作为一家在市场经济中成长起来的绩优上市公司，胜利股份自1994年成立以来一直保持“持续、快速、健康”的发展势头，业务领域涉及塑胶、农化、贸易和生物工程等，并依托科学的管理和规范的运做得到广大同行的尊敬和认可，屡次获得企业管理先进单位，省级重合同守信用企业等荣誉，并连续被银行评为“AAA级信用企业”，所属产业通过了ISO9001国际质量体系认证。为更好的迎接新世纪科学经济时代的竞争挑战，使公司综合实力得到进一步的提升，公司不断优化产业结构，提高产业、产品科技含量，大举进军生物产业，投资2亿元建成集科研和生产于一体的胜利生物工程园，全面进入生物制药行业。

“敢为人先，敢闯大业，敢争第一，自觉奉献”，胜利股份以这十六字企业精神面对新的市场竞争。从最初石油成品经营到筹资2亿元进入塑胶管道领域；从涉足农化到发展生物制药产业，每一步无不体现“观念创造价值”精辟理念。长期的市场磨砺使胜利股份非常明确，只有把“顾客至上、品质取胜”贯彻到底才能真正实现可持续发展。企业的职责是为顾客提供高质量的产品和贴切服务，诚实和守信是赢得市场和用户最根本因素，在产品和服务质量管理上的每一个疏忽都是对顾客，对市场和对自己的不负责任，胜利股份坚决杜绝这种现象。为此，公司一方面坚持从顾客的立场审视产品和服务，主动了解顾客意见，细心研究顾客需求，用百分之百的真诚和努力与顾客共同分享经营成果，另一方面倡导行业内协同合作的良好氛围，通过联合同行的力量提升合作双方的优势，把企业运营的效率、质量和创新能力提升到一个新的高度，在此基础上激发核心竞争力的不断扩大。

胜利股份自成立以来就没有停止过创新和突破，在原业务领域早已是业绩斐然的胜利股份并没有丝毫倦怠，仍以“高科技，高起点，高品质”的豪迈气魄，以对新领域、新技术、新工艺、新产品的执著追求发展生物制药。海南霉素为公司在这个新的领域打开了一扇门，公司立志在生物制药领域无论横向和纵向都走得更远、更宽、更好，把生物制药领域进一步做大做强，为振兴国民经济贡献力量。

深化改革抓机遇 放眼全球创辉煌

——山东鲁西兽药股份有限公司

山东鲁西兽药股份有限公司是山东省兽药行业首家股份制企业，是全省同行业中最具有原料生产能力的纯兽药企业。经过10余年的努力，“鲁西”已成功地由“制剂型”企业向“原料型、多元型”发展。产品畅销全国各地，原料打入了国际市场，产值、利税迅猛增长，为企业迎接入世后带来的更加激烈的竞争与挑战打下了坚实的基础。

一、完善股份制改造，增强企业凝聚力

体制改革是企业发展的前提，只有具备良好的体制，企业才能轻装上阵，长足发展。这一点鲁西人有很深的体会。1998年该公司改为股份有限公司以来，严格按照《公司法》的要求运作，杜绝了过去一些旧的运行制度，收到了良好的效果。改制以后，通过入股的形式，企业成为大家的企业，年底分红，使每位职工都得到了实惠，体会到了股份制改造的重要性和优越性。人在企业的生存和发展中起着主导作用，而股份制改造彻底解决了“人”的问题。① 很好地解决了领导班子的团结问题。公司大的决策若有分歧，可采用董事会表决，根除了不团结的诱因。②很好地解决了公司副职及中层领导的工作积极性问题。不像有些纯私营企业，副职及中层领导思想上有打工的感觉，工作缺乏主动性，更谈不上创造性工作，所以多数私人老板工作很累，而股份制使每位职工都成为老板，成为企业真正的主人。③很好地解决了技术队伍的稳定问题。技术人员都有较高的股份，从而使技术保密程度提高。④很好地解决了销售人员的跳槽问题。广大销售人员有较高的股份，并且股份的市场价比原始股面值高几倍，不担心货款回收问题，所以鲁西销售人员无一人跳槽。公司上下形成了比、学、赶、超的新局面。职工的精神面貌比以前发生了很大变化。因此说，只有股份制改造，才有利于领导班子的团结，有利于职工队伍的稳定，有利于企业的快速发展。它督促大家创造性地开展工作，积极为企业的发展献计献策。只有股份制改造，才以最理想的方式打破了个人收入上的平均主义，实现了邓小平同志“先让一部分人富起来，然后达到共同富裕”的思想，使公司的每位员工都得到了实惠，从而增强了企业的凝聚力。

二、走自我发展之路，创“鲁西”永远的品牌

鲁西的管理制度、工作方法等都是经过10年的总结、修改、完善而逐步形成的。为使广大客户了解鲁西、信赖鲁西，他们不失时机地塑造企业良好的品牌形象，如：南方发生洪灾时，他们主动替客户分担损失，并赠送药品。北方家畜流行疾病期间，他们又免费为客户赠送消毒、解热、抗菌药，帮助养殖户渡过难关。积极参加在北京、泰国曼谷举办的“VIV ASIA”畜禽交易会，塑造鲁西在国际市场上的品牌形象。在产品定价上，他们是根据市场需求和社会应用情况来定价，并坚持鲁西的产品绝不降价原则。在兽药市场不景气、大多数厂家纷纷采取降价、打折出售产品时，他们一直向“海尔”、“金利来”学习，采取反其道而行的做法，根据社会需要制定出自己的价格，不采用常规的定价办法成本加20%～30%的利润，而是首先考虑社会需求。10年来，正是因为他们一直坚持走自己的道路，鲁西才由建厂初期的不足20万元资产发展到今天的省内知名企业。

三、积极建设GMP车间，提高企业竞争实力

GMP是世界通行的药品生产管理规范，其目的是通过兽药生产全过程的规范管理，生产出安全可靠、优质高效的兽药产品。首先，他们按GMP要求对生产车间硬件进行了全面改造，扩建厂房、引进设备、兴修绿地、整改化验室等。仅硬件改造就投入资金近1 000万元，为保障产品质量创造了良好的条件。在好的硬件设施的基础上还必须有一整套质量管理制度和管理体系来保证。各种制度、记录、规程的规范管理在某种程度上比硬件难度还大，一切从零做起，通过反复论证、修改、完善，最后终于通过了农业部专家组的一次性验收，一举成为山东省首家通过GMP验收的企业，成为全国兽药行业的知名企业，拿到了开启国际市场大门的金钥匙，获得了国际市场的通行证。

四、发展高新技术产品，实施原料带动战略

技术创新是企业进步的核心，是有效促进企业发展、提高经济效益的捷径。入世后，科学技术在企业发展和竞争中的重要性更加突出。公司10年来之所以健康、稳定地发展，就得益于技术的创新，产品的不断更新。公司建立以来，积极吸收国内外先进的生产技术，不断开发适应畜牧业发展的新产品。在培养公司内部科研人才的同时，长期聘请德国、荷兰、瑞士的5位博士为公司技术顾问，协助进行新产品开发。自行开发的“抗球一518”、“地克珠利”分别被国家经贸委评审为“国家级新产品”。2000年,公司科研人员经过一年的不懈努力,研制开发了“双乙酸钠”、“乙氧基喹啉”、“环丙氨嗪”等原料产品,收到了很好的社会效益和经济效益。目前,公司紧紧把握有利时机,克服诸多困难,在省内率先由“制剂型”企业向“原料型”转化,实施原料带动战略。从而大大地促进了制剂的销售,使产品市场占有率快速提高。

五、放眼全球，努力实施企业经济国际化战略

入世以后，企业竞争国际化、白热化。在这种情况下，一个企业能不能生存和发展，在很大程度上取决于能否在国际竞争中占据主动。产品如果出不了国门就可能出不了厂门。企业只有抓住机遇，加快对外开放。如何对外开放，首先应该搞好GMP建设，GMP是国际制药市场的通行证。针对这一点，鲁西公司在2000年上半年新建了GMP预混剂车间，之后又建设了GMP水针、粉针车间。获得了企业自营进出口权。目前，产品已出口到6个国家，为实施企业经济国际化战略奠定了基础。

以人为本，科技领先，开创绿色添加剂的新篇章

——滨州市正元畜牧发展有限公司

滨州市正元畜牧发展有限公司是一家集科研转化为一体的民营高科技企业，始建于1997年1月。那一年，8位年轻的正元人聚在一起，商定了一个畜牧业的绿色发展计划，即与华中农业大学微生物研究室、滨州科技联合开发饲用复合酶制剂。当时，国外酶制剂已进入中国市场，但由于价位过高未被饲料工业广泛采用。正元就选定了这一中国饲料业最有发展前途的项目。经过5年多的发展，现在公司设有生命科学研究院、微生物发酵研究室、酶制剂及益生素生产厂、预混合饲料厂、养殖实验基地等。公司以优质的服务，精湛的技术跻身于畜牧发展强企业行列，公司的主要产品“正元泰宝”饲用复合酶制剂，以其技术含量高、效果显著深受广大饲料业及养殖业的好评，公司运用微生态理论于生产，致力于世界粮食革命，始终坚持与从事植物蛋白转变为动物蛋白的系统工程者，共创明日辉煌。

一、以人为本，注重人力资源开发

1. 正元公司坚持“德才兼备、以德为先”的人才标准，严格招聘程序，从社会范围内广招人才。

2. 重视对在岗人员的培训，每月都组织大家在一起学习、讨论，塑造一个学习型的团队。

3. 通过定期聘请专家教授进行知识讲座，强化

对公司管理人员和关键岗位员工（如技术员、分析员、质量监控人员、营销代表等）的专业培训，同时与多家院校建立了长期培训伙伴关系，充实公司的技术力量，提高公司人员的专业素质。

4. 公司定期对员工进行考试考核，通过考核评定，优胜劣汰，能者上、平者让、庸者下，做到人尽其才，充分发挥每个人的聪明才智。

二、加强企业文化，塑造企业形象

企业的管理过程就是企业文化的培育过程，他们把经过精心培育形成的正元文化浓缩成四个字“韧、道、干、学”。

韧——挑战困难与极限，并且找到克服困难的办法

道——遵循事物发展的规律，把握创造并完善

干——敢干、会干、巧干，行胜于言

学——愚昧是贫穷的根源，科技改变生活，人没有生而知之的

这是企业的灵魂，她像一个无形的磁场，吸引、推动着正元人为实现企业经营战略目标和人生自我价值而奋斗。

三、严把产品质量关

1. 为了确保产品质量，对于产品配方的制订与修改一律由技术部经理与品管部经理负责，其他部门经理甚至总经理不得擅改配方。

2. 公司技术部人员经常深入市场，查访客户，根据市场需求及客户的要求，不断改进生产工艺，优化菌株，使生产用菌株产酶能力大幅度提高，有效突出了配制剂高效性，深得客户的好评。

3. 为了保证产品化验的精确性，公司不惜重金，花大力气配备了各种化验设备，使公司实验室的化验水平达到国内领先水平，从而保证了公司产品成分测定的准确性。

四、加强售前、售后服务，送技术到家

饲用复合酶的定性，作用机理早就被所有动物营养专家所认可，但对于饲用复合酶的“定量”一直是广大用户正确选用饲用复合酶的困惑。正元公司志存高远，倡导绿色理念，服务绿色事业，已帮助全国100多家有影响的饲料养殖企业建立了酶活检测实验室，去伪存真，提升客户理性的决策，使客户更具理性的选择。

五、大力开拓市场，适时调整经营策略

当前同行业之间的竞争异常激烈，正元公司在坚持发挥自身优势的前提下，根据市场变化动向，灵活调整经营策略。

1. 适时调整产品结构　公司的主要产品是“正元泰宝”系列饲用复合酶制剂，该产品动用多菌株混合固体发酵，单菌株液体发酵及固液结合等先进的生产工艺而生产，产品已于1997年12月通过了国家科委组织的技术鉴定，各项指标均达国内同类产品领先水平，同时公司不断推出新的产品“正元效果酶”、“正元浓缩酶”、“正元小麦型复合酶”、“乳仔猪专用酸性蛋白酶”、“水产动物专用复合酶”、“强生素”、“植酸酶”等系列产品，经投入市场，应用效果非常显著。

2. 适时调整市场结构　公司成立初期，产品在销售区域从华北地区、华东地区逐渐扩大到全国(除西藏、台湾)等各个省份，当时的营销战略是各个省份齐抓共管，共同发展。随着时间的发展，这种全面撒网的营销战略渐渐显露出它的局限性。公司领导针对这一情况，适时调整营销策略，推出了重点市场，重点开发，以点带面，辉煌区域帮助死亡区域走出死亡的爱心激励战略，既增强了营销代表之间的团结性，又加快了企业产品的推销力度，产品市场占有率大幅度提高。

六、加强市场竞争，实施产品的名牌战略

庞大的营销网络和优质的售后服务，是市场竞争的重要手段，也是让产品走向市场的必要条件，公司先后在成都、沈阳、郑州、广州、南宁等地成立了办事处，由此建立起一个上下贯通、纵横协调、渗透基层的网络，可随时了解当时的市场信息及客户反映状况，并及时为用户解决技术方面及使用方面的问题。由于注重市场营销网络，以及高素质营销队伍的培养和使用，注重售前、售后服务的有效性与迫切性，从客户的立场出发设计服务方式，真正为客户排忧解难，使客户感到使用该产品称心、放心，从而大大提高了企业产品的知名度。

初创名牌是一种艰辛；拥有名牌是一种骄傲；利用名牌是一种机遇；保护好名牌更是一种挑战。

正元公司以诚信为根本，以科技为先导，以名牌战略为手段，以用户满意为目的，造福于社会，服务于人类，绿色并不遥远，共同的事业共同争取，正元人正在为促进我国饲料业的“绿色”革命而贡献着一切。

实施一条龙绿色产业工程
促进企业可持续发展

——湖南唐人神集团

湖南唐人神集团是以“骆驼”牌饲料和“唐人神”肉品为主导产业，依靠科学管理、科技进步和不断创新，快速发展起来的综合性农业产业化企业集团。集团的前身是株洲市饲料厂，自1988年投产以来，经过13年的艰苦创业，到2001年已发展成为总资产4.5亿元，年销售收入13亿元，下属23家子公司的农业产业化国家重点龙头企业。企业现有员工近3 000人，其中具有大学本科、硕士、博士学位的专业技术人员占员工总数40%以上。年饲料生产能力已达150多万吨，肉制品的加工能力已达2.5万t，集团通过全面实施饲料、种苗、动物保健、肉品加

工、连锁销售一条龙经营绿色产业工程，成为湖南最大的农业产业化一条龙经营集团之一。骆驼牌饲料被评为湖南省著名商标、中国公认名牌和全国饲料行业十大名牌产品；唐人神肉品也被评为省著名商标、省十大名牌，以及被中国肉类协会、中国食品工业协会确定为名优新产品和推荐品牌，并被国家卫生部列为首批公示卫生安全食品，中国质量管理协会确定为用户满意产品。"骆驼"和"唐人神"两大品牌有较高的知名度，无形资产正不断增值。集团拥有较好的品牌优势、人才优势、规模优势和科研优势，树立了良好的企业形象，为企业的发展奠定了较好的基础。

2001年，集团采取了一系列改革和创新措施，不断深化与提升唐人神企业文化，不断深化和创新服务营销发展战略，坚持以市场为导向，以人才为根本，以科技为动力，狠抓企业内部管理，使企业获得了较快发展。全年实现销售收入13亿元，同比增长50%，实现了稳中求进的良好局面。

一、全面实施一条龙经营绿色产业工程，提高公司整体竞争力

湖南省每年出栏生猪6 000多万头，有一半存栏压库，若不解决卖猪难的问题，饲料工业和养殖业都难以获得发展。唐人神集团分析认为：必须走饲料、养殖、屠宰、加工、销售一条龙的经营之路，才能增强竞争能力。公司通过合资、兼并等资本经营形式，走低成本扩张之路，围绕一条龙产业链做文章，全面实施种苗、饲料、养殖、屠宰、肉品加工、销售一条龙绿色产业工程。从品种改良、饲料生产、动物保健、饲养管理、生猪收购等方面全程服务，一方面扶持农民发展养殖业致富农村，一方面将畜禽产品加工转化为安全放心的肉制品推向市场服务市民，形成了"品牌托市场，市场牵龙头，龙头带基地，基地连农户"的"公司+农户+市场"的发展模式，公司的整体竞争力全面提高。

二、加快肉制品的发展步伐，舞活一条龙产业链

一条龙要"舞"活，肉制品加工是重要环节。目前，我国由于在肉制品加工业方面发展缓慢，致使大量生猪难以消化，要大力发展饲料工业和养殖业，迫切需要发展肉制品加工业。唐人神集团在肉制品加工业方面走了4步棋：

第一步，打基础。利用原肉联厂的闲置设备，投资3 000万元创办唐人神肉制品公司，从生产传统的腌腊制品入手，锻炼人才，培育市场。

第二步，创名牌。他们在传统的腌腊制品上，把传统的生产工艺与现代高科技相结合，引进美国无烟熏工艺，使生产的腌腊制品既保持了传统的烟熏风味和诱人的色泽芳香，又消除了影响人们身体健康的有害物质，提高了产品的科技含量和市场竞争力，产品投放市场后，深受广大消费者的欢迎。同时，还投巨资建立了种苗中心，利用基因工程培育优良品种提供给农民饲养，并向农民提供免费的技术服务，以建立"骆驼村"的形式建立唐人神绿色原料基地，让消费者对唐人神肉品感到食用放心，并通过广告宣传、免费品尝、相声小品等文化促销方式提高产品知名度。如今，"唐人神"肉品已成为我国肉类行业的名牌产品。

第三步，上规模。在腌腊制品开发成功后，又从德国、丹麦、波兰等国引进了先进的低温肉制品生产线，形成了年产2.5万t肉制品的生产能力。由于设备工艺先进、产品质量领先，为唐人神肉品注入了新的科技含量，产品以其安全、营养、味美、便捷等特点而深受青睐，发展迅速，销售收入连年翻番。

第四步，连锁销售。为了让广大市民吃上安全放心的肉类制品及鲜肉，打造唐人神放心品牌。他们从源头做起，首先确保饲料安全，他们带头在全国饲料行业发起了《饲料安全质量宣言》，承诺向农民出售不含任何激素类等有害物质的安全饲料，受到了中国饲料工业协会的表彰。他们在创出了唐人神安全放心肉品牌后，又开办了唐人神安全放心食品连锁店，唐人神以无可比拟的品质和周到的服务，赢得了消费者，销售一路飙升。

三、五大产业相互呼应，强势推动一条龙经营

唐人神以前只有饲料产业，很难满足养殖户的多方需求，因而竞争力不强。为此，他们在继续做大饲料产业的基础上，发展相关产业。他们根据农民饲养过程中存在的生猪品种差、生长速度慢、养殖成本高、缺乏市场竞争力等问题，投资3 000多万元兴办了种苗中心，聘请华中农大的育种专家熊远著院士担任公司的技术顾问，引进和培育瘦肉率高、肉品质好的优良品种出售给农民，以满足农民对品种改良的需要。当农民被兽药的假冒产品搞得一筹莫展时，他们成功地在上海投资控股了上海新杨兽药厂，并兴办了上海湘大新杨兽药有限公司，开展新型兽药的研究与生产；同时，在陕西西安投资控股了陕西生物制品厂并成立了西安秦皇生物制品有限公司，开展新型生物疫苗的研究与生产。集团依托"骆驼"牌饲料强大的全国营销网络的优势，在向农民出售安全、优质的饲料时，配套提供种苗、兽药、生物疫苗等服务项目，并收购农民的生猪。这样，从饲料生产到肉品加工，种苗改良，动物保健、连锁销售，五大产业相互呼应，相互促进，一条龙经营，增强了企业的竞争力。

四、加大人才引进力度，增强企业创新能力

公司之所以在市场经济的大潮中如鱼得水，在激烈竞争的情况下取得较好的经济效益和社会效益，关键是重视人才、重视技术进步和创新。为了培养人才，集团在中国农业大学等全国11所院校设立了"唐人神奖学金"，公司每年都要从大专院校引进200名各类专业的大学生和硕士生。去年，集团从全国各地引进了280名大学生，其中11名硕士研究生。人才的引进为公司的持续发展奠定了基础。同时，公司不断加大科技投入，聘请国内外的专家教授担任公司的技术顾问，加强与国内外高等院校和科研院所的技术合作与交流，先后与农业部饲料工业中心、南京农业大学、江南大学（原无锡轻工业大学）成立了两个饲料联合研究所和一个肉品联合研究所，走产、学、研相结合的道路，不断提高竞争力。

五、强化市场营销，全面推进服务营销发展战略

为了在日趋激烈的市场竞争中赢得一席之地，他们不断强化市场营销意识，树立全员营销观念，不断深化服务营销战略，不断壮大服务营销队伍，招聘1 000多名服务营销员到农民家中指导农民进行品种改良、饲养管理、疾病防治，同时根据集团“义利相溶，养义生利”的经营哲学，投资360万元实施135科技养殖示范工程，组织技术人员到农村中进行科技讲座、科技推广，并免费培训农民，免费赠送饲料给农民进行了科技示范，帮助农民提高科学养殖水平，并且解决农民的卖猪难问题。通过这些服务措施，从而使公司的产品市场占有率不断提高。公司创建的《顾客价值营销管理》荣获国家级管理创新成果一等奖。

湖南正虹成功之路

——湖南正虹科技发展股份有限公司

湖南正虹科技发展股份有限公司是一家以生产销售饲料产品为主的企业集团，位于洞庭湖畔的岳阳市屈原管理区境内。1986年建厂，1990年兼并，1996年改制，1997年上市。目前，正虹公司拥有总资产13亿元，净资产10亿元，支配资产总额达50亿元，综合实力在全国国有饲料企业中名列前茅。在湖南总部辖有4个分厂，8个分（子）公司，并在山东、河南、江苏、吉林、内蒙、广西等10多个省（区）设有21家全资、控股、参股企业，建有32条微机控制生产线，年生产能力100万t，主要生产正虹牌猪、鸡、鸭、鱼4大系列100多个品种的饲料。

湖南正虹已发展成为农业产业化国家重点龙头企业，湖南省22家重点企业集团之一。“正虹商标”被评为中国驰名商标。2001年，集团公司共生产、销售各类饲料50.93万t，销售收入11 302.71万元，上交税收1 251.15万元，实现净利润6 038.28万元。正虹公司已成为屈原管理区的经济支柱。

湖南正虹由一个名不见经传的小企业，发展成为闻名全国的企业集团，它走过了一段改革成功之路。

一、及时抓住发展机遇

80年代中期，农村养殖业迅速发展，但饲喂仍然停留在单一饲料和喂熟料的传统喂养方式上。深切关注家乡生猪发展前途的畜牧工作者——吴明夏和他的同事们，看到了研制工业饲料、促进养殖业发展的曙光。

吴明夏等创业者们全身心地投入到猪饲料研究之中。他们走乡村、进农户、蹲猪舍、耐心询问、细心观察、认真琢磨，无数次试验、无数次攻关，终于研制出了一种能替代泰国“正大800”的猪高蛋白浓缩料——QF-001。1986年，他们在资金极度紧张的情况下，东挪西借，并倾尽各自的全部积蓄，筹资32万元，在屈原农场禾鸡山办起了全场第一家饲料企业——屈原农场饲料厂，批量生产“正虹牌001”饲料，产品很快打开销路，赢得了市场。

随着饲料市场需求的扩大，饲料行业的竞争加剧，不到3年时间，屈原农场境内的饲料厂发展到几十家。他们各自为政，相互争市场、争人才。刚刚诞生的正虹的决策者们提出“联手办厂，形成合力，抓住机遇，共闯市场”。1990年，在屈原农场的具体指导和大力支持下，屈原农场饲料厂对农场境内比较有实力、有潜力的其他3家饲料企业成功地实现了“兼并”，并更名为正虹饲料厂。兼并后的企业，其人才、资金作用得到充分发挥，合力随之加强，更重要的是机遇没有错过。兼并后，正虹饲料产量和经济效益出现了连续5年翻番的好形势。1996年，正虹饲料年产量由兼并前的13 000t增加到15万t，增长10倍；产值由2 700万元增加到5.14亿元，增长18倍。

随着产业规模的不断扩大，正虹原有的经营体制难以适应现代企业的发展要求。1996年下半年，正虹人又不失时机地对企业实施全方位的现代企业制度改革，正虹饲料厂也随之更名为“湖南正虹饲料公司”，正虹公司正式步入了公司制运行轨道，企业的发展又迈上了一个新台阶。

湖南正虹成功实现企业改制后，又开始四处寻求新的发展机遇。企业要发展、要扩张，最需要的是资金。在屈原农场和各级政府的支持和帮助下，1997年3月18日，正虹饲料A股获准上市，融资3.41亿元。这一成功之举，意味着在市场经济大潮中的正虹公司又一次抓住了机遇，又一次赢得了发展的主动权。

二、不断创新管理机制

正虹公司之所以能保持旺盛活力，关键在于不断革新管理机制。1986年，当绝大多数企业还在计划经济的圈子里吃大锅饭的时候，正虹人就用改革精神，实行招聘制。企业从老板到工人，从管理干部到技术人员一律实行招聘制和效益工资，并明确规定：“户口在队，吃住在家，劳动在厂，有工做工，无工务农。”企业没有铁饭碗带来的人员负担，也没有人员背后牵带的社会负担，有的是员工在责、权、利一致驱动下的积极性。

湖南正虹饲料上市后，把建立和完善公司管理体制和经营机制当作头等大事来抓。从法人治理机构的建立、经营管理部门的设置、到内部管理、生产营销、质量检测、财务报账、资本经营、劳动用工、人才引进、员工培训、文化建设等各方面都按照现代企业制度建立。如在劳动人事方面，履行“能者上，平者让，庸者下”、“有为有位”、“劳酬对等”等原则。公司根据经营需要设置机构和岗位，根据一定的条件和资格，聘任合适人选到岗，并履行严格的聘约手续。应聘时，你可以选择部门和岗位，部门也可以选择你。无论什么岗位、什么级别、一律不搞终身制，不搞铁饭碗，双方都依法分别享有聘任和解聘、受聘与辞聘的权力。

三、高度重视人才、科技

市场竞争说到底是人才竞争。优秀的决策人才，可以使企业在市场风浪中不致迷失方向；优秀的管理人才，可以使企业运转井然有序；优秀的科技人才，可以使产品领潮于市场；优秀的营销人才，可以使市场不断扩展。当正虹事业中兴之时，不失时机地提出“搭成功之梯，揽四海人才”的口号，并实施“创造机遇，培养人才；增负加压，锻炼人才；破格提拔，重用人才；论功行赏，激励人才。”的人才战略。有人说，在正虹，是人才不愁进不去、上不去；是庸才，也不怕下不来、出不去。1990年以来，正虹这个仅有600多名正式员工的企业，就从全国各地招聘各类人才300余人。近几年来，他们当中的一批人，通过自己的努力，一个个脱颖而出。有的当上了董事会董事，有的当上了副总裁，有的当上了联营公司的总经理、副总经理或业务骨干，在公司内部形成了一个德才兼备、有胆有识、敢于开拓、勇于进取的精英群体，他们已成为振兴正虹的中坚力量。

科学技术是第一生产力。湖南正虹之所以有今天，靠的就是科学技术。创业之初，正虹就立足长远，建立了自己的科研班子，根据市场需要，不断研制新产品，优化饲料配方。当企业发展起来，有了较为雄厚的资金实力后，正虹又建立起自己的科研机构，建起了科研大楼，现代化质检中心和现代化养殖试验基地。15年来，正虹在科研方面累计投入近亿元，科学研究硕果累累。正虹牌“QF－001”猪高蛋白浓缩饲料继1991年获国家银质奖后，又先后获得“墨西哥金奖”、“国家星火奖”、“全国十大名牌饲料”、“全国用户信得过产品”、“全国猪浓缩料产品质量评比第一名”等9项金奖和25项省部级以上的奖励。

正是由于正虹人全方位的实施人才、科技战略，才使得正虹事业有了丰厚的回报，有了今日的辉煌。

强化核心竞争力 促进企业持续发展

——湖南岳泰集团

岳阳岳泰集团创建于1993年，在短短的9年时间里，该公司已经完成了资本的原始积累，由数量的扩张、快速发展的阶段，转向优化结构、稳步提高的阶段。企业组织向大型化、集中化方向发展，产品向名牌化、系列化方向发展。岳泰集团先后在湖南、内蒙古、山东设有9个子公司。年生产能力达120万t，公司产值连年增长：2001年年销售额达到18亿元，与1997年相比，产值增长13个多亿，成为了湖南饲料工业的佼佼者。岳泰集团以独特的企业文化、先进的人本思想、高效的管理体制，保持了竞争力，实现了快速、稳定的发展。

一、强化企业使命，锁定经营战略

以“诚实、诚信”为企业文化理念的岳泰集团，对社会负责，对消费者负责，在饲料产品中绝不使用违禁药物，保证饲料安全。1999年，整个饲料工业、畜牧业不景气，部分养殖户和经销商挡不住金钱诱惑，纷纷添加违禁药品，岳阳岳泰集团顶住了来自内外的压力，确保了饲料产品的安全，并且在维护生态平衡、推广绿色事业方面获得了良好的业绩，2001年成为全国56家《饲料安全新世纪宣言》承诺企业之一。

不是说饲料生产厂家不使用违禁药品，就能确保食品的安全，因为一部分养殖户由于素质不高，还不能判别违禁药品使用的严重后果，因此，饲料生产厂家，有责任传播科学知识，从各个环节严格控制养殖户对违禁药品的使用，确保为社会提供绿色食品，提高人民生活品质。

二、注重人力资本投资，建立高效管理团队

中国加入WTO后，各行各业将面临着更严峻的竞争，竞争说到底是人才的竞争和知识的竞争。岳泰把企业当作大学来办。实施人力资源全面开发的重大策略。公司支持员工攻读博士、工商管理硕士。自己创办岳泰大学，与国内名牌大学MBA专业著名教授，名企专家联合举办在职工商管理研究生（EMBA）课程班，集团、公司和各部门各层组织对员工进行培训，造就了一批高素质的人才队伍。岳泰优秀的企业文化，先进的管理模式以及较大的发展空间吸引了一大批精英人才纷纷加盟。到目前为止，公司共有员工2 640人，其中教授和博士9人，硕士60人，占员工总数的2.3%，本科学历的1 128人，占42.7%，专科和中专学历1 275人，占48.3%，是饲料业界人力资源最雄厚的企业之一。

三、加大科技投入，强化技术优势

岳泰集团一直坚持以“高科技、高质量、高效益”为目标，实施“名牌企业、名牌产品”战略，公司在实施目标和战略的过程中，在饲料科研方面很下功夫，形成了以教授、博士、硕士为领导群体的科研队伍。另外，公司为了提高企业的技术竞争力，与江南大学等院校及科研所，实行强强联合，成立了江南大学岳泰生命科学研究所，江南大学岳泰博士后科研工作站。建立企校科研和学生实习基地，岳泰集团与原料供应商、国际一流公司的博士们进行技术合作。保证了岳泰集团领先的地位。岳泰集团专家群体所独创的动态模型化营养平衡配方技术，克服了线性规划和多元目标规划计算饲料配方固有的缺陷，能根据不同的生产性能的追求及成本的要求，筛选出能最大限度发挥遗传潜力，获得最佳饲养经济效益的配方。通过最优化筛选的配方，在不添加任何违禁药品的同时，能发挥动物最大生长生产潜能，这样虽然在饲料成本方面有所增加，但确保了饲料产品的安全，进一步增强了企业的社会责任感。通过这项技术研制出的泰氏精品2000，获得国家专利局颁发的专利证书，克服了传统浓缩料针对不同生长阶段营养需要仅仅改变浓缩料添加比例的缺陷，降低了养殖成本，对社会做出了贡献。公司不仅在配方上很下功夫，在抓产品质量时还以市场为导向，以用户需求为宗旨，实行原料采购、生产过程控制和产品最终检验层层把关。岳泰集团的原料供货渠道稳定，各种原料均是从最具权威性的饲料原料生产厂家如瑞士的罗氏公司、美国的礼来公司等订购的；在生产的每一个环节建立了严格的质量责任制，把产品生产和销售过程中的质量责任落实到每个人的头上，认真把好每个关卡。公司品控部经理是由集团直接任命，不受各分公司总经理的支配，在品质控制方面把关很严，不合格的原料坚决不用，不合格的产品坚持不卖，把质量问题控制在萌芽状态。岳泰集团以其品牌优势和高品质的产品赢得了社会的认可。1995年获得“农业部第二届农业博览会金奖”，1999年被中国社会事务调查所确认为中国公认名牌产品。

四、推行技术服务，架构全新营销体系

岳泰集团长期以来一贯恪守“诚实诚信”的经营理念，坚持对消费者负责，对社会负责。赢得了社会各界和养殖户的认可，但随着公司的发展，要想在经营规模上有一个质的飞跃，必须在经营模式上进行创新。岳泰集团领导层锐意创新，2001年，独创了一套送科技下乡、办培训班等为主要形式的知识营销模式。知识营销活动的开展为用户提供了有力的技术支持，使养殖户的技术水平大幅度提高。公司为了使这种知识营销活动更深入更快捷地为全社会服务，创建了遍布全国的销售服务网络，到目前为止，在全国设立分公司200余家，各分公司均有大学生和科普员组成的技术服务团队以最快捷的方式服务于广大养殖户。公司还组建了一批具有多年实践经验的畜牧科学工作者，长期服务于全国各地，对养殖户进行现场指导；常年开通的咨询热线随时为养殖户排忧解难。另外，公司还设立以博士、专家为主要群体的服务团队。正因为岳泰集团以其先进的营销和服务模式深入基层，走村串户，吸引了一大批立志从事养殖业的农民朋友学习岳泰科技，与岳泰公司建立起良好的合作关系。据不完全统计，到目前为止，岳泰集团已为养殖户提供专业技术资料达2000多万册；培训专业人员50多万人次；建立岳泰科技示范场（户）20多万，对提高社会的养殖水平做出了卓越的贡献。今年4、5月在整个市场滑坡的情况下，岳泰集团销售量还稳中有升，创造了饲料业界的一个奇迹。

团结拼搏 知难而进
开创泰山、新泰饲料新局面

——广东中山市泰山实业公司

广东中山市泰山实业公司是中山市最大的饲料工业企业，也是广东省大型的国有饲料工业企业之一。下属饲料骨干企业有中山市泰山饲料厂和中山市新泰饲料有限公司。生产经营“泰山牌”、“新泰牌”全价配合饲料。2001年是新世纪的第一年，也是中山市泰山实业公司对泰山和新泰统一管理的第一年。一年来，在中山市政府、公司董事会的正确领导和广东省饲料工作办公室的指导下，全体泰山实业公司员工发扬“团结、求实、拼搏、创新”的企业精神，围绕公司年初提出的“市场、质量、成本、效益”的工作方针，在2001年全国饲料市场竞争激烈的不利条件下，取得了企业效益和社会效益的双丰收。2001年全公司饲料产销量17万t，年销售收入2.9亿元，分别比2000年增长11%和10%。中山市泰山饲料厂继续保持稳步发展的势头；中山市新泰饲料有限公司也结束了徘徊不前的局面，走上健康的发展轨道。

泰山、新泰饲料的发展，促进了中山和广东省禽畜、水产养殖业的发展，丰富了人民群众的菜篮子。在创造企业经济效益的同时，创造了良好的社会效益。

一、坚持以“创优势、创名牌，保证饲料安全”为首要任务

中山市泰山饲料厂从1987年投产以来，坚持“质量第一，信誉第一，社会效益第一”的经营宗旨，始终把“创优质，创名牌”贯穿于企业生产经营的全过程。泰山饲料曾获全国名牌饲料、部优产品等荣誉称号，1999年还获得中国国际农业博览会名牌产品荣誉称号。进入新世纪，他们仍然知难而进，勇于创新。首先，公司成立了由总经理任组长、办公室、技监、生产、销售、配方设计、采购等部门主要负责同志组成的产品创优和饲料安全领导小组，负责全公司的产品创优和饲料安全的领导和日常管理工作。第二，在全公司的范围内，大力宣传贯彻国务院《饲料和饲料添加剂管理条例》和农业部《饲料药物添加剂使用规范》、《饲料标签》标准，严格按《条例》规定的5个标准组织生产。重点抓好饲料卫生标准、饲料标签的强制性标准实施工作。第三，加强创优质、创

名牌工作。以优质的产品，良好的服务赢得客户，开拓市场。2001年，该公司的产品多次经国家、省、市技术监督部门的抽检，全部合格。2001年，泰山饲料荣获“中国国际农业博览会名牌产品”称号，并被中国保护消费者基金会授予“中国饲料市场用户购物十佳信誉品牌”。中山泰山实业公司连续10年保持“中山市产品质量信得过企业”称号。

二、以销售为龙头，带动企业各项工作

2001年，公司在禽畜、水产价格低迷，市场竞争激烈的形势下，采取有力措施，仍取得较好效果。一是我们提出了“计划做早一点，困难想多一步，工作做细一点”的工作思路，对“泰山”、“新泰”的市场和人力进行了调整，坚持“立足中山，积极拓展市外市场”的战略方针。一方面继续巩固原有销售大户的工作；另一方面积极开拓边远地区、山区的市场开发工作。2001年，该公司产品销售市内外市场各占50%，而新开拓的市场占全年市场的20%。二是加快企业产品结构的调整，大力开拓水产饲料市场。公司投产15年来，坚持“开发一代、预研一代、改进一代”的方针，先后开发了鸡、鸭、猪、鹅4大系列产品，均能适应广东特别是珠江三角洲地区饲养业的发展而获得成功。2001年，公司根据珠江三角洲、粤西地区等地水产业蓬勃发展的态势，集中科研力量，在广东省农科院、中山大学生命科学院、广东海大公司等科研单位的支持下，成功地开发了水产饲料系列产品。特别是新开发的南美白对虾料、罗氏虾料成功地解决了广东地区高温、高密度养殖下饲料营养平衡，适口性、耐水性、促脱壳等关键技术，经珠江三角洲、粤西等地的虾农使用，效果显著，农民增加了收入。2001年，公司的水产饲料已占全年销售量29%。三是加强售后服务。公司建立了全公司的售后服务网络，特别是销售大户及较大规模的饲养场进行专人重点跟踪服务；2001年公司与市内外农口部门合作，先后举办了禽畜、水产技术管理讲座15次，参加农户达2 000人，送科技下乡，以提高农民饲养管理水平，达到农户增产、增收的目的；公司通过互联网等渠道，搜集农产品和饲料原材料行情等信息及时传送给经销户和用户，供他们作市场决策参考，深受欢迎。

三、健全企业内部管理，保证企业管理目标的实现

一是健全和强化企业各项内部管理制度。2001年，公司组织办公室、技监部、计财部、生产部等部门的管理和专业人员，对企业30多个规章制度进行修订，用经济手段管理企业，奖罚分明。2001年公司的电耗、物耗、加工成本、全员劳动生产率、工人实物劳动生产率等指标继续保持广东省饲料工业的先进水平。二是加强资金的安全管理。2001年，他们在总结历年销售正反两方面经验的基础上，提出“安全有效、稳定增长”的方针，坚持反对无原则的赊销，即使是由于特殊情况个别客户需要一定资金占用的，也要办理完善的财产抵押手续才能发货，收到良好的效果。2001年，该公司实现了产销率、资金回收率超98%的好成绩。三是加强科研工作。2001年，该公司成立了产品研究与开发中心，由研究生、本科生等近10人组成，主要任务是在中国农科院饲料所、华南农业大学、中山大学等高等院校的专家指导下进行饲料技术的应用研究、无公害及药物残留研究和新产品开发工作。并投资近100万元在板芙镇建立了一个占地50亩的禽畜、水产综合试验基地。此举增强了泰山、新泰饲料的市场竞争力。

四、加强企业的精神文明建设和人才的培训工作

公司把提高企业各层次的人员素质作为企业持续发展的战略任务去抓。2001年，总经理报考就读于新加坡国立大学工商管理学院EMBA（在职工商管理硕士），一位副厂长及二位中层管理人员也完成了中山大学生命科学院举办的水产研究生课程班学习。对中层干部，销售人员、技术人员、财会人员等工作骨干，采取走出去请进来的方式进行培训，去年共有80多人次参加了专业培训。通过学习，提高了在市场竞争中分析问题和解决问题的能力。

天地融合　万物康泰

——广州康泰饲料有限公司

1992年8月，广州康泰饲料有限公司应运而生，经过10年的艰苦创业，逐步发展成集科研、产销、服务为一体的集团化企业。回顾10年的发展道路，主要经历了3个发展阶段，同时有3个方面的经验值得借鉴：

一、三个阶段

1. 创业——单一产品期。1992年创业之初，以生产6107脱毒菜籽粕为主。他们依靠员工的忠诚和勤奋，发挥集体智慧，逐步打开市场，为企业的发展打下了坚实的精神基础和一定的物质基础。

2. 转产——饲料添加剂多品种期。1994年，适应当时的市场需求，公司与华南理工大学合作，走上了研制饲料添加剂的道路。从此，公司的产品向高科技含量、高品质的多品种合成产品转化。为确保产品质量，他们从原料控制开始，建立严格的品质检验制度，树立了“康泰”品牌，产品的知名度不断攀升，饲料级硫酸铜长期供不应求，在全国产销量名列前茅（8 000t/年）。1998年，康泰饲料防霉剂被广东省评为质量信得过产品；在2000年国家农业部饲料添加剂质量跟踪检查和饲料产品专项检查中，康泰产品100%合格。

3. 拓展——生物制品期。2000年8月，公司向生物技术领域拓展，加大科技投入，组建了广州康瑞德生物技术有限公司，经广州市科委考核认定为高新技术企业。公司倡导绿色养殖新观念，开发绿色、环保、安全的新型饲料添加剂。与华南理工大学现代化工技术重点实验室合作，共同组建了“广州康瑞德——华南理工大学现代化工科技开发中心”；与华南理工大学食品与生物工程中心合作共建了“康瑞德酶工程研究中心”，产、学、研相结合，在新型饲料添加剂领域取得了显著成果。其中康泰牌高稳定维生素C（Vc－2－磷酸醋）中Vc PP含量为国内领先水平，康泰氨基酸螯合物及相对应的微量元素的含量也处于同行业领先水平。公司新近研制的“康泰健”微生态制剂和“利康灵”活性乳酸菌系列产品，经过实验验证，效果明显，得到用户的广泛赞誉。

二、主要经验

1.“诚信”方面。诚信是立身之本，同样也是立业之本。公司上下培育以诚为本，严以律己，宽以待人的精神，员工上下一团和气，形成和谐、宽厚、团结的工作气氛。其次体现的是对待客户的态度。无论生意大小，无论大事小事，只要是顾客的需要，就一定要解决。为此公司组建了售后服务部，配备博士、硕士及相关学科方面的专家，随时为顾客解决技术难题或不满。例如：江西一位客户投诉该公司的产品重量不足。虽然客户投诉的重量差额不大，但也引起了公司的高度重视。公司立刻派负责生产包装的主管前往江西调查处理，该客户被公司认真负责和诚恳接受意见的态度所感动，成为他们的朋友和长期客户。此后，该公司产品出厂一律使用电子秤，把误差减少到最低限度。又如：公司微生态制剂产品“利康灵”上市不久，广东河源一客户来电反映使用“利康灵”后个别猪出现了不良反应。公司立即派人前往河源将病猪拉到华南农业大学剖检，结果是该客户使用不当造成的。公司技术人员对该客户进行了细致的使用指导，客户非常满意，成为公司的忠实客户。

2.“事实”方面。一是社会意识：创业伊始，公司以生产硫酸铜为主，这是劳动密集型项目，公司因此就地招收、培训民工，尔后还培养出不少生产骨干。在此期间，“民工”的工资待遇（包括劳保等）在广州属中上水平。这无疑为洗脚上田的农民提供了转化为产业工人的发展机遇，同时也为“民工”及国企下岗职工提供了几百个就业机会。最近公司在广州科学城征地15亩，筹建GMP标准厂房与现代办公楼，也为社区的环保事业尽了一份绵薄之力。二是品牌意识：康泰、康瑞德树立自己的品牌，力求将科技、质量、管理和服务融为一体，经过长期努力，公司的“康泰”牌系列产品闻名全国，深受用户信赖。三是文化意识：公司的文化意识，是传统与现代撞击后的产物。为使公司文化深入人心，公司创办内刊，让员工和客户了解企业动态和发展目标，为员工提供一个交流思想，分享工作和生活感受的园地；公司自办网站，为顾客提供一个交流信息的平台。

3. 企业发展战略方面。组建康瑞德，从原来劳动密集型的无机矿物元素项目，转入有机矿物元素及生物领域中高科技产品的开发与研制，不仅顺应市场的需要，也顺应了绿色、环保、高效养殖时代的要求。公司开发的活菌产品“利康灵”及“康泰健”，倡导绿色高效养殖新观念，体现人与自然环境的融合，寻求的是“天地融合，万物康泰”的理想境界。

以饲料加工为龙头 发展广西养猪产业化

——广西贵港扬翔饲料公司

扬翔公司是一家“公司＋基地＋农户”型的乡镇企业，创建于1998年3月，现有员工550人，其中专业技术人员达423人，占76.9%。扬翔公司把养猪业的猪种改良—饲养管理—饲料供应—兽医防疫—生猪销售5个环节，全部纳入公司的经营运作范畴。公司以养猪基地建设为依托，通过为养猪户提供产前、产中、产后一条龙服务，带动农村养猪朝产业化方向发展，真正做到以猪为业，以农为本，以猪富农。经过3年多的有效运作，取得了农民养猪收入稳定增加，企业迅速发展的双赢效益。目前，加盟公司产业化养猪基地的农民共有153万户，养猪年总收入超过10万元的农民达3 700户，公司2001年销售饲料20万t，销售收入5.35亿元，创造了单家企业饲料销量的广西最佳纪录，成为广西饲料工业的“排头兵”。

一、抓质量，靠科技，确保企业强身健体

扬翔公司先后投入1 000多万元与中国农科院、中国农业大学等十几家科研单位合作，所生产的系列饲料产品，除各项营养指标符合企业标准卫生指标和国家卫生标准外，还具有针对性的防拉痢疾功能，有效解决长期以来困扰农民养猪的难题。几年来通过广西、广东、湖南、云南、贵州、北京、天津、河北、山西以及越南几十万饲料用户的实践，得到普遍认可。

公司引进世界领先水平的PLC全过程自动控制系统和条码管理系统，从瑞典、德国、日本等国进口了一批先进的生产设备、检测仪器，形成一整套先进的生产、科研、检测、分析系统，已基本实现电脑网络管理，使整个企业的物流、资金流、信息流实现全面的内部资源共享，大大提高了公司的企业管理水平。公司的产品质量也得到明显提高，1999年公司成为广西第一家通过ISO9002国际质量体系认证的饲料企业，2000年通过国际质量体系监督审核，所生产的系列饲料产品由于质量稳定，在广西已经形成优势品牌。

二、抓服务，提素质，做农民养猪增收的后盾

广西规模养猪业基础薄、猪种品质差、防疫体系不完善、饲养管理不科学等问题相当突出。扬翔公司聘请50多名专家、教授带领300多个技术员，巡回于各地组织科学养猪技术培训。1998年至2000年，由贵港市水产畜牧局、贵港市科委等五个单位牵头，扬翔公司出资500多万元在贵港举行以科技扶贫为主题的“扬翔献爱心百万助学扶贫大行动”，直接扶助2 500多贫困户，接受科技培训的农民有37万多户。

公司还在全自治区范围内组织“农民科学养猪大比武”活动，推广科学组合用料，对饲养成本低、养猪效益高的农民进行宣传、表彰、奖励，使“科学养猪”在农村形成热潮。两年多来，扬翔公司组织的科学养猪讲师团在全区走村串寨，举办科学养猪技术讲座2.375万期，赠送《科学养猪新技术》培训教材510多万册。通过培训，80%以上的农户基本掌握科学养猪的技术要领。

为做好农民养猪增收的后盾，扬翔公司投入大量的人力、物力、财力，开展五项义务服务。首先，分期分批进行猪种改良。公司投入3 000多万元建立良种猪场，引进美国、丹麦、英国等国及引入我国台湾等具有世界先进水平的种公猪，配备200多人的专业配种服务队伍，为农民提供免费配种服务。第二，送料上门并进行技术跟踪服务。第三，免费阉猪，做到宁早不迟，提高养猪户的饲料利用率。第四，免费提供兽医防疫服务，利用销售点多面广服务人员多的优势，全面为用户开展兽医防疫服务。第五，建立生猪产销一条龙流通运行机制，为养猪户提供销售服务。

三、抓基地，树样板，以点带面把产业做大

要把千家万户的农民纳入农业产业化经营的运作中，基地建设起着举足轻重的作用。公司首先把猪种改良作为基础建设的切入点，对基地农户提供改良猪种服务。其次，公司与农民订立产销合同，共同抵御养猪风险。第三，以基地为基础，引导农民养猪致富。公司派出专家教授、技术员专门在基地巡回指导，提供全程服务，引导基地的农户向养猪规模化、防疫规范化、饲养科学化方向发展，最终形成规模效益。

基地养猪户得到完善的服务，养猪基地建设一个，成功一个，成为农民科学养猪致富的样板。据不完全统计，加盟公司养猪基地的农户年平均养猪数已由1998年的每户12头，增加到2001年的56头，户均养猪纯收入达到6 200元，基地密集区的养殖户养猪年纯收入超过1.5万元。

四、创品牌，拓市场，实现农民养猪增收

扬翔公司以养猪基地建设为契机，致力创出贵港乃至广西的品牌——龙宝猪。“龙宝猪”的标志，是在生猪耳朵上佩戴特别的“耳环”，这些“耳环”形状、图案经过专利注册。戴“耳环”的“龙宝猪”必须达到三个质量要求：首先，母猪是经公司改良选育而成，然后由公司提供优良种公猪进行人工授精，所产的“龙宝猪”是易养、易管理的三元杂；其次，所有的“龙宝猪”必须经过严格、规范的兽医防疫，确保生猪健康，无抗生素残留；第三，“龙宝猪”必须科学地组合使用扬翔饲料，达到瘦肉率高、养猪成本低的要求。

广西各地及广东的部分地区养殖户已踊跃加盟龙宝猪产业行列，形成了仔猪生产基地、肉猪生产基地。目前，龙宝母猪的饲养量已达15.6万头，年出栏龙宝商品猪320万头，农民饲养龙宝商品猪平均每头增加纯收入40～80元，饲养龙宝母猪每年每头创利超千元。

抓质量　强管理
促进企业稳步发展

——桂林市漓源粮油饲料有限公司

桂林市漓源粮油饲料有限责任公司是在桂新饲料厂的基础上按照现代企业制度改制设立的，是广西大型饲料加工企业之一。企业经济实力雄厚，技术领先，年产能力达24万t。产销量连年以30%以上的速度递增，2001年销量达15.68万t；经济效益也逐年增长，实现销售收入2.97亿元，年创利税756万元，创造了良好的社会效益和经济效益。

公司有较好的经营机制，投资主体多元化，股东大会、董事会、监事会规范运作，各项制度健全，激励和约束机制比较完善。公司有雄厚的科技实力，一流的动物营养科研中心，现代化智能物流中心，与国际接轨的质量保证体系，门类齐全的生产设备。拥有几十名企业管理优秀人才和高级技术专业人才，生产工艺先进，技术领先，3条生产线全部使用美国CPM公司的制粒机、破碎机、冷却塔等以及荷兰飞利浦公司的配料电脑等全套先进生产设备。

一、企业主导产品情况

企业有饲料品牌“漓源”、“金漓源”、“桂新”、“山水”猪、鸡、鸭、鱼等4大系列共270个品种。其主导产品“漓源”牌小鸡料121#、乳猪料551#是从广东农科院引进的高科技配方，在此基础上全面革新了配方，产品自1996年投放市场后获得很大的成功，各销售区域的市场占有率增加10%以上。产品选用优质原料，融合美国、中国及当今最新科技成果，应用电脑优选最佳配方，具有适口性好，增重快，肉质好，料肉比低，抗病能力强等特点，产品供不应求。

二、企业经营管理情况

企业经营管理，一是实施对外适应市场、对内严细管理的“外圆内方”方略，二是确立以财务管理为中心的管理体系；三是管理形态正由“橄榄型”向“哑铃型”转变；四是正在实行“网络工程管理”。公司有300多人的营销队伍，在云南、贵州、湖南、广东等地拥有10多个分公司和办事处及全区300多家区域代理商，健全的纯销售网络和一大批忠实客户，产品销售遍及全国10多个省区、200多个大中城市和广大农村市场。

公司实行“公司+农户”的营销模式,成立了3个科技养殖公司走科技养殖的路子。科技养殖公司经过3年的营运已打开了局面,深受广大养殖户的好评,经济效益也连年递增,为公司多元化发展拓宽了路子。

三、企业质量管理情况

企业领导和全体员工有较强烈的质量意识和争创一流企业的精神，加强了对广大员工进行“科技兴企，质量旺企”的宣传教育，有计划、有组织的学习《质量振兴纲要》、《产品质量法》及《广西质量振兴实施计划》，使全体员工牢固的树立了以市场为导向，以产品质量为中心，以质量为生命，以效益为目标的全新观念，完善了各种质量管理的保证体系，使企业的质量管理上了新的台阶。

制定了赶超世界先进水平的质量规划，企业按照GB/T19000－IS2000标准和《广西工业企业质量管理奖评审条件》，建立健全了各项全面质量管理规章制度和质量保证体系，按照质量管理标准，建立科学合理、先进可行，适应性，操作性和针对性都很强的工艺标准，保证产品质量达到设计要求。制定了企业质量方针、质量目标、质量管理体系组织机构及人员配制、各级质量管理部门职责、质量控制网络图、质量管理规章制度、质量管理教育培训、质量管理体系的运作等10大质量管理体系手册等，按照《质量成本管理导则》和《质量损失率的确定与核算办法》要求，实施了《质量否决制度》、《质量台账制度》、《原料加工质量管理程序》、《成品出厂质量管理制度》、《企业质量管理及处罚条例》等行之有效的质量管理措施，始终按照“计划—执行—检查—总结”的管理环节严格操作，各管理制度要求全体员工把质量责任制作为经济责任制的中心，并在实际操作中具体按照11个质量管理规章制度加以实施。公司质量管理奖惩，上至总经理，下至一线工人均实行质量管理与个人奖金挂钩，奖优罚劣。2001年全公司质量否决兑现奖金额达3万元，其中质量奖励金2.2万元，处罚金0.8万元，涉及人员累计达150多人次。由于对质量管理动了真格，全体员工的质量意识有了较大的提高，形成了全员抓质量、讲效益的新局面，使企业的质量管理水平上了新的台阶。

四、售后服务

企业坚持“用户第一、质量第一”的方针，重质量、讲信誉、守合同，产品和服务对客户有明确的承诺，在工商合同信誉中取得了较佳的成绩。建立了用户访问制度和质量审核制度，积极开展用户监督、评价、咨询和服务活动，在用户中树立了良好的企业形象。企业多次获质量信誉奖，客户满意度达100%。2001年度“漓源”牌系列产品荣获全区用户满意产品。

公司领导及售后服务人员经常深入市场进行调查研究与质量访问，收集用户意见，不断更新产品结构和提高产品质量，以满足广大用户的要求。公司有产品售后服务人员110名，售后服务车50多部，分布至各销售网点及饲养场，售后服务人员每天都对各销售点、饲养场、饲养户进行产品质量跟踪调查，发送征询意见书，及时的了解和掌握市场信息，征求用户对公司产品的使用意见，对销售点、饲养场、饲养户反映的有关质量信息意见，及时反馈到全质办处理，做到妥善解决。产品质量问题做到三包，即包产品质量、缺斤短两包退包换。除此之外，他们还配备多个兽医到各饲养场义务为客户的牲畜诊疗、打预防针、送兽药上门，帮客户解决疑难问题等，实行一条龙服务，深受广大客户的好评，几年来的质量服务调查表中客户满意率达100%，在全区同行业中名列前茅。

五、成就和展望

企业由于注重产品质量，从而取得了较好的经济效益和社会效益，1999年经自治区经贸委验收通过推行TQM达标验收（复查）合格，并多次荣获国家、自治区等部门的质量奖励：1996年被评为广西壮族自治区技术监督局“饲料行业十大推荐产品”；1997年获中国饲料工业协会推荐品牌、国家内贸部专项抽查合格产品称号；1999年获广西质量监督达标产品证书；1999年“漓源”牌商标荣获广西著名商标称号；1999年“漓源”牌鸡、鸭、猪系列产品荣获广西优质产品称号；2001年“漓源”牌鸡料荣获广西名牌产品称号，“漓源”牌系列产品被评为全区用户满意产品。

企业正进一步注重建设体现质量优先的企业文化，以国内外先进水平为参照，以市场为导向，深入开展以产品质量为中心的整顿工作，依靠科技进步，不断开发出名、特、优、新产品，把产品质量提高到更高的水平，争创一流企业，为振兴全区经济做出更大的贡献。

以诚信为本
重质量与服务　创企业品牌

——广西彼得汉预混饲料有限公司

广西彼得汉预混饲料有限公司（以下简称广西彼得汉）成立于1989年，是广西首家中外合资专业生产预混饲料的企业。现有员工160人，其中专业技术人员45人（含研究生8人，大学文化31人），具有高、中级专业技术职称28人。公司注册资本223万美元。

该公司原股东有广西牧工商联合公司、广西鑫盛源畜牧有限公司、香港惠武有限公司。采用英国彼得汉动物保健公司的工艺技术生产添加剂预混饲料。至2001年10月，随着荷兰普乐维美公司加盟并控股，广西彼得汉及其子公司重庆彼得汉、越南河内彼得汉（含西贡分公司）均即成为普乐维美集团的成员，公司的经营期限由原来的25年延至50年。

广西彼得汉依靠企业团体的智慧和力量，努力实践“创一流产品、一流服务，全力扶持养殖致富”的质量管理方针，取得了显著的社会效益和经济效益。自1995年起，预混饲料的年产销量均在万吨以上，产值超亿元。2001年在市场竞争异常激烈的情况下，经过努力拼搏，产量（含子公司）仍达到15 480t，销售15 010t，销售收入9 500万元。

一、狠抓产品质量，始终生产优质、安全的预混饲料产品

广西彼得汉把产品质量放在首位，以诚信经营取得用户的信赖。所生产的“比得好”牌猪、禽、牛、羊、水产等5个系列45个品种产品，经各级饲料监测部门、商检部门多年反复抽检，合格率达100%。2000年和2001年均被广西检验检疫局评为供港动物食用饲料一类生产企业，同期，还被中国动物保健品协会评为“信得过”产品。广西彼得汉是2001年率先在全国发起《饲料安全新世纪宣言》的35家饲料企业之一。该公司说到做到，每批产品均严格把关，经年终验收符合标准，被全国饲料工作办公室和饲料工业协会授予“重承诺守信用企业”称号。此外，该公司还连年被评为中国建设银行广西分行银行信用“AAA”级企业。

二、强化技术服务

加强技术服务是广西彼得汉赖以生存和发展的法宝。公司领导、科技部、销售部、质量控制部、生产部的专业技术人员从不同的侧面为客户提供经常性的服务。公司领导主要在比较大型的培训班、研讨会上，为客户讲授国内外畜牧科技发展信息和进行企业管理方面的指导，并深入到较大的饲料厂、养殖场与当地的有关领导与技术主管研究解决关系重大的问题。销售人员（全部均为大学毕业的专业技术人员）则重点深入到乡村、镇、县进行技术服务。2001年，先后在国内的广东、海南、广西等省区的33个市、县、镇和越南的5个县市举办技术讲座38次，并进行街头技术咨询。共发放科学养殖技术资料10万余份，接受培训和咨询的养殖户达3.8万人次。科技部参与销售部的技术服务工作，并与客户合作开展科学实验活动。质量控制部则根据客户的要求，2001年为饲料厂、养殖场培训饲料原料与产品的检验人员2批共5人。生产部在生产工艺上为客户提供服务。上述这些服务均取得很好的效果，增强了广大客户对广西彼得汉的信任。

三、重视科技研发，提高产品竞争力

广西彼得汉通过为客户服务增强了专业技术人员解决实际问题的能力，并在服务中及时而准确地掌握市场信息，在此基础上，瞄准市场的需求和发展畜牧业的需要，大力开发新产品。公司从上年的利润中提取30万元作为2001年的科研经费，用于新产品的研制、开发和试验、推广。2001年推出了P25和P15高档乳猪、仔猪浓缩饲料以及P98高档乳猪的配合饲料、P99断奶仔猪配合饲料等新产品。上述新产品在当年就实现销售250t，销售额180万元。这些新产品使广西彼得汉的系列产品配套更为完整。此外，公司还自行研制了乳猪、小猪、中大猪小麦型日粮和稻谷型日粮4种复合酶，取代了外购的同类原料，大大节省了开支，以致2001年在赖氨酸、生物素大幅提价的情况下，公司的原料总成本仅比上年提高0.75%，充分显示出科技成果给企业带来的经济效益。以诚信为本，科技进步与技术服务为导向，广西彼得汉正扎扎实实地向前发展。

精品文化　卓越品质
——桂林市万康生物化工有限公司

桂林市万康生物化工有限公司（原桂林万康添加剂厂），创建于1992年，是中国最早自行研究、开发及生产饲料保鲜产品的专业企业之一。10年来，万康以诚信及科技为本，凭借领先的专业技术、一流的产品品质及服务，发展成为有一定规模、行业知名度的集产品研发、生产、销售、服务为一体的生物化工企业。

一、企业概况

万康公司位于广西桂林市八里街三号经济开发区，占地16亩，建有面积2 000m^{2}布局合理、设备精良的生产综合楼，3 000 m^{2}的办公楼、生活楼及辅助设施。厂区建筑在外观、色彩搭配上力求协调一致，充分体现企业CI整体规划要求，获得了良好的视觉效果，为万康员工提供了一个花园式的生产、生活、娱乐环境，并被广西区人民政府授予“自治区文明庭院”。万康公司以人为本，拥有一支品德优秀、专业水平一流、勤于创新的科技及管理干部队伍，员工中大中专学历者比例占总数的70%以上。万康公司历年来被当地政府评为“优秀民营企业”、“诚信纳税企业”、“先进纳税企业”，并连续5年被广西区人民政府授予“重合同守信用企业”。万康保鲜系列产品更以其独特可靠的功效及质量先后被广西区技术监督局、中国饲料工业协会饲料添加剂专业委员会评选为“推荐使用产品”。

二、用先进企业文化管理企业

企业文化建设是企业管理之魂。在不断的探索中，万康公司形成了自己独特的企业管理风格和企业文化。百年不变的万康价值观正是万康文化的精髓：“诚实——诚实待用户、诚实待员工、诚实待亲友、诚实敬业；贡献——为国家、为社会、为人类更美好健康的生活做贡献”是万康员工的共同心声，是促使万康企业得以快速发展进步的精神支柱。10年来，万康坚持严管与教育并举，效益与文化并行的原则，把发展企业文化贯穿于生产经营和各项工作全过程。万康公司经常举办各种交流会、讨论会、演讲、抢答赛，大力开展各项文体活动，通过板报、标语、口号、广告等宣传形式激发斗志、鼓舞士气，塑造企业形象，培育企业精神。万康企业文化是一个包括理想、理念、目标、指向、制度、行为准则、传统风气的复合体，在这复合体中潜藏和体现出来的是一种精神力量，正是由于这种力量感召、激发、引导万康人不断追求向上、诚实敬业，为国家、为社会、为企业做出贡献！

三、重视技术开发，提高产品竞争力

以“诚信与科技兴厂，创世界一流产品”为企业宗旨，10年来，万康在生物化工领域大胆探索、不断创新，产品由原来配方单一的“霉必克”（饲料防霉剂）产品发展成复合配方、多功能系列防霉保鲜剂，并陆续成功开发出“氧必克”（饲料抗氧化剂）、“乐酸宝”（饲料复合酸化剂）、“霉毒净”（防霉祛毒剂）、“康宁素”（动物生长促进剂）、“康溢”（复合酶制剂）、“康力”（氨基酸微量元素螯合物）、“康农”（动物复合预混合饲料）、饲料酶制剂等饲料添加剂产品。在饲料抗氧化产品研发过程中，万康率先在国内提出饲料中抗氧化剂抗氧化能力的测试方法，并有效运用了天然抗氧素（KYS）；在防霉抑菌剂研发过程中，万康微生物专家通过对饲料原料、成品中所含霉菌种类及霉菌生长、繁殖规律的深入研究，并对各种天然及各种化学抑菌物质之不同抑菌谱进行了广泛测试，自行建立了完整的霉菌谱，形成了独有的微生物研发基础理论体系。万康还先后成功开发出“FZ”系列Ⅰ、Ⅱ、Ⅲ型增效剂，它可使保鲜产品配方中各有效抑菌物质协同增效，实现复合优势。凭借先进的技术理论，万康专家有的放矢，针对性的设计配方，使产品功效实现了质的飞跃，如最新推出的“霉必克”E型产品，不仅对常见的曲霉属、青霉属，更对镰刀菌属具有突出的抑制功效，可有效防止并降低玉米赤霉烯酮毒素、T—2毒素、呕吐素（DON）对动物的毒副作用及对人类健康的潜在威胁。万康开发的“乐酸宝”系列复合酸化剂，产品配方实现了从普通的正磷酸型到生态环保型的转变，不但能有效解决幼龄动物因消化不良而产生的腹泻问题，而且能促进消化系统的发育，增加消化系统有益菌，是真正的绿色饲料添加剂。万康技术队伍并未满足现状，他们正以更安全、可靠、更高效的添加剂产品回报广大用户对万康的信赖！

四、增强品质意识，严格产品质量关

一个企业如何在市场竞争中稳操胜券，关键取决于其产品的质量。“质量是企业的生命”、“质量是竞争的核心”已经成为企业的共同理念。万康一直很重视对产品品质的管理及检测设备的投入，购置了高技术含量的检测设备如：气相色谱仪、原子吸收光谱仪、分光光度计、分析天平等。并遵照国家有关标准及规定，制定出科学性、可操作性强的企业标准，在企业生产、检验中严格执行。在产品质量控制上，万康公司实行了全员质量教育和全面质量管理，对每一批原料入库、每一批成品出库，不论批量大小，都严格按照程序全方位监控、检测，必要时还送样到国家权威质检机构进行检测。凡不合格产品一律不出企业！

五、独特的技术服务

技术、品质、服务三位一体，是万康领先的真谛。在销售管理上，创新推出为用户实行售前、售中、售后服务一条龙的管理模式。在公司内定期举办各种专业技术交流会、“饲料中有害微生物、常用添加剂鉴别与检测”培训班（内容包括：饲料中霉菌总数测定、霉菌菌属的识别、饲料中过氧化值的测定、氯化胆碱、酸化剂等多种添加剂的鉴别与检测等等），并且根据用户需要为用户提供相应的培训，定期派技术人员走访用户、为用户解决技术问题等。现已免费为广西、湖南、江西、四川等几十家单位开办检验员、化验员技术培训班30多期，培训人员近200人。并免费为用户检测各种原料或产成品中霉菌总数，针对所含霉菌菌属进行鉴别、分析，协助用户提升自身对饲料原料、产成品卫生指标及添加剂质量的检测水平。为用户及饲料安全生产做出了贡献！

六、树立品牌意识，打造万康名牌

实施名牌战略，争创名牌产品已成为企业在竞争中取胜的一个重要手段。万康人认为：只有过硬的产品质量，才能树立起企业品牌！万康公司自创建以来，一直注重品牌的培育，公司“霉必克”、“氧必克”、“乐酸宝”等产品已在行业中深入人心，取得了一定成效，并具有了一定的品牌实力和市场。

质量效益之路是企业发展的成功之路

——重庆通威饲料有限公司

重庆通威饲料有限公司是通威企业集团所属的全

资子公司。自1995年公司落户重庆永川市并开始运行以来，坚持“诚、信、正、一”的经营理念和以质量求生存，以质量求发展，以质量求效益的原则，成功地走上了“质量效益”之路，企业跃上了一个又一个新台阶，取得了辉煌成果。

一、统一认识，坚定地走以质量求生存之路

当前市场各饲料厂家林立、品牌繁多、良莠混淆、假冒伪劣产品情况严重，养殖户选择饲料较为困难。周围农民绝大多数，养殖技术落后，使用配合饲料尚处于起步阶段，部分不规范的饲料厂家以低质廉价的产品坑害养殖户，同时也给饲料行业企业的营销工作带来很大的困难。到底公司应以什么样的方式参与市场竞争呢？向用户提供什么样的产品？公司凭什么赚钱？重庆通威公司领导经过反复讨论，统一了思想，大家认识到：质量是企业赖以生存的先决条件，是公司对养殖户负责，让养殖户获得最大效益的保证，是通威集团“诚、信、正、一”经营理念的实实在在的体现。只有优质的产品才能为农民创造高额的附加值，只有用户赚了钱，他们才会高高兴兴地让饲料公司赚他们的钱。公司要得到发展，就必须走以质量求生存、求效益之路。于是重庆通威公司利用周一升旗仪式和职工大会的形式开展全员质量意识教育，引导大家树立质量第一的观念，明确质量责任，规定质量纪律，同时赋予品管部质量一票否决权。公司又投巨资建立了国内一流的化验系统，检测人员均是正规大学本、专科毕业，具有全国检化验中级以上水平岗位资格证书。原料和成品十几项常规指标全部进行检验，特殊指标送重庆和成都专检部门检验，使公司对原料营养水平和产品质量做到胸中有数。

二、以质量认证为契机，规范企业管理，确保质量管理的有效性

企业要想让自己的产品站稳市场，树立良好的企业形象，必须建立科学的质量规章管理制度，使全面质量管理工作规范运行。公司1997年一次性通过了ISO9002国际质量体系认证和国家产品质量认证，成为当时全国饲料行业较早通过双认证的企业。通过质量认证，公司建立了质量体系，制定了严密的质量管理制度，规范了员工日常行为，生产过程严格按照ISO9002标准要求操作，使管理规范化，程序化，制度化。公司成立了全面质量管理领导小组，培养了4名内审员，定期或不定期的对内部质量体系进行审核和细化工作。通过反复不断的内审和外审，促进了公司全面质量管理水平的提高。

三、培育质量意识强、专业技术精的员工队伍

产品质量是由从事产品生产过程中各环节的相关人员通过全面质量管理手段生产出来的，所以只有保证各工序工作质量的100%合格，才能保证最终产品是用户满意的产品。重庆通威公司教育员工学会两道数学题：一是$0.95^{10}=0.598$。即设某一产品有十道工序，如果每道工序都达到95%合格，那么十道工序下来就只能有0.598合格，这与事先设计的面目全非。二是1/10 000＝100/100。即如果公司生产1万包饲料，只有一包不合格，生产企业的合格率是很高的。但是对于买到那一包不合格产品的用户来说，他却是100%的不合格。生产企业只有千方百计地消灭不合格的万分之一，才能保证用户拿到100%的合格产品。这就要求各岗位人员认真学习专业技术，提高专业技能，明确自己的岗位职责和系统学习全面质量管理知识。公司每年组织全面质量管理和岗位技能培训上百次，并通过考查、考核、考试等多种方式强化专业技能的提高，对每次考试结果实行重奖重罚和末位淘汰制。一般岗位考试合格上岗，关键岗位持证上岗。

四、抓住四个环节创名牌，确保产品质量长期稳定，让用户获得最大经济效益

一是坚持科学的配方。集团配方管理严格，总部研究出来的配方需报总裁批准后方可下达各子公司，各子公司必须严格按照总部配方生产，不得擅自调整。若子公司根据市场需要确实需要调整配方，也须报总部研究论证，报总裁批准后才能实施，这就从制度上杜绝了子公司可能出现的偷工减料短期行为，再加上使用统一的预混料，这就保证了产品与研究所提出配方的一致性。

二是选用优质原料。正如该公司总裁所说的：如果买回来的是臭豆腐，特级厨师也不可能做出美味佳肴来。原料采购坚持货比三家、优质优价原则。公司在签订每一批原料采购合同前，必须要求原料供货商提供其所供原料的质量指标，然后送样到品管部检测合格封存样品后，方可签订合同。当订货到公司后，必须经严格的入厂检验合格后方可入库，从而为生产优质的饲料打下良好的物质基础。

三是选用先进的设备和工艺。公司拥有国内一流的先进生产设备，并使用了先进的生产工艺流程，如二次粉碎工艺、液体雾状喷淋添加、微添二次稀释、双轴桨叶混合等。

四是严格的检验。在生产过程中，要求各工序严格自检。在成品打包处进行了规范抽样，同时配备了专业质检员对生产一线各岗位进行巡回检查，每批产品除经上道工序自检、互检外还必须经品管严格理化指标测定后方可出厂，这就保证了出厂产品100%合格。

由于他们坚持不懈地把质量工作放在第一的位置，公司产品质量获得了良好的社会信誉，公司1996年被26城市技术监督局质量合格产品联合推荐办公室评为“名、优、特、新产品博览会金奖”；1997年被《中国质量万里行》活动组委会确定为《质量定点监督单位》；1998年通威牌仔猪饲料被推为“中国饲料工业协会推荐产品”；1998年、1999

年、2000年相继被永川市技术监督局授予“质量信得过产品企业”，并连年获永川市十佳、永川市十强、永川市双文明单位，跻身重庆市私营企业五十强，重庆市饲料工业十强企业、重庆市质量效益型企业。

公司稳定、优质的产品质量得到客户的认可和信赖，产品畅销重庆地区、川东南、贵州等省、市（区）的80多个县市，市场份额不断扩大，企业效益越来越好，特别是在今年原料价格大幅度上涨的情况下，公司经济效益与去年同期相比仍有较大幅度的提高，实践证明，企业在质量方面支付的资金，回报率最高，走质量求效益的路是捷径。

与时俱进　再创辉煌

——兰州军区西安北关基地

兰州军区西安北关基地位于西安市永安路1号。基地创建于1970年，主要生产和销售畜禽配合饲料、浓缩饲料及添加剂预混合饲料。基地饲料厂曾被评为“全国饲料工业行业百强企业”、“全军先进农牧企业”、“陕西省饲料安全工程先进单位”等，现为中国饲料行业协会团体会员单位。近年来该公司在饲料及添加剂预混料生产销售工作中积累了许多经验，主要内容如下：

一、以科技为先导，积极开发适销对路的新产品

总的发展思路是：稳固蛋鸡料，发展猪、鱼料，开发牛羊料。军牌蛋鸡料，特别是军牌蛋鸡系列浓缩料，一直是该公司的拳头产品，销售量也最大。猪料精和鱼颗粒料销量大幅增长，市场占有率迅速提高，用户反映很好。牛羊饲料市场发展的潜力很大，而这一点又恰恰是他们的薄弱环节。随着国家西部大开发政策的落实，“山川秀美”和“退耕还林”工程的实施，牛羊圈养数量和商品饲料的入户率很快提高。他们研制生产了牛羊系列预混料，浓缩料和精料补充料正在试验开发阶段。积极开展与高等院校和科研院所的科技交流与合作，及时引进世界饲料科技研究与发展的最新成果，全面提高军牌系列饲料的科技含量和市场竞争力。

二、更新改造设备，提高饲料加工质量和生产效率

为了提高饲料产品的加工质量，他们通过多次考察和反复论证，最后确定使用国内知名饲料机械企业的产品，对基地饲料厂的两条生产线进行全面技术改造，所有重点设备均采用国内目前最先进的机型。这项改造工程完成以后，颗粒饲料特别是乳猪颗粒料、雏鸡颗粒料和鱼苗开口料等产品的表面光洁、熟化度和适口性等将会大大提高，饲料粉化率和生产的能耗降低。

三、管理创新，提高企业市场竞争力

有好的管理制度，才能有饲料生产的低成本，才能有饲料产品的高质量。该基地作为部队单位，在管理制度和作风纪律方面是过硬的，是有优势的。但在市场经济条件下，企业管理还需要创新和完善。例如，在人事管理方面，他们打破铁饭碗，取消身份和工资差别，实行岗位工资、同岗同酬。把有才能的职工充实到生产和销售一线，减少机关工作人员。在财务管理方面，严格财务制度和成本核算，压缩非生产性开支。财务收支结算和会计报表实现微机化处理，这样既能准确及时地掌握经营状况，也能便捷周到的为客户服务。在质量管理方面，实行生产过程各个环节的量化控制和责任追究制度。尽早完成企业产品的ISO9000族标准国际质量认证，全面完善和改进企业现有的质量管理体系。在信息管理方面设专人负责行业相关信息的收集、整理、分析和总结，针对养殖市场的波动和行情变化，及时制定应对措施和方案。

四、重视饲料安全，提高产品质量

饲料产品的安全问题是直接关系到广大人民群众身体健康和社会稳定的大问题。他们认真学习国务院《饲料和饲料添加剂管理条例》，农业部《饲料药物添加剂使用范围》、《饲料卫生标准》等有关饲料安全的法规、文件和标准，绝不使用“瘦肉精”、激素和催眠镇静类违禁药品，确保饲料安全。2001年，军牌饲料产品在国家和省、市质检部门组织的多次抽查活动中，抽检质量合格率均为100%，并被省饲料办评为全省饲料安全工程先进单位。

五、以销售工作为龙头，树立整体营销意识

一是销售队伍的扩大和职能强化。基地销售部由过去的8人扩大到现在的15人，销售任务由过去单一的饲料销售转变为现在的饲料、预混料、添加剂、种鸡、种蛋等所有产品的全面销售。销售部门实行“整体销售，区域划分，指标控制，效益挂钩，责任承包”的管理方式，销售员的任务就是要实实在在的帮助所辖片区内的经销商开发市场，走访客户，及时跟踪，全面服务。

二是建立客户档案系统。他们在过去客户通讯录的基础上建立了一个全面详尽的客户档案资料系统，以便能够密切与客户的联系，稳定销售网络，及时准确地为客户提供服务、交流信息。

三是强化服务意识。他们把服务工作由过去的“应急救火”式服务转变为全方位、多层次的经常性配套服务。服务不仅仅局限在诊断治疗畜禽疾病，而且还从品种引进、饲养管理、畜禽产品销售等各个环节着手，为用户出谋划策、提供帮助。2001年他们参加了大连全国饲料工业交易会和杨陵农高会，发放宣传资料3万余份，扩大了企业的影响。最近他们又制作了饲料养殖技术录音带和VCD光盘，编印了《养殖服务丛刊》等资料，将陆续发给各经销点。前不久，他们还在渭南电视台搞了一个“军牌杯”秦腔大奖赛，深受群众喜爱，既丰富了群众的文化生活，又提高了军牌饲料的知名度。基地在办公大楼里专门设立了“养殖技术培训中心”，定期邀请饲料养殖行业的知名专家、教授举办培训班和讲座，为大家传授知识、提供致富信息。基地为技术服务部购置了水质快速测定仪、畜禽抗体检测仪等设备，开通了专家咨询服务热线，建立了技术服务档案记录和跟踪回访制度，使技术服务工作更加及时有效。

为了更好地为广大客户服务，基地组织开展了“文明服务”教育活动，基地车队、财务等部门和班组都制定了切实可行的优质文明服务公约。对招待所、餐厅的生活用品和配套设施进行了完善和更新，使接待服务工作逐步走向规范化、制度化。

营销工作不只是销售员的事情，树立全体员工的营销意识。无论是原料采购、产品开发设计，还是生产加工、服务保障等，基地各个部门的工作都着眼于营销工作，着眼于市场，着眼于客户。“服务部队，奉献社会”是他们的宗旨，客户满意是他们永远追求的目标。

重视企业带动能力 增强企业竞争力

——昆明正大有限公司

昆明正大有限公司是泰国正大集团与昆明面粉厂合作，并由正大集团为主管理的一个中外合作经营的现代化农牧企业，总投资1 393万美元，总占地面积521亩，经营范围包括：生产、销售各种全价饲料、浓缩饲料、饲料添加剂和肉雏鸡苗；经营饲料原料、畜禽、蛋类、食品、水产品、兽药，并进行动物诊疗。拥有年产24万t的饲料厂、年产1 600万羽肉雏鸡苗的父母代种鸡场，固定资产总值1.24亿元，是云南省目前同行业内规模最大、效益最好、向国家纳税最多的现代化农牧生产企业。

2001年，公司销售收入达到3亿多元，实现税金259万元；企业的总资产报酬率为14%，高于6.14%的同期银行贷款利率；资产负债率为52%，银行信用等级为AAA级。公司1993年投产，自1994年起连年盈利。公司生产的优质猪、鸡、鸭、鱼全价饲料、膨化料和浓缩料，以品质优良、服务周到受到广大用户的欢迎，销量一直居全省同行业之首。1996年荣获“中国饲料工业博览会认定产品”；1994—1999年，连续被省外商投资企业协会评为“云南省外商投资先进企业”；1998年，被昆明市政府授予了“昆明市外商投资企业先进单位”的光荣称号；1999—2000年，被云南省人民政府评为“高利税企业”、“高营业额企业”及“云南省外商投资先进企业”；1999—2001年，连续三年被安宁市人民政府评为“十佳企业”。公司取得了良好的社会效益。

一、增强企业带动能力

近年来，公司积极开拓、发展“一条龙作业”项目和优质玉米种植项目，促进农村养殖（种植）向规范化、科学化、集约化发展，带动农户脱贫致富，繁荣云南农牧业。

一是启动“一条龙”服务项目。针对云南省农村养殖业规模小、科学饲养水平低、品质无保障，养殖户无法承受市场波动，以及养殖收入低的现状，公司启动了一条龙作业项目：由养殖户投资建鸡舍，公司提供鸡苗（猪）、饲料、疫苗（药品），配备专门技术人员跟踪服务，开展技术指导，销售毛鸡，支付饲养报酬，全程“一条龙”服务，市场风险由公司承担，减轻了养殖户的现金投入，提高了养殖收益，解除养殖户后顾之忧，使养殖户走上致富的道路。目前已发展了示范养鸡户14户共14栋鸡舍，养鸡14万只；养猪户1户，饲养母猪360头。一般情况下，每个商品鸡养殖户一年可饲养5批鸡，按每批饲养量1万只、饲养50日龄，平均体重2.5kg计算，户均年收入可达6.5万元，户均年净利润约3.5万元；每个母猪养殖户一年可饲养120头母猪，按每头母猪年均产2.2窝仔猪，平均窝产9头仔猪计算，户均年收入可达5.7万元，户均年净收入约3.7万元。一条龙项目遵循分工合作的原则，保证三方有利：农户（养殖户）有利，不仅扩大了养殖规模、提高了品质，还确保稳定的养殖收入；公司有利，养殖户长期稳定地消耗饲料和鸡苗产品，稳定了公司的市场占有率；社会有利，提供品质优良、价格稳定的产品，丰富了“菜篮子”，吸纳农村剩余劳动力，有利社会的安定与团结。

二是推广优质玉米种植项目。该公司目前年销售饲料12万～15万t，每年需要玉米8万t；公司现金收购本地农户自产玉米，价格随行就市。经过近一年努力，现在公司玉米采购已经100%本地化，带动本省农业产值增长近亿元。目前，为克服农户种植规模小，玉米品质良莠不齐，质量达不到公司收购标准等问题，该公司带动农户扩大种植规模，大力发展优质玉米种植，实行定单农业，公司提供优质玉米种子，由专家指导栽种，不断提高玉米质量。随着农户种植质量和产量的不断提高，使农户有了稳定的销售渠道和稳定的收入，不必承担市场行情的风险，而公司也得到了稳定的货源。公司现与农业部门合作，近期计划种植玉米约670hm^2，逐步发展为8 700～9 400hm^2的种植规模，形成种植基地。可带动上万农户进入定单生产。

二、提高企业产品竞争力

自1991年成立以来，公司一直以其先进的设备、科学的管理、完善的品质监督体系、雄厚的实力和技术力量，成为市场公认的云南省饲料生产龙头企业。1991年，公司通过云南省科委和云南省经贸厅的评估认证，成为“外商投资先进技术企业”，并分别于1996年、2001年继续得到确认；2001年，昆明正大又顺利通过ISO9001、2000质量体系认证。昆明正大始终坚持通过自身的不断努力，保持企业的技术先进、产品先进和管理先进，激励和推动云南省饲料行业的发展。

昆明正大年产饲料占全省饲料总产量10%左右，但是，随着市场竞争不断加剧，单一的品种已不能满足不同层次客户的需求。针对云南地方畜禽品种差异和饲料原料特点，公司积极开发新产品。2001年下半年，公司总经理陪同正大总部技术部的配方专家，多次深入到各养殖场、农户家中，听取意见，并根据云南省养殖业的特点、地理气候条件，研制出了新产品的配方，在保持原系列、新系列、吉系列产品的基础上，新开发了怀孕母猪浓缩料、泌乳母猪浓缩料、土鸡料、脱温鸡专用料、奶牛精料、通用混养鱼料等21个新产品。目前公司拥有原系列、新系列、吉系列、特别产品、专销商专卖产品等共56个品种近200个规格的产品。

现代化管理　全方位服务

——云南神农饲料有限公司

云南神农饲料有限公司于1994年元月创建的。经过公司全体员工艰苦不懈的努力，神农现已发展成为云南民族饲料工业的代表和云南省百强私营企业之一。

公司“以人为本、科技兴农”作为企业的经营理念，汇天下英才、创一流业绩，从国内聘请优秀人才加盟公司。公司现有员工185人，其中，大中专生68名，硕士研究生2人，拥有固定资产达4 500万元，年生产能力9万t。公司在管理上力求科学化和规范化，在质量上力求高品质和标准化，在服务体系上力求全方位和社会化。公司产品销量和利润从1996年起连年翻番，在云南省的知名度越来越高。

一、网络化管理

公司建立健全了组织管理系统，健全了以《管理手册》为主要内容的各项规章制度，并将日常生产管理工作纳入了网络化管理。公司建立了“金谍管理系统”，使公司的各项资源共享，实现了规范化、程序化和科学化管理。确保和提高了整个公司的有效运行。

二、先进的生产设备

公司生产线由知名度较高的机电设备制造有限公司设计，并提供全套设备及安装，保证了公司生产线在云南饲料行业处于领先地位，特别是配套从丹麦引进的全电脑控制膨胀器是目前中国非常先进的膨胀器。现公司具有两条制粒膨胀生产线，可为用户生产粉状、粒状和膨化料，可单膨化，也可膨化后制粒。公司先进的生产设备保证了产品的高质量，同时也为公司在市场上的竞争提供了强大的设备竞争力。目前，公司具有生产东方红牌、福牌、大力生牌猪、鸡、鸭、鱼全价饲料和浓缩料170余个品种规格的能力。

三、优秀的品质管理

公司于2000年7月顺利通过ISO9002国际质量体系认证，成为云南饲料行业第二家通过国际质量体系认证的企业。并分别于2001年3月和2002年3月通过第一次和第二次监督审核。同时在此基础上加强了对原料质量控制、生产过程质量监督控制，及原料、成品质量检验工作。“优质的原料才能生产出优质的产品”，公司在选择原料供应商时，先进行评审，并进行动态管理，以确保原料质量符合公司的收货标准。原料供应商都是正规厂家，且多数通过ISO9000质量体系认证。公司品管部负责饲料生产全过程的质量控制，包括从原料的质量检验控制、生产过程的品质控制，以及成品的分析化验。品管部拥有先进、完善的分析化验设备和训练有素的饲料检验、化验人员，除可进行常规化验外，还可进行氟、胃蛋白酶消化率、碱溶性蛋白、尿素酶活性、游离脂肪酸和镜检等项目的分析检验，为原料和饲料的质量控制提供了有力的保障。进厂原料都需经过30%和100%抽样检验，只有检验合格后的原料才能投入生产。生产过程中对原料投用、粉碎、混合、膨化制粒、冷却、打包全过程的质量控制点进行监督检查，确保不合格品不流入下道工序，实行不合格品的事前控制。对生产的每一个品种的成品进行分析化验，合格后才能出厂，保证出厂合格率100%。

四、高新的技术

公司针对竞争日趋激烈的情况，设立了技术部，根据市场的反馈不断优化饲料配方，使饲料产品质量不断提高。真正做到想客户所想、急客户所急。公司产品先后被中国饲料工业协会和云南省饲料工业协会评为推荐产品，1999年云南省技术监督局全省统检、2000年质量抽检全部合格。

五、全方位的销售服务

公司从国内著名饲料企业高薪诚聘具有丰富营销和管理经验的优秀人才，组建了一支40多人的销售队伍，并配备了十几辆业务宣传车。同时在云南、贵州、四川建立了广泛的销售网络。在销售方面，公司的战略为：人员高密度、宽范围地投入，缩短通路做好县、乡（镇）、村级网点销售，提倡服务营销，通过销售人员和技术服务人员专业化的推销，以及售前、售中、售后服务和配套的促销手段，使公司产品深受养殖户的欢迎。

坚持创业 走向辉煌

——陕西汉宝科技发展集团有限公司

古都西安，从周秦到汉唐，经历了千百年的风雨洗礼；肥沃的秦川大地，曾留下了多少传奇的故事。在西部大开发的热潮中，一批民营业界巨子迅速崛起，就像一颗颗璀璨的群星，照亮了这个多彩的时代。汉宝集团，就是这群星中的一颗明珠。

一、10年奋斗，硕果累累

10年来，公司一直遵循“以股权为纽带，以效益为中心，以创新为依托，以产业发展为重点”的发展方针，在饲料及添加剂、畜牧水产病害防治、苗种研究、基因工程、农副产品深加工等领域求得发展和突破，使企业成为中国同行中的佼佼者。

“我们的创造源自您难以解决的问题”是汉宝集团的核心价值。集团公司的研究中心和多家科研院所、大专院校及国外的研究机构建立了密切的合作关系，不断地研制出切入市场需求的高科技产品，使企业产品始终处于行业领先地位。作为集团主要生产企业的西安汉宝生物技术发展有限公司是中国与加拿大合资企业，已有10年的经营历史，目前已建立了一整套规范的现代企业管理制度，在产品的研究、生产、营销方面有十分成熟的经验；集团子公司之一的北京智水生物技术有限公司和中国水产科学院有着广泛的合作，使众多的科研成果能迅速地转化为高科技产品，尤其在水产病害防治药物的研制、销售方面具有独特的优势；集团另一子公司上海汉宝生物工程有限公司坐落于水产科研最高学府上海水产大学院内，是集团人才培养及产品实验的重要基地。除此之外，集团各子公司同时为广大用户提供养殖技术咨询、饲料配方、管理技术等全方位的无偿服务。

二、以质量树名牌

公司自始至终把保证和提高产品质量放在企业管理工作的首位。公司建立了自己的饲料、药品、生物工程研究中心，拥有一大批具有中、高级专业技术职称和大学本科以上学历的技术和管理人员，制定了一整套产品质量保证制度和员工岗位制度，为产品质量保证系统提供了坚实的组织基础。

根据市场需要，公司已成功开发研制出畜禽水产饲料及添加剂、药品、预混料、生物酶制剂等近200余种产品。公司新建的年产22万t综合性生产厂作为集团骨干生产企业，位于国家级开发区西安经济技术开发区泾河工业园内，占地近4hm^2，总投资5 000万元，年产值可达3亿元，设备全部采用目前国际先进的电脑控制成套设备，其中包括全价颗粒饲料生产线一条，浓缩饲料生产线一条，预混料生产线一条，酶蛋白制剂生产线一条，是目前西北地区著名的饲料生产厂家。

为了支持我国水产教育和科研事业的发展，集团公司继1998年11月筹资80万元人民币，在上海水产大学设立了“汉宝奖学金”后，1999年11月又出资100万元人民币在上海水产大学设立了“汉宝科研基金”。

集团公司还经常聘请有关畜牧和水产专家、教授深入畜牧水产基层单位，开展科技下乡和技术培训活动，积极推广健康养殖新技术。

三、坚持创业，走向辉煌

“诚实、高效、创造”是汉宝人的宗旨，汉宝人紧紧抓住我国农业强劲发展的机遇，坚持量力而行，全面提升产品品质，实施饲料和畜牧水产养殖产业可持续战略，以结构调整为主线，以体制创新为突破，扩大企业规模，培育优势主导产业。

集团公司经过10年的磨砺，实现了由小到大、由弱到强的跳跃式发展，取得了骄人的业绩，并获得一系列的荣誉：1996年7月批准为中国饲料工业协会团体会员；1997年被评为“陕西省饲料工业优秀企业”；1998年被评为“陕西饲料工业行业最佳企业”；鱼用复合预混料被评为“98陕西饲料工业行业用户信得过产品”；1999年被评为“质量管理达标企业”；并被国家确认为外商投资先进技术企业；2000年被评为“陕西省饲料工业行业优秀企业”；并被评为“陕西省复合预混料定点生产企业”；2000年6月《微生物饲料添加剂工业应用技术研究》获省科技进步二等奖；2001年被评为“全省饲料安全工程先进单位”。

坚持改革创新 促进企业发展壮大

——宁夏星火科技集团有限公司

宁夏星火科技集团有限公司，是宁夏回族自治区农业领域发展最快的一家民营高新技术企业，公司1993年成立，拥有目前西北最大的浓缩饲料生产线和全价配合饲料生产线，以及西北惟一的水产浮性饲料生产线，年产浓缩饲料1 500t、全价配合饲料18万t。2001年，公司实现销售收入8 329万元，产值7 293万元，利润348万元，上交税金19万元。

几年来，公司开发研制畜禽水产饲料，受到养殖户的欢迎。产品在国家和自治区组织的评比中多次获奖。2000年被国家科技部评为全国星火名优产品，公司被宁夏技术监督局授予“质量信得过单位”；授予省级“重合同、守信用企业”。

一、以人为本，建立现代企业制度

公司现有职工160人，80%以上职工为大中专毕业生。公司聘请经验丰富的有资力的注册会计师担任公司财务总监，聘请全国饲料水产界著名院士和科学家，建立了专家顾问组，在企业管理、科技开发、成果转化、人才培养方面都取得了长足进步，逐步发展成融科技开发、生产加工、销售点服务为一体的配套完善、规范的现代企业。

二、勇于科技创新，不断开发饲料新产品

公司成立之初，就重视科技创新和新产品的开发工作，承担自治区“八五”农业科技攻关项目——畜禽浓缩饲料应用技术开发研究课题，获得成功。项目的应用技术在国家科委举办“星火”计划实施10周年暨“八五”农业科技攻关成果博览会上被评为优秀项目。产品先后荣获“全国星火科技精品展示会”和首届“宁夏发明暨科技成果展览会”金奖。其中鱼用系列饲料产品被自治区水产局列为宁夏渔业推荐产品。承担了国家中小企业创新基金项目“新型全价配合饲料”的开发与研制又获得成功。2001年，公司实施建设的水产浮性饲料生产项目，填补了宁夏高档水产饲料的空白，标志着该区饲料水产水平跨入国内先进行列。

三、发展特色农牧渔业，促进产业化经营

公司所属平罗明水湖名特优新水产养殖有限公司，占地5 700亩，养殖水面400多亩，已建成现代化的设施渔业基地，包括10 000m^3水体的工厂化设施精养鱼池，为繁育新种、饲养名优特新水产品提供了人工气候——水体环境和科技支持，成为宁夏最大的名优特新水产养殖基地。1999年，被我区农业厅列为宁夏渔业“两高一优”示范园区，2001年被自治区政府列入全区农业产业化“三个十”工程优质水产品示范基地。

四、坚持经济、社会和生态效益的统一，增加农民收入

宁夏是半农半牧区，有着丰富的优质饲料原料资源，公司生产的全价配合饲料产品所用原料，70%以上来自区农副产品，其中玉米就占50%以上，养殖业的发展，吸纳了农村剩余劳动力，带动了地方经济的发展，为繁荣农村经济，促进全区农业产业结构调整和粮食就地深加工转化增值，增加农民收入，保障城乡人民供给，推动农村经济良性循环发挥了积极作用。

几年来，公司以优质产品拓宽市场，以技术服务培育市场，将最新养殖技术传授给养殖专业户，与广大养殖户结成利益共同体。5年来，举办全区性大型养殖新技术讲座4次，送技术下乡24次，发放技术资料2万多份，预防和治疗各种动物疾病1 000多例。1998年宁夏渔业大丰收，而养殖效益大滑坡，公司经过认真的市场调查、分析，邀请中国水产科学院水产专家亲临宁夏，带来了最新的水产养殖技术，分析和指导宁夏水产养殖应用新技术，降低养殖成本，走高效发展之路。

依靠科技进步
促进企业发展

——青岛德维集团有限公司

青岛德维集团有限公司，是集科、工、贸于一体的综合性大型国有企业，公司地处胶南市区西部，地势平坦，环境清新，交通便利，东临青岛港和青岛国际空港，南靠滨海大道，连接跨海大桥，北临胶济铁路，是非常理想的生产经营场所。公司占地面积50万m^2，拥有员工3 000多人，总资产4亿多元。集团下设德维畜禽有限公司、德维食品有限公司、德维实业有限公司、德维进出口有限公司等4个全资子公司，拥有饲料加工厂、肉鸡加工厂、生猪加工厂、肉制品厂、水产加工厂、罐头厂、制革厂、热电厂、宠物食品厂、良种厂等13个生产加工厂，4个合资企业，总规模列全国最大食品制造企业前50强，已有猪、鸡、蔬菜、水饺面食、水产品、罐头、宠物食品等产品获得出口注册；罐头产品还获得欧盟和美国FDA注册。主要产品年生产能力：加工生猪40万头；肉鸡1 000万只；水产罐头1 000t；水产品1 500t；肉制品3万t；速冻蔬菜3 000t；饲料10万t；冻兔肉1 000t；宠物食品1 500t；皮革2 000万平方英尺；年产汽50万t，年发电5 000万度。水、电、汽配套设施齐全。

公司下设的全资子公司——青岛德维畜禽有限公司，是畜禽生产经营一条龙企业，拥有良种繁育场、饲料加工厂、畜禽加工厂、肉食鸡养殖基地、科研所等养殖、生产、加工、研究场地。多年以来，公司坚持以人为本，科技创新，强化质量管理，增创新优势，走过了一条改革发展之路，并取得了良好的经济效益。

一、以人为本，科技创新

现代企业竞争，主要是人才的竞争。公司坚持以人为本，承认人的价值，建立能上能下的用人制度，创造公平竞争的用人环境，吸收和培养了一大批的人才为公司的科技创新而忘我工作。公司现有大、中专学历人员380多名，具有高、中级职称的60多人。拥有自己的动物营养专家和畜牧兽医专家，并和全国多所知名农业院校的专家、教授建立了广泛而紧密的联系。公司拥有强大的科研技术队伍和自己的科研试验基地，2000年投资200多万元建立了4万只鸡的养殖试验基地，利用技术力量，进行新原料、新产品的研究、开发和利用试验，并将成功经验不断投入生产，使公司的肉仔鸡配合饲料、551乳猪、552仔猪配合饲料，151育肥猪、152母猪浓缩饲料，5%、10%猪、鸡预混料等3大系列20多个品种的所有产品均根据季节性差别、地区性差别、养殖方式差别、生长期不同和原料的差异，精心配制而成并经过多次饲养实验，使得产品配方科学合理，其中肉仔鸡配合饲料营养丰富全面、氨基酸平衡、适口性好、饲料转化率高，可以大大缩短饲养周期，同时具有防病抗病的双重功效，对危害肉鸡业的几大顽症——球虫、慢呼、大肠杆菌都有极强的抵抗能力，为肉鸡业持续发展、提高经济效益打下了坚实的基础。"德维"牌猪饲料以"采食快、疾病少、饲料转化率高"而赢得了养殖户的信任，市场占有率稳步提高。

随着畜牧业的发展，肉鸡生产业在近几年来发展迅速，已逐渐成为我国目前畜牧业的主要产业之一，而且由于肉鸡生产技术的不断提高和肉鸡生产性能不断提高，饲养周期逐渐变短，肉鸡产品在一定程度上满足了消费者对肉品的追求，丰富了人们的菜篮子。但是，随着人民生活水平的提高，人们对畜禽产品的需求已经从原来的数量要求转向质量要求，人们对"绿色食品"的需求意识逐渐增强，绿色、安全的畜禽产品越来越受到人们的青睐。在此形势下，德维集团在反复试验研究的基础上，研制出了既具有促进生长又具有增强畜禽疾病抵抗力的无药物添加的预混料，达到了生产安全、健康、无药物残留的"绿色食品"的目的。该项技术成果——《无药残肉鸡产品生产工艺的研究》于2001年通过青岛市科技发展局鉴定。由于该项技术的应用，提高了本公司肉鸡产品在国内外市场上的竞争力，提高了肉鸡产业经济效益，生态效益和社会效益。

二、加强基地建设，增创发展新优势

基地建设是农业产业化和龙头企业发展的基础。近年来，德维立足产品结构和胶南的农业资源优势，合理规划养殖区域，狠抓了生产基地建设。以塔山、泊里、藏南、张家楼等乡镇为重点区域，逐步向周边乡镇、县市辐射，发展养鸡专业户400多家，对全市高效农业发展发挥了很大的示范带动作用，肉鸡放养量由1999年末的200万只增加到现在的600万只，在促进农民增收的同时，为企业发展奠定了坚实的基础。实践使他们认识到，农户与龙头企业发展息息相关。在狠抓基地建设的同时，他们着重强化了为农户服务意识。牢固树立了服务创造效益的观念。具体工作中，按照利益均沾、风险共担的原则，充分发挥企业技术与信息优势，强化引导与服务功能，与农户建立了长期稳固的合作关系。一是进一步完善合同养殖，与农户签订收购合同，实行保护性收购，使农户有效的避免了市场风险。二是实行"三赊销、五上门"服务，较好地解决了农户缺资金、缺技术、愁销路的实际困难。三是加强科技推广和技术培训，定期邀请有关畜牧兽医专家和饲料专家到基地现场指导，严格防疫制度，实行科学饲养。通过培训指导，提高了农户的饲养管理水平，激发了农民的积极性。2001年肉食鸡养殖综合成活率96%以上，每只获纯利2.2元左右，农民增收1 300余万元，户均赢利近万元，取得了企业发展与农民增收的"双赢"效果。

三、强化质量管理，创名优品牌，树公司形象

质量是一个企业生存与发展的基础，公司非常重视产品质量管理工作，并坚持高起点、高标准、严要求。所有生产设备均由美国侨泰公司、日本石井公司等国内外知名厂家生产定制，并在整个生产过程全部实行了微机自动控制，提高生产效率的同时大大减少了人为误差的发生。在提高硬件保证的同时，公司2001年顺利通过了ISO9002国际质量体系认证，在工作中以国际化的标准实行人、机、料、法、环的优化配置与有效控制，以品质保证和客户满意度为中心，实行全员、全方位、全过程的管理。同时公司拥有设施齐备、人员完善的质检化验机构，能够及时地对产前、产中、产后进行监督控制，使产品质量达到了3个100%：即"严格的选料，原辅材料合格率100%；精心的制作，产品出厂合格率100%，放心的德维，顾客消费满意率100%"，使"德维"成为中国驰名品牌、山东省著名商标、山东名牌、青岛名牌重点企业，树立了良好的企业形象。

农牧领域飞巨龙 品质优异是灵魂

——青岛正大有限公司

青岛正大有限公司是泰国正大集团在华投资兴建的大型现代化农牧企业，1989年筹建，经过十几年的努力，现已发展成为集饲料生产、种禽繁育、肉禽养殖、屠宰加工及国内外销售为一体的一条龙作业体系，目前拥有1个饲料厂，2个祖代种鸡场、3个孵化厂，1个肉鸡屠宰厂，1个鸡肉食品加工厂以及与其相配套的商品肉鸡养殖基地。注册资金2 769万美元，经过多次增资，投资总额达5 439万美元。公司下设四个分支机构，位于城阳的饲料分公司，占地面积8.9万m^2；位于胶南的种禽分公司占地21.4万m^2；位于即墨的种禽分公司占地60.6万m^2；位于即墨龙泉镇的食品分公司占地14万m^2。市内四区有正大专营连锁店11个，共有员工6 000多人。

青岛正大主要向社会推出正大、宏狮、宏泰3大品牌50余种鸡、鸭、猪、鱼等优质系列配合饲料，全价饲料、浓缩饲料和膨化饲料等饲料产品，艾维茵父母代种鸡、商品代鸡苗及各项指标均达国际标准的鸡肉食品。

2001年公司生产饲料24.2万t，生产羽毛蛋白粉1 894t，生产艾维茵父母代种鸡281万套，生产鉴别雏387万只，生产艾维茵商品代鸡苗400万只，入宰毛鸡量达3 000万羽，年收入近12亿元，对外出口销售额突破3 900万美元，打开了中东地区、南非、俄罗斯、瑞士等市场。

青岛正大创建之初，就以“品质优良，服务上乘，顾客满意”为宗旨，以带动农民发家致富，加快本地农业产业化步伐为己任，达到这个目的的手段是建立严密的一条龙体系，而他的灵魂是优异的品质。

一、真正过得硬

现代化企业的硬件是设备，这是一切的前提，青岛正大饲料分公司引进美国豪孚公司的先进设备，年产饲料可达30万t；胶南即墨种禽分公司所属各鸡场采用美国乔太公司和大荷兰公司的现代化饲养设备，以及加拿大詹斯威公司的孵化设备，食品分公司进口荷兰梅恩的先进生产设备，及美国、丹麦、日本的屠宰及加工配套设备，自动化程度高。

公司在引进、使用国际先进设备的同时，加强设备的维护保养工作，建立了严密的维修、润滑、清理计划及设备发展年度计划，由设备故障抢修过渡到了预防性维修，2001年，设备故障率从20%下降到10%。在不耽误生产的前提下，一年中对混合机、制粒机、熟化机等进行了大修，对供电设备和设备电气部分进行了3项大检查，混合、制粒等生产效率均有明显的提高，同时也降低了成本。

为满足市场要求，提高产量，饲料分公司在改造旧厂的基础上，现已着手在厂内新建年产18万t的饲料厂，而食品分公司在2001年4月即完成了屠宰加工厂新车间及冰鲜库的扩建工程。新扩建的车间与分割车间为一体，占地1 600 m^2，设有单独的更衣室、卫生间、洗澡间、清洗间、辅料库，完全达到出口企业布局及食品卫生标准；新建冰鲜库容量400t，占地720 m^2，主要用于存放冰鲜产品。这两处扩建工程，标志着青岛正大肉鸡产品产量及产品档次又上了一个新的台阶，产品实现了由初级加工转向深加工、精加工的飞跃。

2001年，公司进一步加强设备计量工作，应用新的《强制检定计量器具登记备案年审册》，对所使用的强检计量器具进行合理的分析和检查，力求每部仪器强检合格率达到100%。

二、胜不骄，败不馁，自信，自强

青岛正大取得过辉煌的业绩，也经受过沉重的打击，他们在成功的时候没有骄傲过，在逆境中也从未灰心丧气，相信自己凭着雄厚的基础，高度的责任感和百折不回的意志，是完全可以战胜一切困难的。2001年6月，日本、韩国等突然宣布对中国大陆的禽类食品闭关，对于大量出口鸡肉食品的青岛正大公司来说，如遇晴天霹雳，公司高层主管针对现实情况，马上研究对策。在进一步积极开拓国内市场的同时，以更加严格的管理，更加优异的质量，更加坦然的心态，面对发生的一切。7月8日，日本农林省兽医官一行数人亲临公司食品加工厂，对肉鸡及鸡肉制品进行检查、检验。公司各有关部门团结一致，齐心协力，工作进行得有条不紊，符合要求，各种相关资料完备充分，整个生产及管理过程无懈可击，得到日方兽医官的高度肯定。8月份公司重新对日出口。

三、精益求精，系统管理

公司引进的是国际先进水平的现代化设备，同时也引进了成套的国际先进管理模式，可青岛正大永不满足于现状，永远追求精益求精。公司从1997年着手建立ISO 9002质量认证体系，经过充分准备，于1998年8月一次性通过ISO 9002国际质量体系认证，成为青岛市首家通过ISO9002质量认证的农牧企业。

通过推行ISO9002质量体系，公司全面的管理工作都进入一个更加规范有序的轨道，产品质量更加稳定可靠，生产过程中每一环节都处在严格的受控状态，产品的可追溯性更强，预防措施更有力。2001年青岛正大乳猪膨化颗粒配合饲料（951），生产肥育猪浓缩饲料（151－40），肉中鸡颗粒浓缩饲料（111T）、蛋鸡浓缩饲料（124）进入青岛市第一批兽药、饲料推介使用产品名单；青岛正大饲料产品顺利通过2001年度国家、省、市各级监督检查，荣获2001年度山东省流通领域免检证书；2001年11月，公司被中国肉类协会评为先进企业。

为广大农民架设致富的桥梁

——厦门浦头饲料有限公司

厦门浦头饲料有限公司位于厦门经济特区，是一家有着十几年发展史的大型民营饲料生产企业。企业创办之初，人才缺乏、资金不足、设备简陋，公司领导者凭着一股坚定不移的信念，本着“质量第一，顾客至上”的经营理念，带领公司全体员工狠抓产品质量，对外积极开拓市场，使公司所生产的“银合牌”系列饲料以高效、稳定的质量赢得广泛的市场，为企业良性发展提供了坚实的基础。

随着我国改革开放的进一步深入发展，公司不断抓住机遇，并坚持“效益与规模同步发展”的战略构想。经过十几年的艰苦奋斗，公司已从创业初的民营小厂发展成为占地上百亩、拥有四座现代化生产厂房，年生产能力30万t，年产值上亿元的大型饲料生产企业，产销量均在全省同行业名列前茅。

厦门浦头饲料有限公司自创办以来，始终坚持以市场为导向，以质量为中心，以不断的技术创新为企业生存发展的推动力。1997年，在中国水产养殖业蓬勃发展的同时，公司斥资数千万元建成国际上先进的膨化水产饲料生产车间，使公司产品迅速打进十几个省市的水产市场，为广大用户所接受。

公司成立以来，始终将广大农村养殖户的利益视为公司最大利益，公司先后与国家海洋三所及各级水产研究单位建立合作关系，并积极引进具有良好前景的水产养殖品种，建立水产养殖试验基地，开展“公司+农户”的经营模式，举办各类养殖技术培训等，引导广大养殖户走科技致富的道路；在销售环节上，公司先后与一批食品加工企业和进出口公司积极运作，拓宽销售渠道，保证产品价格和广大养殖户的经济利益。

“科技以人为本”，公司在迅速发展的同时，也更加重视人才的培养和引进。公司现有大中专等毕业生60人，占企业人数比例40%以上；公司成立产品技术开发部，共研制开发出大黄鱼、海水鱼、南美白对虾、对虾、罗非鱼、鳗、鳖料等近百个品种的水产膨化料。目前公司生产的“银合牌”、“浦头牌”畜禽、水产两大类型的饲料遍及福建、广东、浙江、广西、湖南、海南、重庆等十几个省市和自治区。公司产品以高效、稳定的质量为当地农村养殖业的发展，为丰富人民群众“菜篮子”做出了贡献！公司自成立以来，得到各级政府部门的大力支持，公司先后获得农业部、福建省经贸委、厦门市人民政府等多个部门授予“全面质量管理达标”、“全国乡镇企业创名牌重点企业”、“农业产业化龙头企业”等荣誉称号。

与时俱进　开拓创新

——银祥实业有限公司

厦门银祥实业有限公司（原厦门市同安银祥实业有限公司）创建于1988年，注册资金2 050万人民币，总资产达6 641万元人民币。年单班生产能力达10万多t，是一家集饲料的研发，试验、生产销售及养殖为一体的私营企业。主要产品为水产膨化饲料系列、水产慢沉型饲料系列、畜禽饲料系列。产品行销福建、广东、海南、浙江、江苏、山东、湖南、湖北等十几个省市，年销售额达1.5亿元。1999年荣获国际农业博览会金奖，2000年12月顺利通过ISO9002国际质量体系认证，2001年11月被国家农业部授予“质量全面管理达标单位”。2002年6月“银祥”牌商标被厦门市商标认定委员会认定为“厦门市著名商标”。

银祥的发展经历过数次风雨，几沉几浮最终使银祥掌稳船舵，全力航行的还得靠发展管理的“三板斧”。

一、重管理，重人才，重科技

公司除实行基础管理外，还建立完整的产品质量保证体系，引进员工激励机制，建立公司内部人才储备制度，饲料市场信息反馈制度，员工培训考核制度，员工建议奖励制度。公司的建议箱，每月都能收到员工对生产经营方面的建议批评，这些建议批评，无论是否有利于生产，都能得到当月的建议奖，公司甚至动员员工给予管理人员评分，鼓励他们推荐基层管理人选。“能者上，庸者下，劣者走”，在“银祥”，一切都明明白白，清楚透明。

公司深知人才储备的重要性。对于出类拔萃的人才，或高薪聘请，或登门求教。银祥公司还请大专院校，科研院所的6位专家组成专家组，集信息、科研、新产品开发、生产、销售于一身，举凡公司有重大变革，均经专家论证。近年来，“银祥”充分发挥专家顾问团的作用及自身研发能力，使科技成果迅速实现产业化。1999年，公司在全国首家开发出了膨化黄鳝饲料、膨化虎纹蛙饲料、膨化石斑鱼饲料等产品，2000年进行牛蛙健康型饲料的研制，大黄鱼配合饲料的研制、中试工作，与集美大学水产学院共同研发出水产饲料诱食剂、着色剂，成为公司新的经济增长点。善用“资本”使银祥公司加快了科技创新步伐，通过研发科技含量高、利润高的水产饲料新品种，增强产品的市场竞争力，并为企业的持续发展提供了强有力的保障。

二、审时度势，开拓市场

1997年，畜禽产品价格大幅下降，养殖户入不敷出，频频拖欠饲料款，而周边的外资、合资大型饲料厂又纷纷挤抢占市场，国内饲料市场竞争异常激烈。在严峻的形势下，陈福祥率领公司迎难而上，通过认真的市场调研，发现水产养殖将形成一股热潮。商机在握，1997年公司毅然决定，投资近千万元，在4个月时间内，建起新厂房、新仓库，引进了台湾最新一代饲料机组，建立了福建省乡镇企业第一条生产水产膨化饲料生产线。次年公司又投建第二条水产膨化饲料生产线，进一步加强与水产专家的合作，确保公司的技术优势，及时跟进国际水产饲料发展的最新趋势。

公司同省农林大学动物科学学院合作，率先采取市场化的运作模式，从源头开始，实施一条龙服务，全过程质量管理的“银祥放心肉工程”项目。本项目旨在从饲料供应的源头进行质量控制，按照无公害食品标准组织生猪生产、屠宰加工、配送销售，通过建立和完善放心食品工程项目建设，创建“饲料无忧、养殖无忧、屠宰加工无忧、质保无忧，市场销售无忧”安全环保的“放心猪肉”上市一条龙绿色通道，确保肉类安全可靠。

三、致富思源而思进

富达则兼济天下，公司在成功之际不忘回报社会，在村、镇、区教育事业及公益事业诸方面乐于奉献。1998年，为支持同安东西溪防洪体系工程建设，一次性捐款8万元；在石浔小学设立银祥奖学金，奖励优秀师生，在区工会组织的篮球赛和歌咏比赛上一次捐赠达10万元以上。据统计，公司历年来累计捐资额达50万元。10年来，公司还扶持石浔及领村的许多贫困户走上致富路。有人没钱建鸡、鸭、猪舍，公司给予垫付，有人没钱承包开发鱼池、虾池、蟹池，公司就借钱给扶持；有人没钱买饲料，公司就先付给饲料。100多户人家就是在公司的全力支持下，走上了致富路。村民吴明星就是在“银祥”公司的扶持下，从一无所有到如今经营近 $3hm^2$ 虾池，年收入平均在8万元以上。村民吴秋成，也是在“银祥”公司的扶持下养鸭场越办越兴旺，并盖起了造价40多万元的别墅。

企业简介

北　京　市

北京英惠尔生物技术有限公司

在新的形势下，中国农业科学院饲料研究所对饲料科技成果的推广方式进行了革命性的变革——成立了北京英惠尔生物技术有限公司（简称英惠尔公司）。英惠尔公司是饲料研究所的战略性窗口，是饲料研究所科研实力的代表，是科研作风的代表，是科技生产力的代表，同时也是饲料研究所科研成果的孵化器。

英惠尔公司自创立以来，秉承国家级研究所提升国内饲料企业产品科技含量、引导行业健康发展的宗旨，服务饲料企业，提供各类添加剂和预混料，全身心致力于行业先进技术的研究与推广。目前，英惠尔公司已与国内包括上海大江（集团）股份有限公司、广东广弘九江饲料有限公司、四川巨星饲料有限公司、厦门百穗行实业有限公司、南通正大有限公司、湖北天荣现代农业有限公司、南宁市五岭饲料有限公司（原南宁大丰饲料厂）、湖南正虹科技发展股份有限公司、北京友谊饲料公司等上百家饲料企业进行了多层次的合作，在产品、技术、服务和信息上给予企业全方位的支持。

英惠尔公司投入了所有的时间和智慧，以促进中国饲料工业的国际化，推动健康养殖和安全食品事业的腾飞。

电　话：010-68976855 62142592 62142593
62193861
传　真：010-68976854
E-mail： hr@enhalor.com.cn

北京伟嘉集团

北京伟嘉集团是在中华人民共和国农业部、原国家科委的倡导与支持下，由中国饲料工业协会创办的科工贸一体化的高新技术企业，成立于1994年，坐落在中国“硅谷”——海淀区中关村上地信息产业基地，毗邻清华大学、北京大学、中国科学院、中国农业大学、中国农业科学院等高等院所，东临八达岭高速公路，具有得天独厚的文化、信息、地理等方面的优势，为集团获得广泛信息、掌握国内外最新科技成果及科研动态奠定了坚实的基础。集团充分利用所具备的新技术和产品、以实施农业部“丰收计划”、国家“八五”、“九五”、“十五”饲料科技攻关产业化项目为契机，成功地转化科技成果、辐射新技术，加速科技成果产业化，形成了以预混料为核心业务的饲料主业，动物保健品、草业、酶制剂等为支柱产业的规模经营格局。同时，通过合资、租赁、买断国有企业，投入资金、技术和人才，使部分亏损企业或长期停产企业出现了新的生机和活力，有力地拉动下岗工人再就业，使国有资产得到盘活和增值。伟嘉集团由初始总资产不足10万元的小型饲料加工企业迅速发展成为拥有独资、合资、合作企业25家，总资产达1.5亿元，产值超过4亿元的高科技企业集团。建立健全了以北京为中心，山东、河南、山西、辽宁、黑龙江、内蒙古、广东、广西、江西、湖南等十几家分公司，辐射华东、华北、中南、东北、西南地区的市场网络。

伟嘉集团自1996年以来“高效肉鸡预混料及饲养技术应用”、“高效乳猪料精的推广应用”、“北方地区鱼用料及饲料技术推广”、“奶牛高产料技术推广”、“安全猪用添加剂预混料运用技术”等丰收计划推广项目的实施，是农业部利用伟嘉集团的技术实力和推广能力，把动物营养前沿技术与成果及最新的饲养管理技术推向全国的充分体现。集团技术产品多次入选“丰收计划”推广项目，更显示了伟嘉集团雄厚的技术与经济的综合实力。同时，由于伟嘉集团在技术领域的领先，开发出的产品先后获得了首届农业博览会认定产品、北京市百项表彰拳头产品、中国国际农业博览会名牌产品等荣誉。伟嘉集团也先后被评为：中关村科技园区海淀园1999“优秀新技术企业”、2001年度首届中关村最具潜力的“十佳高新技术企业”、2001年度中国国际农业博览会名牌产品、全国饲料标准化技术委员会单位委员、中国饲料工业协会“优秀团体会员”、北京市饲料行业先进集体。

秉承“做实事、讲实效、诚合作、共发展”的企业精神，一切以用户满意为标准，伟嘉集团充分发挥人才、管理、技术上的优势，凭借高科技优势立足于业界。以“创伟嘉集团品牌、兴民族农牧大业”为使命，为广大养殖户提供更为快捷、方便的服务，迎接新形势下更为激烈的市场竞争与挑战！

地　址：北京市海淀区上地东路四街一号北京伟嘉集团
邮　编：100085
电　话：010-62988704　62988706　62988708
传　真：010-62988707
网　址：www.vicagroup.com.cn
E-mail：vicafeed@public.bta.net.cn

北京九州大地生物技术有限公司

北京九州大地生物技术有限公司是专业生产和经营维生素预混料、复合预混料、蛋白浓缩饲料、配合饲料及动物保健品的现代化高科技企业，总部设于北京。

立足20世纪90年代国内外动物营养科学最新研究成果，针对目前饲料行业中存在的问题和国内养殖业现状，九州大地公司坚定不移的坚持“发挥优势、博采众长”的专业精神，采取“产品系列化，服务一体化”的发展策略，致力于开发、生产及推广更适合中国市场需要、更具时代性的饲料产品及动物保健品。

基于在人才资源、技术与产品、服务体系等多方面的优势，公司近几年的发展成绩斐然，这一成绩已日益受到同行业人士的关注。今天九州大地公司已居中国饲料市场领先地位。目前已在全国20多个省、市成功地建立了销售网络。由九州大地公司控股的子公司、分公司已遍及国内几个地区。

地　址：北京海淀区中关村南大街12号（中国农科院）信息楼6层（公司总部）
邮　编：100081
电　话：010-68977508/09/10/11
传　真：010-68977453

北京昕大洋生物技术有限公司

北京昕大洋生物技术有限公司系中国农业科学院饲料界、生物界的专家、学者联手创建的高科技企业。公司集科学研究、产品开发、生产经营于一体，并得益于国家级科研院、所在科技和人才上的鼎力支持与精诚合作，构建了一支以国内著名饲料专家、动物营养博士、生物技术、精细化工、药学专家为核心的科技研发和技术服务队伍；公司有博士后1名，博士2名，高级专业技术职务的研究员5名，硕士研究生3名，90%以上人员为大学及以上文化程度。多学科的有机组合与互补，是昕大洋公司产品的特点和发展方向；公司在人才和技术上的优势体现在昕大洋建立了独特的“联合研究课题组”、“联合试验室”等灵活的产品研发机制；在充分发挥科研院、所多种优势的基础上，公司采用了OEM式的生产方式，即通过企业与企业，企业与科研单位多种优势的有机组合；为产品设计思路的把握及创新创造了条件；为学科间的优势互补奠定了基础；为开发出高科技含量的产品提供了保证。

公司现已初步形成了生物技术、精细化工和预混料产品3大生产基地。现有产品为单项添加剂和预混料2大类共计80多个品种；其中添加剂产品有：植酸酶、复合酶、康力素健、益爱美、生物绿（德国）、复合甜菜碱、酸化剂、香味剂、大蒜素、有机铬、系列特色复合维生素；预混料产品有畜禽、水产两大类各种比例的产品。

公司致力于专业化饲料添加剂的研究与开发，争做国内一流的规模化饲料添加剂企业。昕大洋公司立足于高科技、高起点、高素质、高效率；为业内有识之士创建了一个共同发展的理想舞台。公司一直本着“浓缩科技精华，以高科技产品造福于民”的理念，立志为中国饲料工业的发展做出贡献。

地　址：北京市海淀区中关村南大街12号
邮　编：100081
电　话：010-68919590、62199385、62199386
传　真：010-68919944
E-mail：xindayang@bjxindy.com
lgz@bjxindy.com
http：//www.bjxindy.com

北京迈若克科技发展有限公司

北京迈若克科技发展有限公司是隶属于北京农大利生物技术中心、位于中国的“硅谷”——中关村科技园区的高新技术企业，是畜禽用复合维生素及复合预混合饲料的专业生产厂家，具有丰富的实践经验，拥有一流的专业技术和管理人才，以先进的技术、稳定的质量、优质的服务以及超强的科研能力打造出了一个国际性的饲料品牌。

“迈若克”为客户提供：迈若克技术——畜牧、兽医、动物营养方面的专家为您提供全方位的技术服务；迈若克品牌——绿色、高效的象征，权威信誉的保证；迈若克服务——帮您组建饲料企业、进行企业策划、员工培训以及法律援助等一系列专业服务；迈若克还承担着中心新技术、新产品的推广和销售任务。

迈若克拥有畅通的物流通道，为客户提供饲料用豆粕、棉粕、菜粕、玉米蛋白粉、啤酒酵母以及氨基酸、香味剂等多种饲料添加剂。近期迈若克又隆重推出了”农大利”牌诱食粘合剂，这是一种可以替代进口α-淀粉的新型添加剂之一，该产品的上市，为鳗鱼、甲鱼、虾、蟹等饲料的生产提供了一个新的途径。

电　话：010-62963303 82899893
传　真：010-82899894
http：//www.ndl.com.cn
E-mail：mrc@ndl.com.cn

北京科利民饲料技术有限公司

北京科利民饲料技术有限公司坐落于北京中关村科技园区，是集科、工、贸于一体的现代化企业。公司科技力量雄厚，包括20多名著名教授、研究员、博士生导师、有志振兴民族饲料工业的留学归国博士和在饲料厂、养殖场具有丰富经营管理经验的高级人才，负责产品的设计、生产及面向客户的全方位技术服务。

公司坚持奉行“科学研究为先导、成果转化为手段、服务社会为目的”的产品开发原则。以著名动物营养与饲料科学家、中国农业科学院饲料研究所研究员、博士生导师霍启光教授、张乔教授为核心的专家，根据不同动物营养需要参数，借鉴国际动物营养与饲料科学最新研究成就，结合我国养殖生产实际和饲料资源特点研制出针对性极强的“科裕”牌高科技饲料添加剂和预混合饲料产品，门类齐全，涵盖多种动物，包括100多个品种。

公司恪守“产品科技含量为本，质量为上，社会效益为重”的经营宗旨，坚持“追求实效、互利合作”的合作原则，努力为我国饲料工业和养殖业的蓬勃发展贡献力量。

地　址：北京海淀区中关村南大街12号
邮　编：100081
电　话：010-62145206
传　真：010-62145231

味之素（株）动物营养集团

味之素集团已成为日本最大的食品制造厂商之一。除各种调味品以外，产品还包括：油脂、加工食品、饮料、乳制品等。味之素集团还以世界一流的发酵和合成技术为基础，从事医药、氨基酸以及特种化学品的开发和制造。味之素集团致力于在世界范围内发展饮食文化，努力开发增强世界人民健康和享受的食品。

味之素集团是世界上领先的氨基酸厂商，特别是饲料用L-赖氨酸、L-苏氨酸和L-色氨酸的产量一直名列前茅。L-赖氨酸主要是味之素集团设在法国、意大利、美国、泰国、中国（四川省）以及巴西的工厂生产的，各工厂生产质量相同；L-苏氨酸是味之素集团设在法国及美国的工厂，L-色氨酸是法国国内工厂生产的；味之素集团将应用多年来开发的发酵技术，努力生产并为用户提供世界最高水平的各种氨基酸。

地　址：北京市朝阳区朝阳门外大街18号丰联广场A2201室
邮　编：100020
电　话：010-6588-0110/0220
传　真：010-6588-0330/0440

汉亚饲料营养科技有限公司

汉亚饲料营养科技有限公司系台湾大成集团公司与美国ADM公司合资在华设立的一家饲料生产经营企业。1997年7月正式注册于风景秀丽的北京怀柔青春路环岛。

创立于1957年的大成集团公司，是台湾最大的农畜业综合公司，在台湾农畜业方面创造了许多奇迹，是在台湾本行业中占主导地位的集团公司。其业务范围涵盖谷物贸易、饲料加工、肉品生产、食品工业等。目前在中国大陆的辽宁、天津、上海、蛇口等地投资建有饲料公司，肉品基地及食品公司等。

作为专业的饲料营养公司,汉亚将携台湾大成公司与美国ADM公司(美国最大的农畜公司),成功合作之“全能模式”,在大陆生产经营饲料及其相关产品。

汉亚公司经过周密的环境分析和科学的市场调研，发挥营养专家优势，结合北京地区的实际情况及养猪行情变化，生产出的乳猪料、浓缩料、浓缩精料及各饲养阶段之全价营养饲料，现已隆重上市。

汉亚饲料营养科技有限公司，秉承台湾大成公司40多年来的发展经验，以一流的人才创一流的服务。力求以技术服务为先导，以客户需求为生命，并经过与客户精诚合作，达到相互信任、共同发展的目的。

天　津　市

天津万行高科技饲料药物有限公司

天津万行高科技饲料药物有限公司创建于1993年初，是一个坚持以科技为先导，以技术为依托，以高、中在职专业技术人员为骨干，并聘请李爱杰教授等多名专家担任顾问，为企业进行技术策划的高科技企业。该企业研制、生产“普益”牌鱼、虾、蟹预混料，除了畅销本市还向外省市拓展，企业知名度逐渐提升，已被“世界华人鱼虾营养研究会”，海洋大学“爱杰讲学基金会”吸纳为会员。

公司有一支稳定的科技队伍，配备有良好的仪器设备。有严格的质量监督检验系统，原材料均经严格检验、筛选，以确保产品质量过硬，市场占有率不断提高。现年产预混料510t，年产值320万，人均产值10万元，人均创利润7 900余元，人均创税2 328元，连续3年保持高效运行。

依靠科学技术、技术创新，不断提高产品质量，养殖品种向名特优新转变，针对市场及时开发出鳟、鲍、鳗、牙鲆、真鲷、对虾、沼虾、南美白对虾、胡子鲶、甲鱼等新品种，加上原有的鲤、鲫、罗非、鲂等将近30个品种，并生产对虾颗粒饲料以满足市场需求。

坚持技术服务，为专业技术人员，配备显微镜及各种检测仪器，采取门诊与巡诊相结合的方式，定片、定户、定时深入鱼池到用户中提供技术服务。3年来为用户提供水质分析3万多个，鱼病诊断6 000多批次，出诊1 000多次，并组织多次技术讲座，编写《池塘养殖普及知识》无偿提供给用户。

经营上坚持诚信，质量坚持过硬，产品坚持创新，服务坚持周到，为用户养殖的丰收，效益的提高奠定了可靠的基础，也赢得了用户的赞扬。

蓟县饲料厂

蓟县饲料厂于1986年建成投产，为当时商业部投资全国同类型七大厂家之一，因管理先进，经济效益好，1989年被国务院企业管理指导委员会命名为国家二级企业，同年被天津市商委批准为国家中型企业。全厂占地面积29 453m²，建筑面积9 694m²，总资产4 600万元，固定资产投入1 240万元，厂内有130米厂铁路专用线一条。现有干部职工240人，其中各类专业工程技术人员占20%。年饲料生产能力12万t，具有生产工艺先进、微机控制管理的现代化生产线4条。自建厂投产至2002年1季度，共生产销售各类饲料812 793t，创产值54 807万元，实现利润1 766.8万元，企业以优异的成绩，连续多年被评为全国饲料工业先进集体、天津市饲料“十佳”企业、科技兴粮单位和商业创新发展突出贡献单位，在京津唐乃至华北地区饲料行业中名列前茅。

蓟县饲料厂坚持科技兴企不动摇。自1995年起，先后与大北农集团、农业部饲料工业中心和中国农科院饲料研究所等三家高科技单位成功地合作，引进其品牌和技术，更新换代了企业产品。目前企业拥有“明天”、“大北农”、“渔阳”、“顺驰”、“鼎益”五大饲料品牌，主要产品有猪、鸡、鸭、鱼、牛、兔等六大系列的配合饲料、浓缩饲料和复合预混料，多达142个品种档次，具有强大的市场竞争力。进入新世纪，企业应对入世新形势，从提高人们健康水平的目的出发，不断研制生产营养全面、绿色环保型的科技新产品投放市场，以满足用户需求。

蓟县饲料厂狠抓饲料销售这个龙头，采取厂领导集中精力分片区抓销售，优胜劣汰保质稳定的高素质专业销售队伍，落实“三包一挂钩”任务到人，坚持以销取酬激励性强的销售政策，加大销售力度，保证了月销量达3 000t以上，不仅占有本县稳固的市场，而且销售到北京、天津、河北、山西、内蒙古、辽宁等地区，建立了100多家销售网络，同时还以良好的售后服务，为广大养殖用户排忧解难，帮助用户提高科学养殖水平，在拉动农民养殖致富、促进农业经济结构调整中充分发挥了龙头企业的作用。

蓟县饲料厂坚持以改革为动力，以强化内部管理为基础，促进企业持续性发展。自1993年以来，不断深化企业内部改革，先后分流100余人，相继成立了5个三产贸易公司、4个原料门市部，从事商贸流通和原料销售，不仅减轻了企业沉重负担，而且成为饲料主业的有效补充。每月销售饲料原料（豆粕、菜粕、棉粕等）2 000多t，企业通过强化质量、成本、生产、采购、仓储、安全等全面管理，落实经济责任制，努力建立现代化企业管理制度，为企业经营创造了良好的内部环境，从而保证了企业秩序稳定、职工队伍稳定、干群一心，追求卓越。

天津大亚生物科技饲料有限公司

天津大亚生物科技饲料有限公司是天津市新技术产业园区注册的高新技术企业。公司占地28亩，总投资500多万人民币，是一家专业从事营养性绿色饲料新产品研究、开发、生产和销售的现代化高科技公司。

天津大亚公司不但自己拥有高水平的科研队伍，而且长期同国内多所大学的生物工程、食品加工和动物营养等专业的专家、教授合作研发新产品。2000年8月公司建成年产3万t优质鱼浆复合蛋白自动化生产线。该生产线设备先进，工艺合理。属国内首创。目前，公司鱼浆复合蛋白产品已远销国内10多个省市。公司正在开发的卵磷脂和生物蛋白盐等产品不久将投入市场，从而更广泛地服务于我国饲料和畜牧养殖业。

天津市大洋饲料有限公司

天津市大洋饲料有限公司，是集科研、生产、销售，服务于一体的大型现代化饲料企业，公司成立于1996年，占地4hm²，总投资1 000多万元。拥有3条先进的全自动生产线。分别用于预混料，浓缩饲料（精料）和颗粒配合饲料的生产。预混料生产线年生产能力达2万t，浓缩料和颗粒配合饲料年生产能力达10万t。是目前天津市最大的现代化饲料生产企业之一。

公司拥有设备齐全，仪器先进的化验室，确保原料和产品的质量品质合格；公司技术力量雄厚，汇集了博士，硕士等中高级专业技术人员20多人，全方位服务于国内外饲料和畜牧养殖业。

公司自投产以来，业务迅速拓展，目前产品远销我国10多个省市。从质量价格，信誉和服务等方面深受广大用户好评。

天津市利农全元植物营养素总厂

天津市利农全元植物营养素总厂是武警部队落实党中央国务院中央军委的有关指示，经清理整顿全军惟一保留的一个专门生产农业高科技产品的军工企业。占地面积近2万m²，现有固定资产560万元，职工186人，大专以上人员38人，其中高级技术及管理人员20人，博士3人，营销人员86人。

该厂主导产品获国家发明专利、被国务院五部委批准为《国家重点新产品》、被中国绿色食品发展中心批准认定为绿色食品生产资料专用肥的“傲绿牌”植物营养素，是由16种元素，配以中药、有机酸、络合剂、活化剂、稳定剂等组成的植物高效营养剂。三年来，分别在11个省市56个基地的牲畜、禽类、水产类等多种动物上进行实验，其结果表明：该产品无毒、无害、无激素、无任何副作用，能有效的预防动物常见的各类疾病，促进动物健壮生长，提高产肉、蛋率达30%以上，可使肉、蛋品质高、营养全、味道鲜。

多年来企业坚持质量第一，信誉至上的宗旨，采用先进的工艺设备，建立了从原材料进厂到产品出厂过程的质量保证体系，拥有较先进的检测手段，对产品进行检测。现生产线年生产能力可达3 500t。目前，傲绿牌动物营养素产品受到了诸多养殖大户和微量元素预混合饲料添加剂大型饲料生产厂家的好评。

厂　长：杨栓明

邮　编：300162

电　话：022-24737058

天津市新概念生物技术有限公司

天津市新概念生物技术有限公司是以从事饲料添加剂和饲料原料进口贸易为主，同时提供饲料饲养技术和信息服务。公司依靠“先进的管理机制、优秀的产品品质、精湛的技术服务、完善的销售网络和诚信的商业道德”博得了国内外厂商和客户的普遍信赖和好评。公司目前代理销售了众多国内外优秀品牌的产品，主要有迪高沙的蛋氨酸、烟酸，巴斯夫的维生素，芬兰饲料国际有限公司的酶制剂、乐达公司的调味剂、美国地球乳清粉等。公司在不断引进优质高效饲料和饲料添加剂的同时，更把一种科学实用的饲料饲养概念和先进的管理方法传递给客户，从而使科技真正转化成生产力，增加了客户的核心竞争力。这也使得该公司与客户建立起长期稳定的伙伴式合作关系。

公司凭借一批资深专业人士对行业的独特见解，推出了为客户度身制作的服务，他们根据每一个客户的实际情况和具体需要，为其制定出产品方案、配方方案、加工方案、销售方案、培训方案和管理方案，将单纯的贸易变成了能够拿出全套解决方案的个性化的专家式销售。

“选一个好厂家，做一个好产品，推一个好客户，报一个好价格，定一个好方案”的五好原则，使他们树立了“严谨、求实、诚信”的工作作风。公司像一座平台，厂家和客户的信息在这里能够快速互通互动，技术、服务、网络优势的共享，也使生产商、销售商、客户三方共赢变成了现实。

新产品、新服务、新方案，新感觉、新认识、新概念！

地　址：中国天津友谊路38-1号海天大厦309室

邮　编：300061

电　话：022-28374510　28361106

传　真：022-28361106

E-mail：hgtc@public.tpt.tj.cn

天津恩彼蛋白质有限公司

天津恩彼蛋白质有限公司是为饲料、食品和保健品业提供高品质蛋白质的专业生产企业，是目前亚洲著名的生产喷雾干燥血浆蛋白粉、血球蛋白粉、改良血红素、脱色红细胞蛋白粉以及高纯度免疫性球蛋白等系列产品的高科技企业。公司以农业部“引进国际先进农业科学技术”项目为依托，完全参照美国大规模血液加工厂的生产工艺、技术参数和产品质量标准，从而确保了整个工艺的先进性、可靠性和产品的高品质。公司的生产工艺流程和单项产品研制技术达到国际先进和国内领先水平。

公司以屠宰后的动物血液为原料、以国际领先技术为手段、以适合于国内条件的设备和生产工艺流程为基础，使目前使用率极低和污染环境的动物血液得以充分综合利用，并形成商品化、规模化和产业化。公司产品填补了我国食品级血浆蛋白的生产空白。

地　址：天津市宝坻区环城南路30号

电　话：022-82683028

传　真：022-82683018

天津市必佳动物科技药业有限公司

天津市必佳动物科技药业有限公司坐落在天津西青经济开发区，是一个新型动物药品企业，集科研、生产、销售、技术、服务于一体。公司占地面积13 000m²，厂房面积2 000m²，注册资金350万元，年生产总值2 300万元。公司现有员工200余人，其中大专以上占60%，高工5人，工程师10人，从事新产品开发的25人。

公司成立3年来，严格按照GMP要求进行管理和生产，产品质量稳定，疗效确定，畅销到全国30个省、市、自治区，做到尽产尽销，产品品种迅速增加到50多个，销售额以10倍的速度增长。

从2001年开始，他们着力研究兽用中药颗粒剂的生产。科研人员广集名家名方，反复筛选，摸索出完整的工艺流程，制成颗粒剂，并做到机械化生产。中药颗粒剂剂量准确，作用迅速，使用方便，无毒无残，适用于出口肉鸡使用。他们采用中药破壁技术，制成超微细粉中药散剂，既可混料又可饮水。因为已经打破细胞壁，有效成分易于释放，效果更好，投放市场以来，深受广大用户欢迎。

公司以市场为导向、以科研为动力，严格遵循“必诚、必信、必优、必佳”的信条，做最好的药，做最好的品牌，为中国畜牧业发展做出新的贡献。

地　址：天津市西青经济开发区七支路8号

邮　编：300381

电　话：022-83965236

传　真：022-83968973

河　北　省

石家庄市海天饲料有限公司

石家庄市海天饲料有限公司是原石家庄市饲料研究所所长、总工程师魏双根先生1993年发起创办的以生产畜禽饲料为主，全面为养殖业服务的现代饲料加工企业。

海天饲料公司坐落在石家庄市近郊——正定火车站北邻。拥有先进的微机配料、微机汽车衡、微机销售管理系统，完备的质量监控及动物实验手段。公司秉承“我们的一切都是为着使用用户获利最丰”的宗旨，视质量为生命，把用户当上帝，依靠“人才、技术、机制、信誉”四大优势和全体员工的努力，取得了骄人业绩。

该公司生产的“海天”牌蛋鸡配合饲料，以其生产表现好、质量稳定而闻名。在长期坚持概不赊账、不设营销机构和一直是买方市场的情况下，海天独树一帜，产品销量连续3年突破5万t，名列全省前茅，荣获“河北省农业名优产品”、“河北省饲料协会推荐产品”、“河北省消费者协会特别推荐产品”称号。全员劳效、人均利税、资金周转、资产负债、资产收益等主要经济指标达全省同行业先进水平，先后被授予“河北省骨干乡镇企业”、“农业部全面质量管理达标”、“河北省名牌企业”，石家庄市“百强企业”、“一级信誉企业”、“重合同守信用单位”、“明星企业”、“文明单位”等荣誉称号。

为了满足养殖业需求，公司在云南等地投资兴建了分公司，相继推出了猪、鸡浓缩饲料，乳猪颗粒料，肉鸡颗粒料，奶牛补充料和水产饵料等新品种。公司主要产品有：鸡、猪全价配合饲料；鸡、猪浓缩饲料；1%～2%系列鸡、猪预混料。

地　址：河北石家庄正定县永安村南
电　话：0311-8758123
传　真：0311-8758888
邮　编：505800
E-mail：S010042@mh.sjz.col.com.cn

沧州市青县旺发生物饲料厂

沧州市青县旺发生物饲料厂是一个现代化的大型饲料生产企业。以科研为主，集科研、开发、生产、商贸于一体，是沧州市高科技生物技术企业，也是生产绿色饲料的龙头企业。

该企业依托中国农科院畜牧所、中国农业大学、青岛海洋大学、山东省海水养殖研究所、中国老教授学会海洋分会营养工程委员会等大专院校、科研单位的专家教授及本企业的科研人员的通力合作，设置了动物营养、生物技术、畜牧兽医、水产生物等专项实验室、化验室、培养室和8个生产车间。化验设备、分析仪器齐全，居国内先进水平。具有国内外现代新型生物技术领域的微生物菌株380余种。

该企业连续几年获得省级重合同守信用单位、消费者信得过单位、优秀经理、饲料优秀企业等荣誉称号，并多次受到奖励与表彰。

该企业主要研究开发的产品有：畜禽类、水产类、宠物类等系列无药残留的绿色饲料及预混料。单细胞微生物活菌制剂有：水产益生素、益水素、生物肥水宝；畜禽肠态康、益生酵素、饲料复合酶、宠物专用香味酵母、毛皮兽专用酵母；通过酵母饲料等系列微生态制剂。产品销往20多个省市，深得用户的信任和青睐。

地　址：河北省沧州市
邮　编：062650
电　话：0317-4381246
传　真：0317-4381246
E-mail：yongfashengwu@sina.com

山 西 省

太原市鑫源饲料加工厂

自建厂以来，在激烈的市场竞争中，奉行：诚信为本，管理先行，质量第一，用户至上的宗旨，收到了较好的社会和经济效果。

为加强内部管理，该厂制定了各项规章制度，保证了生产、保管、购销及财务的安全，高效优质运转。该厂对整个生产过程，包括饲料配方的拟定、原料进厂和成品出厂、生产程序、保管过程均进行了严格的质量控制，保证了饲料产品的合格率。在售后服务方面，该厂长年聘请饲料和兽医方面专家，不仅对该厂的饲料生产提供技术服务，还深入养殖户中进行饲养、防病、治病等方面的技术服务。如：王吴村赵拖贵鸡群发生喉气管炎，不采食，产蛋率由97%猛跌到20%～30%，经我们聘请兽医师进行治疗后，患病鸡群基本痊愈，产蛋率又恢复到85%左右，其他接受服务的户数还很多，不一一列举。

该厂还对一些经济困难的养殖户从资金上进行帮扶，如代家堡村的李东发，无偿使用资金3万多，从起步的300只发展到现在已经有5 000多只，摆脱了贫困，走向了富裕。该厂还专门购置了运输车辆，实行免费送货上门，对所售产品实行了跟踪服务。

辛勤的耕耘必然会获得丰硕的成果，2001年产量上升到1.5万t，产值近2 000万元，实现利润30多万元，今后，该厂要进一步深挖潜力，努力增加饲料的科技含量，更上一层楼。

山西永济东风牧草开发有限公司

山西永济东风牧草开发有限公司，组建于1999年，2000年正式运行。经过两年多的艰苦努力，公司实施“公司+农户”订单农业的办法，现有苜蓿基地2 000多公顷。2001年完成产值850万元，实现利税253万元，将我市牧草产业推向一个新台阶。

公司与内蒙古农业大学、沈阳远大干燥设备有限公司联合研制开发的苜蓿牧草适温、快速干燥机组，工艺、技术、设备目前属国内领先水平。公司开发的“牧王”牌苜蓿系列产品——苜蓿草块、粒、粉、饼、捆，经中华人民共和国山西进出口商品检验局检验，符合GB10389—89标准，并在2001年山西首届畜产品展评展销会上获一金一银两铜四大奖，产品畅销省内及内蒙古、上海、北京、武汉、西安等各大城市乳业集团及牧场，当前正在办理有关检疫手续，准备出口韩国、日本等国家。

公司担负国家级2001—2003星火计划产业化项目，目前正在进行扩产改造，再投资1 816万元，将现在年产2万t产量提高到年产4万t，届时产值可达5 680万元，利税1 027万元，创汇500万元。

公司与山西农业大学建立的教、学、研基地正在进行，着力解决开发苜蓿新产品，如苜蓿叶蛋白、叶绿素及供人类直接食用的苜蓿添加剂，为实现我市兴市富民工程做出更大的贡献。

辽 宁 省

东鹏饲料有限公司

东鹏饲料有限公司是生产禽畜全价饲料、浓缩饲料和预混料的专业化、科学化、现代化企业，始建于1998年，到2001年已初具规模，成为一个标准化股份有限公司。它地处鞍山市腾鳌经济开发区，交通便利，原材料资源丰富，自然条件得天独厚。

公司拥有一流的企业管理人才，先进的生产设备和技术力量，聘用高级畜牧营养师，努力研究开发适应东北地区饲养特点的电脑配方和生产技术，并取得卓越成效。经过不懈的努力学习和不断的探索研究，该公司现已生产十大系列180个品种的各类优质高效禽畜饲料，同时也赢得了广大养殖户的认可和支持，销售网络覆盖东北三省、内蒙古及河北等地；并获得“饲料生产规范化、标准化先进单位”的荣誉证书和“重合同守信用单位”的光荣称号。

东鹏饲料有限公司信奉“品质至上、追求卓越、诚信永远、创新无限”的理念，以市场为导向，以客户的发展为前提，竭诚为社会服务，为中国经济和民族饲料业的发展贡献力量。

辽宁普众营养食品有限公司

20世纪是生物技术飞速发展的世纪，人类长寿将不再是神话。辽健生物绿色产品作为人类健康的使者伴着新世纪的脚步走进人们的生活。辽健牌绿色食品鸡蛋是中英合资的辽宁普众营养食品有限公司生产的。

辽宁普众营养食品有限公司利用国外资金和先进技术，为市场提供优质、安全、无污染的营养食品。辽健牌鸡蛋是利用微生物技术开发的低胆固醇、高活性钙、无药物残留的辽健牌绿色食品鸡蛋。辽健牌绿色鸡蛋销售网点遍布全国各大城市乃至国外，产品销往鞍山、沈阳、大连、哈尔滨、丹东、北京、上海、深圳及韩国等。

沈阳天蔚来饲料有限责任公司

沈阳天蔚来饲料有限责任公司创建于1998年，是隶属于红梅企业集团的高新技术企业，业务范围包括饲料制造、饲料原料贸易，生物技术产品开发等。在各项领域均有良好信誉。

公司拥有标准级饲料生产线，产品配方科学，工艺精湛，质量稳定，通过现代化的产品输送体系及营销平台，服务于中国饲料饲养业。

公司通过建立完整的质量管理体系，以科学而严谨的手段监控着从原料到成品的每一环节，实现产品出厂的零缺陷。公司生产的饲用菌体蛋白粉、生长育肥猪浓缩料，对虾配合饲料被评为优质产品。

产品情况：有蛋白原料系列产品，预混料系列产品，超级浓缩料系列产品，浓缩饲料系列产品，配合颗粒饲料系列产品。

地　址：沈阳市铁西区卫工北街44号
邮　编：110026
电　话：024-25825029

沈阳华康饲料厂

沈阳华康饲料厂隶属于沈阳农业大学劳动服务公司，是由沈阳农业大学畜牧专家、教授作技术支持的年轻化、知识化、专业化、现代化的饲料企业。沈阳华康饲料厂成立于1998年，坐落于沈阳农业大学，南临浑河、北倚风景秀美的天柱山。沈阳华康饲料厂成立3年以来，吸引了大中专以上学历的毕业生30多人。销量3年三大步，一年翻一翻的速度在增长。销售网络遍及辽宁、吉林、黑龙江、内蒙古、河北等省区。猪用饲料销量已跃居辽宁省前列，2001年销量达到2.5万t，沈阳华康饲料厂充分依托沈阳农业大学的技术优势，以高品质产品和完善的服务赢得了广大养殖户的信赖。华康饲料厂由辽宁省饲料工业协会评为辽宁省饲料行业“3·15”宣传承诺单位。在2002年度打假扶优规范城乡市场活动中被“辽宁省政府打假办”、“辽宁省质量万里行促进会”、“辽宁省质量万里行辽宁投诉站”、“辽宁农民报社”、“辽宁兽药饲料监察所”、“辽宁省动物保健品协会”推荐为诚信单位。

沈阳华康饲料厂根据发展需求，成立3个子公司：一是沈阳维科特饲料技术开发中心，主要以研究饲料技术开发和生物技术运用为主，推动绿色饲料的发展；二是沈阳前锋动物药业有限公司，主要生产猪、鸡、牛、鱼4大系列30多种兽药；三是沈阳华明饲料有限公司，主管饲料原料，为华康饲料的产品质量，增强保障作用。

沈阳信利动物保健品有限公司

沈阳信利动物保健品有限公司，是应用现代生物工程技术和先进的植物提取工艺，致力于绿色饲料添加剂、兽用药品等行业的研发、生产与销售的高新技术企业。公司坐落在沈阳美丽的加州花园，交通便利、景色宜人，于1993年创立。现已拥有一支年轻科技队伍，来自沈阳农大、东北农大等相关院校，其中大专以上学历者占93%。公司在全国10多个中心城市设有营销网络，可随时随地为国内外客户提供全方位的服务。

公司高度重视新产品的开发，广泛开展与社会各界特别是科研机构、著名学府及国外著名动物保健品公司的联系与合作。目前，安信酶—饲用酶制剂及利美康—益生素两类产品，是与芬兰饲料国际有限公司及瑞士 Bioferment 公司技术合作、研发而成的，凭其独特的配方、科学的技术含量，备受广大用户青睐。同时，公司推出中草药浸提治疗性药品。

沈阳福源牧业有限公司

沈阳福源牧业有限公司是一家高新技术企业。公司拥有一流的生产设备，年生产能力6万 t，生产猪、鸡、鱼、牛四大系列 70 多个品种的产品。公司秉承服务社会的经营理念，向社会推出优秀品质的福源饲料。

福源公司拥有一批资深动物营养专家和大型养殖实验基地，广泛开展新技术、新产品的实验研究，不断提高产品质量，增加产品科技含量，产品逐年更新换代，努力生产最佳效益性产品。公司建立完善的品管体系，各部门相互配合，紧密协调，层层把关，保证生产稳定、高效的合格产品。公司设立专门的化验室，配备先进的检测仪器，对进厂的每一批原料进行严格检测，同时，对出厂的每一批成品进行质量抽检，保证产品合格率达到 100%。

公司建立一支高效的售后服务队伍，广泛开展科技下乡活动，举办各种技术讲座，免费提供科普资料，几年来，共举办各类技术讲座 100 余次，培训农村养殖户 5 000 人次，免费发放养殖指南 1 万余册及大量的技术资料，切实有效地为用户解决猪舍建筑、饲养管理、疫病防治等实际问题，提高了养殖户的技术水平，增加了经济效益。

“福源公司技术服务过硬，产品持续稳定性强、综合效益好”。产品畅销辽宁、吉林两省，销量以每年 40% 的速度递增，取得良好的经济效益和社会效益，逐步树立起良好的品牌形象。公司是辽宁省饲料行业“3·15 宣言”承诺单位，被辽宁省消费者协会等推荐为“辽宁城乡市场知名品牌”，是沈阳饲料行业优质产品。

吉 林 省

吉粮集团收储经销有限公司

吉粮集团收储经销有限公司是吉林粮食集团国内贸易的龙头企业，2000 年 4 月开始正式运营，主要从事玉米、大米、大豆、豆粕、杂粮、杂豆等商品的贸易经营，同时还从事种子培育、玉米深加工项目。公司在长春、安广、洮南设有 3 个粮食储备库，并与省农科院共同出资建立了吉林粮食集团吉农科技发展有限公司，与榆树市政府共同出资组建了吉林粮食集团曙光变性淀粉有限公司。目前，公司固定资产总值已达 3 250 万元。公司年收购能力 40 万 t，年储存能力 60 万 t，年经营量 150 万 t。

公司依托吉粮集团设在大连、秦皇岛、营口、锦州、丹东等口岸的 8 个中转站，将收购的粮食直接发送至港口。一部分粮食在港口平仓交易，一部分粮食经上述港口转运至南方销区市场销售。

公司成立以来，业务范围不断扩大，实力逐步增强，到 2001 年底，公司年贸易额已达 6.6 亿元。为进一步开拓销区市场，公司在广东、北京、上海、福建、浙江设有广东顺峰吉辽饲料运销有限公司，吉粮集团北京分公司，上海良盛贸易实业公司，厦门中润吉粮实业有限公司，吉粮集团浙江分公司等粮食销售分公司，与销区饲料加工企业和用粮大户建立了良好的业务联系。

地　址：长春市经济技术开发区金川街 6 号
邮　编：130031
电　话：0431-4620026
传　真：0431-4620026

黑 龙 江 省

哈尔滨龙昌饲料有限责任公司

哈尔滨龙昌饲料有限责任公司成立于 1996 年，坐落于哈尔滨市利民经济技术开发区，总投资 1 500 余万元，占地面积 12 000m^2，下辖 1 个加工厂、3 个实验厂、1 个动物营养研究所，拥有中高级以上专业技术人员 18 名，主要产品是金沓牌和银沓牌无公害畜禽专用全价颗粒料、浓缩料和预混料。

公司十分重视产品的科技含量，是畜产院所的科研基地，拥有先进的美国 Brill 饲料配方软件系统及全国知名的制粒机、湿式大豆膨化机等现代生产设备，产品由国内外著名动物营养专家和生产工艺专家遵循严格的检验标准和先进的工艺流程精心研制而成，具有无公害、营养成分全、适口性好、转化率高、动物生长快、节省饲料等特点，最高年产量可达 7 万 t。

公司始终坚持“质量第一、用户第一、诚信第一、服务第一”的宗旨拓展市场，发展迅速。深受各方面关注。铁道部和《求实》杂志曾对公司进行专题调研，并在中央电视台进行了相关报道；国内外相关单位也多次到公司进行考察。

地　址：呼兰县利民经济技术开发区（裕强村）
邮　编：150525
电　话：7352080

伊春市友好饲料厂

伊春市友好饲料加工厂是黑龙江翔宇集团的下属企业。位于伊春市北部友好区境内，地处小兴安岭中段。年产饲料 3 万 t，占地面积 2 万 m^2，有专用铁路运输线，距伊嘉公路 300m，现有职工 97 人，管理人员 5 人，技术人员 13 人。

饲料厂生产车间及工艺设计合理，硬件设施完备，管理严密，产品质量稳定。多年来省市监督检测部门抽检，均为合格产品。2000年被省饲料工业协会授予黑龙江省饲料行业二强企业称号。

生产车间位于厂区中央，车间总体设计符合国家卫生要求，采用国内著名粮油饲料制造商正昌集团和牧羊集团设备，生产过程由中央主控室微机控制，自动化作业程度高，年可生产饲料3万t，目前为单班生产。

饲料厂原料储备7 000m^2，生产原料大部分由总厂所属绿色玉米、大豆种植基地提供。原料粮种植严格执行绿色食品生产操作规程，确保原料质量合格。

饲料加工工艺按国家饲料生产要求设计，专设大豆膨化车间，原料、辅料、添加剂分存放，加工设备由经过培训的专业人员进行操作。成品库建筑面积4 000m^2，库内清洁干爽，不同规格产品实行分垛存放。严格执行产品保管制度，确保产品质量。

建立起严密的饲料生产管理体系，总厂卫检科对生产加工进行全面的质量监督，饲料厂质检办进行日常质量监督和检验。配备相应的化验室，采用国家饲料工业标准、检验方法，对原料产品进行检测，确保产品质量。

生产和质量控制遵循了饲料行业技术标准，并采用了危害分析与关键控制点（HACCP）、良好的操作规范（CMP）管理模式，不断改进质量管理手段，提高质量控制水平，在质量规程记录和生产检验中应用了ISO质量管理模式，取得了良好的质量控制效果。生产质量管理得到了不断改进和提高，保证了生产的顺利进行。

1999年完成产量11 000t，产值2 770万元，利润753万元。2000年完成产量11 110t，产值2 673万元，利润935万元。2001年完成产量12 200t，产值2 888万元，利润952万元。

地　址：伊春市友好区保安街
邮　编：153031
电　话：0458-3992941

哈尔滨远大牧业有限公司

哈尔滨远大牧业有限公司，是由东北农业大学学子们创建的民营高新技术企业，是集饲料生产与销售、种鸡饲养、畜牧科技开发和饲料原料贸易为一体的多元化企业。公司始建于1996年9月，现已发展成拥有资产3 000万元和年总产值高达1.5亿元以上的中国畜牧行业知名企业。企业现有员工300人，其中留学归国博士1人，硕士5人，具有大专以上学历的中高级管理人员、专业技术人员和市场营销人员150多人。2001年末，公司根据高速发展的需要，引入了计算机网络管理系统，实现了全方位网络化管理。公司创业者们提倡“团结一致，精兵简政树新风，科技先导，提质降耗促营销。”的经营思想；发扬“团结、服务、创新、精进”的企业精神。以发展民族饲料工业为己任，注重实效，追求卓越，不断创新。经过几年拼搏实现了历史性的飞跃，现拥有子公司为：哈尔滨远大禽业有限公司、黑龙江中牧饲料贸易有限公司（参股）和哈尔滨远大牧业研发中心。

哈尔滨远大牧业有限公司总部，主要致力于畜禽浓缩料、预混料以及颗粒料的研制、开发、生产及推广工作。2001年实现饲料销售5万t，产值逾亿元，产品行销东北3省及内蒙古地区，建立市场销售网点500多处，深受广大养殖户和经销商的好评和信赖。

目前公司正在筹建远大奶牛专业化公司和远大生物科技研究所，力争5年内成为上市股份公司。

地　址：哈尔滨市动力区学府路404号
邮　编：150069
电　话：0451-6688006
传　真：0451-6686681

哈尔滨中大饲料有限责任公司

哈尔滨中大饲料有限责任公司始建于1994年，公司南邻京哈高速公路2km，北临哈大高速铁路王岗站5km，距哈尔滨市区仅15km，既通铁路，又通公路，交通十分便利。

公司拥有自动化生产设备及完善的检测仪器，饲料配方由营养专家根据东北地区的实际饲养情况特别设计。主要是以生产畜禽配合料、浓缩料、预混料为主的专业化、现代化的饲料企业。

公司员工遵循“以实为本、真诚相待、精益求精、共创辉煌”的企业精神，以科技为先导，以市场为龙头，以客户的需要为出发点，经过9年的发展，现已开发出各种畜禽饲料产品60多个，销售网络遍及东北三省及内蒙古部分地区，年销量近5万t。

公司选用国内先进的电脑配方软件，微机控制生产，原料入厂、成品出厂进行严格检验，产品质量稳定可靠，连续3年获哈尔滨市技术监督局授予的“质量合格单位”，2000年跻身于黑龙江省饲料“十强企业”，2001年获黑龙江省饲料“十强企业”，2001年获黑龙江省政府授予的“中小企业之星”称号。

公司拥有高级畜牧、兽医专家，锻炼形成了一支以大学生组成的销售及售后服务队伍，技术力量雄厚，经常深入用户解决各种疑难问题，以全心全意为养殖户服务为宗旨，坚持“质量第一，信誉第一”，以科学的态度，把公司做好做强。

地　址：哈尔滨市南山岗区红旗乡中大饲料公司
邮　编：150089
电　话：0451-6705543　6701030

肇东希望饲料公司

肇东希望饲料公司是东方希望集团独资兴建的一座现代化大型饲料企业，位于黑龙江省肇东市新城工业区，总投资2 000万元，占地4hm^2，年生产能力20万t。生产设备先进、管理规范、技术力量雄厚，具有严格的质量保证体系，生产的“希望”、“收获”牌猪、鸡、鸭、鱼、牛等系列浓缩料、配合料，是由集团科研人员根据东北地区环境、气候、饲料资源及养殖特点精心设计的，品种多达60多个，深受广大养殖户的青睐。

公司长期恪守集团“让农民富裕，让市民满意，让政府放心”的经营理念，突出人文管理，坚持“忠、孝”的道德准则；“积极性、创造性、责任心”的工作准则，积极推行“管理规范化、服务礼仪化、生活军事化、效益最大化”等四化管理目标，内抓管理、外树形象，被社会各界誉为“肇东希望现象”，被中国技术监督总局确认为质量放心产品、2001年12月被中国保护消费者基金会评为中国市场用户购物十佳信誉品牌，连年被绥化地区、肇东市评为“个体经营企业五十强”和“个体私营企业标兵”等称号。

地　址：黑龙江省肇东市新城工业区
邮　编：151100
电　话：0455-7786637　7789219

哈尔滨青禾饲料有限公司

哈尔滨青禾饲料有限公司，是以生产畜禽预混料，浓缩料为主的专业化股份制企业，公司拥有国内先进的牧羊成套预混料生产机组和颗粒料生产机组及先进的检测仪器，同时，更注重人才优势的发挥和现代化管理模式的运用。组建3年时间，年产量已达23 000多t。

人才是青禾发展之本，公司荟萃业内知名的畜禽营养专家、兽医专家、高级管理人员以及营销队伍，同时通过饲料界精英加盟和对现有各级员工有计划的培训，提高了公司整体智慧和技术含量。

制度管理是青禾稳步发展的保障，公司在董事会领导下，实行行政、财务、品控3条管理线平行运作，互相制约，协调发展，每个岗位做到权、责、利明确，充分发挥每位员工的潜能，体现公司的朝气与活力。

青禾公司凭借优秀的人才，独特的经营理念，及适合市场的产品策略和营销策略，在不断壮大发展中追求完美，为用户提供更优质的产品和更完善的服务。

地　址：哈尔滨市道里区镇新金路28号
邮　编：150078
电　话：0451-4103169

上　海　市

上海大江（集团）股份有限公司

上海大江（集团）股份有限公司的前身是上海大江有限公司，由上海市松江县饲料公司、松江县畜禽公司和泰国正大集团正大上海有限公司于1985年8月合资创建，1993年11月改制为上市公司，组建股份制企业集团，并成功发行A股、B股股票，为企业发展注入活力。经过17年的发展，公司注册资本从创建初期的600万美元（当时折合人民币1 710万元），到2001年已增至6.76亿元人民币，有直属企业和关联企业70多家，形成了集饲料生产、良种繁育、肉鸡饲养、食品加工、内外销售为一体，实行产、加、销“一条龙”连贯作业体系，年销售收入17亿元左右，年出口创汇5 000万美元以上。为充分发挥公司产业的比较优势，2001年，公司与湖北省枣阳市共同组建枣阳市大江禽业有限公司，现已正式投产；2002年，又以“大江”的品牌、技术、管理和设备作为投资，与辽宁省阜新市共同投资组建“阜新大江有限公司”。

经过17年的发展，饲料产业已成为大江公司的一个支柱产业，公司共有直属和联营的9个饲料厂，形成年生产能力：配合饲料70万t（单班），预混合饲料8万t。大江牌饲料采用泰国正大集团的饲料配方，并制定严格的原料使用标准，以优质的黄玉米、豆粕、大豆粉等天然原料，再添加多种维生素、氨基酸、微量元素精心配制而成的，能符合各种畜禽、水产在不同生长时期的营养需求。大江牌饲料共有配合饲料、浓缩饲料、复合预混合饲料3大类，其中供猪、鸡、鸭等食用的畜禽饲料有100多个品种；供淡水鱼、海水鱼、虾、鳗鱼、蟹等食用的水产饲料有近百个品种。2001年度，公司共生产饲料47.58万t，比上年同期增长6.5%，其中：配合饲料46.08万t、预混料4 823t、浓缩料10 276t；2001年度，公司饲料销售量46.39万t，产销率为97.50%。

产品质量是企业的生命。大江公司历来十分重视企业标准化建设，不断完善标准化管理体系。大江公司于2000年通过了ISO9002质量体系认证。2001年，大江公司严格按照ISO9002质量体系组织饲料加工生产。在实施中做到全员参与，落实到每一个部门、每一个岗位、每一个员工，并做好监督、考核工作。公司饲料品管中心于2001年5月中旬和9月下旬两次组织专门人员进行内审，以确保ISO9002和标准化工作正常、持续、有效运行，从而使企业质量体系建立在牢靠的基础之上。11月份，大江公司顺利通过了中国方园标志认证委员会ISO9002质量体系的年度审核。

大江公司一如既往坚持“安全、卫生、稳定、可靠”的质量方针和“质量第一，客户至上”的经营思想，重视饲料产品内在质量、安全指标，还重视产品计量、标签和包装标准，做到内在质量与外观形象相一致。由于大江公司实施饲料产品的品牌战略与开展标准化达标和ISO9002质量体系工作有机结合，因而相互促进，相得益彰。2001年元月，大江牌配合饲料被评为2000年度“上海市名牌产品”。2001年7月，大江牌饲料被上海市民投诉热线接待中心评为“市民放心品牌”。同月，又被上海市名牌产品推荐委员会评定为“上海名牌产品100强”。大江牌商标

（饲料、食品、苗鸡）荣获“上海市著名商标”称号，由江浙沪皖工商部门协同保护。

东方希望

东方希望是一家创立于1982年的大型民营跨国企业集团，总部设在上海浦东。现拥有资产数十亿元人民币，员工近6 000人。旗下70余家以饲料为主，涉足面粉、食品、生物工程、化肥等相关行业的子公司遍布华东、华北、中原、东北、东南、西南16个省市自治区，2000年开始跨国经营，已在越南建有2家饲料公司。20年的发展中，集团坚持走相关多元化发展之路，股权投资涉足金融业、保险经纪、体育旅游及高科技等领域。2001年销售收入近33亿人民币，产销量和利税指标居同行业前列，市场占有率领先，成熟完善的营销网络深入各地乡村农户。

东方希望集团董事长、法人代表刘永行先生是希望集团创始人之一，是“希望”饲料核心技术的研制者。长期从事企业管理使他在经营管理上多有建树。东方希望集团的迅猛发展得益于始终坚持“让农民富裕、让市民满意、让政府放心”的经营理念。集团倡导并推进的“光彩事业”和“扶贫工程”备受党和国家首肯和各地政府与广大农民的欢迎。“希望现象”被理论界作为研究私营经济发展的重要内容及私营企业健康发展的典范，同时也为世界关注，世界各主要媒体进行了大量报道。

东方希望集团是全国最大的配合饲料生产企业之一，是国内较早从事大规模配合饲料生产的企业，有十余年丰富的、特有的配合饲料生产经验，已开发出猪、鸡、鸭、鱼、虾、牛六大系列的“希望”、“强大”、“金豆”、“永行”等10多个品牌。集团有一批多年从事动物营养、饲料生产研究的资深专家，拥有日立L-8800氨基酸分析仪、理光3510原子吸收分光光度计等先进分析设备，其产品受到国内外用户好评。

东方希望集团能生产各种畜、禽、水产及特种经济动物的配合饲料、浓缩饲料、复合预混合饲料及微量元素预混合饲料。目前上市的主要饲料种类有：猪、鸡、鸭、鱼、鹌鹑、奶牛、肉牛、肉狗、狐狸、肉鸽、山鸡、鹧鸪、鲤鱼、鲫鱼、青鱼、草鱼、虹鳟、罗氏沼虾、青虾、河蟹、甲鱼、鳗鲡、牛蛙等系列饲料。希望饲料产品质量稳定，具有较好的性能价格比，多层次的产品结构极大地满足了各地不同自然环境和经济条件的养殖需求。

东方希望独特的企业文化为其成功奠定了基础。集团提出并努力实践的“帮农民富裕”的经营理念，符合社会进步的价值取向，高度的社会责任感与企业经营目标一致，是其企业经营成功的法宝。集团以“诚信、正气、正义”为核心的企业文化为企业健康持续的发展提供了保证，倡导为普通大众“付出多一点，得到少一点”、“做大众文化的价值提供者”的价值文化观念，也由此凝聚了一大批优秀人才为希望事业和民族饲料工业贡献聪明才智。集团以钢铁般纪律治厂，以慈母般的温暖善待员工，力求把企业办成一支能打硬仗的队伍，一所培养人才的学校，一个温暖可靠的家庭，集团鼓励员工勤勤恳恳工作，堂堂正正做人，把自己的追求和希望事业的发展融合在一起，营造一种积极健康向上的企业文化。“从外企学一点，向国企借鉴一点，向个体户那里总结一点，自己再创新一点。”（刘永行语）这是东方希望的企业管理制度形成的重要途径，也是其独有的管理文化。从精细化上升到标准化、规范化管理，从财务直管、配方统管、人事总管（总部聘任）到日常经营中的异常管理，构建了东方希望特殊的管理系统，有效地保证了对跨国大型企业集团的控制力度，为企业永葆活力、稳步发展提供了制度保证。

上海美农饲料有限公司

上海美农饲料有限公司是专业性饲料调味剂生产企业。公司创办于1997年10月，经过4年多的拼搏、奋斗，资产已由最初的60万元发展到现今的1 500万元；拥有2.6万m^2的厂区，1万m^2的标准厂房、4 000m^2的办公楼及研究所；公司拥有资深调香师四名、动物营养博士两名，与上海香料研究所、南京农业大学等机构紧密合作，设有专门的实验猪场和实验奶牛场；产品有猪用香味剂、甜味剂，鱼用诱食剂、鱼饵诱食剂，奶牛用香味剂、甜味剂等28个品种；产品畅销全国，远销到东南亚、南美等国家和地区。2001年实现销量1 500t，产值3 000万元，位居中国前列。

2001年公司成立反刍动物饲料事业部，开发出犊牛用代乳粉、颗粒料、高产奶牛复合预混料等系列产品，肉牛复合预混料及添加剂，同时代理国外公司反刍动物用饲料添加剂产品，是华东地区专业的，并具一定规模的反刍动物饲料生产企业之一。

上海华扩达生化技术研究开发有限公司

华扩达生化实业有限公司，是由国内外知名的企业集团与创投公司共同投资创建的一家高科技公司，集研发、生产、销售及技术服务于一体。致力于开发安全、有效、对环境无污染的新型饲料添加剂，为动物养殖业服务。

上海华扩达生化技术研究开发有限公司系华扩达生化实业有限公司在上海的分公司，其拥有生产车间、研发中心和实验室，并已获准了数个国际国内创新专利，所研发生产的半胱胺盐酸盐饲料添加剂（CT2000）就是其中杰出的代表。该产品是国内拥有自主知识产权的新型饲料添加剂，在2002年9月，获中华人民共和国农业部批准的饲料和饲料添加剂新产品证书［新饲证字（2002）01号］，是目前国内合法生产、销售半胱胺盐酸盐饲料添加剂（CT2000）的厂商之一。该公司建立了以ISO9001国际质量体系为基础的全面质量管理体系，产品质量符合国家或企业标准。

香港总部：香港九龙尖沙咀金巴利道1至23号美丽华大厦7字楼714室
电　话：(852) 24940133
传　真：(852) 24940112
电　邮：sales@walcom-biochem.com
上海分公司：上海市浦东金桥宁桥路999号三幢底楼
邮　编：201206
电　话：(86) 021-50551298
传　真：(86) 021-58547175

上海邦成饲料科技有限公司

上海邦成饲料科技有限公司是专门从事畜禽、水产、反刍动物预混合饲料和饲料添加剂生产的，科、工、贸为一体的高科技技术企业。1998年，由公司技术中心研制成功的“快大快”被认定为上海市高新技术成果转化项目，并正式被国家科学技术委员会鉴定为高新技术产品，产品经过上海市科学技术情报研究所查新结论为国际先进水平，国内首创。同年公司被认定为上海市徐汇区高新技术企业。1999年“快大快”产品获国家级重点新产品证书，上海市星火计划三等奖。由于公司始终坚持以技术创品牌，以质量博声誉的宗旨，2001年被认定为上海市高新技术企业。

邦成高新技术产业基地占地10 000多m^2，建筑面积4 000多m^2。投资规模1 000多万元，生产设备、实验设备齐全，为公司的产品开发提供了坚实的物质保障。

公司领导非常重视企业的科学技术发展，首先是拥有自己的研究所和小型生化实验室，其次是公司每年投入销售额的6%以上作为科研经费，第三是技术力量雄厚，公司有高级职称的研究人员3人，专门从事动物营养研究工作的博士、硕士6名。

对营销系统2001年公司进行了专业化细分，分别组建了预混料事业部与添加剂事业部。当年公司就在以江、浙、沪为核心的预混料市场上取得了不俗的业绩，并延伸到了河南、安徽等市场。添加剂方面，公司销售网络建设也取得了很大进展，建立了辽宁、山东、中原、西北、广西等多个办事处。现在企业已形成了一整套质保体系和企管体系，并正在进行ISO9001质量管理体系内审。

上海正诚机电制造有限公司

公司1994年成立于上海市松江工业开发区。主营饲料加工的成套机电设备和零配件，承接年产1－50万t饲料厂的交钥匙工程，承建钢结构高层主车间和大跨度库房。

公司承建的各吨级饲料加工厂，采用当今流行彩钢结构，工厂布局合理，美观。可根据用户需要采用美国WEM F－4000型或与交大共同研制的ZC－3000配料电脑、PLC自动控制模拟屏。至今已承建了大中型饲料厂30余座，备受国内外同行的赞誉。年产2万t的饲料生产线已出口到泰国，获得好评。

1999年公司从德国引进国际水平的深孔枪钻和大容量的真空淬火炉等环模加工设备，采用专门配置的原材料和先进的加工工艺，可以加工各种型号、规格的环模，可与国外进口的同类产品相媲美，已远销泰国、越南等东南亚国家。

公司坚持“质量第一、信誉至上”的服务宗旨，为饲料行业同仁提供一流的技术，一流的服务。公司成立至今，被评为“重合同、守信用单位”、“市级农口文明单位”、2000年度中国饲料工业协会优秀团体会员。

1998年7月公司在国内饲料工业行业率先通过了TÜV国际权威认证机构的ISO9001国际质量体系的注册认证，目前2000版的换版工作也已顺利结束。

地　址：上海市松江区茸北工业区茸兴路3-5号
邮　编：201613
电　话：021-57781597
传　真：021-57780193
E-mail：shzcmesj@online. sh. cn
Web：www. zcme. com

上海同仁药业有限公司上海兽药厂

上海同仁药业有限公司所属上海兽药厂创建于1946年，是我国动物保健品行业中历史最长、规模最大、剂型品种最全的龙头企业。注册商标“上兽牌”（牛头图案）在国内畜牧界享有很高的声誉，产品遍及全国二十九个省、市、自治区，并与十多个国家的贸易商建立了业务往来。“上兽牌”产品历年来先后获得上海市创优赶超产品，上海市优质产品，农业部优质产品及上海市优秀新产品奖等多项荣誉。其中多种维生素添加剂和注射液两大系列，连续六年获得“上海名牌产品”称号。

上海兽药厂坐落于上海市西区莘庄，占地面积为13 679m^2，建有符合兽药GMP标准的水针剂大楼，和一栋现代化的饲料添加剂和复合预混合饲料生产厂房，厂部研究所有高级工程师3名，工程师4名，具有独立研制2、3类新兽药的科研开发能力，最近和美国加州大学戴维斯学院合作引进的新型预防奶牛乳腺炎的生物疫苗“高利多”，填补了国内空白，为“无抗”牛奶的生产提供了保证措施。厂质量保证部配备有高效液相色谱仪，气相色谱仪等一批先进的检测仪器，并建立有完善的厂三级质量保证体系，确保产品质量高标准出厂。全厂共有饲料类生产品种29只，其中复合预混合饲料26只，饲料添加剂品种3只。2001年饲料品种实现工业销售额5 762.7万元。

在新的经济形势下，上海同仁药业有限公司上海兽药厂正继续发展光大积淀的企业文化，进一步做大做优企业的名牌产品，以高科技含量的产品，优质的全方位服务，满足客户的需要。

地　址：上海市武夷路11号
邮　编：200050
电　话：021-62512430、62525331
传　真：021-62512051
电　挂：2702

江　苏　省

东海粮油工业（张家港）有限公司

东海粮油工业（张家港）有限公司是中国粮油食品集团（香港）有限公司、AMD亚太有限公司和新加坡KENSPOT公司共同投资兴建的外商独资企业。公司成立于1993年，1997年8月投产，总投资1.98亿美元。占地面积50hm^2，拥有榨油、精炼、特种油脂、小包装、饲料、面粉、钢桶等专业生产厂，是目前全球规模大、技术先进的综合性粮油加工基地之一。公司生产加工和经营各种油籽、油料、动植物油脂、植物蛋白、面粉、麦芽、大米、饲料和大麦等粮油产品及其深加工产品，生产经营各种规格的油脂、粮油食品、饲料和深加工产品的包装材料，并从事上述商品的内外贸易和运输。

公司主要生产“福临门”牌系列食用油、面粉，“四海”牌豆粕和饲料等粮油产品。销售网络遍及全国，并远销至日本、韩国等东南亚地区。公司自开业以来，凭其雄厚的实力，在粮油行业迅速崛起，独占鳌头，到2001年底，累计上交各类税款16亿人民币，跻身于中国100家外商投资企业。

公司生产的“四海”、“五湖”牌猪、鸡、鸭、鱼等各系列饲料已深深扎根于大江南北，荣获“江苏省重点保护产品”、“江苏省质量信得过产品”称号，已成为江苏省的著名品牌，位居国内饲料行业前20名之列，有人称这为近几年饲料行业群雄混战冒出的一匹“黑马”。公司2001年共销售饲料16万t，销售额3.04亿元，利润1 140万元，取得了良好的经济效益与社会效益。

该公司主要采取的营销策略：(1) 实施分区域目标管理销售战略：为有效开发市场、管理客户与营销员，把整个市场划分为五个销售区域，每个销售区域设区域经理一名，目标分解责任落实，最大限度地调动各部经理积极性；(2) 建立严格的考核体系：对销售人员实行以销量为核心的考核制度，多劳多得，适者生存，差者淘汰，优者提拔重用，促使其全力以赴做好市场的开发、管理，千方百计提高市场的占有率。(3) 健全以经销商为主体的销售网络：在公司现有“厂—商—户”营销模式的基础上，近区域市场缩短营销通路，建立“厂—户”直销网点，加速对规模养殖场的渗透。在近域市场要求把市场做细、做深、做透，提高“四海”饲料在市场的占有率。(4) 注重新技术、新产品开发。该公司注重产品研发，引进先进科技，积极开发新品，努力开发绿色环保型的饲料。(5) 开展以市场为导向的宣传广告促销活动：举办大规模的经销商培训班，把公司的经营理念灌输给经销商，主要是让经销商确立“四个一”，即“选择一个有竞争力的品牌——四海饲料、建立一个完整的销售网络、制定一条符合市场发展规律的销售策略、树立一个老板的完美形象”，取得了较好的社会效应。(6) 强化生产品控管理，稳定产品质量：建立健全生产岗位责任制和品控程序规范，对每一环节实行表格化管理，错投、错配、错打包等回机现象明显减少，既提高了生产效率，又降低了生产成本。通过ISO9002认证，给饲料生产上规模、上水平的管理奠定了坚实的基础。

地　址：江苏张家港市港区镇
邮　编：215634
电　话：0512-58381018
传　真：58386228

江苏常顺化工有限公司

中国江苏常顺化工有限公司以把做中国饲料工业的基石为己任，高速发展B族维生素的生产。常顺化工公司生产的维生素B_6质量优良，在国际上符合美国、英国、日本药典，在国内符合饲料添加剂国家规定。4年来年产量由100t增长到1 000t，4年平均增长率超过100%。目前的生产能力约占全球维生素B_6总销售量的1/3左右。常顺化工的维生素B_6之所以能有如此快的速度发展，主要得力于国际领先的技术和管理水准。1994年，公司在全国B_6不景气的形势下，打出了“重振中国B_6雄风”的振奋人心的口号，走上了4年高速发展的道路，其产品世界B_6市场三分天下有其一。公司在企业管理上连年跨大步，多个外商在对公司参观后，表示认可和称赞。公司已经通过了ISO9001—2000的认证，正在进行ISO14000的认证工作。

在巩固现在维生素B_6生产与销售的同时，常顺公司大幅度降低维生素B_6的销售价格，由年初的160元/kg，降为目前140元/kg，降幅达11%以上，把技术进步的效益让给用户，同时也为企业赢得了更大的国内市场。

常顺公司更多的努力是将资金与技术用于开发其他B族维生素上，目前准备上市的有维生素B_2、D-泛酸钙等产品，在开发这些产品时，常顺公司在降低原料成本上下大力气，预计常顺公司的维生素B_2、D-泛酸钙投产后，市场价格将比目前下降5%～10%。

由于常顺公司在B族维生素生产上的强大扩展能力，一些国内生产其他B族维生素的企业，正在与该公司积极协调，希望能共同组建中国B族维生素的生产营销一体化集团公司。目前正在洽谈之中的产品有烟酸、叶酸、VB_1等产品。如果这个集团能在较短时间内组建成功，那么中国饲料工业的发展就多了一块基石。

无锡正大畜禽有限公司

无锡正大畜禽有限公司位于风景秀丽的太湖之滨，惠泉山下，是全国民营企业500强、江苏省民营企业50强、无锡重点科技型企业（民营）20强，江苏省饲料行业十大龙头企业之一。公司连年实现销售超亿元，并拥有国内外先进的设备和检测仪器，技术力量雄厚，是集专家，工程师、硕士等组成的技术密集型企业，是科工贸一体化的专业畜禽水产饲料公司。2002年4月全部通过ISO9001国际质量体系认证。

公司是无锡江南大学副董事长单位。并组建了“无锡正大生物技术研究所”，致力于动物保健品、绿色饲料天机的研究和开发，应用国内外畜禽、水产养殖、饲料营养、生物工程、环境生态等领域的最新研究成果和信息，以现代化生物科技为主要手段，不断研制出高质量、高功效的新产品，以满足畜禽、水产养殖业不断崛起与不断发展的需要，公司动物保健品厂、高科技预混料厂生产牧圣（牧神）系列多维和兽药添加剂四大系列100多个品种，今年又新建年产2万t预混料车间一座。年销售牧圣（牧神）畜禽水产预混料8 000多t，复合维生素预混料500多t，各种兽药添加剂500多t，产品质量被消费者协会推荐为“消费者信得过科技产品”；荣获“无锡市名牌产品”；“牧圣”商标为无锡市知名商标。公司被中共无锡市委、无锡市人民政府授予“无锡市优秀企业（银质）”称号，被江苏省人民政府授予“江苏省优秀民营科技企业”称号。

公司多年来坚持“信誉为本、诚实经营、敬业乐群、团结奋进”的企业宗旨，以“科技为导向、以质量求生存、以信誉拓市场”的经营方针，从而获得国内外客商和广大用户的信任和支持，产品畅销全国。

普乐维美（赣榆）饲料发展有限公司

普乐维美是欧洲最大的农工集团EBS下属的五大集团公司之一，它主要从事动物营养与饲料开发领域的研究，于1934年创立于荷兰鹿特丹，经过几十年的发展，公司在欧洲、南北美洲、亚洲及中东地区已拥有74家饲料及预混料厂，并将产品销往世界100多个国家，2001年生产的各种饲料折合5 500万t全价饲料。该公司在预混料、浓缩料、配合饲料、动物保健品方面发展相当迅速，这种全球化的趋向进一步加强了普乐维美公司在畜禽饲料以及喂养领域的竞争力，提高了其在世界市场上的地位。普乐维美在荷兰、比利时、法国、英国、美国等国家都有自己的技术研究、开发中心和信息中心，普乐维美的营养专家们在那里进行研究，并将研究成果不断输送给其他世界各国的分公司，以指导普乐维美各分公司的生产，各分公司都配套有独立的实验分析机构，以保证产品质量，为顾客提供满意的优质产品。

普乐维美（赣榆）饲料发展有限公司是普乐维美在中国兴办的一家独资企业，位于江苏与山东的交界处，公司总投资700万美元。它以生产各种畜禽、水产等预混料为主。公司从欧洲引进全套当前国际最先进的生产设备，实行全电脑控制，确保生产过程中每一个环节的标准操作。公司的品管中心，对从原料进厂到产品加工以及成品出厂的全过程进行严格的控制和检验，以确保产品质量的稳定可靠。营养产品进入中国市场后，在较短的时间内已快速打开局面。目前，普乐维美饲料已销往全国8个省市的广大地区，产品得到用户的普遍信赖。普乐维美饲料已在中国市场扎根，并将继续提供大量质优价廉的饲料产品为中国的经济建设做贡献。

地　址：江苏省赣榆县环城北路19号
邮　编：222100
电　话：0518-6224291/2/3
传　真：0518-6224295
网　址：www.proviiml.com
北　京：北京东三环北路2号南银大厦709
电　话：010-64106590/1/2/3
传　真：010-64106595

南京汇通饲料有限公司

南京汇通饲料有限公司是一个集研制、开发、生产、销售为一体的专业饲料公司。地处南京市江东北路，占地面积25 000米^2，拥有两条万吨级饲料生产线，产品已形成“汇通”、“汇通宝”两大品牌，6大系列60多个品种的畜禽、水产全价饲料、浓缩饲料和复合预混料，年生产能力达5万t，并在江苏、安徽、浙江、山东等地建立了稳定的销售网络。

公司技术力量雄厚，现有多名高学历的技术人员从事产品的开发、研究和管理。公司十分注重产品质量，严格按照质量标准组织生产，坚持以质量为中心的企业管理，建立了从原料采购、生产、加工、包装运输、品质控制等一系列的质量管理保证体系，不断打造品牌形象。

公司推崇人本管理思想，坚持人才、技术、管理是企业成功之本的指导思想，多年来经过公司全体员工的努力奋斗，企业已享有较高的知名度与信誉度。曾被江苏省及南京市政府有关部门授予“外商投资企业综合实力五十强”、“外商投资精英企业”、“先进外商企业”、“质量效益型先进企业”，并被农业部授予“全面质量管理达标”单位等荣誉称号。

地　址：南京市鼓楼区北河口100号
邮　编：210036
电　话：(025) 6279745 6279100
传　真：(025) 6279405

连云港正大饲料有限公司

连云港正大饲料有限公司是泰国正大集团与连云

港经济技术开发区工业发展总公司合资兴建的现代化农牧企业。总投资额为1 250万美元，合营期限40年。公司全套引进美国豪孚公司先进的饲料生产设备，生产畜禽、水产系列全价配合饲料、浓缩饲料，并提供相关的技术服务与咨询，公司的经营宗旨是“顾客满意，合理利润”。

公司自1992年2月成立以来，即致力于繁荣中国农牧业，推行“草根化”和以市场为导向的经营战略，将企业生存之根，发展之根深深地扎在农村这片肥沃的土壤中，把扶持农民养殖，促进农业产业化的发展，作为企业的使命。

公司推行正大集团现代化管理模式和ISO9002国际质量保证体系，产品采用正大集团高科技动物营养配方，执行严格的品质管理。因而生产的饲料是同行业的精品，投入市场后深受广大用户喜爱，连续三年（1996、1997、1998）被评为“市质量免检产品”，1997年被载入《江苏名牌名录》，并获得江苏省食品饲料工业“百强企业”称号，1998、1999年分别荣获“连云港市重点保护产品”、“江苏省重点保护产品”称号，2000年又通过ISO9002国际质量体系认证。

公司在营销战略上确立了“服务营销”的方针，以顾客为导向，以服务为基点，建立了完善的销售网络，产品销往苏、鲁、豫、皖等省，截至目前，已在各地建立销售网点1 500个以上，累计销售饲料80余万t。

“顾客需求是我们的机会，顾客满意是我们的追求”。连云港正大将不断创新，开发新产品，以满足涌现出来的各类新型养殖需求，引导养殖向科学化、规模化、产业化的发展，推动传统养殖业的革命。他们的发展目标是：在5年内把连云港正大发展成为集畜禽饲料、常规水产料和特种水产料生产为一体的现代化、专业化的大型农牧企业。并在此基础上，发展水产育苗——海水养殖——海产品加工“一条龙”生产。

淮安市加龙牧业科技有限公司

淮安市加龙牧业科技有限公司创建于2000年7月，是一家集科研、动物养殖、饲料加工于一体的综合性民营企业。公司现有员工40人，其中管理、技术人员16人，他们大多具有多年饲料行业的管理经验和技术特长。公司在研制开发且正式注册的加龙、满园香等系列产品在不同市场中均获得好评，深受广大经销商与养殖户的喜爱。公司占地2hm^2，拥有近1 000万元的固定资产，现有一套自动化程度较高的生产加工流水线设备，用于生产畜禽用颗粒饲料、浓缩饲料，年生产能力可达3万余t。公司新投入运营的畜禽用预混料生产线，年生产畜禽用预混料可达3 000t。在2001年3月组建的编织袋印刷车间，能够及时满足不同市场对包装袋的特殊需求、同时也给兄弟单位提供相关服务。养殖试验场，主要承担检验公司产品的任务，对现有产品品质的完善与新产品的开发均起到举足轻重的作用。一流的化验设备，加上训练有素的品管人员，时刻监控着原料进厂、生产车间各个环节。而一支专业水平过硬的行销队伍、勤奋踏实的技术人员，为广大用户提供了令人满意的售前、售中及售后服务。公司经过近两年的运作，已形成一定的规模，产品品种齐全，符合不同市场、不同客户对产品的不同要求，不断研制开发出的适应畜禽不同生长阶段需要的高档产品，深受市场的好评。所有投放市场的产品，都经过研制开发、市场试用的过程，以确保在市场上使用的产品既能给养殖户带来较高的经济效益，又符合国家相关部门的环保要求，从而达到既给公司创造效益，又能给社会带来效益。与此同时，公司在不断发展的过程中，努力完善企业文化，全体加龙员工均是企业的主人，个个以身作则，时时处处用实际行动实践公司“以人为本，以诚取信”的企业精神。以发展振兴中国的农牧业为己任，本着“质量第一，服务至上”的原则，致力于创建自己的名牌产品，及早发展壮大加龙公司，努力为畜牧业的发展做出更大的贡献。

地　址：江苏淮安市武墩街北首
邮　编：223006
电　话：0517-3861999
传　真：0517-3862888

扬州希望饲料有限公司

扬州希望饲料有限责任公司是东方希望饲料集团和扬州饲料厂合资创办的现代化高科技企业，成立于1994年，是希望集团实施扩展战略后首批合资联营的公司之一。公司坐落于扬州市东郊运河北路的大运河西岸，紧邻连接运河两岸的江握手大桥，地理位置优越，水陆交通便捷。

公司总投资1 500万元，设计年生产能力10万t，从澳大利亚引进先进的自动化生产设备和精密的检测设备，采用电脑配方，对生产工艺流程采用微机控制，根据国内外动物营养学家先进、成熟饲料配方，选用优质的饲料原料，以东方希望集团先进的管理模式和技术生产经营各类畜禽、水产优质全价饲料、浓缩料、复合预混料。公司现有员工60多人，专业技术和管理人员40多名，其中大中专以上的文化程度占65%。公司自建立以来，全体员工精诚团结、勤奋敬业，发展艰苦奉献，求实高效的希望精神，争创一流的管理、一流的质量、一流的服务，在省内外享有盛誉，多次受到集团和省市地方政府的嘉奖表扬。1998年被江苏国际咨询评估公司授予“AA级资信企业”，2001年荣获江苏省“饲料工业质量效益先进单位”称号，并有花园式工厂的美誉。

扬州希望人致力于追求卓越，不断创新，将经济使命，社会使命视为历史赋予的神圣职责，以“发展民族饲料工业、创造良好的社会效益和经济效益”为宗旨，奉行“让农民富裕、让市民满意、让政府放心”的“三让”理念，坚持“以人为本，以质量为基础，以市场为中心”的经营原则，视用户为上帝，团结奋斗，务实拼搏。一如既往地以优质的产品、优惠的价格、热情的服务，给华东大地千万家经销商养殖户提供更多的财富，为丰富“菜篮子工程”做出积极的贡献。

地 址：江苏扬州市运河北路60-3号
邮 编：225003
电 话：0514-7202842
传 真：0514-7209439

浙 江 省

浙江大飞龙动物保健品有限公司

浙江大飞龙动物保健品有限公司是一家以生产兽药水针剂、粉针剂、饲料添加剂、药物预混剂和预混合饲料为主的生产企业。公司创建于1993年，经过全体员工10年来的艰苦创业，现已发展成为具有现代管理水平，拥有国内同行业先进技术和先进工艺设备的大型企业。公司占地面积6.5万m^2，建有标准厂房2.5万m^2，按照GMP的标准配置了自动化程度高、工艺先进的生产设备和精密的化验检测仪器，具有日单班生产水针剂10万支、粉针剂6万支、溶液剂3 000 L、预混料20t的生产能力，固定资产总值6 000余万元，年销售额达8 000余万元。公司技术力量雄厚，现有教授职称2人，副教授职称3人，药物学和饲料营养学博士和硕士多人，专业技术人员占公司员工总数的40%以上。另外，还聘请了中国农业大学、中国药科大学、华中农业大学、南京农业大学、浙江大学等多所院校的专家、教授为常年技术顾问，加快了科技成果的转化速度，使公司的科技创新能力和新产品研发能力大大增强。

公司主要产品有：兽药针剂“极品”系列、“快康”系列、绿色饲料添加剂“快大素”、复合预混料“大得快”系列、“大飞龙”系列、各类水产、家禽、反刍动物用兽药。天然花粉中提取的高能活性物“快大素”，其提取工艺和产品性能处于国内领先水平，畅销全国20多个省市区。

富阳万洲化学有限公司

公司创建于1982年，是原浙江省饲料公司的联营企业，坐落在杭州市郊秀丽的富春江畔，320国道穿境而过，交通十分便捷。公司占地面积1.5万m^2，固定资产2 000多万元。公司注重高科技的应用，致力于技术含量较高的医药、食品、饲料添加剂的研发、生产、销售。与浙江大学合作开发成功用空气氧化法生产烟酸产品，生产技术为国内领先，被浙江省科学技术厅列入2001年开发研究计划项目。

公司拥有雄厚的技术力量和先进的生产设备，主要设备从德国进口，并已建立一整套完善的质量保证体系和安全管理标准。

地 址：富阳市东山路38号
邮 编：311400
电 话：0571-63371881、63372868
传 真：0571-63370617

浙江拳王实业有限公司

浙江拳王实业有限公司创建于1993年，位于沪杭高速公路嘉善大云出口处，320国道、平黎公路、沪杭高速公路、沪杭铁路贯穿而过，交通十分便利。公司总资产4 000余万元，占地35亩，职工130余人，专业技术人员19名。公司产品主要有：“拳王”牌猪、鸡、鸭、獭兔、驼鸟、孔雀、罗氏沼虾、南美白对虾、青虾、甲鱼、河蟹、淡水鱼等系列配合饲料，品种规格齐全，质量上乘，深受江、浙、沪等地养殖户的欢迎，几年来取得了较好的经济效益和社会效益。被评为浙江省“重点私营企业”，嘉兴市“重合同、守信用”单位，获得了众多的荣誉，多次受到各级领导的肯定。

近年来随着公司不断壮大，公司领导审时度势，积极投入搞技改。现已拥有3条电脑控制的饲料生产流水线，设备精良，工艺先进，具备年产15万t饲料的能力。公司检验设备齐全，检验人员操作熟练，对原料、产品质量检测严格，饲料质量稳定可靠。

公司与大专院校建立长期合作关系，依托饲料科研单位，开发新产品，抓住水产养殖业发展的机遇，1999年开发成功罗氏沼虾、青虾、河蟹配合饲料，2000年开发成功南美白对虾配合饲料，2001年开发成功淡水鱼配合饲料。

拳王公司的企业宗旨是“做生意、讲信誉；打品牌、靠质量；办企业、抓效益；有效益、保质量。”与时俱进，为养殖业持续发展做贡献。

地 址：嘉善县大云镇曹家村
邮 编：314100
电 话：0573-4669588　4669488
传 真：0573-4669388

龙游科星牧业有限公司

浙江省龙游科星牧业有限公司创建于1997年4月，1998年8月改制成股份制公司，是浙江省预混合饲料行业的佼佼者，是集科研、生产、经营为一体的科工贸企业。公司占地39亩，建筑面积5 600m^2，具有全自动的生产流水线三条，固定资产1 200万元，绿化面积50%以上，是一个名副其实的花园式工厂。公司现有职工86人，大中专学历以上56人，其中有动物营养博士1名，硕士2名，高级畜牧师3名，占公司总人数的65%。

公司充分发挥单位人才优势，与大专院校科研部门合作由成立至今，已研制开发了40多个猪、鸡、鸭、鹅、鱼等系列复合预混料和饲料添加剂产品。其中“浙龙1号”系列猪用复合预混合饲料更是通过了传统中兽医和现代最新营养技术开发的新型绿色产品。公司以高起点、高标准为思路研制开发的系列猪、禽、鱼高科技预混料在福建、江苏、安徽、上海、山东、河南、江西等12个省市建立了直销点、年销量达6 000余t。

龙游科星牧业有限公司坚持抓企业管理来确保产品质量，公司按照GMP的要求建立了一系列的规章制度，从原料的采购、验收、入库、包装物的印制、领用，到生产过程中的预混、包装、打包都实行环环相扣，同时公司对员工实行无过错高薪制的办法进行管理。

服务是科星公司的宗旨，公司专门设有技术咨询部，负责技术人员的培训、技术资料的编印发放、经销户和养殖户的咨询以及养殖过程中出现技术性问题的处理等。公司的服务口号是：“你有问题，我来帮你”。

诚信、服务，质量是科星公司始终如一的追求，凭着过硬的质量、卓越的服务、良好的信誉，科星公司连年评为“AAA”级资信企业及“重合同、守信用”单位，2001公司荣获全国“标准、质量、品牌，服务”信得过企业，浙江省名优科技产品质量信得过单位，县级农业龙头企业。其“浙龙1号”富禽预混料被浙江省优质农产品开发服务协会评为浙江省优质放心饲料，在江苏、安徽市场被评为外省市名优产品。公司董事长林海虎1999年度被评为全国农业技术推广先进工作者。

地　址：浙江省龙游县谷水路14号
邮　编：324400
电　话：0570-7013711　7830518
传　真：0570-7022706
E-mail：lykx@china. com

杭州科皇饲料有限公司

杭州科皇饲料有限公司是一家专业开发、生产、销售畜禽和水产高效预混料及兽药的高科技实体民营企业，前身是“浙江大学生物技术开发公司三墩添加剂厂”，位于闻名遐迩的旅游胜地——杭州。

公司自1996年创立以来，靠50万元起家，以科技为本，艰苦创业，至今企业已实现跨越式的发展。现拥有资产2 000万元，年生产能力15 000t。去年预混料产量8 000t，实现销售收入近6 000万元。连续6年在宁波市场的同类产品中销量名列前茅。

公司坚持“顾客至上，服务第一，追一流技术，创一流企业”的方针，采取“产品系列化，服务一体化”的策略开发新产品，服务于基层，以市场开发为导向，以科技为动力，以员工为基础的理念，把握市场脉搏，开发人力资源，注重产品质量，并于2000年12月通过GB/T19002－IS9002质量体系认证。

几年来的不懈努力，得到了各界同行的认可，公司先后获得“浙江省新千年质量计量信得过单位”。企业的发展更激发了科皇人回报社会、服务大众的热情和能力。

公司已于今年5月份与外资企业共同投资组建兽药生产企业——杭州爱力迈动物药业有限公司，按照GMP规范标准兴建了占地50亩的现代化厂房。依托国际先进的饲料兽药生产及饲养技术，筹建科皇企业科研基地，依靠科技进步和体制创新，不断提升企业竞争力和优势，为全省乃至全国饲料行业的发展做出新贡献！

地　址：杭州市西湖区二墩工业区
邮　编：310030
电　话：0571-88952481、88959236
传　真：0571-88954462
网　址：www.kehuang.com
E-mail：kehuang@mail.hz.zj.cn

杭州皇冠特种水产饲料有限公司

杭州皇冠特种水产饲料有限公司成立于1996年5月，注册资金300万元，初期只生产甲鱼饲料，品种单一，跟不上形势的需要。随着企业体制的改革和形势发展，现已发展成一家专业生产经营特种水产饲料、饲料添加剂、水质改良剂等产品的股份制企业，主要产品有甲鱼、鳗鱼、虾、蟹等水产系列配合饲料，公司效益突飞猛进，现有资产3 022万元，厂区占地面积13 000m^2，拥有先进的特种水产饲料生产线三条，年生产能力达2万t。同时，公司于1999年6月在上虞建立了20hm^{2}的水产饲料试验基地，成立浙江皇冠生物技术有限公司，专业养殖“皇冠绿源”牌生态中华鳖和南美白对虾及其他经济类养殖。2001年11月成立了杭州皇冠生物技术开发研究所，专业从事生物领域科技开发。公司技术力量雄厚，拥有一支由享誉国内外的大学教授及具有丰富经验的养殖专家组成的顾问组，同时还不断引进人才，重视技术进步和创新，不断加大科技投入，促进科技新产品开发。公司还建立了强大的科技服务网络，努力帮助养殖户提高养殖技术。

公司成立5年来，已发展成为浙江省农业系统龙头企业和浙江省高新技术企业。在省内外享有较高的知名度，先后获得1998年国家级新产品奖和浙江省科学技术进步二等奖及其他各类奖项。2000年公司通过了ISO9002国际质量体系认证。

公司在短短的几年内取得了如此大的成就，主要坚持“以质求生存、以诚求发展、走科技之路、创皇冠名牌”的宗旨。加强品牌建设，加快无公害水产饲料及无公害水产品的开发，确保企业的可持续发展。

地　址：杭州余杭区星桥经济开发工区
邮　编：311100
电　话：0571-86468328
传　真：0571-86468327
E-mail：crown-feed@163.cn

杭州高成生物营养技术有限公司

杭州高成生物营养技术有限公司是一个应用高科技发展起来的现代化企业，也是首家进入杭州市高新技术开发区、从事饲料添加剂生产的科技型企业。企业成立以来，产值连年翻番。1999年被中国统计局评为改革开放20年来最具影响力的品牌。

高成公司立足于现代高科技，利用公司独创的微胶囊微粘合技术，从根本上解决了不稳定性营养物质的不稳定问题。目前，高成公司已成为国内知名的稳定型饲料添加剂的供应厂商，并在东南亚和北美地区设立了区域总代理。产品涵盖维生素类、酶制剂类、幼体微囊饲料等多种生物营养产品，其中稳定型维生素C-“高稳西”被泰国工商总会、香港国际药物学研究会、“台湾经济贸易交流协会”评为优秀成果金奖；被法国科技质量监督委员会列为向欧洲市场推荐产品。幼体微囊饲料项目1999年被列入国家火炬计划项目，并获浙江省科学技术委员会科技进步二等奖。

高成公司视质量为企业的生命，于1999年12月通过了ISO9001质量体系认证。展望未来，高成公司正继续秉承“以人为本，科技兴企”的企业理念，致力于用高科技发展中国的生物营养事业。

地　址：杭州市文三路252号伟星大厦22层
邮　编：310012
电　话：0571-88854325　88858961　88867092
传　真：0571-88837854
E-mail：gaoche@mail.hz.zj.cn

浙江义乌华统饲料有限公司

浙江义乌华统饲料有限公司创建于1992年12月，拥有从美国及台湾引进的生产设备，具有年产配合饲料5万t、饲料添加剂0.5万t的能力。2001年公司总资产突破亿元。

浙江义乌华统饲料有限公司下属华统生物科技研究开发中心、义乌市华统养殖有限公司、浙江义乌华统肉制品有限公司，是浙江省星火示范企业，金华市优秀农业龙头企业，资信AAA级企业。为了加强企业管理，保证产品的质量，公司于2001年2月通过了ISO9002国际质量体系认证。

1997年，公司与浙江农业大学、浙江博联营养工程研究所合作，利用FOS（百福素）技术成功开发了高效、环保型的预混料和配合饲料，并于1999年通过了浙江省星火项目的鉴定，公司得到了进一步的发展。科技是第一生产力，公司领导非常重视科技的力量，不断创新。2000年至2001年，与台湾鹤年企业股份有限公司合作，利用台湾营养专家多年的研究成果成功地开发了新一代高科技产品一代母奶、宝乳康。

地　址：浙江义乌市义亭工业区
邮　编：322005
电　话：0579-5815363
E-mail：Daimn@163.cn

福　建　省

福建省新闽科生物科技开发有限公司

福建省新闽科生物科技开发有限公司是集产品研发、制造、销售和服务于一体的知识密集型饲料企业。公司以绿色生物饲料添加剂、预混料和特种饲料为主要经营方向，占地$2hm^2$多，员工200多人，拥有一批理论和实践经验丰富的高素质科研和管理人员，采用先进的生产工艺和生产设备，是同行业中率先通过ISO9001、2000和ISO14001国际质量/环境论证的企业。福建省闽科技术研发中心作为公司的技术后盾，拥有强大的研发实力，中心与四川农业大学动物营养研究所（国家级重点学科点）合作，在福建省创建了惟一一个动物营养学博士后工作站，长期进行基础和应用研究，中心同时还与国外部分院校和研究机构广泛开展国际合作。经过近10年的努力，公司凭借自身的实力，以其优秀的产品设计、一流的品质和周到的服务，成为推动我国民族饲料工业和养殖业发展的重要力量之一。

长期持之以恒、实事求是、系统化的科学研究，不断开拓创新，始终如一的严格品质管理体系，保证了公司产品品质和服务水平的不断提高，市场占有率和用户满意度稳步上升。公司产品注册商标“闽农”和“优饲”是福建省知名饲料品牌，且在周边省份享有良好的声誉和一定的影响力。目前，公司年销售添加剂和预混料18 000余t，高档乳猪料和水产饲料15 000余t，产值超过1.2亿元，社会和经济效益显著。

福建东南饲料有限公司

福建东南饲料有限公司位于福州市科技园区仓山园，是福建省粮食局直属福建省饲料工业公司的投资控股企业。公司于1997年10月建成投产，总投资3 000万元人民币，是福建省大型的畜禽、水产全价料和添加剂预混合饲料综合性生产企业。2001年产品销售收入8 086万元，实现利润100多万元。

公司建有年产18万t畜禽、水产全价配合饲料生产线和班产2 500t添加剂预混合饲料生产线，全套设备及工艺流程由微机控制，全封闭流水线生产，自动化程度高，技术工艺水平达国内先进。

公司依托福建省饲料科学技术研究所为技术后盾，聚集了一批动物营养、畜牧兽医、水产养殖、饲料加工和企业管理等方面的高素质人才。开发生产的“东南牌”系列、“新兴牌”系列畜禽、水产饲料及添加剂预混合饲料系列产品，质优稳定，受到八闽用户的广泛青睐。公司还不断强化技术合作与技术创新工作，与国内专业科研院校（江南大学）开展技术协作并和台湾贸晖公司开展技术合作，为提高公司产品的竞争力提供保证。

公司注重产品质量监控管理，拥有一整套饲料营养检化验仪器设备和一批熟练的检化验技术人员，最大程度地保证了产品质量稳定性。同时公司拥有完善的售前、售中、售后服务体系，有力保障了企业在市场竞争中不断发展壮大。

江　西　省

加大实业（集团）公司

加大实业（集团）公司是一家以高新技术为主导，集科研开发、生产、经营为一体的科技型饲料企业，总投资8 000万元，生产“加大”、“赣大”、“大汉”、“美园”四大品牌饲料、预混料，年饲料生产能力100万t，预混料5万t。下属企业包括江西加大实业有限公司、江西大汉饲料有限公司、赣南方大饲料有限公司、抚州赣大饲料有限公司、广东加大实业有限公司、中外合资赣州美园畜牧有限公司。

加大实业（集团）公司投入了大量人力、物力、财力发展高科技饲料，及时追踪国内外动物营养领域的最新进展，博采世界最新饲料方面科技发展，并与中国养殖业的实际相结合，成功研制开发出乳猪熟化浓缩料，为国内首创。加大乳猪熟化浓缩料已成为市场的领导者，成为乳猪浓缩料中国第一品牌，被省科委评为“科技型企业”。

加大实业（集团）公司始终坚持“以人为本”。把能力的增长当作是人生最大的财富，为此不断培训员工，集团长期办“现代企业管理培训”，结合参加外界的短训及送入大学深造，把“尊重人、善良仁爱、谦虚好学、感恩合作”定位为加大实业（集团）公司的人才观。

加大实业（集团）公司的目标是立足中国，面向世界，第一步做中国最优秀的饲料企业；第二步走出国门，参与国际经济竞争。

中外合资江西茂昌实业有限公司

江西茂昌实业有限公司于1993年7月1日，由江西省粮油食品进出口公司，进贤县粮油总公司及台湾茂生股份有限公司三方合资组成。总投资160万美元。其中外资81.4万元，占投资额的51%。公司主要生产“茂昌”、“益佳”牌系列畜、禽、水产等高品质全价配合饲料、浓缩料和预混料，年生产能力为12万t。现有固定资产2 000万元，员工208人，各类专业技术人员80多人。

公司始终坚持“以人为本，以质取胜”的宗旨。靠严格的管理，优质的产品，良好的信誉创造了茂昌公司辉煌的事业，建立了一整套自己独特的质量管理体系，使“茂昌”牌饲料连续6年被江西省技术监督局评为“免检产品”，在1995年全国饲料产品质量统检中荣获“质量优秀企业”；1996年被江西省外经贸厅确认为外商投资“先进技术企业”；并将“茂昌”牌预混料被江西省商检局定为出口食用动物饲料生产企业；2000年又被江西省消费者协会评为“保护消费者权益先进单位”；南昌市精神文明单位。“茂昌”牌商标被江西省工商局评为“著名商标”。2001年被南昌市科委评为“民营科技型”企业。2001年被南昌市总工会评为“五一”劳动奖状“先进单位”。

公司以科技求发展，以市场为导向，潜心为社会提供畜、禽、水产等各类饲料80多万t，实现产值9.5亿元，创利税4 000多万元，连续6年以10%速度增长，成为江西饲料行业的佼佼者。

目前公司正以高度的责任感和危机感不断地加大科技投入力度，调整产品结构，逐步向社会推出适销对路的优质产品占领市场。产品远销山东、上海、湖北、河南、福建、云南、广东等省市地区。为适应加入世贸后的企业发展，公司将致力于开发生产安全卫生，质量可靠的饲料产品，并严格按照国家颁布的质量卫生标准加强管理，全面提高企业素质，树立企业品牌形象，为中国的饲料工业发展而努力奋斗。

地　址：江西省南昌市进贤西门路409号
邮　编：331700
电　话：0791-5664432 5665512
传　真：0791-5666615

南昌正大畜禽有限公司

南昌正大畜禽有限公司，由世界著名的泰国正大集团与南昌顺外农工商联合公司合作兴办，是江西省规模最大的现代化农牧企业之一。

南昌正大畜禽有限公司坐落于江西南昌经济技术开发区（蛟桥），占地8hm^2，拥有200多名员工，其中大专以上学历的人员80%。公司从美国豪孚（HOUCH）国际公司引进最先进的全电脑控制饲料生产成套设备，选用优质原料，采用正大集团精湛的生产工艺，以及融合集团80多年宝贵经验和世界高新科技，并专门针对养殖户需要而精心设计的饲料配方，实行最严格的品质管理。从而保证了公司产品品质始终处于市场领先地位。为进一步提升产品品质，公司又投巨资从丹麦引进具有世界先进水平的饲料膨化成套设备，在江西省独家推出猪、鸡、鸭膨化饲料，填补了江西省空白。

目前，公司资产总额逾亿元人民币，拥有年产36万t的饲料厂，“滕王阁牌”、“雄狮牌”等系列产品畅销省内外，赢得了广大用户的信赖；占地近14hm^{2}的现代化种鸡场和与之配套的现代化孵化场，每年可向社会提供1 200万羽“艾维茵”商品代肉鸡苗。

公司于1999年10月设立了动物保健中心。该中心拥有经验丰富、多年从事动物保健的兽医专家，配备国内外一流的动物保健及疾病分析诊断仪器设备，为广大养殖户提供全面、及时、有效的兽医技术服务，这在全省饲料行业中尚属首创。

自1992年创立以来，承蒙各级领导的关心和广大客户的支持与厚爱，南昌正大畜禽有限公司相继获得“外资投资先进技术企业”、“AAA级信用企业”、“全省外商投资纳税大户企业”、“两个密集型企业”、“最佳信用企业”等荣誉称号。公司产品历年被江西省技术质量监督局列为重点保护产品。

南昌海联饲料有限公司

南昌海联饲料有限公司是一家具有国内外最新装备和技术的大型现代化饲料生产企业，隶属于南昌海联实业集团。公司总投资3 000万元人民币，设计年生产能力30万t。

公司在不断吸收、改进国内外先进生产技术和配方的基础上，研制开发出了能适应各地养殖特点的畜、禽、鱼等各种高中档饲料。主要产品有“海联”、“星火”、“海业兴”、“金驼铃”等8大系列配合饲料及各种预混料共300多个品种。产品直销国内13个省区，浓缩料2001年在江西省具有最大的市场占有率。

公司于江西南昌银三角开发区105国道旁，东临京九铁路线，距南昌市区18km。

董事长兼总经理：熊海泉

地　址：江西省南昌县银三角瓜山

邮　编：330200

电　话：0791-5705886 5705656 5187489

传　真：0791-5187346

江西赣达牧业有限公司

江西赣达牧业有限公司成立于1994年10月，是一家集各种畜牧饲料产品、饲料添加剂生产与销售为一体的科技民营企业。公司位于南昌市青云谱工贸园区内，南莲路389号，105国道旁，距南昌南站1km，南昌市中心12km，公司地理位置优越，交通十分便利。公司占地面积3万m^2，总建筑面积2万m^2，总投资达3 000万人民币。

公司自成立以来，全套引进具有国际先进水平的牧业公司生产设备，实现全自动化电脑控制作业。年产量达24万t，产值超亿元。同时公司高薪聘请一批国内动物营养专家及高科技管理队伍，实现电脑网络现代化管理，主要生产乳猪料、浓缩料、蛋鸡料、肥育猪料、肉鸡料、肉鸭料、鹌鹑料、鱼料等系列产品，是由美国普琐纳公司、北京农业大学与该公司共同研究的新一代饲料产品，利用生物工程技术，针对江西养殖业的特点，具有经济、适用性广的特点。

赣达牌上百个品种的农牧饲料产品，历年被省市技术监督局质量检测为合格产品，用户信得过产品。先后荣获“1996年金秋国际金奖；1997年第九届新技术新产品博览会金奖；1998年江西省乡镇企业名牌产品；1999年江西省乡镇企业名优特新产品展销会金奖”等荣誉称号，产品畅销江西、广东、湖南、湖北、福建、安徽、浙江等全国各省，深受广大用户青睐。

赣达公司全体员工在董事长邹和生同志的正确领导下，始终以“高标准、高素质、高效率、高品质”的企业到理念，严格遵循“质量第一、信誉第一”的宗旨，以一流的产品质量、优惠的产品价格、诚挚的信誉、优良的售后服务，作为进驻市场的经营方针，不断追求新的起点和新的目标，引进一流人才，发展规模经济，精诚致力于中国畜牧业发展的前沿。公司被南昌市政府授予“市重点私营企业、市重点保护企业”，荣获“中国乡镇企业明星企业、用户满意企业、农业部质量管理达标企业，民营企业先进单位、经济效益先进单位”。受到省、市、区各级领导的首肯和高度赞扬，董事长邹和生同志也多次荣获“全国优秀乡镇企业厂长、经理、董事长”称号，并被中国乡镇企业研究院聘为研究员。

江西金苹果科技牧业有限公司

江西金苹果科技牧业有限公司是在江西华利饲料有限公司基础上组建而成的一家集饲料研究、生产、销售及技术服务与咨询、原料信息与贸易为一体的综合性饲料企业。公司现有员工近400名，其中大中专业务员162名，具有年生产能力20万t的先进生产设备，地理位置优越，交通便利。

公司成立以来，特别是2000年以来始终坚持“以人为本、自主管理、服务领先、微利经营、来源社会、奉献社会”的经营理念。本着建立适应市场经济，提升企业核心竞争力和有效的激励、约束机制，通过不断的引进人才，转变员工思想观念；建立学习型组织，提升全员综合素质；培育企业文化，建立现代化企业运作体系；实行岗位目标考核，落实员工日常工作效绩；加大技术投入和技术创新，提高产品科学技术含量；实施岗位竞选，发现人才，选用人才，实现人才价值等举措，企业得到了长足稳步的发展。目前已初步形成了集团化管理体系和比营模式。

该公司2001年被评为“江西省用户满意企业”，多年被列为赣州市扶优扶强企业和AAA级信用企业等称号，生产的金苹果牌猪、鸡、鸭饲料被评为“江西省用户满意产品”等荣誉称号，产品畅销江西、广东、湖南、福建等省市，深受用户信赖。2000年度完成销售量7.13万t，实现销售收入1.26亿元；2001年完成销量9.82万t，实现销售收入1.804亿元。

山　东　省

山东鲁西兽药股份有限公司

山东鲁西兽药股份有限公司是一家股份制企业。

占地面积7万m^2，建筑面积2.6万m^2。净资产6 000万元，拥有员工148人，大专以上科技人员占50%以上。公司设备先进，技术力量雄厚，检测仪器齐全，对生产的各种原料及制剂能够独立检测。目前，公司主要生产地克珠利、环丙氨嗪、乙氧基喹啉、氯氰碘柳胺钠、氟苯咪唑、双乙酸钠、阿维菌素等原料及近百种制剂，产品深受广大用户的信赖与欢迎。企业被中国动物保健品协会授予“质量信得过单位”称号。预混剂车间于2000年9月通过国家农业部验收，成为全国同行业率先通过GMP验收企业之一。

公司位于黄河西岸的齐河县城，交通便利，位置优越，电力充足，水资源丰富，具备发展经济的天然优势。

地　址：山东齐河县城西
邮　编：251100
电　话：0534 5621306 5621518
传　真：0534 5621292
E-mail：lxapc@public.dzptt.sd.cn

河　南　省

河南泛亚农大集团

河南泛亚农大集团，是由河南农业大学与台湾泛亚农牧企业于1995年合资兴建的高科技集团公司，集团总部坐落在中原商贸城——郑州市。

河南泛亚农大依托河南农业大学与国内大批学者及高级管理人员的先进技术和管理经验，在“泛亚农大，追求卓越，共同成长，组合价值”的企业理念指导下，目前已发展为拥有五家独立法人企业和一个动物营养研究所，是一个集饲料、动物保健品、牧业贸易、动物营养研究为一体的综合性集团公司。

公司5年来始终坚持质量第一方针，从对原材料的选择、检验、储存、生产、工艺流程到成品产出的各个环节实行层层把关，真正把产品质量视作企业的生命。公司在稳定质量的同时，不断地将最新的畜牧科研成果大胆有效地转移到饲料中，为养殖户创造出许多优质价廉的科技产品，并受到一致好评。

公司在省市各级领导的支持和养殖界朋友们的关爱中茁壮成长，7年来连续被评为“重点扶植企业”、“质量信得过单位”、“郑州市场名优产品重点保护单位”、“郑州市优秀科技产品金奖”、“产品质量服务双优企业”、“1995—2001年中国质量检验检疫中心抽检合格好产品”、“1997—2001年全国质量稳定合格产品”，“2001北京国际农业博览会名优产品”称号。

河南国森饲料有限公司

河南国森饲料有限公司是以畜禽复合预混料生产和销售为主的专业性公司，同时生产浓缩料、全价料。它位于郑州北郊北环路中段，交通便利、环境宜人。可年产预混料5 000t。

公司自成立就立足于高起点，购置现代化生产设备及化验仪器。预混合饲料生产线经有关专家认证并经专业人员设计而成。它充分考虑了预混合饲料原料品种多，成分复杂、产品混合均匀要求高等特点，采用人工配料与自动生产相结合的加工工艺，从而保证了产品的稳定性。公司依靠一流的专家顾问团和雄厚的技术力量，专门研制、开发生产各种预混料、浓缩料及全价料，同时对客户提供全方位的技术服务。公司员工80%具有大学专科以上学历，60%具有6年以上工作经验。

公司采用现代管理技术，电脑优化配方，从原料采购到成品出库，均经严格把关。多种维生素、氨基酸、鱼粉、生长促进剂等多采用进口产品；再加上优良的设备性能，严格的管理与保证措施，有效地保证了产品质量稳定可靠。从而赢得了众多用户的信任。短短一年多的时间已一跃成为省内知名品牌。预混料年销量达1 000t以上，公司效益日渐提高。

河南华英农业发展股份有限公司

河南华英农业发展股份有限公司是利用外资兴建的以鸭加工为主，集祖代种鸭、父母代种鸭繁育、社会养殖、屠宰加工，熟食加工、饲料生产、羽绒加工等系列化生产以及肉鸡孵化养殖加工、包装制品、机电装潢、药业生产于一体的国家大型一类轻工企业。共获得国家大奖及各部门表彰80余项，跨入河南省50家重点企业，全国农业产业化60家试点企业和全国首批32家贸工农一体化重点之列。1999年底，华英集团又被省政府确定为全省38家优势产品的骨干企业之一。2001年实现年加工樱桃谷鸭1 800万只，年新增产值4亿元，利税4 500万元，新带动6 000多户农民养殖致富。

饲料公司下设饲料一厂、饲料二厂，占地面积12hm^2，员工160人，其中科技管理型人才85人，拥有二条现代化饲料加工生产线，采用江苏正昌集团、江苏牧羊集团的成套设备，均达到国际先进水平，一直按照ISO9000体系运作，目前正在进行ISO9000-2000标准体系认证，生产鸭、猪、鸡、鱼4大系列，80多个品种的配合饲料、浓缩饲料，年生产能力20万t。年产值2.5亿元，是河南最大的饲料生产厂家之一，产品畅销豫、鄂、皖、湘、鲁5省60多个市县。10年来“华英”牌系列饲料以其优质、高效、稳定的品质，成为养殖致富的首选品牌。

湖　南　省

正大岳阳有限公司

正大岳阳有限公司是正大（中国）农牧有限公司与岳阳市粮油工业饲料公司合作经营的大型综合农牧企业。1987年5月18日建成投产，主要生产畜、禽、鱼饲料、复合预混合饲料、禽、畜苗，种蛋、编织袋。1990年跨入全国百家外资企业行列。公司占地总面积近 83hm^2。设有年产 18 万 t 的饲料厂，年产 3 万 t 的科技饲料厂，年产 2 000 万条的编织袋厂，年产 1 800 万羽艾维茵肉鸡苗的良种鸡场，现有员工 800 多人，其中外籍专家 12 名，具有丰富实践经验的研究生大学生 210 名。

公司投资总额已达 4 600 万美元，至 2001 年公司共销售饲料 153 万 t，复合预混合饲料 6.6 万 t，鸡苗 98 655 千只，种蛋 9 473 万枚，编织袋 65 804 千条，实现产值 59.8 亿元，纳税 97.56 万元，社会捐款 505 万元，上交政府利润提成 4 449 余万元。

在各界朋友的大力支持与帮助下，公司取得了飞速的发展。多次被评为“中国饲料工业协会优秀团体会员”、“中国信誉良好企业”、“优秀三资企业”、“质量管理先进单位”、“重合同守信用单位”等先进单位。产品也多次荣获“中国饲料工业协会推荐产品”、“农业部推荐产品”、“湖南省免检产品”、“湖南省名牌产品”等称号。1998 年正大被湖南省工商局评为“著名商标”，1999 年被湖南省消费者委员会评为“湖南省消费者最信赖品牌”，2001 年预混料被中国技术监督情报协会评为“全国用户产品品质满意、售后服务满意示范单位”。正大饲料、预混料经湖南省出入境检验检疫局多年鉴定，不含有任何损害人体健康的违禁药物，属于“绿色产品”，被定为湖南省供出口猪场使用的饲料生产厂家。

法人代表：方道弘
地　址：湖南岳阳市湖滨
邮　编：414004
电　话：0730-8381622
传　真：0730-8381565

中美合资湖南尤特尔生化有限公司

中美合资湖南尤特尔生化有限公司位于素称“洞庭明珠”的岳阳市高新技术产业开发区，是由美国新世纪生化公司与中国医药工业公司岳阳中湘康神药业集团有限公司、湖南高科技创业投资有限公司共同创建的现代高科技生化企业。

公司应用基因工程技术，对发酵菌种进行高效表达，开发出具有高活性、高纯度的纤维素酶系列产品，产品广泛应用于棉麻、纺织、服装、饲料、酿造、洗涤、食品、造纸、医药、石油开采等领域，对提高这些行业和企业的工艺技术水平和产品质量，提高劳动生产率和设备利用率，减少资源浪费和环境污染，具有重大而深远的意义。

公司具有雄厚的资金实力和先进的技术与管理，设立了专门的研究机构，配备了具有国际水准的生产试验设备和监测仪器，为产品质量的提高和新产品开发提供了可靠保证，形成了年产 3 000t 纤维素酶、半纤维素酶和 1 000t 其他生化产品的生产能力。公司被认定为湖南省高新技术企业，产品被认定为高新技术产品。

公司奉行“一切为了您产业水平提高”的宗旨，遵循“和谐、竞争、诚信、创新”的企业精神，坚持“以诚信为根本，以科技为先导，以名牌战略为手段，以用户满意为目的”的营销理念，面向国内国际市场，研究开发和生产销售生化系列产品，造福于社会、服务于大众。

地　址：中国湖南省岳阳经济技术开发区巴陵中路
ADDRESS: Baling MiddleRoad, Econnomicand Technological Development Zone, Yueyang, Hunan, P. R. China
邮　编（POST）：414000
电　话（TEL）：86-0730-8282562 8320548（fax）
传　真（FAX）：86-0730-8282572

上海（湖南）晶天科技实业有限公司

上海（湖南）晶天科技实业有限公司是一个通过国家高新技术论证，拥有自主进出口权，全面执行 ISO9000 质量管理体系的现代化企业。公司员工近 200 人，其中博士 3 名，硕士 5 名，本科以上文化占 86%。总公司设在长沙最繁华的黄金地段五一大道火车站旁的东方大酒店商务楼十楼。公司拥有长沙工厂（占地近 7hm^2）、上海工厂（建筑面积 6 000m^2）两座现代化花园式工厂。公司工艺先进，设备精良，已逐步形成饲料添加剂（兽药）、医药、保健食品饮料 3 大产业板块。其中饲料添加剂产品有：精品大蒜油（99.999%）、大蒜素系列、Vc-（单）多聚磷酸酯、L-肉碱、DL-肉碱、甜菜碱、晶康酸、晶香酸、晶康甜、二氯海因、氨基酸螯合物（铜、铁、锰、锌、硒、钴、铬等）、皮肤红、晶奶铁、牛至油等。

晶天人以绿色安全环保为己任，脚踏实地，不求足赤之金，但求至纯品质。永远立足高科技尖端、缔造世界一流生化王国是晶天人不舍的追求。兢兢业业、点点滴滴为顾客奉献无可挑剔的产品是其每一位员工的诺言。

地　址：湖南省长沙市五一东路 95 号东方商务楼十楼
电　话：0731-4139627 4135871
传　真：0731-4136149

岳阳市九鼎科技有限公司

岳阳九鼎科技有限公司创办于 1994 年，坐落在湖光山色，风景秀丽的文明古城——岳阳市。是一家集猪用复合预混料、浓缩料和全价料的研制、生产、销售为一体的民营科技企业。

目前，公司现有员工 218 人。其中博士、硕士等各类中高级人才和大专以上毕业生人才，占员工总数的 65.5%，平均年龄 39 岁。是一支奋发向上，集知识化、专业化、年轻化为一体的充满希望的团队。公司资产总额 4 000 多万元，占地面积 30 多亩。预混料年生产能力为 4 万 t，浓缩料年生产能力为 2 万 t。先后在湖南永州、郴州各建有一个合资公司，2001

年，在上海全额投资组建了上海富捷饲料有限公司。建立了覆盖湖南、湖北、江西、浙江、河南、福建、广东、广西、山东、安徽、江苏、上海等省（区）的直销网络和经销网络。公司拥有一支以专家和教授为主体的一流的产品开发队伍。每年投入的技术开发资金占销售收入的6%。此外，公司与南京农大、湖南农大等多所高校、科研团体签订有科研合作协议。高素质的人才结构和强强联合的科研队伍，辅之以充裕的科研经费、齐全先进的试验基地和实验设备，保证了产品的高科技含量。以市场为导向开发的SH、SB、SA、SL等品牌产品的安全、高效猪用预混料填补了国内空白。

公司曾先后被评为岳阳市饲料工业明星企业、重合同守信用企业、科技成果示范单位、纳税先进单位、质量监督合格企业。2001年公司通过ISO9001：2000国际质量体系认证，“九鼎牌复合预混料”被评为湖南名牌产品。目前公司正进入新的战略发展时期，一个以预混料为主的高科技、高效益的环保型企业集团正在新世纪里走向全国、走向世界。

法人代表：杨　林
地　址：湖南岳阳市屈原北路
邮　编：414000
电　话：0730-8711848 8711948
传　真：0730-8711184

湘潭市蒙哥饲料有限公司

湖南省湘潭市蒙哥饲料有限公司成立于1992年，是全省较早成为集饲料生产、良种繁育、科技开发于一体的产业化龙头企业之一。

为了迎接激烈的市场竞争，公司引进了国内最先进的高科技熟化饲料生产线和膨化饲料生产线。该设备选用了40型90kW制粒机、高效双轴搅拌机、后熟化和挤压膨化装置，年生产能力达10万t，迄今为止是全市生产能力大、工艺先进、各类饲料品种齐全的饲料加工成套机组。优质熟化饲料和膨化饲料，大大提高了饲料的适口性和消化吸收率，受到了养殖户的普遍欢迎和一致好评。其中，水产饲料和特种动物饲料还填补了省内的空白。

湘潭市蒙哥饲料有限公司系中国饲料工业协会优秀团体会员，湖南省饲料工业协会副会长单位。公司技术力量雄厚，检测手段先进，与省内外多家大专院校和科研所均有着密切的合作关系。承担了多项省、市科委下达的科技开发和科技推广任务。生产的蒙哥天合、猪皇、福满堂、金兔等品牌猪、鸡、鸭、鱼、牛蛙、鹌鹑、甲鱼、鳝鱼和特种动物的系列配合料、浓缩料、预混料，采用了蒸汽夹套前熟化调质、后熟化稳定和挤压膨化系统及自动制粒工艺，以一流的质量，独特的饲养效果和优质的售后服务深受广大养殖户青睐，享有较高的知名度，同时也得到了国家及省、市各级主管部门的好评。蒙哥牌系列熟化和膨化乳猪饲料获省市科技进步奖，还获国家发明专利近20项。多次荣获“质量信得过产品”、“全市首批重点产品保护品牌”、质量信得过单位、“科技型民营企业”、“重合同、守信用企业”等省、市一系列荣誉。

总经理：刘蒙榕
地　址：湖南省湘潭市湘衡路126号
邮　编：411100
电　话：0731-2314624
传　真：2322328

湖南天心牧业有限公司

湖南天心牧业有限公司是湖南省农业产业化龙头企业，中南地区最大的种苗基地之一，湖南省高新技术产业项目试点单位，湖南省外贸猪出口基地。实行饲料、养殖、种苗、屠宰、肉制品加工销售和畜牧机械一体化经营，科、工、贸同步发展。

公司坐落在湖南省长沙市青园路1号，长沙大道和友谊路的交汇处，占地面积近35hm^2，建筑面积6万多m^2，公司环境优美，地理位置优越。公司拥有一支高效、廉洁、求真、务实的领导班子和一批种猪选育、饲养管理、疫病防治、动物营养、肉制品加工等方面的高素质专业技术人员和员工队伍。

公司拥有从美国、英国、比利时、丹麦引进的原种长白、大约克、杜洛克种猪等基础母猪1 600头，可长年为用户提供各品种的纯种种猪及F1代杂交种猪，年出栏生猪3万头，其中出售种猪8 000头。整个生产实行全封闭式管理。

为了提高产品品位，从澳大利亚引进了配合饲料生产线和膨化饲料生产线及先进的饲料质量检测设备。现拥有单班生产猪、鸡、鸭、鱼系列配合饲料、浓缩饲料、膨化饲料4万t的生产能力。

年产1万t肉制品加工项目正在紧锣密鼓地进行，并从德国POLY—CLIP公司引进一条肉制品加工生产线，市场潜力巨大。

该公司还生产性能优良的养猪设备、饲料加工机组，深受用户欢迎。目前，公司在总经理唐先桂先生带领下，沿着农业产业化发展之路，严格按公司法和股份制要求运作，朝上市公司迈进。

总经理：唐先桂
地　址：长沙市青园路1号
邮　编：410004
电　话：0731-5586736　5581346
传　真：0731-5583614

湖南伟业动物营养有限公司

湖南伟业动物营养有限公司是专业从事饲料产品开发与畜牧技术推广的经济实体，由归国动物营养专家佘伟明硕士于1999年10月投资创建，公司拥有现代化的复合预混合饲料生产线两条及先进的QAQC系统设施，年生产能力达8 000t。

公司严格按现代企业管理制度管理，注重产品质量、注重售后服务、注重企业文化建设。坚持以市场为导向，以高新科技为梳杆的发展方针，不断优化饲料配方，开发新产品。科技人员研制开发的仔猪复合预混合饲料成功地克服了断奶仔猪应激综合症这一难关，经推广证明，各项生产性能指标优良，成为公司的拳头产品。在市场竞争激烈的情况下，通过员工的共同努力，公司业务发展迅猛，营销网络遍布湖南、广西、广东、江西、福建、河南、山东等省，局部地区形成品牌优势，业绩在湖南同行业中名列前茅。目前年产值达 2 000 万元，创利税 180 余万元。被推荐评为 2001 年度长沙市“重质量、守信誉单位”，断奶仔猪料成果被列入长沙市国家高新开发区开发推广项目。

公司在注重经济效益的同时，始终保持高度的社会责任感，现在正致力于开发绿色安全饲料及肉食品，为畜牧产业的可持续发展做贡献。

法人代表：余伟明

地　址：长沙市望城县雷锋镇清泉路 18 号

邮　编：410217

电　话：0731-8100629

传　真：0731-8125059

长沙国雄饲料有限公司

长沙国雄饲料有限公司是新希望集团投资兴建的一家大型现代化饲料生产企业，公司于 2001 年 6 月 28 日建成投产，年生产能力 30 万 t，主要生产销售“国雄”牌“新世纪”、“五星”两大系列，60 余个品种的猪、鸡、鸭、鱼、配合饲料、浓缩料预混料等。公司位于湖南省长沙县星沙镇国家经济技术开发区，依傍京珠高速、107 国道，距长沙市区仅 8km，位置优越，交通便利。

公司依托集团雄厚的经济和科研实力，秉承“抓质量雷打不动、抓市场无限服务、抓管理滴水不漏、抓安全万无一失”的宗旨。投产一周年，就创造了一个又一个奇迹；投产当年就完成销售收入 1 500 多万元，这些成绩的取得就无疑标志国雄饲料已经有了质的飞跃，国雄公司已在三湘大地崭露头角。

“以优良的产业报国，以优质的产品富民”始终是国雄公司全体员工的座右铭，以“确保每一粒饲料的良好品质”来决定每一包饲料及至整个公司产品的过硬质量是他们一贯的工作标准。

地　址：湖南省长沙县星沙镇四线

邮　编：410100

电　话：0731-4065758 4069538

传　真：0731-4060408

广　东　省

力加饲料科技有限公司

力加饲料科技有限公司是一家致力于研究、生产、销售饲料添加剂预混料的专业性公司，主要产品有：水产多维系列、水产矿盐系列、畜禽多维系列、畜禽矿盐系列、畜禽复合预混料系列、水产复合预混料系列等 80 多个品种。

力加饲料科技有限公司拥有一支高素质的员工队伍，80％以上人员工具有大专以上学历并受过专业培训，由博士、硕士、大学本科等学历及高级职称技术人员组成的科研队伍，专业从事技术研究开发、质量管理和售后服务工作。

力加饲料科技有限公司有生产车间 2 000 多 m^2，生产线 4 条，严格按国家 GMP 标准建成，同时公司拥有配套的试验基地。

力加系列产品用料考究，采用的原材料主要来自德国巴斯夫、瑞士罗氏、法国罗纳、日本住友等国内外著名的生产厂家，大部分维生素采用包被及柽费酯化技术，主要微量元素采用螯合技术处理，使产品具有更好的稳定性、更高的效价。

力加系列产品配方参考了欧洲和美国动物营养的最新研究成果，又综合考虑了中国的饲料资源、畜禽水产品种、饲养方式、环境气候条件等情况，并且每一项课题和科研成果都经过反复实验论证，因而力加的产品具有广泛的实用性。

地　址：广州市番禺区沙湾镇紫坭工业区

邮　编：511487

电　话：020-84747002 84748002

传　真：020-84747004

广州市巨丰实业有限公司

广州市巨丰实业有限公司是广州市江丰实业有限公司下属单位。广州市江丰实业有限公司是闻名全国的“江高模式”的龙头单位，是广东省农业产业化龙头企业，被评为广东省农业产业化企业 20 强中第 5 名。

该公司从事饲料添加剂的生产、销售、开发、进出口经营（权）等业务。拥有年产 1 500t 粤江丰牌复合维生素、年产 3 000t 预处理矿物元素的瑞士布勒进口设备，配备有高效液相色谱仪（HP 1100）、原子吸收光谱仪（北京二兴）和 ELISA 全自动定氮仪（瑞典特加托）等先进检测设备，生产有 26 种复合维生素预混料、25 种复合矿物元素预混料、氨基酸螯合物（Zn、Fe、Mn 等）、饲料防霉剂、鱼促宝和硫酸铜等产品。生产所用原料和产品均符合国家饲料卫生标准，产品多次获得农业部推荐产品，国际农博会优质名牌产品等省、国家级荣誉称号。产品经营业务覆盖广东、广西、福建、海南、湖南、湖北、江西、河南、上海和北京等省市。

公司全权代理枫叶集团、味之素、礼来公司在南方地区的产品经营，销售必丽佳黄、抗氧宝、苏氨酸、色氨酸、泰农－40、球虫药、抗生素等多种进口添加剂产品。

地　址：广东省广州市白云区江高镇松岗街128号
邮　编：510450
电　话：020-86200088 86602111
传　真：020-86602728 86602388
E-mail：jfsy04@kwangfeng.com

广东省农业科学院生物技术研究所

广东省农业科学院生物技术研究所是从事农业微生物工程的专业性研究机构，研究所以现代化生物工程技术为手段，以农业部重点开放实验室为基础，以动物生产及产品的安全和健康为主要目标，重点开展健康养殖专用微生物工程制剂等新产品、新技术的研究与产业化开发。全所科技人员30人，其中高级职称14人、博士5人，硕士7人，享受政府津贴专家4人。所内建有农业部重点开放实验室和广东省重点实验室，配备一批国内先进水平的检测分析仪器，在建设中的“国家农业高科技园区”（广州市白云区）内建有微生物发酵车间、饲料添加剂生产车间。所内还设有“广东省科苑生物技术研究开发中心”，专门为农牧渔业生产提供最新生物工程技术产品。近年来，研究所先后承担了国家和省部级科研61项，获省级以上科技成果和奖励12项，申报发明专利8项，培育新品种5个，研制开发新产品10余个。

本所利用现代化生物工程技术，研制开发出“博特”牌健康养殖有益微生物制剂系列产品；饲用复合酶制剂、微生态制剂（益生素）、活菌壮苗素、有机肥水素、益康菌、光合细菌、加强型生物净化素、特种水产专用复合酶、基因工程免疫调控剂等。

地　址：广东省广州市天河区五山路省农科院内
邮　编：510640
电　话：38469800 38469639
传　真：020-38469080

广东溢多利生物科技股份有限公司

广东溢多利生物科技股份有限公司坐落在中国南海边的一个美丽的海滨花园城市——珠海经济特区，她毗邻港澳，交通便利，环境优美，景色怡人，获得联合国颁发的“国际改善居住环境最佳范例”奖。广东溢多利生物科技股份有限公司创办于1991年8月，经过近10年的艰苦创业，现已发展成占地面积30 000m²，拥有集科研、信息、生产、办公于一体的现代化工业园，公司设有科研所、检测中心、人力资源部等10大职能部门，奉行“敬业、和谐、创新、高效”的企业精神。

公司坚持以科技为导向，引进国内外先进的生产设备和技术，与国内外多所知名科研机构建立长期合作关系，技术力量十分雄厚。公司应用现代生物工程技术和先进植物提取工艺，致力于绿色饲料添加剂、食品、饲用药品等行业的研究、开发与生产。其中“溢多利”系列饲用酶制剂，以其良好的使用效果，深得广大饲料畜牧业用户的肯定，成为全国重要的饲用酶制剂生产基地。1992年获珠海市科技进步奖，1993年被国家科委、国家技术监督局等5家单位联合评定为国家级新产品，同时被评为广东省级重点新产品；1994年获全国饲料工业新技术、新设备、新产品博览会金奖；1996年首届中国饲料工业博览会认定产品。产品远销东南亚及香港、台湾等国家和地区。1998年被认定为“广东省高新技术企业”。2000年公司在国内同行业中率先通过ISO9001质量体系认证。

未来的竞争是人才的竞争。溢多利公司在不断发展高新技术的同时，十分重视人才的引进和培训。目前，公司集中了一批以酶工程学、微生物学、动物营养学等相关学科为研究方向，由博士、硕士、专家等组成的研究开发队伍，为公司开发最新的产品。公司还定期邀请著名教授及专家对员工进行管理、营销、技术等方面的专门培训，公司95%以上的管理人员具有大专以上学历，有10多位中高级科技人才专门从事技术和售后服务工作。

公司坚持以人为本的管理思想，兴建了具有三星级标准的员工餐厅和现代化的多功能文化娱乐场所。

面对新世纪，公司提出了“人才为本、科技为先、质量为纲”的经营方针，继续坚持“用户的满意是我们的追求”的经营理念。为了给广大用户提供更加完善的售后技术服务，公司在全国建立了20多个分支机构，销售服务网络遍及全国30个省、市、自治区。

广东温氏食品集团有限公司

广东温氏食品集团有限公司创立于1983年，是一家以养鸡业、养猪业、奶牛业为主导、兼营水产养殖、饲料加工等多元化大型畜牧企业集团，目前已在全国10个省（自治区、直辖市）建成27家一体化养殖公司。1999年，温氏集团被广东省人民政府评为“农业龙头企业”，2000年被国家农业部等八部委评为农业产业化全国重点龙头企业。

经过20年的发展，温氏集团现已成为广东省最大的肉鸡生产和供应基地，并形成鸡、猪、牛三业并举的格局，2001年实现销售值22亿元，上市肉鸡1.7亿只，上市肉猪20万头。目前集团拥有专业育种公司1家，一体化养鸡公司21家；养猪业方面，已建成原种猪场2个，商品猪场10个，形成年生产商品猪苗150万头的能力；在探索养牛方面，经过一年多时间的建设，集团已有存栏奶牛1 200多头，在未来5年将发展到拥有奶牛2万头的大型乳业企业。

温氏集团注重科技在生产中的应用，坚持长期与高等院校合作，以科技创新为依托，推动企业进步，多项技术处于国内领先水平，其中在2000年，“无鱼粉日粮配制技术”通过省级技术鉴定，“家禽生物安全系统的建立及推广及应用”项目通过了省级技术鉴定，并被国家科技部等四部委评为“九五”科技攻关优秀科技成果奖；2001年，广东温氏原种猪场通过了省级原种猪场的鉴定，新兴矮脚黄鸡和新兴黄鸡Ⅱ号通过了国家级品种的专业审定。

温氏集团现有员工6 500多人，其中大专以上学历的科技管理人员600多人，硕士以上学历40多人。公司与华南农业大学进行长期技术合作，运用现代科技与管理，依靠“公司+农户”的生产模式，实行农工贸一体化、产供销一条龙服务，走出了一条农业产业化的成功道路。

阅粮饲料有限公司

该公司是一家专业从事饲料研制与生产的企业，始创于1990年，1998年完成股份制改造，拥有两条时产10t的美国CPM饲料生产线，工艺设备先进，技术力量雄厚，检测手段完善，管理方法科学，为生产高品质产品提供了有力保证。公司主要生产鸭、猪、鸡、鱼4大系列全价配合饲料及各种浓缩料、预混料，年产能力达12万t，是粤东地区规模最大的饲料生产企业之一。

公司创建以来，坚持以“高技术、高质量、高效益”为宗旨，以“诚信”为本，以“振兴惠州饲料工业，促进养殖业发展”为己任，励精图治，锐意进取，通过10多年的创业、积累和发展，“阅粮”饲料已经成为粤东地区脍炙人口的优秀品牌，产品畅销深圳、河源、广州、梅汕、珠三角及省外周边地区，累计向社会提供各种优质饲料产品达60多万t，为推动粤东地区的养殖业发展贡献良多。

1998年改制后，企业注入了新的活力，公司在秉承优良传统的基础上，大胆创新，诚信经商，质量取胜，赢得了广大用户的高度评价和信赖，“阅粮”牌饲料多次被评为省级“信得过产品”，公司连续多年被惠州市人民政府授予“重合同守信用企业”称号，2000年8月被广东省人民政府授予“广东省先进集团”称号，是惠州目前惟一获此殊荣的饲料生产企业，为振兴惠州饲料工业，推进惠州农业产业化建设做出了贡献。

2001年12月，公司顺利通过ISO9001—2001国际质量体系认证，公司品质将更卓越，管理更上一层楼。

地 址：广东省惠州市江北三新北路二号
邮 编：516003
电 话：0752-2802735 2802574
传 真：0752-2802721

广东省农科集团前沿动物保健技术中心

广东省农科集团前沿动物保健技术中心（下称“中心”）成立于1996年10月，注册资金500万元，为广东省农科院全资下属企业，“中心”致力于动物保健品、预混料及饲料添加剂的研究开发。现有员工23人，其中科技人员18人、“中心”生产基地位于广州市白云区钟落潭镇的广东省现代化农业示范区内，首期投资1 500万元，占地约50亩，总建筑面积5 000m²，现拥有符合GMP标准的兽药生产线四条和添加剂、预混料生产线各一条，并拥有一批具有国际90年代先进水平的生产设备和先进的分析检测仪器设备。

“中心”研制的绿色饲料添加剂可以改善畜禽胴体品质与肉的风味，延长肉品货架寿命。目前，“中心”已取得了3项科研成果，其中省科委重点课题“盐霉素在猪上的应用”获“广东省科技进步三等奖”与“广东省饲料科技进步一等奖”。

地 址：广州市天河五山路农科院内
邮 编：510640
电 话：020-87596233
传 真：020-84596233

广东省农业机械研究所饲料加工设备开发中心

广东省农业机械研究所是省属大型应用科研开发单位，所属饲料加工设备开发中心是全国最早从事饲料加工工艺及设备研究开发的单位之一，拥有数十名中、高级专业人员和饲料机械制造厂，有较强的新产品、新技术开发能力，自1995年起就全面实施了计算机辅助设计，并配备了完善的饲料机械试验车间及各种先进的检测仪器。至2001年底，已为全国各地及国外用户设计、建造了500余间具有国内先进水平的各类型饲料厂，销售了各种饲料机械设备上万台(套)。

中心已研究开发出并形成批量生产的定型产品共有30个种类约100个不同的规格型号，可向各地用户承接完成时产1～60t各种规格的饲料加工机组。产品荣获国家级奖项及多项国家专利，在社会上享有较高的知名度及良好的信誉。本中心饲料机械制造厂于2000年通过了ISO9001国际质量体系认证。

此外，广东省内惟一由政府授权的“广东省饲料工业职业技能鉴定站培训考核点”就设在本中心，至2001年12月，全省已有数百名饲料厂操作工通过本中心的培训考核，获得了国家劳动部颁发的职业技能资格证。

地 址：广州市天河区五山路261号
邮 编：510630
电 话：020-38481025 38481571
传 真：020-38481025
网 址：www.gnbss.com
E-mail：caowd@163.ne

顺德市星星饲料有限公司

顺德市星星饲料有限公司坐落于美丽富饶的珠江

三角洲腹地——广东省顺德市，多年来，企业奉行“诚信，求实、质量、服务”的宗旨，在原料、配方、生产和售后服务上狠下功夫，所生产的“天天、星星牌”饲料，以其优秀的品质、完善的售后服务享誉国内外。

顺德市星星饲料有限公司是在天天饲料厂原有基础上投资3千多万元新建的大型现代化饲料企业，拥有美国、中国台湾等世界一流的先进生产设备和完善的计算机管理体系，年生产能力达25万t，其中畜禽料年产20万t、特种水产料年产5万t，预混料年产8 000t，共有生产线10条，生产7大系列、300多个品种的鸡、鸭、猪、鱼等畜禽和特种水产全价配合饲料、预混合饲料和膨化饲料。该厂生产的鸭料、猪料、预混料、蛙料、海水鱼料、虾料和鲟鱼料等树立了良好的品牌，得到了广大养殖朋友的认可，2001年销量达到15万t。

该厂现有专门技术人员18人，其中教授2人、高级工程师2人，设有研究所、试验农场、技术服务部和疾病诊断室等，我们不仅为客户提供优质的产品，而且能给客户强而有力的技术支持。

地　址：广东省顺德市伦教镇三洪奇大桥侧
邮　编：528308
电　话：0765-7756732　7330202
传　真：0765-7757489

珠海经济特区盈利佳发展有限公司

珠海经济特区盈利佳发展有限公司是一家经营饲料、饲料添加剂并具进出口经营权的企业。公司主要经营各国名牌饲料、饲料添加剂、兽药等产品的国内销售和推广业务及相关的进出口业务。

公司本着“质量第一，用户至上”的宗旨，竭诚为社会提供优质产品和优良服务。该公司所经营的产品均由国际驰名的生产商制造，每项产品都经国家农业部批准注册登记并有进口许可证，确保产品的品质和使用安全。其主要经营的饲料添加剂有蛋氨酸、赖氨酸及维生素类、饲料着色剂等；兽药类包括莫能霉素、硫酸黏杆菌素等。

公司成立以来得到社会各界鼎力支持，广交国内外贸易朋友，建立了广泛的内、外贸易渠道，不断增强自身销售能力，并建立了一个全国性的销售网络。公司进出口业务和代理进出口业务发展较快，取得了较好的经济效益和社会效益。公司的规模不断发展、扩大，综合经济实力不断提高。

经　理：戴达江
地　址：广东珠海市吉大海滨南路光大国际贸易中心2312室
邮　编：519015
电　话：0756-3326328
传　真：0756-3326338
E-mail：yinglijia@sina.com

广西壮族自治区

广西藤县永丰化工制品有限公司

广西藤县永丰化工制品有限公司是澳门永鑫贸易发展有限公司在广西藤县独资兴办的以生产矿物微量元素饲料添加剂为主的企业。

公司技术力量雄厚，有一批勇于开拓的专业技术人才。投产4年来，依靠自身技术力量，成功投产了年产饲料级一水硫酸亚铁1.5万t、饲料级硫酸锰1万t、饲料级硫酸铜0.5万t三条生产线。开发了饲料级硫酸锌、硫酸镁、碘酸钙、亚硒酸钠和氯化钴等5个矿物微量元素饲料添加剂系列产品。产品质量指标均达到国家规定标准，企业取得国家农业部颁发的饲料添加剂生产许可证，产品均取得自治区饲料工业办公室核发的产品批准文号。

公司以造福社会，造福人民为宗旨。高度重视产品质量，从原料进厂把好原料质量检验关，产品包装前实施成品质量检测，把好产品入库关；每批产品出厂前均进行质量抽检化验。不合格原料不投产，不合格产品不入库不出厂。由于产品质量优良，该公司生产的“七丰”商标矿物质微量元素产品深受全国各地客户欢迎，产品畅销全国，在市场激烈竞争情况下，实现了产销平衡。

总经理：李启钊
厂　址：广西藤县蒙江镇
电　话：0774-7502331　7502321
广东佛山公司：佛山市祖庙路51号
电　话：0757-3396277
传　真：0757-3327172

桂林市万康生物化工有限公司

桂林市万康生物化工有限公司（原桂林万康添加剂厂）创建于1992年，是中国最早自行研究、开发及生产饲料保鲜产品的专业企业之一。10年来，万康以诚信及科技为本，凭借领先的专业技术、一流的产品品质及服务，已成为行业中最具竞争力的知名企业之一。万康公司历年被当地政府评为“优秀民营企业”、“诚信纳税人”、“先进纳税企业”，并被广西区人民政府授予“重合同守信用企业”。万康保鲜系列产品更以其独特可靠的功效及质量先后被广西区技术监督局、中国饲料工业协会饲料添加剂专业委员会评选为“推荐使用产品”。

万康公司占地1hm^{2}多，拥有2 000m^{2}布局合理、设备精良的生产综合楼、3 000 m^{2}的办公楼、生活楼及辅助设施，并拥有一支诚实敬业、勇于创新的科技及管理干部队伍，员工中大中专学历占70%以上。

万康在致力于饲料保鲜（防霉、抗氧化）产品研究开发的同时，对其他营养性及一般性添加剂也进行了广泛深入的研究，其中，“乐酸宝”酸化剂、“康溢”复合酶制剂等添加剂产品也以其显著功效，一流品质成为广大用户的最佳选择。

“诚信与科技兴厂，创世界一流产品”，万康人正以智慧和汗水，为振兴中国饲料工业做出更大贡献。

地　址：桂林市八里街定江三号经济区
邮　编：541213
电　话：0773-6590288
传　真：0773-2639399
E-mail：baijie.@163.com

南宁康佳龙饲料有限公司

广西南宁康佳龙饲料有限公司是一家新型的现代化中美合作饲料生产企业，其前身康佳饲料公司创建于1995年1月，现年产猪、鸡、鸭、鱼配合饲料及浓缩饲料10万t。

公司坚持以科技为导向，以人才为根本，依靠雄厚的技术力量和先进的设备，致力于研制开发高质量的饲料产品。康佳龙、红心、满星、满意宝等康佳系列品牌的猪、鸡、鸭、鱼颗粒、膨化料和浓缩料，不仅得到了广大养殖户的一致好评，而且多次被广西区质量技术监督局，广西区质检协会等权威机构授予“达标产品”、“名牌产品”、“推荐产品”、“统检合格产品”等荣誉称号；公司多次被南宁市城北区委、区政府评为“先进单位”、“先进集体”、“十强企业”，产品产销量逐年递增，畅销广西，远销云南、贵州、广东等地。

公司自创建以来，始终遵循“以质量求生存，靠服务出效益”的办企业宗旨，以构建企业文化与广大经销商及用户结成利益共同体的发展战略，全员营销、全员质管；同时，高屋建瓴地引进OEC管理模式，一步一个台阶，由民营企业向品牌企业转型，向集团化、规模化的大型企业迈进。

地　址：南宁市江南路76号经济技术开发区工业园内
邮　编：530031
电　话：0771-4516128
传　真：0771-4516138

广西大昌西格斯有限公司

广西大昌西格斯有限公司是由瑞士大昌控股有限公司（EK），比利时维他麦NV公司和广西南宁业新开发公司三方投资的合资企业，该公司将大昌公司在中国及东南亚引以为荣的丰富的商业经验及世界著名的维他麦公司的动物营养专业技术和业新公司的畜牧网络系统有机结合。鉴于该公司在饲料预混料、浓缩饲料及特种饲料的生产及销售方面取得的成就，已获得了中国外经贸部颁发的《外商投资先进技术企业》及各种产品质量荣誉称号。

该公司引进整套全电脑控制的瑞士布勒公司的世界一流饲料加工设备及其生产工艺并采用美的珀金埃尔默公司的分析设备来检测生产原料和成品。维他麦公司采用其获得的欧洲GMP证书的先进经验进行全面质量管理。

公司设有在总经理直接领导下的全面质量控制部门及采购部、生产部、销售部、财务部和行政部五个部门来保证公司的顺利运转。

公司的宗旨是：在动物营养方面特别是在幼小动物和种畜禽方面，提供最新技术的产品服务于客户，并采取推广全价料配方、原料分析及产品分析、农场管理技术、畜舍设施的指导等方面服务广大用户。

广西富丰集团有限公司

广西富丰集团有限公司是广西惟一专业从事畜牧、水产饲料生产的民营集团企业，除核心企业广西富丰集团有限公司外，下属4家饲料子公司。集团共有员工800多人，管理技术类人员90%具有大中专以上文化；拥有净资产达6 500多万元，饲料年产能力50万t，年产销额3亿多元。生产“富丰”、“旺多”、“台大”、“拼”、“众盼”、“三丰”、“金满堂”、“佳用”等品牌的猪、鸡、鸭、鹅、鱼、虾6大系列100多个品种的配合饲料和浓缩饲料，其中“富丰”牌猪、鸡、鸭系列饲料荣获1998年度、2000年度广西优质产品。产品畅销广西、广东、湖南、贵州、云南及越南等地。近几年来，富丰集团公司连续被评为南宁市先进单位、南宁市优秀私营企业、消费者信得过单位以及连续四年被广西区工商管理局授予“重合同守信用企业”等荣誉称号。

广西富丰集团有限公司拥有便捷的交通运输条件，一流的生产设备和现代化厂房，高效的技术服务和管理系统。公司实施了集团化、集约化、产业化经营，并始终把“创王牌产品，做模范企业”作为富丰人的奋斗目标。

2001年，富丰公司加快改善产品结构步伐，开发新产品，让利扶持养殖户，送科技下乡，取得了良好效果。同时，又探索构建企业管理模式，发掘和引进中、高级管理人才，提高企业经营能力。2001年，该公司完成销量72 240t，产值10 062万元，实现利税148万元，为社会做出了贡献。

董事长、总裁：陈继志
总经理：韩秀清
联系人：陈日勇
地　址：广西南宁五一西路5-1号
邮　编：530031
电　话：0771-4866838
传　真：0771-4860919
http：www.fufeng.com.cn
E-mail：sales@fufeng.com.cn

四　川　省

成都蜀星饲料有限公司

成都蜀星饲料有限公司是集科研、工业生产、贸易于一体的企业。公司技术力量雄厚，拥有从事动物营养、饲料加工、分析化验、经营管理的专业技术人员多人，并聘请国内有名望的专家作技术指导。

成都蜀星矿物元素预处理厂是为公司配套的生产企业。该厂是国内最早开发生产预处理饲料级矿物微量元素的企业之一，现年产各类预处理饲料级矿物微量元素系列产品 2 万 t，同时还开发生产各类畜禽微量元素预混料、复合预混料、维生素预混料等系列产品。其“创威”牌预处理饲料级硫酸铜、硫酸亚铁、硫酸锌、硫酸锰、硫酸镁、氯化钾、磷酸二氢钠、磷酸二氢钾、氯化钴、碘化钾、亚硒酸钠等产品质量稳定，加之良好的售后服务，多年来一直深受国内许多生产厂家的喜爱。

“创威”牌系列产品曾获 1992 年全国饲料新技术、新产品交流会金杯奖，1994 年中国新技术新产品交易博览会金奖，1995 年四川省饲料产品调查活动中被评为“巴蜀优秀预混合饲料”，1995 年参加全国饲料添加剂统检，荣获国家饲料监督检验中心颁发的检验合格证书；公司还连续多年被成都工商管理局武侯分局评为“重合同，守信用”企业，同时还是农业部 2000 年饲料添加剂跟踪抽检百分之百合格的企业之一。

地　址：成都市簇桥武侯大道新苗段
邮　编：610043
电　话：028-85013248
传　真：028-85013712

重　庆　市

重庆金大牧业科技发展有限公司

重庆金大公司创建于 1999 年，位于九龙坡长江之滨，紧邻重庆火车货站和船运九龙港口，是专业产销畜禽渔用复合预混料、浓缩饲料的高新技术企业，产品商标“金大”。

公司技术领先，产品设计多样化，不仅选择性吸收了欧美发达国家的动物营养技术，而且应用国内新近研究成果，结合中国养殖业特点、生产水平，筛选优质高效配方投入生产，确保了“金大”产品技术含量高，生产适用性强。

为保证产品质量，符合绿色食品要求，原料选择在着重有效含量的同时，充分考虑原料的理化特性、卫生标准、生产工艺、贮存损失、相互拮抗性和肉品残留等因素，做到规范添加。在加工生产中，不断探索、总结，及时革新生产工艺，并配合全面质量管理，向市场提供高品位、优质“金大”产品。

地　址：重庆市九龙坡区滩子口 45 号
邮　编：400050
电　话：023-68431188 023-68438098
传　真：023-68430338
E-mail：重庆金人@sina.com.cn

重庆石柱饲料工业科技实验厂

重庆石柱饲料工业科技实验厂始建于 1997 年 8 月，主要致力于新型畜禽复合预混料的研究及成果转化。该厂引进美国技术、德国设备、高起点、高效率，独树一帜，已成为西南地区最大的核心料生产企业。

该厂已成功开发出拥有自主知识产权的关江 978 核心料、强化核心料、关公大刀、关帝财神、核心 V26 鸡料、核心 V28 鸭料、BST 核心料等 7 大系列 28 个品种，科技含量高，市场竞争力强。产品已覆盖云、贵、川、湘、鄂、渝等 28 个省市，拥有 3 000 多个销售网点及 800 余家规模养殖场，直接用户已超过 100 万户，2001 年实现产销 4 000 余 t，产值 8 000 余万元。

2001 年，该厂荣获重庆市“2001 年度骨干饲料企业”和“饲料工业十强企业”称号，法定代表人关江先生作为重庆地区饲料界惟一代表出席了“2001 年中国企业家论坛会”，并荣获“优秀企业家”称号。

地　址：重庆市高新区渝州路 8 号泰兴科技大厦 20F—12
邮　编：400039
电　话：023-68886978
传　真：023-68886858
网　址：www.guanjiang.com

重庆市养猪科学研究院饲料兽药总厂

该厂隶属于中国惟一的国家级专业养猪科研机构——重庆市养猪科学研究院，是一个集一流人才、一流技术和一流管理于一体的国有科技型饲料兽药生产企业，下辖饲料总厂和动物药品厂，年产值 1 亿元，利税 500 万元。拥有职工 216 人，其中科技人员 122 人，中、高级技术人才 78 人，博士 3 人，硕士 15 人。

饲料总厂建于 1985 年，注册资金 2 000 万元，年产值 6 000 多万元，有添加剂、预混料、浓缩料、颗粒料 4 大系列 100 多个品种，质量管理体系通过了 ISO9001、2000 国际认证。该厂被评为“四川省 100 家最大规模饲料企业”、“四川省 100 家最佳效益饲料企业”，连续 10 年被工商局授予“重合同、守信用企业”称号。

动物药品厂建于 1994 年，拥有雄厚的技术力量和动物药品厂建于1994年,拥有雄厚的技术力量和先进的生产设备;全面推行GMP规范,建立了完善的质量保证体系;有片剂、散剂、针剂、丸剂和口服液等生产车间;品种近100个,年产值4 000多万元。

该厂坚持“质量第一、用户至上、信誉为本、服务优良”的经营原则，全国设有销售网点和技术服务站1 000余个，产品荣获1996年农业部推荐产品、1999年国际农博会（马来西亚）金奖产品、2001年重庆市名牌产品等国际国内大奖30余个，“川牌”商标被评为重庆市著名商标。

厂　长：刘弟书
地　址：重庆市荣昌县昌州中段770号
邮　编：402460
电　话：023-46792481 46792483 46792480
传　真：023-46792479
网　址：www.chuanpai.com
E-mail：service@chuanpai.com

云　南　省

昆明黄龙山（饲料）工贸有限公司

昆明黄龙山（饲料）工贸有限公司是一家集饲料生产销售，植物油脂加工、兽药及饲料添加剂销售、商场物业租赁、铁路中转、科研开发、畜禽养殖、粮油饲料原料贸易和进出口贸易于一体的，由原昆明市粮食局直属的国有企业（昆明市饲料公司）改制而成的国家控股的有限责任公司。

公司创建于1979年，经过20多年的发展，公司从单一的饲料生产经营企业发展成为综合性大型企业。公司现拥有资产总计15 278万元，主营业务收入15 178万元，占地119 257m^2，员工348人。现拥有三套由美国、意大利、瑞士等国引进的配合饲料、浓缩饲料，复合预混料、前处理硫酸盐、前处理微量盐等专业饲料生产设备，年生产能力达31万t。其中1980年从美同CPM公司成套引进的设备生产能力7.5万t/年；从意大利GIZA公司成套引进的设备浓缩料生产能力3.6万t/年，预混料1.8万t/年，硫酸盐前处理0.18万t/年，微量盐前处理0.12万t/年；2000年从美国、瑞士等国引进主机由牧羊集团承建配套的新车间为18万t/年。

公司三套现代化饲料生产设备代表了中国饲料工业发展的三个时期，第一套设备为70年代末80年代初世界先进水平生产设备，为云南饲料的启蒙发展和中国饲料工业的发展写下了辉煌的一页，该设备生产工艺被相关大专院校写进了教科书。第二套设备为中国饲料工业快速成长时期引进，原计划为西南诸省提供预混合饲料，该套设备自控水平在10余年时间内引领了国内先进水平。第三套设备则集中了现今最先进的工艺及设备，由美国Wenger公司引进的UP/C挤压膨化设备，可生产高档膨化饲料、浮性水产料、高能膨化乳猪料等高档优质饲料。2001年共生产各种饲料8万多t。

公司拥有全套植物油脂生产设备，年处理油菜籽2万余t，二级食用油1.5万t，高喷精炼油1万t。在省内地州拥有年生产能力达5万t的两个分公司。在市中心拥有两个大型商场及多处商铺进行商场租赁，铁路专用线直达生产厂区，可进行货物中转。贸易部多年来一直与西北、东北、华北、华南等地区开展粮油、饲料原料贸易，2001年贸易量达5万多t。

多年来，公司与浙江大学，四川农大、西南农大、云南农大、中国农大、云南省兽研所等众多高校和科研单位开展广泛的合作与交流，建立了强大的科技储备，走企业与高校相结合的道路，对饲料配方进行攻关，不断提高公司饲料产品科技含量，使公司产品的科技水平保持领先地位。公司集20余年饲料生产品控之经验，一贯注重产品品控，公司利用拥有的高压液相色谱仪，原子光谱吸收仪等先进仪器及常规分析仪器，对原料、产品进行分析监控，同时对饲料生产的各道工序、各个环节进行严密监控，使产品合格率一直维持较高水平，省市饲料监察机构多年抽检合格率都在100%。到2001年底，公司向市场提供了猪、鸡、鱼、鸭、牛等系列配合饲料、浓缩饲料、复合预混料160余个规格品种。自投产以来，已累计生产销售黄龙山牌，千禧牌系列饲料120多万t，产品覆盖云南、贵州、广西、四川等省区及周边国家。公司先后获得“全国饲料行业50家最大工业企业”、“云南省双百强工业企业”、“昆明市连续十年重合同守信用企业”、“中国饲料工业协会优秀团体会员单位”、“中国公认名牌”、“中国质量、信誉、服务AAA企业”等称号。

云南西尔南饲料有限公司

该公司其前身是西南民族学院科教饲料添加剂厂昆明厂和大理厂，分别于1993年和1995在云南昆明、大理建厂并投产。多年来公司主要以西南民族学院畜牧兽医系为技术依托，先后从省内外引进了一批具有中高级职称的管理人员。公司现有职工120多人，其中副教授4人、中级职称有8人。大专以上学历有19人、中专20人。

在云南办厂10年来，公司不断发展壮大，规模从年产销量几千吨发展到3万多t。按公司5年发展计划，力争2005年产销量达10万t。公司当初以一个产品（高效蛋白浓缩饲料）进入云南市场，现在已发展成为多系列、多品种、多规格、不同档次的50多个品种，其中510、151等几个产品荣获1998年云南省饲料工业协会推荐产品，全省统检年年合格。公司主要以猪浓缩饲料为主，是云南省知名的生产猪浓缩饲料的企业。目前，猪浓缩饲料占销量的60%以上，其销量居全省饲料企业前茅。

云南动物保健品厂

云南动物保健品厂坐落在昆明日新工业区，是专门从事畜禽、水产复合预混料、饲料添加剂开发、生产、经营的企业，是云南省目前两家获得农业部颁发“添加剂预混合饲料生产许可证”、“饲料添加剂生产许可证”双证企业之一。自建厂之日起一直秉承“以诚信为本、优质产品、周到服务”的生产、经营理念，生产的复合预混料、饲料级微量元素畅销市场、深受广大客户欢迎，部分产品曾获农业部推荐产品称号。

云南动物保健品厂一直致力于新产品推广工作，加之多年来最佳信誉，得到了国内外同行信任与支持，荣幸成为美国礼来公司、瑞士罗氏（中国）投资公司加丽素红、加丽素黄、单项维生素、美国辉宝有限公司、瑞士潘可士玛公司、美国建明工业公司、英特威（香港）有限公司、中牧实业股份有限公司华罗饲料添加剂厂、无锡正大畜禽有限公司、武汉新华扬生物有限公司等中外知名企业授权经销商。

地　址：昆明市关上镇日新工业区上首蓿村 365 号
邮　编：650200
电　话：0871-7160653　7160621
传　真：0871-7016820

昆明人和化工有限公司

昆明人和化工有限公司是国家大型企业云南三环化工有限公司和日本一流企业柯普公司及东洋公司合资兴建的生产高磷、低氟、低砷、低重金属颗粒状磷酸氢钙的中日合资企业。公司设立于 1994 年 9 月，1995 年 9 月投入试生产，1996 年 1 月 1 日转入正式生产经营。投产当年产品产量就达到了设计能力，产品的品质不仅符合我国的标准，还和国际先进标准接轨，完全满足了顾客的需要。人和公司有一批高素质的管理人员、工程技术人员和技术工人，1996 年正式投产当年就实现了产销平衡，1996 年合资外方的老总到人和公司考察时就说了三个没想到。一是，生产装置的建设速度快，从初步设计到装置建成仅用了 12 个月，达到了日本建设一套同类型生产装置从平整土地开始到装置建成所需要的时间，建设速度真快；二是，基本建设的投资没有超出预算。外方老总说：“在中国搞基本建设，工程还没搞完又要追加投资的事时有发生，人和公司能把投资控制住，工程质量又好，是一件了不起的事。”；三是，生产装置达到设计能力的时间短，也是没想到的。按国际贯例，一套现代化的生产装置建成后第一年的生产量，一般都是按设计能力 80% 考虑的，加之人和公司建设的生产装置，在中国还属于惟一的一套用先进的生产技术，生产符合国际先进水平产品质量的装置。人和公司用很短的时间，完全掌握全套生产技术，实现大批量地、连续地、稳定地安全生产，并能在投产当年达到设计能力是没想到的事。

人和公司生产的产品是颗粒状磷酸氢钙，年设计生产能力是 10 000t。投产 6 年多，每年的生产量和销售量都超过设计生产能力，生产的产品的主要特点是有益成分高，限量杂质的含量低。人和公司十分重视产品质量，把“毒害禽畜就是害人”作为全公司员工的警句。生产的产品品质优于国家标准，符合国际先进标准，充分地满足了发达国家对食品要求愈来愈严格的现实。由于切切实实地做到了这一点，人和公司连续 6 年产品大量出口到发达国家。

人和公司从日本引进先进技术生产饲料磷酸氢钙，该产品为粒状，使用效果优于国内普遍的粉状产品，符合国际上发达国家通用的规格。人和公司在引进技术的基础上进行了大量技术创新，主要创新点有：(1) 原料湿法磷酸净化脱出有害成分技术创新，保证了产品限量原素含量大大低于国际通用标准；(2) 关键设备革新改造，使生产能力提高 20% 以上和确保环保要求。从而形成了具有独立知识产权的专有技术。为此，该公司 1999 年被云南省认定为生产型高新技术企业，2001 年又通过两年一次的考核。

人和公司的工艺设备先进可靠，能够实现连续稳定长周期运行。生产过程按设定值运行，远程控制，生产工人少，劳动生产率高。连续取得生产企业全员人均销售收入超 100 万元，人均出口创汇超 10 万美元，人均利税超 15 万元的好业绩。2000 年和 2001 年出口创汇人均超 15 万美元，预计 2002 年人均创汇可超 20 万美元。

人和公司投产初期就建立了全套的质量管理制度，坚持全面质量管理，2000 年 3 月通过云南省全面质量管理标准达标认证。为进一步加强质量管理，又建立了一套完善的科学的质量管理体系，同时创建了一套 ISO9001：2000 标准质量体系的控制系统，将各部门各职级岗位职责、工作标准、工作制度、行为规范以质量管理文件的形式确定下来，以此规范各职能部门及员工，使每个员工的工作实现了标准化、规范化、程序化。2001 年通过了 ISO9001、2000 的质量管理体系认证，并获得了认证证书。

由于人和公司企业优秀，连续被评为云南省和全国外商投资双优企业。被云南省认定为高新技术生产型企业。人和牌颗粒状磷酸氢钙被认定为云南省名牌产品。云南省人民政府多次发给先进企业奖牌。2001 年，云南省人民政府又颁发给该公司十大人均高利税企业和十大出口创汇企业两面奖牌。

陕　西　省

陕西金冠牧业有限公司

陕西金冠牧业有限公司是中国西部地区首家专业化生产维生素预混料的股份制企业。公司研制开发的——金华秦牌复合维生素预混合饲料是根据我国国情，并参照国内外动物营养标准研制而成。经过近 10 年的不断筛选、完善，现有畜、禽、水产、反刍动物、宠物等 5 大系列 22 个产品。

公司引进全套进口生产设备，按照 ISO9002 质量标准组织生产，产品均通过了农业部（西安）饲料质量监督检验检测中心的检测，保证了产品质量的稳定性。公司研发的每个产品都经过了总部饲喂试验基地严格试验，具有良好的适应性。1999年产品已成功进入国际市场，多年来，金华秦多维已享誉全国，屡获殊荣：1996年1月，荣获农业部推荐产品；1996年5月，荣获首届中国饲料工业博览会认证产品；1998年4月，陕西省人民政府认定为“陕西省名牌产品”；2000年3月，荣获全国饲料行业十大名牌产品；2000年5月，被中国质量学会、中国商品学会评定为“全国饲料行业最佳品牌”；2001年11月，荣获第八届中国杨凌农业高新科技成果博览会“后稷金像奖”；2001年11月，被中国质量检验协会评定为“质量达标放心品牌”。

陕西金冠牧业有限公司与国内外众多原料供应厂商长期保持着良好的贸易伙伴关系。原料货源充足，质量稳定可靠，减少中间环节，产品保持优势、高效、优价的特点，使广大客户获得经济实惠。公司坚持“高效、稳定、诚信经营”的原则，在客户中建立了良好的品牌形象，商誉诚信可靠。

法人代表：任转龙
地　址：陕西省西安市北关正街18号
邮　编：710014
电　话：029-6246089
传　真：029-6241749

陕西汉宝科技发展集团有限公司

陕西汉宝科技发展有限公司作为集团的核心企业(母公司)，下设西安汉宝生物技术发展有限公司、北京智水生物技术有限公司、上海汉宝生物工程有限公司、广东汉宝生物技术有限公司等四个控股子公司，并在山西、河南、宁夏、四川、云南、贵州、辽宁等地成立了办事处。集团公司拥有全国各地数万家合作紧密的经销商，并和数十万用户签订了常年合作协议，集团销售网络遍及全国畜牧水产业集中地区。

集团公司现拥有正式员工600多人，专业涉及生物、药学、畜牧、兽医、动物营养、化工、经济、信息管理、计算机等领域，其中大专以上学历者占85%，具有高级职称和硕士以上学历的15人。此外，集团公司积极响应市政府号召安排下岗职工，目前安排下岗职工占集团公司总人数的65%，这既解决了这些下岗职工的温饱问题，又为社会安定做出了贡献。

西安新希望产业有限公司

西安新希望产业有限公司是四川新希望集团与西安市唐华轻工机电总厂合资兴办的大型饲料生产企业，占地近3hm^2多，总投资800万元。地处长安县东南4km杜曲新村，交通便利，通讯快捷。

公司使用了国内最先进的饲料生产设备，引进国外先进的生产技术和工艺，运用最新生物和饲料配方，全过程采用电脑控制，机械自动化程度高，年生产能力达10万t。公司主要生产经营“希望”、“秦珠”两大品牌，常年向社会提供猪、鸡、鱼、鸭、牛、羊等七大系列100多个品种规格的配合饲料，浓缩饲料及5%预混合饲料。

公司经营始终坚持质量第一，用户至上宗旨，公司以过硬的质量管理、优良的售后服务赢得了广大经销商、养殖户的青睐，并赢得了社会各界同仁的好评。公司先后被陕西省、西安市评为1998年陕西省饲料工业行业最佳企业，1999年陕西饲料工业行业优秀企业，优质产品示范企业，西安市质量管理达标企业，西安市质量先进产品等荣誉称号。

西安新希望企业管理以人为本，钢铁般的纪律严格治厂，慈母般温暖善待员工。西安新希望公司在当地政府的领导支持下通过几年的发展已初具规模，产品销售西北部分省区。公司的经营理念：依靠政策，发展事业，服务人民，回馈社会，报效祖国。

西安新希望公司始终以诚实的信誉、优质的产品、良好的服务，与人们携手致富，与祖国一起发展，与社会共同进步。

达利饲料公司

高陵县达利饲料有限公司，位于西安市高陵县崇皇镇，南邻泾河开发区，北面西韩国道，西接西铜高速公路，交通方便，地理位置优越，公司规划布置合理。

达利饲料公司于1994年建成投产。经过8年的艰苦创业，公司已发展成为拥有资产1 500万元，占地4hm^2，员工200多人，年生产销售各类饲料3万多t的经营规模。公司拥有一流的管理和技术人才，不断引进先进的生产和检测设备，与国内农业高校和科研院所密切合作，适时研究和开发符合市场需求的饲料产品。近年来，达利饲料公司开发生产的鸡、猪、鸭、鱼、奶牛、鹌鹑60系列60多个品种的浓缩料和全价料，以其适口性好，转化率高，节约饲料成本等优良品质而享誉省内外，产品销售网络已覆盖陕西大部分地区，并远销河南、山西、四川、甘肃、宁夏、广东等省区。公司和产品先后获得中国名牌等国家、省、市数十项大奖，以及1994年全国农牧渔业丰收奖二等奖；陕西省农牧渔业丰收一等奖，99国际农博会（中国·北京）“中国名牌产品”，第四届中国杨凌农博会饲料产品金像奖，第五届中国杨凌农博会饲料产品后稷金像奖，陕西省饲料工业行业“推荐产品”，陕西省饲料工业行业“用户信得过产品”，高陵县技术监督局指定推荐产品，历届质检中心“合格产品”，西安市饲料工业质量管理达标企业，西安市人民政府授予“重合同守信用企业”，陕西省工商管理局、陕西省消协、西安市消协分别授予“消费者信得过企业”，2001年度全省饲料安全工程先进单位。

达利人以“团结、勤奋、求实、奉献”的企业精神为底蕴，以市场为导向，不断学习和吸收先进技术和经验，使公司一步一个脚印地发展壮大起来，成为陕西省饲料行业的一颗明星！

甘　肃　省

兰州博亚饲料有限公司

兰州博亚饲料有限公司（LANZHOU BOYA FEEDCO.，LTD）是由美国通用产品公司（AGP）与兰州泰华饲料有限公司合资兴办的高新技术企业。与广大中小饲料企业、养殖企业“携手相助，共创辉煌”，是博亚公司追求的最高目标；以“科学技术为先导，管理人才为根本”，是博亚公司对外合作的基本原则。

公司在技术产品方面，引进美国AGP最新饲料配方系统及管理方法，结合中国西北地区特点，研制、开发、生产高品质的杰诺牌（General）畜禽、水产预混合饲料；在管理人才方面，公司拥有一支既掌握现代管理理论，又具备现代企业营运、管理技能，充满活力的管理服务团队，可按不同形式为合作者提供管理咨询、人员培训、营销策划等多项服务。兰州博亚饲料有限公司愿借西部开发之东风，联合一切愿意合作的伙伴，走共同发展壮大之路。

地　址：兰州市城关区渭源路15号华宇大厦501室
电　话：0931-8270778
传　真：0931-8270779
邮　编：730000
E-mail：yamin0268@sinaoom

青　海　省

青海丁香集团新禾工贸公司

青海丁香集团是目前西北地区粮油行业中规模大、综合生产能力强和具有技术实力的企业，1993年被国家六部委批准为国家大型工业企业，集团公司所属的新禾工贸公司，是隶属于集团的全资子公司，具有一定的自主权的二级法人企业，新禾工贸公司是目前青海省规模最大的饲料生产企业之一，饲料产品形成6大系列，50多个品种，现生产能力已达年产颗粒饲料3万多t，预混料1 500t。公司现有员35人，其中大专以上各类专业技术人员15人，占职工总数的43%，技术力量雄厚。据不完全统计，2001年共产销各类饲料7 000余t，实现产值700多万元。

该公司生产的主要饲料产品有：1#、2#、3#奶牛料和1#、2#育肥羊料、5%奶牛专用预混料、羊专用预混料、猪专用预混料、猪系列配合饲料、鸡系列配合饲料以及仔鹿、母鹿料等等。可满足六畜不同阶段的生长需要。产品质量稳定，多年来公司产品质量在全省同行业中居领先地位，并经省饲料兽药监察所的跟踪检测，各项指标均符合国家和地方标准。公司已于2001年3月通过国家ISO9002质量认证。

公司经营的宗旨是“您的最大的利润就是我们的奋斗目标”。该公司是以优质的产品、合理的价格、周到的售后服务满足新老客户的需求，并以科技为动力，以市场为导向，进行严格科学管理，不断研制开发新产品，强化质量意识，不断提高产品质量，为青海畜牧业的蓬勃发展而努力。

地　址：青海省西宁市柴达木路107号
邮　编：810017
电　话：0971-5220301
传　真：0971-5220301

青海黎化实业有限责任公司

该公司隶属青海黎明化工有限公司，是我国化工行业大二型军工企业。主要采用环氧乙烷法生产50%胆碱粉剂（麸皮载体）和70%胆碱母液。主要供应客户有：兰州正大公司、银川正大公司、兰州博亚公司，甘肃饲料厂和青海省江河源饲料发展有限公司等省内外饲料企业。该公司具有比较完整的生产、经营管理体系，拥有多年生产实践经验的科技人员，营销人员和生产人员，具有严格的质量管理体系，坚持以质量求生存，以质量求发展，以质量求信誉，以质量求效益的原则，严把质量关，出厂合格率100%，得到用户好评，取得了用户的信赖。

近几年来，产品市场特别是粉剂出现了不正当的竞争手段，很多厂家在用户一再压价的情况下，出现以次充好，降低含量标准等现象，以此维持和保护自己的经济利益。在这种情况下，该公司坚持用户是上帝的原则，一方面通过不断挖掘内部潜力，节能降耗，减少浪费等办法，降低生产成本，保证质量，决不允许不合格产品出厂，通过用户检测，该公司产品完全符合质量标准。得到了用户的好评。另一方面，积极扩大市场，寻求合作伙伴，以规模效益获取利润，对于新开辟的用户，除在质量上予以保证，还在售后服务上多下功夫。坚持只要是用户需要，就是公司工作范围的原则。2001年，该公司完成氯化胆碱销售量达150t，销售额达55万元，基本保证不亏损。

多年来，该公司借助黎明化工有限责任公司自产三甲胺的优势，通过内部挖潜，把产品成本降到了最低限度，用质量最好的产品参与市场竞争，维护了氯化胆碱市场秩序，抵制了不正当竞争。

地　址：青海省大通县宁张公路28km处
邮　编：810103
电　话：0971-2761668　2761653
传　真：0971-2761668

青海明胶股份有限公司

该公司是我国三胶行业惟一一家上市公司。多年来一贯注重质量管理和质量教育工作，除运用全面质量管理手段进行质量管理外，公司还紧紧围绕“管理科学、质量第一、产品名优、用户满意”的质量方针，各部门严格按照ISO9002质量体系文件要求，认真落实各自的质量职责，不断改进和完善质量体系，从而保证了公司ISO9002质量体系运行的持续性和有效性。公司始终坚持三级质量把关制度，运用原辅材料控制、过程控制、最终产品控制手段，决不放过任何质量问题。公司在加强质量管理的同时，还注重售后服务工作，在全国各地建立售后服务网点，定期搜集客户信息，不断改进产品质量，以满足客户提出的新要求。

该公司生产的饲料产品主要有：骨粉、肉骨粉、磷酸氢钙等。2001年生产磷酸氢钙4 056t、肉骨粉5 800t、骨粉588t，实现年产值1 740.5万元，销售收入1 203.42万元。产品质量很稳定，在每年省质量技术监督局和省饲料兽药监察所的年检中，各项指标均符合国家标准。

地　址：青海省西宁市付东路13号
邮　编：810015
电　话：0971-8012703-276
传　真：0971-8012106

青海省江河源饲料发展有限公司

该公司前身为青海省饲料公司，其生产的“江河源”牌系列畜禽饲料在省内享有盛誉。尤其是公司改制后，成为集饲料、食品、菜籽油为主导产品，以科研、开发、生产和多种经营为一体的高技术型企业，并且聘请了一批长期从事饲料科研和生产的技术人才，使企业有了较强的产品研发能力。

该公司1999年投资300万元，引进了正昌集团先进的成套饲料设备，拥有了电脑配料、微机控制的生产线，年加工饲料能力达3万t。改制后的公司，以科技为先导，注重产品质量，狠抓内部管理，以其先进的设备，最新的电脑配方技术，选用优质饲料原料，生产出系列科技含量高、营养全面、适口性好的“江河源”牌猪、鸡、牛、羊、鹿、兔及驼鸟等特种经济动物专用浓缩料、全价配合料和颗粒料。目前产品已形成5大系列、50多个品种，尤其以仔猪颗粒料、育肥猪料、猪料精、鹿料、奶牛料、牛羊育肥料等产品深受养殖户喜爱，部分产品远销西藏、甘肃等周边省区。

与此同时，公司加大售后服务力度，聘请有关专家对用户生产管理、养殖技术进行指导，以完善的技术服务解决用户生产中的实际困难。

江河源饲料发展有限公司以“以质量求生存，以信誉求发展”为宗旨，在乔继华董事长及广大员工的共同努力下，必将有长足的发展。

地　址：青海省西宁市城北区天峻路中段
邮　编：810003
电　话：0971-5318016 5318017
传　真：0971-5318011

宁夏回族自治区

宁夏大北农饲料科技有限公司

宁夏大北农饲料科技有限公司，是中国饲料工业协会团体会员单位，坐落在风景秀丽的宁夏首府银川高新技术开发区。是（北京）大北农集团在西北地区集生产、销售、服务于一体的大型高科技饲料企业。公司实力雄厚、管理规范，设备先进、技术一流，配方科学、环境优雅，是宁夏地区规模最大、产销量第一、经济效益最好的现代化饲料企业。是西北地区首家通过ISO9002国际质量认证的饲料企业。公司采用国内先进的全自动饲料生产线，电脑控制工艺流程，年生产能力可达10万t以上，公司生产“大北农”牌和“泽光”牌两大品牌饲料，鱼、猪、鸡、牛、羊、鸭等6大系列40多种优质饲料畅销西北地区，1997、1998、1999、2000年连续产销量名列同行业前茅，其中鱼饲料和猪饲料已经成为宁夏地区广大养殖户朋友的首选品牌，深受广大用户的青睐和好评。先后被自治区技术监督局和中国饲料工业协会授予“质量信得过产品”和推荐产品，被自治区农牧厅和粮食局授予“肉奶产业化龙头企业”和“优秀企业”。2001年10月被中国地区促进会评为“中国地区开发杰出贡献集体”，2001年12月被评为“中国优质绿色饲料生产基地”，大北农牌饲料被评为“绿色产品”。

宁夏大北农饲料科技有限公司在董事长兼总经理邢泽光的带领下，以“科教兴农、产业报国”为己任，不断开拓创新，以市场为导向，发展品牌战略，以一流的管理、一流的产品、一流的服务，不断满足市场需求，为促进我区农业经济发展做出更大的贡献。

地　址：宁夏银川市郊区罗家庄庆安南路
邮　编：750002
电　话：0951-5046051 5028914
传　真：0951-5013024

宁夏星火科技集团有限公司

宁夏星火科技集团有限公司是西北地区目前最大的饲料加工企业，也是西北地区农业领域发展最快的一家民营高新技术企业。公司主要从事饲料产品的加工、饲料原料的销售、水产养殖以及相关的技术服务。公司开发研制生产的主要产品有畜禽水产预混料、浓缩饲料、全价配合饲料3大系列近100个品种。公司自1993年成立以来，经过9年多的发展，拥有目前西北最大的浓缩饲料生产线和宁夏最大的全价配合饲料生产线，以及西北惟一的水产浮性饲料生产线，可年产浓缩饲料1 500t和全价配合饲料18万t。公司现有总资产10 355万元。产品在国家和自治区组织的评比中多次获奖，是目前全区饲料行业连续三年被国家饲料质量检测中心抽检合格的企业，

2000年被国家科技部评为全国星火名优产品，公司被宁夏技术监督局授予“质量信得过单位”，1999年被自治区人民政府列为“非公有制重点企业”和治乱减负“重点保护企业”，2000年被授予省级“重合同、守信用企业”，连续5年被中国农业银行宁夏分行评为“AA级信用企业”。

青　岛　市

诺维思国际有限公司

诺维思国际有限公司（Novus International, Inc.）是一家农牧行业的跨国私营企业，总部设于美国密苏里州的圣路易斯市。公司成立于1991年，此前为原孟山都公司下属的畜牧饲料科学部。诺维思公司的目标是要通过向全球主要食品生产商提供自己的产品和服务，进而为帮助全人类获得质优价廉的食物做出贡献。

诺维思公司在全球共有约200名员工，业务遍及70多个国家，在多个国家和地区设有分公司和办事处。

诺维思公司主要生产并销售艾丽美®(Alimet ®)饲料添加剂——主要的饲料级合成蛋氨酸。诺维思于1979年率先推出液态的有效活性为88%的艾丽美羟基蛋氨酸，是世界上第一家生产液体蛋氨酸的厂家。在此之前，他们于20世纪50年代已经生产颗粒状的羟基蛋氨酸钙盐(MHA ®)。诺维思的工厂设在美国得克萨斯州，拥有世界产能最大的蛋氨酸生产线，年产能约30万t。工厂已通过了ISO9000和ISO14001认证。

此外，诺维思公司还是美国Solutia，Inc. 公司（原孟山都公司）生产的饲料氧化剂山道喹®（Santoquin ®）的全球总代理。同时，诺维思公司秉承其在抗氧化剂研究领域逾35年的丰富经验，也生产针对某些特殊市场的饲料级复合抗氧化剂。

在公司远景目标指导下，诺维思公司始终致力于新产品的研究和开发。育雏源®（Oasis ®）就是针对初生家禽开饲前营养需求开发出的一个新产品，实践证明能有效促进初生雏的免疫系统发育，降低初生雏的死淘率，改善其未来成长表现。

总部地址：香港湾仔港湾道23号鹰君中心2403室
电　话：(852) 28272289
传　真：(852) 28270268
分部地址：山东省青岛市香港中路61号阳光大厦写字楼147信箱
邮　编：266071
电　话：0532-5880341
传　真：0532-5887033

青岛统一饲料农牧有限公司

该公司是台湾统一企业集团投资大陆兴建的第22家子公司，是集饲料生产、综合养殖及食品加工为一体的大型独资企业。公司引进世界最先进的设备生产、销售各种畜禽、水产饲料及饲料添加剂等，年设计生产能力为20万t。公司本着“取之于社会，用之于社会”的信念，坚持“诚实苦干、创新求进”的企业文化，服务于社会大众，所生产的产品更以“三好一公道：品质好、信用好、服务好、价钱公道”的经营理念为宗旨，努力创新，发展前景甚为广阔。公司拥有员工200余人，其中专业技术人员有70多人。公司拥有一流的人才、一流的技术、一流的管理，以及强大的售后服务系统，把高质量的产品贡献于社会，竭诚为广大农民朋友服务。

公司的主要产品有配合饲料（肉猪、草鸡、土鸡、肉鸡、蛋鸡、种鸡、兔、鱼、虾配合饲料、牛精料补充料）、浓缩料（肉猪、母猪、肉鸡、蛋鸡、种鸡、鹌鹑、乳牛、肉牛专用浓缩料）、预混料（肉猪、肉鸡、蛋鸡、种鸡、鹌鹑复合预混合饲料）等多种产品。产品的销售网络覆盖山东、河南、江苏、安徽、天津、北京等地。公司于1999年12月投产以来，饲料产品受到广大养殖户的好评。并且公司肉鸡料与猪料的产品在2001年被青岛市评为第一批兽药、饲料推介使用产品。

地　址：山东省青岛平度市张戈庄镇驻地
邮　编：266738
电　话：0532-2313506
传　真：0532-2313568

青岛万福集团股份有限公司（饲料厂）

青岛万福集团股份有限公司（饲料厂）位于莱西市南墅镇河里吴家，是青岛万福集团股份有限公司祖代猪场、10万头商品猪场、肉鸡种鸡场、养殖基地用料的配套生产厂，并对社会提供精品猪、鸡等系列预混、配合饲料。

河里吴家饲料厂是万福集团养殖公司一期配套供料厂（二期正在筹建）。工厂设备先进、技术力量雄厚，并由资源、新世纪等单位提供技术支持，年产量3万t以上。该厂占地面积约1.5万m^2，始建于1999年，到目前已正常运行近3年，提供饲料10万t。该厂管理严谨、纪律严明，有严格的质量保证体制，有严格的生产管理制度，保证了供料的高质量，满足了用料单位的要求，得到了社会上的普遍认可。该厂产品所用添加剂、药品均符合国家现行的规定和质量标准，还可根据用户要求生产出大家满意的各种产品。公司取得了很好的公司内部效益和社会效益，为集团公司养殖工程的顺利发展做出了贡献。

地　址：青岛莱西市河里吴家镇
邮　编：266616
电　话：0532-3411078

青岛希望饲料有限公司

青岛希望饲料有限公司，是东方希望集团下属的一家现代化高科技饲料生产企业。公司始建于1995年，位于青岛平度市南村工业园区，占地100亩，总投资2500万元，设计年生产能力40万t。公司主要生产经营“希望牌”、“强龙牌”、“金豆牌”猪、鸡、鸭、鱼、兔5大系列配合饲料、浓缩饲料等100多个品种。产品覆盖齐鲁大地，并远销江苏、河北市场。

公司以先进的生产设备，严密的质量控制体系，规范的内部管理，灵活的用人机制，适应市场的营销策略，诚信的经营作风，创造了优良的产品，良好的经济效益和社会形象。曾多次被当地政府及有关部门授予“明星企业”，“星火龙头企业”，“光彩事业先进企业”，“质量计量信得过单位”等光荣称号。公司产品，国家质量技术检测中心连续四年抽查合格。1999年12月公司顺利通过ISO9002国际质量体系认证。

公司秉承集团“让农民富裕、让市民满意、让政府放心”的三让经营理念，追求不断创新，努力推动农民养殖致富及畜牧业的发展。

地　址：青岛·平度·南村镇驻地
电　话：0532－3391658

宁　波　市

宁波联合生物有限责任公司

宁波联合生物技术有限公司是由中国国有企业500强、上市公司——宁波联合集团股份有限公司和浙江大学于1998年共同组建，专业从事糖萜素饲料添加剂及其相关高新生物技术产品的研制、开发和生产。糖萜素饲料添加剂是浙江大学承担原国家科委饲用抗生素替代物研究开发项目而研制成功的既能提高畜禽生产性能，且无毒副作用的绿色高科技产品。1997年8月通过国家科技部（原国家科委）的鉴定和验收，之后又成功申请了国内和国际发明专利，并获得美国发明专利证书。1998年糖萜素饲料添加剂获我国第一个创制饲料添加剂批文，是我国获得AA级绿色食品的生产资料的产品，糖萜素饲料添加剂的研制成功在国内外产生了较大影响。

宁波联合生物技术有限公司具自身科研实力，强力打造糖萜素这一绿色品牌。公司以“推广世界第一流生物产品与技术”为己任，在生产优质完美的产品时，提供强有力的技术支撑，为客户创造价值，本着“双赢”的理念，为客户提供“产品＋技术服务”两位一体的完善服务，在全国各地设立销售技术服务平台。根据客户需要，提供糖萜素最佳预混料、浓缩料、全价料配方、饲料养殖信息、市场分析和咨询，在养殖过程中追踪服务，努力实现用户收益最大化。

地　址：宁波经济技术开发区（北仑）大港6路58号
邮　编：315801
电　话：0574-86868912

宁波金豆饲料有限责任公司

宁波金豆饲料有限责任公司是东方希望集团投资3000万元，在宁波独资兴建的一家现代化大型饲料企业。公司地处宁波市鄞县石矸镇雅戈尔大道509号，交通运输十分便捷。公司成立于1999年8月，占地$2hm^2$，年设计生产能力20万t。

宁波金豆饲料有限责任公司以发展民族饲料工业为己任，建厂以来，生产出金豆牌猪、鸡、鸭、鱼、鹌鹑、兔等10大系列产品，40余个品种的配合饲料及浓缩饲料。公司生产设备先进，组织管理严密，技术力量雄厚，检测手段齐全。

宁波金豆公司全体员工始终坚持集团董事长刘永行先生提出的“让农民富裕、让市民满意、让政府放心”的经营理念，弘扬“诚信、正义、正气”的企业文化，秉承希望集团“报效祖国、回馈社会、服务人民”的经营宗旨，发扬艰苦奋斗、团结拼搏精神，以一流的产品、一流的服务、一流的管理，为希望集团建成“百年老店、百年名店”做出自己应有的贡献。

地　址：浙江省宁波市雅戈尔大道509号
邮　编：315153
电　话：0574-88263735、88262686
传　真：0574-88263735

宁波正大农业有限公司

宁波正大农业有限公司系泰国正大集团在宁波经济技术开发区投资创办的中外合资企业，是浙江省最大的农牧企业。公司下属一个年产24万t的饲料厂、年产苗鸡1 300万羽的孵化厂和饲养能力为16万套父母代种鸡的种鸡场。

宁波正大创办于1991年5月4日，公司规划投资总额为人民币一亿元，一期投资人民币8 700万元。自1993年6月投产以来，在全国各地用户的大力支持和关心下，得到较快的发展。该公司采用正大集团先进生产设备，由电脑系统控制生产过程，荣誉出品鸡、猪、鸭等各种畜禽不同生产及生长期的系列全价颗粒饲料、膨化饲料、超级精料，在市场上享有较高信誉，爱到广大用户的普遍信赖。

几年来，宁波正大农业有限公司一直以扶助农户，发展农业，造福民众为己任，始终把经销和使用公司产品的广大用户作为企业生存发展的伙伴，已使千家万户的农民朋友走上了富裕之路。先后被评为浙江省最佳经济效益企业和宁波市经济技术开发区特级明星企业，1995年还被评为中国优秀民营企业和宁波市先进技术企业。宁波正大产品经浙江省质监站抽查，连续3年被评为省合格优质产品。1996年5月，在北京召开的饲料工业博览会上，该公司生产的751S、752S、710膨化全价配合饲料获得这次大会的最高荣誉——“中国首届饲料工业博览会认定产品”

称号。

宁波正大农业有限公司本着客户至上的宗旨，努力为用户提供优质服务，竭诚帮助广大农民走上富裕道路，为造福民众，繁荣城乡经济奉献爱心。

地　址：宁波市北仑区大矸镇
邮　编：315806
电　话：0574-86103804

厦　门　市

厦门金达威维生素股份有限公司

厦门金达威维生素股份有限公司为“国家火炬计划重点高新技术企业”，1997年在中国投资贸易洽谈会上与世界著名企业德国汉姆公司签约，策划成立的开发生产维生素饲料添加剂为主的中德合资企业。随着市场和企业发展的需要，加之中国加入WTO的机遇和挑战，2001年6月，他们在过去的基础上，发起设立了——厦门金达威维生素股份有限公司，国内著名企业中牧实业有限公司、厦门经济特区工程建设公司、上海中亿科技投资有限公司、厦门森地置业有限公司等企业加盟联创，为公司的发展进一步拓宽了道路。

目前，该公司除拥有饲料级的VA及填补国内空白的VD_3等拳头产品外，还拥有食品级、医药级维生素A、D_3等新产品。年产维生素达1 400t，产值达1.6亿元，产品除供应国内市场，还出口欧美及东南亚市场，年出口额近1 000万美元。他们严格导入ISO9000国际质量体系认证标准，对材料、技术、工艺流程及成品各个环节层层把关，并于1999年底顺利通过了ISO9002认证。同时，公司把保持技术领先作为生存的立足点，公司不仅拥有独立的研发中心、设施先进的实验室、国际最先进的质量监测仪器，还与国家和有关科研单位及重点高等院校有着广泛的技术协作和交流，为公司持续不断的技术创新、产品开发提供了坚强的保证。

电　话：86-592-6511111
传　真：86-592-6513636
网　址：www.kingdomway.com

厦门银祥实业有限公司

厦门银祥实业有限公司（原厦门市同安银祥实业有限公司）创建于1988年，是一家集饲料的研发、试验、生产、销售及养殖为一体的私营企业，现公司注册资本为2 050万元，总资产6 641万元。主要产品为水产膨化饲料系列、水产慢沉型饲料系列、畜禽饲料系列等，年产饲料6万t，产品行销福建、广东、海南、浙江、江苏、山东、湖南、湖北等十几个省市，年销售额达到1.5亿元，是目前厦门市最大的饲料生产厂家之一。目前拥有员工600人（含食品公司），拥有注册商标12种共39类。

公司一直秉呈“求实、创新、质量、信誉”的指导思想，致力于建立“治理餐桌污染，还绿色健康食品”的源头企业。上至公司高层领导，下至车间的普通工人都树立起强烈的质量意识，建立起一整套严格的质量控制体系，严格把好每一道质量关，成立了由总经理直接领导，专人主持负责日常质量管理工作及提供改进、支持的品质管理机构，引进国内外先进检测设备，配备各工序专职检验员，从原料进厂、原料进库、原料投产、流程中的半成品、成品的入库、仓储、产品出库、产品售后的信息反馈都制定了严格的检验标准及质量报表，努力追求产品“0缺陷”。同时，公司还积极将企业的质量管理向国际标准靠拢，于2000年12月顺利通过ISO9002国际质量体系认证。公司生产的产品，客户满意度保持在96%以上，产品合格率达到98.5%以上，客户投诉几乎没有。

公司致力于科技创新和新产品开发，走“科技兴业”的发展道路，广纳人才，又聘请了高等院校、研究所的高级人才为公司后盾，先后与厦门大学、集美大学水产学院、福建农林大学、国家海洋三所等科研单位建立起长期合作关系，开展“产、学、研”合作，积极将科技转化为生产力，推动了生产，也推动了科技进步。公司自行研制开发的水产膨化系列饲料，具有独特的全浮性，不污染水质和营养均衡、利用率高、投饵管理方便等特点，为解决养殖营养及养殖污染等问题做出重大贡献。另外，公司还承担了农业部下达的蛙类配合饲料等产品行业标准的制定，为行业规范化发展做出贡献。

为积极推广水产养殖配合饲料的使用，保证养殖户的利益，自公司成立之日起就设立了技术服务部，在各海区设立养殖示范点，带动养殖户科学养殖，节约海洋资源，减少环境污染，降低养殖户的养殖成本，提高收入。同时也建立用户意见反馈制度，设立客户投诉处理处，及时处理解决用户发生的问题，并反馈到生产部门，以提高和改进产品质量。

公司在做好主业饲料加工的基础上，积极将产业链延伸，向饲料相关行业进军，投资发展养殖业及食品加工业。“银祥放心肉”自同安、厦门上市以来，在市场上引起了消费者的好评。

厦门浦头饲料有限公司

厦门浦头饲料有限公司创建于1987年，位于闽南金三角的中心位置厦门市同安区，公司经过10多年的发展，已建成4条现代化的畜禽、水产饲料生产线，设计年生产能力30万t以上，占地面积近$7hm^2$，是全省最大的饲料生产企业之一。

公司坚持以“质量第一，稳步发展”的战略方针，产值产量年年递增，销售区域遍及福建、广东、海南、浙江、广西、上海等省市，2001年畜禽、水产饲料产销量7万多t，产值1.5亿元，产品长期受到用户的好评，2000年被农业部评为“全面质量管理达标”先进企业。2001年被厦门市政府授予农业产业化“龙头企业”称号、福建省名牌产品、全国乡镇企业创名牌重点企业等荣誉称号。

科技的创新是企业获得生存和发展的最根本保证，人才是科技创新的基础，公司先后向社会聘用和培养了几十名中高级人才队伍（其中博士2名、教授、工程师2名、大专以上学历28名），占公司员工比例25%左右。

在成绩和荣誉面前，公司将坚持以“市场为导向、客户为中心”的经营理念，开拓进取，为饲养业的发展做贡献。

深 圳 市

南英伟生物技术饲料（深圳）有限公司

南英伟生物技术饲料（深圳）有限公司为著名的比利时英伟集团（INVE）在华独资企业。公司位于改革开放的前沿——深圳，主要从事动物饲料及饲料添加剂的生产和经营。特别在鱼虾饵料方面，在中国大陆已享有盛誉。现已开展英伟—纽埃特系列饲料添加剂产品在华的业务。

比利时英伟集团拥有雄厚的资金、技术实力和一贯的创新精神，以“为客户带来更好的解决方案”为信条，活跃在动物饲养、饲料、饲料添加剂领域。2001年，英伟集团与欧洲知名的以饲料添加剂为主要研究方向的纽埃特国际动物营养公司联合，成立了“英伟—纽埃特国际动物营养公司”。结合双方卓越的技术开发能力，重点发展一系列营养型和非营养型饲料添加剂产品，如：复合酸化剂、酶制剂、霉菌吸附剂、天然色素、香味剂、防霉剂、抗氧化剂、脂肪粉等等。

英伟—纽埃特系列产品已经销售到世界50多个国家和地区，在客户中拥有良好的信誉。每项产品均有其独到之处，其质量全部符合ISO9002的执行标准，因而为许多大型饲料加工企业和养殖企业所选用。

地　址：广东深圳蛇口东角头东南工贸大厦D座501室
电　话：0755-26827526
传　真：0755-26829747
邮　编：518067

深圳市津福美生物技术开发有限公司

深圳市津福美生物技术开发有限公司以现代生物工程技术为基础，以各类工业用新型高效生物活性酶产品的研究、生产、推广为重点，立足华南沿海通过内地市场和东南亚市场辐射周边、面向世界。

该公司是由董事会领导的实行总经理负责制的民营高新技术企业。公司的宗旨是：以人为本，科技创新，诚信立市，用户至上。

公司与用户密切合作，不断的开发工业用酶新产品以满足用户的新需求。公司自主研发生产的各类工业用新型高效生物活性酶产品，面向国内外食品、酿造、纺织印染、服装洗水、饲料、皮革、医药、保险、环保等行业，深受用户好评，在海内外享有较高声誉。

公司生产的工业用新型高效生物活性酶GF系列产品主要有纤维素酶、木聚糖酶、果胶酶、β－葡聚糖酶、碱性蛋白酶、中性蛋白酶、酸性蛋白酶、中温淀粉酶、高温淀粉酶、β－淀粉酶、糖化酶、脂肪酶等。应用于对含纤维素、木质素、胶质、油脂、淀粉质、蛋白质、氨基酸等物料的水解、液化、发酵、降解、提萃、剥离、澄清等加工过程，能显著提升产品档次和催生新品种，提高产品的产出率和收率。

公司生产的GF复合酶系列产品具有优异的生物催化功能和生物降解性能，能广泛促进食品工业、纺织染整工业、制革工业、洗涤剂工业、造纸工业、环保工业等工业领域的技术进步，是相关行业提高产品质量、创新产品功能、简化生产工艺、缩短生产周期、减少能源消耗、降低生产成本的有效途径。GF生物酶系列产品是环保型绿色产品，其应用条件温和、加工获得的产品对生态友好、废弃物易生物降解。高效、快速、低成本的产品应用特点，更是用户们增强竞争能力和增加利润的法宝。

地　址：深圳市南山区南山大道愉康大厦北座四层
电　话：+86-755-26570538　26574318　13502895238
传　真：+86-755-26079533
邮　编：518051
http://www.szgfe.com
E-mail：rongyu8848@163.net

深圳市龙岗区平湖镇八十一饲料加工厂

八十一饲料加工厂是1993年投资1180万元兴建的中小型黄鸡饲料加工企业，产品市场是当地养鸡户，生产产品的宗旨：提供品质更可靠、价格更实惠、顾客利益更保障的产品。为了确保产品优越的性能，该厂一方面加大力度请教别人或模仿别人的优点，另一方面加大试验场所的建设，自1997年起至今共投入850万元扩大试验鸡场，由实验结果来淘汰理论上的“先进配方”，真真正正实现产品高效、低价。

在经营上，该厂以小见长，实行小规模生产、小赊账销售，这样便形成了该厂的资金利用率高、经营无风险的竞争特点，并将该厂生存的着眼点放在长远目标上，不允许有短期行为损害顾客利益。在财务上，精打细算，设备因陋就简，做到既科学又实用，不在“先进设备”的字眼上钻牛角尖，不浪费投资去做富丽堂皇的门面功夫，实实在在把有限的财富用在企业的核心技术上。在人才培养与提拔上，该厂在企业内挖掘，只有全心全意为企业服务的人才有机会担任领导职务，领导班子稳定可大大减少人才资源的流失。

地　址：深圳市龙岗区平湖镇鹅公岭村
邮　编：518000
电　话：0755-8454199 8454489
网　址：www.bashiyifeed.com.cn
E-mail：szph@basshiyifeed.com.cn

Zhongguosiliaogongyenianjian

专题调研报告

专题调研报告

我国舔块饲料的开发和应用

舔块是草食家畜极好的补充饲料，舔块技术引入我国已有10多年的历史。在农业院校、科研机构以及生产单位的共同努力下，我国舔块研制工作已取得巨大进展，技术日趋成熟，推广工作也已取得初步成效。2000年10月，在“第六次全国农区发展畜牧业座谈会”上，农业部将舔块技术列入重点推广的实用技术，号召各地加强舔块技术的推广工作。

【舔块的概念】 舔块（MMUB）是“糖蜜—矿物元素—尿素舔块”（Molasses—Mineral—Urea Block）的缩写。舔块是反刍动物极好的补充饲料，可以方便地补充基础饲料中所缺少的矿物元素、粗蛋白以及可溶性糖分。如果必要，还可在舔块中添加某些维生素（例如冬季用的舔块常添加维生素A）。舔块通常为圆形，像一块生日蛋糕。当然，亦可做成方形或三角形。国内有些文章将舔块叫做“舔砖”，笔者认为还是统一叫“舔块”为好。这是因为，舔块并不一定是长方形，它可圆可方，还可能是其他形状，不一定像砖。因此，“舔砖”一词并不科学。相比之下，“块”字的范围就广得多，不受形状的限制；其次，砖是建筑材料，“舔砖”一词容易让人误解；第三，英文用的是“BLOCK”，就是“块”的意思，翻译成“舔块”比较确切。不论舔块是圆形或方形，舔块中心通常有一圆孔，以便悬挂起来让牲畜舔食。

【舔块的营养及应用】 为节约饲料成本，饲养草食家畜通常不用全价配合饲料。世界上大部分国家，农区草食家畜的基础饲料是秸秆，牧区则为天然牧草（除暖季3～4个月有青草外，其余8～9个月都是枯草）。无论秸秆、干草或青草，都不是全价饲料，仍然缺少牲畜生长发育所需要的许多营养成分，需要适当补充，才能获得最佳饲养效果和良好经济效益。

1. 要补充矿物元素，如Ca，P，S，Fe，Cu，Mn，Zn，Se等，有十几种之多。根据基础饲料的情况，确定要补充哪些矿物元素以及每种矿物元素补多少。补少了，不能满足动物生长的需要；补得太多，非但浪费资源而且可能产生中毒现象（如Se，Zn，I等）。如果要农牧民自己来处理这样复杂的技术问题，实在是强人之所难。但是，若由动物营养专家来做，则并非难事。根据不同畜种不同生长阶段的营养需要，把要补充的各种矿物元素配合好，压成块，供农牧民选用。农牧民只要根据自己饲养的牲畜不同，选用相应的舔块。例如肉牛选用1号舔块，奶牛用2号舔块，等等。如果用户需要，工厂也可将舔块做成不同颜色，例如白色舔块用于奶牛，红色用于肉牛等，这样更加直观，农牧民不容易用错。由于舔块的舔食量是事先设定的，不必担心舔食过量。舔块技术可以说是“高技术傻瓜化”的典范。农牧民用舔块犹如用傻瓜照相机，操作十分简单，效果又好。

2. 补充粗蛋白之不足。秸秆的粗蛋白含量通常在2.5%～4%之间，远不能满足牲畜生长发育之需要。补充粗蛋白最廉价的方法就是使用非蛋白氮（NPN）。舔块中加入适量的NPN，可以大大提高牲畜粗蛋白摄入量，不但廉价而且很安全（尿素直接喂饲草食家畜，如处置不当，容易发生氨中毒。牲畜舔食舔块摄取NPN，少而经常，不会中毒）。

3. 补充可溶性糖分。舔块中配入适当糖蜜（制糖工业的副产品），其作用有三：一是提高舔块适口性，二是作为黏结剂。此外，糖蜜也补充可溶性糖分，有利于改善瘤胃发酵过程。

4. 补充维生素。虽然反刍动物可以在体内合成大多数维生素（包括维生素C）。但少数维生素（例如维生素A）仍有补充之必要。在冷季缺少青饲料尤其如此。因此，根据季节或特殊需要，舔块中可配入适量维生素。

1999年以来，农业部舔块技术专家组先后在河北、天津建成两处舔块生产厂，生产4种类型舔块，其主要营养成分及适用范围见以下表格。

舔块主要营养成分表

	舔块1号	舔块2号	舔块3号	舔块4号
粗蛋白（%）	30	16	15	16
钠（%）	11.7	7	10	8
钙（%）	4	2	4	3
磷（%）	1.5	1.2	1	1
钴（mg/kg）	24	50	50	28
铜（mg/kg）	200	420	450	250
碘（mg/kg）	80	160	170	100
锰（mg/kg）	120	240	240	125
铁（mg/kg）	360	740	740	400
锌（mg/kg）	400	750	800	460
硒（mg/kg）	10	20	20	16

舔块选用表

	产奶牛、泌乳牛羊	肉牛	绵羊、山羊、鹿	轻型马、役马	皮兔、肉兔、毛兔
舔块1号		√	√		
舔块2号	√				
舔块3号				√	
舔块4号					√

值得注意的是：秸秆+舔块≠全价饲料。但使用舔块可以将目前农牧民的饲养水平大大提高一步。有的动物营养专家似乎希望将农牧民的饲养水平一举提上去，也就是“一步登天”，否则就半步也不要迈。我们不赞成这种观点，虽然在肉鸡饲养上，“一步登天”似乎取得了成功，但在养猪方面只取得部分成功。对于反刍动物饲养，根据国情，恐怕要“几步登天”才行。联合国粮农组织（FAO）多年来一直在第三世界国家推广舔块，取得很大成功，农民把舔块亲切地称之为“牛羊巧克力”。在发达国家（如美国、英国、荷兰、澳大利亚等国），舔块也广为应用。所不同的是发达国家多用矿物元素舔块，而发展中国家常用高蛋白舔块（含NPN）。这是因为发达国家所用粗饲料多为优质牧草，精料比重又大，粗蛋白已经足够，而发展中国家所用粗饲料（多为秸秆）质量低劣，粗蛋白含量低，不仅需要补充矿物元素，而且还要补充粗蛋白。

【舔块的经济效益】 自20世纪80年代中期以来，国内有几十家研究所、高等院校进行舔块研制，也做过许多舔块喂饲试验，效果都不错。由于篇幅所限，不能祥述。仅选摘数例如下：

1. 黄牛增重试验（原浙江农业大学 刘建新教授等）。遂昌县北山村32头黄牛分两组，一组放牧，另一组放牧并补饲舔块。饲养2个月，舔块组平均头日增重370g，比对照组（203g）高82%，效果十分显著。

2. 肉牛增重试验（原北京农业大学 张晓明副教授等）。以20头夏洛莱杂交牛分二组试验60天，两组育肥饲料相同，其中一组补饲舔块。结果舔块组平均头日增重1 478g，比对照组（1 125g）增加353g，每头牛每天增收2.19元。

3. 泌乳牛试验（甘肃省饲草饲料研究所）。70头奶牛分组饲养两年（1988—1990），舔块组奶牛比对照组平均头日增产奶1.3kg，按每千克奶1.1元计，每头奶牛每天增收1.28元，投入产出比为1:8.53。

4. 水牛饲养试验（广西水牛研究所）。14头育成水牛分组饲养60天，舔块组平均头日增重308g，比对照组（113g）高172%。

5. 绵羊饲养试验（大兴永定种羊场）。15只康拜克细毛羊分3组，2组补饲舔块，另1组对照，试验60天。舔块组日增重80～83.3g，比对照组（71.7g）高11.5%～16%；净毛产量提高5.8%～10.1%。

类似试验很多，不再一一列举。据原浙江农业大学综合调查，使用舔块其投入与效益之比在1:5至1:10之间，直接经济效益十分可观。此外，舔块还能减少反刍动物的甲烷（也是一种温室气体）排放，对减轻大气污染也有好处。

【舔块在我国推广应用现状】 前面谈到，舔块是一种“傻瓜化的技术”，即使是文化水平不高的农民也能接受，更何况其经济效益又很好，理应容易推广。但是，迄今为止，推广面并不很大。究其原因，主要是舔块产品未能工业化生产。十几年来，众多科研单位，农业院校都搞过舔块开发，大多浅尝辄止。有的用简易的手工工具压制舔块，有的借用制砖机压制舔块，还有的干脆就用手工砸出一批舔块，多则数百块，少则几十块，够做饲养试验就行。试验结果不错，鉴定会一开，研制工作也就告一段落。设有产品提供市场。其次，产品质量也存在一定问题，主要问题是夏季舔块潮解（含尿素舔块尤其如此）问题未能很好解决，轻则舔块变软，不能准确控制舔入量；重则散开，不成块。含食盐和矿物元素的舔块，如压制质量好，不易潮解。内蒙古畜牧科学院卢德勋教授与湖盐研究所合作，生产此种舔块供应内蒙一些地区，十年来推广工作很有成效。广西水牛研究所舔块研究亦坚持十数年，积累丰富经验，但在解决糖蜜尿素舔块潮解问题上，均未能完全过关。20世纪90年代初，全国饲料工业办公室曾下达舔块课题，由北京农业大学、北京农业工程大学承担，取得相当成果，但未能解决舔块工业化生产问题。故课题虽通过验收，也未有舔块产品问世。

1999年，农业部舔块技术专家组成立，一批动物营养、工程设施、畜牧以及畜牧经济方面的专家通力协作，在总结前人成果的基础上，又取得新的、突破性进展。一是攻克了MMUB雨季潮解的难题；二是以国产标准设备为主、辅以自行设计的专用设备，开发出舔块生产流水线，成批生产舔块系列化产品。该项技术其设备（年产1 500t）投资仅30万元左右，而进口设备（年产1万t）则需500多万元。此项成果经农业部科技司组织专家鉴定通过，一致认为，处于国内领先水平。两年来，已先后在河北、天津等省（市）建成两条舔块生产线并成批生产舔块产品供应国内市场，2001年春，联合国粮农组织（FAO）紧急采购一批舔块用于救助蒙古国雪灾，农业部舔块专家组的产品一举中标，经瑞士公司（受FAO委托）检验完全合格，至此，我国舔块产品已跨出国门。

（郭庭双　郭　军）

五省市饲料企业调研报告

2001年4月12～18日，中国饲料工业协会组织了3个调研组，到北京、浙江、广东、河北、上海5省市，针对行业协会如何扶持大企业、加入WTO后协会如何发挥作用和行业自律管理与服务等3个方面进行了调研。调研期间，通过召开专题座谈会、听取汇报、深入企业实地考察等，对饲料行业目前的情况有了基本的了解。主要有4个方面：

一、关于行业协会如何扶持大企业发展问题

1. 企业反映的基本情况和要求：(1) 有的县市粮食部门不允许饲料企业直接收购玉米，有的地区发生当地工商局扣罚送玉米车辆的事件。如果饲料企业收购玉米就必须到粮食部门办理委托收购协议，并向粮食部门支付一定费用。(2) 政府将饲料原料—玉米仍作为粮食对待。进口要配额，饲料生产企业拿不到配额，其购买玉米成本要比有进口配额的单位高得多，没有平等的物流环境，竞争不合理。对玉米的进口税收问题，至今没有一个明确的规定，企业心中没有底。(3) 2000年11月，经农业部、国家发展计划委员会、国家经济贸易委员会、财政部、对外贸易经济合作部、中国人民银行、国家税务总局、中国证券监督管理委员会等8部委、行联合审定，确定151家企业为农业产业化国家重点龙头企业。但其中仅有少部分为饲料企业，一些饲料行业中的大企业迫切希望列入农业产业化国家重点龙头企业。(4) 来自社会各方面的检查、收费项目多，收费部门多，收费标准不统一，随意性大。特别是市、县各级质量技术监督局存在乱收费现象，每次少则三五百元，多则二三千元。饲料证号管理的收费目前国家没有统一的标准，个别地区的经费来源主要靠罚款解决。(5) 有的饲料行政执法部门，对省外饲料企业到本辖区销售、经营的饲料产品，规定先要到当地饲料主管部门办理准销证或登记备案并收费。(6) 目前饲料行业统计数据不够准确，基础数据少，仅有的一些数据也比较滞后，这种状况不利于政府和企业决策。企业希望在产业政策、行业动态、国外饲料科研进展等方面得到有价值的信息服务。(7) 饲料行业应在适当时机启用标识认证工程（如标识认证可用“放心饲料”），该标识应涵盖“安全、卫生、稳定、可靠”等内容，使“放心饲料”成为一种饲料行业有影响力的标识，获得这个标识的产品必须具备一定的水平。(8) 行业协会在开展行业评审、评比活动时，应充分考虑大型企业的龙头、示范作用，向大型企业倾斜；同时评比时应以系列饲料产品作为评比对象。(9) 国家免征增值税的政策有力地促进了饲料工业的持续健康发展。此项工作涉及到饲料行政主管部门→检验机构→税务等多个部门。有的企业建议免税应以是否是“饲料”为依据，符合“饲料”条件的就免税，否则就不免税，而不应把饲料产品合格与否作为能否免税的条件之一。(10) 要规范饲料行业的管理，对饲料添加剂和添加剂预混合饲料生产许可证的发放要从严审批，加强对企业申报材料的审核和实地考核，不具备生产条件的企业不予发证。当前的饲料执法力度不够，饲料行业存在着重服务、轻管理（行政执法）的现象，应服务和管理两手抓。对严重违规的企业，要坚决查处，决不姑息。(11) 由于饲料行政执法力度不够，许多不具备生产饲料条件的企业为了在市场占据一席之地，往往掺杂使假，以次充好，以假乱真，无“标”生产。正规饲料生产企业一般能按国家的有关规定和标准组织生产，但是在价格、营销手段等方面往往竞争不过非法生产的饲料企业。个别企业添加国家明令禁止使用的违禁药品（如盐酸克伦特罗，俗称“瘦肉精”等），使得饲料市场上产品质量参差不齐，“三无”产品扰乱市场。

2. 建议及对策：(1) 党的十五届五中全会强调：“要把农业产业化经营作为推进农业现代化的重要途径”。发展农业产业化经营，龙头企业是关键，但目前我国的农业产业化经营总体上还处于发展初期，亟须对农业产业化特别是龙头企业进行扶持和引导。应有更多的饲料企业参与到农业产业化经营活动中来。建议中国饲料工业协会积极推进农业产业化经营活动，向有关部门推荐饲料行业中需要重点扶持的大型企业。(2) 建议加强行业内信息交流，争取政府部门（农业部、国家统计局）对饲料工业（工作）基础数据进行一次普查，并开展正规的统计工作。(3) 应制订有关饲料企业直接收购玉米的相关政策和鼓励大型企业到境外采购玉米的政策。(4) 尽快实施、启用标识认证工程（如“放心饲料”工程）。(5) 饲料工业属涉农微利行业，希望国家在“十五”期间继续在财政、税收、信贷等方面给予优惠政策，并不断完善相关政策，保持政策的相对稳定。(6)《国务院关于禁止在市场经济活动中实行地区封锁的规定》（国务院第303号令）指出，为建立和完善全国统一、公平竞争、规范有序的市场体系，禁止市场经济活动中的地区封销行为，破除地方保护、维护社会主义市场经济秩序。建议各地饲料主管部门认真领会贯彻上述精神，省外产品不要以准销证或登记备案为由，实行歧视性待遇，限制外地产品或服务进入本地市场。

二、关于加入WTO后中国饲料业如何应对问题

1. 企业反映的基本情况和要求：(1) 中国已经加入WTO，这对整个饲料行业来讲，既是历史机遇，也是严峻挑战。但企业普遍反映，对中国政府向各国的承诺以及WTO的规则仍不清楚，缺乏对入世后相关对策的研究。(2) 1998年6月，欧盟以我国兽医防疫体系不健全为由，停止进口中国肉鸡产品（该公司在日本、欧盟占有很大份额），但当欧洲发生疯牛病后，牛肉销量下降，肉鸡销量上升。而这时，泰国将其鸡胸产品以高价（3600美元/t，此前的价格2700美元/t）打进欧盟市场，而将其鸡腿等产品低价（1600美元/t）销往日本，致使中国企业既失去了欧盟市场、又在日本市场受挫，严重影响了企业及国家的利益。入世后，在非关税壁垒方面，行业部门应提出相应的技术壁垒措施或标准。行业协会在协调国与国之间贸易关系、贸易纠纷和贸易壁垒等方面也有许

多工作要研究。(3) 目前，小企业多，企业的集中度低，不利于中国加入WTO后与国外饲料企业的竞争。企业建议适当提高兴办饲料加工企业的门槛，让管理规范、合法经营的企业迅速壮大，形成大型企业或集团，这将会有利于行业管理，有利于企业参与国际竞争。(4) 企业要求增加交流机会，行业协会应创造条件形成定期的、经常性的上下交流、横向交流。比如，组织地方协会到兄弟省、市观摩、学习，交流管理经验；多举办全国性交流研讨会；增加与国外交流的机会，真正做到"走出去，请进来"。(5) 畜牧业的养殖数量是直接影响我国饲料产量的重要因素之一，因此整个行业考虑的重点应是提高畜产品在国际、国内市场的竞争力。随着中国加入WTO，国外的先进设备、先进技术和高质量产品以及低廉的成本，对我国的饲料企业将构成威胁。企业对我国入世后的看法，多持审慎态度。

2. 建议及对策：(1) 协会每年应定期举办饲料行业企业间、国际间的交流活动，如举办高级学术研讨会、交易会和新产品、新技术推广会、高级企业管理班等。通过几年努力，形成2～3个在行业内有影响的会议或活动，增强协会的凝聚力。(2) 中国加入WTO后，中国的饲料市场也将与世界饲料市场接轨，国外跨国公司将会大举进入中国市场，中国的饲料工业将在更大的范围内和更深的程度上参与国际经济合作和竞争。企业不仅要与国内企业进行较量，而且要与跨国公司较量；不仅要"引进来"，而且要"走出去"，要充分利用国内、国际两个市场、两种资源。协会在这方面应积极与国际上有关组织（如国际饲料工业联合会等组织）、境外大企业（集团）联系，为大企业走出国门、到境外投资办企业创造条件。(3) 饲料企业间的简单联合，产业链短，竞争力有限，饲料企业的强强联合也不是增强企业竞争力的惟一措施。企业应与上游粮食产业、下游养殖业和肉食品加工业以及商业流通领域连接形成大的产业链条，这才是应对入世的有力策略。(4) 针对企业反映的对WTO的规则缺乏了解，对入世后的相关对策缺少研究的实际情况，应尽快组织有关专家普及有关知识并对相关政策进行专题研究，并开展非关税壁垒（如技术壁垒措施或标准）的制订、研究工作。

三、关于行业自律与服务管理问题

1. 企业反映的基本情况和要求：(1) 饲料卫生标准中有害物质及微生物允许量（如霉菌总数，重金属砷、铅指标）订得不细，有的品种（玉米、小麦麸、棉籽饼等）有标准，大多数饲料没有订出具体卫生指标，执行中有一定的难度，饲料厂一旦发生纠纷，往往"无标可依"，工作很被动。(2) 有的企业反映，GB10648－1999《饲料标签》标准规定标签上必须标明企业生产所执行的产品标准的编号，生产企业执行什么标准，标签上就标注什么标准的编号。该标准并没有规定企业标准必须高于国家标准，但在实际工作中，有的县市质量技术监督局认为"企业标准"必须高于"国家标准"，否则就判定产品不合格，这种做法显然与标签标准的规定不相符合。还有个别地区将推荐性标准作为强制性标准进行管理等问题，没有搞清两者的区别和联系。(3) 现行的部分饲料行业标准滞后。如在饲料中添加植酸酶可以达到补充畜禽生产所需磷的目的，这本是一种技术进步，但是若按现行饲料标准去判定往往总磷达不到标准，因而被质量技术监督局判定为不合格。(4) 营养指标应有科学性。饲料营养指标中往往使用粗蛋白质来衡量饲料营养水平，而对氨基酸、小肽等指标考察比较少。按现代的动物营养理论，只要日粮中氨基酸平衡，粗蛋白水平可以适当降低。(5) 目前，饲料机械行业竞争日益激烈，由于饲料机械基本属于专业设备，市场容量有限，为了争得市场，以次充好，仿制假冒现象时有发生，相互压价，甚至抛出低于成本的自杀性价格，搅乱了饲料机械市场。从长远来看，不利于整个饲料行业的发展，不利于机械产品的升级换代和企业的技术改造。(6) 当前，制假肉粉、假羽毛粉、假玉米蛋白粉、假氯化胆碱等十分严重，有蔓延之势。如果这一势态发展下去，必然增加了饲料厂的管理成本。企业呼吁规范饲料生产、经营秩序，打击制售假冒伪劣饲料原料的违法行为，整顿饲料原料市场，维护广大人民群众的切身利益，促进我国饲料工业健康发展。

2. 建议及对策：(1) 建议由协会牵头，几家大企业共同参与，组建中国饲料工业协会机械专业委员会。加强行业内相互间的技术合作与交流，促进行业向规范、健康、有序、可持续的方向发展。(2) 目前的饲料市场极不规范，制售假冒伪劣饲料猖獗，建议采取联合执法等形式，坚决打击制售假冒伪劣的不法行为。同时，建议在抓饲料添加剂、添加剂预混料生产许可证号的同时，还应加强对单一饲料原料的生产、经营活动的管理。(3) 企业标准的制订，一般应遵循"三个有利于"原则，一是有利于科技进步，二是有利于市场需求，三是有利于经济效益的提高。判定饲料合格与否的依据是企业产品标注在标签上的标准。而所谓企业标准高于或严于国家标准是针对强制性标准（饲料标签标准、饲料卫生标准）而言的。(4) 新的饲料卫生标准已送国家质量监督检验检疫局。该标准覆盖面有较大的扩展。

四、其他

1. 企业反映的基本情况和要求。(1) 政府支持饲料研发的力度的有效性值得探讨，偏向性大。应该对有能力有业绩的研发组织和有潜力的项目注入力量，而不能只从企业性质来判断。(2) 针对饲料企业的生产实际，大多数企业认为可在饲料企业内推广使用HACCP管理系统。HACCP全称是Hazard Analysis and Critical Control Points，即危害因素分析与关键控制点。其目的是控制化学物质、毒素和微生物对饲料和食品的污染，从而确保饲料生产的安全卫生。目前HACCP已被日本、美国、加拿大、澳大利亚和欧盟所采用，作为建立质量保证体系的依据。(3) 政府应把饲料和饲料原料作为农业生产资料来等同对待。(4) 进口产品税收政策不稳，使饲料原料价格浮动不定，价格混乱，企业财务经营无序，突变的政策给多数企业带来沉重打击。去年的豆粕进口增值税问题就给一些进口饲料原料的生产和经营企业带来巨大的损失。(5) 协会应把握市场动向，深入市场为企业服务。要发展到下游企业（畜牧及加工行业）去做工作，促进行业的发展和产品促销活动。(6) 发挥行业协会机制，建立快速通报制度，加快紧急、重大情况预警的通报速度。(7) 行业协会应积极争取国家对行业发展的优惠政策。饲料行业作为农业领域中与养殖业密切相关并为之服务的行业，能否与农业的生产结构调整的有关政策挂钩，享受国家对农业生产资料的优惠待遇。

2. 建议及对策：(1) 建议协会加快开展对饲料企业实施 ISO 9000、ISO 14000、HACCP 等管理体系的认证工作，特别是 HACCP 管理体系。(2) 饲料安全工程是确保饲料安全的系统工程，是全社会关注的焦点。要努力争取并尽快启动"饲料安全工程"，建立健全饲料监测体系，制定并完善饲料标准和检测方法，加强饲料安全管理工作，加大对饲料中使用违禁药品的查处力度，确保饲料安全，维护人体健康。通过饲料安全工程的启动，进一步完善、健全饲料质量检测检验监督体系（包括组织机构、检验仪器设备的建设等等），(3) 检测检验机构在实际工作中应"公平、公正"。要进一步提高检验人员的职业道德和业务素质。检验方法的统一性方面也要进一步提高。

（五省市调查组）

赴法国饲料安全与添加剂技术培训团考察报告

应法国贸易促进会的邀请，农业部人力资源开发中心组派赴法国饲料安全与添加剂技术培训团一行 7 人于 2001 年 12 月 3～20 日在法国进行了培训和考察。在法期间对欧盟的饲料和添加剂管理的基本情况，包括组织机构、有关法规、有关标准、饲料生产基本情况、法国（及欧盟各国）的饲料产量、品种种类、饲料在畜牧业中所占的地位及有关激素的使用、疯牛病、二恶英等情况进行了详细考察，圆满地完成了预期的培训和考察任务。

在法国期间，法国贸促会秘书长保罗·巴比埃先生向培训团介绍了培训安排；法国财经和工业部公平贸易消费事务和反舞弊总局（DGCCRF，原为消费竞争和反舞弊局）Dominique Girault 女士做了《法国及欧洲（食品和饲料）法规的起草和追踪》讲座；法国农渔部食品管理总局动物保护、健康分局兽药局药政处兽药饲料办公室 Charles Marting Ferreira 先生做了《法国动物饲料的法规》讲座；法国农渔部食品管理总局直属的农渔部动物安全兽医检查大队负责人 Benoit Thiebot 先生做了《动物饲料质量检查》讲座；法国科学部 Marie Frarco Brat 女士做了《研究和发展》讲座；法国 Thouw Nutrition 饲料厂市场发展和交流顾问 Tean Norranol 先生做了《法国饲料生产》讲座。参观了 Nutreco 国际饲料集团公司法国 Thouw Nutrition 饲料厂、法国 Thouw Nutrition 饲料厂生化实验室、BASF（巴斯夫）药物化工厂等单位，培训内容非常丰富。通过讲座和参观，比较全面地了解了法国以及欧盟饲料兽药管理、监督和生产的情况。

一、法国及欧盟的饲料生产基本情况

1. 法国的饲料生产情况。法国有饲料生产企业 400 余家，是欧盟最大的饲料生产国，每年生产各类饲料产品 2 300 万 t，连续多年产量基本保持稳定。法国的饲料厂西部占 45%，中部占 6%。法国有饲料添加剂预混料企业 10 家，每年生产饲料添加剂预混料 20 万 t 左右。法国 1997—1999 年饲料生产量及欧盟 1999 年配合饲料的生产量见下表：

表 1　1997—1999 年法国饲料生产量

单位：万 t

种类	1997	1998	1999
禽料	944.7	971.4	959.2
猪料	694.5	698.5	687.1
牛料	430.7	105.0	420.9
其他			240.0
年总产量	**2 331.6**	**2 345.6**	**2 365.3**

表 2　欧盟 1999 年配合饲料的生产量　单位：万 t

欧盟国家	饲料年总产量	所占份额（%）	牛料（%）	猪料（%）	禽料（%）	其他（%）
法国	2 365.3	19	17.6	29.5	41	7
德国	1 875.0	15.4	36.7	36.5	22.8	2.8
西班牙	1 648.0	13.5	21.2	46.7	24.9	5.4
荷兰	1 585.8	13	22.5	43.5	24.2	4.9
英国	1 226.4	10	36.1	20.4	32	11.4
意大利	1 112.0	9	30.4	20.2	38.5	7.8
丹麦	563.0	4.6	23.7	62.2	11.9	2
比利时	657.7	5.4	19.2	53.8	23.8	2.5
葡萄牙	393.0	3.2	28.7	31.3	34.4	5.5

（续）

欧盟国家	饲料年总产量	所占份额（%）	牛料（%）	猪料（%）	禽料（%）	其他（%）
爱尔兰	375.2	3	57.4	18.8	13	10.1
瑞 典	243.7	2	48	25	20.5	20.5
芬 兰	122.6	1	40.8	26.5	20	11.5
奥地利	78.4	0.65	23.3	8.9	49.8	3.8
欧 洲	12 206.1		27.5	35.25	35.18	7.21

二、法国和欧盟关于饲料(食品)和兽药的有关法规

在欧盟成立前，欧洲各国在1905年就制订了有关食品的规范，约束同行职业行为，是职业道德规范。在欧共体成立后，颁布了消费产品法、价格和竞争自由法令（1986年12月1日），在这两个总法的基础上制订了关于动物生产、饲料（食品）和兽药的一些法规，欧共体各国有了统一的规范，每月欧共体（欧盟）食品质量安全委员会在布鲁塞尔召开2天的会议，欧盟各成员国的代表参加，提出在执行法规过程中存在的问题，讨论完善和修订有关法规。

欧共体（欧盟）先后发布了与饲料（食品）有关的5个法规：1970年发布70/373《抽样与分析检验的方法》；1970年发布70/524《添加剂的规定》（允许使用的添加剂清单）；1974年发布74/63《不允许使用的（原料）物质》；1977年发布77/101《单一食品》；1979年发布79/373《复合食品》。以上5个法规完全适用于法国。法国采用和执行欧盟的有关法规，在执行中对法规中部分内容有强化和补充，先后发布了9个补充法令和条款：1986年9月5日发布《动物饲料的主要原料品种目录》；1987年8月7日发布《允许使用的高蛋白饲料原料，必须申报批准》；1989年5月5日发布《不允许使用的饲料原料品种》；1990年7月发布《禁止在牛饲料中使用动物肉粉、肉骨粉》；1992年2月13日发布了欧共体承认的《饲料添加剂清单》；1994年11月24日发布法令强调《允许开发新的饲料添加剂》，但具体规定了申报、批准程序；1999年4月8日发布了以饲养目标（如瘦肉型、肥育型等）对饲料成分的更改条例；2000年11月发布法令，《重申禁止在所有动物饲料中使用所有动物性饲料原料》。除肉粉、肉骨粉外，包括禁止使用鱼粉（欧盟规定鱼粉可使用于水产饲料中），法国比欧盟的规定更加严格；2001年1月12日发布了《动物饲料中严格控制铅、汞、砷、氟等有毒有害物质的允许量标准》；正在探讨和争论转基因食物（如转基因玉米）的可用性，如已经使用了转基因食物，必须在相关的标签或说明中注明使用了哪些转基因的食物。从目前情况看，反对使用转基因食物的呼声比较高。在2003年，欧盟将要出台一个法规，此法规要求在产品标签中，公开全部配方，如有隐瞒，必将严惩。另外，在有关牧场管理的条例中，涉及到动物饲养管理的环境要求及防止疯牛病扩散等。

三、法国对食品、饲料、兽药的管理机构及其职能

1. 管理机构。法国财经与工业部和农渔部是食品、饲料、兽药的管理机构。财经和工业部下属的公平贸易消费事务和反舞弊总局（DGCCRF）负责制订有关食品、饲料、兽药的法律法规，保证产品和服务的质量、保障消费者的安全、保护消费者的经济利益，确保市场平稳运行；农渔部下属的食品饲料安全管理总局依据所制订的有关法律法规负责实施食品、饲料、动物养殖生产的安全和质量。两个总局是法国确保食品、动物饲料、兽药安全的两个合作部门，并协同开展工作。

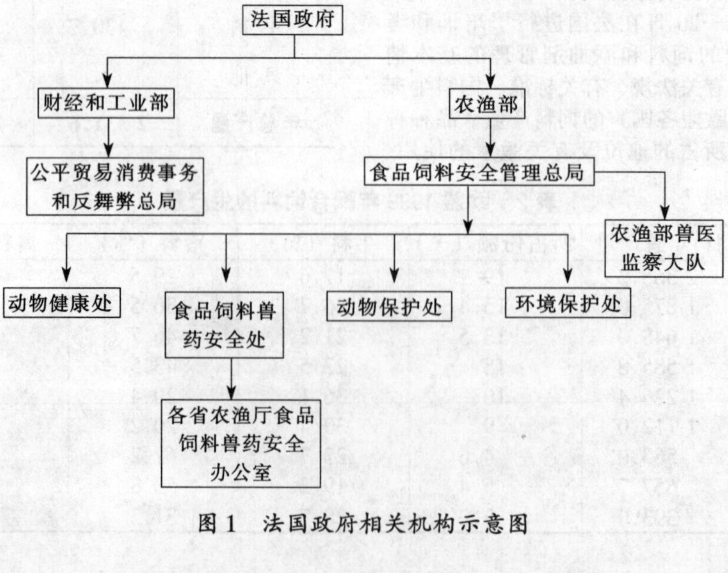

图1 法国政府相关机构示意图

食品饲料兽药管理总局下设动物健康处、食品饲料兽药安全处、动物保护处、环境保护处。各省设其办事处。食品饲料兽药总局下设兽医监察大队，受农渔部的直接领导。食品饲料兽药管理总局下属有22个地区管理局、101个部门管理局、2个培训中心（巴黎和蒙彼利埃）、在95个省（外加4个海外省）都设有一个办公室，共有400多位工作人员。兽医监察大队有2个国家级监察员（反舞弊，竞争），8个实验室（分别在Massy、波尔多、Marseille、蒙彼利埃、雷恩、斯特拉斯堡、里尔、圣德尼斯）、负责分析产品、开发分析方法，这些实验室被COFRAC（法国实验室认证委员会）认可并授权，在本家和国际上确保分析结果的可靠性。

2．职能。法国公平贸易消费事务和反舞弊总局在巴黎，其职责的主要法律依据：根据欧盟的条约，DGCCRF有权采取直接行动反对反竞争的企业联合和滥用职权。1986年12月1日关于价格和竞争自由的法令，在消费者编码所组成的整套文件中特别包含了以下相关的规定：关于产品和服务的舞弊及伪造问题，安全、保护和消费者的信息。DGCCRF站在技术的前沿和接近民众。

法国农渔部食品饲料安全管理总局：中央、部的办公室设在巴黎，与DGCCRF配合工作，中央和省级都是联合工作，确保动物饲料的安全。法国农渔部食品管理总局下属的食品饲料兽药管理总局，其职责是：保护动物饲料及其产品（肉类）的安全。具体工作主要是在生产过程中进行监督管理，检查产品是否满足法规、规范的要求；检查企业的生产全过程、设备、环境是否符合法规和卫生的要求。也就是说，从原料进厂、生产、产品出厂及养殖户的使用，全程进行监督。

中央授权各省的办公室全权处理本省发生的问题，处理日常事务工作，各省向中央负责。兽医监察大队直属中央，人员有几十人，各省派有代表，所需经费由农渔部直接拨款。大队在任何时间可直接到达发生问题或可能发生问题的各省、地区、企业进行突击性检查。大队的设备、工作条件比较优越，配备专车、公费信用卡、手机、笔记本电脑等，能适应随时投入检查工作的需要，在检查前不必通知当地的农渔厅，大队只与派驻当地的总检查官联系，在工作中如有必要，可要求当地农渔厅进行配合。被查单位如不配合，则有权强制执行检查，直到找到问题所在，确定是否为危险源之一。

兽医监察大队对养殖户、发现问题的企业，要调查10年内的档案材料，调查内容有饲料原料品种、来源、产品流向、动物交叉生育后代流向等。以口蹄疫、疯牛病为例，还要调查饲料加工机械设备、生产的全过程，与申报材料核对、操作是否满足操作规范、是否有在生产线上的被动交叉污染、饲养条件、卫生条件、屠宰条件、可能发生的地域等。大队作出的决定由各省农渔厅具体实施，所作出的预防措施对全国有普遍指导意义。大队对调查出的违法行为如使用动物废弃物等行为引起的严重污染等情况及时向司法监察部门汇报，由司法部门处理。兽医监察大队对有问题的原料、饲料、产品有权就地封存、处理，不必请示上报。

2001年8月起，扩大了质量检查员的权力，对经营管理运行不完善的企业，有权现场提出临时关闭、整顿、改建、人员再培训等处理意见。

四、法国（欧盟）关于饲料、兽药的管理

1．关于动物饲料营养标准的制定：法国遵循自由经营的原则，政府只提出不允许使用的原料清单和允许使用的添加剂清单，不在清单内的饲料原料均可以使用，但要在标签中标明所使用的原料，其产品应符合卫生指标（2001年1月12日法国发布了最新的规定）。不允许使用的原料清单和允许使用的添加剂清单由食品质量安全委员会发布，在法国须经财经和工业部、农渔部合签后发布补充规范。

2．任何企业都可生产符合规范的饲料产品，没有生产经营许可证。但如有违法行为，则由农渔部和下属有关机构处理。

3．原料标签的规定与我国的标签标准基本一致，但在2003年，欧盟将要出台一个法规，此法规要求在产品标签中，公开全部配方，标明主要原料的名称及其使用比例，如有隐瞒，必将严惩。

4．新的添加剂必须提出申请，说明比以前的添加剂的优越性，对人和动物无害，对环境无污染，经试验安全后才能批准使用。法国设立食品安全检查委员会，审批申请，该委员会是一个独立的中央单位，与法国财经和工业部、农渔部食品总局动物保护、健康分局有业务关系，但发表独立的见解，不受任何部门、市场和企业的影响。经费来源中央直接拨款，研究的内容来自相关的部。

5．新药物添加剂产品的申请：动物饲料兽药局审批新药物添加剂产品，由农渔部组织的专家组来进行风险分析，新药物添加剂产品效果和安全试验通过后，规定试用期，如没有发现问题，专家组须审查申请企业的厂房、设备、人员素质、技术、资金等条件，合格后发放新药物添加剂产品的生产许可证，允许批量生产。对敏感的兴奋剂、抗生素、特殊维生素及其复合物均按新药物添加剂对待，须经农渔部审批。

6．新饲料厂的申办程序：政府不发任何许可证，但须按下述步骤进行：（1）首先环保部门批准；（2）将申请的建厂地址报市政府；（3）报办厂的申请：在满足有关法规、规范的要求前提下，上报对所生产产品的描述，如配方、原料、产品的使用范围、产品的效果、注意事项等；（4）政府部门对所发现的问题，如产品中的配伍问题等可提出建议。

7．添加剂预混料和浓缩饲料的生产，都要在农渔部的监控下进行，须办理生产许可证。对微量的有危险性的成分，在允许生产的产品的使用说明中必须注明最高使用量、残留量等数据参数。允许使用的抗生素的使用量是在规定的停药期后在动物产品的残留量必须在规范允许量以下。

8. 管理部门要检查饲料的药物量和肉、奶残留量，如发现超量残留，则其产品（如肉）要全部销毁，同时检查人员要核查生产操作记录，要追究责任人的相关责任。受到行政处罚或司法机构处罚，前者有权停产、吊销生产许可证、关厂、销毁产品等，后者有权罚款、判刑等。处罚力度很大，在经济上要受到很大的损失，甚至倒闭。对使用违禁药物的，一旦发现，则一定重罚并予以判刑。检查和处理的费用：企业本身要有职业道德，要有自控措施，承担所承诺的日常检查的费用。政府派员检查由国家财政拨款。法国每年在食品、饲料、畜产品检查中的总费用约600万法郎。

9. 关于使用动物源性饲料的原则：欧盟规定来源于动物的饲料原料（骨粉、肉骨粉）不能用于饲料生产，目前羽毛粉和鱼粉（限于使用于水产饲料中）还可以使用。法国2000年11月发布法令，规定在所有动物饲料中禁止使用所有动物性饲料原料，包括鱼粉，比欧盟的规定还要严格。法国政府出台更严格的法令考虑了两个因素，一是环境资源和生态平衡因素，二是混运不同品种的货物前不能彻底清扫消除交叉污染的因素。对动物性饲料法国政府严禁出口，避免危害他国，其动物性饲料的今后出路只有一条，即作为燃料。

10. 在疯牛病发生后，法国政府对工业化饲料生产企业和养殖企业，做出了新的规定：工业化饲料生产企业和养殖企业所使用的原料、饲料的进、发货单据、配料单及其他资料要至少存档保留5年以上，保护好原始材料，以便在发现问题后追根溯源。

11. 治疗用的药物由农渔部管理，添加到饲料中的药物由财经和工业部管理。畜产品中药物残留由农渔部管理。

12. 关于抗生素的使用原则：凡是人能用的抗生素，都不能用于动物饲料。目前在用的将逐步被取代。专家认为，在找到取代物前如取消使用，将会带来更危险的后果。1996年以后研制并批准使用的新药，经核实后，赋予生产企业5～10年的保护期，可垄断生产。

13. 欧盟在允许使用的兽药品种上也连续发布了一些法规：1999年6月，欧盟禁止在动物饲料中使用亚治疗水平的70/524中所列的杆菌肽锌、北里霉素、磷酸泰乐菌素、螺旋霉素、维吉尼亚霉素等抗生素作为生长促进剂。1999年10月，欧盟又禁止了氯氟苄脲嘌呤、二硝甲苯酰胺、异丙硝哒唑3种抗球虫药在饲料中的应用。除了几种广泛使用的抗球虫药外，1999年1月起，仍允许使用的抗生素只有莫能霉素（莫能霉素钠）、盐霉素（盐霉素纳）、磷酸黄霉素（巴波霉素）、卑霉素（阿美拉霉素）4种。

14. 欧盟和法国主张全面禁止使用激素，但目前还没有形成决议。

15. 欧盟将成立一个权力机构，所有新产品在此权力机构登记后，所有欧盟成员国均认可。新产品须经过欧盟所属的试验厂试验，确认是否对动物过敏、应激反应、毒性、营养效果、安全性等。在将试验结果毒理、营养等数据提供给欧盟有关部门核实确认后，颁发生产许可证。试验时间一般为2年，有的可长达8年，程序复杂，欧盟成员国有一票否决权，在重新提供新的试验结果数据，得到欧盟所有成员国通过后，才能获得许可证。

16. 法国政府在食品、饲料、兽药方面今后准备做的工作：研究微量使用的添加剂及药用性添加剂的安全性及用量控制；研究使用转基因植物可能带来的长期后果；微量成分的监测重点将为抗生素。

五、部分饲料企业情况

1. Thouw Nutrition 饲料厂简要情况。培训团参观考察的 Thouw Nutrition 饲料厂是主要生产饲料添加剂预混料的企业，有三条生产线，分别隔离生产加药、不加药和常规的饲料添加剂预混料，防止交叉污染。所使用的设备主要由法国生产，均为4级塔式混合设备从上向下自由落体式无残留生产线传输系统，生产过程从进料到包装全部由现代化的电脑程序控制，自动化程度很高，每年生产饲料添加剂预混料2万t，占法国全国饲料添加剂预混料年生产量的11%。加药饲料或饲料添加剂所用的药物均为有资格的合法的兽药厂生产的原料或预混剂。全厂有职工100人，其中动物营养、机械加工、财务、管理、分析化验等专业的工程师以上人员25人。该厂还生产小猪配合饲料2万t，也占法国全国小猪料年产量18万t的11%。该饲料厂是私人的国际饲料集团Nutreco集团所属的法国公司。整个集团除生产畜禽饲料外，还生产水产饲料，其年产值为38亿美元，在法国的公司年产值为3 300万美元（2.4亿法郎）。

Thouw Nutrition 饲料厂非常重视生产过程和产品的质量控制，在管理部门、生产车间、实验室配备了4名质检人员，其中3人是通过了ISO9000考核的人员，4人中，1人是公司负责全面质量控制，1人负责实验室的检验质量，2人负责车间生产过程采样，在厂内建有一个规模大、非常现代化的实验室，管理和化验人员有10人，除本厂的化验任务外，对外提供检验服务，主要接收外来的委托检验，每年检验15 000份样品，检验项目有除氨基酸项目外的所有常规、微量元素、维生素、有毒有害物质、脂肪酸、药物等项目。拥有现代化的检验设备，有气相色谱仪（GC）、液相色谱仪（HPLC）、等离子发射光谱仪（ICP）、近红外光谱仪（NIR）、蛋白质测定仪、脂肪测定仪、旋光仪、黄曲霉毒素测定仪、紫外分光光度计、荧光分光光度计等，实验室的计算机与各生产厂联网，测定结果可直接通过网络传递至相关的生产厂，及时提供检验结果数据，以便及时调整生产厂的原料种类和配方。实验室的检验结果数据保留5年。

2. BASF公司简要情况。BASF公司是一个跨国公司，在全世界22个国家有29个预混料厂，在中国有沈阳BASF维生素公司。德国BASF公司厂区很大，长13km，宽7km，有6 000多职工，生产多种化工产品，其中精细化学部生产人用、动物用药物、营养物、化妆品等产品。

BASF公司的净销售额的4%用于R&D，其中50%用于新产品的研究开发，25%用于生产条件的改进和扩展，20%用于原有产品的改进提高，5%用于新方法研究。特别值得国内企业学习的是：（1）BASF公司注意资源的回收和综合利用，一个产品的副产品作为另一个产品的原料，如生产维生素A的副产品作为生产β-胡萝卜素的原料，β-胡萝卜素的副产品又作为生产斑蝥素或角黄素（canthaxanthin）的原料。（2）BASF公司重视生态环境保护，生产过程产生的废液、废气等污染物质等都要经过处理后排放。BASF公司，尽管烟囱林立、管道纵横，每天要消耗大量的化工原料和生产多种化工产品，却闻不到通常在化工厂闻到的气味。

六、建议

1. 建议我国加大立法和监督力度。我国饲料工业行业起步较晚，在法规建设上虽然做了许多工作，但仍然有许多空白，特别是药物饲料添加剂、药物残留的检验方法标准；在饲料、饲料添加剂、药物产品质量的监督上，近年有所加强，但还需要进一步加强。一是真正重视饲料和兽药监察检验机构的作用，使其起到法国监察大队的作用；二是加大对各级检验机构检验人员的培训，提高检验技术水平；三是饲料安全问题要作为经常性的任务来抓，不能出现问题才抓，对饲料生产企业及其产品要长期进行监督抽查；四是加强饲料中药物，特别是违禁药物及其残留的检验方法标准的研究制订。

2. 建议加大处罚力度。欧盟对违法行为严厉打击、从重处罚，特别是对使用违禁药物的处罚，我们感到我国的处罚力度不够，导致违法行为屡禁不止，总有一些人不顾人类和动物的健康，为了利润，敢于冒风险，滥用违禁药物，中毒事故频频发生，给国家给人民造成很大的损失。违禁药物的检查不仅要检查饲料企业和饲料本身，还要检查养殖厂的动物饮用水和动物的尿，防患于未然。对违法、造假、滥用药物的企业，要下力气整顿，处罚力度要大，性质严重的要交司法机关处理。

3. 我国应考虑停止动物性饲料原料的进口，应考虑禁止动物性饲料原料（目前鱼粉除外）在饲料中的使用，防患于未然。

（培训组成员：张贞奇　但堂胜　张瑜　常碧影　闫仲双　于丽　王翱）

赴欧洲饲料行业组织考察报告

2001年11月4～14日，由中国饲料工业协会刘同占秘书长率领的中国饲料工业协会考察组应国际饲料工业联合会（International Feed Industry Federation）的邀请赴荷兰进行了为期10天的访问。访问期间，考察组参观了欧洲Victam 2001饲料展和欧洲VIV 2001畜牧展；参加了国际饲料工业联合会组织的“食品法典研讨会”；会见了美国饲料工业协会会长、国际饲料工业联合会常务副会长David Bossman先生，并就中国饲料工业协会与美国饲料工业协会建立友好合作关系进行了磋商，达成了共识；会见了欧洲饲料生产者联合会会长Yves Montecot先生和秘书长Alexander Doring先生，并就中国饲料工业协会与欧洲饲料生产者联合会建立友好合作关系进行了磋商，达成了共识；会见了国际饲料工业联合会秘书长Roger Gilbert先生，并就中国饲料工业协会加入国际饲料工业联合会有关问题进行了磋商，达成了共识；与食品法典委员会饲料特别工作组主席及其部分成员，与美国、欧盟、非洲等一些国家和地区的饲料行业专家、企业家进行了广泛接触和交流，增进了友谊，宣传了中国，提高了中国饲料界的国际声誉。考察组还了解了一些国家饲料工业的行业管理情况。这次访问，时间短，任务重，工作量大，收获颇丰。有关情况如下：

一、出席了国际饲料工业联合会组织的“食品法典研讨会”

11月7日，由国际饲料工业联合会组织的“食品法典研讨会”在Victam 2001饲料展的会议大厅举办。美国饲料工业协会秘书长David Bossman先生，欧洲饲料生产者联合会秘书长Alexander Doring先生，英国食品标准局动物饲料部主任、联合国食品法典委员会代表Bill Knock先生，丹麦食品、农业渔业部作物委员会主任、联合国食品法典委员会动物饲养特别工作组组长Mogens-Nagel Larsen先生以及国际饲料工业联合会秘书长Roger Gilbert先生，分别阐述了制定《良好动物饲养规范》（Good Animal Feeding Practice）的重要性，并发表了对草案进行修订的观点。中国饲料工业协会秘书长刘同占介绍了中国饲料工业的现状，并回答了与会代表的提问。

联合国食品法典委员会良好动物饲养规范特别工作组组长Mogens-Nagel Larsen先生介绍了特别工作组的由来和任务：联合国食品法典委员会是联合国粮农组织和世界卫生组织的下设机构，成立于1962年，现有165个国家会员，负责执行粮农组织和世界卫生组织联合食品标准计划，旨在保护消费者健康，促进国际食品贸易。食品法典是由委员会通过的、世界通用的、具有统一表述格式的国际食品标准汇编，其目的是保障食品安全，确保食品贸易的公正进行；促进国际政府组织和非政府组织所进行的食品标准工作的协调，确定优先领域，通过适当组织并在其协助下发起和指导标准草案的拟订工作；最后确定标准，并在各国政府承认之后在食品法典中予以公布，以作为地区或世界标准。根据工作需要，委员会下设临时性的特别工作组。作为世界贸易组织的官方仲裁方，联合国食品法典委员会必须客观解决动植物卫生和安全方面的争端。在欧洲经历了疯牛病和二恶英事件之后，1999年，食品法典委员会第23次会议决定成立“动物饲养规范特别工作组”，时限4年，任务是为保证食品安全和食品质量，制定一部适用的《良好动物饲养规范》，并提出其他一些涉及食品安全的问题，诸如有毒物质和病原微生物防治、饲料新技术、质量控制等。工作组第一次会议于2000年6月召开，通过了工作原则；第二次会议于2001年3月召开，来自41个会员国、五个国际性政府间组织和17个非政府组织的146位代表出席了会议，通过了分析及抽样方法、术语定义、有毒有害物质种类的确定，讨论了《良好动物饲养规范》的部分内容，并分成两个起草小组，分别负责起草《良好动物饲养规范》和《农场自配饲料生产操作规范》。2001年10月，第一小组已经完成草案的初稿，正在征求各国的意见。草案将在明年6月召开的第三次会议上讨论，如果通过，将提交联合国食品法典委员会第24次会议通过。2003年召开最后一次会议，年底特别工作组任期结束，撤销机构。

《良好动物饲养规范草案》（征求意见稿）分为六个部分：引言、目标和范围、术语定义、通用原则和要求（饲料成分、标识、可追溯性和记录保存、监控程序、与动物饲料相关的健康危害因素）、工业饲料生产应遵循的GMP程序。

代表们在发言中表示，建立国际通用的操作规范有助于完善食品安全体系，并且将这一规范运用于所有工业饲料、农场自配料和水产饲料的生产及所有原料的生产使用中，可以最大限度降低食品动物生产对消费者造成的危险隐患，在食品安全得以保证的同时使动物健康及环境问题得到解决。

美国饲料工业协会代表在阐述操作规范的重要性时强调，规范有助于消费者恢复信心，增加贸易机会，特别强调了饲料生产中的可追溯性对消费者树立消费信心的重要性。同时希望规范应该具有可操作性、灵活性、强制性，不应过于具体，建立允许使用的饲料原料清单，供生产商选择。而且规范要具有可教育性，通过对饲料生产、经营者的说服教育，使他们能够自觉遵守操作规范，安全生产。欧盟国家由于受疯牛病、二恶英事件的困扰，建议操作规范必须十分严格，强调把饲料和原料企业将危害分析和关键控制点（HACCP）作为质量管理和质量控制的方法。

建议：我国虽然已是联合国食品法典委员会的成员，但是，尚未派代表参加良好动物饲养规范特别工作组。鉴于动物饲养规范是一项全球通用的指导动物饲料行业原料和产品生产、流通的操作规范，对于保障食品安全，促进产品流通有着极为重要的作用。随着我国成功加入世界贸易组织，我国的饲料工业将在更深的层次上参与国际交流和国际竞争，因此，我国应派代表参与特别工作组的活动，积极参与操作规范的制定。一方面可以更多地了解国际规范、标准的制定思路和程序，推动我国饲料工业的质量管理工作；另一方面，可以积极反映情况，发表意见，避免发达国家一统天下的局面。

二、与国际饲料工业联合会就中国饲料工业协会的入会问题交换了意见，取得了进展

考察团与国际饲料工业联合会常务副会长Bossman先生、秘书长Roger Gilbert先生就入会事宜再次举行了会谈，取得了实质性进展。国际饲料工业联合会虽然是一个民间性的国际组织，但是，由于它在联合国食品法典委员会中属于非政府组织会员，处于观察员地位，因此，有资格参加各个特别工作组的会议和活动，并发表意见。在良好动物饲养规范特别工作组中，国际饲料工业联合会就是一个积极的参与者，参加了第一小组的草案起草工作。如果中国饲料工业协会能够加入该组织，不仅可以通过该组织向联合国食品法典委员会转达我们的要求，而且，目前还能暂时以非政府组织的身份参加特别工作组的会议，直接参与有关草案的制定工作。

三、与欧美一些饲料行业组织进行了广泛接触，初步达成合作意向

展览期间，欧美一些国家的饲料行业组织负责人汇集荷兰。在国际饲料工业联合会秘书长Gilbert的安排下，考察组利用这一机会，与美国饲料工业协会、欧洲饲料生产者联合会和南非饲料生产者协会的负责人分别举行了会谈，互相沟通了信息，并对今后在饲料领域的合作达成了初步意向。

1.美国饲料工业协会。据美国饲料工业协会会长David Bossman先生介绍，美国饲料工业协会是美国惟一致力于为动物饲料和宠物食品生产商及原料供应商在经营、立法方面提供强有力的领导力量的全国性行业组织，与美国国会及联邦和州政府配合，在重要问题上表达饲料工业行业的整体声音。美国饲料工业协会共有690个企业会员，代表了全美75%的动物饲料和宠物食品的生产，会员包括饲料生产企业、原料供应商、动物保健品公司、饲料设备制造商、大型畜禽生产联合体以及动物饲料服务咨询公司。此外，会员中还有35个州、地区、国家级的协会和国际组织。美国饲料工业协会在重要行业问题上密切关注并影响联邦和各州的立法工作，如在转基因作物、疯牛病、二恶英和清洁水问题方面，代表全美动物饲料和宠物食品行业，在有关立法程序中提供了科学的意见。美国饲料工业协会的主要任务：为动物饲料和宠物食品行业的会员提供立法环境，使会员随时了解与之有关的重要信息，帮助会员提高经营效率，和其他与动物饲料行业有关的组织合作，共同实施互惠互利的合作项目。另外，美国饲料工业协会与美国饲料工业相关的法规组织如AFFCO（美国饲料控制官员联合会）、CDC（美国农业部疾病控制中心）以及FDA（食品药物管理局）有着广泛的联系，并代表饲料企业参与上述立法机构的听政和立法咨询，反映企业的声音。

在工作中，美国饲料工业协会十分重视处理好和联邦政府的关系。一方面代表行业，向政府争取优惠政策；另一方面，对政府已经出台的政策，积极在会员中推广实施，支持政策的执行。在许多新技术的推广应用方面，美国饲料工业协会成功地在政府和企业之间发挥了桥梁的作用，取得了很好的效果，转基因作物的使用就是例证。在谈到对会员管理时，Bossman先生强调他们把对会员的教育放在十分重要的位置上，注意在生产管理、市场营销、安全生产、质量控制等方面对会员进行经常性的教育和引导，使他们树立正确的经营理念，避免不愉快事件的发生。

在谈到与中国饲料工业协会合作事宜时，Bossman先生表示可以和中国分享美国在质量管理方面的成功经验，愿意把有关的法规文本提供给中方，同时，将《新闻快递》（Newsletter）、《饲料技术》（Feed Technology）等美国饲料工业协会的出版物与中国饲料工业协会的出版物进行交换，沟通信息，增进了解，并表示明年在适当时候来中国访问。Bossman先生还建议，彼此可以加入对方协会，互为会员。中国饲料工业协会与美国饲料工业协会友好合作备忘录由美方起草。

2. 欧洲饲料生产者联合会。会长Yves Montecot先生和秘书长Alexander Doring先生向考察团介绍了欧洲饲料生产者联合会的简要情况。该会是1959年由法国、比利时、德国、意大利和荷兰五国的饲料协会发起建立的，至今发展成为包括15个欧盟成员国饲料协会为会员、4个非欧盟成员国为观察员的洲际联合会，是欧盟配合饲料工业惟一的代言人，在联合国食品法典委员会中处于观察员地位。协会能够代表、保护并促进欧洲配合饲料加工工业；在立法上向有关方面施加影响，使欧洲配合饲料生产企业获得最大限度的贸易机会；制定专业规范，保证饲料生产的安全性和高质量；促进动物食品生产的发展，为配合饲料生产提供更多的商机。

执委会是联合会的领导机构，由正副会长和财务司长等5人组成；理事会是核心机构，由执委会成员、会员国代表、专业委员会主席组成，重大事项需经理事会讨论通过。联合会设有两个常务委员会，分别负责经济和环境、科技和法律事务。与之并行的是代乳料专业委员会。根据需要，可设立专业工作组，如：饲料安全小组、饲料添加剂小组、动物权益小组等等。

为保障食品安全，欧洲饲料生产者联合会在2001年3月颁布了《欧盟动物饲料生产操作规范指南》。指南包括引言、设备设施、人员、物资采购和发放、饲料配方、生产、运输和产品储存、档案和样品保存、投诉和样品校对、中间商、欧盟相关法规目录等11个章节，对生产、流通等各个环节从设备、人员、原料、产品等各方面都做了严格规定，并且强调，无论使用的原料和添加剂的性质如何，配合饲料生产的所有环节都必须遵守HACCP的风险控制原则。

欧盟饲料生产在经历了1997年的重创之后，1998年开始复苏。2000年，15个成员国的配合饲料产量达1.255亿t，比1999年仅增长了1%。猪、家禽和牛饲料生产总量保持稳定，其中西班牙和丹麦的猪饲料增长高达7%～8%，弥补了其他国家猪饲料的下降。家禽饲料只有意大利由于禽流感的暴发，产量大幅下降。德国、法国和西班牙分别位于牛、家禽和猪饲料产量第一。饲料公司的数量持续下降，意大利拥有最多饲料厂，而斯堪的纳维亚国家饲料厂的单产最高。2000年，欧盟人均肉类消费96.4kg，其中猪肉44kg，牛肉20kg，家禽21.2kg。饲料谷物消费507万t，其中小麦221万t，占44%；玉米144万t，占28%，大麦101万t，占20%。

欧洲饲料生产者联合会对中国饲料工业协会很友好，表示要以备忘录的形式确定两个协会在信息资源、技术交流、咨询服务等方面的友好合作关系。

3. 南非饲料生产者协会。据南非饲料生产者协会会长介绍，南非饲料生产者协会现有会员63个，以饲料生产企业为主，会员的年饲料产量447万t，占全国饲料总产量760万t的59%。其中肉鸡料213万t，占肉鸡料总产的97%；蛋鸡料77万t，占总产量的90%；奶牛料73万t，占总产量的47%；猪料25万t，占总产量的40%。据南非饲料生产者协会统计，在过去的10年间，南非饲料工业仅增长11%，主要原因是自1994年以来进口动物产品对国产动物产品形成严重冲击，造成国内饲料需求不旺。

四、欧美在保障食品安全的做法上存在分歧，我国在制定有关法规时应该引起高度重视

1. 在质量控制方面，美国采用GMP控制技术取代HACCP，而欧盟则恪守HACCP原则。对此，美国饲料工业协会是这样解释的：HACCP原则固然很全面，但它是基于危害控制的管理计划，而GMP是基于风险控制的管理计划。美国饲料工业协会会长Bossman先生举了一个生动的例子来解释二者的区别：一艘轮船在大海中航行，它的吃水深度只有2m，但是，水下50m处有一暗礁。如果遵循HACCP原则，就应该设法把暗礁除掉，因为它毕竟有危害；但是，如果按照GMP控制原则，可以根本不用理睬，因为遇到暗礁的概率几乎是零，即不存在撞礁的风险。GMP取代HACCP，在保证质量控制的前提下，经济上企业可以节约成本，降低费用，因而美国饲料工业协会积极主张采用GMP，而不主张HACCP。美国从40年代起就在加药饲料生产中开始强制性使用GMP准则，目前推广至所有饲料生产。

2. 肉骨粉（动物性蛋白质）的使用范围存在差异。考察组参观了两家肉骨粉加工企业并进行了广泛交流，了解到欧盟对肉骨粉和动物油脂生产和使用的管理极为严格。目前欧盟将动物屠宰后的下脚料分为高危和低危两种：所有死亡动物、因疾病需要宰杀的动物、正常屠宰的健康反刍动物的头、脊髓、神经和内脏以及正常屠宰过程中发现的病体必须作为高危动物副产品；正常屠宰的无病单胃动物非食用部分、正常屠宰的反刍动物除头、脊髓、神经和内脏的非食用部分为低危动物副产品。欧盟规定，不仅高危和低危动物副产品的肉骨粉加工必须完全分开，而且，利用属于低危动物副产品的正常屠宰的反刍动物除头、脊髓、神经和内脏的非食用部分加工肉骨粉，也必须与其他低危动物副产品区分开，要求在不同的加工厂加工，如果在单胃动物肉骨粉加工厂内发现反刍动物下脚料，无论高危还是低危，则该批次的单胃动物肉骨粉必须焚烧。另外，反刍动物的肉骨粉和油脂（不论来自低危或高危组织）必须全部焚烧（水泥生产、锅炉），不得在任何动物饲料或宠物饲料中使用；单胃动物的肉骨粉和油脂只能用于宠物饲料，不能用于动物饲料（包括水产饲料），并且必须在产品标签上注明。在欧盟，关于鱼粉的使用也有一些规定。鱼粉目前只在乳猪料和水产饲料中使用，家禽饲料中可以使用，但因为价格的问题一般不使用鱼粉。与欧盟相比，美国的政策显得宽松的多：只规定肉骨粉不能在反刍动物饲料中使用，但肉骨粉（包括安全的牛骨粉）可以在猪、家禽、水产饲料和宠物食品中使用。

通过此次访问，中国饲料工业协会与国际饲料行业组织建立了广泛联系，对国外饲料行业现状和质量管理状况有了大致了解。考察组还利用各种机会向国际饲料界介绍迅速崛起的中国饲料工业，强劲的增长态势使他们意识到倾听来自饲料大国——中国的声音越来越重要。

（中国饲料工业协会考察组成员：
刘同占　王若君　王黎文）

Zhongguosiliaogongyenianjian

统 计 资 料

中国饲料工业统计资料

2001 年全国饲料产量

单位：t

地区	总产量	配合饲料							浓缩饲料	添加剂预混合饲料
		小计	猪料	蛋禽料	肉禽料	水产料	反刍料	其他		
全国总计	**78 064 806**	**60 868 408**	**22 215 562**	**13 220 814**	**16 936 441**	**6 154 036**	**1 229 872**	**2 223 368**	**14 188 416**	**3 007 982**
北京	2 359 400	1 829 900	642 100	284 100	501 200	251 400	141 200	9 900	312 300	217 200
天津	2 232 543	1 874 541	567 540	599 235	133 281	464 690		109 795	249 041	108 961
河北	6 848 996	5 380 717	1 457 309	2 998 295	658 399	204 694	37 500	24 520	1 208 251	260 028
山西	1 562 030	1 294 650	638 183	565 937	47 087	14 520	26 667	2 256	252 170	15 210
内蒙古	650 574	353 113	31 935	32 527	180 359	12 023	89 754	6 516	265 235	32 225
辽宁	4 002 746	2 124 939	314 681	1 128 791	476 166	164 751	38 442	2 107	1 836 554	41 254
吉林	2 022 709	1 200 000	240 000	360 000	360 000		180 000	60 000	800 000	22 709
黑龙江	3 770 000	2 140 000	400 000	580 000	560 000	250 000	260 000	90 000	1 350 000	280 000
上海	1 000 584	916 056	273 893	45 789	476 062	101 232	14 097	4 984	32 563	51 965
江苏	2 662 186	2 281 472	1 027 624	159 674	548 909	460 834	83 991	440	166 179	214 535
浙江	3 237 269	3 163 781	1 943 580	394 301	386 084	385 418	10 495	43 904	9 188	64 300
安徽	1 652 280	1 416 507	673 604	208 654	398 540	84 465	6 437	44 807	120 855	114 918
福建	1 494 361	1 387 574	433 532	298 537	296 526	302 451	110	56 419	24 196	82 591
江西	2 164 853	1 377 858	806 376	246 730	215 309	86 632	10 011	12 800	506 012	280 983
山东	8 577 131	6 435 674	1 742 279	1 475 976	2 706 759	167 535		343 125	1 665 460	475 997
河南	4 671 554	3 180 068	1 571 495	856 271	640 813	87 000	17 769	6 720	1 407 146	84 340
湖北	3 302 343	2 661 507	1 206 551	204 720	386 737	842 899	3 360	17 240	580 010	60 826
湖南	3 861 454	2 432 368	1 709 875	276 616	194 636	213 750	12 800	24 691	1 343 156	85 930
广东	8 509 704	8 222 201	1 675 593	549 347	4 820 844	1 048 135		128 282	161 653	125 850
海南	741 344	732 492	344 944	111 646	237 486	33 733		4 683	8 030	822
广西	2 548 932	2 297 373	1 018 485	272 375	908 894	84 503	685	12 430	208 144	43 415
重庆	754 800	649 100	402 400	77 900	116 800	39 000	13 000		64 200	41 500
四川	4 194 328	3 634 400	1 847 680	743 394	575 967	422 583	38 972	5 803	365 303	194 625
贵州	245 264	144 133	88 163	3 124	34 843	10 555	2 103	5 345	100 838	293
云南	1 215 630	970 830	300 843	183 420	236 730	154 216	72 435	23 186	212 300	32 500
陕西	1 371 041	535 259	223 813	142 557	48 987	64 549	44 838	10 515	781 195	54 587
甘肃	1 055 447	964 987	382 080	286 560	192 040	26 146	48 760	29 401	86 700	3 760
青海	55 918	55 558	40 449	726	1 283		10 240	2 860	290	70
宁夏	298 385	282 322	90 339	54 366	50 082	52 297	22 820	12 418	13 063	3 000
新疆	1 001 000	929 028	120 216	79 246	545 618	124 025	43 386	16 537	58 384	13 588

2001年全国饲料加工工业基本情况

地　　区	年末双班能力（t）	产品产量（t）	工业总产值（万元）按现价计
全国总计	**150 241 640**	**78 064 806**	**16 440 626**
北京	2 800 000	2 359 400	542 620
天津	2 626 000	2 232 543	413 021
河北	9 800 000	6 848 996	957 500
山西	2 486 000	1 562 030	237 508
内蒙古	2 086 416	650 574	139 817
辽宁	11 890 000	4 002 746	872 317
吉林	5 300 000	2 022 709	580 000
黑龙江	7 200 000	3 770 000	910 000
上海	2 451 124	1 000 584	240 564
江苏	5 430 200	2 662 186	572 744
浙江	7 120 000	3 237 269	641 858
安徽	3 350 000	1 652 280	367 420
福建	2 884 680	1 494 361	478 808
江西	3 120 000	2 164 853	596 380
山东	15 000 000	8 577 131	1 521 151
河南	11 600 000	4 671 554	949 405
湖北	5 386 000	3 302 343	821 848
湖南	8 850 000	3 861 454	981 385
广东	13 074 800	8 509 704	1 715 422
海南	1 050 000	741 344	173 069
广西	3 787 370	2 548 932	546 072
重庆	1 400 000	754 800	164 928
四川	8 103 350	4 194 328	1 083 351
贵州	1 000 000	245 264	51 478
云南	2 135 000	1 215 630	243 447
陕西	5 600 000	1 371 041	273 272
甘肃	2 000 000	1 055 447	180 938
青海	240 700	55 918	6 009
宁夏	620 000	298 385	63 198
新疆	1 850 000	1 001 000	115 096

2001年全国饲料加工企业基本情况

地区	企业个数		饲料加工企业经济类型（企业个数）							
	总数	≥5t	国有	集体	私营	联营	股份	港澳台	外商	其他
全国总计	**11 905**	**1 955**	**1 402**	**1 001**	**5 633**	**443**	**1 545**	**57**	**202**	**767**
北京	356	38	52	111	84	35	35			39
天津	337	15	50	105	58	15	9	1	6	93
河北	1 052	142	111	34	743	9	149	1	5	
山西	650	55	77	96	257	90	128		2	
内蒙古	149	19	13	5	67	6	56	1	1	
辽宁	649	180	55	14	472		82	4	12	10
吉林	266	55	1	2	210		21		1	31
黑龙江	515	4	40	10	180	50	210	1	4	20
上海	118	29	13	10	58	7	12	7	10	1
江苏	393	107	41	24	112	4	179	3	30	
浙江	391	89	34	17	223	2	98	4	7	6
安徽	270	50	93	31	70	5	57	1	4	9
福建	47	47	3		7	1	5	3	4	24
江西	482	62	141	38	113	89	85	5	11	
山东	1 190	149	76	103	722		24		39	226
河南	578	113	59	71	342	36	56	6	7	1
湖北	625	104								
湖南	672	80	107	31	257	35	98	1	5	138
广东	262	178	26	40	98	35	18	2	28	15
海南	31	11	1	1	21	2	2	2	2	
广西	322	106	41	31	207	4	20	6	6	7
重庆	230	16								
四川	891	68	44	45	698	8	72	4	9	11
贵州	134	10	18	14	76	3	18	3		2
云南	302	35	90	52	124		16	2	2	16
陕西	394	62	52	34	178	5	44		5	76
甘肃	214	15	81	15	84	2	1			31
青海	38	38	6		30		2			
宁夏	224	10	33	53	125		3			10
新疆	123	68	44	14	17		45		2	1

2001年全国饲料加工企业职工情况

地区	职工学历构成（人）					技术工种人员构成（人）			
	合计	博士	硕士	大学本科	大学专科	小计	检化验员	中控工	维修工
全国总计	**456 681**	**304**	**1 127**	**24 182**	**48 357**	**37 004**	**12 681**	**10 874**	**13 449**
北京	14 760	59	96	1 180	2 952	610	230	110	270
天津	6 194	8	18	341	494	923	270	168	485
河北	26 148	15	41	1 234	2 163	3 258	1 168	776	1 314
山西	23 200		15	1 742	3 700	3 715	1 865	350	1 500
内蒙古	5 197	4	30	426	906	850	224	280	346
辽宁	13 693	31	76	877	1 908	1 654	551	440	663
吉林	22 999		2	3 450	3 000	720	300	120	300
黑龙江	24 890	30	40	300	500	378	307	24	47
上海	4 173	14	41	482	517	688	242	114	332
江苏	32 281				5 656				
浙江	22 560	23	65	920	1 423	1 800	600	525	675
安徽	9 675		45	695	924				
福建	9 185								
江西	16 721	6	25	862	1 841	2 137	786	761	590
山东	52 152								
河南	18 262	14	44	1 090	3 468	3 291	905	1 173	1 213
湖北	4 693	14	43	433	1 469	335	135	91	109
湖南	19 328	34	38	3 825	4 620	3 255	957	1 089	1 209
广东	19 768	6	249	1 428	2 068	2 088	762	528	798
海南	1 603	4	9	197	274	192	60	67	65
广西	12 502	4	39	741	1 386	917	396	108	413
重庆	1 200		25	200	350	342	131	105	106
四川	29 176	27	139	2 265	3 583	5 522	1 474	2 589	1 459
贵州	2 943	3	11	333	841	566	146	271	149
云南	28 402	1	2	142	1 868	821	314	203	304
陕西	24 850	5	9	297	541	1 430	191	665	574
甘肃	4 027	2	5	385	271	729	408	96	225
青海	524			13	24	93	18	19	56
宁夏	1 990		2	82	185	210	120	40	50
新疆	3 585		18	242	1 425	480	121	162	197

中国畜牧业统计资料

2001年末全国主要畜禽存栏情况

指　标	单　位	2000年	2001年	2001年比2000年增减	
				绝对数	%
一、大牲畜头数	万头	15 151.5	14 995.9	-155.6	-1.0
其中：役畜	万头				
1.牛	万头	12 866.3	12 824.2	-42.1	-0.3
其中：黄牛	万头	9 656.5	9 536.4	-120.1	-1.2
乳牛	万头	488.9	566.2	77.3	15.8
水牛	万头	2 275.8	2 259.0	-16.8	-0.7
2.马	万匹	876.6	826.0	-50.6	-5.8
3.驴	万头	922.7	881.5	-41.2	-4.5
4.骡	万头	453.0	436.2	-16.8	-3.7
5.骆驼	万峰	32.6	27.9	-4.7	-14.4
二、猪	万头	44 681.5	45 743.0	1 061.5	2.4
三、羊	万只	29 031.9	29 826.4	794.5	2.7
1.山羊	万只	15 715.9	16 237.1	521.2	3.3
2.绵羊	万只	13 316.0	13 589.3	273.3	2.1
四、家禽	万只	464 113.0	488 850.6	24 737.6	5.3
五、兔	万只	17 781.7	19 124.7	1 343.0	7.6

以上数据摘自中国农业年鉴（2002）

2001年末各地区主要牲畜存栏情况（一）

地　区	牛（万头）	其中			马（万匹）	驴（万头）
		黄　牛（万头）	乳　牛（万头）	水　牛（万头）		
全国总计	**12 824.2**	**9 529.7**	**566.2**	**2 268.4**	**826.0**	**881.5**
北　京	23.4	10.6	12.8		0.6	2.4
天　津	27.0	19.9	7.1		0.8	5.6
河　北	701.6	625.0	76.6		43.3	138.9
山　西	214.9	200.8	14.1		5.6	35.6
内蒙古	301.1	226.4	74.7		91.0	80.2
辽　宁	251.1	240.5	10.6		35.7	93.5
吉　林	454.6	446.6	8.0		62.5	16.6
黑龙江	478.2	400.4	77.8		66.6	8.1
上　海	6.3	0.2	6.0	0.1		
江　苏	59.1	27.6	10.9	20.6	1.1	10.6
浙　江	39.3	22.3	5.6	11.4		
安　徽	528.4	411.7	2.8	113.9	1.5	3.0
福　建	109.7	69.4	4.5	35.8	0.1	
江　西	360.9	229.3	2.5	129.1		
山　东	1 006.9	976.5	29.3	1.0	19.1	81.9
河　南	1 338.0	1 281.1	12.3	44.6	25.3	44.0
湖　北	406.9	203.9	5.5	185.1	1.7	0.9
湖　南	507.9	312.9	1.5	193.6	3.0	0.2
广　东	434.5	195.3	4.3	234.9	0.1	
广　西	766.6	334.0	1.2	431.4	37.6	0.1

（续）

地 区	牛（万头）	其中：黄牛（万头）	乳牛（万头）	水牛（万头）	马（万匹）	驴（万头）
海 南	150.2	58.8		91.4		
重 庆	170.6	113.4	2.3	55.9	2.3	0.2
四 川	1 022.2	817.2	5.6	197.7	74.6	7.4
贵 州	671.4	437.5	1.0	232.9	72.6	0.1
云 南	793.4	495.7	10.6	287.2	83.7	31.9
西 藏	552.7	104.1	1.9		40.8	12.3
陕 西	255.8	234.5	19.5	1.8	1.6	27.4
甘 肃	349.4	339.4	10.0		25.7	124.5
青 海	401.3	389.3	12.0		28.9	9.6
宁 夏	54.5	46.9	7.6		1.0	20.3
新 疆	386.4	258.7	127.8		99.4	126.1

以上数据摘自中国农业年鉴（2002）

2001年末各地区主要牲畜存栏情况（二）

地 区	骡（万头）	骆驼（万峰）	猪（万头）	其中：能繁母猪（万头）	羊（万只）	其中：山羊（万只）	绵羊（万只）
全国总计	**436.2**	**27.9**	**45 744.0**	**4 364.4**	**29 826.5**	**16 129.4**	**13 697.2**
北 京	1.2		248.2	22.3	145.1	56.2	89.0
天 津	2.0		182.9	17.3	82.1	18.2	63.9
河 北	60.2		2 592.5	257.3	2 185.0	999.5	1 185.5
山 西	40.1		475.5	41.9	1 096.9	495.1	601.9
内蒙古	55.2	8.9	765.4	79.3	3 515.9	1 356.6	2 159.3
辽 宁	31.5		1291.8	100.9	449.4	212.6	236.8
吉 林	17.3		889.6	90.0	359.3	56.0	303.3
黑龙江	5.3		971.2	119.1	567.8	147.3	420.5
上 海			239.5	25.2	54.5	44.9	9.6
江 苏	1.2		2 028.5	172.2	1 088.1	1 056.7	31.5
浙 江			1 146.9	93.7	245.0	132.4	112.6
安 徽	1.0		1 910.6	150.7	720.9	718.7	2.2
福 建			1119.9	76.8	101.4	101.4	
江 西			1 481.4	104.1	86.4	60.2	26.2
山 东	16.8		2 769.4	318.6	2 904.5	2 239.7	664.7
河 南	21.6		3 672.1	373.7	3 120.1	2 837.5	282.5
湖 北	0.3		1 885.8	151.3	226.5	225.0	1.5
湖 南	0.5		3 604.3	378.3	387.9	387.7	0.2
广 东			2 138.8	153.1	35.9	35.9	
广 西	2.7		3 154.6	346.5	237.6	237.6	
海 南			301.0	31.8	97.0	97.0	
重 庆	1.1		1 636.4	155.5	168.7	168.5	0.2
四 川	7.7		5 270.8	504.3	1 287.0	903.8	383.2
贵 州	2.0		1 787.7	140.3	350.0	329.9	20.1
云 南	64.3		2 518.6	263.9	838.3	731.6	106.7
西 藏	1.5		23.9	6.3	1 728.9	617.6	1 111.3
陕 西	11.8		674.0	78.7	664.5	533.6	130.9
甘 肃	64.2	2.1	596.9	50.3	1 172.9	301.1	871.8
青 海	14.2	0.9	103.3	6.2	1 676.8	279.6	1 397.2
宁 夏	9.7	0.1	110.6	11.3	467.2	146.4	320.8
新 疆	2.8	16.0	151.9	43.5	3 764.9	601.1	3 163.8

以上数据摘自中国农业年鉴（2002）

2001年全国牧业主要产品生产情况

指 标	单 位	2000年	2001年	2001年比2000年增减	
				绝对数	%
一、牲畜出栏量					
1.大牲畜出栏					
(1) 牛	万头	3 964.8	4 118.4	153.6	3.9
(2) 马	万匹	146.1	154.5	8.4	5.7
(3) 驴	万头	201.7	203.0	1.3	0.7
(4) 骡	万头	65.3	67.2	1.9	3.0
(5) 骆驼	万峰	6.7	8.5	1.8	26.9
2.猪	万头	52 673.3	54 936.7	2 263.4	4.3
3.羊	万只	20 472.7	21 722.5	1 249.8	6.1
4.家禽	万只	809 857.1	808 834.8	−1 022.3	−0.1
5.兔	万只	25 878.2	28 992.5	3 114.3	12.0
二、肉类总产量	万t	6 125.4	6 333.9	208.5	3.4
其中：猪牛羊肉	万t	4 838.2	5 026.0	187.8	3.9
1.猪肉	万t	4 031.4	4 184.5	153.1	3.8
平均每头产肉量	kg	76.5	76.2	−0.4	−0.5
2.牛肉	万t	532.8	548.8	16.0	3.0
平均每头产肉量	kg	134.4	133.3	−1.1	−0.8
3.羊肉	万t	274.0	292.7	18.7	6.8
平均每只产肉量	kg	13.4	13.5	0.1	0.7
4.禽肉	万t	1 207.5	1 210.3	2.8	0.2
5.兔肉	万t	37.0	40.6	3.6	9.8
三、其他畜产品产量					
1.奶类	万t	919.1	1 122.9	203.8	22.2
其中：牛奶	万t	827.4	1 025.5	198.1	23.9
2.山羊毛	t	33 266.0	34 240.5	974.5	2.9
3.绵羊毛	t	292 502.0	298 254.2	5 752.2	2.0
其中：细羊毛	t	117 386.0	114 650.6	−2 735.4	−2.3
半细羊毛	t	84 921.0	88 075.5	3 154.5	3.7
4.羊绒	t	11 057.0	10 967.7	−89.3	−0.8
5.蜂蜜	万t	24.6	25.2	0.6	2.4
6.禽蛋	万t	2 243.3	2 336.7	93.4	4.2
7.蚕茧	t	547 613.0	654 703.4	107 090.4	19.6
其中：桑蚕茧	t	500 640.0	602 357.6	101 717.6	20.3
柞蚕茧	t	46 782.0	51 930.9	5 148.9	11.0

以上数据摘自中国农业年鉴（2002）

2001年各地区当年出售和自宰畜禽产量

地区	猪		牛（万头）	羊（万只）	家禽（万只）	兔（万只）
	万头	出栏率（%）				
全国总计	**54 936.8**	**123.0**	**4 118.5**	**21 722.5**	**808 834.8**	**28 992.5**
北京	453.1	181.2	22.9	201.2	18646.5	363.6
天津	306.2	185.8	21.6	108.6	6 026.3	51.2
河北	3 470.1	143.6	453.0	1 934.7	55 086.8	3 263.4
山西	575.4	122.9	55.7	483.6	3 507.9	490.6
内蒙古	878.0	109.6	161.8	2 146.5	5 339.9	358.2
辽宁	1 397.3	107.5	181.9	267.3	41 175.0	180.0
吉林	1 197.8	185.4	282.1	272.8	43 113.8	63.4
黑龙江	1 006.7	101.4	159.2	266.6	17 625.8	62.0
上海	480.0	208.7	0.3	66.8	17 500.0	52.6
江苏	2 919.5	144.9	26.8	1 433.6	58 355.3	2 371.3
浙江	1 669.3	160.0	8.1	162.4	17 017.0	594.2
安徽	2 408.0	129.6	205.0	906.7	43 802.8	376.2
福建	1 438.0	129.7	22.4	104.0	22 002.7	1 244.0
江西	1 998.3	113.9	59.6	65.8	29 091.9	201.9
山东	3 594.7	135.1	461.8	3 210.9	119 102.3	6 997.6
河南	4 219.0	117.6	621.3	3 132.0	48 797.7	2 798.3
湖北	2 506.0	131.9	101.8	220.3	31 438.7	71.5
湖南	5 540.5	154.6	125.0	435.2	32 672.0	105.7
广东	3 052.2	150.0	47.4	23.8	94 517.2	254.1
广西	2 768.4	87.3	115.5	173.8	24 617.3	191.3
海南	259.2	75.4	19.9	84.0	8 136.0	56.2
重庆	1 702.3	105.7	41.2	182.6	10 534.7	767.6
四川	5 964.0	124.7	207.0	1 060.0	33 497.3	7 644.4
贵州	1 223.9	67.9	55.9	179.2	4 081.5	20.4
云南	2 135.9	82.6	137.1	368.6	8 951.0	38.0
西藏	12.7	54.1	85.3	467.7		
陕西	758.7	118.6	64.1	378.0	5 210.6	165.1
甘肃	613.9	112.0	87.6	529.7	2 627.4	70.6
青海	101.4	97.5	89.3	485.9	226.3	1.3
宁夏	120.2	99.9	18.6	223.0	1 267.4	32.9
新疆	166.1	124.9	179.3	2 147.3	4 865.8	105.0

以上数据摘自中国农业年鉴（2002）

2001年各地区牧业主要产品产量（一）

地 区	肉类总产量（万 t）	猪 肉（万 t）	牛 肉（万 t）	羊 肉（万 t）	禽 肉（万 t）	奶 类（万 t）	其中：牛奶（万 t）	蜂 蜜（万 t）
全国总计	**6 333.92**	**4 181.48**	**548.85**	**292.68**	**1 210.32**	**1 122.89**	**1 025.46**	**25.16**
北 京	69.14	31.20	4.01	3.02	29.83	42.91	42.90	0.25
天 津	36.40	21.92	3.53	2.44	8.07	24.06	24.05	
河 北	445.68	260.25	68.50	25.57	76.84	119.26	107.38	0.94
山 西	63.53	44.15	6.58	6.94	4.31	40.37	37.90	0.25
内蒙古	149.58	79.00	23.21	32.57	8.21	109.05	106.24	0.18
辽 宁	234.73	123.80	27.26	3.69	76.60	26.64	24.23	0.80
吉 林	192.93	68.60	35.30	3.42	82.73	16.44	16.05	0.50
黑龙江	137.54	73.14	23.62	3.92	34.52	192.44	188.98	0.73
上 海	56.14	26.33	0.03	0.90	28.80	26.04	26.04	0.07
江 苏	343.09	216.68	5.02	16.34	98.54	36.02	35.41	0.65
浙 江	136.12	107.40	1.00	2.90	24.00	17.59	17.59	7.27
安 徽	306.75	199.87	28.70	10.88	65.70	5.51	5.51	1.40
福 建	139.99	107.18	2.21	1.45	27.62	11.39	11.10	0.60
江 西	193.83	151.67	5.34	0.92	35.20	5.93	5.93	0.73
山 东	595.44	298.74	72.96	27.56	182.87	90.43	61.78	1.00
河 南	537.93	343.77	89.23	34.51	61.16	30.03	27.02	1.61
湖 北	264.28	205.09	13.43	3.55	39.62	8.83	8.80	0.89
湖 南	456.85	389.77	13.15	6.68	46.36	1.85	1.85	0.77
广 东	333.33	213.65	5.21	0.46	113.42	10.45	10.18	1.22
广 西	266.14	208.08	10.43	2.60	43.40	2.05	2.05	0.59
海 南	39.68	22.91	2.37	1.15	12.51	0.03	0.03	0.07
重 庆	146.28	122.64	4.71	2.05	15.80	6.78	6.78	0.38
四 川	541.34	441.20	22.30	16.30	49.70	33.34	32.96	2.66
贵 州	131.66	110.88	7.58	4.34	8.03	2.00	2.00	0.14
云 南	219.54	183.69	13.82	6.34	14.41	17.06	15.59	0.63
西 藏	16.01	0.83	8.94	6.23		23.06	18.14	
陕 西	85.53	61.84	8.17	5.75	8.13	69.47	43.47	0.26
甘 肃	65.13	43.39	8.72	8.36	3.02	15.59	15.16	0.18
青 海	22.19	7.00	7.00	7.63	0.31	22.83	22.65	
宁 夏	16.31	7.60	2.51	3.71	2.14	27.60	27.60	0.08
新 疆	90.84	12.20	23.99	40.48	8.46	87.85	81.09	0.31

以上数据摘自中国农业年鉴（2002）

2001年各地区牧业主要产品产量（二）

地区	禽蛋 (t)	山羊毛 (t)	绵羊毛 (t)	其中		羊绒 (t)	蚕茧 (t)
				细羊毛 (t)	半细羊毛 (t)		
全国总计	**2 336.7**	**34 240.5**	**298 254.2**	**114 650.6**	**88 075.5**	**10 967.7**	**654 703.1**
北京	15.6	261.0	1351.0	19.0	1 332.0	113.0	
天津	26.0	40.7	1 332.0	37.1	1 295.0	0.3	
河北	369.6	4 690.0	27 475.0	4 426.0	11 867.0	1 018.0	1 055.0
山西	42.6	1 682.0	7 109.0	1 517.0	866.0	642.0	3 838.0
内蒙古	26.4	4 379.0	60 894.0	35 480.0	11 926.0	3 999.0	619.0
辽宁	148.4	767.0	8 339.0	4 127.0	4 154.0	282.0	43 870.0
吉林	83.0	2 050.0	22 276.0	19 767.0	2 509.0	45.0	1040.0
黑龙江	80.3	182.0	14 540.0	4 423.0	10 117.0	58.0	1 923.0
上海	16.9	153.0	231.0		231.0		121.0
江苏	180.1	7.0	1 017.0	821.0	196.0		101 482.0
浙江	40.6		2 319.0	2 319.0			110 297.0
安徽	112.7	110.0	125.0	6.0	119.0	2.0	27 185.0
福建	40.1	16.0					4.0
江西	33.6	1.0					4 563.0
山东	379.0	8 721.8	18 377.9	4 833.5	7 818.2	1 030.4	7 0051.1
河南	286.0	2306.0	8645.0	1705.0	5173.0	394.0	18529.0
湖北	108.2	36.0	24.0	17.0	3.0		12396.0
湖南	54.7		2.0	2.0			509.0
广东	33.1	32.0					45 426.0
广西	14.5						55 995.0
海南	3.1						
重庆	29.8		6.0	6.0			32 396.0
四川	108.8	384.0	4 288.0	351.0	1 814.0	43.0	92 198.0
贵州	7.0	44.0	287.3	42.0	245.3		1 885.0
云南	11.8	90.0	1 660.0	319.0	1 121.0	9.0	9 284.0
西藏	0.2	1 051.0	8 101.0	125.0	5 719.0	705.0	
陕西	42.5	896.0	3415.0	2050.0	332.0	586.0	16 139.0
甘肃	11.9	1 560.0	14 676.0	5 354.0	2 999.0	351.0	330.0
青海	1.3	791.0	15 775.0	346.0	4 308.0	313.0	
宁夏	8.7	863.0	6 068.0	156.0	1 619.0	404.0	214.0
新疆	20.4	3 127.0	69 921.0	26 402.0	12 312.0	973.0	3 354.0

以上数据摘自中国农业年鉴（2002）

中国水产养殖业统计资料

2001年各地区水产品产量

单位：t

地 区	总产量	1. 海水产品	其中		2. 内陆产品	其中	
			捕捞	养殖		捕捞	养殖
全国总计	**43 820 987**	**25 721 467**	**14 406 144**	**11 315 323**	**18 099 520**	**2 149 932**	**15 949 588**
北 京	74 311				74 311		74 311
天 津	264 564	43 834	37 143	6 691	220 730	13 454	207 276
河 北	848 887	514 411	318 147	196 264	334 476	70 732	263 744
山 西	27 552				27 552	215	27 337
内蒙古	76 084				76 084	30 363	45 721
辽 宁	3 507 602	3 104 923	1 496 053	1 608 870	402 679	34 265	368 414
吉 林	110 238				110 238	27 860	82 378
黑龙江	401 892				401 892	37 010	364 882
上 海	297 658	104 904	102 269	2 635	192 754	8 325	184 429
江 苏	3 208 521	941 014	639 658	301 356	2 267 507	276 378	1 991 129
浙 江	4 728 529	4 069 625	3 293 072	776 553	658 904	77 219	581 685
安 徽	1 599 418				1 599 418	332 676	1 266 742
福 建	5 424 862	4 818 225	2 092 126	2 726 099	606 637	79 619	527 018
江 西	1 322 576				1 322 576	228 711	1 093 865
山 东	6 860 957	5 830 883	2 780 226	3 050 657	1 030 074	88 562	941 512
河 南	314 631				314 631	15 601	299 030
湖 北	2 421 754				2 421 754	313 828	2 107 926
湖 南	1 409 648				1 409 648	156 497	1 253 151
广 东	6 096 725	3 670 700	1 880 226	1 790 474	2 426 025	132 785	2 293 240
广 西	2 483 753	1 644 307	893 069	751 238	839 446	102 119	737 327
海 南	955 778	795 664	691 178	104 486	160 114	20 604	139 510
重 庆	196 967				196 967	12 567	184 400
四 川	571 245				571 245	44 772	526 473
贵 州	68 861				68 861	8 710	60 151
云 南	180 181				180 181	21 822	158 359
西 藏	1 110				1 110	1 089	21
陕 西	65 031				65 031	3 171	61 860
甘 肃	14 693				14 693	556	14 137
青 海	1 989				1 989		1 989
宁 夏	41 283				41 283	421	40 862
新 疆	60 710				60 710	10 001	50 709
中国水产总公司	182 977	182 977	182 977				

以上数据摘自中国农业年鉴（2002）

2001 年各地区内陆养殖面积

单位：hm^2

地区	内陆养殖面积						稻田养成鱼	稻田养鱼种	养殖水面中鱼种池
	合计	1. 池塘	2. 湖泊	3. 水库	4. 河沟	5. 其他			
全国总计	**5 362 302**	**2 286 079**	**874 854**	**1 630 517**	**392 420**	**178 432**	**1 528 027**	**271 268**	**212 719**
北京	23 503	7 495		15 365		643	67	67	866
天津	32 340	23 386	2 858	4 665	441	990	211		1 967
河北	80 571	31 932	8 532	36 558	1 754	1 795		66	1 916
山西	17 068	3 403	847	12 537	280	1	7		434
内蒙古	107 605	8 488	56 371	40 048	2 490	208	1 340	493	1 593
辽宁	137 451	35 070		84 471	7 305	10 605	48 044		4 162
吉林	188 071	19 495	58 524	110 042		10	4 686	4 686	3 531
黑龙江	385 714	131 273	117 887	111 053	19 539	5 962	78 228	3 372	13 261
上海	44 002	24 162	8 692		9 163	1 985	6 489	6 489	917
江苏	592 413	307 807	94 600	26 593	113 967	49 446	245 002	14 713	19 520
浙江	210 763	62 770		89 550	51 898	6 545	102 008	5 370	3 171
安徽	551 425	220 356	170 300	71 354	69 967	19 448	56 047	14 518	24 950
福建	97 868	36 801	729	49 730	6 184	4 424	30 197	7 351	1 961
江西	344 903	113 348	81 516	135 127	13 391	1 521	115 451	31 002	245 55
山东	262 935	132 683	18 377	100 214	8 096	3 565	911	793	11 014
河南	175 092	78 465	2 803	89 791	3 766	267	78	72	4 486
湖北	604 414	303 798	153 646	101 898	15 508	29 564	19 225	5 285	47 207
湖南	422 480	220 649	59 593	106 389	12 719	23 130	133 340	119 675	21 724
广东	375 957	255 655		110 430	3 739	6 133	29 554	5 229	7 783
广西	182 578	72 061	13	97 672	8 567	4 265	35 991	1 116	2 044
海南	44 782	15 912	81	28 136	160	493	44	44	681
重庆	68 390	30 117		21 583	14 514	2 176	116 122	12 549	3 119
四川	168 155	86 811	5 625	58 735	15 445	1 539	286 968	23 224	3 042
贵州	30 569	4 506	338	20 157	2 518	3 050	130 624	6 940	379
云南	83 296	29 116	12 735	40 961	400	84	86 705	7 702	1 819
西藏	30	30							
陕西	28 986	9 499	7 475	12 001		11	197	197	3 160
甘肃	19 451	2 971		15 512	953	15	491	315	599
青海	5 672	540	4 200	932					43
宁夏	11 755	6 134	4 431	1 082	5	103			1 398
新疆	64 063	11 346	4 681	37 931	9 651	454			1 417

以上数据摘自中国农业年鉴（2002）

世界畜牧业统计资料

2001 年各国大牲畜存栏量

单位：千头

国别或地区	肉牛	水牛	绵羊	山羊	猪	马	驴	骆驼
世界总计	**1 351 887.6**	**166 780.9**	**1 048 311.5**	**702 465.2**	**927 522.1**	**58 180.7**	**42 777.8**	**19 319.8**
中国	105 686.6	23 170.4	133 160.4	157 361.7	454 420.0	8 768.1	9 227.0	326.0
英国	10 598.0		33 900.0		5 710.0	172.6		
印度尼西亚	12 102.0	2 859.0	7 502.0	14 121.0	9 352.9	579.0		
印度	219 642.0	94 132.2	58 200.0	123 500.0	17 500.0	800.0	1 000.0	1 030.0
意大利	7 211.0	190.0	11 089.0	1 375.0	8 392.0	280.0	23.0	
以色列	410.0		400.0	75.0	150.0	4.0	5.0	5.3
匈牙利	805.0		1 129.0	150.0	4 834.0	70.0	3.7	
新西兰	9 711.0		43 987.0	183.0	354.5	80.0		
希腊	585.0	0.7	9 000.0	5 293.0	905.0	33.0	72.0	
乌兹别克斯坦	5 344.0		8 100.0	830.0	89.0	150.0	165.0	28.0
乌克兰	9 914.0		995.0	775.0	9 078.0	675.0	12.0	
土库曼斯坦	860.0		6 000.0	375.0	45.0	17.0	25.0	42.0
泰国	6 300.0	1 900.0	43.0	132.0	8 300.0	15.5		
瑞典	1 651.0		451.6		1 891.5	87.5		
日本	4 530.0		11.0	31.0	9 785.0	22.0		
挪威	979.8		2 400.0	50.6	391.1	26.0		
南斯拉夫	1 831.0	28.6	1 917.0	241.0	4 372.0	76.0		
墨西哥	30 600.0		6 150.0	9 100.0	16 500.0	6 255.0	3 260.0	
缅甸	11 218.2	2 500.3	402.9	1 439.3	4 138.9	120.0		
美国	98 500.0		7 230.0	1 350.0	61 000.0	5 300.0	52.0	
马来西亚	723.3	155.2	174.7	231.8	1 828.6	4.5		
罗马尼亚	2 965.4		7 800.0	573.9	5 076.0	858.0	31.0	
加拿大	12 860.0		694.8	30.0	12 600.0	385.0		
荷兰	4 050.0		1 400.0	180.0	12 900.0	116.0		
芬兰	1 085.0		100.0	7.9	1 300.0	56.7		
菲律宾	2 494.8	3 065.5	30.0	6 950.0	11 063.1	230.0		
法国	20 500.0		10 000.0	1 200.0	14 635.0	349.1	16.0	
俄罗斯	27 300.0	16.1	14 000.0	1 700.0	15 700.0	1 750.0	25.0	12.0
德国	14 480.0		2 100.0	135.0	27 100.0	476.0		
丹麦	1 850.0		145.0		11 500.0	40.0		
波兰	5 734.3		343.4		17 105.5	570.0		
巴西	171 786.0	1 150.0	15 000.0	8 700.0	29 424.0	5 900.0	1 250.0	
巴基斯坦	22 400.0	23 300.0	24 200.0	49 100.0		300.0	3 900.0	800.0
澳大利亚	27 588.0		120 000.0	200.0	2 433.0	220.0	2.0	
埃及	3 635.6	3 430.1	454.5	3 527.5	29.5	45.7	3 050.0	120.0
阿根廷	50 000.0		13 500.0	3 500.0	4 200.0	3 600.0	95.0	

以上数据摘自中国农业年鉴（2002）

2001年各国小畜及家禽存栏量

单位：千只

国别或地区	鸡	鸭	鹅	火鸡	兔
世界总计	**14 847 670**	**914 699**	**240 624**	**241 391**	**496 037**
中国	3 771 485	635 874	207 821	251	190 070
英国	148 000	3 300	140	9 500	
印度尼西亚	800 000	26 284			
印度	413 400				
意大利	100 000			23 000	67 000
以色列	30 000	200	1 400	5 000	
匈牙利	30 716	2 600	2 600	3 300	900
新西兰	13 000	240	65	60	
希腊	28 000	70	33	90	1 500
乌兹别克斯坦	14 420			400	90 000
乌克兰	108 000	20 000		1 000	5 550
土库曼斯坦	4 800			200	
泰国	190 000	23 000	500		
瑞典	7 400			740	
日本	297 000			3	
挪威	23 000				
南斯拉夫	21 118	540	960	670	
墨西哥	480 000	8 100		3 000	1 310
缅甸	48 269	6 200	500	2	
美国	1 728 000	6 650		88 000	
马来西亚	125 000	13 000			
罗马尼亚	73 500	4 000	4 000	860	1 300
加拿大	158 000	1 150	300	5 000	
荷兰	107 000	1 020		1 450	
芬兰	6 000				
菲律宾	116 000	12 500	330	500	
法国	230 000	23 500	1 000	42 000	13 366
俄罗斯	325 000	900	3 200	2 400	1 250
德国	110 000	1 900	400	8 800	9 800
丹麦	21 500	296	7	546	
波兰	48 274	4 000	800	750	1 000
巴西	1 006 000	3 400		9 300	400
巴基斯坦	155 000	3 500			
澳大利亚	96 000	400		1 300	
埃及	88 000	9 200	9 100	1 850	9 250
阿根廷	110 000	2 300	130	2 800	1 100

以上数据摘自中国农业年鉴（2002）

2001年各国大牲畜屠宰量

单位：千头

国别或地区	肉牛	水牛	绵羊	山羊	猪	马	驴	骆驼
世界总计	**290 242.9**	**22 087.7**	**478 130.0**	**310 794.2**	**1185 249.9**	**4 207.5**	**2 208.5**	**1 342.8**
中国	37 387.4	3 505.8	92 600.0	99 207.3	566 226.0	1 300.0	2 050.0	75.0
英国	2 183.0		13 496.0		10 619.0	12.0		
印度尼西亚	1 898.5	235.2	3 656.0	4 711.0	13 600.0	10.2		
印度	23 300.0	10 340.0	19 200.0	46 900.0	17 000.0			
意大利	4 500.0	5.3	7 400.0	350.0	12 900.0	227.3		
以色列	150.0		270.0	50.0	138.0			0.5
匈牙利	180.0		318.0		5 600.0			
新西兰	3 315.0		31 974.0	144.0	704.0	6.7		
希腊	300.0		7 300.0	4 600.0	2 220.0	15.0		
乌兹别克斯坦	2 425.0		4 900.0		250.0			
乌克兰	5 580.0		896.5	182.0	7 142.0	46.0		
土库曼斯坦	370.0		3 800.0	194.0	11.1			
泰国	2 000.0	215.0	16.5	36.0	9 500.0			
瑞典	515.0		195.0		3 500.0	6.8		
日本	1 280.0		4.0	5.5	16 530.0	18.0		
挪威	337.2		1 131.5	25.0	1 300.8	2.5		
南斯拉夫	460.0		1 443.0	40.8	8 100.0	1.0		
墨西哥	6 580.0		2 068.8	2 430.0	12 910.0	626.0		
缅甸	1 080.0	123.0	135.5	733.0	2 100.0			
美国	35 604.0		3 350.0		99 975.0	82.0		
马来西亚	174.8	21.9	11.0	50.0	4 562.0	0.6		
罗马尼亚	1 400.0		5 935.0	588.0	8 400.0	50.0		
加拿大	3 925.0		526.0		21 500.0	88.0		
荷兰	2 250.0		750.0	15.0	17 800.0	4.2		
芬兰	360.0		33.0		2 000.0	1.5		
菲律宾	825.0	310.0	9.0	2 500.0	19 000.0	6.7		
法国	5 430.0		7 250.0	950.0	27 020.0	35.0		
俄罗斯	12 200.0		6 070.0	850.0	20 500.0			
德国	4 284.6		2 165.0	16.7	42 900.0	16.5		
丹麦	630.0		65.0		21 100.0	2.7		
波兰	1 760.0		106.0		19 600.0	33.4		
巴西	31 600.0		4 460.0	2 550.0	24 593.8	115.0		
巴基斯坦	2 240.0	4 100.0	10 050.0	19 500.0				
澳大利亚	8 869.6		33 414.0	323.0	4 986.7	76.0		
埃及	1 550.0	1 750.0	3 440.0	1 850.0	71.5			85.0
阿根廷	13 500.0		4 419.0	1 364.0	2 742.5	253.0		

以上数据摘自中国农业年鉴（2002）

2001 年各国小畜及家禽屠宰量

单位：千只

国别或地区	鸡	鸭	鹅	火鸡	兔
世界总计	**42 541 636**	**1 957 363**	**501 745**	**647 431**	**801 447**
中国	6 498 700	1 471 500	453 500	500	235 000
英国	814 000	19 200	600	27 000	
印度尼西亚	1 062 500	22 220			
印度	661 500				
意大利	506 000			34 000	147 000
以色列	194 000	300	1 700	13 800	
匈牙利	162 000	14 000	18 000	17 000	6 500
新西兰	69 470	364	25	198	
希腊	138 000	60	35	500	3 300
乌兹别克斯坦	14 500				
乌克兰	128 000				8 100
土库曼斯坦	3 850				
泰国	970 000	70 000	600		
瑞典	73 000			740	
日本	565 000			4	
挪威	29 000				
南斯拉夫	79 000	1 450	1 750	1 340	
墨西哥	1 160 000	8 100		4 700	4 190
缅甸	177 915	19 822	1 050	2	
美国	9 000 000	23 000		270 000	
马来西亚	609 500	22 000			
罗马尼亚	245 000				2 600
加拿大	610 000	3 600	180	20 150	
荷兰	575 000	7 000		8 500	
芬兰	50 000				
菲律宾	479 000	11 000	280	440	
法国	8 350 000	82 000	1 200	116 000	56 800
俄罗斯	585 000				4 000
德国	400 000	21 100	890	31 700	21 190
丹麦	140 000	1 500	19	1 018	
波兰	383 000	7 000	2 100	4 000	3 000
巴西	4 609 000	5 500		26 600	1 400
巴基斯坦	292 400	3 600			
澳大利亚	414 000	3 800		6 500	
埃及	359 318	16 100	10 050	2 150	58 200
阿根廷	422 500	2 800	170	6 800	6 500

以上数据摘自中国农业年鉴（2002）

2001年各国牲畜肉产量

单位：千 t

国别或地区	牛肉	水牛肉	绵羊肉	山羊肉	猪肉	马肉	驴肉	骆驼肉
世界总计	**56 786.2**	**3 133.8**	**7 537.2**	**3 759.0**	**91 964.9**	**663.3**	**174.4**	**280.8**
中国	5 337.4	386.3	1 435.0	1 254.1	43 461.7	156.0	164.0	16.5
英国	651.0		268.0		778.0	1.8		
印度尼西亚	350.0	55.0	40.0	50.0	748.0	2.4		
印度	1 462.6	1 426.9	230.4	469.0	595.0			
意大利	1 160.0	1.1	70.0	3.0	1 475.0	50.4		
以色列	53.0		5.4	0.8	10.0			0.1
匈牙利	40.4		2.6		605.0			
新西兰	596.3		566.9	1.6	46.8	1.1		
希腊	66.0		78.0	47.5	142.1	2.7		
乌兹别克斯坦	420.0		88.0		16.0			
乌克兰	735.0		13.0	2.0	608.5	10.0		
土库曼斯坦	67.0		57.0	3.0	0.6			
泰国	180.0	54.4	0.2	0.5	475.0			
瑞典	140.0		3.7		300.0	1.9		
日本	520.0		0.1	0.1	1 250.0	7.4		
挪威	84.4		23.4	0.3	105.5	0.6		
南斯拉夫	104.0		22.0	0.7	590.0	0.2		
墨西哥	1 410.0		33.1	38.7	1 065.0	78.9		
缅甸	104.4	20.9	2.0	7.3	115.5			
美国	11 698.0		102.0		8 790.0	20.5		
马来西亚	19.8	4.0	0.2	0.5	250.0	0.1		
罗马尼亚	175.0		54.0	5.0	635.0	9.0		
加拿大	1 250.0		10.8		1 800.0	18.0		
荷兰	475.0		18.5	0.2	1 575.0	0.9		
芬兰	90.0		0.6		175.0	0.4		
菲律宾	197.0	57.0	0.1	34.0	1 064.0	0.7		
法国	1 571.2		110.0	7.5	2 254.6	10.0		
俄罗斯	1 916.0		110.0	14.0	1 620.0			
德国	1 363.0		45.3	0.3	3 900.0	4.5		
丹麦	158.0		1.4		1 705.0	0.8		
波兰	294.0		1.3		1 670.0	9.1		
巴西	6 671.0		71.4	38.5	1 967.5	15.4		
巴基斯坦	365.0	553.0	195.0	332.0				
澳大利亚	2 040.0		663.0	8.1	389.0	21.3		
埃及	270.0	295.0	85.3	32.7	3.0			33.9
阿根廷	2 950.0		50.0	9.0	214.0	55.0		

以上数据摘自中国农业年鉴（2002）

2001年各国小畜及家禽肉产量

单位：t

国别或地区	鸡	鸭	鹅	火鸡	兔
世界总计	**58 987 293**	**2 885 230**	**1 999 940**	**4 944 591**	**1 021 715**
中国	8 956 030	1 959 980	1 813 850	1 990	329 000
英国	1 248 600	43 000	2 800	256 000	
印度尼西亚	850 000	20 000			
印度	595 350				
意大利	810 000			330 000	221 000
以色列	204 000	390	5 100	90 000	
匈牙利	300 000	32 000	74 000	106 000	9 000
新西兰	113 760	655	100	990	
希腊	151 800	126	147	2 100	5 000
乌兹别克斯坦	18 900				
乌克兰	189 000				13 000
土库曼斯坦	5 200				
泰国	1 260 000	105 000	1 500		
瑞典	95 000			2 200	
日本	1 180 000			12	
挪威	31 930				
南斯拉夫	73 000	2 900	7 000	10 700	
墨西哥	1 986 000	20 250		15 510	4 190
缅甸	195 649	22 658	1 985	6	
美国	13 981 000	49 000		2 441 000	
马来西亚	780 000	50 600			
罗马尼亚	295 000				3 800
加拿大	943 000	7 400	900	141 000	
荷兰	700 000	14 000		42 000	
芬兰	64 380				
菲律宾	535 000	22 000	420	660	
法国	1 100 000	235 000	6 000	735 000	85 500
俄罗斯	778 000				6 000
德国	461 500	41 000	4 000	295 500	33 900
丹麦	185 000	3 838	86	11 100	
波兰	575 000	15 000	10 000	20 000	3 600
巴西	6 222 700	7 150		165 000	2 100
巴基斯坦	333 000	4 680			
澳大利亚	662 000	8 200		22 800	
埃及	538 978	41 860	42 210	10 750	69 840
阿根廷	929 000	7 280	510	34 680	7 150

以上数据摘自中国农业年鉴（2002）

2001年各国牲畜胴体重

单位：kg/头

国别或地区	牛	水牛	绵羊	山羊	猪	马	驴	骆驼
世界总计	**203.6**	**141.9**	**15.8**	**12.1**	**77.6**	**157.6**	**78.9**	**209.1**
中国	142.8	110.2	15.5	12.6	76.8	120.0	80.0	220.0
英国	298.2		19.9		73.3	154.0		
印度尼西亚	184.4	233.8	10.9	10.6	55.0	234.6		
印度	103.0	138.0	12.0	10.0	35.0			
意大利	257.8	201.3	9.5	8.6	114.3	221.8		
以色列	353.3		20.0	16.0	72.5			160.0
匈牙利	224.4		8.2		108.0			
新西兰	179.9		17.7	11.2	66.4	170.0		
希腊	220.0		10.7	10.3	64.0	180.0		
乌兹别克斯坦	173.2		18.0		64.0			
乌克兰	131.7		14.5	11.0	85.2	217.4		
土库曼斯坦	181.1		15.0	15.5	56.8			
泰国	200.0	253.0	15.0	15.0	50.0			
瑞典	271.8		19.0		85.7	274.1		
日本	406.2		30.0	25.5	75.6	408.8		
挪威	250.2		20.7	10.4	81.1	240.0		
南斯拉夫	226.1		15.2	18.0	72.8	150.0		
墨西哥	214.3		16.0	15.9	82.5	126.0		
缅甸	120.0	170.0	15.0	9.9	55.0			
美国	328.6		30.4		87.9	250.0		
马来西亚	113.4	181.4	15.9	9.1	54.8	120.0		
罗马尼亚	125.0		9.1	8.5	75.6	180.0		
加拿大	318.5		20.6		83.7	204.5		
荷兰	211.1		24.7	13.3	88.5	214.3		
芬兰	250.0		18.2		87.5	275.9		
菲律宾	238.8	183.9	13.0	13.6	56.0	103.5		
法国	289.4		15.2	7.9	83.4	285.7		
俄罗斯	157.0		18.1	16.5	79.0			
德国	318.1		20.9	18.8	90.9	273.5		
丹麦	250.8		21.5		80.8	296.3		
波兰	167.0		12.3		85.2	272.5		
巴西	211.1		16.0	15.1	80.0	133.9		
巴基斯坦	185.3	134.9	19.4	17.0				
澳大利亚	230.0		19.8	25.0	78.0	280.0		
埃及	174.2	168.6	24.8	17.7	42.6			399.3
阿根廷	218.5		11.3	6.6	78.0	217.4		

以上数据摘自中国农业年鉴（2002）

2001年各国小畜及家禽胴体肉重

单位：kg/只

国别或地区	鸡	鸭	鹅	火鸡	兔
世界总计	**1.39**	**1.47**	**3.99**	**7.64**	**1.27**
中国	1.38	1.33	4.00	3.98	1.40
英国	1.53	2.24	4.67	9.48	
印度尼西亚	0.80	0.90			
印度	0.90				
意大利	1.60			9.71	1.50
以色列	1.05	1.30	3.00	6.52	
匈牙利	1.85	2.29	4.11	6.24	1.38
新西兰	1.64	1.80	4.00	5.00	
希腊	1.10	2.10	4.20	4.20	1.52
乌兹别克斯坦	1.30				
乌克兰	1.48				1.60
土库曼斯坦	1.35				
泰国	1.30	1.50	2.50		
瑞典	1.30			2.97	
日本	2.09			3.00	
挪威	1.10				
南斯拉夫	0.92	2.00	4.00	7.99	
墨西哥	1.71	2.50		3.30	1.00
缅甸	1.10	1.14	1.89	3.00	
美国	1.55	2.13		9.04	
马来西亚	1.28	2.30			
罗马尼亚	1.20				1.46
加拿大	1.55	2.06	5.00	7.00	
荷兰	1.22	2.00		4.94	
芬兰	1.29				
菲律宾	1.12	2.00	1.50	1.50	
法国	1.32	2.87	5.00	6.34	1.51
俄罗斯	1.33				1.50
德国	1.15	1.94	4.49	9.32	1.60
丹麦	1.32	2.56	4.53	10.90	
波兰	1.50	2.14	4.76	5.00	1.20
巴西	1.35	1.30		6.20	1.50
巴基斯坦	1.14	1.30			
澳大利亚	1.60	2.16		3.51	
埃及	1.50	2.60	4.20	5.00	1.20
阿根廷	2.20	2.60	3.00	5.10	1.10

以上数据摘自中国农业年鉴（2002）

2001年各国禽蛋产量

单位：t

国别或地区	禽蛋总量	鸡　蛋	其他禽蛋
世界总计	**56 327 847**	**52 085 733**	**4 242 114**
中　国	23 354 520	19 802 380	3 552 140
英　国	635 258	620 000	15 258
印度尼西亚	725 000	600 000	125 000
印　度	1 905 750	1 905 750	
意大利	767 500	767 500	
以色列	87 500	87 500	
匈牙利	159 504	156 304	3 200
新西兰	56 256	53 856	2 400
希　腊	110 000	110 000	
乌兹别克斯坦	71 527	70 000	1 527
乌克兰	534 200	525 000	9 200
土库曼斯坦	15 670	15 500	170
泰　国	810 000	530 000	280 000
瑞　典	105 000	105 000	
日　本	2 526 000	2 526 000	
挪　威	49 190	49 190	
南斯拉夫	76 300	76 300	
墨西哥	1 682 000	1 682 000	
缅　甸	96 459	85 937	10 522
美　国	5 011 000	5 011 000	
马来西亚	433 900	420 000	13 900
罗马尼亚	313 800	300 000	13 800
加拿大	362 800	362 800	
荷　兰	665 000	665 000	
芬　兰	58 500	58 500	
菲律宾	603 000	534 000	69 000
法　国	1 047 000	1 047 000	
俄罗斯	1 956 000	1 945 000	11 000
德　国	880 000	880 000	
丹　麦	77 000	77 000	
波　兰	428 100	428 100	
巴　西	1 581 700	1 537 700	44 000
巴基斯坦	347 010	339 810	7 200
澳大利亚	149 000	149 000	
埃　及	199 631	199 631	
阿根廷	325 280	325 280	

2001 年各国奶类产品产量

单位：t

国别或地区	奶类总产量	鲜牛奶	水牛奶	绵羊奶	山羊奶	骆驼奶
世界总计	**585 265 673**	**494 612 256**	**69 050 339**	**7 777 496**	**12 514 160**	**1 311 422**
中　国	13 169 650	9 570 250	2 450 000	880 000	255 000	14 400
英　国	14 634 000	14 634 000				
印度尼西亚	872 000	550 000		90 000	232 000	
印　度	83 970 000	35 000 000	45 650 000		3 320 000	
意大利	13 048 000	11 900 000	158 000	850 000	140 000	
以色列	1 232 000	1 200 000		20 000	12 000	
匈牙利	2 183 920	2 142 920		31 000	10 000	
新西兰	13 153 000	13 153 000				
希　腊	1 890 045	770 000	45	670 000	450 000	
乌兹别克斯坦	3 761 000	3 700 000		24 000	37 000	
乌克兰	13 405 000	13 200 000		11 000	194 000	
土库曼斯坦	900 000	900 000				
泰　国	520 000	520 000				
瑞　典	3 300 000	3 300 000				
日　本	8 450 000	8 450 000				
挪　威	1 689 700	1 669 000			20 700	
南斯拉夫	1 859 000	1 825 000		34 000		
墨西哥	9 617 000	9 485 000			132 000	
缅　甸	633 279	509 983	113 663	2 107	7 526	
美　国	76 521 000	76 521 000				
马来西亚	50 130	43 000	7 130			
罗马尼亚	5 377 000	5 047 000		330 000		
加拿大	8 090 000	8 090 000				
荷　兰	10 500 000	10 500 000				
芬　兰	2 500 000	2 500 000				
菲律宾	10 000	10 000				
法　国	25 600 000	24 890 000		250 000	460 000	
俄罗斯	32 285 450	31 980 000		450	305 000	
德　国	27 908 000	27 886 000			22 000	
丹　麦	4 660 000	4 660 000				
波　兰	12 031 100	12 030 000		1 100		
巴　西	22 941 000	22 800 000			141 000	
巴基斯坦	26 284 000	8 192 000	17 454 000	31 000	607 000	
澳大利亚	11 398 000	11 398 000				
埃　及	3 837 970	1 679 360	2 050 610	93 000	15 000	
阿根廷	9 500 000	9 500 000				

以上数据摘自中国农业年鉴（2002）

2001年各国水产品产量

单位：t

国别或地区	水产品总产量	内陆水域水产品产量	海洋水产品产量
世界总计	**126 176 900**	**28 283 060**	**97 893 840**
中　国	41 512 700	16 667 900	24 844 800
英　国	992 559	17 794	974 765
印度尼西亚	4 797 060	822 630	3 974 430
印　度	5 352 303	2 609 013	2 743 290
意大利	540 523	55 286	485 237
以色列	24 661	18 514	6 147
匈牙利	19 461	19 461	
新西兰	685 734	1 452	684 282
希　腊	215 964	24 220	191 744
乌兹别克斯坦	8 536	8 536	
乌克兰	441 672	38 344	403 328
土库曼斯坦	9 292	9 292	
泰　国	3 607 707	483 177	3 124 530
瑞　典	357 317	4 625	352 692
日　本	5 935 722	133 620	5 802 102
挪　威	3 086 108	514	3 085 594
南斯拉夫	9 940	9 507	433
墨西哥	1 250 592	109 105	1 141 487
缅　甸	945 827	223 915	721 912
美　国	5 228 324	375 875	4 852 449
马来西亚	1 406 895	47 941	1 358 954
罗马尼亚	16 841	14 334	2 507
加拿大	1 135 516	53 679	1 081 837
荷　兰	623 396	7 074	616 322
芬　兰	176 018	39 553	136 465
菲律宾	2 198 825	398 444	1 800 381
法　国	845 649	62 667	782 982
俄罗斯	4 209 772	375 823	3 833 949
德　国	312 492	58 368	254 124
丹　麦	1 447 664	35 812	1 411 852
波　兰	268 822	47 586	221 236
巴　西	774 750	269 330	505 420
巴基斯坦	674 606	199 865	474 741
澳大利亚	250 075	5 273	244 802
埃　及	606 780	433 699	173 081
阿根廷	1 026 022	13 214	1 012 808
阿富汗	1 200	1 200	

以上数据摘自中国农业年鉴（2002）

Lhongguosiliaogongyenianjian

大 事 记

全国饲料工作办公室

2001年1月1日　我国开始全面禁止从欧盟国家进口动物性饲料产品。为了严防"疯牛病"等疫病的传入，加强对肉骨粉等动物性饲料的管理，保护我国畜牧业生产安全和人民身体健康，农业部、对外贸易经济合作部和国家出入境检验检疫局根据欧盟"疯牛病"严重蔓延的形势做出上述决定，并要求各地认真严格执行。同时还要求各省级饲料管理部门要对本辖区的动物性饲料产品的经营、使用情况进行一次全面检查，并依法对该类产品的经营和使用进行监控，确保饲料安全。

2001年1月22日　温家宝副总理对农业部《关于浙江省违禁药品残留畜产品中毒事件处理情况的报告》批示："确保饲料安全是关系食品安全和群众利益的一件大事。要加大对违禁药品查处的力度。所需经费请财政部予以支持。"

2001年1月28日　李岚清副总理在《亚洲真的不会染上"疯牛病"?》一文上批示，要求农业部就"疯牛病"问题、现状和将要采取的措施向国务院做出报告。农业部立即以农发（2001）21号文向国务院报告了1990年以来我部在防治"疯牛病"方面已采取的措施和继续加强"疯牛病"防治的主要措施。报告指出：根据已经开展的"疯牛病"风险评估结论和正在进行的"疯牛病"监测结果，我国目前没有"疯牛病"。

2001年2月23日　农业部、国家药品监督管理局联合发出了《关于公布全国查处非法生产销售和使用违禁药品联合工作组名单及举报电话的通知》（农牧发［2001］4号）。通知公布了全国及各省、自治区、直辖市查处非法生产、销售和使用违禁药品"联合工作组"名单及举报电话，并要求各级畜牧兽医、饲料和药品监督管理部门密切配合，加大对非法生产、销售和使用违禁药品的查处力度。

2001年3月1日　农业部、国家出入境检验检疫局发布第143号公告，禁止直接或间接从发生"疯牛病"的国家或地区进口牛、牛胚胎、牛精液、牛肉类产品及其制品、反刍动物源性饲料。

2001年3月12日　农业部在北京举行饲料安全情况新闻发布会，齐景发副部长通报了2000年以来全国饲料质量情况，要求有关部门对使用违禁药品的18家饲料生产、养殖企业依法进行查处。中央电视台、新华社、人民日报、农民日报等多家新闻媒体报道了会议情况。

2001年3月20日　温家宝副总理在与农业部有关负责人谈话时指出：我最关心的是食品安全，放心肉、放心菜。然后是无公害或少公害。要分三步，先解决"瘦肉精"的问题，吃了不要中毒，不要住院；再抓无公害食品；绿色食品要慢慢来。要先在少数的大城市抓出成效，几年不见效不行。另外，不能无节制地使用化肥。有些农药厂、化肥厂可以考虑关闭。

2001年3月26日　温家宝副总理在中共中央办公厅《综合与摘报（第13期）》上批示：最近，一些国家暴发的畜禽疫病，引起全世界的关注；国内食品市场混乱，许多食物污染严重、假冒伪劣，也引起群众的不安。必须下大力气整顿市场秩序，完善法规，加强监管，严格市场准入制度和检疫检验制度，从严惩处危害人民健康的各种违法行为，以保证食品安全。同时，要从生产环节上重视发展安全、无公害和绿色食品，大力加强农作物病虫害和畜禽疫病的防治工作，在加工、储运、包装等环节采取严格的卫生防污措施。

2001年6月13日　农业部、国家经济贸易委员会、国家工商行政管理局、国家质量监督检验检疫局、国家药品监督管理局联合发出了《关于严厉打击非法生产经营和使用盐酸克伦特罗等药品违法行为的通知》（农牧发［2001］14号），通知要求各省、自治区、直辖市农业（农牧、畜牧）厅（局）、饲料工作（工业）办公室、经济贸易委员会、工商行政管理局、质量技术监督局、药品监督管理局、各直属出入境检验检疫局、新疆建设兵团畜牧局等部门要提高对违禁药品查处工作的认识，增强责任感；突出重点，联合行动；完善手段，一查到底。坚决铲除非法制售盐酸克伦特罗的窝点，制止非法使用盐酸克伦特罗的行为，保证饲料和畜牧业安全生产，确保人民身体健康。

2001年6月19日　对外贸易经济合作部公告决定，自即日起对原产于美国、韩国和印度尼西亚的进口饲料级L－赖氨酸盐酸盐正式进行反倾销立案调查。本反倾销调查涉及的产品在中华人民共和国海关进口税则号中列为29224110、29224190中的饲料级L－赖氨酸盐酸盐。

2001年7月12日　财政部、国家税务总局联合发出通知，自2001年8月1日起，继续对饲料产品免征增值税。免征饲料产品范围包括：单一大宗饲料、混合饲料、配合饲料、复合预混料和浓缩饲料。免征程序是：饲料生产企业凭省级税务机关认可的饲料质量检测机构出具的饲料产品合格证明，向所在地主管税务机关提出免征申请，经省级国家税务局审核批准后，由企业所在地主管税务机关办理免征增值税手续。饲料生产企业的饲料产品需检测品种由省级税务机关根据本地区的具体情况确定。2001年8月1日前免税饲料范围及豆粕的征税问题，仍然按照《国家税务总局关于修订"饲料"注释及加强饲料征免增值税管理问题的通知》（国税发［1999］39号）执行。

2001年10月15～24日　根据全国农资打假专项斗争部际协调小组办公室的部署，张喜武副局长率领由农业部、监察部和国家质检总局组成的督察组一行5人，对湖南、河南两省农资打假工作进行了检查。

2001年11月7日　广东省河源市发生含"瘦肉精"猪肉导致484人集体中毒事件。经查，此次事件是由于广东省台山市中洋饲料有限公司非法生产含“瘦肉精”的饲料，河源市金冠饲料批发部非法经营含“瘦肉精”的饲料，河源市两名个体养猪户非法使用含“瘦肉精”的饲料饲喂育肥猪而引发的。

2001年11月13日　农业部发出《关于严厉打击非法生产经营使用“瘦肉精”的紧急通知》([2001] 农明字第12号)，要求各地在总结前一段时期打击“瘦肉精”专项斗争经验教训的基础上，采取更加严厉的措施，加大对“瘦肉精”的打击力度。一是一经发现生产、经营、使用盐酸克伦特罗者，除严厉处罚外，还要吊销企业生产许可证，取消经营资格，构成犯罪的，要移交司法机关追究刑事责任。二是加大对畜牧业生产投入品的监管力度，采取普查、统检、抽查和跟踪监测等方式，进一步加强对饲料和兽药生产、经营及使用管理。三是加强对养猪企业的日常监督和生猪出栏前的卫生安全及残留检测，在当前生猪尿样检测的基础上，扩大监测覆盖面，增加抽检频率，切实加强对养猪企业的检查监督。四是加强舆论宣传，及时通报查处“瘦肉精”的案例，震慑不法分子，对于打击不力和连续发生“瘦肉精”中毒的地区予以曝光。

2001年11月18日　温家宝副总理在国务院办公厅秘书一局专报信息（513）《目前我国生猪产销情况及存在问题》上批示：畜禽产品的安全卫生已经成为影响消费和出口，进而影响生产的突出问题，必须引起高度重视。农业、卫生、工商等有关部门，必须狠抓饲料产销、疫病防治、畜禽屠宰、市场管理、食品加工等环节的卫生和安全工作。

2001年11月20日　温家宝副总理在农业部上报的《关于“瘦肉精”查处工作的报告》上批示：建议在整顿市场经济秩序中，集中打击制售和使用“瘦肉精”的违法行为，在此基础上完善法规，明确监管责任。请荣融、青林同志牵头，有关部门参加，研究并负责处理此事。

2001年11月26日　农业部通报了2001年第四季度第一次生猪生产中违禁药品监测情况，并在人民日报、农民日报、中央电视台和中央人民广播电台等新闻媒体公开对被检出“瘦肉精”的23家企业（养殖户）进行公开曝光，并要求有关省、市对违法违规企业依法从严从快处理。

2001年11月29日　朱镕基总理签发国务院令第327号，公布《国务院关于修改<饲料和饲料添加剂管理条例>的决定》。

新条例在原《饲料和饲料添加剂管理条例》管理规范和管理制度的基础上，修改了第三章的标题，增加了三条七款，修改了五条罚则，增设了知识产权保护制度、饲料和饲料添加剂使用管理制度、饲料添加剂安全使用规范制度，进一步制定和完善了法律责任制度。新条例以规范饲料和饲料添加剂生产经营为重点，兼顾饲料和饲料添加剂的使用管理。生产、经营环节的监管突出一个“严”字，对于生产、经营环节的不法分子，坚决依法追究其刑事责任，不得以罚代刑。使用环节的监管突出一个“教”字，对于不按规定使用饲料和饲料添加剂违法违规行为，责令立即改正，对于情节严重的，处以行政罚款。

2001年11月30日　范小建副部长组织召开“菜篮子”食品管理部际联席会议，张喜武副局长代表农业部通报了最近以来我部对“瘦肉精”查处工作的情况，会议充分肯定了农业部查处“瘦肉精”工作的成效，并就下一步深入开展打击“瘦肉精”非法生产经营和使用的工作，进一步明确了分工和职责，会议要求“瘦肉精”涉及的5个环节要加大查处力度，密切部门配合，坚决根除“瘦肉精”这一社会毒瘤。各单位就进一步做好“瘦肉精”查处工作的措施形成一致意见。

2001年12月1日　朱镕基总理在农业部上报的《关于“瘦肉精”查处工作的报告》上批示：同意所提各项建议，请经贸委、农业部会同有关部门落实，并制定法规、文件报国务院批发。

2001年12月10日　农业部印发了《饲料工业“十五”计划和2015年远景目标规划（农牧发[2001] 44号)。

2001年12月29日　农业部发布2001年第181号公告，吊销广东省中洋饲料有限公司的添加剂预混合饲料生产许可证。广东省中洋饲料有限公司置国家法律法规于不顾，非法生产、经营含有盐酸克伦特罗的添加剂预混合饲料，造成广东省河源市484人中毒，情节特别严重，社会影响极坏。根据《饲料和饲料添加剂管理条例》第三十条规定，农业部吊销了其添加剂预混合饲料生产许可证，取消其从业资格。

2001年12月30日　范小建副部长致信公安部赵永吉副部长，对公安部近期严厉查处制售和使用“瘦肉精”违法犯罪行为所取得的成绩表示祝贺，对广大公安干警表示节日的慰问。同时，提出了下一步全国严打“瘦肉精”等违禁药品的建议。

（马　莹）

中国饲料工业协会

2001年1月9日　就“确保饲料安全”中国饲料工业协会向全体会员发出倡议。这是协会自成立以来首次向行业发出倡议，也是协会第四次理事会成立后的第一次重要举措，在社会上引起了强烈反响。

2001年2月13日　中国饲料工业协会刘同占秘书长、乔玉锋副秘书长与加拿大国际谷物学院主席道格拉斯·斯托先生、加拿大豆类作物协会主席莱斯·兰金先生、加拿大双低油菜籽理事会主席戴尔·阿道夫先生签署了《中国—加拿大饲料行业协会合作谅解备忘录》。

在加拿大总理克雷蒂安率领的商务代表团访华期间，中国饲料工业协会副秘书长乔玉锋及有关人员还参加了由加拿大国家代表团与加中贸易理事会举办的农业合作研讨会及安大略省的项目商务交流会。

2001 年 3 月 12 日 中国饲料工业协会和全国饲料工作办公室共同组织了饲料安全质量情况新闻发布会。新闻发布会上，湖南唐人神集团等 35 家饲料生产和经营企业发起了《饲料安全新世纪宣言》，向社会庄严承诺不制假、不售假，决不在饲料产品中使用违禁添加物，确保饲料产品安全。

2001 年 3 月 15～16 日 中国饲料工业协会和农业部饲料工业职业技能鉴定指导站在海南省海口市召开全国饲料工业行业职业技能鉴定工作会议。海南省等 27 个省、自治区、直辖市及计划单列市饲料工业协会或饲料工业职业技能鉴定站的负责同志参加了会议。

2001 年 4 月 9 日 人民日报在第 11 版刊登了我国 35 家饲料生产和经营企业发起《饲料安全新世纪宣言》的专版。

2001 年 4 月 22 日 围绕庆祝建党 80 周年，中国饲料工业协会组织全体干部职工到河北省易县开展送科技下乡和捐资助学活动。

2001 年 4 月 26 日 中国饲料工业协会成立了北京中饲协质量咨询中心。

2001 年 4 月 北京中饲协质量咨询中心在北京举办第一届 ISO9000 标准（2000 版）内审员培训班。8 月份在辽宁兴城举办第二届 ISO9000 标准（2000 版）内审员培训班。

2001 年 5 月 16～18 日 由农业部畜牧兽医局（全国饲料工作办公室）主办，中国饲料工业协会和全国畜牧兽医总站共同承办的 2001 中国畜牧业暨饲料工业交易会在大连隆重举行。其中饲料工业展区的代表来自美国、德国、法国、意大利、荷兰、挪威、韩国、泰国等 8 个国家的参展厂商和国内 26 个省、市的 380 家企业，展位数 476 个，精品荟萃，济济一堂，是继 1996 年中国饲料工业博览会之后的又一次盛会。

2001 年 5 月 15 日 中国饲料工业协会第四届理事会第二次会长办公会议在大连棒槌岛宾馆召开。

2001 年 5 月 中国饲料工业协会邀请国际饲料工业联合会秘书长 Roger（罗杰）先生来华参加大连交易会。期间 Roger 先生还考察大连和浙江省饲料企业。在交易会展期间，会长白美清、副会长张延喜、谭竹洲正式与国际饲料工业联合会（IFIF）秘书长 Roger 先生就中国饲料工业协会加入国际饲料工业联合会等有关问题进行了会谈。

2001 年 6 月 6～8 日 中国饲料工业协会在武汉成功举办了“饲料原料、添加剂识假防假培训班”。邀请在识别假冒伪劣饲料原料和饲料添加剂方面有丰富经验的权威专家，从法律法规和辨别技巧等方面授课和现场辅导，近 200 人参加了培训。

2001 年 7 月 17～19 日 中国饲料工业协会在北京召开饲料原料市场分析会。

2001 年 9 月 25 日 北京中饲协质量咨询中心在四川省成都市召开全国饲料工业质量管理研讨会。

2001 年 9 月 20～22 日 第二届中泰农产品经贸研讨会在云南昆明国际贸易中心举行。开幕式由云南省副省长陈勋儒主持，农业部副部长刘坚，云南省代省长徐荣凯，泰国副总理察哇立先后致词。中国饲料工业协会副秘书长乔玉锋应邀参加了此次盛会，并以“蓬勃发展的中国饲料工业”为题作了大会发言。

2001 年 10 月 16～18 日 全国饲料工业协会秘书长工作会议在河南省洛阳市隆重召开。中国饲料工业协会会长白美清、副会长张延喜，秘书长刘同占等领导到会并讲话，来自全国各省饲料办公室主任和饲料工业协会秘书长以及河南省有关企业代表共 80 余人参加了会议。

2001 年 10 月 31 日～11 月 2 日 2001 年中国国际饲料新技术研讨会在北京二十一世纪饭店举行。农业部畜牧兽医局贾幼陵局长到会祝贺并发表讲话，中国饲料工业协会副会长张延喜致开幕辞，中国工程院院士、中国饲料工业协会副会长张子仪作了专题报告。来自饲料企业、科研院校的 200 多名代表参加了会议。

2001 年 11 月 4～14 日 由中国饲料工业协会刘同占秘书长率领的中国饲料工业协会考察组应国际饲料工业联合会（International Feed Industry Federation）的邀请赴荷兰进行了为期 10 天的考察访问。

2001 年 11 月 22～25 日 全国饲料工业标准化技术委员会年会及换届会在天津举行。国家质量技术监督局标准化司、全国饲料工作办公室、中国饲料工业协会的有关领导、专家出席了会议。第三届委员会由 52 名委员组成，中国饲料工业协会副秘书长王随元连任主任委员，农业部畜牧兽医局（全国饲料工作办公室）巡视员季之华被聘为顾问。本次年会分 4 组对提交大会的 29 项标准分别进行了审查，其中国家标准 18 项，行业标准 11 项。

2001 年 11 月 30 日 根据《合作谅解备忘录》，加拿大国际谷物学院在浙江省宁波市举办饲料原料技术讲座，介绍加拿大双低菜籽粕、饲用豌豆和饲用牧草等饲料原料的生产技术以及加拿大饲料原料市场展望。浙江省饲料生产企业 80 余人参加了讲座。

2001 年 12 月 19～21 日 中国饲料工业协会第四届理事会第二次常务理事会在湖南省长沙市召开。白美清会长作重要讲话，刘同占秘书长做工作报告。

2001 年 12 月 3～20 日 应法国贸易促进会的邀请，农业部人力资源开发中心组派赴法国饲料安全与添加剂技术培训团一行 7 人在法国进行了培训和考察。

（杜凤杰）

上 海 市

2001 年 1 月 上海市饲料工作办公室在完成与上海市饲料工业办公室交接后，正式挂牌运行。上海市饲料工业职业技能鉴定站随同上海市饲料工作办公室划转后，经全国饲料工业职业技能鉴定指导站批准，任命新站长。

2001年6月 上海市饲料生产许可证企业法规培训班在沪召开。

2001年7月 上海市人大常委会视察上海统一企业食品公司，并听取了上海市饲料专项整治的专题汇报。

2001年9月 召开全市饲料安全工作会议，会后当即签订了安全质量承诺书，截至目前，共有150余家饲料生产企业签订了安全质量承诺书。在所有生产许可证企业推行药物使用月报制度。

2001年12月 对检查中有问题、产品质量不合格、许可证年检不通过以及新办等70余家企业的法人以及技术负责人举办了饲料法规培训班。农业部168号公告《药物饲料添加剂使用规则》发布后，及时进行了宣讲。

2001年12月 上海市饲料工作办公室对原上海市饲料工业办公室承担的农业部丰收计划项目《猪禽预混合饲料研制和应用》组织专家验收。

河　南　省

2001年12月28日 河南省饲料工业协会换届并召开了河南省饲料工业协会第二届理事会暨会员代表大会。

湖　北　省

2001年1月3日 湖北省人民政府以鄂政发[2001]1号文发出《省人民政府关于大力发展畜牧水产业的决定》。《决定》指出：大力发展饲料工业，加速粮食转化增值……，到2005年，全省工业饲料总产量突破500万t，配合饲料入户使用率达到60%以上。鼓励饲料加工企业创新技术，开发高质量、低成本、功能性强、安全性好，市场竞争力强的饲料新产品。

2001年省财政预算每年安排的200万元资金到位。

海　南　省

2001年1月15日 为保证饲料安全，以农业厅名义下发了《关于严禁非法经营、使用进口肉骨粉等动物性饲料产品的通知》，对动物性饲料产品市场进行整顿。

2001年2月12日 向全国饲料办报送海南省饲料安全工程项目建议书，筹备启动海南省饲料安全工程。

2001年2月28日 颁发《海南省饲料行业专家委员会管理办法》并成立海南省饲料行业专家委员会。

2001年3月15～16日 中国饲料工业协会在海口市召开全国饲料行业职业技能鉴定工作会议。

2001年4月9日 开始了对全省骨粉、肉骨粉生产企业的生产、经营和使用情况的调查。

2001年4月10日 颁发《海南省农业厅关于严禁经营、使用无证进口鱼粉的通知》，对进口鱼粉市场进行整顿。

2001年4月15日 省饲料办组织开展全省整顿农资市场饲料产品监督检查活动。

2001年4月23日 在市场整顿活动中对海南昌正渔业有限公司违法经营饲料酵母案立案调查，并于5月23日对其做出行政处罚。

2001年6月18日 省饲料办发文要求在全省范围内查处金钱（湛江）有限公司生产的含有大量国家违禁药物喹乙醇的红心蛋鸭配合饲料和“三无产品”武汉利达饲料酵母厂生产的“岱山”牌饲料酵母粉。

2001年6月20日 省饲料办和海南省饲料工业协会响应省政府的号召，到少数民族贫困地区进行扶贫活动。

2001年7月20日 为贯彻落实《国务院关于特大安全事故行政责任追究的规定》和汲取省农科院“7.7”特大安全生产事故的教训，做好饲料生产企业安全生产工作，省饲料办召开全省饲料生产企业安全生产紧急会议。并进行为时15天的专项大检查。

2001年7月24日 根据农业部的要求，印发、宣传贯彻《饲料药物添加剂使用规范》。

2001年8月7日 颁发了《海南省饲料和饲料添加剂经营企业登记管理办法》。

2001年8月9日 在省饲料办的支持下，海南魁北克海洋渔业有限公司生产的南美白虾首次出口加拿大。

2001年8月28日 省饲料工业协会和美国大豆协会在海口联合举办科学利用木薯养猪技术报告会，全省大、中型养猪场和饲料厂技术人员参加了报告会。

2001年9月11～12日 中国饲料工业协会预糊化淀粉专业委员会在海口市召开成立大会。

2001年11月21日 海南省农业厅、省药品监督管理局、省工商行政局、省公安厅和省财政厅联合发出《关于严厉查处和打击非法使用“瘦肉精”养猪违法行为的紧急通知》，并开展全省打击“瘦肉精”大行动。

2001年11月29～30日 省饲料办为配合打击“瘦肉精”大行动，举办饲料抽样操作技术培训班，加强对市县执法或专业人员执法知识和技术培训。

2001年12月6日 省农业厅召开全省大型养猪场场长和大型饲料厂厂长会议，农业厅副厅长李洪波出席，代表省政府和肖若海厅长做了重要讲话。会上13家企业做出承诺，并在《海南日报》上公布，坚决杜绝非法使用“瘦肉精”行为。

2001年12月27日 为支持全省饲料生产企业生产、推广绿色无公害型饲料，促进饲料安全，推进海南“生态省”建设，省饲料办拨出专项经费支持企业研制开发绿色环保无公害型饲料。

2001年12月28日　海南省发展计划厅批复同意海南省饲料工业协会兴建“海南省饲料工业村”项目。

陕　西　省

2001年3月　全省范围内废止了饲料生产企业执行的“准产证、准销证”制度。

2001年4月　配合《饲料和饲料添加剂管理条例》的执行，出台了《陕西省饲料添加剂、添加剂预混合饲料生产许可证申报程序》、《陕西省饲料添加剂及添加剂预混合饲料生产企业综合审核要求》、《陕西省饲料添加剂、添加剂预混合饲料、饲料原料产品批准文号申报程序》、《陕西省饲料企业标准备案申办程序》。

2001年5月　首次向全省饲料企业发出饲料安全倡议书并向社会发布了饲料安全宣言。

2001年7月　陕西省首次向社会发布了饲料添加剂和添加剂预混合饲料生产许可证号和批准文号。

2001年8月　举办了全省饲料工业政策培训班。

2001年4～9月　在全省饲料行业开展了两次大的饲料专项执法活动。

2001年11月　出台了《陕西省饲料生产企业资格审查办法》。

2001年12月23日　《陕西日报》头版首次向社会公布陕西省没有发现生猪食用“瘦肉精”。

甘　肃　省

2001年4月7～8日　甘肃省2001年中小饲料企业技术与管理发展研讨会召开。会议由省饲料办主办，美国大豆协会、德国拜耳公司、德国巴斯夫公司协办。来自甘肃、宁夏40多家饲料企业近80名负责人参会。

2001年6月2日　《甘肃省饲料和饲料添加剂管理条例》经省九届人大常委会第22次会议通过，并于7月1日正式实施。

2001年6月16日　《甘肃省饲料和饲料添加剂管理条例》新闻发布会召开。甘肃省人大常委会副主任姚文仓、省政府副省长贠小苏出席发布会并发表重要讲话。

青　岛　市

2001年3月28日　为实施海上山东战略，突出青岛——中国海洋科技城的地位，加快海水养殖业所需饲料的科研、开发与生产，市饲料办以青饲办[2001] 11号文公布成立了“青岛市饲料工业专家顾问组（海洋水产组）”。

2001年3月30日　青岛市饲料工业协会第四届理事会召开。会议通过了修改后的《青岛市饲料工业协会章程》以及新制定的《协会会员管理办法》、《会费管理办法》、《专业委员会管理办法》、《提案受理暂行办法》等；表决通过了第三届理事会工作报告；选举产生了第四届理事会；第四届理事会特邀中国饲料工业协会秘书长刘同占为特别高级顾问，特邀市政协主席胡延森为特别名誉会长；宣布了青饲协字[2001] 3号文件“关于表彰优秀团体会员及先进工作者的决定”。

2001年5月11日　在市政府机构改革中青岛市饲料工业办公室，从市经济委员会划归市畜牧服务中心。

2001年7月15～18日　为追踪世界海洋科技新潮流，促进中国海洋科技与经济发展，增强海洋科技实力与创新能力，促进产、学、研的进一步结合，由国务院发展研究中心、国土资源部、国家环保总局、国家海洋局、中国科学技术协会、联合国科教文组织驻华代表处、青岛市人民政府共同主办，青岛市饲料工业办公室、青岛市饲料工业协会协办、国家科学技术部支持的“2001中国海洋科技博览会暨海洋科技与发展国际论坛”在青岛国际会议展览中心举行。

2001年11月　由“2001中国国际农业博览会”评选的青岛长生中科水产饲料有限公司生产的“海森特”牌对虾饲料、青岛海大恩贝饲料有限公司生产的“恩贝”牌海水鱼饲料、青岛青禾饲料添加剂厂生产的“青禾”牌畜禽通用型多维素预混合饲料（青岛维他1号）、山东六和集团有限公司生产的“六和”牌5%肉用鸡复合预混合饲料BC25为名牌产品，并正式予以公布。

Lhongguosiliaogongyenianjian

附 录

部分省、自治区、直辖市饲料管理法规政策

河北省饲料和饲料添加剂包装管理办法

（2001年12月13日
河北省人民政府第19号令）

第一条 为保证饲料和饲料添加剂的质量，便于饲料和饲料添加剂的贮藏、运输、销售和使用，维护用户的合法权益，根据国务院发布的《饲料和饲料添加剂管理条例》等法规、规章的规定，制定本办法。

第二条 在省行政区域内生产、经营饲料和饲料添加剂，必须遵守本办法。

第三条 县级以上人民政府负责饲料和饲料添加剂管理的部门（以下简称饲料管理部门），主管本行政区域内饲料和饲料添加剂包装的管理工作。

第四条 生产饲料和饲料添加剂使用的包装材料，应当符合国家有关安全、卫生的规定，能够保证饲料和饲料添加剂的使用性能。

第五条 除国务院农业行政主管部门和省饲料管理部门另有规定的外，生产单一饲料、混合饲料、配合饲料、浓缩饲料和精料补充料，应当使用对畜禽无毒、无害的塑料袋、覆膜编织袋或者加有塑料内衬的化纤编织袋等包装物进行包装。

生产饲料添加剂和添加剂预混合饲料，应当采用桶装、罐装、瓶装等方式进行包装，或者使用压膜塑料袋和质量符合要求的双层纸袋等包装物进行包装。

第六条 饲料和饲料添加剂的包装物上必须标明产品名称、厂名、厂址和联系电话。

易燃或者其他有特殊要求的饲料和饲料添加剂的包装物上，除按前款规定执行外，还应当标明警示标志或者中文说明以及储运注意事项。

第七条 除生产方和使用方另有约定的外，饲料和饲料添加剂的包装物不得重复使用。

在发生动物疫病的地区，饲料和饲料添加剂的包装物严禁重复使用。

第八条 饲料和饲料添加剂经检验合格后，生产企业在进行包装时，必须在包装物上附具能够显示全部内容的饲料标签和标明检验日期、检验结果、检验员编号等内容的产品质量检验合格证。

产品质量检验合格证不得套印在包装物或者饲料标签上。

第九条 生产含有药物饲料添加剂的饲料，必须在饲料标签上标明所加入的药物饲料添加剂的化学名称（法定名称）、含量、配伍禁忌、停药期、使用方法和注意事项。并依照国务院农业行政主管部门的规定，在饲料标签上标明“加入药物饲料添加剂”的字样。

第十条 饲料和饲料添加剂的生产企业不得在包装物上进行虚假宣传，或者采用其他方式误导用户。

第十一条 饲料和饲料添加剂的生产企业必须对出厂产品的包装进行检查，保证包装完好无损以及包装物和饲料标签上标明的内容一致。

第十二条 饲料和饲料添加剂的经营企业在进货时，必须对饲料和饲料添加剂的包装物及饲料标签进行检查。不得经营包装物和饲料标签所标明的内容不一致或者饲料标签所标明的内容不符合企业执行的产品质量标准的饲料和饲料添加剂。

第十三条 饲料和饲料添加剂的包装物及饲料标签所标明的内容，应当依照省饲料管理部门的规定进行备案。

第十四条 违反本办法第六条、第七条、第八条、第九条、第十条、第十一条和第十二条的规定，《饲料和饲料添加剂管理条例》和其他有关法律、法规、规章对行政处罚已作规定的，按其规定执行。未作规定的，由县级以上人民政府饲料管理部门予以警告，并可对有违法所得的，处以违法所得一倍以上三倍以下的罚款，但是最高不超过三万元；对没有违法所得或者违法所得不能计算的，处以一千元以上一万元以下的罚款。

第十五条 本办法自2002年2月1日起施行。

辽宁省饲料生产企业登记审查管理办法

第一章 总 则

第一条 为了加强对饲料生产企业的管理，提高产品质量，促进饲料工业和养殖业的健康发展，依照《饲料和饲料添加剂管理条例》（以下简称条例）的规定，制定本办法。

第二条 凡在省内设立饲料生产企业的，均适用本办法。

第三条 省畜牧局负责全省饲料生产企业登记审查工作。市饲料行政管理部门负责辖区内的登记审查

工作。

第二章　企业应具备的条件

第四条　设立饲料生产企业应具备《条例》第三章第八条规定的条件。

第五条　租赁生产厂房及设备设立饲料生产企业的，应出具有效的合同或协议书。

第六条　生产单一饲料、浓缩饲料、配合饲料和精料补充料的企业，其检验设施应满足一般常规检验项目需要。

第七条　设立饲料生产企业，其特有工种岗位人员必须经培训鉴定合格并持证上岗。

第三章　审查程序与登记

第八条　设立单一饲料、浓缩饲料、配合饲料和精料补充料的企业，生产规模在5吨/时（含5吨/时）以上的，应向省畜牧局提出申请，填报《辽宁省饲料生产企业登记申请表》等申报材料。省畜牧局在20个工作日内，会同市级饲料行政主管部门经现场考核合格的，予以登记；生产规模在5吨/时以下的，填报《辽宁省饲料生产企业登记申请书》向市级饲料行政主管部门申报，由市级饲料管理部门组织考核，合格的报省予以登记。

第九条　申请设立饲料生产企业，凭省畜牧局签批的《辽宁省饲料生产企业登记申请表》，向工商行政管理部门申请登记办理营业执照。

第十条　申报设立饲料生产企业应提供如下资料：厂区（包括实验室）平面图、工艺流程图、生产、检测设备清单、主要管理人员、技术人员名单及技术职称的复印件等。

第十一条　对已登记的饲料生产企业实行年审制度。

第十二条　省、市饲料行政管理部门，可以委托具备条件的部门进行登记审查和年审。

第四章　生产与管理

第十三条　企业有下列情形之一的，应按本办法进行设立条件审查：

（一）生产设施、设备发生较大改变的；

（二）停产一年后又恢复生产的；

（三）在工商行政部门变更登记的。

第十四条　违反本办法规定，有下列情形之一的，取消企业登记资格，并依照《条例》的有关规定处罚：

（一）连续两年企业产品抽检不合格，经整改后抽检仍不合格的；

（二）饲料行政管理部门年度审查不合格，限期整改后仍未达标的；

（三）伪造审查登记手续的。

第十五条　申办饲料企业登记手续应按有关规定，缴纳审查费和公告费。

第五章　附　　则

第十六条　本办法由省畜牧局负责解释。

第十七条　本办法发布之日起实行。

（编者注：经核实，本办法发布日期是2001年9月5日）

河南省饲料生产企业登记管理暂行办法

（河南省畜牧局、河南省饲料工业领导小组办公室2001年44号文件）

第一章　总　　则

第一条　根据《饲料和饲料添加剂管理条例》第八条规定，制定本办法。

第二条　在河南省境内从事饲料（不含添加剂预混合饲料）生产的单位和个人，应遵守本办法。

第三条　本办法所称饲料生产企业是指浓缩饲料、配合饲料、单一饲料和精料补充料生产企业。

第四条　从事饲料生产企业，应向企业所在地市级饲料行政管理部门申请登记。

第二章　企业登记应具备条件

第五条　人员要求

（一）企业主要负责人应当具备专业知识、生产经验及组织能力；

（二）技术负责人必须具有大专以上文化程度或中级以上技术职称，熟悉动物营养、饲料配方技术及生产工艺，从事相应专业工作2年以上；

（三）质量管理及检验部门的负责人，必须具有大专以上文化程度或中级以上技术职称，从事相应工作3年以上；

（四）生产企业特有工种从业人员应当具有高中以上文化程度或相应程度，经职业技能培训，取得相应的职业资格证书。

第六条　生产场地要求

（一）厂房建筑布局合理，生产区、办公区、仓储区、生活区要分开；场区建设应整洁、卫生；

（二）生产车间布局应符合生产工艺流程的要求，工序衔接合理；

（三）要有适宜的操作间和场地，能合理放置设备和物料，防止不同物料混放和交叉污染；

（四）应有适当的除尘、隔音、通风、照明及消防设施，以保障安全生产；

（五）仓储应与生产能力相适应，符合防水、防潮、防火、防鼠害的要求。

第七条　生产设备要求

（一）应具有与生产产品相适应的生产设备；

（二）生产工艺流程合理，便于设备的维护和保养；

（三）生产设备完好；

（四）生产环境有洁净要求的，须有空气净化设施和设备。

第八条　质量检验要求

（一）必须设立质检部门，质检部门直属企业负责人领导；

（二）质检部门应设立仪器室（区）、检验操作室（区）和留样观察室（区）；

（三）具有相应的检验仪器，能对生产过程的产品质量进行监控。对需使用大型精密仪器的检验项目，可以委托有检验能力的质检机构代检；

（四）有严格的质量检验操作规程；

（五）质检部门要有详细的检验记录和检验报告。

第九条　管理制度要求

企业应当建立以下管理制度：

（一）岗位责任制度；

（二）生产管理制度；

（三）检验化验制度；

（四）标准及质量保证制度；

（五）安全卫生制度；

（六）产品留样观察制度；

（七）计量管理制度

第十条　卫生环境要求

企业卫生环境应符合国家卫生环保法律、法规的规定。

第三章　登记程序

第十一条　登记程序

（一）企业向生产所在地市级饲料行政管理部门领取《饲料生产企业登记证申请表》

（二）省饲料行政管理部门委托市级饲料行政管理部门组织有关人员（饲料质量检测机构和市、县级饲料行政管理部门人员）组成评审组，评审组按照本办法第二章的企业登记应具备的条件对企业申报材料进行审核和实地考核，符合生产条件的，由市级饲料行政管理部门将企业申报材料报省饲料行政管理部门（省畜牧局）。

（三）省饲料行政管理部门审查同意后，发给《饲料生产企业登记证》。

第十二条　市级饲料行政管理部门应当在收到申报材料后5个工作日内，做出是否受理的决定，在受理后10个工作日内进行审核和实地考核；考核合格的，应当及时上报省饲料行政管理部门，省饲料行政管理部门在收到申报材料10个工作日内，做出是否同意登记的决定。

第十三条　《饲料生产企业登记证》是饲料生产企业向工商行政管理部门申请办理营业执照或年审，以及向饲料行政管理部门申办免税审查的重要依据。

第十四条　企业申报材料

（一）申请表；

（二）企业情况介绍；

（三）产品目录；

（四）主要生产设备、检验仪器设备清单；

（五）企业主要管理技术人员和特有工种人员名单及有关证书；

（六）产品质量标准。

第四章　登记证管理

第十五条《饲料生产企业登记证》有效期三年，有效期满需继续生产的，企业应当在有效期满前三个月按照本办法的规定重新换发《登记证》。产品异地生产的，企业应当重新办理登记手续。

第十六条　饲料生产企业登记证号应加贴在包装物的显著位置或印制在标签上。

第十七条　《饲料生产企业登记证》、《饲料生产企业登记申请表》由河南省畜牧局、河南省饲料工业领导小组办公室统一印制。

第十八条　市级饲料行政管理部门对《登记证》进行年检。企业应当在每年12月底，按规定要求填写年检表，报市级饲料行政管理部门。如发生重大事故，市级饲料行政管理部门应进行调查，将结果报省饲料行政管理部门备案。

第十九条　《饲料生产企业登记证》格式为：

豫（×）饲生字（××××）×××

（×）为该企业所在地市的简称

（××××）为年份

×××为登记序号

第二十条　有下列情况之一，由县级饲料行政管理部门逐级报省饲料行政管理部门并收缴登记证：

（一）转让《登记证》的；

（二）生产假冒伪劣饲料产品和使用违禁药品的；

（三）拒绝接受依法监督、检查的。

第二十一条　违反本办法规定，县级以上饲料行政管理部门要勒令企业限期整改、停产整顿、直到收缴《登记证》，并按《饲料和饲料添加剂管理条例》的有关规定处罚。

第五章　附　则

第二十二条　本办法由省饲料行政管理部门负责解释。

第二十三条　本办法自下发之日起施行。

河南省饲料、饲料添加剂经营企业登记管理暂行办法

（河南省畜牧局、河南省饲料工业领导小组办公室2001年45号文件）

第一条 根据《饲料和饲料添加剂管理条例》第十五条规定，制定本办法。

第二条 在河南省境内从事饲料、饲料添加剂经营的单位和个人，应遵守本办法。

第三条 本办法所称饲料是指经工业化加工、制作的供动物食用的饲料，包括单一饲料、添加剂预混合饲料、浓缩饲料、配合饲料和精料补充料。

本办法所称饲料添加剂是指饲料加工、制作、使用过程中添加的少量或微量物质。包括营养性饲料添加剂和一般饲料添加剂。

本办法所称添加剂预混合饲料是指两种或两种以上饲料添加剂加载体或稀释剂按一定比例配制而成的均匀混合物，在配合饲料中添加量不超过10%。

第四条 经营饲料、饲料添加剂的企业，应当具备下列条件：

（一）有与经营饲料、饲料添加剂相适应的仓储设施，符合防水、防潮、防火、防鼠害的要求；

（二）有具备饲料、饲料添加剂使用、贮存、分装等专业知识的技术人员，并具有相关证书；

（三）有必要的产品质量管理制度。

第五条 从事饲料、饲料添加剂经营企业（或经营门市部）应当向经营企业所在地县级饲料行政管理部门申办登记手续。

第六条 《饲料、饲料添加剂经营企业登记证》可作为饲料经营企业向工商行政管理部门申办营业执照、年审等手续的依据。

第七条 县级饲料行政管理部门在收到经营企业《饲料、饲料添加剂经营企业登记申请表》10个工作日内对其是否具备经营资格进行审查或实地考查，符合经营条件的，县级饲料行政管理部门将经营企业申报材料报市级饲料行政管理部门，市级饲料行政管理部门对申报材料进行审核。统一编号后，颁发《饲料、饲料添加剂经营企业登记证》。

第八条 企业申报材料

（一）《饲料、饲料添加剂经营企业登记申请表》；

（二）经营企业情况介绍；

（三）经营人员具有饲料相关知识专业证书；

（四）岗位责任制度、产品质量管理制度等必要管理制度。

第九条 《饲料、饲料添加剂经营企业登记证》、《饲料、饲料添加剂经营企业登记证申请表》由河南省畜牧局、河南省饲料工业领导小组办公室统一印制。

第十条 《饲料、饲料添加剂经营企业登记证》有效期两年。登记证期满后继续经营的，应在期满前三个月内，持原证重新申请，经审核符合条件的，换发《登记证》。审核不符合条件的，应限期整改，逾期仍不符合条件的，不再换发《登记证》。

第十一条 县级饲料行政管理部门对《饲料、饲料添加剂经营企业登记证》进行年检。

第十二条 经营企业有下列情况之一的，企业应重新办证或由发证单位收缴《登记证》：

（一）变更企业法人代表的或变更企业名称的；

（二）变迁经营场所的；

（三）经营的饲料含有添加违禁药品或超量添加药物的；

（四）违反《条例》第十六条、第十七条之规定的；

（五）拒绝饲料行政管理部门依法监督、检查的。

第十三条 县级以上饲料行政管理部门要加强对饲料、饲料添加剂经营企业的日常监督和管理，进行质量监督抽查时，必须出示全省饲料、饲料添加剂年度质量监督抽查工作计划。

第十四条 违反本办法规定的，县级以上饲料行政管理部门要勒令企业限期整改，停业整顿，直至收缴《登记证》，并按《饲料和饲料添加剂管理条例》的有关规定处罚。

第十五条 本办法由省饲料行政管理部门负责解释。

第十六条 本办法自下发之日起施行。

海南省农业厅关于严禁经营、使用无证进口鱼粉的通知

（海南省农业厅2001年3号文件）

为了加强对进口动物性饲料产品的管理，防止国外“疯牛病”等疫病的传入，农业部、对外贸易经济合作部、国家出入境检验检疫局于去年12月30日联合下发了《关于加强肉骨粉等动物性饲料产品管理的通知》，规定进口鱼粉必须取得农业部进口饲料产品登记证，才允许在我国境内销售和使用。据了解，目前我省仍有部分单位在使用和销售无证进口鱼粉，这是一种违法行为，各单位要从维护国家利益出发，自觉抵制无证进口鱼粉流入我省，以确保饲料安全。我厅将加强执法力度，不定期对饲料市场进行监督检查，一经发现无证进口鱼粉，将按国务院《饲料和饲料添加剂管理条例》第28条规定从严查处。同时，希望各单位与我们密切配合，共同做好监督工作，凡发现违法经营使用无证进口鱼粉，请及时向省饲料工作办公室举报。举报电话：0898—5338096。

海南省饲料和饲料添加剂经营企业登记管理办法

（海南省农业厅2001年5号文件）

第一条　根据《饲料和饲料添加剂管理条例》“以下简称《条例》”第十五条规定，制定本办法。

第二条　在海南省境内从事饲料、饲料添加剂经营的单位和个人，应遵守本办法。

第三条　本办法所称饲料是指经工业化加工、制作的供动物食用的饲料，包括单一饲料、添加剂预混合饲料、浓缩饲料、配合饲料和精料补充料。

本办法所称饲料添加剂是指饲料加工、制作、使用过程中添加的少量或微量物质。包括营养性饲料添加剂和一般饲料添加剂。

本办法所称添加剂预混合饲料是指两种或两种以上饲料添加剂加载体或稀释剂按一定比例配制而成的均匀混合物，在配合饲料中添加量不超过10%。

第四条　经营饲料、饲料添加剂的企业，应当具备下列条件：

（一）有与经营饲料、饲料添加剂相适应的仓储设施，符合防水、防潮、防火、防爆、防污染、防鼠害的要求；

（二）有具备饲料、饲料添加剂使用、贮存、分装等专业知识的技术人员，并具有相关证书；

（三）有必要的产品质量管理制度。

第五条　从事饲料、饲料添加剂经营企业（或经营门市部）应当向经营企业所在地市县农牧行政管理部门申办登记手续。

第六条　《饲料和饲料添加剂经营企业登记证》可作为饲料经营企业向工商行政管理部门申办营业执照、年审等手续的依据。

第七条　市县农牧行政管理部门在收到经营企业《饲料和饲料添加剂经营企业登记申请表》10个工作日内对其是否具备经营资格进行审查或实地考查，符合经营条件的，发给《饲料和饲料添加剂经营企业登记证》。

第八条　企业申报材料

（一）《饲料和饲料添加剂经营企业登记申请表》；

（二）经营企业情况介绍；

（三）经营人员具有饲料相关知识专业证书；

（四）岗位责任制度、安全事故防范制度、产品质量管理制度等必要的经营管理制度。

第九条　《饲料和饲料添加剂经营企业登记证》和《饲料和饲料添加剂经营企业登记证申请表》由海南省饲料工作办公室统一印制。

第十条　《饲料和饲料添加剂经营企业登记证》有效期三年。登记证期满需继续经营的，应在期满前三个月内，持原证重新申请，经审核符合条件的，换发《登记证》。审核不符合条件的，应限期整改，逾期仍不符合条件的，不再换发《登记证》。

第十一条　市县农牧行政管理部门应对《饲料和饲料添加剂经营企业登记证》进行年检。

第十二条　经营企业有下列情况之一的，企业应重新办证或由发证单位收缴《登记证》：

（一）登记证期满未重新申请办证的；

（二）变更企业法人代表的或变更企业名称的；

（三）变迁经营场所或经营场所存在安全事故隐患的；

（四）经营的饲料含有添加违禁药品或超量添加药物的；

（五）违反《条例》第十六条、第十七条之规定的；

（六）拒绝农牧行政管理部门依法监督、检查的。

第十三条　市县农牧行政管理部门要加强对饲料、饲料添加剂经营企业的日常监督和管理。但在进行质量监督抽查时，应向被检对象出示省饲料、饲料添加剂年度质量监督抽查工作计划。

第十四条　违反本办法规定，不具备饲料、饲料添加剂经营条件的，市县农牧行政管理部门依照《条例》第25条规定给予处罚。

第十五条　本办法由海南省农业厅负责解释。

第十六条　本办法自下发之日起施行。

关于转发《云南省人民政府办公厅关于加强饲料和饲料添加剂生产经营管理有关问题的意见》的通知

（云南省农业厅2001年35号文件）

一、发展饲料工业，加强饲料行业管理，对畜牧业发展，动物性食品安全和农民增收有重要意义，各地要进一步提高对饲料和饲料添加剂生产经营管理工作重要性的认识，认真学习、宣传和贯彻执行国家及我省关于饲料和饲料添加剂管理的有关规定，各级农牧部门要以此为契机，积极主动向当地政府汇报，参照省级做法，争取在机构改革中，明确农（畜）牧局为饲料行政主管部门，理顺饲料行业管理体制。

二、认真开展饲料和饲料添加剂生产企业和经营者的条件审查工作。

要根据《饲料和饲料添加剂管理条例》规定和云政办发［2001］133号文件要求，按照以下分工和程序对饲料和饲料添加剂生产企业和经营者实行条件审查制度。

（一）审查分工

1.已生产饲料（不含饲料添加剂和添加剂预混合饲料，下同）的企业，省农业厅委托各地州市农

（畜）牧局对其生产条件进行初审。

2. 拟生产饲料的企业，省农业厅委托云南省饲料工作办公室对其生产条件进行初审。

3. 已经营或拟经营饲料和饲料添加剂的企业、畜牧和水产技术推广机构或个体工商户，按工商登记注册地，由当地县以上（含县级，下同）饲料行政主管部门对其经营条件进行审查。

（二）审查程序

对饲料生产经营者的条件审查，按以下程序进行，省农业厅不再另行制定具体分析办法：

1. 按照分工规定，申请者到县以上饲料行政主管部门领取填写《饲料生产经营条件审查申请书》（以下简称申请书），并提交相关材料。

2. 管理机关（机构）收到符合要求的申请材料后一个月内，组织3～5名具备相关专业中级以上职称的技术人员。

3. 对生产条件进行初审的机关（机构）自收到评审表后10日内将评审表及有关材料报送省农业厅，由省农业厅于10日内决定是否发给《饲料生产条件合格证》（以下简称生产合格证）。

4. 对经营条件进行审查的机关自收到评审表后10日内决定是否发给《饲料经营条件合格证》（以下简称经营合格证）。

申请书、评审表和合格证等文书式样由省饲料工作办公室统一印刷，需申请者提交的相关资料种类及要求由省饲料工作办公室统一规定。

三、为切实贯彻执行云政办发［2001］133号文件规定，请各地州市县于2001年年底前对辖区内的饲料和饲料添加剂生产经营者进行一次清查，并做好《饲料和饲料添加剂管理条例》和云政办发［2001］133号文件的宣传工作，为全面开展条件审查做好充分准备。

四、自2003年1月1日起，凡未按规定取得合格证者，一律按云政办发［2001］133号文件和有关法律法规的规定处理。

附 件：《云南省人民政府办公厅关于加强饲料和饲料添加剂生产经营管理有关问题的意见》（云政办发［2001］133号）

附件：

云南省人民政府办公厅关于加强饲料和饲料添加剂生产经营管理有关问题的意见

（云南省人民政府办公厅 2001年133号文件）

为了进一步加强饲料和饲料添加剂生产经营管理，根据国务院《饲料和饲料添加剂管理条例》（以下简称《条例》、《云南省实施〈中华人民共和国农业技术推广法〉办法》、《中共云南省委、云南省人民政府关于大力发展个体私营经济的决定》等法规和文件精神，现就我省饲料和饲料添加剂生产经营管理有关问题提出如下意见：

一、充分认识加强饲料和饲料添加剂生产经营管理的意义

饲料和饲料添加剂是发展养殖业的重要投入品。依法加强饲料和饲料添加剂生产经营管理，对于保证产品质量，提高饲料工业和养殖业的质量、效益，确保畜禽、水产品安全，保护消费者身体健康都具有十分重要的意义。我省在饲料和饲料添加剂生产经营管理中取得了一些成绩，但由于多种原因，这项工作仍然滞后。许多生产经营企业和个体经营户未被纳入管理范围，不少企业和个体经营户不具备法定的生产、经营条件，饲料和饲料添加剂生产、经营秩序较为混乱，产品质量和效益参差不齐，坑农害农以及损害消费者健康的现象时有发生。为了适应社会主义市场经济发展的需要，更好地实施西部大开发战略，促进农业和农村经济结构调整，努力增加农民收入，把云南建设成绿色经济强省，必须切实加强我省饲料和饲料添加剂生产经营管理工作。

饲料和饲料添加剂生产经营管理工作事关全省养殖业和饲料工业发展的大局，各州、市、县人民政府，各地区行政公署要切实加强领导，明确饲料行政主管部门，组织、支持、督促做好有关饲料工作。

二、适当放宽经营饲料和饲料添加剂的主体范围

按照《条例》规定，生产、经营饲料和饲料添加剂的主体仅限于企业，而不包括个体商户和农业技术推广机构等事业单位。为了促进我省个体商户和农业技术推广机构等事业单位。为了促进我省个体经济的发展，支持有关农业技术推广机构开展农资经营，多渠道做好对广大畜牧、水产养殖户的服务，根据《中央云南省委、云南省人民政府关于大力发展个体私营经济的决定》精神和《云南省实施（中华人民共和国农业技术推广法）办法》的规定，宜适当放宽我省经营饲料和饲料添加剂的主体范围，允许具备《条例》第十五条规定条件的畜牧、水产技术推广机构和基本具备《条例》第十五条规定条件的个体工商户依法经营饲料和饲料添加剂。各级饲料行政主管部门应将经营饲料、饲料添加剂的畜牧、水产技术推广机构和个体工商户纳入管理的范围。

三、认真开展饲料和饲料添加剂生产企业和经营者的条件审查

生产饲料添加剂、添加剂预混合饲料的企业，经省农业厅审核后，由农业部颁发生产许可证。

已生产或拟生产饲料的企业，由省农业厅对其生产条件进行审查。

已经营或拟经营饲料和饲料添加剂的企业、畜牧和水产技术推广机构或个体工商户，由当地县以上饲料行政主管部门对其经营条件进行审查。

原已按规定经审核或审查合格的饲料和饲料添加剂生产、经营者不再重新进行审查。

无生产许可证或者生产、经营条件未经审查合格的，工商行政管理机关不予办理工商登记注册手续。或者责令生产者、经营者办理工商变更、注销登记手续。

为确保审查工作有效开展，确保生产企业符合《条例》第八条规定条件和经营者符合《条例》第十五条规定条件，省农业厅应当尽快制定饲料和饲料添加剂生产企业和经营者审查的具体分析办法并组织实施。

四、严肃查处行政主管部门和工商行政管理机关要按照各自职责，建立健全行政执法责任制，加大执法力度，依法严肃处理违反有关饲料和饲料添加剂生产、经营管理法规的行为，杜绝不具备条件的生产者、经营者从事饲料和饲料添加剂的生产、经营活动。生产饲料不具备相应条件的，视为从事非法经营活动，由工商行政机关依据有关法律、法规进行处罚。经营饲料和饲料添加剂，不具备相应条件的，由饲料行政主管部门依照《条例》有关规定处罚。

陕西省饲料工业办公室关于印发《陕西省饲料添加剂、添加剂预混合饲料生产许可证申报等程序》的通知

（陕西省饲料工业办公室
2001年024号文件）

为加强行业管理，提高工作效率，增加申请等工作透明度，根据条例和有关政策要求，经研究决定，现将《陕西省饲料添加剂、添加剂预混合饲料生产许可证申报程序》、《陕西省饲料添加剂及添加剂预混合饲料生产企业综合审核要求》、《陕西省饲料添加剂、添加剂预混合饲料、饲料原料产品批准文号申报程序》、《陕西省饲料企业标准备案申办程序》印发给你们，请遵照执行。

附1　《陕西省饲料添加剂、添加剂预混合饲料生产许可证申报程序》

附2　《陕西省饲料添加剂及添加剂预混合饲料生产企业综合审核要求》

附3　《陕西省饲料添加剂、添加剂预混合饲料、饲料原料产品批准文号申报程序》

附4　《陕西省饲料企业标准备案申办程序》

附件1：

陕西省饲料添加剂、添加剂预混合饲料生产许可证申报程序

一、企业到省饲料工业办公室生产技术科领取《饲料添加剂、添加剂预混合饲料生产许可证申请书》。

二、采用企业标准生产饲料添加剂、添加剂预混合饲料产品的企业制定并备案企业标准（见企业标准备案申办程序）。

三、企业填写报告送生产许可证申报材料（要求打印一式四份）。

申报材料包括：

1. 饲料添加剂、添加剂预混合饲料生产许可证申请书。

2. 厂区布局图。

3. 生产工艺流程图。

4. 企业标准备案表（限采用企业标准的企业）。

四、省饲料工业办公室对企业申报材料进行审核，符合要求时受理材料一式三份，企业留一份。

五、省饲料工业办公室组织有关专家组成评审组对企业进行审核和实地考核、打分。

六、打分合格的企业由省饲料工业办公室组织编写《饲料添加剂、添加剂预混合饲料生产企业综合审核表》一式三份；打分不合格的企业限期整改，整改后重新考核。

七、省饲料工业办公室将《饲料添加剂、添加剂预混合饲料生产许可证申请书》及《饲料添加剂、添加剂预混合饲料生产企业综合审核表》一式两份报农业饲料添加剂、添加剂预混合饲料生产许可证专家审核委员会。

八、农业部饲料添加剂、添加剂预混合饲料生产许可证专家审核委员会公告并颁发生产许可证证书。

九、省饲料工业办公室向企业颁发生产许可证证书。

十、本程序依据农业部《饲料添加剂和添加剂预混合饲料生产许可证管理办法》制定。

附件2：

陕西省饲料添加剂及添加剂预混合饲料生产企业综合审核要求

一、人员要求

1. 企业主要负责人：

具有专业知识、生产经验和组织能力。

2. 技术负责人：

①具有大专以上文化程度或相应的中级以上技术职称。

②熟悉动物营养、饲料配方技术及生产工艺。

③从事相关专业工作两年以上。

3. 质量管理及检验部门负责人：

①具有大专以上文化程度或相应的中级以上技术职称。

②从事相应工作三年以上。

③检验部门负责人取得中级以上检验职业资格证书。

4. 管理人员和技术人员：

应配备与生产规模相适应的管理人员与技术人员，具有相应的专业知识、生产经验及组织能力。

5. 生产企业特有工种持证人员：

①饲料行业特有工种持证上岗情况较好，全国已开展培训的每个工种至少有两人获证。

②其他行业特有工种持证上岗情况。

技能考核：

训练本岗位的基本知识和基本技能。

二、生产场地要求：

1. 厂房建筑布局：

合理，且生产区、办公区、仓储区、生活区分开。

2. 生产车间布局：

①符合生产工艺流程要求。

②工序衔接合理。

3. 操作间和场地：

①具有适宜的操作间和场地，物料堆放整齐。

②现场生产秩序良好，设备整洁。

4. 生产现场环境：

①符合产品质量和生产安全要求，有良好的除尘、通风、照明及消防设施。

②卫生清洁、无垃圾、无积水。

5. 仓储区：

①与生产能力相适应，符合防水、防湿、防火、防鼠害要求。

②物料分类堆放、整齐、合理。

三、生产设备要求：

1. 生产设备配备：

齐全，能满足产品正常生产的要求。

2. 生产设备安装：

符合工艺流程要求，便于维护和保养。

3. 生产设备状况：

完好的关键设备技术性能指标符合要求，混合机应由不锈钢制造或内有防腐衬里、其混合均匀度变异系数不大于7%，无粉尘泄漏现象，车间内粉尘浓度及噪音符合规定。

4. 空气净化设施配备：

生产环境有洁净要求的，应配备空气净化设施和设备。

四、质量检验要求：

1. 质检部门：

①必须设立，且直属企业负责人领导。

②设有仪器室（区）、检验操作室（区）、留样观察室（区）。

2. 质检仪器设备：

①有必要的检测仪器设备，能对生产全过程的产品质量进行监控。

②需要大型精密仪器的检测项目，应委托有能力的质检机构代检，有委托书或协议书。

3. 质量检验操作规程：

①质量标准齐全。

②仪器操作规程规范、健全、合理。

4. 检验记录和检验报告：

①齐全、完整。有近半年记录。

②检验报告应有质检人员和负责人签字。

5. 检查实际操作：

实际考察1～2项重要指标检验，操作符合要求，结果正确。

五、管理制度要求

1. 岗位责任制度：健全、合理规范，执行情况良好。

2. 生产管理制度：健全、合理规范，执行情况良好。

3. 检化验制度：健全、合理规范，执行情况良好。

4. 标准及质量保证制度：健全、合理规范，执行情况良好。

5. 安全卫生制度：健全、合理规范，执行情况良好。

6. 产品留样观察制度：健全、合理规范，执行情况良好。

7. 计量管理制度：健全、合理规范，执行情况良好。

六、卫生环境要求

1. 厂区整洁。

2. 有“三废”治理措施，符合环保要求。

3. 室外排放的粉尘浓度符合规定要求。

4. 厂区内无恶性异味。

附件3：

陕西省饲料添加剂、添加剂预混合饲料原料产品批准文号申报程序

一、饲料添加剂、添加剂预混合饲料生产企业到省饲料工业办公室生产技术科领取《陕西省饲料（添加剂）产品审核登记申请表》。

饲料原料企业领取上表及《饲料原料（添加剂）企业生产许可证申请表》。

二、企业报送申请表、产品申报材料和样品（各一份）

具体包括：

1. 申请表
2. 生产许可证复印件
3. 营业执照复印件
4. 三个批次的样品
5. 配方和生产工艺　　　　3份

6. 产品质量标准及检验方法　　3份
7. 标签和产品使用说明书样稿　　3份
8. 送检样品的自检报告　　3份
9. 饲喂效果报告

申请新饲料添加剂、新添加剂预混合饲料产品批准文号还应当提供农业部核发的新饲料添加剂、新添加剂预混合饲料证书。

三、企业按规定交纳产品审批费。

四、采用企业标准生产的企业制定并备案企业标准（见企业标准备案申办程序）。

五、省饲料工业办公室委托省饲料监测所对企业样品进行化验，根据省饲料监测所省饲料工业办公室开具的委托检验单要求进行化验。

六、企业持化验报告及有关材料申请产品批准文号。

省饲料工业办公室经审核核发产品批准文号。

附件4：

陕西省饲料企业标准备案申办程序

一、凡拟采用企业标准生产饲料产品的企业必须事先编写企业标准，并履行备案手续。

二、企业应主动向省饲料工业办公室报送企业标准申报材料（一式一份）。

包括：

1. 企业标准（送审稿）。
2. 标准起草说明。
3. 产品检验方法。
4. 配方和生产工艺。
5. 饲喂试验报告。

三、省饲料工业办公室接到申报材料后，经初审符合条件的由省饲料工业办公室开具委托检验单到省饲料监测所对样品进行化验。化验结果出来后省饲料工业办公室再组织有关专家及报审企业召开企业标准审定会，企业按照参会代表人数准备材料（第二条材料及检验结果），审核委员会对材料进行审核并出具审核意见及审核成员名单。

四、标准通过审定后，企业到省饲料工业办公室领取《陕西省企业产品标准备案登记表》。

五、企业将修改后的企业标准及省饲料监测所出具的检验报告及备案登记表报省饲料办，经省饲料工业办公室审核同意并在备案登记表上盖章。

六、企业到省质量技术监督局标准化处办理标准备案。

备案材料包括：

1. 备案登记表　　3份
2. 企业标准　　8份
3. 企业标准起草说明　　3份
4. 企业标准审定委员会名单　　3份
5. 企业标准审定意见　　3份
6. 检验报告　　3份

七、企业到省饲料工业办公室办理标准备案

1. 备案登记表　　1份
2. 企业标准　　2份
3. 企业标准起草说明　　1份
4. 企业标准审定委员会名单　　1份
5. 企业标准审定意见　　1份
6. 检验报告（要求原件）　　1份

陕西省饲料生产企业资格审查办法

第一条　为规范饲料生产秩序，加强饲料企业管理，做好饲料生产企业资格审查工作，依据《饲料和饲料添加剂管理条例》规定，制定本办法。

第二条　本办法所称饲料生产企业是指饲料添加剂及添加剂预混料、浓缩饲料、配合饲料、单一饲料和精料补充料生产企业。

第三条　凡在本省行政区域内设立饲料生产企业应当依照本办法申领《饲料生产企业资格审查合格证》，凭证向工商行政管理机关申请办理营业执照。

第四条　省饲料工业办公室具体负责全省的饲料生产企业资格审查工作。

第五条　设立饲料生产企业，应当符合《饲料和饲料添加剂管理条例》第八条之规定。

第六条　申请饲料生产企业资格审查应提交下列资料：

（一）申请报告；

（二）生产设备清单；

（三）检验仪器设备清单；

（四）企业主要管理技术人员和特有工种持证人员名单；

（五）管理制度目录；

（六）生产工艺流程图；

（七）厂区布局图。

第七条　饲料生产企业资格审查按以下程序办理：

（一）申请者向饲料生产企业所在地设区市饲料行政主管部门提交申请材料；

（二）市饲料行政主管部门在收到申请材料后5日内做出是否受理的决定。受理申请的，应当成立评审组，在受理后15日内，对企业申报材料进行审核和实地考察。经审核，认为符合条件的，签署审核意见后报省饲料工业办公室。不符合条件的，书面通知申请人并说明原因；

（三）省饲料工业办公室在收到审核意见之日起10日内完成核发工作。对符合条件的发给《陕西省饲料生产企业资格审查合格证》。对不符合条件的，退回市饲料行政主管部门，并说明原因。

申请饲料添加剂、添加剂预混料生产许可证，或者单一饲料、具有外商投资的生产企业资格审查合格证，直接向省饲料工业办公室申请。省饲料工业办公室在收到申请材料后5日内做出是否受理的决定。受理申请的，应当成立评审组，在受理后20日内，对申报材料进行审核和实地考察。经审查，符合条件的，报请农业部核发《饲料添加剂生产许可证》、《饲料添加剂预混合饲料生产许可证》，或者发给《陕西省饲料生产企业资格审查合格证》；不符合条例的，书面通知申请人并说明原因。

第八条 评审组应当由具有中级以上职称或相应行政职务的3～5人组成。

第九条 评审组进行审查时，应当按照《陕西省饲料生产企业资格审查审核表》设立的项目逐项评定打分。审核项目包括以下内容：

（一）人员要求。额定分15分；

（二）生产场地要求，额定分13分；

（三）生产设备要求，额定分25分；

（四）质量检验要求，额定分25分；

（五）管理制度要求，额定分12分；

（六）卫生环境要求，额定分10分；

各项评分总计不低于70分，其中（三）（四）项评分必须分别达到20分以上，方可确认为具备生产条件。

第十条 饲料生产企业有下列情形的，应当依照本办法办理《陕西省饲料生产企业资格审查合格证》：

（一）在本省设立分支生产机构的；

（二）变更生产项目的；

（三）变更企业地址的。

变更企业名称的应当到省饲料工业办公室办理变更手续。

第十一条 《陕西省饲料生产企业资格审查合格证》应当注明编号、企业名称、企业地址、法定代表人、有效期限、发证机关、发证时间等项目。

第十二条 《陕西省饲料生产企业资格审查合格证》有效期五年。期满前6个月持原证重新办理。

第十三条 饲料生产企业应当于每年的第一季度到原申请机关办理年验手续。年验合格的，在《陕西省饲料生产企业资格审查合格证》上加贴年验标识，凭年验标识到工商行政管理部门办理工商年检手续。逾期不年验的，注销其《陕西省饲料生产企业资格审查合格证》。

第十四条 生产饲料添加剂及添加剂预混料、单一饲料以及具有外商投资的企业资格年验工作由省饲料工业办公室负责。其他饲料企业资格年验可委托市饲料行政主管承担。

第十五条 《陕西省饲料生产企业资格审查合格证》、年验标识由省饲料工业办公室统一印制。

第十六条 办理《陕西省饲料生产企业资格审查合格证》时可收取工本费，但不得收取其他费用。

第十七条 本办法自2002年1月1日起施行。

甘肃省饲料和饲料添加剂管理条例

（2001年6月2日省九届人大常委会第二十二次会议通过）

第一条 为了规范饲料和饲料添加剂的生产经营管理活动，保证饲料产品质量，维护饲料生产经营者和使用者的合法权益，促进饲料产业和养殖业的发展，保障人民身体健康，根据国务院《饲料和饲料添加剂管理条例》等有关法律法规，结合本省实际，制定本条例。

第二条 凡在本省行政区域内从事饲料和饲料添加剂生产、经营、检验和监督管理活动的单位和个人，应当遵守本条例。

第三条 省农牧行政主管部门负责全省饲料和饲料添加剂管理工作，其饲料管理机构具体负责日常监督管理工作。主要职责是：

（一）贯彻执行国家发展饲料产业的方针、政策，制订全省中长期饲料发展规划；

（二）组织全省饲料产品安全性的监督检查；

（三）组织饲料产品检验机构考核；

（四）组织饲料添加剂、添加剂预混合饲料企业的生产许可证的申报，核发饲料添加剂、添加剂预混合饲料产品批准文号；

（五）组织拟定全省饲料地方标准；

（六）发布行业信息；

（七）依法查处违反本条例的行政案件。

市、州（地区）、县（市、区）人民政府饲料和饲料添加剂行政管理部门（以下简称饲料管理部门），负责本行政区域内的饲料和饲料添加剂管理工作。

各级质量监督、工商行政管理等有关部门应当在各自职责范围内做好饲料和饲料添加剂管理工作。

第四条 各级人民政府应当支持饲料产业发展，鼓励国内外组织和个人兴办饲料企业，合理开发利用饲料资源，保护生态环境，促进经济可持续发展。

各级饲料管理部门应当根据国家产业政策，统筹规划、协调发展饲料产业，建立健全饲料科研和技术推广服务体系，及时提供信息和技术服务，组织研制、引进和推广新技术、新工艺、新产品，引导农村小型饲料加工厂（点）提高生产技术水平。

第五条 设立饲料和饲料添加剂生产企业，应当依法经省农牧行政主管部门的饲料管理机构或委托的县级以上饲料管理部门按照权限审查，符合条件的，到所在地工商行政管理部门依法办理企业登记注册手续。

省饲料管理机构或委托的县级以上饲料管理部门在收到企业的全部申请资料后，15个工作日内提出审查意见。

第六条　从事国家实施生产许可的饲料产品生产的企业，应当取得国务院农业行政主管部门颁发的生产许可证和省农牧行政主管部门核发的产品批准文号。

第七条　饲料产品中不得直接添加兽药和其他药物。允许使用药物饲料添加剂的饲料产品，其配方应当报省饲料管理机构批准。

第八条　饲料和饲料添加剂的经营者，必须具有符合要求的仓储设施、人员、经营场地，并按规定制订相关管理制度。在同一经营场地和仓储内，不得同时存放或经营有毒有害物品。

第九条　饲料和饲料添加剂企业应当执行国家、行业或地方的有关标准。自行制定的企业产品质量标准应当按省标准化主管部门和省饲料管理机构的规定备案。

第十条　饲料和饲料添加剂生产企业应当建立健全生产、销售记录和产品留样观察制度，并进行产品质量检验。检验合格的，应当附具产品质量检验合格证。

第十一条　饲料、饲料添加剂和饲料原料的包装，应当符合保证饲料产品质量、安全和卫生的规定。

第十二条　饲料和饲料添加剂产品应当附有标签和使用说明书。标签内容按饲料标签国家标准执行。用标签代替产品使用说明书的，应当在标签中增加产品使用说明书的内容。

配合饲料、浓缩饲料、精料补充料、单一饲料中蛋白质饲料的产品标签送县级以上饲料管理部门备案。国家实施生产许可的和添加药物饲料添加剂的饲料产品的合格证书和饲料标签报省饲料管理机构备案。

第十三条　省外企业在我省销售饲料产品应当附有产品合格证书和饲料标签，国家实施生产许可的和添加药物饲料添加剂的饲料产品的合格证书和饲料标签报省饲料管理机构备案。

第十四条　饲料和饲料添加剂的广告应当符合国家的有关规定。未办理饲料生产企业审查手续的，无生产许可证和产品批准文号的饲料产品，不得发布广告。

饲料和饲料添加剂广告不得有预防或者治疗动物疾病的说明或者宣传。添加药物饲料添加剂的饲料产品，可以对所加药物饲料添加剂的作用予以说明，但不得作虚假宣传。

第十五条　禁止生产、销售下列饲料和饲料添加剂：

（一）未附具产品质量检验合格证的；

（二）标签不符合本条例规定的；

（三）未取得生产许可证和产品批准文号的；

（四）新研制但未经国务院农业行政主管部门审定公布的或明令停用、禁用、淘汰的；

（五）未经国务院农业行政主管部门登记进口的；

（六）超过保质期、霉坏变质、受到有毒有害物质污染或卫生指标不合格的；

（七）擅自改变所经营产品成分的；

（八）产品所含成分与执行标准不符的；

（九）未经批准擅自加入药物的；

（十）非法获取、使用标签或包装物的；

（十一）非法获取、使用生产许可证、产品批准文号、产品登记证的。

第十六条　县级以上饲料管理部门根据产品质量监督抽查工作规划，可以组织对饲料和饲料添加剂质量进行抽查，并会同同级质量监督管理部门公布抽查结果。

省饲料管理机构根据国务院农业行政主管部门和省人民政府的规定和要求，可以组织对饲料和饲料添加剂安全性进行监督检查。

进行质量抽查和安全检查需要检验的，应当书面委托饲料检验机构，按规定抽取样品和索取有关产品资料，对产品进行检验，不得向受检人收取检验费用，不得重复抽查、检查。检验所需费用由委托方负担。

第十七条　从事饲料和饲料添加剂检验的机构，应当经省质量监督管理部门或者省农牧行政主管部门考核合格，方可承担饲料产品质量检验工作。

饲料和饲料添加剂质量检验机构可以接受企业的产品质量委托检验，费用由委托方负担。

第十八条　饲料和饲料添加剂质量检验机构在收到受检样品后，常规检验项目10个工作日内做出检验报告，非常规检验项目30个工作日内做出检验报告。逾期不能完成的，应当书面通知委托方并报告省饲料管理机构。

受检人对检验结果有异议的，可自收到检验结果之日起15日内向省饲料管理机构申请复检。

第十九条　饲料和饲料添加剂质量检验机构及其工作人员对其所出具的检验报告承担法律责任，并对企业提供的技术资料承担保密义务。

第二十条　违反本条例第十一条、第十五条第一、二项规定的，由县级以上饲料管理部门责令限期改正；逾期不改正的，责令停止生产、销售，没收违法所得，可以并处违法所得1倍以下的罚款。

第二十一条　违反本条例第十五条第四、五、六、七、八、九、十项规定的，由县级以上饲料管理部门责令停止生产经营，没收违法生产、经营的产品和违法所得，可以并处违法所得1倍以上5倍以下的罚款；构成犯罪的，依法追究刑事责任。

第二十二条　违反本条例非法获取、使用生产许可证、产品批准文号和产品登记证的，由省农牧行政主管部门收缴或者吊销产品批准文号，提请国务院农业行政主管部门收缴或者吊销生产许可证、产品登记证，没收违法生产、经营的产品和违法所得，并处违法所得1倍以上5倍以下的罚款；构成犯罪的，依法追究刑事责任。

第二十三条　饲料和饲料添加剂的生产者、经营者因产品质量问题给使用者造成损失的，应当依照《中华人民共和国产品质量法》、《中华人民共和国消费者权益保护法》的有关规定，承担相应的民事责任。

第二十四条 各级饲料管理部门、饲料质量检验机构及其工作人员违反本条例规定，有下列行为之一的，由其上级主管部门或本级人民政府责令改正，情节严重的，对其主管人员或直接责任人员依法给予行政处分；构成犯罪的，依法追究刑事责任：

（一）行使企业审查、审批、年检、监督检查等管理职责时，擅自改变标准或条件，或者采取推逶、拖延的；

（二）越权核发资质证书、批准文号、生产许可证的；

（三）在饲料产品检验中，弄虚作假出具不真实检验报告、故意延长检验期限或不按时送达检验报告的；

（四）泄露受检人技术秘密的；

（五）在饲料企业审查、产品检验中，利用职务上的便利收受贿赂的。

第二十五条 本条例实施中的具体应用问题，由省农牧行政主管部门负责解释。

第二十六条 本条例自 2001 年 7 月 1 日起施行。

图书在版编目（CIP）数据

中国饲料工业年鉴.2002/全国饲料工作办公室，中国饲料工业协会编.—北京：中国农业出版社，2003.4
ISBN 7-109-08282-2

Ⅰ.中… Ⅱ.①全…②中… Ⅲ.饲料工业-中国-2002-年鉴 Ⅳ.F326.3-54

中国版本图书馆CIP数据核字（2003）第016621号

中国农业出版社出版
（北京市朝阳区农展馆北路2号）
（邮政编码100026）
出版人：傅玉祥
责任编辑 刘博浩

中国农业出版社印刷厂印刷 新华书店北京发行所发行
2003年5月第1版 2003年5月北京第1次印刷

开本：787mm×1092mm 1/16 印张：24.25 插页：48
字数：895千字 印数：1～5000册
定价：100.00元

中丹
花钱少效益高
我厂可为用户提供技术咨询 欢迎洽谈！
新一代饲料抗氧化剂
乙氧基喹啉
中丹
◆ 性能优良 使用广泛
◆ 保持饲料营养价值防止饲料变质
◆ 提高饲料品质
◆ 延长饲料货架寿命
◆ 提高动物采食量
江苏中丹集团泰兴瑞泰化工有限公司
地 址：江苏省泰兴市七圩镇
邮 编：225453
联系人：钮福财 陈月仙
电话：0523—7484277
7484234
传真：0523—7484437

ISO9001:2000
ISO14001
国内畜牧行业首家
通过双认证
北京德佳牧业科技有限公司
BEIJING DEJUXE LIVESTOCK TECHNOLOGY CO., LTD.
德佳牧业
复合预混料
胚胎移植
动物保健品
贸易
详情请电话垂询
免费:8008100845
本公司通过ISO9001:2000质量管理体系和ISO14001环境管理体系认证
本公司获得出口食用动物（猪）饲用饲料生产企业登记备案证
北京德佳牧业科技有限公司创建于1993年，是全国畜牧兽医总站参股的高新技术企业。业务范围包括畜牧兽医技术推广示范、饲料制造及贸易、动物保健品、胚胎移植等，在各领域均有良好信誉并处于领先地位。
德佳牧业拥有国际标准三级预混生产线，年产预混料二万吨，产品配方科学、工艺精准、质量稳定，通过现代化的产品配送体系和三级技术营销平台，服务于中国畜牧业。
新世纪，德佳牧业将致力于预混料制造与生物工程技术，在全世界范围寻求友好合作的机会。基于我们对中国畜牧业的深刻认识与理解和数年来从事预混料制造所积累的专业知识与经验，深信：我们会做的更好！
地址:北京市海淀区北三环西路甲18号中鼎大厦B座5层
Add.:Room B505 Zhongding Mansion
NO.18A Beisanhuan West Road,Beijing
邮编(Post code):100086
电话(Tel.):010-62113055
传真(Fax):010-62142851
网站(http)://www.dejuxe.com.cn
电子信箱(E-mail):muye@dejuxe.com.cn
民族品牌 世界共享

璟宝牌水产饲料粘合剂
璟宝酶
降低饲料成本
补充幼禽幼畜消化酶
弥补饲料品质差异
促进绿色养殖
帮助病弱禽畜
国家新产品
浙江省高新技术企业
浙江省高新技术产品
ISO9002 认证
国家科技进步二等奖
猪用禽用复合酶制剂
玉米豆粕型 糠麸型 小麦型
饲用木聚糖酶
饲用β－葡聚糖酶
饲用果胶酶
饲用淀粉酶
饲用纤维素酶
璟宝牌 HJ-1 水产饲料粘合剂
浙饲添字(1998) 341318
璟宝牌 EFa 鳗鱼引诱剂
浙饲添字(1998) 341309
璟宝牌虾蟹脱壳灵
国兽药广审(文) 2002010013
璟宝牌各类特种水产饲料
璟宝
浙江湖州璟宝集团有限公司
浙江璟宝饲料股份有限公司
董事长：方阿庆
地址：浙江省湖州市经济技术开发区太湖路
电话：0572-2103060 2200748
传真：0572-2107152 邮编：313000
网址:http://www.jingbaogroup.com
E-mail:info@jingbaogroup.com

回首以往，未来更需

正昌饲料成套工程、膨化制粒机械、粉碎设备、电器控制

优胜型粉碎机

双轴差动式调质制粒机

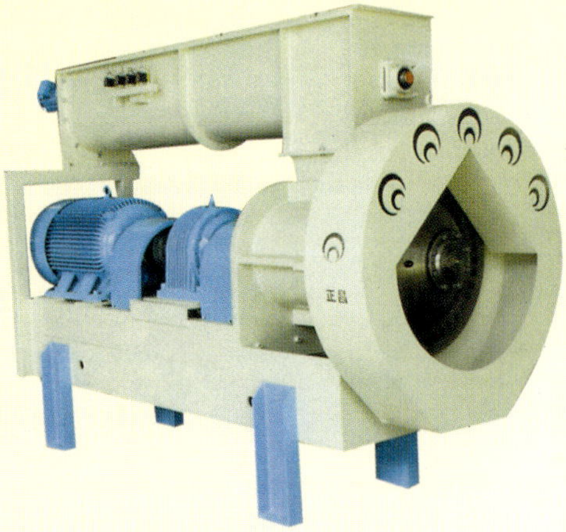

牧草压块机

优良的单机设备

公司承建的部

新昌制药
XINCHANG—PHARM

使用

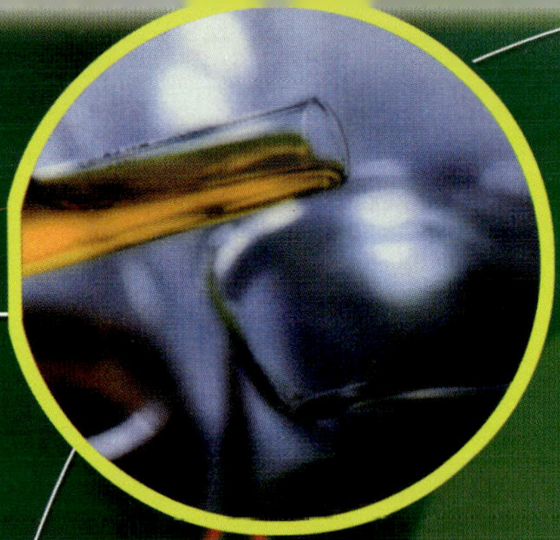

CAHIC

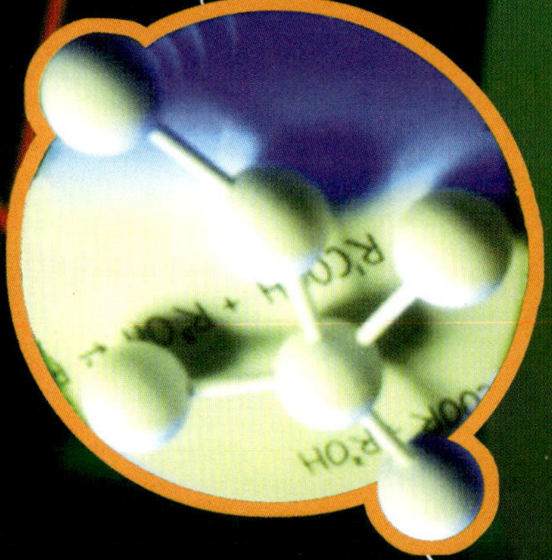

发展股份有限公司

果实丰收

野的风!

地　址：湖南省长沙市芙蓉中路467号金源大酒店九楼
邮　编：410007
联系电话：0731-5162888转951、952
传真(Fax)：0731-5168868
国际互联网域名：www.hunan-zhenghong.com.cn
E-mail：hnzhsl@mail.yy.hn.cn

六和集团 LIUHE GROUP SHANDONG LIUHE GROUP CO.,LTD.

六和与您共创美好生活和健康人生

The quality of products
is the morals
and dignity of liuhe staffs.

集团总部

品质检验

专家服务

LIUHE GROUP

地址：山东.青岛市香港中路61号阳光大厦21层 邮编：266071 电话：86-532-5713170\5713172

辽健®

辽河饲料集团

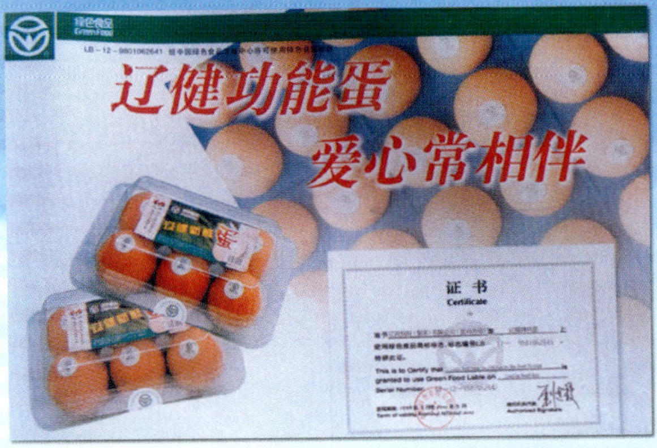

辽健鲜鸡蛋，
健康常相伴！

地址：辽宁省鞍山市腾鳌特区新区街 29 号(114225)
电话：0412-8312046
传真：0412-8316526
E-mail：timesa@online.ln.cn

董事长：黄殿鹏

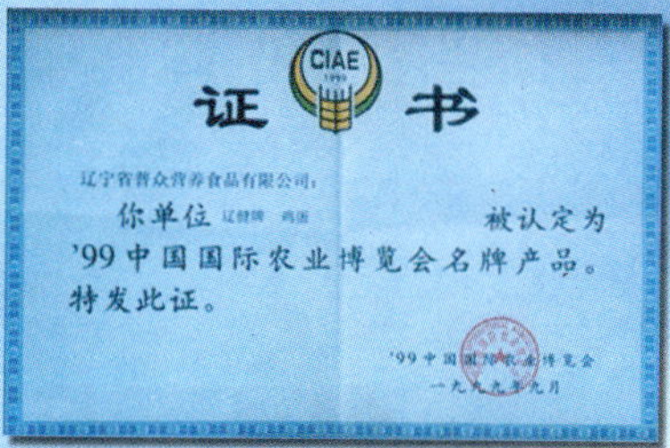

CIAE

证书

辽宁省普众营养食品有限公司：

你单位 辽健牌 鸡蛋 被认定为'99中国国际农业博览会名牌产品。特发此证。

'99中国国际农业博览会

一九九九年九月

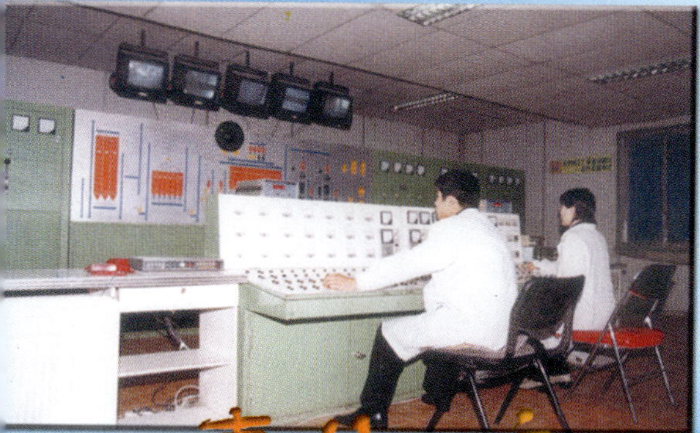

事业 良心 同步 长久

生态 健康 环保 责任

）股份有限公司

牌　树民族之雄风　兴壮须之伟业

介

浇的关中平原东部重镇渭
专业生产厂家，先进的生
壮须”品牌驰名全国饲料
化胆 碱享誉全国，产销量

“壮须”人不骄不躁，我
管理，注重新品开发，形成
域的迅猛发展，早日实现
高速发展贡献力量。

is situated at Weinan
which is the largest
Asia. With advanced
ent idea, “Zhuangxu”
the top of nation-
roduct-Choline
famous throughout of
eral times per year.
members of “Zhuangxu”
resources, strengthen
development of new
of
ill devote themselves
ment of national

“壮须牌”氯化胆碱粉剂有50%、60%两种，还可根据客户需要特别制作。

一流产品

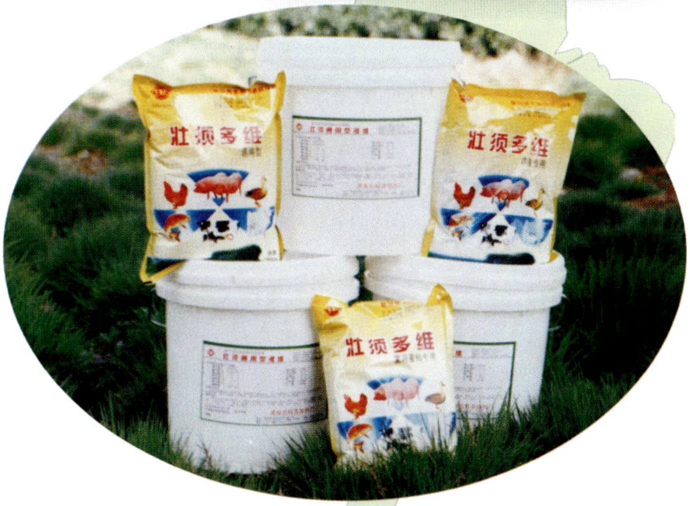

一流设备

014466　免费咨询电话：0913-16801019　传真：0913-2019904

1.抗氧化剂：

克氧（OXICAP）E2

乙氧基喹啉+BHT

克氧（OXICAP）E4

乙氧基喹啉+BHA

抗氧宝（CAPSOQUIN）N

乙氧基喹啉66.6%

2.天然色素：来自天然植物的产品

埃特红（CAPSANTAL FS）

含有天然红叶黄素 30克/公斤

从甜辣椒中提取、适用蛋鸡

埃特黄（CAPSANTAL EBS）

含有天然黄叶黄素 30克/公斤

从万寿菊干花提取、适用肉鸡

3. 酸化剂：

得卡肥（DIGSTOCAP）断奶小乳猪专用饲料酸化剂

正磷酸 530克

有机酸（柠檬酸、延胡酸）30克

特殊赋形剂 440克

在中国销售十多年取得很大成就并推动了中国饲料添加剂行业酸化剂的发展

4. 酶制剂：

速美肥（CAPSOZYME）SB

大豆、玉米为基础配方专用酶。a-半乳糖苷酶

使原料中的抗营养因子a-半乳糖苷分解转化为可被动物吸收消化的营养因子。饲料成本减低2 3%

速美肥（CAPSOZYME）T/2

小麦及其它种类为基础配方专用酶

速美肥（CAPSOZYME）P

5. 防霉剂：

克霉（FUNGICAP）N

有机酸与天然芸香提取物有效混合产品：

天然杀霉素（FUNGICAP RUTE）

天然杀菌素（SALCAP RUTEX）

6. 矿盐圈（CAPOBLOC）

补充奶牛及其产品所需各类微量元素

含有：钠，钙，镁，磷，钾，钴，铁，铜，硒

甜味素（SUGARCAP）

糖精钠、柑橘粉、葡萄糖，甜度是蔗糖的500倍

欧洲著名的专业饲料添加剂生产厂商

ITPSA

绿色科技
服务健康
伟嘉集团倾情奉献
系列动物保健品、饲料产品